Do outro lado do Atlântico

FUNDAÇÃO EDITORA DA UNESP

Presidente do Conselho Curador
Mário Sérgio Vasconcelos

Diretor-Presidente / Publisher
Jézio Hernani Bomfim Gutierre

Superintendente Administrativo e Financeiro
William de Souza Agostinho

Conselho Editorial Acadêmico
Divino José da Silva
Luís Antônio Francisco de Souza
Marcelo dos Santos Pereira
Patricia Porchat Pereira da Silva Knudsen
Paulo Celso Moura
Ricardo D'Elia Matheus
Sandra Aparecida Ferreira
Tatiana Noronha de Souza
Trajano Sardenberg
Valéria dos Santos Guimarães

Editores-Adjuntos
Anderson Nobara
Leandro Rodrigues

A REALIZAÇÃO DESTA EDIÇÃO RECEBEU FUNDOS DO MINISTÉRIO DAS RELAÇÕES EXTERIORES E COOPERAÇÃO INTERNACIONAL DA REPÚBLICA ITALIANA MEDIANTE A PARTICIPAÇÃO DOS COMITÊS DOS ITALIANOS NO EXTERIOR (COMITES) DE TRÊS CIRCUNSCRIÇÕES CONSULARES.

COMITES RIO DE JANEIRO & ESPÍRITO SANTO
www.comitesrj.com.br

Andrea Lanzi (presidente da gestão 2015-2021)
Ana Maria Cani (presidente da gestão 2021-2026)

COMITES PARANÁ & SANTA CATARINA
https://www.facebook.com/comitesoficial/

Luis Molossi (presidente da gestão 2019-2021)
Eduardo Bonetti (presidente da gestão 2021-2026)

COMITES DA REGIÃO NORDESTE DO BRASIL
www.comitesnordeste.com.br

Daniel Taddone (presidente da gestão 2015-2021)
Adriana Romano (presidente da gestão 2021-2026)

Angelo Trento

Do outro lado do Atlântico
Um século de imigração italiana no Brasil

Tradução
Mariarosaria Fabris
Luiz Eduardo de Lima Brandão
Juliana Haas

© 2022 Editora Unesp

Direitos de publicação reservados à:
Fundação Editora da Unesp (FEU)
Praça da Sé, 108
01001-900 – São Paulo – SP
Tel.: (0xx11) 3242-7171
Fax: (0xx11) 3242-7172
www.editoraunesp.com.br
www.livrariaunesp.com.br
atendimento.editora@unesp.br

Dados Internacionais de Catalogação na Publicação (CIP) de acordo com ISBD
Elaborado por Vagner Rodolfo da Silva – CRB-8/9410

T795d   Trento, Angelo

Do outro lado do Atlântico: um século de imigração italiana no Brasil / Angelo Trento; traduzido por Mariarosaria Fabris, Luiz Eduardo de Lima Brandão e Juliana Haas. – São Paulo: Editora Unesp, 2022.

Inclui bibliografia.
ISBN: 978-65-5711-126-0

1. História do Brasil. 2. Imigração italiana. I. Fabris, Mariarosaria. II. Brandão, Luiz Eduardo de Lima. III. Título.

CDD 981
CDU 94(81)

2022-646

Editora afiliada:

À memória de meu pai e de minha mãe.

A Roberto, Fabio, Bruno, Massimo, Ennio, Guido, Santiago, Lucia, Carla, como eu, emigrantes, crianças ou adolescentes. Aos colegas do Dante Alighieri, meu veículo de integração ao mundo brasileiro.

A Rita, sempre.

Sumário

Lista das abreviaturas usadas *11*
Preâmbulo da primeira edição *13*
Prefácio à segunda edição *15*

1. Panorama geral *17*
    1.1. Os antecedentes *17*
    1.2. A grande emigração: os fatores de atração *21*
    1.3. A grande emigração: os fatores de expulsão *31*
    1.4. As condições *45*
    1.5. O debate na Itália *53*
    1.6. O refluxo emigratório (1903-1920) *57*
    1.7. Comércio, emigração e remessas *66*
    1.8. Atualizações bibliográficas *72*

2. O destino regional *81*
    2.1. Os estados sulinos *81*
    2.2. Do Rio de Janeiro à Amazônia *101*
    2.3. O estado de São Paulo *108*
    2.4. Atualizações bibliográficas *124*

3. Misteres e classes sociais nos centros urbanos *133*
    3.1. Comércio, serviços e artesanato *133*

3.2. Proletariado   *138*
3.3. "Os tios da América"   *144*
3. 4. Atualizações bibliográficas   *160*

4. Vida coletiva e assimilação   *163*
    4.1. Práticas assistenciais e autoridades diplomáticas   *163*
    4.2. As associações   *174*
    4.3. As escolas   *180*
    4.4. A imprensa   *186*
    4.5. Lazer   *194*
    4.6. A Primeira Guerra Mundial e a disseminação do sentimento de pertencimento   *203*
    4.7. Contrastes e assimilação   *218*
    4.8. Atualizações bibliográficas   *230*

5. Imigração italiana e movimento operário   *241*
    5.1. As condições nas fábricas   *241*
    5.2. Participação dos estrangeiros no movimento operário   *245*
    5.3. Anarquistas, socialistas e anarcossindicalistas   *254*
    5.4. Imigração de massa e fraqueza do movimento operário   *267*
    5.5. A imprensa operária italiana   *274*
    5.6. Cultura, instrução e teatro operário   *284*
    5.7. As divisões internas   *288*
    5.8. Atualizações bibliográficas   *296*

6. O período entre as duas guerras   *301*
    6.1. Continuidade e descontinuidade   *301*
    6.2. O mundo urbano   *316*
    6.3. Fascismo e coletividade italiana: partido e autoridades diplomáticas   *335*
    6.4. Fascismo e coletividade italiana: imprensa, associações e organizações do "consenso"   *360*
    6.5. O antifascismo   *387*
    6.6. A participação na vida política interna   *429*
    6.7. Os italianos e a Segunda Guerra Mundial   *437*
    6.8. Atualizações bibliográficas   *449*

7. O segundo pós-guerra, 1946-1965   *457*
    7.1. O difícil pós-guerra   *457*

7.2. Emigração livre e emigração dirigida   *469*
7.3. Bem-estar, miséria e estruturas assistenciais   *492*
7.4. Velha e nova imigração: os antagonismos   *500*
7.5. Vida coletiva: a difícil retomada   *515*
7.6. Os novos horizontes da italianidade   *527*
7.7. Atualizações bibliográficas   *537*

Bibliografia   *541*

Lista das abreviaturas usadas

ACS	Archivio Centrale dello Stato
ACS, DGPS	Archivio Centrale dello Stato, Divisione Generale di Pubblica Sicurezza
ACS, *Minculpop*	Archivio Centrale dello Stato, Ministero della Cultura Popolare
ACS/MI/PS, AA.GG.RR.	Archivio Centrale dello Stato/Ministero dell'Interno/Pubblica Sicurezza, Affari Generali e Riservati
ACS/MI/PS, CPC	Archivio Centrale dello Stato/Ministero dell'Interno/Pubblica Sicurezza, Casellario Politico Centrale
Aerj/Dops	Arquivo do Estado de Rio de Janeiro/Departamento de Ordem Política e Social
Aesp/Dops	Arquivo do Estado de São Paulo/Departamento de Ordem Política e Social
Asmae	Archivio Storico del Ministero degli Affari Esteri
CGE	Commissariato Italiano dell'Emigrazione
Icle	Istituto di Credito per il Lavoro all'Estero
MAE	Ministero degli Affari Esteri
Maic	Ministero dell'Agricoltura, Industria e Commercio
OND	Opera Nazionale Dopolavoro

Revistas

BC	*Bollettino Consolare*
BDET	*Boletim do Departamento Estadual do Trabalho*
BE	*Bollettino dell'Emigrazione*
BMAE	*Bollettino del Ministero degli Affari Esteri*
BQE	*Bollettino Quindicinale dell'Emigrazione*
BSGI	*Bollettino della Società Geografica Italiana*
BSPEI	*Bollettino della Società pel Patronato degli Emigranti Italiani*
EC	*L'Esplorazione Commerciale*
EIA	*L'Emigrato Italiano in America*
EL	*Emigrazione e Lavoro*
IAE	*L'Italia all'Estero*
IC	*L'Italia Coloniale*
IG	*Italica Gens*
IM	*Italiani nel Mondo*
MCGC	*Marina, Commercio e Giornale delle Colonie*
NA	*Nuova Antologia*
RC	*Rivista Coloniale*
RDE	*Rivista d'Emigrazione*
RH	*Revista de História*
RIB	*Rivista Italo-Brasiliana*
RN	*La Rassegna Nazionale*
RS	*La Riforma Sociale*
Vial	*Vie d'Italia e dell'America Latina*
VIE	*Vita Italiana all'Estero*

Preâmbulo da primeira edição[1]

Como o leitor perceberá, o volume cuja leitura enceta tem uma dupla estrutura. A parte inicial, que considera o período da grande emigração até a Primeira Guerra Mundial, é fruto de uma pesquisa que se estendeu de 1980 a 1984 e foi editada na Itália com o título *Là dov'è la raccolta del caffè*. A possibilidade de publicar este trabalho no Brasil estimulou-me a retomar os estudos sobre o tema, a fim de completar a minha análise do fenômeno com o olhar voltado para os anos que vão de 1920 a 1960. Portanto repropus, sem modificações substanciais, ao público brasileiro, a pesquisa precedentemente efetuada, no que concerne ao fluxo imigratório entre 1875 e 1919, simplificando-a em algumas de suas seções e procurando dar a ela um feitio menos informativo, detendo-me mais nas grandes temáticas debatidas pela imprensa da época e pela historiografia ulterior. Aliás, o tema foi amplamente dissecado em vários ensaios e livros, que, sobretudo ultimamente, apareceram no mercado editorial brasileiro, muito mais que no italiano. Não considerei oportuno, a esse respeito, inserir senão na bibliografia os resultados que emergem de alguns estudos recentes (os quais, aliás, não modificam as conclusões a que eu chegara), para não alterar a estrutura original da edição italiana. Peço desculpas aos autores por isso.

A estrutura da segunda parte do volume é diferente. Não existe, na prática, para o período, nenhum estudo global, com exceção, talvez, do velho

---

[1] Tradução de Luiz Eduardo de Lima Brandão.

livro de Franco Cenni e algumas publicações italianas do vicênio fascista. Isso induziu-me a mudar o método de enfoque e de análise, conduzindo-me por um caminho bem mais informativo em comparação com a primeira parte. Tratou-se, também, de uma opção intencional, que, se obriga o público ao árduo trabalho de ler centenas de páginas, terá contudo – assim espero – o mérito de proporcionar uma bagagem de notícias antes inexistentes. O frequente recurso às fontes de imprensa cotidiana e semanal é motivado por essa escolha.

Uma advertência necessária: algumas ortografias originais em língua portuguesa foram mantidas. Não posso, enfim, concluir estas linhas sem expressar meus agradecimentos aos que me concederam entrevistas, muitos dos quais citados nas notas. Os agradecimentos pessoais estendem-se a Roberto e Susana Lombardi, ao pessoal do Instituto Italiano de Cultura, de São Paulo, em particular à professora Rosa Petraitis e ao professor Angelo Manenti, diretor do Instituto, por sua cortesia, atenção e disponibilidade. Um obrigado particular à minha companheira Rita, que, além de datilografar o trabalho, acompanhou-me em numerosas idas e vindas, dando-me, assim, a oportunidade de fazer-lhe conhecer e apreciar aquela que, outrora, se chamava "segunda pátria" e que, inclusive para um espírito internacionalista como o meu, permanece sempre um país ao qual sou profundamente ligado.

Prefácio à segunda edição[1]

Trinta e três anos após a primeira edição e seguindo o interesse dos Comitês de Italianos no Exterior presentes no Brasil, aos quais vão meus sinceros agradecimentos, está sendo lançada a reimpressão de um volume já esgotado e que, por amplo julgamento, foi, de certa forma, um dos precursores para o conhecimento da história da emigração italiana para o Brasil e que ainda é útil, a julgar pela quantidade de referências e citações, recentes e menos recentes, que surgiram na literatura sobre o tema.

Por isso, após algumas reflexões, resolvi repropor o texto de 1989, limitando-me a algumas correções e à inclusão de alguns parágrafos, fruto de pesquisas por mim realizadas nos últimos anos, mas, sobretudo, acrescentando ao final de cada capítulo uma seção na qual proponho uma série de atualizações bibliográficas relativas a trabalhos – monografias e artigos – publicadas de 1989 até hoje. Obviamente, não se trata de toda a produção sobre a presença peninsular nesta nação, tarefa que teria exigido um livro à parte e muito volumoso, mas limitei-me a sugerir alguns títulos dos estudos que, em minha opinião, podem fornecer uma orientação meramente indicativa e aceitável sobre o que tem sido publicado neste campo, sem que isso signifique menosprezar autores e obras que não são listadas por razões exclusivamente de espaço disponível. Por outro lado, o leitor poderá fazer uso da vasta bibliografia proposta por cada um dos títulos que são sugeridos

---

[1] Tradução de Juliana Haas.

naquelas seções para eventualmente aprofundar uma ou outra questão que mais lhe interesse. Uma bibliografia particularmente rica em obras coletivas ou de autores que hoje são reconhecidos como essenciais para o estudo da emigração italiana para o Brasil e as Américas (mas não só), como, a título de exemplo, as inúmeras obras de Emilio Franzina, sempre extremamente generoso em indicações bibliográficas e abrangente no que se refere aos temas abordados.

Uma última advertência: em relação à edição do final dos anos 1980, eliminei o apêndice que informava o leitor sobre todos os periódicos em língua italiana, dos quais consegui ter pelo menos um exemplar à mão ou dos quais tive notícias de fontes secundárias, com informações relacionadas – quando rastreáveis – à periodicidade deles, em arquivos e bibliotecas, no Brasil e no exterior, onde podem ser consultadas e sobre os números eventualmente disponíveis. Essa exclusão justifica-se pelo fato de que um apêndice semelhante e muito mais rico e detalhado aparece em um volume meu, muito mais recente, que tem como objeto, precisamente, a história da imprensa peninsular nestas terras, publicado na Itália e no Brasil, ao qual faço menção nas atualizações bibliográficas do quarto capítulo.

1
Panorama geral[1]

1.1. Os antecedentes

Podemos falar de presença italiana no Brasil desde a época do seu descobrimento e não apenas por causa dos navegantes que velejaram ao longo das suas costas durante os primeiros decênios do século XVI, mas também porque não era raro encontrar, nos primeiros duzentos anos depois da descoberta, mercadores, arquitetos, engenheiros, missionários e membros de ordens religiosas, entre os quais os mais atuantes foram os jesuítas. Também já estava presente a categoria dos refugiados políticos que lá haviam fixado residência: os irmãos Adorno, foragidos de Gênova e dedicados com grande tino comercial ao cultivo da cana-de-açúcar; os Doria; os florentinos Cavalcanti e Accioli; os Burlamacchi. Ao lado desses nomes ilustres, as crônicas registram a presença esparsa de cosmógrafos, marinheiros e militares. As possibilidades de comércio com o enorme território logo suscitaram o interesse do grão-duque da Toscana, a ponto de induzi-lo a enviar uma expedição ao longo do rio Amazonas, sem que, no entanto, a iniciativa tivesse seguimento. Genoveses e venezianos, por sua vez, tiveram um papel na exportação do açúcar do Brasil para a Europa.[2]

---

1 Tradução de Luiz Eduardo de Lima Brandão. De Juliana Haas, para os acréscimos da nova edição.
2 Guarnieri (1910); sobre a emigração desde o século XVI até a metade do século XIX, vide Cenni (1975, p.7-61); e Museu de Arte de São Paulo; Fondazione Giovanni Agnelli (1980, p.7-39).

A partir do século XVII deve ser assinalado o trabalho de estudiosos no campo geográfico e etnográfico, que terá prosseguimento nos séculos seguintes. Basta recordar os nomes de Capassi, Blasco, Zani e Raddi. Com a unificação das coroas portuguesa e espanhola em 1580, a expedição militar contra os holandeses, instalados na Bahia (1624) e em Pernambuco (1630), viu a participação de tropas do reino de Nápoles, comandadas por Giovan Vincenzo Sanfelice, conde de Bagnoli, totalizando seiscentos homens, alguns dos quais permaneceram em terras brasileiras depois da retirada do contingente napolitano em 1640.[3] Sempre nos séculos XVII e XVIII, encontramos italianos entre os bandeirantes: os nomes mais famosos são os de Baccio da Filicaia, Antonio Dias Adorno, Mainardi, Spinosa, Cavalcanti.

Já o século XVIII foi de escassa presença italiana no Brasil, ainda que alguns engenheiros e cartógrafos tenham sido contratados pelo governo português para projetar trabalhos de interesse predominantemente militar. Em fins do Setecentos, começaram a aparecer viajantes e geógrafos, categoria que se consolidou na primeira metade do século seguinte. O nome que mais se destaca, todavia, é o do jesuíta de Lucca, Giovanni Antonio Andreoni, reitor do Colégio da Bahia e autor, em 1711, sob o pseudônimo de André João Antonil, da primeira obra sobre a economia brasileira (*Cultura e opulência do Brasil*), imediatamente confiscada pelo governo de Lisboa para evitar o aparecimento de apetites perigosos em relação à sua colônia. Jesuíta era também Giorgi Benci, que escreveu, em 1705, a *Economia cristã dos senhores no governo dos escravos*.

Em linhas gerais, entre o século XVI e fins do século XVII a emigração italiana para o Brasil é bastante insignificante e limitada a personalidades de cultura, profissionais e aventureiros. No primeiro vicênio do século XIX, ao contrário, encontramos no Rio de Janeiro um modesto núcleo que vive do trabalho manual (homens do mar, mascates, caldeireiros, alfaiates, sapateiros), do pequeno comércio ou que exerce profissões liberais (médicos, músicos etc.). Esse núcleo, na verdade reduzido, tornar-se-á mais consistente graças a uma emigração de caráter político, tanto espontânea, como forçada. O primeiro afluxo data de 1820, quando, em consequência de longas negociações entre a corte do Reino das Duas Sicílias e a corte brasileira, a primeira envia ao Brasil algumas centenas de "facínoras", que deveriam ter sido empregados num projeto de colonização.[4] O segundo, menos notável, dá-se em 1837, sendo constituído por condenados políticos,

---

3 Jaguaribe (1918); Doria (1932); Pettinati (1939, p.161-227).
4 Scarano (1956-1959).

mas também por um pequeno número de condenados por crimes comuns e um reduzido contingente de emigrantes livres de origem popular, em um total de 120 pessoas. A iniciativa foi tomada pelo Estado Pontifício após um acordo com o governo imperial do Rio de Janeiro a fim de aliviar a superpopulação das prisões do Vaticano. Os deportados eram destinados à colonização agrícola e deveriam ainda cumprir pena de vários anos, mas as condições complicadas da sociedade colonizadora fizeram que muitos deles se dedicassem a outras atividades, permanecendo na Bahia ou deslocando-se para outra província do império. Entre os extraditados políticos, muitos acabaram participando da Sabinada.[5] Ao lado dessa emigração forçada houve outra, de caráter espontâneo, de refugiados políticos, que, entre 1820 e 1848, embarcavam em Marselha ou Le Havre com destino à América do Sul. Um expoente prestigioso dessa corrente, que se amalgamou sem traumas no novo contexto, combatendo pelos mesmos ideais que haviam determinado o seu exílio, foi o médico Libero Badaró.

Com as mesmas características dos refugiados da luta pela independência da Itália, em 1836 chegarão outros expatriados importantes, diretamente da península ou de outros países latino-americanos. Será o componente mazziniano da nossa emigração política, em cujas fileiras sobressaem os nomes de Livio Zambeccari, Luigi Rossetti, Garioni, Anzani, Cuneo, Dalle Case, Messero, Gris, Teresani, Lando, Corridi e, obviamente, Garibaldi.

> Com eles, nasce oficialmente a colônia italiana, através da constituição da primeira Sociedade surgida no Brasil, Italia Unita, cujo programa, aparentemente de mútuo socorro, era alimentar uma campanha pela redenção nacional.[6]

Ao contrário de Badaró, o núcleo mazziniano manteve um estreito vínculo com a Itália e sua ação política foi caracterizada pela preeminência dada às lutas pela independência italiana, como demonstra o jornal fundado no Rio de Janeiro em abril de 1836 e denominado, precisamente, *La Giovine*

---

5 Vide Lomonaco (1889, p.422); Frescura (1904, p.85). A imigração de 1837 foi desviada para a Província da Bahia: "A colônia italiana na Bahia já foi numerosa e originou-se sobretudo de uma disposição do papa Gregório XVI (1837), o qual, a pedido de *contratadores de homens*, abriu as portas de suas prisões para um grande número de detentos, que, como *revoltosos nocivos*, foram deportados para a Bahia, desterrados por dez ou vinte anos, e alguns por toda a vida". Carpi (1874, p.348). Vide também Lodolini (1978).

6 Pettinati (1939, p.250-1). Sobre os mazzinianos no Brasil, vide Cenni (1975, p.63-100); e, sobretudo, Candido (1968, 1973); vide também Collor (1958); e Leitman (1985, p.98-109).

Italia [A Jovem Itália]. Esse desinteresse aparente ou, pelo menos, esse papel secundário atribuído aos problemas brasileiros cessa com o desenrolar da revolução republicana gaúcha. A Guerra dos Farrapos contou com a participação de muitos dos mazzinianos residentes no Rio de Janeiro. Alguns ocuparam posições de relevo na república provisória gaúcha, como Rossetti, que dirigirá o órgão oficioso da revolução, *O Povo*; Zambeccari, que será nomeado chefe de estado-maior; Garibaldi, que organizará e comandará a marinha dos rebeldes e participará da expedição contra a província vizinha de Santa Catarina, onde encontrará a companheira de sua vida, Anita; Cuneo e outros. O apoio dado à revolta fará mudar a atitude do governo brasileiro, que, depois de ter acolhido com benevolência os mazzinianos nos anos precedentes, convidá-los-á a deixar o país. Muitos deles seguiram Garibaldi ao Uruguai, onde apoiaram os republicanos daquele país contra a invasão argentina. Dessa participação nos dois países, e com o posterior envolvimento na luta final pela independência italiana difundiu-se na América Latina, mas sobretudo no Uruguai, o mito de Garibaldi e do garibaldismo, exemplo perfeito de cosmopolitismo e de luta pela liberdade também em regiões que não a do próprio nascimento, onde quer que se percebesse a validade da causa.

No Brasil, os vínculos com a Itália, no entanto, serão fortalecidos com o casamento do imperador Pedro II com Teresa Cristina de Bourbon, irmã de Ferdinando II, rei das Duas Sicílias, realizado em 1843. A chegada de Maria Teresa Cristina não teve, porém, o efeito de aumentar consistentemente a imigração italiana no Brasil nos anos seguintes: os cortesãos e os artistas que a acompanharam não parecem ter sido seguidos por um número considerável de compatriotas. Por outro lado, as condições do Brasil permaneciam pouco atraentes para uma imigração de braços, já que as necessidades de mão de obra eram quase totalmente satisfeitas pela força de trabalho escrava. Até a emigração com um grau maior de especialização redundava em tremendas decepções, como ocorreu com as dezenas de operários que saíram, em 1839, da província de Savona para ir trabalhar numa fábrica de vidros e que foram obrigados a abandoná-la pouco tempo depois da chegada.

Apesar disso, o componente peninsular aumentou gradativamente, seja pela presença, como em outros países latino-americanos e principalmente na Argentina e no Chile, de marinheiros de veleiros italianos – que, ao chegarem ao Brasil, desertavam de suas embarcações para depois se dedicarem à navegação, em particular a da pequena cabotagem –, seja para uma inicial difusão de pequenas comunidades de comerciantes não só no Rio, mas também em outros centros urbanos, seja, finalmente, pela chegada de operários contratados para trabalhos específicos, como as mil pessoas provenientes do Reino da Sardenha e chegadas à Bahia em 1858 para a construção da ferrovia Salvador-Juazeiro de propriedade inglesa, mas que já em 1860 tinham sido reduzidas em 40% devido às condições de saúde, moradias, salariais e de relações conflitantes com o pessoal britânico e com trabalhadores brasileiros. O fato é que a população italiana residente no Brasil ascendia a apenas 2.519 pessoas, no censo consular, de 1871, e a 6 mil, no mais confiável censo brasileiro de 1872, isto é, pouco maior do que o número total de entradas calculadas na Corte entre 1820 e 1869, que era de 5.127.[7]

1.2. A GRANDE EMIGRAÇÃO: OS FATORES DE ATRAÇÃO

Será a partir do fim dos anos 1870 que a emigração italiana para o Brasil começará a assumir um aspecto mais preciso e dimensões apreciáveis, e até a transformar-se em fenômeno de massa entre 1887 e 1902, contribuindo, de modo decisivo, para o aumento demográfico do país. Dos mais de 26 milhões de expatriados da península entre 1876 e 1975, os Estados Unidos absorveram 5,7 milhões deles e a América do Sul 5,1 milhões, dos quais quase 3 milhões desembarcaram na Argentina e mais de 1,5 milhão no Brasil. Segundo as estatísticas brasileiras, entre 1820 e 1972 os italianos que chegaram ao Brasil foram 1,63 milhão, número que representava 29,1% do total de imigrantes, contra 31,9% dos portugueses, 12,8% dos espanhóis e 4,4% dos japoneses. No período de maior número de entradas, ou seja, entre 1880 e meados da década de 1920, dos 3,6 milhões de pessoas que chegaram do exterior àquelas margens, 38% era constituída por italianos, percentual que sobe para 57,4%, se examinarmos apenas o período 1880-1904. Em segundo lugar, mas longe, os portugueses, depois os espanhóis e, enfim, os alemães. Entre 1876 e 1915, com 1,244 milhão de imigrantes peninsulares, o Brasil colocava-se, assim, em quarto lugar no fluxo incessante da emigração italiana entre os anos 1880 e a Primeira Guerra Mundial, depois dos Estados Unidos (pouco mais de 4,1 milhões) e não muito longe da Argentina e da França, que apresentavam, cada uma, 1,7 milhão de imigrantes daquela nacionalidade.

Que motivos levaram a imensa nação sul-americana a atrair e estimular a emigração oriunda da Europa? Uma primeira resposta, óbvia, reside na escassíssima densidade demográfica que caracterizava o país e que não podia deixar de alarmar o governo. Já entre 1818 e 1824, foram efetuadas duas

---

7 Corte (1882).

tentativas de colonização na província do Rio de Janeiro (Nova Friburgo, com imigrantes suíços) e do Rio Grande do Sul (São Leopoldo, com imigrantes alemães). Apesar do péssimo resultado de Nova Friburgo, depois da Independência, o novo governo imperial continuou perseguindo o mesmo objetivo, seja diretamente, seja estimulando as iniciativas dos governos provinciais e de particulares. A província de São Paulo, por exemplo, decidiu, em 1835, providenciar por si mesma a introdução de imigrantes e, em 1852, estabeleceu um prêmio em dinheiro para os particulares que fizessem vir colonos. Em 1861, existiam no Brasil 33 colônias habitadas por 33.970 estrangeiros; catorze anos depois, seu número crescera para 89, das quais 66 no sul (de São Paulo ao Rio Grande do Sul), mas, comprovando as dificuldades encontradas por essa política, eram pouco mais da metade das que foram criadas.[8] Essas dificuldades diziam respeito seja às disponibilidades financeiras indispensáveis para levar a cabo um projeto de semelhante alcance, seja à desorganização inerente ao sistema misto, baseado em iniciativas de particulares, do Estado e das províncias, tanto que o governo imperial foi obrigado a tentar definir uma orientação unitária à introdução de imigrantes, criando, em 1876, a Inspectoria Geral de Terras e Colonização, a que era entregue a direção de todos os serviços relacionados à colonização, à promoção da imigração espontânea ou por conta de particulares, à recepção dos imigrantes.[9] A orientação colonizadora começou a dar seus frutos, sobretudo nas províncias meridionais; no entanto, na história da imigração do Brasil, constituiu apenas uma das duas linhas seguidas, decerto não a mais importante. Para explicar a segunda, é necessário referir-nos à motivação econômica que constituía a base do grande afluxo de europeus, especialmente italianos, iniciado nos anos 1880.

A partir dos anos 1840, o café começa a substituir o açúcar como mercadoria de exportação. Num sistema de expansão vegetativa, como o brasileiro, o cultivo de novas terras e a própria manutenção do nível de produção nas propriedades agrícolas já formadas estava ligado, na ausência de qualquer aumento de produtividade, à possibilidade de reprodução da força de trabalho em ritmos crescentes. A partir de 1851, porém, isso é prejudicado pelo fechamento do único canal de aprovisionamento que os proprietários fundiários haviam conhecido até então: o tráfico de escravos da África. A nova situação criada teria podido, em teoria, ser superada através da política de imigração; de fato, porém, a mão de obra europeia não é considerada pelos

---

8 Vide Galli (1867); e Carvalho (1876).
9 Hutter (1972, p.20-1).

proprietários como alternativa à mão de obra africana, sendo vista, ao contrário, com certa apreensão, já que o regime de ocupação das terras no Brasil era livre e a terra pertencia a quem dela tomasse posse. Não é por acaso que o primeiro passo, dado em previsão de 1851, foi a aprovação, no ano precedente, da Lei das Terras, com a qual era modificado o regime vigente até então e que, com exceção das terras públicas, proibia o acesso à terra de outra forma que não a compra.

No entanto, até mesmo essa disposição não teve o efeito de convencer os proprietários fundiários a utilizarem mão de obra livre. Isso por dois motivos: 1) enquanto o fluxo imigratório se mantinha modesto, os trabalhadores europeus dirigiam-se para os poucos núcleos coloniais existentes, onde podiam tornar-se proprietários de pequenos lotes; 2) as possibilidades de arranjar força de trabalho, embora sendo diminutas, não eram totalmente inexistentes, já que a lei de 1851 se limitava a proibir o tráfico, mas não abolia a escravidão. O índice de reprodução dos escravos era, na verdade, baixo, mas as zonas agrícolas em expansão, tendo maiores recursos, podiam comprar os já existentes nas zonas pobres e com economia em decadência, como o Nordeste.

> Esse tráfico interno de escravos atenuava a urgência de encontrar alternativas, provocava nos fazendeiros o temor de perder seus passados e recentes investimentos, e gradualmente extinguiu a posse de escravos no resto do país. As fazendas do Oeste Paulista foram, portanto, o setor mais progressista e o mais retrógrado da sociedade brasileira.[10]

Apesar disso, alguns fazendeiros mais previdentes procuraram, desde os anos 1840, introduzir imigrantes. O representante mais conhecido dessa tendência foi o senador Vergueiro, que já em 1841 efetuou a primeira tentativa de exploração em parceria com noventa famílias portuguesas e, seis anos depois, com quatrocentos imigrantes alemães e suíços na fazenda de Ibicaba. Eram adiantadas aos colonos as despesas com viagem, alimentação e equipamentos agrícolas durante o primeiro ano de instalação, que deveriam ser pagas com juros anuais de 6%. Os colonos obtinham um lote para a produção de café e outro para o cultivo de gêneros de subsistência, cujos eventuais excedentes eram vendidos no mercado. Tanto no caso do café, como no dos outros gêneros, a metade do ganho auferido ia para o fazendeiro (na realidade, as porcentagens eram de 60% e 40%).

---

10 Dean (1977a, p.62).

Esse sistema, aparentemente idêntico à meação clássica europeia, dela diferia por dois motivos substanciais: 1) o colono entrava no processo produtivo como renda capitalizada, já que o fazendeiro antecipava as despesas de estabelecimento;[11] 2) quem efetuava a venda no mercado não era diretamente o meeiro, mas o proprietário.

O acordo demonstrou-se pouco remunerativo tanto para o imigrante como para o fazendeiro. No que concerne ao primeiro, além das péssimas condições a que era submetido, em termos de trabalho e relações sociais,[12] as razões de insuportabilidade podem ser resumidas em três pontos: 1) era obrigado a iniciar o trabalho crivado de dívidas, cuja extinção revelava-se particularmente difícil; 2) embora tendo sido estipulado um contrato, o fazendeiro tendia a interpretá-lo a seu bel-prazer; 3) os proprietários demonstravam uma má-fé de fundo, que se manifestava sobretudo em fraudes nos livros contábeis, nos pesos, nas medidas, nas taxas de câmbio e no preço dos gêneros que o meeiro comprava nas vendas das fazendas. Acrescente-se a tudo isso a falta de liberdade (que chegava à venda nos mercados de trabalhadores e famílias, mediante o pagamento, por parte do comprador, da dívida para com o antigo proprietário) e o quadro estará completo.[13]

O sistema propiciava uma conflitualidade acesa, como demonstram as frequentes revoltas daqueles anos, a mais importante das quais foi a de 1857. Isso dissuadiu muitos fazendeiros de tentar o cultivo do café com mão de obra imigrada: as fugas e o alto índice de abandono faziam o proprietário correr o risco de perder o dinheiro adiantado. Por volta do fim dos anos 1870, a parceria praticamente desaparecera e as fazendas eram tocadas quase exclusivamente com escravos. Em São Paulo, em 1855, as 2.618 plantações de café empregavam 55.834 escravos, num total de 62.216 trabalhadores.[14] Entre 1824 e 1851, foram importados da África 326.315 escravos; em 1872, em todo o Brasil, numa população global de 9.930.478 habitantes, 1.510.806 eram escravos e, ainda em 1888, isto é, no ano da abolição da escravatura, restavam cerca de 700 mil deles. A partir do fim dos anos 1860, o movimento abolicionista fará ouvir a sua voz e, em 1871, será aprovada a Lei

---

11 Vide Martins (1979).
12 Para uma descrição verdadeira e apaixonada de tais condições, vide Davatz (1980). Thomas Davatz, um suíço que em 1855 trabalhou na Fazenda Ibicaba, tornou-se porta-voz dos trabalhadores daquela propriedade e das fazendas vizinhas. Para uma reconstrução histórica, ver Witter (1986).
13 Vide Denis (1909, p.121-4).
14 Dean (1977a, p.41).

do Ventre Livre, que garantia a liberdade aos filhos nascidos de mãe escrava, mas só ao alcançarem a maioridade.

> Conquanto a lei [...] não teria acarretado nenhum significado prático até 1892, quando o primeiro dos nascidos completaria 21 anos, serviu, porém, para reduzir o movimento abolicionista ao silêncio durante uma década.[15]

De fato, a abolição da escravatura não foi tanto – ou não foi apenas – fruto de uma campanha humanitária, como o resultado da mudança de atitude dos proprietários fundiários em relação ao problema da mão de obra. As dificuldades crescentes em manter a disciplina através da repressão, as contínuas fugas de escravos das fazendas já haviam esclarecido aos representantes mais avançados da classe dirigente que o regime de trabalho servil entrara numa fase de desarticulação. Todavia, como o rendimento da mão de obra escrava continuava proporcionando alta rentabilidade, é compreensível que os fazendeiros não nutrissem interesse excessivo por soluções alternativas, limitadas na prática à única tentativa (fracassada) de importar *coolies* chineses e indianos. Os proprietários das novas áreas integradas ao cultivo, sem escravos adicionais a destinar para as fazendas em formação, é que pressionarão em favor da introdução de imigrantes e colocarão obstáculos para o tráfico interprovincial de mão de obra negra.[16]

A partir dos anos 1870, o sistema de parceria será abandonado em benefício do trabalho assalariado. Os imigrantes vinham da Europa às custas do fazendeiro, mas eram obrigados a aceitar um contrato de duração quinquenal e a reembolsar o custo do transporte. É provável que a expressão "escravos brancos" tenha sido cunhada nesse período. Após 1881, a província de São Paulo, dominada politicamente pelos fazendeiros, decide ajudar os proprietários, pagando a metade da passagem, mas o contrato de cinco anos permanece em vigor, bem como a cláusula do ressarcimento.[17] É evidente que essa norma opunha sérios obstáculos à imigração em larga escala, mas, por outro lado, era a única capaz de impedir a mobilidade geográfica do colono, salvaguardando, assim, o fazendeiro da perda do dinheiro antecipado para a viagem. Para que esse óbice fosse superado, era necessário que o setor público financiasse a introdução de imigrantes. Isso acontece, na província de São Paulo, com a lei de 6 de março de 1884, que previa o transporte

---

15 Hall (1969, p.29).
16 Beiguelman (1981, p.12).
17 Hall (1969, p.90).

gratuito para as famílias que se instalassem nas fazendas ou nos núcleos coloniais. O sistema, baseado em prêmios pagos aos agentes, foi reforçado com a criação, em 1886, da Sociedade Promotora de Imigração, expressão dos interesses agrários, a qual, nos primeiros três anos de vida, promoveu a introdução de 17.856 famílias, num total de 101.396 pessoas. Os custos de formação da força de trabalho eram, destarte, socializados com base no axioma imperante de que os interesses da cafeicultura se identificavam com os da nação ou, pelo menos, com os da província de São Paulo. A solução também parecia ideal para os colonos, os quais não deviam mais reembolsar a passagem.

As condições de retribuição, para o imigrante, revelavam-se aparentemente convenientes: a cada família era confiado certo número de pés de café a serem cultivados, contra um salário fixo; outro componente salarial era constituído pelo pagamento, uma vez por ano, de uma compensação proporcional à quantidade de café colhido e limpo; enfim, os colonos tinham direito a um pequeno pasto e a cultivar gêneros de subsistência (entre as fileiras de café ou num terreno específico), cujos excedentes podiam vender no mercado. As obrigações iam da carpa periódica do cafezal à prestação de alguns serviços não retribuídos na fazenda. Eram motivo de demissão: doença prolongada, negligência e embriaguez contumazes, insubordinação. O tipo de contrato era satisfatório para ambas as partes contratantes: o fazendeiro conseguia ter baixos níveis de desembolso monetário para a reprodução da força de trabalho, graças à economia de subsistência garantida ao colono,[18] e este, não tendo de arcar com grandes despesas para a sua manutenção, achava-se em condição de poder fazer economias, graças ao salário que *toda a família* ganhava durante o ano. Como veremos em seguida, esse esquema, perfeito teoricamente, encontrava graves dificuldades de aplicação, na prática, mas teve como resultado não mudar de modo substancial as relações de produção e sociais no campo:

> A exuberância da oferta e o sistema do colonato fazem que sejam eliminados aqueles problemas que pareciam implícitos na imigração europeia: a capacidade contratual do novo trabalhador da fazenda é tão escassa, que não modifica profundamente a organização produtiva desta última.[19]

---

18 Dessa forma, descarregava parte dos custos gerais sobre as comunidades urbanas, uma vez que a monocultura impedia a formação de vastas áreas destinadas à produção de gêneros alimentícios. Vide Martins (1973b, p.109).

19 Vangelista (1982a, p.41).

Este não é o lugar adequado para nos perguntarmos se a substituição de mão de obra escrava por força de trabalho imigrada teria comportado a passagem de relações de produção pré-capitalistas a relações capitalistas,[20] mas é indubitável que a tipologia clássica do trabalho assalariado não se configura no caso em questão. Isso porque a subsistência só pesa em parte no capital do proprietário fundiário, o qual paga um salário, que constitui um dos componentes do processo de reprodução da força de trabalho, mas não a sua totalidade. "O salário-aritmético é um salário que entra na cabeça do capitalista, mas que não entra no bolso do trabalhador, não produz uma relação social."[21]

Se não é possível definir como pré-capitalistas ou capitalistas as novas relações de produção que se instauram na fazenda; nada impede de considerá-las não capitalistas, inclusive se, sobretudo com o passar dos anos, elas são subordinadas às relações capitalistas dominantes em nível geral.[22]

Em todo caso, o fato é que a imigração italiana resolveu uma situação de impasse no momento em que os fazendeiros tiveram de abandonar o antigo sistema baseado na mão de obra escrava. Pode-se afirmar, ao contrário, que ela é que consentiu a abolição da escravatura. De fato, só depois de ter experimentado que o regime do colonato não punha em discussão a antiga organização produtiva, os proprietários e seus representantes políticos permitiram que fosse posto fim a uma instituição odiosa em termos éticos, mas eficaz em termos econômicos. Convirá, porém, despender algumas palavras para explicar que motivações induziram os fazendeiros a não levar em consideração, para a cafeicultura, os trabalhadores livres locais ou os ex-escravos. No que diz respeito a estes últimos, entrava em jogo uma justa desforra depois de séculos de fadigas, sofrimentos, disciplina e horários de trabalho praticamente ininterruptos:

> Para o escravo liberto, o trabalho é um estigma e essa atitude impede que o negro utilize de forma eficiente o único instrumento de integração social e ascensão de que dispõe – sua força de trabalho. A libertação é, para o escravo, uma maneira de alcançar o ócio. Mantendo o limitado sistema de necessidades estabelecido pelo regime servil, o escravo liberto tende a produzir apenas

---

20 Foi essa a tese que prevaleceu por muito tempo na historiografia brasileira (Caio Prado Jr., Celso Furtado, Sérgio Silva, Florestan Fernandes e outros), baseada no pressuposto, embora não explicitado, de que o que não podia ser definido como feudal tinha de ser considerado formalmente capitalista.
21 Martins (1973b, p.19).
22 Vide Silva (1976, p.24).

o suficiente para a mera subsistência, o que requer uma quantidade relativamente pequena de esforço.[23]

Por outro lado, nem mesmo a escassa mão de obra livre no momento da abolição parecia adaptada ao trabalho, sendo considerada preguiçosa, desleal e com pouca disposição. Ainda em 1902, um autorizado membro da Sociedade Paulista de Agricultura afirmava: "O nosso camarada nacional [...] hábil como nenhum outro para todo e qualquer serviço, é entretanto incapaz de se sujeitar a um trabalho continuado, e [...] não haverá argumento que o decida a trabalhar quando não queira, por costume ou mero capricho".[24] O trabalhador nacional, do mesmo modo que o ex-escravo, só será utilizado, portanto, como mão de obra provisória e na formação de novas plantações.

O que foi dito até aqui não deve induzir, porém, a pensar que a operação de substituição do escravo pelo imigrante tenha sido levada a cabo sem oposições, ainda que a hegemonia política dos fazendeiros de São Paulo viesse a se tornar hegemonia nacional com a proclamação da República, a transformação das províncias em estados e a ampla autonomia concedida a cada uma delas pela Constituição de 1891, que permitia que tivessem acesso direto aos empréstimos estrangeiros e ficassem com os impostos de exportação.[25] Na realidade, tais oposições prolongaram-se até 1894, sendo bem representadas pelas diatribes entre a Sociedade Promotora de Imigração, de São Paulo, e a Sociedade Central de Imigração, do Rio de Janeiro. Esta última, fundada em 1883, de cunho liberal, liderada por Alfredo d'Escragnolle Taunay e André Rebouças, crivou o governo e a imprensa de petições, libelos, cartas, e publicou um mensário – *A Imigração* –, através do qual se opunha à imigração subvencionada de massa, batendo-se a favor de uma imigração mais qualificada, que pudesse garantir a formação de uma pequena e média propriedade camponesa, minando, assim, as bases do sistema latifundiário no Brasil.[26] Embora saindo perdedora (deixará de existir em 1891), a Sociedade Central de Imigração obteve alguns resultados.

---

23 Durham (1966, p.28).
24 Apud Beiguelman (1977b, p.102).
25 Isso favorecia o estado de São Paulo, que era e continuou sendo o maior produtor de café, certamente o produto mais importante das exportações brasileiras. Vide Fausto (1977b, p.199-200). Parecia ingênua, portanto, a posição de uma parte da imprensa em língua italiana no Brasil, quando afirmava que o governo havia se empenhado na política imigratória para compensar os fazendeiros das perdas causadas pela abolição (vide *La Tribuna Italiana*, 7-8 jul. 1898). Ao contrário, foi a política imigratória que permitiu a abolição da escravatura.
26 Sobre a Sociedade Central de Imigração, vide Hutter (1972); Hall (1969, 1976).

A política imigratória do governo nacional, de fato, terá presentes ambas as posições: a que tendia a transformar o imigrante em proprietário e a que só queria braços para as plantações de café. Já em 1867, o governo imperial havia promulgado uma primeira lei sobre a imigração, que também concedia uma série de facilidades ulteriores, inclusive o pagamento do transporte, sobretudo com a finalidade de desenvolver colônias de povoamento.

Foi, porém, em particular, a Lei Glicério, de 1890, que regulamentou a matéria de maneira mais elástica do que São Paulo fizera em 1884. O transporte gratuito era assegurado, assim, não exclusivamente a famílias de agricultores, mas também a lavradores solteiros ou viúvos, de 18 a 50 anos, assim como a operários e artesãos da mesma faixa etária, mas como fração da emigração familiar. Além disso, a lei estabelecia vários favores e prêmios em dinheiro para os particulares que fundassem colônias agrícolas e de povoamento. Desse modo, o imigrante podia optar por empregar-se nas fazendas ou instalar-se nos núcleos coloniais, onde obtinha um lote de terreno pagável a prestação. Na realidade, porém, a política de colonização só se revelava realizável nos estados em que o café não era cultivado, seja porque aqueles podiam continuar importando mão de obra por conta própria, seja porque, neles, as, terras disponíveis para a colonização eram escassas e marginais. Ademais, como a formação de novos núcleos coloniais dependia da autorização do parlamento, é evidente que os estados hegemônicos teriam conseguido obstaculizar, se preciso, um fluxo de imigração demasiado abundante em direção às colônias de povoamento.[27] Contudo, isso não impedia – e, de fato, não impediu – que uma imigração desse tipo pudesse coexistir com a dirigida para as fazendas de café, contanto que não entrasse em concorrência com ela.

Em todo caso, qualquer que fosse o destino, o Brasil conheceu entre 1885 e 1894 o apogeu da política dos contratos, estipulados com empresas ou particulares para a introdução de imigrantes. O mais conhecido é, sem dúvida, o que foi firmado pelo governo federal com a Companhia Metropolitana, a qual se empenhava em trazer um milhão de europeus no espaço de dez anos. Embora esse contrato, em particular, não tenha sido cumprido, não foram raros os contratos para 50 mil a 60 mil pessoas, naquela época. O prêmio pago pelo governo ou por particulares compreendia, além do transporte, a propaganda na Europa, a qual, por outro lado, também era efetuada diretamente. Depois de 1894, com a transferência dos serviços de imigração do

---

27 Rios (1968). Sobre as políticas de imigração e os debates que elas suscitaram, vide Petrone (1987a).

governo federal aos estados, cessa na prática a política de colonização, visto que só as zonas mais ricas podiam permitir-se as despesas de introdução de trabalhadores provenientes do estrangeiro. De 1896-1897 até 1907, ano em que o governo central tornará a ocupar-se do problema, praticamente só o estado de São Paulo conseguirá importar mão de obra. Como quer que seja, tanto a cargo do governo federal como dos governos estaduais, a imigração com viagem paga, que muitos definiram como "estimulada" ou "artificial", encontrou amplo sucesso na Itália, precisamente pelas vantagens imediatas que proporcionava:

> As facilidades (de modo particular, a viagem gratuita) tiveram a função de tornar concretamente realizável o êxodo em massa do Vêneto, de proporcionar efetivamente a oportunidade de partir ao camponês e ao lavrador assalariado, em particular a este último, que dificilmente teria podido conseguir o dinheiro para pagar a viagem.[28]

É óbvio que, para financiar a imigração, foram empregadas somas enormes, tanto pelo governo central como pelos estados; mas elas foram amplamente cobertas pelos índices de exportação do café, cujo aumento contínuo foi tornado possível pelo trabalho europeu. De 1888 ao início da década de 1930, 58% dos imigrantes que chegavam a São Paulo eram subsidiados (com um gasto equivalente a 37 milhões de dólares) e esse percentual subia para 80% entre 1889 e o início do século XX.[29] Semelhante política, porém, deu lugar a protestos, queixas e controvérsias que viram como sujeitos não só os imigrantes, como também os governos e as empresas com que eram feitos os contratos. O sistema do pagamento a "tanto por cabeça", de fato, estimulava as companhias a recorrerem ao trabalho de agentes e subagentes, cujo comportamento não era, para sermos clementes, totalmente honesto. Assim, se o governo pagava a viagem quase exclusivamente a agricultores, os agentes recrutavam qualquer um, com os consequentes e inevitáveis litígios uma vez chegados ao porto de destino.

> Junto com velhos decrépitos e crianças de peito, de mulheres em gravidez avançada e fortes e jovens camponeses, verdadeiras flores de nossos campos, há refugos de toda espécie, gente que foge ao serviço militar e famílias postiças de

---

28 Lazzarini (1981, p.292). Durante poucos anos, também a Argentina subsidiou a viagem dos emigrantes.

29 Para a emigração subsidiada para São Paulo, vide Holloway (1984, p.61-109).

falsos agricultores, que tomam indistintamente os navios que fazem a rota da América, novos argonautas da miséria à conquista do pão de cada dia.[30]

Sem dúvida, os anos entre o penúltimo decênio do século XIX e o primeiro do século XX representaram, na Itália, um período de ouro para os agentes de emigração. Em 1892, existiam 30 agências e 5.172 subagentes, que, em 1895, haviam crescido, respectivamente, para 34 e 7.169.[31] São estes últimos que, passando pelas aldeias nos dias de feira ou mercado, pintam o Brasil, e sobretudo São Paulo, como o país das maravilhas, em que o ganho é assegurado e a propriedade da terra está ao alcance da mão. É contra eles que boa parte da imprensa da época dispara seus dardos, não hesitando a compará-los com os traficantes de escravos.[32]

Mas nossos camponeses eram tão vulneráveis assim? É bem improvável que o êxodo em massa tivesse sido possível se os que apresentavam o Brasil como o paraíso terrestre não tivessem um mínimo de credibilidade. Foi justamente observado que, embora os principais responsáveis pela propaganda residissem nas grandes cidades e nos grandes portos, inundando o campo com opúsculos e cartas de emigrantes "falsificadas", os verdadeiros canais de recrutamento eram outros, a saber, os agentes locais:

> Para convencer os camponeses a partir para este em vez daquele destino, não se podia confiar apenas na "credulidade" aldeã. [...] A desconfiança congênita e a legítima suspeição dos rurais, apesar de premidos pela miséria e impelidos em direção à miragem de uma vida melhor, exigiam, em suma, que quem acenasse com a alternativa concreta da emigração também estivesse em condições de oferecer, devido a seu papel e sua posição na sociedade, um mínimo de garantias. Eram, então, em muitos lugares, os prefeitos e vigários, ou então, com muito mais frequência, os secretários municipais e os mestres-escolas que assumiam essa função.[33]

1.3. A GRANDE EMIGRAÇÃO: OS FATORES DE EXPULSÃO

Apesar da insistência com que o mundo agrário denunciava o fenômeno da emigração como provocado exclusivamente pela ação embusteira dos

---

30 Ugolotti (1897, p.73).
31 Bodio (1895, 1896).
32 A obra de Ciccarese (1898) constitui uma pungente denúncia contra os agentes de emigração.
33 Franzina (1976, p.170-1).

agentes, eram bem diferentes as motivações de fundo que levavam os camponeses a abandonar suas regiões natais pelas Américas e, em particular, São Paulo, "este nome de uma grande Província da América Meridional, quase sinistro epigrama que domina o fenômeno social deste último tempo".[34] Na realidade, a emigração além do Atlântico entre 1880 e a Primeira Guerra Mundial teve causas em grande parte econômicas e o Brasil era assimilado *tout court* à América nas cantigas rurais, concisas mas amplamente alusivas às motivações de desforra em relação aos proprietários fundiários:

> *Anderemo in Mèrica*
> *In tel bel Brasil*
> *E qua i nostri siori*
> *Lavorerà la tera col badil!*[35]

A fuga, inclusive a pé em pleno inverno, para chegar ao porto de embarque – Gênova[36] – envolvia aldeias inteiras e podia assumir aspectos de verdadeira libertação. No quadro mais geral de uma emigração transoceânica que cresce a partir de 1875, para chegar a 50% da emigração total de 1888 (percentual que se manterá até a Primeira Guerra Mundial), a que ruma para o Brasil caracteriza-se, em relação às outras destinações geográficas, por uma elevadíssima composição familiar. Isso era índice, pelo menos nas intenções, da vontade de permanecer no país de destino.

A literatura sobre as causas internas da vaga emigratória transoceânica do período 1880-1914 é vasta demais para ser recordada aqui. Bastará acenar esquematicamente para o fato de que o fluxo é determinado por motivos seja de ordem demográfica (diminuição do índice de mortalidade e estabilização do índice de natalidade após 1870), seja de ordem econômica – entre estes últimos, o primeiro lugar é assumido, sem dúvida, pela depressão agrícola dos anos 1880, que provocou uma crise de disponibilidades alimentícias, pela progressiva fragmentação das pequenas propriedades rurais, pelo forte redimensionamento das rendas complementares nos campos, *in primis* pela tecelagem caseira, varridos pelo surgimento da indústria. Mas foi também a impossibilidade, para os camponeses, de conseguirem dinheiro vivo, o qual

---

34 Gregorj (1897, p.32-3).
35 Apud Franzina (1976, p.204). [Iremos para a América, para aquele belo Brasil, e aqui nossos senhores trabalharão a terra com a pá!]
36 Vide Hall (1974b, p.139).

lhes era cada vez mais necessário, e até indispensável, que impulsionou massas inteiras a atravessar o oceano:

> Os tormentos monetários, que afligiam o campo italiano e que estiveram na origem de muitas decisões de emigração e migração interna para ir ganhar onde se encontrava aquele dinheiro que não chegava a passar por mãos camponesas, chamavam-se impostos fundiários, de registro e transmissão, dívida hipotecária e colônica, usura, altos encargos de transmissão.[37]

Todos esses fenômenos, juntamente com a taxa sobre a farinha, cujo não pagamento podia comportar o confisco da propriedade, resolveram-se numa sangria do mundo camponês. Entre 1875 e 1881, foram confiscadas 61.831 pequenas propriedades, e entre 1884 e 1901, 215.759. No período de 1886 a 1900, as vendas judiciais de terras por dívidas para com particulares atingiram a cifra de 70.774.[38] O êxodo, decerto, não foi freado pelas classes dirigentes, que, ao contrário, viam com alívio uma emigração que constituía, para usar a afortunada expressão de Sonnino, uma "válvula de escape para a paz social".

Claro, havia quem se mostrasse contrário à emigração. Em primeiro lugar, os proprietários fundiários, que temiam os efeitos da visível diminuição da força de trabalho ligada ao êxodo, em termos de aumento dos salários e melhoria dos contratos em favor dos camponeses. Mas a corrente favorável à emigração, a começar pelos armadores genoveses, sempre levou a melhor e foi se fortalecendo progressivamente. Essa corrente abrigou personagens importantes, que manifestaram nítidas preferências por um fluxo direto para a América Latina em geral e para o Brasil em particular, com base até num não disfarçado espírito racista, presente, por exemplo, no próprio Nitti.[39]

---

37 Sori (1979). O dinheiro vivo servia também para o abastecimento de bens externos. Lazzarini (1981, p.187). A essas causas acrescentem-se outras de menor peso: a diminuição da procura de mão de obra no Império Austro-Húngaro e na Alemanha, tradicionais mercados de trabalho para a emigração temporária do norte da Itália, e, sobretudo, do Vêneto; a guerra comercial com a França, em 1887; o esgotamento da fase de obras públicas do período anterior.

38 Sereni (1968, p.244-6).

39 "O imenso Brasil é [...], em grande parte, povoado por raças realmente inferiores. Em sua infinita variedade de portugueses, para quem não há hipérbole que baste, os brasileiros acreditam seriamente serem eles os primeiros homens do mundo. Mas, para quem conhece a etnografia do Brasil, onde tantas nações degeneraram e onde a escravidão vingou-se, corrompendo os homens

O fenômeno da emigração não terá, no entanto, apenas explicações de fundo pietista e misericordioso, todas centradas nas condições de miséria das classes populares italianas ou nas de natureza demográfica. A historiografia mais próxima de nós apontou o dedo, sobretudo, para a importância das cadeias migratórias nas decisões de expatriação e nas estratégias do núcleo familiar, para as quais, dentro dele, é estabelecido quem são os que devem deixar o solo natal e quantos, ao contrário, devem permanecer lá, a fim de maximizar as fontes de renda.

O estabelecimento de uma cadeia determina um fluxo constante (que não exclui os retornos, mesmo temporários) de elementos de qualquer localidade para pequenos ou grandes destinos, nesta ou naquela nação. Em essência, trata-se de fluxos autorregulados e autoalimentados que se estabelecem com base em um sistema testado de troca de informações, por habitantes do mesmo vilarejo e parentes já estabelecidos nessa ou naquela área do país de destino, sobre as realidades de chegada, mas que têm também a vantagem de oferecer, por parte dos que se instalaram no exterior, uma rede de assistência no plano de moradia, de trabalho e afetivo, em terra estrangeira, a parentes, amigos ou simples conhecidos do próprio burgo, vilarejo ou município de origem. Nessa perspectiva, a decisão de emigrar é despojada dos níveis salariais ou da ilusão de conseguir obter o que se perdeu na pátria, em primeiro lugar a propriedade da terra e, sobretudo, é retirada da esfera das decisões individuais e das ditatoriais leis de mercado, com redução de custos econômicos, sociais, bem como emocionais.[40]

No Brasil se testemunhou a transferência de grande parte dos municípios do Vêneto de pequenas ou menores dimensões para colônias agrícolas, sobretudo do Rio Grande do Sul, mas também em deslocamentos de originários de outras regiões em diferentes áreas e em setores de trabalho mais variados. Durante décadas inteiras foram registradas, de fato, importantes cadeias migratórias que ligaram Castellabate (na província de Salerno) a São Paulo, Polignano a Mare (na província de Bari), bem como de Nápoles e arredores, ao bairro paulistano do Brás, Morano Calabro (na província de Cosenza) a Porto Alegre[41] e a São Paulo (onde originou o culto da Nossa Senhora Achiropita), Trecchina (na província de Potenza) a Recife, Budrio

---

livres, não é difícil entender como o único elemento forte e ativo seja representado pelos italianos." Nitti (1896, p.757). (Nitti foi primeiro-ministro italiano).

40 Os primeiros a formular a teoria das cadeias migratórias foram, há quase 60 anos, os Macdonald. Desde então, os estudos que insistem nas redes sociais se multiplicaram.

41 Sobre essa última cadeia migratória, vide Laytano (1988).

(na província de Bolonha) a Minas Gerais em geral, Tortora (na província de Cosenza) a Fortaleza, municípios da província de Lucca ao Rio de Janeiro, Fuscaldo (na província de Cosenza) também ao Rio de Janeiro, onde esses emigrados calabreses deram origem muito precocemente a uma associação beneficente – Fuscaldese, precisamente – que acolhia apenas os nativos daquele município e seus descendentes, assim como fazia, em São Paulo, a associação de socorro mútuo Colonia Polignano a Mare para os nativos daquele pequeno centro urbano.

A plena liberdade de emigrar (e fazer emigrar, como observava monsenhor Scalabrini) será reconhecida pela classe dirigente italiana com a lei de 1888, que constituirá inclusive a primeira intervenção orgânica na questão. De fato, até então, "as providências sobre a emigração foram dispersas e confundidas com as disposições de segurança pública".[42] Não foi por acaso, porém, que a lei chegou depois da tarifa protecionista que defendia os interesses agrários e constituiu a única norma até 1901, ano que será promulgada outra lei, a qual se limitará a pôr um pouco de ordem na questão dos agentes (substituindo-os pelos transportadores), a criar o Comissariado da Emigração e a instituir um fundo para a emigração com uma taxa sobre as tarifas marítimas a ser paga pelas companhias de navegação.[43] Todavia, no que diz respeito à liberdade de emigrar, esta permaneceu invariável.

Se tal é o panorama geral, não surpreende que o governo italiano mostrasse pouquíssimo interesse pela sorte que nossos compatriotas iriam encontrar no Brasil, apesar das contínuas e alarmantes denúncias que circulavam desde a metade dos anos 1880. Entretanto, vários países europeus haviam proibido a emigração subvencionada para a ex-colônia portuguesa justamente para defender seus cidadãos.[44] A atitude oficial italiana não deixava de suscitar pesadas interrogações e aflitas acusações, que pareciam plenamente convincentes:

> Compreende-se que outro governo, para eximir-se de toda e qualquer responsabilidade [...] prefira recorrer ao cômodo sistema dos chamados contratos para a introdução de emigrantes (sistema brasileiro, *patented*) com entidades

---

42 Manzotti (1969, p.38).

43 Esse imposto também foi cobrado dos emigrantes continentais a partir de 1910. Para a legislação sobre a emigração e o debate na Itália, vide Sori (1979); Filippuzzi (1976); Manzotti (1969); Ciuffoletti; Degl'Innocenti (1978); Briani (1978).

44 A França proibiu-a de 1875 a 1908. A Alemanha, de 1859 a 1896. A Bélgica, após 1890. A Espanha foi o único país a tomar tal medida depois da Itália, ou seja, em 1908.

privadas não oficiais, que não envolvam de maneira nenhuma a sua ação diplomática internacional [...]. Mas o que não consigo mesmo compreender é que possam existir governos tão pouco zelosos da sua dignidade e da sorte de seus próprios súditos, a ponto de deixarem que tudo isso aconteça sem eles, apesar deles e contra eles.[45]

A ação do governo italiano, porém, resumiu-se a apenas duas suspensões da emigração para o Brasil: a primeira, de março de 1889, devido a uma epidemia de febre amarela, revogada em julho de 1891; a segunda, de setembro de 1893 a maio de 1894, por ocasião da guerra civil no Rio Grande do Sul. Será preciso esperar o ano de 1902 para que a emigração subsidiada para o Brasil seja proibida. Mas tratar-se-á sempre de medidas meramente restritivas e não de intervenções orgânicas destinadas a garantir um mínimo de proteção para quem vivia e trabalhava no país latino-americano. Além do mais, o decreto de 1902 é promulgado (vejam que casualidade) num período em que os Estados Unidos haviam demonstrado ser capazes de absorver sem problemas grandes cotas da nossa mão de obra. A partir dessa data, em todo caso, a emigração para o Brasil sofre uma sensível queda, depois do verdadeiro *boom* iniciado em 1887, que absorveu mais de 35% do êxodo para as Américas no período 1887-1902 (Tabela 1).

Tabela 1 – Italianos entrados no Brasil entre 1836 e 1902

Ano	Estatísticas italianas	Estatísticas brasileiras	Ano	Estatísticas italianas	Estatísticas brasileiras
1836-1874	–	6.871	1889	16.953	36.124
1875	–	1.171	1890	16.233	31.275
1876	–	6.820	1891	108.414	132.326
1877	–	13.582	1892	36.448	55.049
1878	4.533	11.836	1893	45.324	58.552
1879	7.999	10.245	1894	41.628	34.872
1880	6.080	12.936	1895	98.090	97.344
1881	6.766	2.705	1896	76.665	96.505
1882	9.074	12.428	1897	80.984	104.510
1883	7.590	15.724	1898	38.659	49.086
1884	6.116	10.102	1899	26.574	30.846

---

45 Grossi (1895a, p.749). Mais tarde, Grossi integraria o CGE.

Ano	Estatísticas italianas	Estatísticas brasileiras	Ano	Estatísticas italianas	Estatísticas brasileiras
1885	12.311	21.765	1900	27.438	19.671
1886	11.334	20.430	1901	82.159	59.869
1887	31.445	40.157	1902	40.434	32.111
1888	97.730	104.353	1836-1902	936.981	1.129.265

Fontes: Para as estatísticas italianas: Rosoli (1978, p.353); para as estatísticas brasileiras: Malesani (1929, p.405); BDET, v.10, n.38-39, p.82-4, 1921.

Sempre entre 1887 e 1902, os italianos constituíram 60% do total dos imigrantes recebidos pelo Brasil. A diferença de 192.284 pessoas entre as estatísticas italianas e brasileiras deve-se seja ao fato de que até 1877 nossas fontes não registram o fenômeno, seja a outros motivos. Até 1903, as cifras sobre o assunto, publicadas pela Direção Geral de Estatística italiana baseavam-se não nas listas de embarque, mas na concessão, pelas prefeituras, do nada-consta que servia para tirar o passaporte, ao qual se acrescentavam informações de "notoriedade pública".[46] Não é surpreendente, portanto, que um sistema tão pouco confiável como esse, baseado em declarações do interessado, subestime continuamente as cifras relativas à emigração. De fato, o emigrante podia até mentir: 1) porque tinha interesse em esconder seu verdadeiro destino; 2) porque pensava ser mais fácil obter o nada-consta declarando que ia temporariamente para um país europeu; 3) porque estava na idade de fazer o serviço militar; 4) devido à dificuldade de obedecer à norma que obrigava a demonstrar a posse de meios para retornar. Além disso, não devemos esquecer que havia realmente quem emigrasse para países europeus e, não encontrando trabalho lá, decidisse partir para as Américas.[47] No que diz respeito ao Brasil, os principais portos de embarque no estrangeiro eram Marselha, Le Havre e Bordéus: já em 1883, cerca de 15 mil italianos partiram da França rumo à América do Sul.[48] Um motivo, enfim, que faz as estatísticas brasileiras e italianas diferirem é constituído pela reemigração da Argentina e do Uruguai para o país vizinho, especialmente nos períodos de crises econômicas das repúblicas platenses, ainda que ela

---

46 Sobre os mecanismos de coleta de dados e as distorções provocadas, vide Carmagnani; Mantelli (1975, p.283-97).
47 Vide Lazzarini (1981); Armani (1887).
48 Vide Malnate (1884).

fosse, provavelmente, equilibrada pelo fluxo no sentido inverso nos anos de recessão no Brasil.

As fortes oscilações registradas nas cifras dos italianos que ingressaram no Brasil durante o período da grande emigração, isto é, a partir de 1887, também merecem uma análise mais aprofundada, sobretudo porque as inversões de tendência não se verificam de acordo com regras precisas (por exemplo, um forte aumento depois de anos de diminuição e vice-versa), mas, antes, em intervalos brevíssimos, às vezes de um ano para o outro. Para compreender os motivos de tais oscilações, muito mais bruscas e frequentes do que no caso argentino, é necessário recorrer a duas ordens de fatores: a ligada a providências legislativas do Brasil e da Itália, e a relacionada aos ciclos econômicos. Se, por exemplo, tomarmos o primeiro pico de 1888, percebemos que está diretamente correlacionado ao decreto de abolição da escravatura, enquanto a queda registrada no biênio seguinte é determinada pelo decreto suspensivo em 1889. Deve-se, porém, ter presente que, enquanto tal portaria permaneceu em vigor, a emigração continuou, embora com mil dificuldades, e foi mais consistente do que indicam as cifras do lado italiano. O modo de escapar da proibição passava por partidas de portos franceses, ou, para quem tinha a possibilidade, pelo pagamento da passagem, reembolsada mais tarde, quando da chegada ao Brasil. Além disso, a crise econômica da Argentina nos anos 1890-1891 levou não poucos italianos lá residentes a atravessar a fronteira.

O segundo pico, 1891, está evidentemente ligado à cessação do decreto de suspensão, e no andamento contrário que se registra até 1897 não pode deixar de incidir a crise econômica dos anos 1890 na Europa e nos Estados Unidos. O êxodo em massa daqueles anos, contudo, também deve ser relacionado ao esforço financeiro que alguns estados brasileiros (Minas Gerais, Espírito Santo e São Paulo) fizeram para atrair mão de obra europeia depois da transferência dos serviços de imigração da União para os estados. Portanto, os motivos de ordem legislativa interagem, até aquela data, com a dinâmica conjuntural do mercado internacional de trabalho, na determinação do ritmo de afluxo da força de trabalho.

Os fatores econômicos, ao contrário, são os únicos responsáveis pela diminuição das entradas, que começa a registrar-se a partir de 1898. Para melhor compreender tal fenômeno, convém percorrer brevemente o ritmo da produção de café e de seus preços no mercado internacional. Já em 1880, o Brasil contribuía com 58% da produção mundial de café; sua participação oscilou entre 52% e 64% até 1895, salvo em 1887, ano em que caiu para 46%. Essa persistência da monocultura devia-se à conjuntura internacional, que manteve elevados os preços mundiais do produto, os quais dobraram entre

1885 e 1890. É bem verdade que começariam a diminuir no ano seguinte, mas essa diminuição seria compensada, para os fazendeiros, pela desvalorização da moeda brasileira depois de 1889, devido ao pesado déficit público e à desorganização do sistema bancário que se seguiram à proclamação da República.[49] Isso permitiu que os preços internos crescessem a ritmos mais elevados (Tabela 2). Todavia, precisamente a evolução favorável em termos de rentabilidade dos investimentos em plantações de café registrada no decênio 1885-1895 levou a uma crise de superprodução que, juntamente com a crise econômica do principal mercado para o produto (Estados Unidos), provocou uma queda tanto do preço mundial como do preço interno. A superprodução levará ao aumento do número de pés de café no estado de São Paulo, que passará de 300 milhões em 1896 a 600 milhões e 600 mil em 1900 – e a participação do Brasil pulará de 58% em 1895, para 70% em 1897 e 82% em 1901.

Tabela 2 – Exportação e preços do café no Brasil, 1887-1902

Anos	Exportação em milhares de sacas de 60 kg	Preço em dólares por cada 10 kg	Preço em mil-réis por cada 10 kg
1887	1.694	2,97	6:450
1888	3.444	2,75	5:400
1889	5.586	3,59	6:650
1890	5.109	3,75	8:150
1891	5.373	3,03	10:100
1892	7.109	2,93	12:200
1893	5.307	3,79	15:800
1894	5.582	2,94	14:700
1895	6.720	2,84	14:200
1896	6.744	1,93	10:700
1897	9.463	1,37	8:550
1898	9.267	1,10	7:300
1899	9.771	1,17	7:800
1900	9.155	1,11	5:850
1901	14.760	1,07	4:650
1902	13.157	1,01	4:200

Fontes: Taunay (1945, p.548-9); Holloway (1984, p.263).

---

49 Vide Fausto (1977b, p.202); Hall (1969, p.152).

Foi repetido frequentemente por italianos e brasileiros que a queda da imigração peninsular no Brasil a partir de 1903 deveu-se ao chamado Decreto Prinetti, do ano precedente, que proibia a emigração subsidiada para o Brasil. Na realidade, se compararmos os dados sobre os imigrantes que entraram no país e os números relativos aos preços do café, perceberemos que o afluxo sofre uma brusca redução (com aquele mínimo *lag* temporal que era indispensável para as notícias circularem através das cartas dos familiares e amigos residentes no Brasil) precisamente em correspondência com as crises de superprodução. Infelizmente, não há dados de fonte italiana sobre os retornos no período que estamos examinando; todavia, as estatísticas brasileiras dizem-nos que, apenas do porto de Santos, partiram 191 mil pessoas entre 1896 e 1902. É verdade que, em 1901, o ingresso de italianos no Brasil teve uma brusca elevação, mas, não por acaso, precisamente naquele ano (como no precedente e no seguinte), as estatísticas brasileiras registram cifras muito inferiores às reportadas pelas fontes italianas (Tabela 1). É bem provável que isso signifique que muitos dos que pediram o nada-consta para o passaporte tenham decidido, depois, não ir mais para o "reino do café" e sim rumar talvez para a Argentina, que naquele ano viu aumentar a chegada de italianos. A queda nas cotações do café determinou, de fato, um alto grau de insolvência dos proprietários fundiários, falências em série, inflação, atraso no pagamento de salários, redução das retribuições, horários de trabalho mais longos, maior disciplina e toda uma série de artimanhas, vizinhas da fraude, que serviam para compensar a diminuição dos preços com o aumento da produção.

Outra análise interessante, para o período da grande emigração, é constituída pelo estudo da proveniência regional. Os primeiros colonos que chegaram às fazendas na metade dos anos 1870 provinham dos Abruzos,[50] mas, ao mesmo tempo, ia se formando uma emigração setentrional, composta principalmente de vênetos, lombardos e trentinos, região habitada por gente de idioma italiano mas que, na época, pertencia à Áustria e que, portanto, não era registrada como peninsular quando chegava ao Brasil. Esses setentrionais se dirigiram principalmente para as áreas meridionais de colonização. Já no censo dos italianos no estrangeiro de 1881, de um total de 82.196 pessoas registradas na ex-colônia portuguesa, vênetos e lombardos eram 49,9%.[51] De fato, o componente vêneto constituirá, por longo tempo, o elemento mais numeroso da nossa emigração para o Brasil

---

50 Belli (1908, p.101).
51 Maic (1884).

(Tabela 3). Ao analisarmos a proveniência regional, algumas considerações se impõem. Se examinarmos todo o período, notaremos que, além do peso esmagador dos vênetos, trentinos e friulanos, a emigração lombarda também assumiu certo relevo, enquanto a presença mais significativa da Itália central é a dos toscanos. No que se refere às regiões meridionais, têm notável consistência os campânios, seguidos de calabreses e abruzenhos. Já na vertente da não participação, podemos dizer que são apenas quatro as regiões que não dão praticamente nenhuma contribuição ao fluxo migratório para o Brasil: a Ligúria (que prefere a Argentina), a Umbria, o Lázio e a Sardenha (regiões de escassa emigração).

Tabela 3 – Emigrantes italianos para o Brasil, conforme a procedência regional

	1878-1886		1887-1895		1896-1902		1878-1902
	v.a.	%	v.a.	%	v.a.	%	%
Piemonte e Vale de Aosta	1.767	2,5	15.198	3,1	6.598	1,8	2,5
Ligúria	558	0,8	2.823	0,6	2.098	0,6	0,6
Lombardia	6.098	8,5	60.380	12,3	20.107	5,4	9,2
Vêneto e Friuli	21.264	29,6	246.168	50,0	62.066	16,6	35,2
Emília e Romanha	512	0,7	28.876	5,8	21.386	5,7	5,4
ITÁLIA DO NORTE	**30.199**	**42,1**	**353.445**	**71,8**	**112.255**	**30,1**	**52,9**
Toscana	6.340	8,8	26.542	5,4	26.746	7,2	6,4
Marcas	147	0,2	3.875	0,8	14.671	3,9	2,0
Umbria	20	–	442	0,1	8.928	2,4	1,0
Lácio	–	–	308	–	12.273	3,3	1,3
ITÁLIA CENTRAL	**6.507**	**9,0**	**31.167**	**6,3**	**62.618**	**16,8**	**10,7**
Abruzos e Molise	3.845	5,4	17.865	3,6	47.997	12,9	7,4
Campânia	8.913	12,4	37.845	7,7	71.093	19,1	12,6
Apúlia	117	0,2	6.707	1,4	14.157	3,8	2,2
Basilicata	9.504	13,3	10.177	2,1	14.727	3,9	3,7
Calábria	12.659	17,6	27.172	5,5	31.875	8,5	7,7
Sicília	45	–	7.776	1,6	12.937	3,5	2,2
Sardenha	13	–	107	–	5.254	1,4	0,6

	1878-1886		1887-1895		1896-1902		1878-1902
	v.a.	%	v.a.	%	v.a.	%	%
ITÁLIA DO SUL E ILHAS	35.096	48,9	107.649	21,9	198.040	53,1	36,4
ITÁLIA	71.802	100,0	492.261	100,0	372.913	100,0	100,0

Fonte: Maic (1876-1924). Elaboração do autor.

Um fenômeno interessante é constituído pela diversidade de prevalência regional nos três períodos considerados. Entre 1878 e 1886, emigram apenas vênetos,[52] trentinos,[53] lombardos (especialmente para as áreas de colonização do Sul) e meridionais (dirigidos, em parte, para as fazendas, mas sobretudo, para os centros urbanos). Já entre 1887 e 1895, tem-se uma nítida maioria de setentrionais, cuja parábola segue de perto a evolução dos preços do café, enquanto o grosso da emigração meridional começará depois de 1893-1895 e tornar-se-á majoritário a partir de 1898. Isso se verifica, na minha opinião, por duas ordens de motivos: 1) os setentrionais, em particular os vênetos, permaneciam em grande parte ligados ao setor produtivo a que pertenciam na pátria, isto é, a agricultura, enquanto os meridionais iam, sim, trabalhar nos campos, mas em medida menos maciça, encontrando afazeres também no artesanato, no comércio e nos trabalhos marginais urbanos. Esse destino também poderia explicar, entre outras coisas, a maior participação de toscanos; 2) a população do sul começou a emigrar mais tarde, isto é, quando a situação criada pela crise agrária e pela tarifa protecionista de 1887 tornou-se realmente insustentável.

Um último elemento, enfim, que nos permite ter uma ideia da força de atração exercida pelo Brasil sobre as várias regiões italianas é constituído pela incidência das três grandes destinações transoceânicas sobre a emigração para as Américas e sobre a destinação geral das diversas regiões. O Brasil constituía, entre 1887 e 1902, a meta predominante da emigração transoceânica da Emília e da Toscana, além de 80% da do Vêneto e Friul (mas só 20% da sua emigração global, por causa da importância dos fluxos sazonais para os países europeus) e também tinha um peso notável nas regiões de baixa

---

52 Sobre a massiva presença de vênetos no Brasil, vide a parte que trata desse país em Ziglio (1987); Franzina (1976); e Sabbatini; Franzina (1977). Seria sobretudo a região de Polesine (Vêneto) a que mais contribuiria para a imigração no Brasil nesse período, isto é, quando terminam as grandes agitações rurais do biênio 1885-1886. Vide Lazzarini (1981, p.311-29).

53 Sobre a emigração trentina, vide Grosselli (1986, 1989a, 1989b); mas também Associazione Trentini nel Mondo (1975).

emigração (tanto transoceânica como total), como a Umbria, o Lácio e a Sardenha. A Argentina aparece como o mercado de trabalho privilegiado para o Piemonte e a Ligúria, graças aos vínculos estabelecidos em tempos mais remotos, e os lombardos se dirigem indiferentemente para uma ou outra república sul-americana – mas tanto no caso da Lombardia, como no do Piemonte, a Europa oferece outros mercados para a mão de obra excedente. Esse mercado, porém, não é levado em consideração nem pelos ligures, nem pelos emigrantes das Marcas, que afluíram maciçamente para a área platina. Enfim, é quase nulo o papel que o mercado de trabalho europeu exerce para a população meridional, a qual é absorvida em mais de 50% pelos Estados Unidos. As duas únicas regiões que fogem, em parte, a essa regra (além da Sardenha), são a Apúlia (preponderantemente para o Brasil) e a Calábria (para a Argentina, mas também para o Brasil).

A propósito da proveniência regional, devemos sublinhar que a predominância de trabalhadores setentrionais também correspondia às preferências manifestadas pelos fazendeiros por vênetos e lombardos, devido à sua parcimônia, frugalidade e, sobretudo, docilidade.[54] Em alguns contratos de introdução de emigrantes eram explicitamente excluídos emigrantes provenientes da Sicília, da Romanha e das Marcas, porque eram considerados rebeldes e mais prontos a repelir o arbítrio.[55] Na realidade, salvo as raras exceções supracitadas, os italianos em geral eram amalgamados no coro de elogios à sua capacidade de trabalho, o que se referia, no caso específico, ainda que não fosse explicitado, à sua mansuetude. Esses elogios eram normalmente acompanhados de pomposas declarações, exemplos circunstanciados, análises comparadas acerca da objetiva ascensão social a que os italianos foram ao encontro desembarcando no Brasil. Mas tudo se reduzia, no estado das coisas, a meras elucubrações ou, na melhor das hipóteses, a desejos que escassa correspondência tinham na prática cotidiana:[56] a emigração italiana veio pobre e, em grande parte, assim permaneceu. De resto, o problema da pobreza, aproximado à escassa consideração de que teriam gozado a Itália e os italianos numa relação de causa-efeito, foi um tema

---

54 Dentre as muitas referências a esse tipo de motivação, vide Moriconi (1897, p.404).

55 Vide Franzoni (1901, p.15). Também os calabreses não gozavam de muita simpatia. Vide Siculus (1902, p.297), que afirma: "Os fazendeiros, criados ainda na época da escravidão, não podem tolerar os altivos calabreses: querem um colono humilde, servil, submisso; e parece que encontraram nos vênetos o que eles procuram".

56 Para um exemplo dessa espécie, ver o discurso de Carlos de Campos, presidente do estado de São Paulo, por ocasião do banquete que lhe foi oferecido pela colônia italiana, em Camera Italiana di Commercio ed Arti di S. Paolo del Brasile (1924, p.9).

central de nossa imprensa desde o início. Para dizer a verdade, percorrendo os livros da época, percebe-se que, frequentemente, detrás das palavras pungentes do cronista, se escondia um ódio de classe dificilmente contível: "Muitas vezes, não se ouve nos bairros populares senão o linguajar das populações meridionais italianas, as quais, infelizmente, não trouxeram apenas o seu sotaque, mas também a fácil sujeira".[57]

Às vezes, para demonstrar suas teses, violentava-se uma realidade bem verificável e em patente oposição com as afirmações levianas deste ou daquele autor. É interessante, a esse respeito, a posição de quem afirmava que o sistema dos agentes "encheu-nos (como observam aqui, com razão) de tudo, menos de agricultores, em especial de ladrões, vagabundos, jornaleiros, engraxates etc.".[58] Isso, sendo de todos sabido que dois terços dos emigrantes se dirigiam para os campos. Mas o problema não era tanto de má informação, quanto de posição preconcebida. Não é por acaso que o trecho em questão foi publicado em *L'Italia Coloniale*, cujos redatores sempre foram mais favoráveis a uma emigração mais bem qualificada e capaz de manter os vínculos com a mãe-pátria, do que a um afluxo de massa, embora esse constituísse mercado de consumo para os gêneros de exportação italianos.[59] Essa posição também era compartilhada por outras escolas:

> Penso frequentemente na colossal, enorme fortuna da Itália se, em vez de mandar para aqueles países despovoados analfabetos ignorantes e pelagrosos, mandasse valorosos camponeses, inteligentes, instruídos, que aceitassem a cidadania do país de nova residência, que, portanto, salvaguardassem os direitos políticos e administrativos que lhes fossem concedidos: seriam eles os donos do país, pelo menos no interior, e muitas coisas correriam no sentido contrário do que hoje correm.[60]

A expansão do comércio *tout court*, porém, entrava na preocupação de outros autores, quando sugeriam o emprego de todos os meios para dar vigor a uma emigração qualificada, melhor ainda se intelectual.[61] E se não se conseguia dirigir levas de pessoal preparado para além-mar, havia quem

---

57 Bertarelli (1914, p.54). O deputado Macola, autor de um livro de grande êxito sobre a América Latina (de enfoque expansionista), chegou a propor que, na hora do embarque, se procedesse à limpeza e ao corte de cabelo dos emigrantes mais sujos.
58 Canella (1903, p.47).
59 Vide Annino (1976).
60 Mosconi (1897a, p.589).
61 Vide Grossi (1902d); Cocchia (1904).

pensasse em aplicar alguns estratagemas para proporcionar melhores instrumentos de adequação – e, portanto, de controle – às novas realidades. Estratagemas estes que iam da concessão de maiores meios econômicos para as escolas italianas na América; ao cabedal de noções elementares sobre os países para os quais se emigrava; e ao ensino, nas escolas normais, não só da geografia física, mas também da geografia política e comercial das principais nações americanas. Em todo caso, a curto prazo, contentavam-se com a instituição de cátedras ambulantes, como as da agricultura, que "serviriam para difundir rapidamente entre as populações rurais e nas regiões de maior emigração as noções que se procura difundir, em vão, com boletins oficiais, os quais acabam em prateleiras poeirentas, ou entre um edital de leilão e um cartaz de convocação para o serviço militar, nos esquecidos quadros de aviso das prefeituras".[62]

1.4. As condições

Recrutado quase sempre por agentes e subagentes, vendidas as poucas coisas que possuía, o emigrante encontrava-se em Gênova entregue a si mesmo, à espera do embarque. Muitas vezes, lá chegava vários dias antes, por má-fé dos agentes mancomunados com taberneiros e estalajadeiros, e era obrigado, algumas vezes, a privar-se até mesmo do que lhe sobrava. Sua sorte tampouco melhorava ao subir a bordo. As companhias mais importantes que se dedicavam ao transporte aumentaram com o passar dos anos: La Veloce, Navigazione Generale Italiana (ex-Florio e Rubattino),[63] Navigazione Italo-Brasiliana, Schiaffino Solari, Lavarelli, Ligure-Brasiliana, Lloyd Italiano, Italia, Ottavio Zino, Vincenzo Finizio, a que se juntava a francesa Transports Maritimes, que partia de Marselha. É sabido que, por trás da emigração transoceânica, havia os interesses dos armadores e das sociedades de navegação italianas,[64] que procuravam intervir inclusive com a finalidade de modificar a legislação existente.

---

62 Franzoni (1902, p.357). Para a preparação dos imigrantes nos núcleos coloniais, havia quem sugerisse a criação de escolas secundárias nos centros maiores, com professores bem pagos, vide Murri (1913, p.446).

63 Entre outras coisas, a Navigazione Generale Italiana publicava a revista *Marina, Commercio e Giornale delle Colonie*, que acolhia muitos artigos sobre o Brasil, frequentemente enganosos em relação às condições nessas terras.

64 Vide Annino (1974).

A verdadeira odisseia do emigrante começava durante a viagem, cuja duração, de dois meses de veleiro na metade do século (mas, de fato, até os anos 1870), é reduzida para 21-30 dias com a navegação a vapor. As descrições da travessia são sempre terríveis, mas não deformam a realidade.[65] Apinhados em navios habilitados para transportar um número de passageiros inferior em até um terço, pessimamente alimentados, deitados no convés inferior em beliches empilhados ou diretamente no assoalho, sujeitos às vezes a epidemias, principalmente de varíola, os emigrantes conheciam um índice de mortalidade elevado, em particular infantil. Quando não ocorriam epidemias, ou, somando-se a estas, outros fatores de que as companhias eram tanto ou até mais culpadas, faziam vítimas durante a travessia. Assim, em 1888, em dois navios que rumavam para o Brasil – o *Matteo Bruzzo* e o *Carlo Raggio* –, contaram-se 52 mortos de fome e, em 1899, no *Frisca*, 24 mortos por asfixia.[66] E bem fazia o deputado Pantano ao denunciar essas situações diante de uma Câmara mais para indiferente (pelo menos, a julgar pela carência de intervenções legislativas), numa sessão de 1899:

> Os navios eram carcaças já muitas vezes dedicadas ao transporte de carvão, cargas de carne humana, amontoada e desprotegida, cuja passagem através do oceano era assinalada por uma esteira de cadáveres ceifados pela morte nas fileiras dos emigrantes mais fracos e doentes, das mulheres e das crianças, extenuadas, mal de saúde devido a alimentos malsãos ou insuficientes, pela falta de cuidados sanitários e, é triste dizer, pela falta de ar respirável na plenitude de um horizonte livre.[67]

Uma vez chegados ao destino, os imigrantes eram alojados gratuitamente por oito dias nas hospedarias. Todavia, nos anos de grande afluência, a impossibilidade de empregar-se imediatamente fez que numerosos imigrantes fossem obrigados a vagabundar pelas ruas da cidade, ou a amontoar-se até o limite do possível nos amplos dormitórios de que a hospedaria era

---

65 Os testemunhos da época são bem numerosos, mas gostaria de assinalar aqui uma abordagem literária, mesmo porque ela representa o único exemplo de interesse desse tipo em relação ao fenômeno da emigração no subcontinente; referimo-nos a De Amicis (1889). Para dizer a verdade, ao contrário de outros países, em particular os Estados Unidos, a narrativa que trata do fenômeno no Brasil, com exceção da memorialística, parece bastante escassa.

66 Vide Missori (1973, p.97-8). Sobre a travessia, vide Lupi (1983).

67 Apud Erler (1978, p.42). No entanto, na imprensa da época, havia os que, por motivos inconfessáveis, descreviam a viagem em termos idílicos, quase como um passeio. Vide Cavallo (1889), que fala de "carne e pão fresco, fruta à vontade, vinho, animação, emoções e festinhas".

formada. A situação nesses lugares era, sobretudo em momentos de superpopulação, insuportável, e a de São Paulo (denominada "o grande matadouro de emigrantes"),[68] era assim descrita por um jornal de língua italiana: "A higiene, a moral, a alimentação, os tratamentos, são coisas de dar horror, no verdadeiro sentido da palavra".[69]

Das hospedarias, os imigrantes dirigiam-se para as zonas de destino: se decidiam arriscar a carta da colonização, o governo providenciava a viagem deles até os núcleos coloniais, geralmente no Sul do país;[70] se optavam pela fazenda (e, no caso de São Paulo, era difícil escapar dela), esperavam nas hospedarias os fazendeiros, que, através de intérpretes quase nunca dignos de confiança, ilustravam condições e salários, com base nos quais o colono fazia a sua escolha, estipulando um contrato verbal, portanto de improvável execução, sem poder ter nenhuma garantia quanto à seriedade e à solvência do proprietário. A pedra de toque de todo o sistema era constituída pelo intérprete, em geral um compatriota, o qual, precisamente por ser italiano, conquistava a confiança, quase sempre mal correspondida, dos recém-chegados.

A primeira decepção era constituída, provavelmente, pela casa: nos casebres de pau a pique, ou de pedra e cal, "o colono deveria sentir-se satisfeito se pudesse dormir sobre palha de milho, com a qual recobria o chão de terra batida".[71]

Agrupadas, como numa aldeia, de um só andar, geralmente divididas em dois cômodos, as moradias proporcionavam escassas garantias de higiene, ainda que personagens insuspeitos como o cônsul Coletti insistissem sobre as responsabilidades objetivas dos próprios colonos no agravamento do desconforto inicial:

> É justo reconhecer que, se os fazendeiros nem sempre eram zelosos em proporcionar a seus assalariados uma morada higiênica, os colonos são de uma negligência consigo mesmos verdadeiramente deplorável. O nível de limpeza

---

68 Peluso (1908, p.37).

69 *Il Ficcanaso*, 21 abr. 1893. Sobre a Hospedaria de São Paulo, vide Isenburg (1983).

70 Às vezes, porém, os próprios funcionários da imigração criavam obstáculos para manter os imigrantes em São Paulo. Vide Erler (1978, p.65, nota). Ocorria também o caso de italianos destinados a um núcleo colonial no estado do Espírito Santo serem desviados para a Bahia, a fim de trabalhar na construção de uma ferrovia. Vide Rozwadowski (1893, p.108-28).

71 Hutter (1972, p.98). O chão de terra batida será uma constante inclusive nos anos seguintes.

pessoal de nossos colonos, pouco elevado na Itália, diminui vários pontos na fazenda, porque as condições do ambiente são mais rudes que em nosso país.[72]

Que eram mais rudes, saltava aos olhos dos imigrantes desde o dia da sua chegada. Como acenei precedentemente, eram dois os componentes salariais da retribuição do colono: carpa e colheita. Durante todo o século XIX, os salários eram pagos ao término desta última operação, isto é, uma vez por ano. Só no século XX, já avançado, as contas serão saldadas a cada trimestre ou a cada mês. Precisamente quanto ao salário, o imigrante conhecia as primeiras decepções: os compatriotas já instalados apressavam-se a informá-lo, de fato, de que uma família podia cuidar em média de 4 mil a 5 mil pés, e até mais, se bastante numerosa, mas que os salários eram muitas vezes inferiores aos anunciados e, sobretudo, viam-se reduzidos por mil expedientes inventados pelo fazendeiro.

Além disso, o colono tinha direito a plantar gêneros de subsistência (as lavouras normalmente autorizadas eram milho, mandioca e feijão), ou em espaços entre as fileiras de plantas, ou num terreno *ad hoc*. A primeira hipótese era a preferida, já que a combinação das duas culturas significava economia de tempo e maior produção. Todavia, ela só se demonstrava praticável nos novos cafezais, onde o terreno revelava-se mais fértil. O fato de que a produção de subsistência era, das cláusulas do contrato, a que mais interessava aos colonos é demonstrado por suas reivindicações, que, durante décadas, não concernem tanto aos aumentos de salários, mas sim à obtenção de maior número de horas a dedicar às culturas próprias. Denis afirma que os imigrantes prefeririam ganhar 60 mil-réis a cada mil cafeeiros, contanto que tivessem cultivos intercalados, do que 80 mil-réis nas fazendas em que o terreno à sua disposição ficava distante.[73] O apego às culturas de subsistência escondia um cálculo econômico preciso, dado que os excedentes do consumo familiar eram vendidos no mercado e, portanto, constituíam uma receita monetária. E esta demonstrava-se, teoricamente, mais segura e justa que o salário. No entanto, por causa da distância dos centros urbanos e/ou da falta de comunicações, o colono muitas vezes era obrigado a vender seus produtos ao próprio fazendeiro, que os comprava por preços bastante inferiores aos de mercado. Por outro lado, o isolamento levava os trabalhadores a comprar os gêneros de que necessitavam na venda da fazenda, embora esta praticasse preços exorbitantes e não existisse nenhuma obrigação formal

---

72 Coletti (1908c, p.378).
73 Denis (1909, p.140).

para isso. Tampouco deve ser esquecido que se tratava do único lugar em que podiam comprar a crédito e, às vezes, do único em absoluto, já que alguns fazendeiros, sobretudo nos primeiros anos, pagavam o salário com vales.

Os primeiros contatos do imigrante com a fazenda costumavam ser traumáticos. Embora habituados a uma vida de fadigas e privações, os camponeses italianos haviam conhecido na pátria certo grau de liberdade pessoal que, no Brasil, faltava imediatamente. O mundo do café era um mundo fechado, impenetrável, sujeito a leis próprias, onde o fazendeiro era senhor absoluto:

> Um patrão que, por natureza e por educação, não sabe nem apreciar, nem respeitar, salvo raras exceções, a dignidade e os direitos do trabalho livre, que pode o que quiser, não porque sua vontade seja lei, mas porque a lei diante dele não quer sê-lo ou é impotente.[74]

Habituado a comandar os escravos, o proprietário fundiário não abdicava da sua mentalidade, e só depois de muitos anos começou a fazer algumas concessões no plano da disciplina e dos métodos para mantê-la. Assim, os imigrantes encontravam-se imediatamente diante de uma fileira de capangas, e seu horário cotidiano era marcado pelo toque do sino no início e no fim do trabalho. Ninguém podia afastar-se da fazenda, nem mesmo no domingo, ou receber parentes e amigos sem a autorização do fazendeiro ou do administrador. Acontecia também que os filhos do colono fossem mantidos como reféns, até que este saldasse dívidas eventuais. Mas os abusos verificavam-se sobretudo no plano da violência física generalizada, que previa o emprego descarado do chicote, como nos tempos da escravatura: "Os pobres colonos – os servos infelizes da gleba, os párias do novo mundo – sangrados pelos patrões e chicoteados até sangrar pelos capangas".[75] Não era, todavia, apenas o emprego das ameaças e da força bruta que impedia que o colono salvaguardasse sua condição econômica e social:

> A impossibilidade, de parte dos imigrantes, de obter proteção legal contra os fazendeiros foi um importante fator nesse sentido, além da violência física.

---

74 Scalabrini (1890, p.470).
75 *La Battaglia*, 26 jun. 1904. Em se tratando de um jornal anarquista, a análise poderia parecer partidária, mas ela é sustentada por testemunhos consulares e de viajantes que denunciavam essa violência transformada em norma. Vide, entre outros, Rossi (1902, p.19); Coletti (1908b, p.42); Tedeschi (1907, p.25).

Isso significava, por exemplo, que o fazendeiro era livre para praticar uma série de abusos econômicos contra seus trabalhadores. Os métodos variavam conforme a amplitude da oferta do momento e outros fatores, mas o objetivo era apropriar-se de todo excedente criado pelos colonos. Entre os expedientes utilizados, havia as multas, os armazéns das fazendas, o confisco de produtos, a adulteração de pesos e medidas e a retenção dos salários.[76]

Já falamos das vendas. O confisco ocorria, em geral, com o pretexto de uma posição devedora do trabalhador, enquanto a adulteração dos pesos e medidas verificava-se por ocasião da colheita, subestimando-se o alqueire. Mas foi sobretudo através das multas que os proprietários limitaram os seus desembolsos monetários. Qualquer motivo, até o mais fútil, era bom para deduzir da caderneta somas consideráveis: ia-se da falta de respeito à inobservância da norma que impunha apagar as luzes às 8 da noite, das ausências injustificadas à recusa a realizar determinados trabalhos e a mil pretextos que, cada vez, a férvida imaginação do fazendeiro conseguia inventar. Não foi por acaso que as multas se tornaram mais frequentes e mais elevadas a partir do declínio dos preços internos do café.

Apenas de um ponto de vista pode-se afirmar serem as condições dos imigrantes melhores do que na Itália: no que diz respeito à alimentação.[77] É bem verdade que, durante o primeiro ano, o consumo era algo racionado (a farinha de trigo era um luxo e comia-se carne no máximo uma ou duas vezes),[78] mas, depois da colheita, as coisas melhoravam e à mesa da família de colonos compareciam, além da polenta, do arroz e do feijão, também carne de porco, hortaliças e frango.

Não tão positiva era a situação do ponto de vista sanitário. Além da malária (que na própria Itália fizera 21 mil vítimas apenas no ano de 1887), o Brasil inteiro era abalado sistematicamente por epidemias, sobretudo de varíola e febre amarela. Será preciso esperar o primeiro decênio do novo século para que a febre amarela seja debelada no Sul do Brasil e em São Paulo. Além desses riscos gerais, os trabalhadores do café estavam sujeitos a perigos específicos: tracoma, ancilostomíase e o famoso bicho-do-pé (*dermatophilus penetrans*). Assim um camponês trevisano descrevia o maligno parasita:

---

76 Hall (1969, p.128).
77 Ibid., p.135-6; e (1974b, p.145).
78 Dean (1977a, p.168).

No trabalho em que estamos, somos atormentados por muitos insetos provenientes dos bosques vizinhos e, à noite, quando nos recolhemos, em vez de repousar, temos de arrancar certos bichos que se enfiam nos pés e que, se não são tirados logo, incham as pernas e, se não são controlados, podem provocar a morte.[79]

O problema era agravado pela total falta de assistência médica nas fazendas, pela distância dos centros urbanos e, consequentemente, pelos valores exorbitantes pedidos para consultas a domicílio: até mesmo uma doença de pouca duração podia inutilizar meses ou até anos de economias. Para chegar a uma conclusão acerca das condições dos imigrantes nos cafezais, para lá das visões catastróficas e dos pontos de vista inexplicavelmente otimistas,[80] parece bastante improvável que o nível de vida dos camponeses italianos tenha medianamente melhorado. Inclusive quem emitia um juízo substancialmente positivo (ainda que com inúmeras reservas) sobre a situação econômica do colono[81] devia reconhecer que ela era, ao contrário, muito grave do prisma ético e social. Até mesmo sob o aspecto meramente econômico, todavia, as coisas pioraram notavelmente a partir da metade dos anos 1890, com a crise de superprodução: o número de reclamações apresentado ao consulado italiano de São Paulo, que já era superior a 5 mil entre 1892 e 1896,[82] aumentou consideravelmente nos anos seguintes. No período 1898-1904, os colonos alardeavam um crédito global de vários milhões de liras.[83] Se, por um lado, isso demonstrava que as possibilidades de poupança

---

79 Franzina (1979, p.154). Pessoas não sujeitas aos trabalhos na fazenda e fervorosas admiradoras do Brasil, contudo, julgavam facílima a extração do bicho-do-pé (com um alfinete), e que bastava cuidar um pouco da higiene dos pés todas as noites. Vide Belli (1888, p.14). Com relação ao tracoma, um autor brasileiro ousava afirmar, *pro domo sua*, que havia sido trazido pelos imigrantes. Vide Pestana ([s.d.]). Sobre a ancilostomíase, vide também Manzotti (1902).

80 Ou, talvez explicavelmente, otimistas em excesso, como as de Malan, diretor e proprietário da revista *Il Brasile*, que afirmava: "Quem diz que o branco é aí tratado como escravo é um brincalhão, pelo simples fato de que o colono só trabalha quando bem entende [...]. Uma família trabalhadora e honesta, em dois anos de serviço numa fazenda, pode ganhar o suficiente para estabelecer-se por conta própria, pagando à vista seu lote de terra" ("Colonizzazione", *Il Brasile*, v.1, n.2, p.154-5, 1887). Malan (que minimizava até os riscos da febre amarela), coincidentemente, através da revista, trabalhava como intermediário dos fazendeiros que procuravam conseguir famílias rurais na Itália. Curiosamente, após uma visita à sua terra, em 1891, sua postura mudou, tornando-se ele crítico da imigração subsidiada.

81 De Zettiry (1892, p.151-2); Grossi (1902d, p.44-5).

82 Mosconi (1897b). Quase todo o livro compõe-se de trechos escolhidos dessas reclamações.

83 Vide *Il Brasile e gli Italiani*, 1906.

existiam, por outro deixava patente uma situação de insolvência crônica dos fazendeiros, que se resolvia, para os imigrantes, no aborto de qualquer perspectiva de compra da terra.

Na verdade, as coisas nem sempre foram assim. Os camponeses italianos que chegaram entre 1885 e 1895 haviam encontrado condições que consentiam a acumulação de um pequeníssimo capital, com o qual poderiam comprar um pedaço de terra. Até mesmo um crítico autorizado da emigração para as fazendas, como monsenhor Scalabrini, reputava, por volta de 1895, que 10% a 12% dos colonos estivessem em condições de fazer economia[84] e, alguns anos antes, 9 das 11 respostas a um questionário enviado pela Sociedade Geográfica Italiana eram muito mais otimistas.[85] De fato, contribuíam para a formação do pecúlio as próprias características da família camponesa peninsular, sobretudo vêneta: frugalidade, espírito de sacrifício, parcimônia, que tocava as raias da mesquinharia, e até mesmo a estrutura patriarcal. Com efeito, as possibilidades de ganho ligavam-se ao número de pessoas aptas ao trabalho, e a família era explorada até os limites do lícito: as crianças italianas já começavam a trabalhar entre os pés de café na idade de 6-7 anos. Por outro lado, a rentabilidade dos cafezais era tão elevada (80% do capital, até mesmo nos anos de superprodução),[86] que permitia, ao menos em teoria, o pagamento de salários proporcionais. Se isso não aconteceu, não foi apenas devido à mentalidade escravista ainda imperante, mas também por um cálculo preciso a longo prazo. Se o imigrante tivesse podido tornar-se facilmente proprietário, o fazendeiro teria encontrado sérias dificuldades para arranjar a força de trabalho de que necessitava. O preço da terra já aumentara graças à lei de 1850; só faltava, pois, intervir nos salários, inclusive através de sistemas arbitrários, como os já descritos. Apesar disso, e contanto que subsistissem determinadas condições (além da frugalidade e da família numerosa, eram necessários: ausência de doenças, proximidade de um centro de consumo onde pudesse vender os excedentes, fazendeiros que não aplicassem um sistema de multas demasiado severo e que fossem pontuais nos pagamentos), alguns imigrantes podiam se tornar proprietários de um pequeno pedaço de terra no espaço de sete a nove anos. Todavia, a partir de 1896-1897, com a diminuição dos salários e do número de fazendas em que vigoravam condições suportáveis, essa perspectiva foi se tornando cada vez mais remota. Não é por acaso que, apesar do fluxo contínuo de emigrantes

---

84 Scalabrini (1895).
85 Società Geografica Italiana (1889).
86 Dean (1971).

nos anos precedentes, em 1904-1905 só existiam no estado de São Paulo 8.392 proprietários estrangeiros, dos quais 5.197 italianos.[87]

1.5. O debate na Itália

As condições descritas e as denúncias cada vez mais numerosas da imprensa e das publicações italianas induziram o Comissariado Geral da Emigração (CGE) a enviar, no início de 1902, um encarregado seu – Aldo Rossi – a fim de examinar de perto a situação. O relatório de Rossi, publicado no *Bollettino dell'Emigrazione* em julho do mesmo ano, acentuava os traços negativos, esboçando em tintas sombrias, com base nos depoimentos recolhidos, um quadro dramático: mulheres violentadas, homens chicoteados, disciplina que "faz a fazenda parecer uma colônia de condenados com domicílio obrigatório", doenças, omissão ou atraso no pagamento dos salários, miséria. Depois de ter observado que, precedentemente, uma família média podia comprar um pedaço de terra depois de quatro a cinco anos, Rossi prosseguia:

> Hoje, um colono não ganha, em média, em dinheiro, mais de mil réis por dia e raramente o recebe de modo integral [...] Os neoimigrados passam literalmente fome, o que não é incomum. [...] Ora, a quem quer que venha examinar o problema *in loco*, tal situação parece intolerável: enquanto, por um lado, milhares de famílias se submetem a duras privações, doenças e a uma pavorosa mortalidade infantil, por outro põem-se em grande embaraço as nossas autoridades consulares, continuamente pressionadas por famílias que pedem proteção, socorro e repatriação.[88]

Com base no Relatório Rossi, a Itália promulga, com extrema solicitude, com data de 26 de março de 1902, o chamado Decreto Prinetti, do nome do então ministro do Exterior, que, na realidade, era um Decreto Bodio, diretor do CGE. Esse decreto proibia a emigração subsidiada para o Brasil de grupos coletivos, a não ser com base em contratos aprovados pelo CGE. O recrutamento só podia ser efetuado através do Comissariado ou de instituições de assistência, como a Umanitaria, a Bonomelli etc. Permanecia livre a

---

87 Martins (1981, p.21).
88 Rossi (1902b, p.4-6).

emigração espontânea e a previamente paga por indivíduos isolados chamados por parentes já instalados no Brasil.

As cifras das saídas da península itálica caíram vertiginosamente já a partir de abril de 1902: o Relatório Rossi e, mais ainda, o decreto proibitivo suscitaram violentas reações no Brasil, tanto de parte dos brasileiros, como de muitos italianos lá residentes, e também alguma reação na Itália. Censurava-se Rossi, na melhor das hipóteses, por ter acentuado os aspectos mais sensacionalistas de uma situação substancialmente verídica, mas omitindo outros.[89] Nos anos seguintes, foram numerosíssimos os contrarrelatórios de italianos que viviam no Brasil, destinados a confutar algumas ou muitas das conclusões de Rossi.[90]

A presença de teses opostas não constituía, em todo caso, grande novidade, tendo acompanhado a emigração para o Brasil desde o início do êxodo. Com efeito, as publicações italianas e em língua italiana tenderam frequentemente, e continuarão tendo em seguida, a pintar a república de além--mar como infernal ou paradisíaca. Tons matizados e meias medidas, ainda que não raríssimos, são sufocados pela maré de louvores ou de invectivas,[91] às vezes de boa-fé, mais frequentemente interessadas, que fluem, copiosas, das páginas de livros, jornais e revistas. Favoráveis *tout court* com base em informações erradas e escasso conhecimento da realidade são os autores que, muitas vezes, nem puseram os pés em solo brasileiro;[92] ou, caso contrário, que lá estiveram em missão oficial, só vendo o que se queria que vissem.[93] Junto desses, há uma série de escritores que, embora conhecendo bem o Brasil, pintam em tons extremamente otimistas (é bem provável que de boa-fé) as possibilidades para a nossa emigração, tanto passadas, como presentes.[94]

---

89 Vide Canella (1903), que representa o mais duro e o mais fundamentado ataque ao Relatório Rossi.

90 Observe, por exemplo, os números de *L'Italia Coloniale*, de 1902 a 1904. O próprio Rossi (1907) atenuará, em parte, a dureza de seu tom num artigo posterior. O CGE publicará, de sua parte, um ensaio em que as condições dos italianos nas fazendas serão descritas de forma menos trágica, mesmo que em termos não lisonjeiros. Vide Pio di Savoia (1905).

91 Entre as posições intermediárias, assinalamos Rotellini (1901).

92 Vide, somente para assinalar vários períodos, Lomonaco (1876) e Bonacci (1920). Entre outras coisas, Bonacci escreve que, "para os trabalhos mais pesados, os italianos se servem de negros e índios", p.130.

93 Caso típico o do deputado Luciani, que, entre outras coisas, confunde a data da Lei Prinetti, mudando-a para 1904, o que não é nada mau para quem chefiava uma missão oficial a fim de tratar dos problemas da emigração. Vide Luciani (1920).

94 Vide Piccarolo (1911), por tratar-se, salvo outro motivo, de um socialista que se transferiu para o Brasil. É interessante notar que os defensores do Brasil atribuíam parte da responsabilidade

Também existe, contudo, bom número de personagens que constroem, por dinheiro, panegíricos absolutamente inacreditáveis. A compra de jornalistas e intelectuais, de fato, é estigmatizada frequentemente e, às vezes, eles até são acusados de terem se tornado, depois de uma breve permanência no Brasil, executores de contratos de introdução de emigrantes.[95]

Um dos destinatários dessas acusações era Alessandro D'Atri, ex-socialista, ex-deputado, cujo caso levantou tal clamor que constituiu objeto de discussão no Senado brasileiro.[96] O descaramento de D'Atri levava-o a afirmar sem rodeios que, se os colonos italianos se lamentavam, isso só ocorria por causa da sua avareza e cupidez.[97]

Outra forma de intervenção dos fazendeiros era constituída pelos financiamentos concedidos aos periódicos em língua italiana impressos no Brasil, mas que também circulavam na Itália, prática que Martinho Prado, irmão do ministro da Agricultura, confessou ser muito comum.[98] Compilar uma lista dessas é impossível, mas, com base nos artigos que publicavam, podemos indicar como revistas subsidiadas *L'Immigrante, Gli Italiani al Brasile*, a católica *L'Amico del Lavoratore, Il Colono Italiano, L'Italia*.

Se, entre os apologistas do Brasil, vasto percentual é marcado por posições preconcebidas, falta de informação e má-fé, os denegridores estrênuos apresentam as mesmas características. Isso não significa, obviamente, que não houvesse autores cujo único móvel era a denúncia altruísta dos vários dramas a cujo encontro ia o emigrante;[99] mas, curiosamente, os detratores do Brasil eram, com maior frequência, exaltadores da Argentina, o que

---

    pela opinião negativa dominante ao corpo diplomático: "O Brasil, afora poucas exceções, é considerado um lugar de punição pelos ilustres funcionários do governo. Poderíamos citar um deles, que passeia pelas ruas da cidade segurando constantemente uma pedrinha de cânfora sob o nariz para resguardar-se da febre amarela. É fácil imaginar o quanto serão favoráveis ao Brasil as informações que enviará ao nosso governo". De Zettiry (1895, p.10-1).

95 Cattaruzza (1893, p.175). O rigor de Cattaruzza, porém, lembra muito de perto a fábula da raposa e das uvas, uma vez que, depois de apenas seis anos, ele também introduzirá um grupo de imigrantes no Norte do Brasil, em condições climáticas e ambientais desastrosas.
96 Hall (1969, p.118).
97 D'Atri (1888b, p.68). Durante quarenta anos, D'Atri escreveria inúmeros artigos e livros nesse tom.
98 *Gazeta de Notícias*, 12 jul. 1890 apud Hall (1969, p.118).
99 Típico o exemplo dos socialistas e dos anarquistas, como Gigi Damiani (que publicou em 1920 um livro com título bem explícito: *I Paesi nei Quali non si Deve Emigrare. La Questione Sociale nel Brasile*), e dos jornais operários em língua italiana; vide o artigo de quatro colunas, intitulado "Contro l'emigrazione pel Brasile", apelo enviado para toda a imprensa libertária da Europa, com pedido de publicação (*La Lotta Proletaria*, 14 out. 1908).

suscita sérias suspeitas. Bastará um só exemplo para reproduzir o panorama da situação:

> É simplesmente assustador o que acontece continuamente nas trópicas regiões brasileiras, regiões impossíveis para o europeu e, menos ainda, para os agricultores italianos, noventa por cento dos quais estão sujeitos à febre amarela, sendo raros os que têm a sorte de escapar da morte.[100]

As populações locais eram descritas como menos civilizadas que os "somalis e os zulus", os colonos "abatidos pela fome, aviltados, amarelos, queimados pelo sol", cotidianamente trucidados pelos negros.[101]

Análogas incorreções e falta de informação, por outro lado, estavam presentes em quem denegria a Argentina para exaltar o Brasil,[102] embora existisse uma polêmica, talvez não pacata, mas, sem dúvida, em níveis mais elevados, que repercutia inclusive em seminários, como o Segundo Congresso Geográfico Italiano, que assistiu a uma oposição acesa entre os argentinófilos (Scalabrini) e os brasileirófilos (De Zettiry).

Já quem não fazia distinções entre os dois países e apoiava a emigração para ambos era aquela corrente heterogênea (oposição liberal, católicos, alguns setores protecionistas), de que *L'Italia Coloniale* e o *Giornale delle Colonie* foram os porta-vozes mais significativos, favorável a uma expansão na América Latina numa ótica antiafricanista.[103] Mais longe ainda iam os defensores do mito da *più grande Italia* [Itália maior], que assumia, além dos aspectos comerciais, um vulto nitidamente político. De acordo com esse ponto de vista, "a Itália poderá opor a massa gigantesca de seus trabalhadores, que também são força e valor, pois que, em última análise, capital e

---

100 Colmegna (1898, p.5). O autor viveu durante quinze anos na Argentina, país que descrevia como "um paraíso".

101 Ibid., p.9. A lista de autores que descrevem o Brasil com tintas carregadas, visando exaltar a Argentina, poderia estender-se infinitamente, mas aqui basta citar alguns deles: Moriconi (1897), que, aliás, era funcionário do serviço de emigração; Laudisio (1887). Este, na realidade, é o menos rude, e por isso mesmo mais eficaz. Põe em discussão até a fertilidade do solo, não nas fazendas, mas nos núcleos coloniais do Sul do Brasil, em relação à grande opulência das terras platinas.

102 Vide Malan (1887a); Veritas (1890). Em ambos os casos, fala-se de espancamentos, homicídios, estupros, doenças, altos índices de mortalidade etc. Para um panegírico do Brasil, ver também Vincenti (1903).

103 Vide Annino (1976, p.424-5).

trabalho se equivalem",[104] ao imperialismo militar e à penetração econômica de outros países. O que se pretendia era a criação de fortes unidades étnicas na terra americana, através das quais seriam transmitidas as tradições, a língua e a cultura italianas:

> Novas Itálias, portanto, não; mas [...] povos densos e galhardos de civilização latina, com costumes nossos, assimilados pelo nosso gênio, vivificados continuamente por um incessante movimento emigratório proveniente da Itália e com ela em relação perene, intelectual e material.[105]

1.6. O REFLUXO EMIGRATÓRIO (1903-1920)

A emigração para o Brasil começa a declinar já a partir de 1902, numa inversão de tendência que não conhecerá mais pausas, alinhando-se, em valores anuais, em torno de 17 mil unidades. Os Estados Unidos tornar-se-ão, nesse período, o destino de longe predominante, mas a Argentina também terá suas quotas aumentadas, graças, precisamente, à situação brasileira (Tabela 4).

Tabela 4 – Emigração italiana para a América, 1903-1920

	v.a.	Média anual	% da emigração para a América	% da emigração total
Brasil	306.652	17.036	6,1	3,5
Argentina	953.453	52.970	18,9	10,9
Estados Unidos	3.581.322	198.962	70,1	40,8

Fonte: Maic (1876-1924).

O Decreto Prinetti permanece em vigor e é reconfirmado pelo decreto do Ministério das Relações Exteriores, datado de 2 de fevereiro de 1906, em que se estabelecia que passagens de chamada pagas antecipadamente por parentes próximos residentes no Brasil deviam ser munidas do nada-consta consular. Tentativas de pressionar o CGE foram efetuadas em 1912 pelas companhias de navegação italianas, que, em setembro do mesmo ano,

---

104 Ubaldi (1911, p.7).
105 Sanmiatelli (1904, p.281). Sobre o mito da "più grande Italia", ver sobretudo Macola (1894). O livro de Macola teve grande repercussão na época.

estipularam um contrato com o Brasil para a exploração de uma linha direta para o Rio de Janeiro e Santos, com escalas na Bahia ou Pernambuco e em dois portos do Mediterrâneo, fora da Itália. A linha, que tinha oficialmente o objetivo de facilitar a colonização e desenvolver as exportações brasileiras, era subvencionada com a soma de 100 mil liras por viagem, dois terços a cargo do governo federal e um terço do de São Paulo. O CGE, que devia renovar, como todos os anos, as patentes dos transportadores, considerou que por trás daquele acordo se escondia a vontade de burlar o Decreto Prinetti, facilitando a emigração clandestina (sobretudo nos dois portos do Mediterrâneo, explicitamente mencionados), e negou a autorização.[106]

O estado de São Paulo pareceu sofrer muito com as novas dificuldades para conseguir força de trabalho, inclusive considerando o fato de o governo espanhol proibir a emigração subvencionada para o Brasil. Ela continuará, em todo caso, até 1927, defendida ardorosamente pelos fazendeiros, que chegaram até a abrir mão da questão dos núcleos familiares, aceitando colonos isolados[107] e tentando, também, jogar a cartada da imigração japonesa. A iniciativa não proporcionará, todavia, os resultados esperados,[108] e será necessário recorrer ao sucedâneo constituído pelas migrações internas, sobretudo do norte e do nordeste.

De qualquer forma, os italianos serão batidos por outras nacionalidades, fixando-se em 19% da cifra do total das entradas no Brasil entre 1903 e 1919, contra 21,9% de espanhóis e 36,9% de portugueses. As próprias diferenças entre as estatísticas italianas e brasileiras confirmam que o Brasil não constituía mais uma meta atraente. Se, de fato, nos anos precedentes, o número de ingressos registrados no Brasil era sempre superior em relação à saída da Itália, entre 1902 e 1920 a tendência se inverte (306.652, segundo as fontes italianas; 257.916, segundo as fontes brasileiras), salvo no período bélico. Isso demonstra que muitos emigrantes potenciais renunciavam a partir ou decidiam ir para outro lugar.[109]

---

106 Vide "Atti relativi..." (1914); Bonardelli (1914a); Cabrini (1913b). Para uma crítica à decisão do Comissariado, vide Cusano (1913).
107 Vide Beiguelman (1981, p.52).
108 Guerra (1910).
109 É importante ressaltar que até 1914 as modificações introduzidas na coleta de informações ficaram esquecidas, permanecendo como fonte principal a declaração de quem solicitava o nada-consta. Vide Carmagnani; Mantelli (1975). A bem da verdade, a partir de 1902, o CGE começou a apresentar estatísticas alternativas às do Maic, com base nas listas de embarque nos portos italianos. No entanto, como uma parte dos emigrantes embarcava em portos estrangeiros, e o Comissariado considerava como tais somente os passageiros de terceira classe, as

A análise da proveniência geográfica também mostra que a emigração se diversifica quanto à composição profissional. Os vênetos e os lombardos, que constituíam o componente seguramente camponês, sofrem uma queda na participação na emigração, enquanto se mantêm estacionários piemonteses, lígures e toda a Itália central. Cresce, ao contrário, de maneira visível, a participação meridional: todas as regiões, exceto Abruzos e Sardenha, conhecem aumentos significativos e, em alguns casos (Sicília, mas, sobretudo, Calábria), até mesmo notáveis (Tabela 5). A maior participação do Sul tende a demonstrar a diferente composição profissional: de fato, é sabido que os meridionais emigravam preferencialmente sem família e privilegiavam as ocupações urbanas.

Tabela 5 – Imigrantes italianos no Brasil, conforme a procedência geográfica 1903-1920

Regiões	v.a.	%
Piemonte e Vale de Aosta	16.773	5,5
Ligúria	3.849	1,2
Lombardia	19.388	6,3
Vêneto e Friuli	36.212	11,8
Emília e Romanha	9.103	3,0
ITÁLIA DO NORTE	85.325	27,8
Toscana	21.428	7,0
Marcas	6.381	2,1
Umbria	2.428	0,8
Lácio	3.395	1,1
ITÁLIA CENTRAL	33.632	11,0
Abruzos e Molise	23.065	7,5
Campânia	46.123	15,0
Apúlia	16.154	5,3
Basilicata	17.996	5,9
Calábria	58.595	19,1
Sicília	24.966	8,1
Sardenha	796	0,3
ITÁLIA DO SUL E ILHAS	187.695	61,2
ITÁLIA	306.652	100,0

Fonte: Maic (1876-1924).

estimativas são inferiores à realidade. Carmagnani e Mantelli calculam que a emigração efetiva tenha sido de 217.965 pessoas (p.293).

Apesar das restrições colocadas pelo Decreto Prinetti, a emigração subsidiada continuou, ainda que entre mil dificuldades. É interessante notar que uma parte da colônia italiana – não por acaso a que alcançara uma posição mais importante – foi a primeira a se manifestar contra o decreto de 1902.

Isso se devia, em boa medida, ao fato de que os emigrantes constituíam na fazenda, mas sobretudo na cidade, um mercado de consumo para quem se tornara industrial ou comerciante, além de, naturalmente, força de trabalho agrícola e operária. De modo igualmente natural, essa camada social dispunha de instrumentos de pressão – em especial a imprensa em língua italiana –, através dos quais pedia em altos brados a abolição do Decreto Prinetti. Contra essa imprensa e as agências de navegação, unidas numa só denúncia, elevavam-se os clamores e as acusações do movimento operário no Brasil e, também, de alguns setores na pátria:

> Sabemos que nossos pasquins de São Paulo e do Rio – órgãos do banditismo dominante e de toda a canalha local –, vendidos ao governo e aos fazendeiros, contribuem com todas as suas forças para manter de pé o engano, a fim de reativar a emigração para o Brasil, seja exaltando as glórias que este país não tem, seja escondendo as suas iniquidades e os seus horrores. Sabemos, enfim, que a Compagnia Generale di Navigazione Italiana e outras companhias marítimas ainda prestaram todo o seu auxílio a essa obra superlativamente infame, facilitando com seus vapores e suas tripulações – em desprezo de todas as disposições legais sobre a navegação – a emigração clandestina.[110]

A acusação lançada às companhias referia-se ao primeiro dos subterfúgios usados para eludir o Decreto Prinetti: de fato, já em maio de 1902, o governo de São Paulo concedia um prêmio de 50 liras a cada imigrante que entrasse no estado, ou, alternativamente, à companhia de transportes que o introduzisse. Paralelamente, vinha difundindo-se a prática de distribuir passagem direta aos interessados, enquanto o trabalho de propaganda se tornava mais dissimulado, mas nem por isso menos enganador.[111] O principal meio empregado para incrementar a emigração clandestina será a Lei

---

110 *Contro l'Emigrazione in Brasile* (1907, p.8).
111 Leia, para o primeiro ponto, Rangoni (1910, p.188); para o segundo, Beiguelman (1981, p.51); para o terceiro, Rossi (1913a). Rossi relatava que havia encontrado, numa aldeia nas montanhas, milhares de caixas de fósforos que reproduziam uma pequena fotografia, "com uns dizeres que descreviam o Brasil como um país de delícias, convidando as pessoas a imigrar para lá" (p.16).

n.10.450, de 1906, cujo artigo 101 previa o reembolso da passagem para o emigrante que fosse trabalhar nas plantações de café, contanto que fizesse parte de uma família com, pelo menos, três pessoas aptas para o trabalho ("três enxadas úteis"), ou fosse um solteiro de menos de 21 anos que viesse unir-se aos pais.

Para lá dos subterfúgios e dos enganos, o problema de fundo permanecia: a evolução da produção e dos preços do café. Em 1905, um industrial italiano, Alessandro Siciliano, propôs conter os prejuízos da superprodução mediante a criação de um sindicato que se empenhasse em comprar 15 milhões de sacas. O governo, por sua vez, deveria comprar os excedentes e pagar ao sindicato um prêmio por cada saca exportada, financiando a operação através de uma sobretaxa sobre a própria exportação.[112] Os acontecimentos, no entanto, precipitaram-se, e a crise de 1906 obrigou o governo paulista a intervir imediatamente, sem ter tempo de levar em conta o projeto de Siciliano, que, entretanto, ficou sendo a base da ação ulterior, concretizada com o acordo de Taubaté. Essa ação deu resultados práticos, ao menos em termos de preços internos e internacionais, a partir de 1910, embora em presença de uma produção que se mantinha elevada.

Não correspondia, porém, a esse melhoramento para os fazendeiros uma mudança nas condições dos colonos, que, ao contrário, eram agravadas pela diminuição do ritmo de formação de novas plantações.[113] Visto que era só nestas que o imigrante podia cultivar os gêneros de subsistência e para mercado entre os pés de café, e que a fertilidade do solo virgem possibilitava boas colheitas, é evidente que a situação geral dos trabalhadores tendeu a piorar. Por outro lado, os obstáculos à ampliação da superfície cultivada com café impeliam necessariamente o fazendeiro a descarregar sobre o colono os custos da produtividade mais baixa através de um aumento da carga de trabalho e uma distribuição diferente do tempo dedicado à agricultura de subsistência e ao café.

Diante de uma situação desse tipo, para que melhorassem as condições econômicas e sociais dos italianos empregados nas fazendas teriam sido necessárias transformações de grande alcance no mundo agrícola paulista e

---

112 Para o projeto de Siciliano, vide Piccarolo (1946); Buccelli (1912); "Un italiano benemerito al Brasile" (1912).

113 Em 1915, havia apenas 47 mil pés de café a mais do que em 1905 (Dean, 1971, p.51). A diminuição da expansão das áreas cultivadas de café é bem ilustrada pelo fato de que, se entre 1891 e 1900 haviam sido criados 41 novos municípios no estado de São Paulo, entre 1901 e 1910 não foi criado nenhum. Vide Fausto (1977b, p.209).

na vontade do governo brasileiro, algumas das quais eram assim enumeradas pelo Congresso das Sociedades Italianas de São Paulo, realizado em maio de 1904: 1) promulgação de uma legislação do trabalho; 2) melhoramentos nos contratos; 3) responsabilidades efetivas em caso de acidentes; 4) constituição de uma Caixa Nacional de Previdência; 5) facilidades para a cooperação; 6) limitações ao direito de proprietários terem guardas a seu serviço; 7) concessão de terras públicas a sociedades de colonização, a fim de constituir colônias na proximidade das fazendas, que servissem extraordinariamente de reservas de mão de obra para a cultura do café.[114]

Na realidade, a necessidade de uma legislação sobre o trabalho era advertida em alguns ambientes como instrumento indispensável para vencer a desconfiança dos governos europeus em relação à emigração para o Brasil, e, a nível federal ou estadual, algumas tentativas em tal sentido foram efetuadas. Em São Paulo, uma lei de 1906 declarou o salário do colono crédito privilegiado sobre a colheita do ano em que trabalhara, e, em 1911, é criado o Patronato Agrícola, entre cujas atribuições constava a tarefa de resolver as controvérsias entre colonos e fazendeiros, denunciar às autoridades competentes os eventuais crimes cometidos contra os trabalhadores e seus bens, promover o nascimento e a organização de associações para a assistência médica e o ensino primário, proteger os colonos dos recrutadores, etc.[115] Em 1919, enfim, o governo federal promulgou uma lei que regulamentava as obrigações patronais em casos de acidentes de trabalho.

No entanto, vendo mais de perto, a regulamentação aprovada servia somente para lançar poeira nos olhos, e isso não apenas porque a sua aplicação revelava-se difícil. A lei de 1906, por exemplo, podia ser respeitada exclusivamente quando o fazendeiro já vendera a colheita (pois o salário do colono era saldado com o resultado dessa venda), e, portanto, a garantia obtida pelo trabalhador demonstrou-se muitas vezes ilusória, já que não era raro estar a fazenda cravada de hipotecas precedentes ou, mais simplesmente, porque o proprietário gastava tudo.[116] Quanto ao Patronato Agrícola, resultou pouco eficaz por um conjunto de motivos que iam da distância geográfica (a sede era na cidade de São Paulo) ao fato de que o fazendeiro podia dispor de testemunhas intimidadas, à prática da aceitação dos costumes vigentes no julgamento de vários casos e, inclusive, à desconfiança do colono, que identificava as demandas judiciárias com delongas, despesas e resultados

---

114 Vide Rangoni (1910, p.355).
115 Carvalho (1925).
116 Bonardelli (1915a, p.14).

na maioria das vezes desfavoráveis.[117] Por outro lado, o Patronato, declarando ilegal toda forma de protesto que não fosse o recurso à sua arbitragem, desviava os trabalhadores da única forma de luta praticável: impedir a saída do café da fazenda até o pagamento dos salários. Tudo isso motivava amplamente o juízo drástico de *La Scure*, expressão do sindicalismo revolucionário, quando afirmava que "nas fazendas, salvo raríssimas exceções, o contrato é uma mentira e nunca é respeitado".[118]

Também não se mostravam melhores as condições do ponto de vista social e da liberdade pessoal, as quais permaneceram exatamente as mesmas do período precedente. O horário de trabalho continuava a ser marcado pelo som do sino, a disciplina, o isolamento e o capricho do fazendeiro reinavam soberanos, assim como o *truck system*, a falsificação de pesos e medidas e a necessidade de vender os produtos agrícolas ao próprio fazendeiro.[119]

Se o colono não gozava de um regime de liberdade, isso não era devido, como pretendia o socialista Piccarolo, ao sistema capitalista vigente no Brasil,[120] mas sim à sua insuficiente afirmação. De fato, apesar da presença de autores que emitem um juízo positivo sobre a situação dos emigrantes[121] e sobre os prazos de pagamento (que imaginavam ser mensais ou semestrais),[122] as crescentes reclamações dos colonos tanto ao Patronato Agrícola,[123] quanto ao consulado italiano, constituíam a prova mais evidente de que nada mudara.

Um dado de fato que confirma, sem sombra de dúvidas, essa impressão é constituído pelo número de repatriados. Já em 1901, o presidente do estado

---

117 Essa impressão não era substancialmente errada. Em 1925, Sala, num relatório datilografado dirigido ao Ministério das Relações Exteriores, afirmava que, durante os três anos que permaneceu em São Paulo, das 1.500 sentenças do Patronato, somente duzentas haviam sido favoráveis aos colonos.

118 *La Scure*, 6 ago. 1910.

119 Ver, para todos, "I coloni italiani nelle fazendas dello Stato di S. Paolo del Brasile" (1910). O artigo em questão, porém, propõe que seja abolida a Lei Prinetti para os estados do Sul, onde a colonização era viável. É curioso notar que, às vezes, sobretudo na análise dos católicos, as penosas condições dos imigrantes são atribuídas não só à má-fé dos fazendeiros, mas também aos próprios imigrantes, devido ao "abuso das bebidas alcoólicas e ao descaso com a educação. Esses dois fatos verdadeiramente deploráveis doem no coração das pessoas de bem e fazem corar qualquer italiano de verdade" (Colbacchini, 1913, p.9).

120 Piccarolo (1913b, p.24).

121 Vanzolini (1908, p.39).

122 Lombroso (1908a, p.56). Gina Lombroso pode ser citada como exemplo de observadora que, fazendo parte de uma missão oficial ou semioficial, viu e entendeu muito pouco do Brasil.

123 Em 1914 foram 423 e, em 1917-1918, 833. Vide Vangelista (1982a, p.169).

de São Paulo, Rodrigues Alves, dizia que o que mais chamava a atenção no movimento migratório era muito mais o aumento das partidas do que a diminuição das chegadas.[124] De fato, se bem que se tratasse de emigração familiar (dos 219.785 indivíduos introduzidos em São Paulo pela Sociedade Promotora de Imigração, 46% eram mulheres) e, portanto, decidida a permanecer, o índice de repatriação, menor que os da Argentina e dos Estados Unidos no período precedente e que era por volta de 24%, torna-se elevadíssimo. Basta pensar que, sempre em São Paulo, de 1.553.000 imigrantes entrados entre 1882 e 1914, saíram 695 mil, vale dizer 45%.[125] No que diz respeito aos italianos, o fenômeno foi tão imponente que o CGE dispôs-se, em 1907, a destinar ao Brasil a maioria dos fundos alocados à repatriação. Faltam, infelizmente, estatísticas oficiais para o período anterior a 1905, mas estimativas fidedignas elevam o fenômeno a 223.031 pessoas, entre 1890 e 1904, com uma média anual de 14.869.[126]

De 1905 a 1920, a média indica 10.266, mas deve ser levado em conta o fato de que o fluxo emigratório caíra drasticamente. Em todo caso, com relação às entradas, o Brasil apresenta um percentual de repatriações maior que os Estados Unidos e a Argentina (Tabela 6).

Tabela 6 – Repatriados da América – 1905-1920

BRASIL		ARGENTINA		ESTADOS UNIDOS	
v.a.	Repatriamentos × 100 emigrantes	v.a.	Repatriamentos × 100 emigrantes	v.a.	Repatriamentos × 100 emigrantes
164.256	63,4	523.073	61,0	1.469.257	45,7

Fonte: Maic (1876-1924).

Há que considerar, ademais, que os dados oficiais subestimam o fenômeno, já que, no momento do abandono, alguns preferem ir para a Argentina ou o Uruguai, ou inclusive para os Estados Unidos, a retornar à Itália.[127] Uma verificação indireta do fato da preferência dos trabalhadores das fazendas que se repatriavam é constituída pelo destino regional: 36,8% eram

---

124 Diegues Jr. (1964, p.55).
125 Hall (1975, p.399-400); e (1974b, p.146, nota).
126 Ubaldi (1911, p.79); Bosco (1906, p.326).
127 Em 1905, até outubro, foram 6.700 (Mazzucconi (1905); e, em 1906, cerca de 18 mil ("Relazione sui servizi dell'emigrazione per l'anno 1906-1907" (1907).

originários da Itália setentrional e 46,4% da Itália meridional, contra, respectivamente, 27,8% e 61,2% dos emigrantes no mesmo período.

Que o período seguinte ao início do século tenha apresentado pouca capacidade de chamada para os italianos, demonstra-o o número de residentes. Infelizmente, o censo brasileiro de 1890 e 1900 é extremamente lacunoso e o de 1900 nunca foi levado a cabo. Para ter uma ideia exata da presença italiana no Brasil, será preciso esperar 1920, isto é, quando a emigração já tinha sofrido uma queda vertical. O censo efetuado naquela data fornece a cifra de 558.405 pessoas, 71% das quais no estado de São Paulo e 13% nos três estados do Sul. A outra avaliação oficial é de 1940, com 285.029 italianos, 75% dos quais em São Paulo. Na verdade, existem várias estimativas e a mais fidedigna (ainda que, provavelmente, inferior à realidade) é a de Giorgio Mortara: excluindo os naturalizados, ele calculou que os italianos fossem 50 mil em 1880, 230 mil em 1890, 540 mil em 1900 (3,1% da população total), 600 mil no fim de 1902 (52% dos estrangeiros), 435 mil em 1930, 325 mil em 1940 (0,7% da população total).[128]

Se as cifras brasileiras pecam por falta, as italianas são manifestamente exageradas. Além das avaliações de viajantes e cronistas, indignas de confiança, as estimativas do Maic, dos cônsules e do CGE parecem destituídas de todo e qualquer fundamento. Em 1881, os italianos residentes no Brasil eram calculados em torno de 82 mil; em 1891, 554 mil; em 1901, 1.300.000; em 1904 (estimativas consulares), 1.100.000, 59% dos quais em São Paulo e 16% no Rio Grande do Sul; em 1910 (estimativas consulares), 1.500.000, 53% dos quais em São Paulo e 16% no Rio Grande do Sul; em 1927, 1.837.887.[129] Na verdade, não se elevaram muitas críticas contra a falta de seriedade com que eram formulados os dados oficiais, talvez porque fosse cômodo pensar numa vasta colônia italiana no Brasil. Um dos poucos que manifestou algo mais que simples perplexidade foi Bruno Zuculin.[130] Para demonstrar

---

128 Mortara (1950).

129 Para 1881, Maic (1874); para 1891 e 1901, CGE (1926); para 1904, "Numero degli italiani..." (1904); para 1910, "Saggio di una statistica..." (1912); para 1927, MAE (1928). No que diz respeito a essa última estimativa, temos de notar que a tarefa de calcular o número de compatriotas fora da Itália havia sido assumida pelo CGE, em 1921, e adiada várias vezes. O próprio Comissariado, com base nas primeiras indicações, fazia ascender a 1.368.700 o número de italianos no Brasil, em 1923, cifra que depois foi inexplicavelmente aumentada.

130 Já em 1925, com base nas primeiras cifras, ele escrevia: "A avareza é madrasta de si mesma, diz a sabedoria popular, e os recenseamentos em territórios muitas vezes maiores que o do reino da Itália – diz o bom senso – certamente não se fazem sem grandes meios pecuniários. E, além disso, são necessários vários meses. O Comissariado Geral de Emigração, porém, quis

o infundado das cifras em relação, por exemplo, às fornecidas para a Argentina (que considerava justas), calculou o número de residentes em 1881, de imigrados de 1881 a 1925 e de repatriados de 1902 a 1925. O resultado foi de 1.701.567 para a Argentina e 997.887 para o Brasil. Considerando que o CGE fornecera a cifra de 1.771.378 italianos na Argentina e 1.837.887 no Brasil, Zuculin se perguntava:

> Se forem consideradas exatas as cifras de imigrantes e repatriados [...], 1.701.567 italianos na Argentina haveriam tido 69.811 filhos nascidos lá e 997.887 italianos no Brasil haveriam tido, no mesmo período, 840.000. É simplesmente absurdo.[131]

1.7. Comércio, emigração e remessas

Apesar das aspirações de expansão comercial expressas por vários ambientes, a emigração peninsular nunca constituiu uma locomotiva para as exportações italianas para o Brasil: no período 1886-1930 representaram apenas 1,1% das mercadorias que Roma vendia no exterior, nível bem menor que o da Argentina (5,2%) e dos Estados Unidos (9,9%). A posição da Itália no intercâmbio comercial do Brasil sempre oscilou entre o oitavo e o décimo lugar, com percentuais inferiores a 4%. Na opinião de muitos, a escassa penetração dependia da ausência de um tratado de comércio. Entre os dois países havia, de fato, um *modus vivendi*, prorrogado de ano em ano. Tal acordo (ou desacordo comercial, como o definia Luzzatti) contentava exclusivamente o Brasil, que não parava de pedir, de quando em quando, que fosse modificado a seu proveito. A miragem do tratado bastava para travar todas as iniciativas (fracas, na verdade) dos empresários italianos. O verdadeiro problema estava, porém, na absoluta incapacidade de os industriais usufruírem das vantagens proporcionadas pelo vasto mercado que a emigração italiana estava em condições de oferecer:

> As frágeis estruturas capitalistas e administrativas das empresas nacionais empenhadas nesses fluxos de exportação foram [...] incapazes de uma organização

---

que os cônsules respondessem em pouco tempo e enviou até mesmo telegramas de solicitação, sem autorizar nem funcionários especiais nem gastos que não fossem ridiculamente exíguos" (Zuculin, 1925a, p.14).
131 Zuculin (1927b, p.553). O autor calculava que os italianos no Brasil fossem 700 mil.

comercial no estrangeiro, que, para mercados tão amplos e territorialmente complexos como os do "novo mundo", requeria elevados custos de "ingresso".[132]

Sucedeu, pois, que no Brasil, como nas outras áreas americanas, o fluxo de mercadorias oriundas da Itália só foi consistente nos primeiros tempos da instalação, sendo, em seguida, substituído por produções locais, na maioria das vezes em mãos dos próprios imigrados.[133] À insipiência e à incapacidade, associava-se também a total ignorância acerca do Brasil, que, salvo São Paulo e Rio, era considerado pelos capitalistas italianos como um país selvagem.[134] Todo o interesse demonstrado limitou-se a uma viagem do comendador Maldifassi, por conta da Câmara de Comércio de Milão, em 1899. De nada adiantaram, para inverter essa tendência, os esforços das Câmaras Italianas de Comércio no Brasil, criadas com mil dificuldades primeiro em São Paulo, depois no Rio, em Porto Alegre e em Pernambuco. A mais importante foi, seguramente, a de São Paulo, nascida uma primeira vez em 1892, mas logo desmantelada e ressurgida em março de 1902, ano em que já contava 154 sócios.

Também concorriam para determinar o escasso fluxo de exportações para o Brasil fatores objetivos, em primeiro lugar o inadequado sistema de transporte das mercadorias. Não havendo uma linha de navegação direta, Santos e Rio constituíam apenas escalas intermediárias na viagem para a Argentina, de modo que os navios italianos partiam quase sempre carregados de passageiros, em detrimento das mercadorias.[135]

A essas dificuldades, acrescentavam-se outras: insuficiente organização do crédito, falsificação e adulteração dos produtos peninsulares no Brasil, pretensões de pagamento em prazo mais curto do que os 90-180 dias praticados por outros países, mas, sobretudo, falta de grandes firmas distribuidoras como as alemãs. Estas últimas, através de uma rede de inspetores e vendedores que percorriam grande parte do país, abasteciam até mesmo de mercadorias italianas com etiqueta alemã nossos camponeses, especialmente no Sul do Brasil.[136]

---

132 Sori (1979, p.129).
133 Ibid., p.128-9; Bianco (1920, 1922b).
134 Bravo (1912, p.122).
135 Para quem quisesse exportar para o Norte do Brasil, os problemas eram ainda maiores, pois esses portos não eram escala de nenhuma companhia, tanto que, em 1898, os governos do Pará e do Amazonas decidiram subvencionar uma companhia – a Ligure-Brasiliana – para que fizesse a rota Gênova-Manaus. A experiência, porém, durou pouco tempo.
136 Bonardelli (1916, p.14); Frescura (1924, p.748); Venerosi Pesciolini (1914c, p.71); Razzetti (1915, p.84).

Diante das dificuldades descritas na Itália, as propostas destinadas a superar essa situação foram bem míseras, praticamente limitadas a sugestões de constituição de um sistema distribuidor direto e participação dos escritórios consulares:

> É necessário [...] criar nos consulados de maior importância [...] duas seções com atribuições especiais e bem definidas: uma dedicada exclusivamente à proteção dos emigrantes; a outra, para estudar as condições comerciais do país em proveito da produção nacional.[137]

Muito mais pertinentes demonstravam-se as propostas dos italianos residentes no Brasil. Havia quem sugerisse uma imigração de bons técnicos, que, assumindo cargos de comando nas indústrias, poderiam privilegiar a importação de produtos italianos;[138] quem preconizasse a abertura de sucursais italianas para manufaturas cuja produção, no Brasil, estava em níveis quantitativamente significativos ou que pagavam fortes taxas alfandegárias;[139] quem propugnasse pela criação de sindicatos ou consórcios de exportação dirigidos por institutos de crédito representados *in loco*.[140] As várias propostas foram sistematizadas pela Câmara de Comércio Italiana de São Paulo em seu relatório para o Segundo Congresso dos Italianos no Estrangeiro e levadas a ele pela seção paulista do Istituto Coloniale Italiano. Elas auguravam que, abandonada a ideia de um tratado de comércio, se providenciasse a instituição de uma linha de navegação direta, eventualmente apenas mercantil, a estipulação de um acordo para combater contrafações e adulterações de produtos italianos, a criação de consórcios de exportação, a coordenação da ação consular com a da Câmara de Comércio Italiana no Brasil.[141]

Nenhuma dessas propostas foi levada seriamente em consideração na Itália, onde se continuou a ligar o aumento das exportações exclusivamente à estipulação de um tratado comercial, tentando empregar a emigração de força de trabalho como arma de chantagem e invertendo, assim, a posição de Luzzatti, que, por ocasião dos pedidos italianos para a redução da taxa

---

137 Macola (1894, p.239). Havia quem ainda desejasse um maior preparo comercial dos próprios cônsules. Vide Godio (1899, p.231-8).

138 Relatórios dos industriais Crespi e Vella para a missão do deputado Luciani. Vide Luciani (1920, p.51-8).

139 Camera Italiana di Commercio ed Arti di S. Paolo del Brasile (1924).

140 Camera Italiana di Commercio ed Arti di S. Paolo (1927); Istituto Coloniale Italiano – Sezione di S. Paolo (Brasile) (1911).

141 "Per il commercio tra l'Italia e il Brasile..." (1911, p.449-50).

sobre o café, propusera concedê-la somente com a condição de obter normas de proteção para nossos emigrantes.[142] A concepção predominante, ao contrário, era a de obter vantagens comerciais acenando com as vantagens econômicas que o Brasil recebia com o fluxo incessante de mão de obra proveniente da Itália, sem nunca pôr em discussão as condições a que era sujeito o emigrante no país sul-americano:

> Já que as que emigram são forças essencialmente perdidas para a mãe-pátria, não é justo que ela possa, pelo menos, usufruir da compensação indireta que pode lhe ser dada pelo aumento de suas transações com determinado país? Não é justo que – *coeteris paribus* – ela seja favorecida nisso por convenções comerciais especiais, que lhe assegurem um tratamento privilegiado em relação aos países que não proporcionam aquela emigração, ou só a fornecem em proporções muito menores?[143]

Não se deve excluir, por outro lado, que o próprio Decreto Prinetti – promulgado, é bom recordar, quatro meses depois do pedido brasileiro de nova redução das taxas sobre o café – tenha sido, se não concebido, ao menos influenciado por essa ótica vagamente chantagista, segundo a qual os camponeses italianos só existiam como mercadoria de troca: "Nossos homens de Governo e as nossas autoridades para a emigração habituaram-se a considerar a grande Federação Sul-Americana como um território inimigo, que a Itália deverá conquistar com o tempo, por fome de mão de obra".[144]

Não é casual que as convenções de emigração nunca sejam propostas pela Itália, a não ser acopladas à hipótese de acordos comerciais definitivos, e que o primeiro tratado emigratório só venha à luz em 1950.

A emigração para o Brasil se verá privada de qualquer forma de assistência e organização, tanto de parte do governo, como do capital italiano. Não são infrequentes, na literatura da época, as referências à Alemanha como exemplo de nação que, através de uma profusão de meios econômicos e do empreendimento de capitalistas individuais, seguia seus cidadãos no Brasil meridional, proporcionando a eles reais possibilidades de ascensão social e econômica. A partir de meados dos anos 1920, o Japão também será proposto como modelo a ser imitado.

---

142 Luzzatti (1902a, p.4).
143 Grossi (1894b, p.7). A conjugação dos dois fatores foi repetidamente proposta ao longo dos anos.
144 Guerra (1912, p.91).

Desde o início da nossa emigração, houve convites, de parte da imprensa, ao governo brasileiro ou ao italiano, para que fossem invertidas as orientações seguidas. A parte as quiméricas propostas de quem sugeria ao Brasil o desmembramento do latifúndio a favor de uma miríade de lotes de colonos,[145] uma hipótese interessante mas impraticável, devido à predominância dos interesses da cafeicultura, era constituída pela comutação da viagem paga em concessão gratuita do terreno, operação que também teria a vantagem de "atrair para o Brasil os emigrantes que dispunham de um pequeno capital, pequeno demais para se tornarem proprietários na Europa, mas suficiente para se estabelecerem no Brasil".[146]

É claro que o maior número de sugestões era endereçado ao governo italiano antes que ao brasileiro, mas elas tinham em comum com as primeiras o mesmo grau de impraticabilidade e se resumiam, na maioria das vezes, em veementes apelos aos nossos capitalistas, para que pusessem em prática um programa de compras de terrenos para instalar os colonos.[147] Também não demonstraram menor vigor os que peroravam a favor da intervenção direta do governo italiano, através do CGE ou de sociedades de emigração criadas expressamente para tal fim, com o fito de comprar terras públicas e proceder à sua colonização.[148] Todavia, nossas autoridades não tentaram sequer esconder seu desinteresse em relação a tais propostas: a única prova de boa vontade resumiu-se na missão Salemi-Pace, que, em 1905, foi ao Paraná estudar a possibilidade de empresas de colonização financiadas pelo capital privado. As conclusões a que chegou, aliás, foram negativas.[149]

---

145 Canella (1903).
146 Veritas (1888b, p.981).
147 Na literatura da época, propostas desse tipo são frequentes. A mais ponderada, com sugestões práticas (compra de fazendas já formadas, cálculos aproximados da rentabilidade da operação, tipos de cultivo, emprego para os imigrantes), é a da Câmara de Comércio de São Paulo, que previa a atribuição aos colonos de um terço ou da metade das terras da fazenda para as culturas de subsistência. Vide Pio di Savoia (1905, p.105-9).
148 Dois projetos que deveriam ter envolvido o CGE haviam sido apresentados por Nathan e Scalabrini, em 1903 e em 1904. Entre os convites para constituir sociedades de colonização, com tal escopo, vide Colbacchini (1895), que pretendia, porém, limitar a operação ao Rio Grande do Sul e Santa Catarina.
149 Salemi-Pace (1905a). O próprio autor aconselhava fazer a tentativa no estado de São Paulo, precisamente no vale do Ribeira, aproveitando as facilidades concedidas pelo governo local a quem construísse ferrovias naquela região. Excluía o cultivo do café e sugeria a policultura (principalmente arroz) e a criação de gado. Vide, Id. (1905b).

Vendo bem, tratou-se, da parte italiana, de um processo de miopia não só política, mas também econômica, já que os eventuais capitais despendidos teriam tornado mais consistente o fluxo das remessas. Sobretudo no período da grande emigração, foram, de fato, bastante inferiores às que provinham não só dos Estados Unidos,[150] mas também da Argentina (Tabela 7).

Tabela 7 – Ordens de pagamento, por via postal ou consular, do Brasil, da Argentina e dos Estados Unidos – 1886-1899 (milhares de liras em valor corrente)

Anos	Brasil	Argentina	Estados Unidos
1886-1890	925	3.556	12.867
1891-1896	635	794	14.331
1897-1899	261	562	11.348

Fonte: Franceschini (1908).

As coisas não variam muito nem mesmo no período posterior, quando, salvo em 1901-1905 no que diz respeito à Argentina, as remessas do Brasil são sempre inferiores às dos outros dois países (Tabela 8).

Tabela 8 – Ordens de pagamento, por via postal ou via Banco de Nápoles, do Brasil, da Argentina e dos Estados Unidos – 1901-1920 (milhares de liras em valor corrente)

Anos	Brasil		Argentina		Estados Unidos	
	Vales	Banco de Nápoles	Vales	Banco de Nápoles	Vales	Banco de Nápoles
1901-1905*	–	14.386	626	9.372	165.243	75.807
1906-1910	3.236	25.389	1.632	53.353	505.878	121.251
1911-1915	10.964	40.290	3.186	61.591	519.114	351.245
1916-1920	424	80.840	224	107.112	139.229	1.819.947

* As remessas via Banco de Nápoles, a partir de 1902
Fonte: CGE (1926c)

---

150 As remessas maiores dos Estados Unidos, em parte, podem ser explicadas pelo fato de tratar-se de uma emigração individual, enquanto para o Brasil vieram núcleos familiares, decididos a construir o próprio futuro no país de adoção e que, em todo caso, não tinham deixado (ou tinham em grau bem menor) parentes próximos a quem enviar dinheiro. Um bom estudo sobre a importância das remessas na economia e na sociedade italianas é o de De Rosa (1980).

A prova das piores condições que o emigrante italiano conhecia no Brasil não está, contudo, tanto no montante global das remessas, quanto no número das mesmas: entre 1902 e 1920, foram 11.440.826 dos Estados Unidos, 736.022 da Argentina e só 344.949 do Brasil. O que mais chama a atenção é que o montante médio de cada uma é bem mais elevado no Brasil (509 liras, contra 323 dos Estados Unidos e 322 da Argentina). Na minha opinião, isso significa que as possibilidades de poupança miúda eram mais difusas nos outros países. De fato, é improvável que o colono da fazenda constituísse elemento significativo nas remessas para a Itália, as quais devem provavelmente atribuir-se àquela faixa de pequenos comerciantes e artesãos que a crise do café lançara nos centros urbanos. Seu valor médio relativamente elevado tenderia a atestá-lo.

1.8. Atualizações bibliográficas

Entre os estudos que surgiram depois de 1989 que trataram das várias temáticas que este livro abordou e que dizem respeito à totalidade das problemáticas migratórias, destacarei sobretudo: Bevilacqua, P.; De Clementi, A.; Franzina, E. (Orgs.), *Storia dell'emigrazione italiana*, v.I: Partenze e v.II: Arrivi, Roma: Donzelli, 2001 e 2002; e Corti, P.; Sanfilippo, M. (Orgs.), *Storia d'Italia: annali*, v.24: Migrazioni, Turim: Einaudi, 2009. Limitado apenas às Américas, ao contrário, é o que já tornou-se um clássico mas é de difícil superação: Franzina, E., *Gli italiani al Nuovo Mondo: l'emigrazione italiana in America, 1492-1942*, Milão: Mondadori, 1995, que é cheio de sugestões sobre o Brasil. Do mesmo autor, ver, apenas quanto ao Brasil, o muito útil e abrangente "Produção historiográfica italiana no Brasil", em Herédia, V. Merlotti; Radünz, R. (Orgs.), *História e imigração*, Caxias do Sul: Educs, 2011, p.17-66. Também de Franzina é *La terra ritrovata: storiografia e memoria nella prima immigrazione italiana in Brasile*, Gênova: Teramini, 2014, que oferece um panorama referente à segunda metade do século XIX e que se detém no debate historiográfico. Um olhar sobre a grande parte do subcontinente é o de Blengino, V.; Franzina, E.; Pepe, A. (Orgs.),„ *La riscoperta delle Americhe: lavoratori e sindacato nell'emigrazione italiana in America Latina (1870-1970)*, Milão: Teti, 1994, que tem a particularidade de voltar sua atenção principalmente para o movimento operário, mas sem descuidar da Igreja e das ordens religiosas, socialização, proletariado, fascismo e antifascismo, relações conflitantes entre índios e colonos.

O Brasil é objeto específico de vários estudos coletivos que abordam diversas temáticas que são objeto do volume que o leitor tem diante dos olhos: relações bilaterais, emigração precoce, Igreja e obra de religiosos, povoamento nas diversas áreas do país, empreendedorismo, associativismo, colonização agrícola, família, história de gênero, *koiné* linguística, fazendas e condições de vida e de trabalho dos colonos, criminalidade, arte e cultura, arquitetura, multiculturalismo, origem regional, história de gênero, bairros italianos, cadeias migratórias, segundo pós-guerra, população juvenil, imprensa, italianidade, realidade de partida, proletariado, movimento operário, artesãos, viajantes, profissões livres, emigração precoce e em massa, cultura, arquivos e museus, literatura, fascismo, escolas, endogamia, primeira e segunda guerras mundiais, historiografia da migração, trabalho e lazer, memoriais, exposições, artistas, canções da emigração e muito mais. É o caso dos dois volumes editados por De Boni, L. A., que seguem o de mesmo título de 1987, *A presença italiana no Brasil*, v.2 e v.3, Porto Alegre; Turim: EST; Fundação Agnelli, 1990 e 1995; Matos, M. I. S. de; Menezes, L. Medeiros de; Silva, E. de; Pereira, S. Marques (Orgs.), *Italianos no Brasil: partidas, chegadas, heranças*, Rio de Janeiro: Labimi, 2013 (que foi relançado em 2020 com o título *Italianos no Brasil: história, presença e cultura*, São Paulo: e-Manuscrito). Composto por várias contribuições é também Franzina, E. (Org.), *I veneti in Brasile e la storia dell'emigrazione*, Verona: Cierre, 2019; Cappelli, V.; Hecker, A. (Orgs.), *Italiani in Brasile: rotte migratorie e percorsi culturali*, Soveria Mannelli: Rubbettino, 2010, que trata apenas de alguns argumentos; Dal Bo, J.; Iotti, L. Horn; Machado, M. B. Pinheiro (Orgs.), *Imigração italiana e estudos ítalo-brasileiros*, Caxias do Sul: Educs, 1999; *Brasile, l'emigrazione italiana*, Roma: Senato della Repubblica, 2004, com recorte bem mais oficial.

Da década de 1990 é um artigo de Fausto, B., sobre o grande universo imigratório em uma área específica, "Um balanço da historiografia da emigração no estado de São Paulo", *Estudios Migratorios Latinoamericanos*, v.8, n.25, p.415-40, 1993. Focado na produção historiográfica é também o ensaio de Cappelli, V., "Italianos no Brasil: balanço de estudos e novos caminhos de pesquisa", *Altre Italie*, n.44, 2012; Alvim, Z. Forcioni, "O Brasil italiano", em FAUSTO, B. (Org.), *Fazer a América*, São Paulo: Edusp, 1999, p.383-417.

No novo século, entre as muitas contribuições que focalizam a atenção nas temáticas aqui tratadas, gostaria de citar Trento, A., *Os italianos no Brasil/ Gli italiani in Brasile*, São Paulo: Prêmio, 2000; Bertonha, J. F., *A imigração italiana no Brasil*, São Paulo: Saraiva, 2004 (com muitas referências bibliográficas, que por isso evito repetir neste livro); Campagnano, A. R., *Italianos: história e memória de uma comunidade*, São Paulo: Nacional, 2006; Franzina, E.,

L'America gringa: storie italiane d'immigrazione tra Argentina e Brasile, Reggio Emilia: Diabasis, 2006, que também oferece um panorama dos estudos sobre os italianos na antiga terra do café, livro com menos caráter de manual. Ainda no plano historiográfico, cabe destacar Herédia, V. B. Merlotti, "Historiografia da imigração italiana no Rio Grande do Sul", em Herédia, V. B. Merlotti; Radünz, R. (Orgs.), *História e imigração*, Caxias do Sul: Educs, 2011, p.241-68.

Uma abordagem voltada para a análise do proletariado e do movimento operário imigrante permeia o volume de Carneiro, M. L. Tucci; Croci, F.; Franzina, E. (Orgs.), *História do trabalho e histórias da imigração: trabalhadores italianos e sindicatos no Brasil (séculos XIX e XX)*, São Paulo: Fapesp, 2010, que, além de abrigar contribuições sobre o movimento operário, também trata sobre fascismo e antifascismo, segundo pós-guerra, festas proletárias, tempo livre, cartas de chamada.

Terminada esta visão reduzida sobre os estudos de caráter geral, continuamos com as atualizações bibliográficas sobre os temas tratados neste capítulo. O primeiro ensaio a ser nomeado, pela precocidade dos fatos de que trata (a expedição financiada em 1608 pelo grão-duque da Toscana), é Cardoso, A., "'Un piccolo pataccio al Rio delle Amazzoni': pirateria europeia e projetos italianos na Amazônia na época da monarquia hispânica", *Revista de História*, n.170, p.175-99, 2014; sobre a força expedicionária italiana na guerra contra os holandeses, Pace, V. di, *Napoletani nel Brasile (1625-1640)*, Napoli: Fiorentino, 1991. Sobre a emigração do Risorgimento, Candido, S., "L'emigrazione coatta in Brasile dei carcerati politici presunti affiliati alla *Giovine Italia*", *Rassegna Storica del Risorgimento*, n.LXXVII, p.475-512, 1990; Franzina, E., "Emigrazione, esilio e unificazione italiana: i primi gruppi immigratori in America Latina e il Risorgimento", *Studi Emigrazione*, v.XLIX, n.188, p.566-92, 2012; Ruas, T., *Garibaldi e Rossetti: l'azione e la partecipazione degli italiani alla Rivolta Liberale del Sud del Brasile*, Perugia: Guerra, 2000; Constantino, N. Santoro de, "Memória, mito e identidade: farroupilhas e italianos no Rio Grande do Sul", em Barros Filho, O. de; Seeling, R. Vaz; Bojunga, S. (Orgs.), *Sonhos de liberdade: o legado de Bento Gonçalves, Garibaldi e Anita*, Porto Alegre: Laser Press, 2007, p.105-16; sobre Livio Zambeccari e sua estada no Brasil e no Plata, ver alguns ensaios em Gavelli, M.; Tarozzi, F.; Vecchi, R. (Orgs.), "Tra il Reno e la Plata. La vita di Livio Zambeccari studioso e rivoluzionario", *Bollettino del Museo del Risorgimento*, n.XLVI, 2001; sobre Luigi Rossetti, cf. Dornelles, L. de Leão, *Risorgimento e revolução: Luigi Rossetti e os ideais de Mazzini no movimento farroupilha*, Porto Alegre: EdiPUCRS, 2012.

Obviamente, as atenções se voltaram para Garibaldi, sobre o qual surgiram muitos trabalhos: Candido, S., *Giuseppe Garibaldi: o corsário rio-grandense*, Porto Alegre: EdiPUCRS, 1992; Capuano, Y., *De sonhos e utopias... Anita e Giuseppe Garibaldi*, São Paulo: Melhoramentos, 1999; Guaglianone, P. C., *Uma viagem através do tempo. Giuseppe Garibaldi: a jornada de um herói*, Rio de Janeiro: Litteris, 1999; Chiavari, M. P., "Garibaldi a Rio de Janeiro", em Fondazione Casa America, *Giuseppe Garibaldi: liberatore globale tra Italia, Europa e America*, Ancona: Affinità Elettive, 2007; Fondazione Casa America (Org.), *Garibaldi: iconografia tra Italia e Americhe*, Milão: Silvana, 2008.

Sobre o garibaldismo na América Latina, são importantes as contribuições de Fanesi, P. R., "Italian Antifascism and the Garibaldine Tradition in Latin America", em Gabaccia, D.; Ottanelli, F., *Italian Workers of the World: Labor Migration and the Formation of Multiethnic States*, Chicago: University of Illinois Press, 2001, p.163-77; e Id., *Garibaldi nelle Americhe: l'uso politico del mito e gli italoamericani*, Roma: Gangemi, 2007; Franzina, E.; Sanfilippo, M., "Garibaldi, i Garibaldi, i garibaldini e l'emigrazione", *Archivio Storico dell'Emigrazione Italiana*, n.4, p.23-52, 2008, no qual o tema da vida de emigrante se conjuga com o compromisso político. Nesse sentido, o exílio do Risorgimento, mas em todo o subcontinente, está presente em Fondazione Casa America, *Il Risorgimento in America Latina*, Ancona: Affinità Elettive, 2006.

Sobre a esposa italiana de Pedro II, foi publicado o livro de Avella, A. A., *Una napoletana imperatrice ai tropici: Teresa Cristina di Borbone sul trono del Brasile*, Roma: Exorma, 2012; sobre os viajantes do século XIX, ver Cattarulla, C., "Alla 'riscoperta' del Nuovo Mondo. Bibliografia dei viaggiatori italiani in America Latina (1870-1914)", *Biblioteche Oggi*, n.4, p.419-45; n.5, p.545-62, 1992; e Isenburg, T., *Viaggiatori naturalisti italiani in Brasile nell'Ottocento*, Milão: Angeli, 1989; enquanto para um panorama da emigração precoce em todo o continente, ver o útil Sanfilippo, M., "L'emigrazione italiana nelle Americhe in età preunitaria", *Annali della Fondazione Einaudi*, n.XLVII, p.65-79, 2008.

Sobre as fontes e sua localização, são essenciais os livros de Bassanezi, M. S. C. Beozzo et al., *Roteiro das fontes sobre a imigração em São Paulo 1850-1959*, Campinas: Nepo; Unicamp, 2005; e Radünz, R.; Herédia, V. B. Merlotti, *Imigração e sociedade: fontes e acervos da imigração italiana no Brasil*, Caxias do Sul: Educs, 2015. A legislação imigratória é amplamente exposta em Bassanezi, M. S. C. Beozzo et al., *Repertório de legislação brasileira e paulista referente à imigração*, Campinas: Nepo; Unicamp, 2005. Sobre a função substitutiva exercida pelos peninsulares em relação à mão de obra escrava, ver Beneduzi,

L. F., "Alteridade e estranhamento: a figura do 'novo negro' na imigração italiana no Brasil", *Métis*, v.13, n.27, p.71-90, 2015. Sobre o plano de como os recém-chegados têm se posicionado em relação à população negra, a produção científica ainda é escassa e nesse campo deve-se fazer referência a um breve artigo de Giron, L. Slomp, "Neri e italiani: rapporti interetnici in Brasile", *Archivio Storico dell'Emigrazione Italiana*, n.5, p.183-96, 2009, enquanto um pouco a mais foi escrito sobre os encontros-embates com os índios no Sul do Brasil.

Sobre os fatores de expulsão e sobre as cadeias emigratórias pode ser interessante consultar o primeiro capítulo de Fauri, F., *Storia economica delle migrazioni italiane*, Bolonha: Il Mulino, 2015, e, para aprofundamento do conceito de redes sociais, é útil ler Ramella, F., "Por un uso fuerte del concepto de red en los estudios migratorios", em Bjerg, M.; Otero, H. (Orgs.), *Inmigración y redes sociales en la Argentina moderna*, Tandil: Cemla; EHS, 1995, p.9-21. Para o Brasil, ver Vendrame, M. I., "'Nós partimos pelo mundo, mas para viver melhor': redes sociais, família e estratégias migratórias", *Métis*, v.9, n.17, p.69-82, 2010. Para os dois exemplos mais sensacionais das cadeias emigratórias, dentre os vários trabalhos publicados, pode-se citar para a mais conhecida delas: Guarana, M. Feoli; Termignoni, S., "Da Morano Calabro a Porto Alegre: un caso particolare di emigrazione", *Insieme*, n.4-5, p.28-33, 1993-1994, mas sobretudo, para a mesma origem e destino, Constantino, N. Santoro de, *O italiano da esquina: imigrantes na sociedade porto-alegrense*, Porto Alegre: EST, 1991; e Id., "Urbanização, redes sociais e espaços de imigrantes italianos: Porto Alegre na virada do século XX", em Herédia, V. B. Merlotti; Radünz, R. (Orgs.), *História e imigração*, Caxias do Sul: Educs, 2011, p.289-98; para um estudo de caso daquela mesma proveniência, ver Rosito Filho, J., *A saga moranesa de uma família italiana*, Porto Alegre: EST, 2008; para a cadeia migratória de Castellabate para São Paulo, ver Caputo, V., *La storia dell'emigrazione cilentana im Brasile*, Santa Maria di Castellabate: Tip. Piccirillo, 2003.

Para um olhar a longo prazo da legislação e das políticas de emigração italianas, são interessantes os estudos de Sori, E., "La política de emigración en Italia (1860-1973)", *Estudios Migratorios Latinoamericanos*, v.18, n.53, p.7-42, 2004; de Salvetti, P., "La politica migratoria dello stato italiano dall'unità agli anni Settanta del XX secolo", em Casmirri, S. (Org.), *L'emigrazione italiana in 150 anni di storia unitaria*, Cassino: Università di Cassino, 2013, p.1-30, e, para um intervalo de tempo menor, de Prencipe, L.; Sanfilippo, M.; "La legislazione sulle migrazioni italiane fino al 1901", *Studi Emigrazione*, v.LVI, n.215, p.379-92, 2019.

Como esperado, a quantidade de trabalhos que tratam da presença dos vênetos é imensa, particularmente visível em algumas áreas como o Rio Grande do Sul, incluindo os de Zannini, A.; Gazzi, D., *Contadini, emigranti, colonos. Tra le prealpi Venete e il Brasile Meridionale: storia e demografia, 1780-1919*, 2v., Treviso: Fondazione Benetton; Canova, 2003; e o sempre presente e indispensável Franzina, E., "Tirolesi italiani, cimbri veneti e modello di emigrazione tedesco nella prima emigrazione agricola al Brasile (1875-1876)", *Memorie dell'Accademia Roveretana degli Agiati*, serie II, v.IV, t.I, n.251, p.297-317, 2001; Id., "Memoria familiar y región en las migraciones italianas a Brasil: apuntes sobre el caso 'padano-veneto'", *Estudios Migratorios Latinoamericanos*, v.19, n.58, p.461-82, 2005; Id., *A grande emigração: o êxodo dos italianos do Vêneto para o Brasil*, Campinas: Unicamp, 2006. Ao lado dos vênetos, veio também certo número de friulanos, dos quais subsistem evidências em obras que tratam de reduzida ou menos reduzida área de emigração da região: Fadelli, A., *Cercando l'Eldorado nel paese del caffè: emigranti polcenighesi in Brasile nell'800*, Pordenone: L'Omino Rosso, 2008; e Carniel, L., *Il loro destino stava in Brasile: storie di emigrazione bellunese*, Bolonha: Bononia University Press, 2017.

Para os trentinos, além do primeiro ensaio de Franzina citado algumas linhas antes, a referência obrigatória é Grosselli, R., *Da schiavi a coloni: un progetto per le fazendas*, Trento: Provincia Autonoma di Trento, 1991; Id., *Noi tirolesi, sudditi felici di Don Pedro II*, Porto Alegre: EST, 1999; Id. (Org.), *Trentamila tirolesi in Brasile: storia, cultura, cooperazione allo sviluppo*, Trento: Regione Autonoma Trentino-Alto Adige, 2005; Id., *Le due apocalissi, gli ultimi: ciò che rimane dei 30.000 tirolesi partiti per il Brasile*, Trento: Curcu & Genovese, 2020; ver também Bertonha, J. F., "Non tutti gli italiani sono venuti dall'Italia: l'immigrazione di sudditi imperiali austriaci di lingua italiana in Brasile, 1875-1918", *Altre Italie*, n.46, 2013. Há bem pouco sobre a Campânia (Carchedi, F., *Pe' nuie era 'a Mmerica. I Campani in Argentina, nel Brasile Meridionale e in Uruguay: racconti di vita*, Roma: Ediesse, 2014, que traz entrevistas com emigrantes da Campânia e descendentes, mas também apresenta um aparato bibliográfico sobre a emigração italiana para o Rio Grande do Sul.

Sobre os toscanos, ver Briganti, L., "La Lucchesia e il Brasile: storia di emigranti, agenti e autorità", *Documenti e Studi*, n.14-15, p.161-220, 1994; e De Ruggiero, A., "*Settù voi vienire ora è il tempo*": *l'emigrazione toscana in Brasile (1875-1914)*, Pisa: Pacini, 2020; sobre emilianos e romanholes, Osti Guerrazzi, A.; Saccon, R.; Pinto, B. Volpato, *Dal Secchia al Paraíba: l'emigrazione modenese in Brasile*, Verona: Cierre, 2002; e AA.VV., *Gli Emiliano Romagnoli e l'emigrazione italiana in America Latina: il caso Modenese*, Modena: Provincia di Modena, 2003. Alguns trabalhos existem, mais como testemunho, mesmo para regiões com baixo número de emigrantes (Cecchini, P., *All'ombra di un sogno: viaggio nell'emigrazione italiana e marchigiana in Brasile*, São Paulo: Associazione Marchigiani in Brasile; Factash, 2008) e para aquelas que apresentam quantidades pouco superiores (Suano, M., *Italiani del Molise – italianos do Brasil: a contribuição dessa pequena região da Itália para a história de São Paulo*, São Paulo: Secretaria do Estado da Cultura; Istituto Italiano di Cultura, 1999). Sobre como os peninsulares eram vistos e considerados, é interessante o artigo de Bertonha, J. F., "Le rappresentazioni degli italiani in Brasile. Centocinquanta anni di immagini, stereotipi, contraddizioni", *Diacronie*, v.V, n.1, p.1-14, 2011.

Sobre a travessia oceânica, ver, mais recentemente, Molinari, A., *Les Migrations italiennes au début du XXe siècle: le voyage transocéanique entre événement et récit*, Turim: L'Harmattan, 2014; no que diz respeito às memórias deixadas por aqueles que partiram e se estabeleceram nas Américas, um bom ensaio é o de Franzina, E., "Le traversate e il sogno: viaggi per mare degli emigranti attraverso le fonti memorialistiche", em Martelli, S. (Org.), *Il sogno italo-americano: realtà e immaginario dell'emigrazione italiana verso gli Stati Uniti*, Napoli: Cuen, 1998, p.23-47, bem como, novamente, Franzina, *Traversate: le grandi migrazioni transatlantiche e i racconti italiani del viaggio per mare*, Foligno: Editoriale Umbra, 2003. O mesmo autor dedicou também, em volumes destinados ao estudo da literatura de emigração e autobiografias em geral, interessantes páginas relativas ao Brasil (cf. *L'immaginario degli emigranti: miti e raffigurazioni dell'esperienza italiana all'estero*, Paese: PAGVS, 1992; e *Dall'Arcadia in America: attività letteraria ed emigrazione transoceanica in Italia (1850-1940)*, Turim: Fondazione Agnelli, 1996; além de outras duas: "Rappresentazioni letterarie delle migrazioni", em De Rosa, O.; Verrastro, D. (Orgs.), *Appunti di viaggio: l'emigrazione italiana tra attualità e memoria*, Bologna: Il Mulino, 2007, p.217-54; e "Emigrazione e letteratura: fra storia e romanzo", em Marchand, J. (Org.), *La letteratura dell'emigrazione: gli scrittori in lingua italiana nel mondo*, Turim: Fondazione Agnelli, 1991, p.213-28. Sobre o plano geral de todo o continente, ver também Marazzi, M., *A occhi aperti: letteratura dell'emigrazione e mito americano*, Milão: Angeli, 2011. Essa relativa falta de estudos indica que os escritores deram pouca atenção ao êxodo para o Brasil, em oposição ao êxodo direto para outros países.

Sobre a memorialística, recomenda-se o livro de Cattarulla, C., *Di proprio pugno: autobiografie di emigranti italiani in Argentina e in Brasile*, Reggio Emilia: Diabasis, 2003; Franzina, E. (Org.), *Un sogno: la Merica! I miei 56 anni di Brasile. Diario di Enrico Secchi*, Finale Emilia: Baraldini, 1998; Constantino, N. Santoro de, "Dona Lydia de próprio punho: uma imigrante italiana que se conta", *Altre Italie*, n.13, 1995. Sobre as correspondências, ver Martins, J. de Souza, "Cartas do Purgatório dos pobres: o imaginário da imigração italiana em São Paulo no século XIX", *Quaderni*, Istituto Italiano di Cultura de São Paulo, n.8, p.41-60, 1999. Sobre as Câmaras de Comércio, as únicas contribuições que conheço nos últimos trinta anos são de Alvim, Z. Forcioni, "La Camera di Commercio Italiana di San Paolo del Brasile"; e de Herédia, V. Merlotti, "La Camera di Commercio Italiana per il Rio Grande do Sul", ambos em Fontana, G. L.; Franzina, E. (Orgs.), *Profili di Camere di Commercio Italiane all'Estero*, v.I, Soveria Mannelli: Rubettino, 2001, respectivamente, p.163-73 e p.175-8.

2
O DESTINO REGIONAL[1]

2.1. Os estados sulinos

O Sul do Brasil – Paraná, Santa Catarina e, sobretudo, Rio Grande do Sul – representou a saída privilegiada, se não a única, para a primeira imigração italiana, até o grande êxodo em massa iniciado em 1887. De fato, o governo imperial brasileiro sentia a necessidade de povoar esse imenso território, ainda em grande parte virgem, não só para incrementar a renda nacional, mas por razões de caráter político-militar, pois se tratava de áreas de fronteira e, portanto, sujeitas a influências e pressões de países limítrofes.

As primeiras tentativas para favorecer a colonização tiveram início a partir de 1840-1850; em 1848 o governo concedeu para cada província 36 léguas quadradas de terras públicas devolutas (156 mil hectares), destinadas à colonização estatal, provincial ou particular. Nos primeiros tempos o que prevaleceu foi a iniciativa privada, subsidiada pelo governo central, o qual não tinha nem as possibilidades financeiras para realizar sozinho um projeto de tal envergadura, nem pessoal administrativo suficiente para deslocar pelo território. No entanto, os empresários particulares demonstraram-se totalmente inaptos para desempenhar a tarefa, se é verdade que, das 96 colônias criadas até 1860, 66 desapareceram sem deixar sinal. Na realidade, nem as colônias públicas que prevaleceram nos quinze anos seguintes

---

1 Tradução de Mariarosaria Fabris. De Juliana Haas, para os acréscimos da nova edição.

deram resultados mais satisfatórios, com 29 colônias extintas das 33 fundadas.[2] As razões de tal fracasso foram múltiplas, mas, com certeza, ele deve ser atribuído, em boa parte, à total carência de capitais e de organização. Não foi por acaso que os únicos êxitos nesse campo – e foram êxitos importantes – se deram no Rio Grande do Sul e em Santa Catarina, graças aos alemães, através de iniciativas programadas por eles em sua pátria e realizadas por grandes sociedades privadas como a Hanseática, ou por empresários arrojados como Herman Blumenau.

O governo imperial, diante dos magros resultados que a colonização particular havia dado, resolveu incentivar o fluxo de imigrantes através de uma legislação *ad hoc*. A primeira lei orgânica é de 19 de janeiro de 1867, sendo integrada, em seguida, com decretos sucessivos (1876, 1890, 1891), sofrendo, porém, poucas modificações substanciais, até o abandono da política de colonização em 1914. As principais obrigações que o governo assumia podem ser assim resumidas: 1) viagem paga do porto do Rio de Janeiro até o núcleo colonial; 2) atribuição (antes em caráter provisório, depois definitivo) de um lote de terra a famílias de emigrantes. Cada lote media, no início, 60 hectares, diminuídos depois para 48 e 25, também por causa das dificuldades e do isolamento em que se encontravam os colonos; 3) o lote podia ser pago em 5 prestações anuais, incluindo os juros, a partir do segundo ano de localização, isto é, depois da primeira colheita. Mais tarde, nas áreas em que foram atribuídos lotes de 48 e 25 hectares, as prestações tornaram-se 8 ou 5, dependendo da área do terreno; 4) a família recebia uma casa provisória e um auxílio para construir a moradia definitiva, um pedaço de terra desmatado, sementes, plantas, ferramentas agrícolas e mantimentos gratuitos para os primeiros dez dias. Todos esses subsídios tinham de ser reembolsados em seguida; 5) como regalia, em 1876, o governo concedia uma quantia correspondente a 56 liras e 80 centavos para cada membro da família entre 10 e 50 anos. Tal soma, entretanto, foi reduzida a partir de 1880 e depois totalmente abolida; 6) durante os primeiros seis meses, cada imigrante tinha direito a ser empregado três vezes por semana como assalariado em obras públicas – geralmente construção de estradas –, medida destinada a garantir um mínimo vital de subsistência até que a terra tivesse dado seus frutos. Em contrapartida, o colono era obrigado a cumprir uma série de deveres e, particularmente, após seis meses, empenhava-se em deixar "desmatada e plantada uma área de pelo menos mil braças quadradas, e construída, como moradia permanente do colono e da família, uma casa de tamanho não inferior

---

2 Franceschini (1908).

a quatrocentos palmos quadrados", conforme rezava o título provisório de propriedade.³ Além disso, tinha que abrir caminhos que delimitassem o lote e providenciar seu desmatamento periódico. Em caso de inadimplemento perdia os melhoramentos feitos e as parcelas já pagas.

Ao lado das colônias dos governos central e provinciais continuavam a existir as particulares, estas também mais bem regulamentadas após 1870, sobretudo pelo decreto de 28 de junho de 1890. As disposições eram muito parecidas com o já exposto, exceto no tipo de dilação dos pagamentos, que era de dez anos no mínimo, mas a partir do primeiro dia do segundo ano, e no emprego em obras públicas, que, não podendo obviamente ser garantido por particulares, era substituído pela antecipação dos meios necessários à subsistência por um período de nove meses. O montante dessa antecipação era somado ao valor do terreno. Como confirmação de que o governo sozinho não conseguia dar conta de um plano eficaz de colonização, o decreto de 1890 previa ainda vários prêmios em dinheiro, em favor dos empresários particulares, para cada família estabelecida, para cada quilômetro de ferrovia que se tornasse necessário para ligar a colônia à estação mais próxima ou ao mercado consumidor, e para a construção de estradas internas.⁴

Apesar dos esforços financeiros do governo, poucos núcleos tiveram êxito, se excluirmos os alemães, já mencionados. No entanto, um fator viria, de repente, dar uma mão à política imigratória do Brasil em meados dos anos 1870, solucionando, ao mesmo tempo, um problema que o governo começava a sentir com certa apreensão: a progressiva germanização das províncias sulinas devido à organização das colônias alemãs e à sua total impermeabilidade em relação à população local. A deterioração das condições dos pequenos camponeses na Itália, a partir dos anos 1870, torna disponível para a aventura transoceânica um contingente de força de trabalho interna, impossibilitado de manter a posse da terra. Não é por acaso que o fluxo emigratório desse período concerne essencialmente às zonas em que mais vigorava o sistema de cultivo direto em pequenos lotes de terra:

> Como sempre acontece, a depressão atinge antes e mais duramente as áreas economicamente marginais, nesse caso, as áreas de "pequena produção independente", de um lado, por seu tamanho e marginalidade, incapazes de inserir-se vantajosamente na produção para o mercado, e, do outro, estranguladas

---

3 Antonelli (1899, p.235-6).
4 Para a regulamentação dos núcleos coloniais, vide Giglioli (1887, p.372-89); Scalabrini (1895); Cusano (1911); Malesani (1929); Delhaes-Guenther (1975a).

pela impossibilidade de sobrevivência do núcleo familiar numa economia de subsistência ainda típica e fundamental nessa época para as grandes camadas do mundo campesino.[5]

Por outro lado, e aqui intervém a complementaridade das causas de "expulsão" e de "atração", o Sul do Brasil oferecia, aparentemente, as condições mais vantajosas para esse tipo de emigrante, cuja maior aspiração ainda era representada pela posse da terra. De fato, a região oferecia-lhe a possibilidade de tornar-se, em poucos anos, dono de um sítio de dimensões em média bem maiores do que ele tinha tido na pátria. Além disso, o clima das regiões do Sul do Brasil, suficientemente semelhante ao italiano, era capaz de assegurar o cultivo de produtos aos quais o emigrante estava acostumado e sobre os quais tinha uma bagagem mínima de conhecimentos. Embora as condições oferecidas pelo governo brasileiro fossem as mesmas em todo o território nacional, não foi por acaso que a corrente migratória italiana desse período dirigiu-se quase exclusivamente para o Rio Grande do Sul, Santa Catarina e Paraná, desertando de todas as outras províncias imperiais, exceto, em parte, o Espírito Santo.

Tratou-se, como dissemos, de uma emigração constituída em sua grande maioria de vênetos, trentinos e lombardos: na área de colonização italiana do Rio Grande do Sul, os emigrantes das três Venezas representavam 66,5% (vênetos, 54%; trentinos, 7%; friulanos, 4,5%), os da Lombardia, 33%, enquanto as outras regiões só incidiam em 1,5%.[6] Entretanto, se limitarmos a análise ao período 1875-1885, a percentagem de vênetos é bem mais elevada. Também em Santa Catarina, os emigrantes eram predominantemente trentinos, vênetos e lombardos, além de um contingente emiliano de peso numérico bem menor.[7] No Paraná, no início do fluxo migratório, a percentagem de vênetos alcançará 90%, baixando depois para 70%. Por volta de 1908, dos 52 núcleos coloniais total ou predominantemente italianos, 46 eram habitados por vênetos, 3 por meridionais, 1 por friulanos e 1 por emigrantes de várias regiões.[8] A prevalência

---

5 Sabbatini (1975, p.XV-XVI).
6 Frosi; Mioranza (1975). Era esta a origem provincial dos imigrantes vênetos: Vicenza (32%), Beluno (30%), Treviso (24%), Padova (8%), Verona (4%), Veneza (4%), Rovigo (0,5%). É interessante notar a participação quase inexistente de Rovigo, a província em que o trabalho agrícola assalariado era mais difundido, a qual, porém, teve um certo fluxo migratório para o Brasil, sobretudo no fim do século, mas predominantemente para as fazendas de São Paulo: o mito da posse da terra, portanto, parecia não atingir os assalariados rurais.
7 Pio di Savoia (1902).
8 Colbacchini (1895); Castiglia (1908).

regional é atestada também pela denominação de cada núcleo: ao lado das colônias cujos nomes não sugerem nenhuma indicação quanto à procedência de seus habitantes (Montebello, Santa Teresa, Borghetto, San Francesco d'Assisi), encontramos poucas localidades cujo nome lembre origens meridionais ou centrais (Nova Pompei, Nova Palermo, Nova Sardegna, Alto Loreto), ou então testemunhe inspirações patrióticas (Nova Garibaldi, Nova Roma, Nova Itália), mas as denominações prevalecentes remetem ao Vêneto, ao Trentino e à Lombardia (Nova Padova, Nova Vicenza, Vicenza Vecchia, Monte Veneto, Nova Bassano, San Marco, Valle Veneta, Nova Belluno, Nova Fiume, Nova Udine, Novo Tirol, Nova Milano, Nova Brescia, Nova Bergamo, Nova Torino, duas Nova Trento, Nova Treviso e Nova Venezia, no Rio Grande do Sul e em Santa Catarina).

A verdadeira colonização italiana no Sul do Brasil começa em 1875, data de entrada dos primeiros contingentes tanto no Rio Grande do Sul como em Santa Catarina e no Paraná. A bem da verdade, uma primeira tentativa de colonização já havia se verificado muitos anos antes no norte da província de Santa Catarina, quando umas trinta famílias genovesas fundaram a colônia Nova Itália, por iniciativa de Enrico Schustel, agente consular do reino da Sardenha. A tentativa, no entanto, não foi bem-sucedida, embora a colônia, que havia mudado seu nome para Dom Afonso, ainda contasse com a presença de quarenta italianos em 1868. Um número considerável de peninsulares entrou no Rio Grande do Sul entre 1873 e 1874, proveniente porém da Argentina, num fluxo de emigração europeia do Prata para o Brasil, facilitado pela oferta da viagem gratuita e por promessas de emprego imediato de parte do governo brasileiro.[9] Os italianos dirigiram-se em parte para a área de colonização agrícola de Caxias,[10] mas o contingente maior tentou encontrar trabalho na cidade, contudo não conseguiu.

Como dissemos, a verdadeira colonização italiana começa em 1875 e, em termos numéricos, diz respeito sobretudo ao Rio Grande do Sul. Mesmo que não existam estatísticas até 1882, calcula-se que, nos anos precedentes, o fluxo imigratório consistia em 3 mil ou 4 mil chegadas por ano, sendo mais provável a primeira do que a segunda cifra.[11] A partir de 1882, temos os dados oficiais do governo do Rio Grande do Sul, referidos na Tabela 1.

---

9   Um jornal de Buenos Aires estimava em 30 mil o número de europeus que se dirigiu da Argentina para o Rio Grande do Sul. Mesmo se a cifra parece improvável, foi um fluxo considerável. Vide "L'emigrazione nel Brasile" (1876, p.12).
10 "La stampa brasiliana..." (1878).
11 Erler (1980); Malesani (1929).

Tabela 1 – Número de emigrantes entrados no Rio Grande do Sul – 1882-1914

Anos	Total	Italianos	% do total	Anos	Total	Italianos	% do total
1882	3.549	3.205	90,3	1898	1.613	989	61,3
1883	4.402	3.735	84,9	1899	2.556	1.070	41,9
1884	1.985	1.345	67,7	1900	1.503	745	49,6
1885	8.286	7.600	91,7	1901	1.315	631	48,0
1886	3.354	2.352	70,1	1902	847	359	42,4
1887	5.236	4.362	81,9	1903	743	305	41,0
1888	4.927	4.241	86,1	1904	837	296	35,4
1889	9.787	7.578	77,4	1905	963	247	25,6
1890	19.485	2.701	13,9	1906	1.013	449	44,3
1891	20.739	9.440	45,5	1907	754	239	31,7
1892	8.526	7.523	88,2	1908	4.117	355	8,6
1893	2.795	1.503	53,8	1909	5.955	397	6,7
1894	855	424	49,6	1910	3.583	425	11,9
1895	2.329	947	40,7	1911	7.790	657	8,4
1896	3.095	917	29,6	1912	7.700	467	6,1
1897	1.431	690	48,2	1913	9.890	477	4,8
				1914	2.632	230	8,7
			Total do período:	154.682	66.901	43,25	

Fonte: Cenni (1975, p.131).

Como vemos, a emigração em massa (e não só a italiana) termina em 1892. São dois os elementos que justificam a queda nos anos seguintes, um de caráter circunstancial – a instabilidade política e econômica iniciada com a revolução federalista – e outro de caráter definitivo – a passagem dos serviços de imigração e colonização do governo central para os governos de cada estado, em 1894. A partir de 1900, o reduzido número de italianos que entrou no Rio Grande do Sul provinha, em sua maioria, antes de outras regiões brasileiras que da península, e era contrabalançado pela cifra das saídas, sobretudo para a Argentina e o Chile.[12] Ao contrário, o grande salto para a frente de 1891 e 1892 explica-se pela Lei Glicério do ano anterior, especialmente pela série de favores que concedia às companhias colonizadoras, as quais não pouparam esforços para recrutar emigrantes.

---

12 De Velutiis (1908).

Totalmente semelhante, no ritmo e nas motivações, era a situação dos outros dois estados sulinos, nos quais, porém, a emigração italiana foi numericamente bem menos significativa. Entre 1882 e 1886 entraram no Paraná 809 italianos, num total de 1.327 emigrantes, e em Santa Catarina 2.100, de 5.337. Em ambos os estados, o fluxo terminou praticamente após 1893, como se pode ver na Tabela 2, relativa a Santa Catarina.

Tabela 2 – Italianos entrados em Santa Catarina – 1885-1894

Anos	Nº de italianos	Anos	Nº de italianos	Anos	Nº de italianos
1885	167	1888	305	1891	4.240
1886	390	1889	873	1892	1.348
1887	549	1890	179	1893	863
				1894	27

Fonte: Roti (1895, p.820).

Depois dessa data, virão apenas poucas famílias por ano, chamadas por parentes já estabelecidos nas colônias. Além da concorrência das fazendas e do estado de São Paulo, o declínio da emigração dependia da rarefação das propriedades do governo, da consequente valorização da terra e do fato de que as regiões de mais fácil acesso já haviam sido ocupadas. À luz das poucas estatísticas sobre a emigração em cada estado resultam bastante risíveis as estimativas da população italiana residente no Sul do Brasil feitas por representantes diplomáticos, viajantes ou estudiosos no período de 1875-1914, mesmo que venhamos a incluir os filhos nascidos em território brasileiro. Sem entrarmos em detalhes, bastará lembrar que para o Rio Grande do Sul temos cifras que oscilam entre 5 mil (1877) e 12 mil (1879), 130 mil (1893), 70 mil (1895), 100 ou 150 mil (1897), 200 mil (1901), 180 mil (1904), 250 mil (1912); para o Paraná, 10 mil (1895), 19.700 (1900), 25 mil (1901), 25 mil (1904), 20 mil (1912), 30 mil (1913); para Santa Catarina, 15 mil (1879), 5 mil (1880), 10 mil (1889), 52 mil ou 20 mil (1893), 18 mil (1897), 50 mil (1898), 40 mil (1901), 25 mil (1904), 30 mil (1912).[13] Para termos uma ideia mais exata, mesmo que tardia e limitada somente às pessoas nascidas na Itália, será necessário esperar o recenseamento de 1920, que traz os seguintes

---

13 Para Santa Catarina, a estimativa mais confiável é a de Gherardo Pio di Savoia, que em 1900 avaliava a população italiana entre 23.800 e 26.800 pessoas. Vide Pio di Savoia (1902, p.29-64).

dados: no Rio Grande do Sul, 49.136 (33% dos estrangeiros residentes); em Santa Catarina, 8.062 (26%); no Paraná, 9.046 (14%).

Para entendermos melhor as fases da colonização italiana no Sul do Brasil, convém examinar rapidamente a maneira pela qual ela se desenvolveu em cada região, a começar pelo Rio Grande do Sul, onde, como já dissemos, teve proporções maiores.[14] Os primeiros italianos, chegados em 1875, encontraram as terras mais férteis e melhores já ocupadas pela colonização alemã, iniciada em 1824. Instalados nas áreas de planície – a chamada campanha, aos pés da Serra Geral, mais próxima da capital da província e mais facilmente ligada aos prováveis mercados –, os alemães e seus descendentes, calculados em cerca de 70 mil, gozavam de uma certa prosperidade, devido também a uma eficiente organização comercial, escolar, religiosa e até política.

Os italianos tiveram de se contentar com lotes localizados no planalto, numa região coberta de mata – a encosta da serra –, sem vias de comunicação, onde, consequentemente, prevaleceu uma agricultura de subsistência. As primeiras famílias (cujos sobrenomes as crônicas nos transmitem: Crippa, Radaelli, Sperafico) chegaram em maio de 1875 e fundaram o núcleo de Nova Milano. Desde aquela data até 1892, vênetos, trentinos e lombardos afluíram para as áreas de colonização italiana, que compreendiam as colônias de Dona Isabel (posteriormente Bento Gonçalves), Conde d'Eu (atual Garibaldi), Caxias do Sul, Nova Trento, Nova Vicenza, São Marcos (as três últimas anexadas depois ao município de Caxias), Alfredo Chaves, Antônio Prado e Encantado. No fim do século XIX, os italianos constituíam a nacionalidade predominante em 9 dos 24 núcleos existentes, os alemães em 14 e os brasileiros em um.[15] Será sobretudo Caxias que apresentará características italianas. Surgida inicialmente como Campo dos Bugres, isto é, os índios,[16] e

---

14 A lista das publicações sobre a colonização italiana no Rio Grande do Sul é realmente imensa. Dentre esses trabalhos, limitar-me-ei a lembrar Cenni (1975, p.101-31); Rosoli (1972, p.296-376); Beretta (1975, p.51-90); Id. (1976); Delhaes-Guenther (1975a, 1975b, 1975c); Frosi; Mioranza (1975); Erler (1978, 1980); *Centenário da Imigração Italiana* (1976); Franzina (1979); Costa; Marcon (1988), que apresenta uma desmesurada bibliografia sobre o tema; De Boni; Costa (1982), com uma boa bibliografia; Manfroi (1975); De Boni (1987); e os três volumes de Battistel; Costa (1982-1983), que, tendo como base lembranças e entrevistas, ilustram a vida dos italianos e seus descendentes nas área de colonização.

15 Vide Grossi (1904).

16 Tanto no Rio Grande do Sul como em Santa Catarina ainda existiam alguns agrupamentos indígenas, geralmente pouco povoados, eliminados pela colonização com métodos que permaneceram desconhecidos na maioria dos casos, mas facilmente dedutíveis. Na vasta literatura

depois denominada Caxias, segundo alguns, devido ao termo *cascina* ou *cascinale* (casa colônica), em 1898 tinha 25 mil italianos, que perfaziam 9/10 da população total.[17]

Em seguida, às colônias citadas devem ser acrescentadas as criadas após o término da imigração em massa, como Guaporé (1898) e Capoeira (1900), em que encontramos uma população italiana ou de origem italiana proveniente das áreas de localização mais antiga. De fato, o alto grau de fertilidade das famílias colônicas – em média, 8-10 filhos – havia provocado um excesso de população, que se viu obrigado a abandonar o próprio lar em busca de terras virgens.

Foi praticamente idêntica a condição dos emigrantes italianos em Santa Catarina, onde a área de colonização alemã, anterior, situada no norte, tinha possibilidades de comunicação, seja por via fluvial, seja através de estradas transitáveis. Foi para essa região que se dirigiu predominantemente a emigração trentina, fundando Nova Trento e espalhando-se pelas colônias da área conhecida como Pomeranos, mas ficando sempre em segundo plano em relação aos alemães, que continuaram sendo o elemento étnico dominante.[18] Será, porém, para o sul da província, sem ligações e sem núcleos agrícolas, que se dirigirá a emigração vêneta e lombarda, povoando as colônias de Azambuja, Urussanga e Tubarão. Entre estas, a mais importante foi seguramente Urussanga, que, fundada em 1878, chegou a ter 17 núcleos coloniais e constituiu o único município italiano de Santa Catarina, contando, no início do século XX, com 7 mil habitantes, quase todos do Norte da Itália.[19] Outra

---

sobre as colônias do Sul do Brasil, é fácil achar notícias sobre a malvadeza e a violência dos índios, descritos sempre com cores pesadas e, portanto, de eliminação justificável (vide, por exemplo, Venerosi (1913), que chega a falar em antropofagia). Nunca acontece de se encontrarem descrições sobre a verdadeira caça ao homem que os próprios colonos organizavam, direta ou indiretamente, valendo-se dos préstimos de caçadores de índios. A única exceção é representada por Roti: "Não é fácil estabelecer relações com esses seres, mas devemos admitir que se fez bem pouco nesse sentido. Os colonos limitam-se a persegui-los, após os terem atacado, matando-os às vezes, ou, em geral, levando suas crianças para sustentá-las e educá-las" (Roti, 1895, p.775).

17 Vide Franzina (1979, p.131). Sobre Caxias, vide Adami (1971) e Giron (1976). Como emblema da alma italiana da colônia, começou cedo a celebrar-se a Festa da Uva, que vai ficar conhecida no estado e inclusive no Brasil todo.

18 Em 1883, Blumenau, o mais próspero dos centros coloniais do norte de Santa Catarina, tinha 71% de alemães e 21% de italianos.

19 Logo a partir de Urussanga, o governo da província havia procurado criar núcleos multinacionais, como Crisciúma (1880) e Cocal (1885), onde os lotes foram distribuídos alternando-se as etnias: uma família polonesa, uma italiana e uma brasileira. Mas o sistema não deu certo,

colônia mononacional, a ponto de ter, em 1884, uma população formada por 2.885 italianos (de Beluno, Treviso e Bérgamo), 8 alemães e 31 brasileiros, foi Nova Venezia, fundada pela Companhia Metropolitana num território de 30 mil hectares, o mais importante, se não o único, resultado da Lei Glicério, que tendia a incentivar as companhias particulares. De 1891 a 1895, seu diretor foi um italiano, Michele Napoli, que mais tarde, em 1903, administrou outra companhia de colonização, sempre em Santa Catarina. Em 1894, no entanto, com a passagem do serviço de imigração e colonização para os estados, o contrato com a Companhia Metropolitana foi rescindido e as condições de Nova Venezia pioraram rapidamente, a ponto de, em 1908, a colônia oferecer um espetáculo de desolação e de abandono aos visitantes.[20]

Se no Rio Grande do Sul e em Santa Catarina os italianos haviam encontrado os alemães, no Paraná encontraram os poloneses, cuja emigração havia começado poucos anos antes que a peninsular, mas nesse caso a localização precoce não significou melhores oportunidades: no início do século, mesmo sendo numericamente o dobro, os poloneses viviam nas mesmas condições que os italianos. Os primeiros imigrantes vindos da Itália desembarcaram no Rio de Janeiro em 1875, trazidos pelo veleiro *Anna Pizzorno*, com base num contrato estipulado entre o governo do Paraná e o agente Sabino Tripoti, um italiano que se havia refugiado no Brasil para poder fugir de uma condenação pronunciada na Itália por ter-se apropriado, em 1864, de 46 mil liras do tesouro do Estado, na qualidade de cobrador geral da loto na província de Nápoles.[21] Tratava-se de 50-60 famílias[22] que foram instaladas numa localidade perto de Paranaguá, onde fundaram a colônia de Alexandra. Em 1876 e 1879 foram introduzidas famílias do Vêneto, perfazendo 2.300 pessoas. A localização logo se revelou infeliz, pois os terrenos escolhidos eram pantanosos e insalubres, e os colonos enfrentaram bem cedo uma situação desesperadora, também porque, após seis meses, Tripoti não dava mais adiantamentos:

---

    porque, através de compras e vendas sucessivas, as várias nacionalidades acabaram por congregar-se. Vide Franzina (1979, p.127).

20 Caruso Macdonald (1908, p.235). Sobre a colonização italiana de Santa Catarina, vide Piazza (1976); Santos (1981); Dall'Alba (1983).

21 M. (1878). Mais tarde, o tribunal do júri reconhecerá sua inocência.

22 O *Anna Pizzorno* transportava também cinquenta famílias do Norte da Itália (Mântua, Módena, Reggio Emília), que ficaram na província do Rio de Janeiro, fundando a colônia de Porto Real.

No entanto, os colonos que cultivavam há dois anos, não só não tinham feito a colheita e não haviam devolvido nem a menor parcela dos adiantamentos recebidos como pediam outros com a insistência de quem está morrendo de fome [...]. Muitos já haviam fugido, e os poucos que tinham ficado tremiam de ódio e blasfemavam em coro contra a própria ruína.[23]

De fato, após terem tentado inutilmente sua transferência, muitos imigrantes abandonaram Alexandra e mudaram para Morretes, sempre na faixa litorânea. Por volta de 1880, um numeroso contingente dirigiu-se para a periferia da capital da província, Curitiba, onde em 1889, existiam dezesseis núcleos[24] em que viviam cerca de 10 mil italianos, mas também muitíssimos alemães e poloneses.[25] Em seguida, em 1896, fundou-se a colônia de Bela Vista, povoada exclusivamente por vênetos.

No quadro da imigração italiana no Paraná, a tentativa de fundar uma colônia anarquista merece um discurso à parte. O idealizador do projeto foi o agrônomo pisano Giovanni Rossi, vulgo Cardias, que, após ter tentado uma experiência de sociedade comunitária na Itália, no sítio Cittadella em Stagno Lombardo, a 20 de fevereiro de 1890, partiu para o Brasil, acompanhado de alguns amigos e com 2.500 liras no bolso.[26] Uma vez em Curitiba, a Inspetoria das Terras e Colonização concedeu-lhe um lote de 10 km² ao sul de Palmeira, ao longo do rio Iguaçu. Em novembro do mesmo ano, Rossi voltou para a Itália numa viagem de proselitismo e vários pequenos grupos alcançaram a Colônia Cecília, que, em junho de 1891, tinha 150 habitantes. Muitos porém não estavam preparados e na colônia faltavam ferramentas de trabalho, matérias-primas e dinheiro de contado.[27] Por outro lado, também a ideia de uma organização anarquista, que estivera na base da colônia, não parecia ir adiante. Perdia-se tempo em assembleias, em comissões, "parlamentava-se até ficar idiota [...]. A colônia, naquela época, não teve

---

23 Marcone (1877). O autor tinha acompanhado as primeiras famílias até Alexandra e havia ficado por lá durante dois anos.

24 Para uma boa análise de um deles – fundado em 1878 e que continuou recebendo italianos, mesmo de forma mais reduzida, até o começo do século XX, vide Balhana (1958, 1978).

25 Malan (1889c, p.378-9). Para o estudo de outro núcleo colonial, vide Ferrarini (1973, 1979).

26 Sobre Giovanni Rossi e a colônia anarquista Cecília, vide, sobretudo, Souza (1970); Betri (1971); e Gosi (1977).

27 Para remediar a situação, tentou-se obter solidariedade na Itália, mandando publicar apelos em que se pediam fundos, ferramentas agrícolas e artesanais, livros etc. Leia o artigo do jornal socialista *Verona del Popolo* apud Franzina (1979, p.223-4).

a consciência anarquista que poderia salvá-la e teve de morrer".²⁸ Houve numerosas deserções, e embora não tivesse faltado um certo *turn over* (que, no entanto, não resolveu o problema da escassez de mulheres), os habitantes se reduziam a 64 no fim de 1892, data em que foram construídas uma escola e uma farmácia. No ano seguinte, tiveram início algumas atividades artesanais, mas, em 1894, Cecília deixava de existir, segundo Rossi, pelo "egoísmo de família", mais provavelmente pela maior dificuldade com que elementos politizados, e em boa parte aculturados, suportavam a vida de privações que os emigrantes, camponeses e analfabetos levavam em quase todas as colônias do Sul do Brasil.²⁹

Qual era, na verdade, o destino que aguardava dezenas de milhares de trabalhadores e suas famílias que atravessavam o oceano na esperança de obter um pedaço de terra? Já no início da imigração, a situação era descrita com tintas até excessivamente dramáticas:

> Recebidos pelo inspetor de imigração, que deles se apropria como algo de seu, subtraindo-os ciosamente dos representantes de sua pátria, são empurrados, em caravanas, por regiões solitárias que têm de conquistar palmo a palmo, desmatando-as e travando uma luta desesperada com um terreno que recebe mal a nossas sementes e se dobra mal àquelas únicas culturas que os recém-chegados conhecem; [...] extenuados pelo impaludismo, dizimados pela febre amarela e pelo tifo ou então obrigados a nutrir-se de raízes e frutos silvestres, pelo atraso fraudulento na distribuição dos alimentos; em toda parte na terrível condição de quem não pode viver e não quer morrer.³⁰

Além das tintas forçadas, a opinião transcrita espelha com bastante fidelidade os primeiros problemas que o imigrante tinha de enfrentar. Antes de mais nada, a cansativa viagem por etapas: uma vez em Florianópolis, Curitiba ou Porto Alegre, os colonos eram alojados em hospedarias e depois eventualmente enviados para os centros de deslocamento intermediários, que no Rio Grande do Sul ficavam na cidadezinha de Caí e Montenegro. Considerando que os barcos que percorriam o rio eram em número limitadíssimo, não foi raro o caso de italianos obrigados a vender os pertences mais caros ou o miserável enxoval aos colonos alemães de Caí e Montenegro, ou

---

28   Rossi apud Gosi (1977, p.70).
29   Para a narração da experiência dessa colônia libertária, vide o pequeno livro escrito pelo seu fundador, Rossi (1986), que foi reeditado inúmeras vezes.
30   Marazzi (1880-1881, v.2, p.267).

então a pedir esmolas à espera de seguir viagem para as colônias.[31] Subido o rio em barcaças abertas muitas vezes puxadas a braço das margens por longos cabos, a viagem prosseguia a pé, com marchas forçadas, e, na falta total de estradas, por picadas abertas na mata com a derrubada de árvores enormes para permitir a passagem de carros primitivos. Desse modo, para ir de Porto Alegre a Conde d'Eu ou a Dona Isabel gastava-se de doze a quinze dias. Ao chegar ao núcleo colonial, em vez da moradia provisória, os imigrantes encontravam um enorme barracão de madeira, e sua decepção é bem ilustrada por este testemunho recolhido pelo cônsul de Santa Catarina e "traduzido" em linguagem literária:

> chegamos ao nosso destino; e nosso coração enchia-se de esperança ao pensar que encontraríamos uma casa, um campo, animais. E, em vez disso, nada; nos amontoaram num barracão e depois nos disseram: "Agora é com vocês! Receberão ferramentas de trabalho e comida, amanhã lhes serão atribuídos os seus lotes". Nossos lotes! Só víamos céu e mata e nunca nos sentimos tão sozinhos e abandonados como então. Muitos de nós choraram. Queríamos voltar em massa, depois formamos uma opinião menos taxativa.[32]

Os imigrantes tiveram que enfrentar de imediato a desorganização total que caracterizava os núcleos coloniais, tanto públicos quanto particulares. Em primeiro lugar, os seis meses durante os quais recebiam o subsídio eram computados a partir da data de chegada e não desde o momento em que recebiam o lote. Por isso, era comum que ficassem ociosos por dezenas de dias ou meses, à espera de que o pessoal técnico medisse os lotes, o que, obviamente, reduzia as possibilidades de subsistência no período seguinte. A isso tem que ser ainda acrescentado que não havia nenhuma racionalidade na subdivisão dos lotes, uma vez que tinham todos a mesma área, independente de localização, fertilidade do solo, facilidade de acesso, presença de mananciais etc. Uma prova da desorganização existente nos é dada pelo fato de que, pouco depois da primeira localização em Nova Trento, no Rio Grande do Sul, ela foi abandonada e novamente fundada a um quilômetro de distância, numa região mais rica em água.

Aos problemas citados devem ser acrescentados os atrasos demasiado frequentes na entrega de sementes, ferramentas de trabalho e nos pagamentos pelas obras públicas em que o colono era engajado durante quinze dias

---

31 Delhaes-Guenther (1975c, p.46-7).
32 Caruso Macdonald (1908, p.231).

por mês. Além disso, geralmente, a experiência e os hábitos que constituíam toda a bagagem técnica do colono nem sempre serviam de ajuda no novo contexto. Uma observação à parte merece, enfim, a falta total de assistência médica nas colônias do Sul do Brasil, assim como nas fazendas de São Paulo. O médico constituía uma raridade absoluta, mesmo porque, tendo que percorrer vinte ou trinta quilômetros a cavalo para alcançar os núcleos, sua consulta acabava sendo tão cara que os colonos se resignavam a morrer.

As condições mencionadas ocasionavam frequentes tumultos e rebeliões nas colônias, aos quais se respondia, amiúde, enviando a força pública. Às vezes, os emigrantes, abandonados à própria sorte, procuravam justiça (mas em vão) com as autoridades consulares: antes de 1879, por três vezes, grupos de colonos do Rio Grande do Sul dirigiram-se a Porto Alegre para reclamar ao consulado.[33] Que os representantes diplomáticos não estivessem bem dispostos em relação a essa repentina multidão de camponeses analfabetos que a emigração havia despejado em seus tranquilos distritos pode ser deduzido pelo modo como eram interpretadas ao avesso as próprias causas da tragédia vivida diariamente pelos emigrantes: da ótica consular, não são as condições em que se dá a colonização que determinam o mal-estar e os protestos, e sim o fato de os agentes de emigração não terem escrúpulos de recrutar "não somente famílias inteiras compostas de mulheres e crianças, velhos, fracos de espírito ou de corpo, mas também vagabundos, preguiçosos e briguentos".[34]

Temos que lembrar, porém, que o governo brasileiro, talvez porque estivesse ciente das dificuldades que ele mesmo criava, mostrou-se muito elástico tanto na cobrança das quantias devidas, fazendo passar vários anos antes de executá-la, quanto no aproveitamento dos colonos em obras públicas: foram construídos trechos de estradas a custos elevadíssimos, mas terminados apenas para possibilitar aos colonos o sustento até a primeira colheita.

No plano produtivo, apostou-se na policultura, normalmente praticada em propriedades com caráter familiar. Os cultivos mais importantes eram representados pela videira, cuja expansão se deve aos colonos italianos, trigo, erva-mate, feijão, milho, cevada, arroz, mandioca e, nas regiões mais quentes, cana-de-açúcar, café e fumo. Em Santa Catarina, em 1885, os italianos introduziram também o bicho-da-seda. Importante foi também a criação de suínos e, em menor medida, de gado. Num lote de 25 hectares, a

---

33 "L'emigrazione italiana nel biennio 1877-1878..." (1879, p.66).
34 Ibid., p.10.

distribuição dos recursos, em média, era a seguinte: 8 a 10 ha de mata, 3 a 5 de pasto, 6 a 5 de área de pousio, 7 a 5 de lavoura, 1 a 0 de plantação de árvores (videiras e amoreiras).[35]

Uma vez instalado no próprio lote e tendo superado as dificuldades iniciais, geralmente o colono via suas condições melhorarem, mais nas colônias públicas que nas particulares, onde a dívida acumulada era maior, seja pelo preço mais alto dos lotes, seja porque nessas últimas era a administração que se encarregava de construir a casa, entregando-a depois ao colono pelo preço previsto por lei, que, via de regra, era mais alto do que os gastos que o imigrante enfrentaria construindo-a por conta própria, como acontecia nas colônias do governo. Contudo, tanto nestas como naquelas, a maior parte dos camponeses conseguiu sobreviver dedicando-se quase exclusivamente a uma agricultura de subsistência, o que, porém, tendo em vista as condições iniciais, podia também ser considerado como uma ascensão social.

> Seria necessário estar aqui, chamar à memória o estado miserável em que viviam esses colonos na Itália e aqui no Brasil quando de sua chegada, sem um tostão, esfomeados, desprezados, e vê-los agora, com seus semblantes serenos, sem pensar no pão de amanhã, donos de casas confortáveis, de 10 a 100 hectares de boa terra, de toda espécie de animais, a maior parte com um pecúlio que espantaria, não digo os camponeses italianos, mas os próprios patrões a quem serviram outrora.[36]

Se é verdade que a sensação de ascensão social passava por muitas dessas coisas – e de outras menos vistosas, por exemplo a posse de "cavalos de sela e não só de tração (privilégio que, nas aldeias de origem, estava reservado aos abastados)"[37] –, é também verdade que o tom usado pelo autor é injustificavelmente triunfalista, pelo menos por dois motivos: pela área das propriedades e pela difusão das economias pecuniárias. Pouco antes, outro escritor já havia focalizado bem as vantagens e as desvantagens das colônias:

> Pela falta de comunicações, frequentemente não é possível ou não é suficientemente compensador o transporte dos produtos para o mesmo. [...] Em poucos anos, os colonos têm do que viver fartamente com os produtos da propriedade, circunstância esta ressaltada pelos convites que fazem a parentes e

---

35 *Emigrazione Agricola al Brasile* (1913a).
36 C[olbacchini] (1892, p.289).
37 Erler (1980, p.69).

conterrâneos para virem para junto deles no Brasil; mas, em muitos lugares, pelo menos por enquanto e talvez por muitos outros anos ainda, não podem e não poderão transformar proveitosamente seus produtos em dinheiro.[38]

De fato, o isolamento dos núcleos e as dificuldades de transporte constituíam barreiras intransponíveis para a comercialização e, consequentemente, para a possibilidade de respeitar os prazos de pagamento dos lotes. O transporte dos produtos agrícolas era feito exclusivamente em lombo de burro ou em carros puxados por bois, apresentando, porém, dificuldades bem maiores do que o normal por causa das condições das estradas, que continuaram sendo dramáticas pelo menos até a primeira década do século XX, exigindo vários dias para transportar uma carga da colônia até a via fluvial e de lá até o mercado consumidor. Isso incidia sensivelmente no preço final de venda, como o demonstra a Tabela 3, relativa ao Rio Grande do Sul. E, ainda em 1908, o preço de uma saca de milho em Urussanga era de 3:000 réis, enquanto eram necessários mais de 5:000 réis para transportá-la até o Rio de Janeiro.

As dificuldades citadas acarretavam outro tipo de consequência: à medida que aumentava a distância dos centros consumidores, os colonos se viam obrigados a vender os produtos ao intermediário a preços gradativamente mais baixos, de modo que, nas localidades mais isoladas, entregavam todos os excedentes ao vendeiro que, durante o ano, lhes fornecia os artigos de primeira necessidade: sapatos, tecidos, remédios etc.

Tabela 3 – Preços de alguns gêneros em Caxias e Porto Alegre (fins dos anos 1870)

Gêneros	Preços em Caxias	Preços em Porto Alegre
Centeio (1 saca)	1:500 réis	7:000 réis
Feijão preto (1 saca)	1:500 réis	7.000-8:000 réis
Milho (1 saca)	500 réis	4.000-5:000 réis

Fonte: Delhaes-Guenther (1975c, p.49).

Será somente com a criação das primeiras ferrovias (a Caxias-Porto Alegre é de 1910) que se desencadeará um mecanismo correto de mercado e as colônias poderão superar os horizontes do quase exclusivo autoconsumo em que estavam confinadas. Concomitantemente, começam a surgir

---

38 Bertagnolli (1887, p.109).

as primeiras cooperativas de produção e comercialização em Monte Belo, Cotipora, Antônio Prado, Nova Milano, Borghetto e Santa Bárbara, no Rio Grande do Sul, e em Rio dos Cedros, em Santa Catarina. Propostas mais orgânicas para envolver, de alguma forma, o capital e o governo italianos na colonização não foram, porém, levadas adiante.[39]

Mesmo sem ajuda externa (como no caso das colônias alemãs) e com algumas deserções, os imigrantes italianos conseguiram superar os primeiros duríssimos anos e estabelecer-se no território brasileiro. Graças a que sacrifícios e a que força de vontade é demonstrado pelo fato de que, ainda em 1893, apenas 20% dos colonos no Rio Grande do Sul eram proprietários de um lote que haviam desmatado e cultivado e que, em 1913, isto é, quando as novas chegadas já tinham cessado havia quase duas décadas, esse objetivo não fora alcançado por todos os antigos imigrantes.[40] Contudo, em 1908, em títulos de propriedade, provisórios ou definitivos, os italianos possuíam 187 mil hectares em Santa Catarina e 20 mil lotes no Rio Grande do Sul, perfazendo a quantiaw de 40 mil contos. No recenseamento brasileiro de 1910, isto é, quando uma parte dos terrenos já havia sido herdada pelos filhos nascidos no Brasil, que não eram mais considerados italianos, o total de propriedades nos três estados era ainda elevado (Tabela 4). No Rio Grande do Sul, em particular, os terrenos pertencentes a italianos representavam 54% dos pertencentes a estrangeiros, mas, como prova da pequena presença de capitais, constituíam apenas 35% da superfície e 38% do valor.

Em linhas gerais, pode-se afirmar que, sobretudo nos primeiros tempos, prevaleceram rendas modestas mas equivalentes, e que por muitos anos, nas comunidades coloniais, se notou a ausência de classes ou figuras hegemônicas, o que contribuiu para evitar aquele culto e aquele mito da personalidade local importante que ocorreu em outras áreas de imigração italiana no

---

39 Já no fim do século, havia sido lançada a ideia de criar uma companhia de colonização no Paraná – financiada através da emissão de ações adquiríveis tanto na Itália quanto no Brasil –, que deveria comprar terrenos ou obtê-los por cessão, introduzir emigrantes, construir ferrovias e indústrias, incrementar um fluxo de importações da Itália. Vide Tonissi (1899). Em 1904, ao contrário, foi o próprio governo brasileiro a oferecer terras para uma experiência de colonização com famílias italianas provenientes do estado de São Paulo e em vias de se repatriarem. Houve também uma visita do cônsul italiano a Curitiba, porém sem êxito. Vide Tattara (1904). Em 1913, o governo do Paraná fez uma oferta semelhante à Liga das Cooperativas, em condições bem vantajosas, que previa a atribuição de 35 mil hectares a uma colônia de mil famílias procedentes da Itália. Também nesse caso, as coisas não foram adiante. Vide "Per una colonia agricola..." (1913, p.377-8).

40 Beverini (1913).

Brasil. Responsável por essa situação foi, em larga escala, o isolamento inicial das colônias, que, de resto, permitiu também a manutenção de usos e costumes das regiões de origem:

> [A] área colonial italiana [...] parecia uma província do Vêneto ou do Norte em geral transplantada tal e qual para o Brasil, exceto em algumas estruturas administrativas, as mais importantes do ponto de vista político, que estavam em mãos de brasileiros pela inserção deficiente dos "colonos" italianos na vida política oficial ativa.[41]

Tabela 4 – Propriedades agrícolas de italianos no Sul do Brasil – 1920

Estados	Nº de propriedades	Superfície em ha	Superfície média
Rio Grande do Sul	13.810	737.368	53,4
Santa Catarina	2.774	155.900	56,8
Paraná	1.318	75.525	57,3

Fonte: Malesani (1929, p.448).

De fato, o que mais chama a atenção no Sul do Brasil é a reprodução orgânica da sociedade vêneta da época, tradicionalista e devota. Não só o panorama arquitetônico, mas tudo remetia ao país de origem: o modelo de família patriarcal, o tipo de alimentação (pão, polenta e toucinho, com o acréscimo de um pouco de carne aos domingos, única novidade), as diversões (os italianos introduziram vários jogos de cartas, a bocha, a "morra"). De um modo mais geral, deu-se um transplante de costumes e tradições, de vida comunitária e social (com forte grau de coesão), facilitado pela composição altamente familiar (mais de 80%) desses emigrantes e perpetuado pela chegada de conterrâneos da mesma região, se não dos mesmos vilarejos (e os nomes dos núcleos estão aí para prová-lo), bem como da fortíssima taxa de endogamia, quase obrigatória no início, mas muito elevada também mais tarde. Não é de surpreender, portanto, que, após mais de vinte anos, existissem áreas inteiras em que o idioma dominante, se não o único, era o dialeto vêneto. E, ainda hoje, empréstimos linguísticos de tal origem estão presentes nas falas da antiga área de colonização italiana, o "talian".

---

41 Francesconi (1975, p.107). Na realidade, o fato de não se inserirem na vida política corresponde à verdade só em níveis mais elevados, ou seja, nacional ou de câmaras estaduais; ao contrário, a nível local, não é raro que os cargos municipais estejam em mãos de italianos.

Se a homogeneidade da procedência geográfica, o isolamento, a inexistência de uma rede escolar pública facilitavam a perpetuação das tradições, a Igreja também teve um papel não desprezível nesse sentido. O próprio clero que atuou nas colônias foi italiano: os palotinos, os capuchinhos, os camáldulos, os escalabrianos, os salesianos, seguiram a emigração italiana depois que, entre 1875 e 1890, vários sacerdotes isoladamente haviam acompanhado os próprios paroquianos na longa viagem oceânica e na localização no Brasil.[42] O primeiro padre a fazer essa opção foi Bartolomeo Tiecher, que, em 1875, havia chegado a Conde d'Eu com setecentos trentinos, entre os quais sua própria família.

> O começo, porém, foi pioneiro e carente de uma coordenação apreciável: padres e religiosos chegavam aos poucos, acompanhando os emigrantes e, praticamente, por livre e espontânea vontade. Somente por volta de meados de 1890 foi possível assistir a um verdadeiro esforço de organização eclesiástico-colonial no comando do clero missionário da mãe-pátria.[43]

A Igreja representou a única instituição que acompanhou os emigrantes em todas suas experiências e esse interesse das autoridades eclesiásticas encontrava resposta na ansiedade com que os colonos solicitavam, repetidas vezes e com insistência, a presença de um padre italiano, caso o núcleo não tivesse um. A procedência geográfica da maior parte dos emigrantes – o Vêneto carola e patriarcal – justificava amplamente esse comportamento, que, porém, acabou por tornar a colônia ainda mais fechada e impermeável aos raros estímulos externos. Por falta ou omissão absoluta dos representantes do governo italiano, a Igreja cumpriu outra tarefa além da meramente religiosa, que foi a de assegurar as relações com a Itália. Mas o fez de tal forma que os colonos, mesmo ignorando de todo o que acontecia no resto do Brasil, naturalmente estavam a par do que acontecia nas paróquias vênetas, graças também às trocas epistolares. Por outro lado, notícias, usos e costumes, não digo do vasto território brasileiro, mas pelo menos das capitais dos estados em que os colonos viviam, não podiam ser transmitidos pelos conterrâneos ali estabelecidos e entregues a outras profissões. De fato, a característica essencial da emigração na área colonial foi seu destino profissional

---

42 Para notícias mais detalhadas sobre a atividade do clero italiano nas colônias, sobretudo no Rio Grande do Sul, vide Franzina (1979); Rosoli (1975, 1980); Francesconi (1975); Erler (1978); Azzi (1987, 1988); Zagonel (1975); Beozzo (1987).
43 Franzina (1979, p.130-1).

praticamente unívoco no período inicial: embora não faltassem indivíduos que, não tendo direito à terra, exerciam atividades artesanais, 95% se dedicavam à agricultura.

De qualquer forma, nos primeiros anos, as capitais provinciais foram a meta quase exclusiva de um subproletariado que aproveitava a viagem gratuita, mas também de um exíguo número de profissionais. Nesse sentido, vale a pena transcrever a opinião de um influente italiano de Porto Alegre (provavelmente o próprio cônsul), se não por outro motivo, pelo acentuado moralismo:

> Alguns anos atrás, entre as meretrizes que exerciam livremente a profissão, havia duas ou três italianas; de uns meses para cá, chegou-se a um total de oitenta. Ao lado dessas infelizes, e em número quase igual, vem uma classe de indivíduos que especula de modo infame com elas e lucra à custa da ingenuidade alheia; em poucas palavras, "capitães de indústria", ladrões, batedores de carteira e toda espécie de escória. Além desses [...], pulula uma multidão de pessoas sem ofício, inválida, inadaptada ou ociosa, a qual assedia e até ameaça o Consulado, pedindo subsídios, repatriamentos e auxílios de toda espécie. Mas há ainda outra variedade desses emigrantes, que só veio para o Brasil por curiosidade ou por falta do que fazer, se não por motivos piores. Eles, que se dizem homens de letras, jornalistas, professores, não sabem ou não querem submeter-se aos trabalhos manuais dos quais poderiam tirar seu sustento. Nem se pode esperar que lá possam fazer uso de seus talentos, ignorantes que são da língua do país e, frequentemente, também da própria.[44]

Com o correr do tempo, nos centros urbanos e nas colônias assistimos a uma maior diversificação das atividades. No interior dos núcleos nasce e se consolida o artesanato, enquanto nos centros urbanos o comércio em mãos de italianos abre caminho, frequentemente por iniciativa do pequeno ambulante que, durante anos, havia percorrido a área colonial com suas bugigangas, enfrentando dificuldades de toda espécie. Ou então é o próprio colono que, tendo vendido ou alugado seu lote, abre uma loja na cidade ou no lugarejo em que vive. Além desses casos que se tornam cada vez mais comuns, temos a difusão de misteres urbanos frequentemente ligados à procedência regional: em Porto Alegre, o pequeno comércio e os misteres são exercidos predominantemente por pessoas provenientes de Lucca (Toscana), da

---

44 "L'emigrazione al Brasile" (1876, p.68).

Romanha e do Sul da Itália.⁴⁵ Nasce assim uma camada urbana de certa consistência que, às vezes, vivia com relativo conforto, sem nunca chegar, porém, a ser verdadeiramente rica: para termos uma ideia, basta ver a lista das propriedades italianas de Curitiba em 1913, onde a formação de uma camada média havia sido facilitada pela localização dos núcleos coloniais na periferia da cidade.⁴⁶ Ainda em 1920, as fábricas pertencentes a italianos eram somente 227 no Rio Grande do Sul, 56 em Santa Catarina e 61 no Paraná, como prova, mais uma vez, de que a imigração para os estados sulinos, embora permitindo sobreviver antes e viver depois, não tinha dado resultados particularmente satisfatórios em termos de acumulação de riqueza.

2.2. Do Rio de Janeiro à Amazônia

O sistema das colônias agrícolas, que teve sua expressão máxima no Sul, foi tentado *grosso modo* por todo o Brasil. Deixando de lado, por enquanto, o caso de São Paulo, que merece um capítulo à parte, a colonização não deu bons resultados nos demais estados, inclusive no Espírito Santo, que havia sido uma das primeiras metas da emigração italiana. Em 1884, a população total das colônias não devia ser superior a 20 mil habitantes, quase todos italianos e alemães, e, em 1894, os próprios núcleos coloniais eram apenas oito.⁴⁷ De fato, embora as condições oferecidas fossem iguais às dos estados sulinos, a emigração desertou dessas áreas, seja por causa da falta quase total de comunicações navais, seja porque quem resolvia se dirigir para os núcleos coloniais optava pelo Sul do Brasil, onde as condições climáticas e de cultivo eram iguais às italianas, enquanto quem veio para se empregar nas fazendas de café se dirigiu para o estado de São Paulo.

O fluxo direto ao Espírito Santo limitou-se a não mais de duzentas pessoas por ano até 1891. Foi somente a partir do ano seguinte, quando o governo do estado confiou ao engenheiro italiano Filinto Santoro a chefia das obras públicas, que se verificou um aumento apreciável nas entradas (476, em 1892; 2.406, em 1893).⁴⁸ Entretanto, as obras foram terminando e alguns italianos ficaram na capital, enquanto a maioria conseguiu emprego

---

45 No caso específico, os sulistas provinham sobretudo de Morano Calabro, que contava com uma comunidade de 7 mil a 8 mil pessoas. Vide De Velutiis (1908, p.305).
46 Fortunati (1913, p.71-3).
47 Vide Rizzetto (1903); Frescura (1907).
48 Vide Cenni (1975, p.145); Nagar (1895).

nas fazendas, por empreitada ou parceria. Logo depois, o governo assinou um contrato com Domenico Giffoni para introduzir 20 mil imigrantes, de preferência italianos, no espaço de três anos, ao preço de seis esterlinas por pessoa. Ao mesmo tempo, foi instituída pela companhia La Veloce uma linha direta Gênova-Vitória, com periodicidade mensal. Assim, chegaram ao Espírito Santo 3.215 italianos, em 1894, e 4.575 em 1895, com os quais foi feita uma tentativa de colonização no rio Doce, em Linhares, de resultados desastrosos, a ponto de o governo italiano, preocupado também com um surto de cólera que havia se manifestado no sul do estado, suspender temporariamente, em julho de 1895, as operações de embarque de passageiros para Vitória.[49] Uma precaução que se revelou inútil, uma vez que a emigração cessou praticamente a partir de 1896, em virtude das dificuldades financeiras do estado, que impediram qualquer forma de subsídio ou subvenção. Os italianos, que eram cerca de 20 mil em 1895, até a primeira década do novo século permaneceram praticamente em torno desse número, para depois diminuírem progressivamente. Em 1920, com pouco menos de 12 mil pessoas, representavam, contudo, 67% dos estrangeiros naquele estado.

Bem mais numerosos resultavam os italianos em Minas Gerais, a terceira área em ordem de importância dentre as atingidas pela emigração peninsular. Também aí a colonização, iniciada pelo governo em 1850, não deu bons resultados e só em 1887 começou-se a incentivar a imigração em função das exigências de recrutamento de mão de obra por parte dos fazendeiros; no entanto, até 1893, os imigrantes tinham que reembolsar em seguida 2/3 da passagem e os próprios fazendeiros eram solicitados a contribuírem para o financiamento da operação.[50] Para competir com São Paulo, que esbanjava vultosas quantias para atrair a força de trabalho, foi necessário que o governo assumisse todos os encargos da viagem e estipulasse contratos com particulares a fim de garantir um fluxo contínuo. Entre parênteses, das quatro empresas que assumiram essa tarefa, três eram italianas (Vincenzi e Filho, Camillo Cresta, Cavenzi e Gallesi) e uma, portuguesa.

Concomitantemente (1894), era criada a Superintendência de Emigração na Europa, com sede em Gênova. Esse escritório inicialmente limitou-se a cuidar da propaganda, visar passaportes e controlar que os emigrantes

---

49 De Luca (1909, v.2, p.255). O governo italiano mostrou-se preocupado com a emigração para o Espírito Santo só em outra ocasião, em 1901, quando enviou Arrigo de Zettiry para inspecionar as colônias existentes. Vide Derenzi (1974). Sobre a emigração peninsular ao Espírito Santo, vide também Dall'Aste Brandolini (1896a, 1896b); Cavati (1973); e Novaes (1980).

50 Vide Cenni (1975, p.144); Petrone (1978, p.121).

apresentassem os requisitos exigidos para a obtenção da passagem gratuita. Em seguida, foi autorizado a organizar o transporte, assinando, no caso, um contrato com La Veloce.[51] Isso determinou um acentuado crescimento do fenômeno, que, no entanto, só durou até 1897. A partir do ano seguinte, o governo de Minas Gerais, como o do Espírito Santo, foi obrigado a suspender a emigração subvencionada por dificuldades financeiras. A Hospedaria de Soledade será fechada em 1898, a de Juiz de Fora em 1902 e, no espaço de dois anos, o fluxo sofreu uma queda brutal (Tabela 5), limitando-se a algumas dezenas de chegadas após 1900, quase todas de pessoas chamadas pelos parentes.

Tabela 5 – Imigrantes entrados em Minas Gerais – 1894-1901

	1894	1895	1896	1897	1898	1899	1900	1901
Número total de imigrantes	4.544	6.631	22.496	17.578	2.228	674	136	187
Italianos entrados	4.410	6.422	18.999	17.303	2.111	650	21	41

Fonte: Bernardi (1908, p.114-6).

Dos que entraram, a grande maioria foi trabalhar nas plantações de café: de fato, nos anos de 1895 e 1897-1901, 71,7% dirigiram-se para as fazendas, 12,4% para os centros urbanos, 1,6% para os núcleos coloniais, de 13,5% não se soube o paradeiro e 0,8% faleceu nas hospedarias.[52] Entre os estados produtores de café, Minas Gerais foi o único em que o sistema de parceria se destacou como forma de contrato agrícola, mas não resultou muito melhor do que o colonato paulista. Portanto, não é de surpreender que logo nos anos seguintes à imigração em massa fossem numerosos os pedidos de repatriamento apresentados ao consulado italiano[53] e os deslocamentos para o Rio de Janeiro ou para São Paulo. E mesmo quem não abandonava o estado se dirigia aos centros urbanos, tanto que, em 1913, as nossas autoridades diplomáticas estimavam que 1/3 da população peninsular vivia na cidade ou em vilarejos, no exercício de profissões predominantemente comerciais (gêneros alimentícios, tecidos), ou como assalariado na indústria e no artesanato,

---

51 Para a política de imigração do governo de Minas e os contratos, vide Cenni (1975); Petrone (1978); Litta Modigliani (1896); e, particularmente, Bernardi (1908).
52 Bernardi (1908, p.115-7).
53 Negri di Lamporo (1900b).

ou na construção civil.⁵⁴ Os industriais eram poucos em relação ao número de residentes. Embora não seja possível uma avaliação exata dos italianos em Minas Gerais, deixando de lado as cifras claramente exageradas, na miríade de estimativas, avaliações e notícias de várias fontes, parece-nos razoável considerar que perfaziam cerca de 25 mil, no início de 1896, 55 mil, por volta de 1900, 50 mil, em 1910 e, únicos dados quase exatos, 42.943 em 1920 (50% dos estrangeiros), e 18.819 em 1940.

Foi totalmente diferente a destinação ocupacional da emigração que se dirigiu para o Distrito Federal e para o vizinho estado do Rio de Janeiro. Obviamente, foi sobretudo a capital que atraiu o maior número de italianos; a própria procedência regional revelou-se anômala em relação aos estados até agora analisados: no Rio de Janeiro, a grande maioria era formada por meridionais, principalmente das províncias de Cosenza, Potenza e Salerno, em número menor, e de Nápoles, Caserta e Reggio Calábria.⁵⁵ Essa caracterização – que em parte remonta à chegada de artistas, músicos e cortesãos do séquito de Teresa Cristina de Bourbon, futura imperatriz do Brasil, em 1843 – pode ser encontrada desde os anos 1870.⁵⁶

A origem geográfica explica também o destino urbano, que oferecia a possibilidade de uma série de profissões alternativas à agricultura. Geralmente, no entanto, nem mesmo a cidade permitiu um enriquecimento fácil ou uma grande mobilidade social. A maior parte dos italianos continuou ligada ao comércio ambulante, do qual detinha praticamente o monopólio, vendendo de tudo: peixes, aves, vassouras, legumes, jornais (atividade exercida exclusivamente por crianças e adolescentes), frutas, mercadorias diversas, vasilhames. Tratava-se de uma tradição que se consolidou com o tempo, mas cujas bases haviam sido lançadas precocemente. Outra profissão predominantemente italiana era a de engraxate, e é curioso que a esses profissionais fossem geralmente atribuídas grandes possibilidades de poupança: "Quem acreditar que os engraxates ganham pouco se engana redondamente, pois nenhum deles trocaria seu dia de trabalho por menos de 10 ou 15 liras".⁵⁷

---

54 Goffredo (1913).

55 Mazzini (1905a, p.6).

56 Carpi (1874, p.128-9), fala de 3/4 de meridionais na emigração italiana, "incluindo muitos sacerdotes que, se não encontravam alguma prebenda, se dedicavam tranquilamente ao comércio".

57 Malan (1888b, p.814). Achar que os engraxates tivessem acumulado quantias fabulosas é uma mania difícil de vencer, visto que, depois de mais de trinta anos, Bonacci, ao referir-se àquela classe, falava de alguns milionários. Vide Bonacci (1920).

Havia ainda outros ofícios: amolador, sapateiro, varredor de ruas, pedreiro, garçom, operário têxtil, alfaiate, barbeiro, marceneiro, jardineiro.[58] Com o correr do tempo, foi-se formando uma classe restrita de profissionais (sobretudo jornalistas, artistas e maestros), outra mais ampla de comerciantes e alguns industriais, cujo número chegava a 56, em 1907, entre o estado do Rio de Janeiro e o Distrito Federal, e a 89, em 1920, mas com uma média de 9,4 operários por fábrica. Por volta de 1900, a emigração para esses estados cessou, mas a cidade do Rio de Janeiro continuou a atrair italianos vindos de outras partes do Brasil, embora num ritmo inferior em relação ao passado. Dessa forma, o número de residentes foi aumentando, lenta mas constantemente: 20 mil, em 1895; 30 mil, em 1901; 35 mil, por volta de 1910; 31.929, em 1920 (11% dos estrangeiros) e 22.768, em 1940.

A imigração para os estados do Centro e do Norte merece algumas referências. Além de notícias anedóticas, como a de que já em 1862 havia dois italianos em Cuiabá, número que subiu para seis em 1870,[59] é interessante notar que, na ânsia de oferecer seus préstimos ao Brasil, alguns escritores chegaram a descrever essas regiões como meta ideal para a emigração italiana, enaltecendo a possibilidade de se tornar proprietário de terras em pouco tempo, condições sanitárias e climáticas excelentes, custo de vida baixíssimo e assim por diante.[60] Em Gênova, por um longo período (de 1898 a 1902), publicou-se uma revista quinzenal, *L'Amazzonia* [A Amazônia], dirigida por Oreste Calamai, que elogiava sobremaneira o Pará e a Amazônia, e na qual escreviam, entre outros, Reminolfi e Cattaruzza, que haviam organizado e acompanhado os poucos emigrantes nas tentativas de colonização agrícola no Piauí e no Pará.[61]

A coisa mais extraordinária é que tentativas desse gênero fossem levadas adiante, obviamente com resultados desastrosos. Muitos dos estados do Norte procuraram atrair mão de obra estrangeira, pelo menos até que não tiveram de financiá-la diretamente, com uma propaganda na maioria das vezes ingênua e falaz, como o atesta o seguinte trecho extraído de um folheto

---

58 Sobre a condição profissional dos italianos no Rio de Janeiro, além das obras já citadas, vide Centurione (1908); Mazzini (1905b). O único livro da época sobre a imigração italiana no Distrito Federal é o de Napoli; Belli (1911), *La colonia italiana in Rio de Janeiro con brevi cenni sulla emigrazione italiana al Brasile*.

59 Vide Bossi (1863); Palma di Cesnola (1884).

60 Entre as várias "pérolas" desse gênero, devemos citar, pelo menos, a de Malan, que, ao referir-se à Bahia, fala de um "clima ameno e salutar" e de uma temperatura que "não supera os 31 graus nos períodos mais quentes". Vide Malan (1896).

61 Sobre a revista, vide Ferrari (1983).

destinado a convencer os incautos das magníficas oportunidades oferecidas pelo território do Pará:

> Enquanto no Sul o imigrante tem que viver à custa do estado até a primeira colheita, no Pará encontra com facilidade um trabalho muito produtivo desde o primeiro dia de seu estabelecimento. Assim, o imigrante encontra-se diante de florestas seculares, onde poderá aproveitar a melhor madeira para construção e marcenaria. A caça fornece-lhe uma alimentação própria e sadia, os frutos naturais e outros vegetais comestíveis crescem facilmente, de modo que o colono, proprietário do lote que ele mesmo escolhe, pode obter imediatamente os melhores resultados.[62]

Contra os estados do Norte e do Nordeste depunham a pobreza das verbas locais e as objetivas dificuldades de aclimatação que o imigrante encontrava, também no plano dos cultivos. No entanto, entre 1891 e 1899, foram quatro as tentativas de colonização que envolveram camponeses italianos: as primeiras diziam respeito à Bahia e Pernambuco. Em ambas as circunstâncias as iniciativas fracassaram rapidamente; na Bahia, a colônia de emigrantes procedentes da Romanha e das Marcas dissolveu-se de imediato; em Pernambuco, das quarenta famílias que chegaram a Suassuma em 1891, 38 solicitaram e conseguiram ser levadas para o estado de São Paulo à custa do governo federal, alguns meses após sua chegada, e as duas que ficaram foram repatriadas pelo cônsul em 1898.[63]

Mais sérios eram os projetos do Piauí e do Pará, cujos governos estipularam uma convenção com o governo italiano. No caso do Piauí, os colonos foram acompanhados por um enviado que logo demonstrou entusiasmo não tanto pela instalação, mas pelas possibilidades oferecidas pela região à penetração econômica italiana.[64] A impressão dos imigrantes, porém, havia sido diferente, pois das 40 famílias chegadas em 1895, 28 recusaram-se a se instalar nos lotes e as outras 12 foram repatriadas em 1898. Em todo caso, será o Pará que levará adiante com maior determinação o projeto de povoamento da terra. A primeira tentativa foi feita em Oteiro, na ilha de Maqueiro, no início de 1899, com base num acordo com o governo italiano, que previa o repatriamento, após seis meses, para os que não tivessem se adaptado ao

---

62 Província do Pará (1886, p.12).
63 Para as poucas notícias sobre as duas tentativas, vide Frescura (1914); Agnoli (1902); Rizzetto (1895).
64 Vide Reminolfi (1896).

clima. O estado do Pará fornecia 25 hectares, utensílios de cozinha e ferramentas de trabalho, 10 m² já desmatados, salário durante três dias por semana para desmatar o resto do terreno e alimentação gratuita nos primeiros seis meses.[65] Contudo, após alguns meses, nove das doze famílias desistiram. Sempre em 1899, os outros núcleos não tiveram melhor sorte: o de Anita Garibaldi, com colonos lombardos e vênetos, e o de Yanetama, com sicilianos que deveriam ter-se dedicado à criação de gado. Os imigrantes haviam sido introduzidos por dois italianos: Mario Cattaruzza (diretor do jornal *O Eco do Pará*) e Salvatore Nicosia. O motivo de tantos fracassos pode ser facilmente identificado, não só nas condições climáticas, como no total desconhecimento dos cultivos que podiam ser tentados com proveito (algodão, fumo, açúcar, cacau) e no fato de que se tratava de produtos remunerativos só se cultivados em grande escala e com a presença de canais de comercialização já comprovados. Não é por acaso que a imigração italiana no Norte do Brasil acabou sendo sempre essencialmente espontânea, temporária, urbana e, na maioria das vezes, inconsistente. Houve, é verdade, um certo fluxo para o Pará e a Amazônia nos últimos anos do século, facilitado pela idade de ouro da economia da borracha, que surtiu um grande efeito por dois motivos: 1) a grande riqueza possibilitou à cidade de Manaus montar constantes espetáculos líricos e teatrais, atraindo numerosas companhias italianas e levando a companhia de navegação Ligure-Brasiliana a estabelecer uma linha direta Gênova-Belém-Manaus, cuja presença serviu para estimular a imigração naquelas regiões; 2) naqueles anos, o giro de capitais e de negócios atraiu um subproletariado urbano proveniente não necessariamente da Itália, mas de outros estados brasileiros, o qual se dedicou predominantemente ao comércio ambulante ao longo do rio Amazonas, ou aos costumeiros misteres urbanos (engraxate, sapateiro, amolador, carregador etc.). O número de operários foi pequeno, o de comerciantes, um pouco maior.[66]

Pequena também foi a emigração para Pernambuco, e com as mesmas atividades profissionais. Localizados ao longo do litoral ou na capital, os italianos provinham principalmente das províncias de Cosenza, Salerno e Potenza.[67]

---

[65] "L'emigrazione italiana nello Stato del Parà..." (1906). Vide também Manzi (1899).

[66] Sobre o Pará e a Amazônia, vide Macchioro (1907); Gaja (1900a, 1900c) e a coleção completa da revista *L'Amazzonia*.

[67] Vide Macchioro (1907); Compans de Brichentau (1908a).

Também na Bahia havia uma grande predominância de imigrantes de Cosenza. Em 1908, na capital, viviam 500 pessoas, quase todas de Laino Borgo. Em 1884, em todo o estado, os italianos não eram mais do que 200 ou 300,[68] mas, provavelmente, tornaram-se a colônia mais numerosa dos estados citados no fim do século, chegando a 2.500 ou 3 mil pessoas. O cônsul italiano não tinha deles uma boa opinião, e notava, com horror, sobretudo sua capacidade de assimilação ao ambiente:

> Humildes por necessidade, tímidos por ignorância, movidos unicamente pelo desejo de ganhar o pão [...], deixam de falar a língua pátria, acabam por esquecê-la, adotam com extrema facilidade todos os hábitos dessas regiões, mesmo os mais estranhos e menos higiênicos [...]. Vivem, e progridem também, sem união, sem ideais; muito raramente recorrem à ação ou à assistência do real consulado e são, na maior parte, pouco menos que assimilados aos nativos, também em virtude das não raras uniões que [...] contraem com mulheres do lugar, de pele mais ou menos escura.[69]

2.3. O estado de São Paulo

Será sobretudo para o estado de São Paulo, com um território quase tão grande quanto a Itália, que se dirigirá a emigração italiana global: dos 4.100.000 estrangeiros entrados no Brasil entre 1886 e 1934, 56% foram absorvidos por essa região, com os italianos em primeiro lugar em relação às outras nacionalidades. Cinquenta e oito por cento das passagens dos peninsulares haviam sido subsidiadas e "os italianos representaram 46% de todos os imigrantes no período 1887-1930. Durante a transição para o trabalho livre e o subsequente surto cafeeiro, os italianos na verdade predominaram, representando 73% das chegadas de 1887 a 1900".[70] Os pioneiros são cinco indivíduos que as estatísticas registram em 1874. Após essa data, as entradas se mantêm numa média de 1.750 pessoas por ano, até 1886; a partir do ano seguinte, começará o fluxo em massa, que elevará a cifra da imigração italiana em São Paulo para 1.078.437 até 1920. Entre 1888 e 1919, os italianos representaram 44,7% da imigração total daquele estado, seguidos pelos espanhóis (19,2%) e pelos portugueses (15,4%).

---

68 Vide Foresta (1884).

69 Rocca (1908, p.15). Para uma visão mais geral sobre a presença italiana na Bahia, vide *La Colonia Italiana in Bahia* ([s.d.]) e, para um estudo mais atual, Azevedo (1989).

70 Holloway (1984, p.71).

Se usarmos outro parâmetro, o estado de São Paulo foi a meta de 44% da emigração italiana para o Brasil entre 1820 e 1888, de 67% entre 1889 e 1919, atingindo seu ponto máximo na década de 1900 a 1909, com 79%.[71] Bastam esses dados para nos darmos conta de que os italianos contribuíram grandemente para o crescimento demográfico paulista: ainda em 1934, imigrantes e filhos nascidos no Brasil representavam 50% da população paulista.[72] Parece razoável afirmar que, entre o início do ano de 1890 e a Primeira Guerra Mundial, os peninsulares representavam cerca de 1/4 da população daquele estado, embora, como de costume, seja difícil fazer uma estimativa suficientemente exata dos residentes. No caso de São Paulo, porém, os erros por excesso não são tão macroscópicos como nos outros estados brasileiros. É verdade que a cifra de 64 mil, em 1885,[73] parece exagerada, considerando que, de 1874 até aquela data, só haviam entrado 14.874 italianos, mas não em 1888,[74] nem a de 300 mil em 1893 e a de 600 mil em 1906 e em 1911.[75] Ao lado desses, temos os dados tardios dos recenseamentos brasileiros (provavelmente abaixo das cifras reais): 398.797, em 1920, e 234.550, em 1940.

Os municípios onde mais se fez sentir a presença dos italianos foram os situados na zona de fronteira da expansão do café, ou seja, nas áreas ao longo das ferrovias Mojiana e Paulista. A bem da verdade, também no estado de São Paulo foram criados núcleos coloniais a partir do longínquo 1827, mas, no total, raramente foram mais do que uma dúzia. Entre 1850 e 1889, foram criados apenas 14 núcleos contra os 28 do Rio Grande do Sul; nos anos 1890, 5, e, entre 1900 e 1908, 6. Neles, os italianos nunca foram numerosos, oscilando entre mil e 2 mil pessoas. Em 1878, nas 4 colônias perto da capital moravam 1.078 italianos (vênetos, lombardos e emilianos).[76] A regulamentação e as formas de pagamento eram praticamente as mesmas do resto do território nacional e os lotes subdividiam-se em urbanos, suburbanos e rurais.

---

71 Para as cifras sobre os que emigraram para São Paulo, vide "Estatística dos imigrantes entrados..." (1921). Para o período 1891-1894, *Relatório apresentado ao Dr. Vice-Presidente...*" (1892), anexo 2, p.15.

72 Lowrie (1938, p.42-3). Como excelente estudo sobre a vida, o trabalho e as lutas dos italianos em São Paulo, recomendo Alvim (1986).

73 Meritani (1889).

74 Perrod (1888).

75 Para 1893, Franceschini (1908); para 1906, "La colonia italiana della città..." (1906); para 1911, Istituto Coloniale Italiano, Sezione di S. Paolo (Brasile) (1911). Deixo de citar as avaliações "infladas", lembrando apenas a de 1 milhão, em 1911, de Italicus (1911).

76 Ugo (1878b).

Parece óbvio que, para as autoridades, a fundação de colônias não passava de uma obrigação formal, levada adiante de má vontade. De fato, em 1924, isto é, numa fase de preocupante diminuição da imigração em geral, e da italiana em particular, Washington Luís, presidente do estado de São Paulo, afirmava que a colonização não podia representar a meta do trabalhador europeu que quisesse tornar-se proprietário de terra:

> É necessário que se saiba bem disso: a imigração agrícola que chegar em São Paulo e não passar pelas fazendas sofrerá e causará desenganos [...]. Os dirigentes dos partidos, os chefes das associações, enfim, todos os que têm um interesse elevado e legítimo em acompanhar o bem-estar dos que emigram devem vir ao Brasil para estudar essas coisas e convencer-se de que, para o colono, a fazenda é a primeira etapa, onde, tendo aprendido a grande lição, seguramente passará, em seguida, para a condição definitiva de dono de terras.[77]

O fato é que o café já predominava numa vasta área do estado de São Paulo, graças sobretudo à expansão das ferrovias. A primeira, que ligava São Paulo ao porto de Santos, foi construída em 1865; em Campinas e em Rio Claro chegará nos anos 1870 e de lá se expandirá em direção a Ribeirão Preto, possibilitando um grande aumento da rentabilidade em virtude da diminuição dos custos do transporte que, até então, era feito em lombo de burro.[78]

Foi assim que, nos anos 1870, foram construídos na região 2.600 quilômetros de ferrovias, que permitiram triplicar a produção no espaço de vinte anos. São Paulo, que até 1860-1870 contribuía apenas com 10% da exportação de café, precedido pelo Rio de Janeiro (60%) e por Minas Gerais (25%), superará este estado em 1881, e aquele em 1889.[79] Será sobretudo o Oeste paulista que conhecerá os maiores progressos pela melhor qualidade da terra, pelas técnicas mais modernas, pela introdução da mão de obra livre e pela generalização mundial do consumo de café, especialmente nos Estados Unidos.[80]

A política de incorporação das novas áreas iniciou-se com a aquisição de terras ainda a baixo custo e com o genocídio das poucas tribos indígenas

---

77 Apud Bernardez (1924, p.239-41, nota).
78 Sobre a expansão da rede ferroviária, vide Dean (1977a, p.54); Holloway (1984); Sallum Jr. (1982).
79 Fausto (1977b); Amaral (1946).
80 Fausto (1977b, p.197-8).

remanescentes.[81] Responsável por essa política foi uma nova classe de fazendeiros, que surgiu nos anos 1870-1880, muito mais arrojada do que a anterior, que não se limitou a cobrir o estado de plantações, mas soube ainda organizar ferrovias e fundar bancos.[82]

A fronteira continuou a expandir-se ao longo dos anos com a abertura de novas plantações, o que estimulou um rapidíssimo aumento da produção, da rede ferroviária e da população. No interior do estado houve uma evolução diferenciada em cada região (Central, Mojiana, Paulista, Araraquarense, Noroeste, Alta Sorocabana), segundo os períodos históricos. Até 1900-1910, as três primeiras tiveram um desenvolvimento maior; após essa data, as três últimas.[83] Mas a expansão dirá respeito sobretudo ao Oeste paulista, área para a qual se dirigiu a imensa maioria dos emigrantes que deixaram a hospedaria de São Paulo entre os anos 90 do século XIX e a primeira década do XX.

A favor do destino para as plantações agia ainda a perfeita organização da Sociedade Promotora de Imigração, que foi praticamente a única companhia com que o governo estipulou contratos para a introdução de emigrantes até que foi fechada.[84] O estado de São Paulo pagava 75:000 réis por adulto, a metade pelos meninos de 7 a 12 anos e 1/4 pelas crianças de 3 a 7. A mesma quantia podia ser conseguida por quem chegasse sem a viagem paga, mas só após sessenta dias da entrada na hospedaria, para evitar que, uma vez obtido o reembolso, a pessoa se dedicasse a atividades outras que não a agricultura. Não surpreende que o número de imigrantes entre 1888 e a Primeira Guerra Mundial represente mais de 60% dos que chegaram ao estado de São Paulo.

Na realidade, a Sociedade Promotora não teve muito trabalho para conseguir a mão de obra de que a lavoura precisava. Desde sua fundação, em todos os jornais de São Paulo começaram a aparecer anúncios convidando os estrangeiros residentes que quisessem obter a viagem gratuita para os parentes que haviam ficado na pátria a se dirigirem à direção: cartas e listas de pessoas chegaram em grande quantidade.[85] A essas acresciam-se os pedidos

---

81   Vide Monbeig (1952, p.112-6).
82   Durante trinta anos, Antônio Prado foi presidente do Banco de Comércio e Indústria de São Paulo e fundou a Companhia Paulista, uma das ferrovias que ligavam o porto de Santos às novas áreas de cultivo. Seu primo, Antônio de Queirós Telles, foi presidente da segunda, a Mojiana. Vide Hall (1969, p.81-6).
83   Vide Milliet (1938). Para a expansão da área do café, vide também Prado Jr. (1972, p.161-7).
84   Alguns contratos foram estipulados também com outras companhias, quase sempre italianas (sobretudo a de Angelo Fiorita), mas foram bem poucos.
85   Hutter (1972, p.31).

feitos à sede italiana da Sociedade, aberta em Gênova, em 1887, por Martinho Prado (à qual se juntará, em 1897, a filial de Nápoles), pedidos tão numerosos que já no primeiro ano de atividades milhares deles não foram atendidos.[86]

Uma vez em Santos, os imigrantes geralmente embarcavam no trem para São Paulo. Eram raros os casos de trabalhadores que se uniam logo aos parentes que os haviam chamado. Na capital, ficavam na Hospedaria dos Imigrantes (cuja direção era confiada à Sociedade Promotora), que, a partir de 1887, se localizou no bairro italiano do Brás, à rua Visconde de Parnaíba. Os imigrantes lá permaneciam por alguns dias até serem requisitados pelos fazendeiros. As condições de superpopulação, solidão, segregação eram pioradas pelo total abandono em que se achavam os trabalhadores, inclusive no momento da estipulação dos contratos com os fazendeiros, que eram os únicos a terem acesso à hospedaria. Verdadeiras revoltas, provocadas pela qualidade da alimentação, ocorreram em 1888 e em 1890.[87] As coisas não melhoraram (e, sobretudo, não melhorou o sistema de recrutamento) nem com a criação da Agência de Colonização e Trabalho, em 1906, incorporada em 1911 ao Departamento Estadual do Trabalho, que devia exercer sua vigilância no mercado de braços.

Concluído o acordo com cada fazendeiro, os colonos eram levados de trem, à custa do governo de São Paulo, até as respectivas fazendas, onde se deparavam com as condições descritas no capítulo anterior. A plantação era um mundo fechado, autossuficiente, impenetrável, no qual nem o envio nem o recebimento de uma carta eram permitidos sem a autorização do dono. "Nas fazendas não se leem jornais, não se realizam reuniões patrióticas nem festas nacionais."[88] É bem verdade que existiam proprietários esclarecidos que mandavam construir casas confortáveis, escolas com professores italianos e até salões de baile, mas isso era antes a exceção do que a regra. O panorama do mundo agrícola paulista era caracterizado pelo total isolamento de cada plantação, em que até a religião entrava a custo. Quase não havia igrejas e capelas: o colono que quisesse ir à missa aos domingos tinha que enfrentar uma distância de 15 a 30 quilômetros; se quisesse batizar o filho era obrigado a chamar um padre, pagando o correspondente a 10 liras, que se tornavam 15 em caso de enterro e 30 ou 40 quando se tratava de

---

86 Beiguelman (1977b, p.79-80).
87 Belli (1892). Para um quadro idílico da hospedaria, descrita como um hotel dotado de todo o conforto, vide Usiglio (1886). O autor fala da hospedaria do Rio, que, porém, não era em nada diferente da de São Paulo. Para a vida na hospedaria, vide Holloway (1984, p.86-93).
88 "L'istruzione tra i figli degli italiani al Brasile", *L'Unione*, 9 ago. 1894.

um casamento.⁸⁹ A falta de assistência médica era também total: no início do século, havia um médico para cada 5.200 habitantes na região de Ribeirão Preto; para cada 9.100, em São Carlos do Pinhal; para cada 8.500 em Araraquara; para cada 9.500, em Rio Claro.⁹⁰ É óbvio que, como já dissemos, as consultas acabavam custando muito mais do que o imigrante podia pagar e constituíam a maior fonte de erosão do pecúlio. Um autor do século XX contava de honorários que chegavam a 50:000 réis, ou seja, o ganho de um ano pela carpa de mil pés de café.⁹¹

Outro problema sublinhado pelos libelistas da época era a falta de escolas para os filhos dos colonos, vista como corresponsável pela não ascensão social dos camponeses italianos no Brasil:

> O analfabetismo primordial do colono exclui qualquer outro processo educacional, há uma degradação que do pai, que foi para a fazenda, passa ao filho, que lá nasceu e cresceu sem qualquer influência educadora como escola, igreja, exército, vida pública; de modo que a mentalidade do colono se limita cada vez mais ao ambiente das necessidades materiais domésticas e à não menos material aspiração de ter um pecúlio infrutífero e mal guardado debaixo do colchão ou no baú das roupas.⁹²

É bem verdade que, no caso da instrução, alguns fazendeiros haviam providenciado a construção de locais destinados à escola, mas eram os próprios imigrantes que faziam os filhos desertarem dela, seja porque teriam de pagar o professor, seja porque só empregando todos os membros da família no trabalho se podia reunir um pecúlio.⁹³

De maneira geral, as condições descritas e os abusos a que estavam sujeitos os imigrantes não podiam deixar de causar tensões e raiva, muitas vezes reprimida, que normalmente resultavam em fugas das fazendas, em busca de melhores oportunidades, ou faziam amadurecer decisões de repatriamento. As exortações dos que prediziam aos fazendeiros uma futura queda do fluxo de emigração para o Brasil⁹⁴ de nada valeram para mudar a ordem

---

89 De Zettiry (1893, p.66-70).
90 Tedeschi (1907, p.47).
91 Civis (1914, p.636).
92 Coletti (1908c, p.379).
93 Sobre as condições de vida e de trabalho, vide Vangelista (1982b); Bassanezi (1987). Para uma interessante visão relativa ao elemento feminino, Alvim (1983a).
94 *Il Cittadino*, de Jaú, por exemplo, afirmava que "enquanto quem se repatria tiver uma odisseia de dores para contar e voltar mais pobre do que antes [...], não há esperança de que a emigração se

dos acontecimentos; os proprietários estavam bem cientes de que o descontentamento dos colonos não iria além de um pedido de intervenção das autoridades consulares a seu favor, tática que nunca havia dado resultado. As explosões de violência, que ocorreram, eram quase sempre de caráter individual. As mais famosas foram as que tiveram como vítimas Francisco Augusto Almeida Prado, esfaqueado e esquartejado a golpes de machadinha e enxada por um grupo de colonos,[95] e Diogo Salles, irmão do presidente da República, morto por Angelo Longaretti, a 3 de outubro de 1900. Este último caso teve ampla repercussão porque se tratava de uma personalidade ilustre e porque a imprensa em língua italiana no Brasil assumiu uma postura bem firme, acima das divergências políticas.

A reconstituição dos fatos nos oferece um corte em profundidade de uma cena bastante comum da vida nas plantações: o filho do fazendeiro queria abusar das três irmãs de Longaretti, sobretudo da caçula, que na época tinha 15 anos. Após uma animada discussão com o pai de Longaretti, Diogo Salles o agrediu e foi morto por Angelo com um tiro de revólver.[96] O processo mobilizou a coletividade italiana, e o jornal socialista *Avanti!* abriu uma coleta, à qual aderiram o *Fanfulla* e *La Tribuna Italiana*. Longaretti tornou-se, de imediato, o símbolo de toda a imigração italiana nas fazendas:

> Ungaretti [sic] não é mais um colono, ele é o colono, quer dizer, a imagem viva e penosa, a personificação daquela mísera carne humana que fizeram chegar de longe, do além-mar, para substituir o escravo liberto [...]. Sua história é um pouco a história de todos os emigrantes, sua vingança é a insurreição dolorosa e fatal contra todo um sistema iníquo de exploração e de vergonha.[97]

Apesar do apoio recebido, no fim do primeiro processo Longaretti foi condenado a doze anos de reclusão, mas a colônia italiana continuou a lutar em seu favor e, ainda em 1906, atuava uma comissão para pô-lo em liberdade.[98]

---

dirija para estas terras, porque é grande demais o mundo para quem tem vontade de trabalhar". "L'emigrazione italiana al Brasile", *Il Cittadino*, 22 nov. 1903.

95 Vide *Fanfulla*, 21 out. 1901 e 22 out. 1901.
96 É interessante notar que os pais de Longaretti, ambos lombardos, não eram camponeses quando deixaram a Itália: ele era sapateiro e ela, costureira.
97 *Avanti!*, 8-9 jun. 1901.
98 *Il Secolo*, 4 jan. 1906.

Em 1908, tendo mudado o clima político, será submetido a um segundo julgamento (em que prevalecerá a tese da legítima defesa) e libertado.[99]

A rebelião de Longaretti constituía um fato bastante anômalo no quadro geral de resignação e tolerância predominante nos colonos italianos. A falta de reação dos camponeses italianos não era simplesmente devida ao fato de que a fazenda continuava sendo um "feudo, sobretudo porque os colonos vinham de lugares e províncias em que a resignação está no sangue e é professada como virtude cristã puríssima", como pretendiam os anarquistas,[100] mas também a causas objetivas. Sem dúvida, um dos principais obstáculos à organização era representado pelo afluxo contínuo de mão de obra do além-mar, que derramava no mercado massas de trabalhadores dispostos a substituir os descontentes. Outro elemento de não coesão era o isolamento das fazendas, distantes muitas horas – e não raro dias – umas das outras e dos centros urbanos, embora algumas delas fossem muito povoadas: em 1918, a maior fábrica da capital reunia 3 mil operários, enquanto, já no início do século, havia fazendas com mais de 8 mil trabalhadores.[101] Em todo caso, os proprietários de terra preocupavam-se em reduzir, desde o início, as oportunidades de ação coletiva, valendo-se das hostilidades regionais e nacionais: "Alguns fazendeiros tomavam o cuidado de selecionar os trabalhadores entre as diferentes nacionalidades e regiões, de maneira a que seus díspares dialetos e costumes reduzissem as chances de solidariedade e cooperação".[102]

O maior obstáculo a formas não efêmeras de organização e resistência continuou sendo, por todo o período, o elevadíssimo índice de *turnover*, determinado pela mobilidade geográfica dos emigrantes, que se deslocavam seguidamente para outras fazendas ou para os centros urbanos (quando não se repatriavam) em busca de melhores oportunidades de trabalho. É difícil avaliar exatamente o fenômeno, mas não é infundado afirmar que mais de 30% das famílias colônicas, no fim de cada ano agrícola, abandonavam a fazenda em que haviam trabalhado.[103]

---

99 Sobre o caso Longaretti, vide *Fanfulla*, 5 out. 1900; 20 maio 1901; 6 jul. 1901; *Avanti!*, 25-26 maio 1901; 1-2 jun. 1901; 22-23 jun. 1901; 6-7 jul. 1901; 13-14 jul. 1901. Ver também Dean (1977, p.173-4).
100 *Guerra Sociale*, 11 dez. 1915. O artigo em questão é de Gigi Damiani e espelha a postura predominante. Por ocasião de uma greve em Bragança, outro jornal anarquista escrevia: "Os colonos, acostumados desde muito a condições de embrutecimento e escravidão, idiotizados pela religião cristã e pelos padres, não sabem conceber, nem talvez desejar, uma vida menos bestial que aquela a que estão condenados" ("La schiavitù dei coloni", *La Battaglia*, 23 jul. 1911).
101 Martins (1979, p.88).
102 Hall; Martinez (1979, p.2). Ver também Hall (1974b, p.149); De Zettiry (1893, p.80).
103 Denis (1909, p.144).

Um elemento colateral que contribui para justificar o não surgimento de movimentos reivindicatórios está na própria organização da plantação e, particularmente, na impossibilidade de acesso a jornais, ideias e ativistas do movimento operário. Ninguém podia entrar e, na realidade, nem procurava ir às fazendas: "certamente teria havido um martírio socialista".[104] Toda e qualquer atividade limitava-se a apelos tão calorosos quanto inúteis, pois faltavam totalmente os pressupostos para uma politização no seio da fazenda. E havia ainda quem, de forma realista, perseguisse objetivos menos ambiciosos:

> Não estamos nem no começo de uma propaganda destinada a despertar e a reunir a energia dos explorados trabalhadores de café [...]. Hoje, nós queremos humanizar os cultivadores de café e nada mais, queremos arrancá-los do estado de embrutecimento e miséria em que vegetam e em que degeneram eles mesmos e sua espécie. Só depois falaremos da revolução social.[105]

No entanto, nem esse programa mínimo foi levado adiante pelos anarquistas e socialistas, que ficaram sempre à margem de qualquer forma de luta nas zonas rurais, substituídos pelas autoridades consulares, às quais os colonos preferiam dirigir-se por tradicionalismo, laços com a mãe-pátria, ou, mais simplesmente, por estarem certos de obter resultados melhores. Isso não significa que não houvesse greves: entre os anos de 1890 e 1913 houve dezenas delas, e de 1913 (ano em que o Patronato Agrícola começa a registrá-las) a 1930 foram mais de uma centena.[106] Contudo, em sua quase totalidade diziam respeito apenas a esta ou àquela fazenda, ou, então, a parte dos colonos de uma plantação. Os motivos que as originavam eram sempre os mesmos (redução ou falta de pagamento dos salários e multas excessivas), assim como seus resultados, constantemente negativos.

Greves não isoladas, de uma certa consistência, verificaram-se muito tarde: em 1911, na região de Bragança (um milhar de trabalhadores em

---

104 Coletti (1908a). Como prova da pouca capacidade de penetração na zona rural, não é raro encontrar na imprensa operária apelos como este: "Rogamos encarecidamente aos companheiros e aos amigos das localidades do interior de nos enviarem cartas sobre o movimento operário, sobre a prepotência das autoridades, sobre as infâmias dos patrões e, principalmente, sobre aqueles dramas que ocorrem muitas vezes nas fazendas" (*La Battaglia*, 11 abr. 1904).
105 Damiani, "L'ora de' coloni", *La Battaglia*, 2 jul. 1911.
106 Hall; Martinez (1979, p.3).

agitação durante dois meses)¹⁰⁷ e em Ribeirão Preto (uma dúzia de fazendas).¹⁰⁸ Em todo caso, a mais importante foi a de Ribeirão Preto, em 1913, deflagrada nas fazendas Schmidt e Dupont, e que, entre abril e maio, se alastrou pelas plantações vizinhas até envolver de 10 mil a 15 mil trabalhadores.¹⁰⁹ As reivindicações giravam em torno do aumento de salário, cujo poder aquisitivo havia sido corroído pela inflação, e da autorização para plantar gêneros de subsistência entre os pés de café. Para obter o que pretendiam, os trabalhadores recusaram-se a dar início à colheita. Os fazendeiros responderam solicitando e conseguindo a intervenção da polícia, do Patronato Agrícola, que lhes deu ganho de causa, e formando uma liga de defesa. Em favor dos colonos interveio o cônsul italiano de São Paulo, Pietro Baroli, cuja presença em Ribeirão Preto "provavelmente serviu para salvaguardar seus compatriotas da brutalidade dos capangas e da polícia",¹¹⁰ provocando, porém, um coro de protestos nos jornais locais, que o acusaram de ser o responsável pelos acontecimentos. A greve fracassou totalmente e Baroli mandou vir para São Paulo umas vinte famílias, ao todo 137 pessoas, recebendo-as pessoalmente na estação e repatriando-as à custa do governo, a 20 de maio.¹¹¹

Naquela época, as possibilidades de ascensão social dos imigrantes já eram extremamente reduzidas em termos de salários reais pela carpa e pela colheita; houve uma diminuição entre 1886 e 1892, uma estagnação até 1907, um aumento moderado por volta de 1910 e depois, de novo, uma diminuição.¹¹² Não por acaso, os fazendeiros, embora fizessem previsões na maioria das vezes catastróficas (e não merecedoras de crédito) sobre a "falta de braços", nunca se queixaram dos salários pagos. A evolução da retribuição explica, de modo eloquente, o porquê de os emigrantes estarem tão ligados às culturas de subsistência, cuja venda no mercado frequentemente garantia ganhos iguais ao salário anual e cujos preços seguiam mais de perto o ritmo

---

107 Sobre o acontecimento, confira vários números de jul. e ago. de 1911 do *Fanfulla* e de *La Battaglia*.
108 Vide *Fanfulla* e *La Battaglia*, maio-jun. 1912.
109 Sobre a greve de 1913, além de *Fanfulla, La Barricata* e *Germinal*, vide Piccarolo (1913a); Bonardelli (1915b).
110 Holloway (1984, p.163).
111 Essa solução havia sido encontrada e sugerida aos trabalhadores por um jornal sindicalista desde o fim de abril: "Os colonos italianos que não querem aceitar o acordo feito por seus patrões e que não encontram trabalho em condições satisfatórias, peçam a passagem de repatriamento às autoridades consulares" (*Don Chisciotte*, 26 abr. 1913).
112 Hall (1969, p.144-7).

da inflação. Os poucos orçamentos confiáveis sobre a receita e as despesas de uma família colônica confirmam essa impressão (Tabela 6).

Tabela 6 – Orçamento de uma família de três pessoas aptas para o trabalho (em réis)

	1904	1907
Receita:		
Carpa de 5.000 pés de café	320:000	300:000
Colheita de 480 alqueires	240:000	180:000*
Venda de 5 carros de milho	100:000	90:000**
Venda de 5 sacas de feijão	40:000	40:000
Venda de 10 sacas de arroz	40:000	
Venda de produtos de criação de gado, aves	150:000	140:000
Total	890:000	750:000
Despesas:		
Alimentação, vestuário, utensílios diversos, despesas eventuais	547:500	550:000
Pecúlio:	342:500	200:000

* 450 alqueires
** 3 carros
Fontes: Pio di Savoia (1905, p.37); Franceschini (1908, p.492).

Tudo isso, repito, quando não intervinham fatores como doenças, multas, acidentes de trabalho, os quais (sobretudo as multas), em geral, representavam antes a regra do que a exceção. De fato, se formos além de uma literatura hagiográfica, que exaltava as possibilidades de se enriquecer baseando-se quase exclusivamente em dois estrangeiros que se tornaram "reis do café" (Lunardelli e Schmidt),[113] foram poucos os camponeses que conseguiram a posse da terra "sem passar por outras condições intermediárias, mas adquirindo diretamente com seu pecúlio os terrenos das novas áreas".[114] Embora já no início dos anos de 1890 fosse possível encontrar

---

113 Para a biografia de Lunardelli, vide Bartolotti (1928), sobretudo o primeiro capítulo; Passera (1928), que fala, provavelmente exagerando, de 4 milhões a 5 milhões de pés de café; Spiga (1930); Giovannetti (1951).

114 Bonardelli (1915d, p.172). É óbvio que não faltam opiniões contrárias, as quais, principalmente durante o fascismo, insistirão bastante na seleção natural: "Muitíssimos desses camponeses, ao cabo de dois anos, estão em condições de comprar um terreno e fazer a vida. Se não houvesse

alguns italianos proprietários de fazendas, entre os quais três sacerdotes,[115] tanto na época como depois, quem conseguisse a duras penas guardar um dinheirinho dificilmente conseguia tornar-se fazendeiro (inclusive devido ao alto preço da terra) e, ao contrário, tinha que se contentar com pequenos lotes para praticar a policultura. Por outro lado, a área adquirível dependia não só do pecúlio, mas ainda do número de braços em cada família, pois era o núcleo familiar que se encarregava de cuidar da propriedade, com a ajuda eventual de trabalhadores assalariados. Isso é demonstrado, aliás, pela área média das propriedades agrícolas em mãos de italianos (Tabela 7).

Tabela 7 – Propriedades agrícolas de italianos no estado de São Paulo – 1890-1935

	Proprietários		Área		Valor	
Anos	v.a.	% do total de proprietários	Hectares	% do total de proprietários	mil-réis	% do total de proprietários
1890	282		29.683			
1900	2.229		204.816			
1907	5.197	9,2		4,0		
1910	6.478		630.909			
1920	11.825	14,6	916.487	6,6	257.547:000	8,9
1934	33.590	12,2	2.339.520	11,1	886.607:000	15,8

Fontes: Para 1890, 1900 e 1910, Pisani (1937); para 1907, Cusano (1911) e Hall (1969); para 1920, Malesani (1929); para 1934, Holloway (1984) e *Cinquant'anni di lavoro degli italiani in Brasile* (1936-1937).

Como podemos ver, até os anos 1920, a percentagem de peninsulares no total de proprietários de terra é sempre maior do que a percentagem que se refere à área. Tratava-se, portanto, de propriedades relativamente pequenas. A tendência do valor médio registrado em 1934, seguido pela diminuição da percentagem de proprietários italianos, indica, porém, que, com o passar dos anos, os grandes fazendeiros, como Lunardelli, vão se fortalecendo cada vez mais. Em todo caso, a cifra total de proprietários de terra em todos os anos examinados é excepcionalmente baixa se comparada com o número

---

o alcoolismo (alimentado sobretudo pela pinga) e a lues (favorecida pela mistura entre brancos e negros), todos enriqueceriam em pouco tempo. Quem tem cabeça consegue; quem não tem, pior para ele; de resto, a seleção é útil ao sábio equilíbrio das coisas" (Tegani, 1931, p.1163).
115 Rozwadowski (1893, p.172).

de imigrantes entrados e ao peso relativo dos italianos na população global do estado.[116]

Outra coisa ainda tem que ser sublinhada: um observador atento como Zuculin já tinha notado que "havia outra enquete a ser feita, a qual, porém, jamais será realizada, porque resulta praticamente impossível do ponto de vista material: em que época os italianos adquiriram as propriedades? Essas compras continuam? Ver-se-ia então claramente que as compras estão diminuindo".[117] Na realidade, uma pesquisa desse gênero, mesmo se parcial e feita com finalidades hagiográficas, já tinha sido realizada quinze anos antes e havia dado os resultados previstos por Zuculin (Tabela 8).

Tabela 8 – Propriedades agrícolas em alguns municípios do estado de São Paulo (1911)

Municípios	Nº de propriedades	Anos de residência (média)	ha	Pés de café	Nº médio de ha	Nº médio de pés de café
Limeira	9	23	838	543.000	153	60.333
Batatais	13	22	327	164.000	25	12.615
Itapira	15	22	?	?	?	?
Botucatu	24	20	1.432	346.000	60	14.417
Araraquara	8	22	?	681.000	?	85.125
Socorro	11	33	582	392.000	53	35.636
Espírito Santo do Pinhal	37	19	1.652	857.000	45	23.162
Jabuticabal	15	20	855	200.000	57	13.333

Fonte: Ribeiro (1911).

Portanto, não deve surpreender se o índice de deserção das fazendas e do próprio estado de São Paulo era tão elevado: entre 1882 e 1914, entraram 1.553.000 estrangeiros e saíram 682 mil. Os repatriamentos foram

---

116 Em 1906 existiam, no estado de São Paulo, 4.766 proprietários italianos, mas incluindo os donos de lotes coloniais, ou seja uma quantidade mínima. Sobre imigrantes e propriedade fundiária em São Paulo de 1900 a 1935, vide Holloway (1984, p.210-48).

117 Zuculin (1926d, p.1226).

particularmente elevados logo no período em que a crise de superprodução e uma maior concorrência entre os próprios imigrantes, determinada por seu número, impediam praticamente toda e qualquer possibilidade de ascensão social no mundo rural paulista (Tabela 9).

No que diz respeito especificamente aos italianos, a tendência é bastante semelhante, com picos mais acentuados a partir do início do século. De 1903 em diante, os anos que apresentaram um saldo positivo foram raros e, entre 1908 e 1920, o número de entradas foi praticamente idêntico ao de saídas (126.315 contra 127.334). Nem todos os que saíram se repatriaram: somente 65% optaram por essa solução, enquanto 30% foram para a Argentina e o Uruguai, 4% para outras regiões brasileiras e 1% para os Estados Unidos.[118]

Tabela 9 – Entradas e saídas de estrangeiros – Porto de Santos – 1887-1914

Período	Entradas	Saídas	% das saídas sobre as entradas
1887-1893	421.924	37.518	8,9
1894-1900	380.999	166.979	43,8
1901-1907	287.002	249.062	86,8
1908-1914	434.877	241.790	55,6

Fonte: Hall (1969, p.185).

Apesar desse elevado índice de deserção e das recorrentes queixas dos fazendeiros sobre a falta de força de trabalho, sem dúvida, no período em apreço, o saldo da imigração foi sempre suficiente para atender à demanda de mão de obra nas plantações de café. O que causava preocupação era o fato de nem todos os imigrantes entrados se dirigirem para as fazendas. A própria Sociedade Promotora de Imigração queixava-se que, já entre 1886 e 1888, muitos dos imigrantes por ela introduzidos haviam encontrado trabalho na capital, em cidadezinhas e lugarejos do interior;[119] em 1895, o secretário da Agricultura também denunciava o mesmo fenômeno:

> apesar de todas as seguranças introduzidas nos contratos, verifica-se que uma parte considerável dos imigrantes, tendo embarcado com declaração de serem agricultores, recusam-se, depois de chegados às hospedarias, a aceitar colocação

---

118 *BDET*, n.59-60-61, 1927.
119 Sociedade Promotora de Imigração (1892, p.3).

na lavoura. A consequência é o crescimento extraordinário de população proletária das cidades, principalmente da capital.[120]

Esse último fenômeno não era relevante, mas vinha piorar uma outra situação que os fazendeiros viam com preocupação: a passagem de quem havia trabalhado na fazenda para misteres urbanos. De fato, no fim de cada ano agrícola uma fatia considerável da população colônica tendia a deslocar-se para outras plantações, em busca de melhores oportunidades.[121] Entretanto, "num ambiente desconhecido como o da lavoura paulista, o colono, quando resolve mudar de dono ou de atividade, tende a voltar para São Paulo, de onde partiu e onde existe o mercado de mão de obra para a plantação".[122]

Será sobretudo nos anos de baixa dos preços do café que o fenômeno adquirirá consideráveis proporções, tornando-se rotineiro: "Todos os dias, pelas ruas de São Paulo, desfilam bandos de desertores das fazendas".[123] Uma vez na capital, os colonos nem sempre se dispunham a novas tentativas de atividade agrícola, mesmo porque, na grande ebulição urbana, as informações circulavam com maior rapidez e confirmavam que as condições na fazenda não mudavam muito de uma região para outra. Havia então os que, tendo possibilidade, decidiam repatriar-se ou alcançar outros países e os que, por sua vez, tentavam empregar-se em setores que não o da agricultura, na própria capital ou nos pequenos centros do interior.

A cidade de São Paulo manteve por muitíssimos anos aquela característica de italianidade que tanto surpreendeu e entusiasmou Gina Lombroso Ferrero e outros observadores da época. Houve épocas em que, nas ruas, se ouvia falar mais italiano (ou antes, mais os vários dialetos) do que português; os membros da banda de música Fieramosca desfilavam fardados de *bersaglieri* [soldado de infantaria] e não era raro encontrar, em determinadas ocasiões, senhores distintos fardados com uniforme completo de garibaldinos.[124] Certo dia, o próprio governador do estado confessou que, se no telhado de

---

120 *Relatorio Anual Apresentado...* (1896, p.41).
121 Contra essa mobilidade geográfica, os fazendeiros puseram em prática também tentativas de organização: em 1895, em Rio das Pedras, na região de Piracicaba, fizeram um acordo que obrigava cada proprietário a assumir colonos provenientes de outras plantações só após ter pago suas dívidas ao fazendeiro anterior e uma multa de 50 mil réis a título de indenização. Vide Petrone (1978, p.111).
122 Vangelista (1980, p.3).
123 "Lavoratori, non venite in Brasile", *La Battaglia*, 4 mar. 1906.
124 Ellis Jr. (1934).

cada casa fosse desfraldada a bandeira do país de origem de seu proprietário, São Paulo, vista do alto, pareceria uma cidade italiana. Em 1900, um cronista, ao visitá-la depois de vinte anos de ausência, exclamava que "então São Paulo era uma cidade genuinamente paulista, hoje é uma cidade italiana".[125] Mas, apesar disso, em poucos observadores essa situação determinava receios. Um deles foi, por exemplo, Aureliano Leite, que, falando décadas mais tarde da progressiva italianização da cidade, lembrava que, na época, o fenômeno provocava uma sensação quase de terror, de estar à beira de perder a nacionalidade brasileira.[126] Percebia-se imediatamente o caráter de italianidade na comida, nos anúncios (mesmo os avisos municipais para pagamento de impostos eram escritos em italiano e em português), no próprio estilo das moradias, tanto naquelas modestas erguidas com sacrifício nos feriados quanto nas mansões residenciais dos bairros nobres:

> Aquela mesma saudade, que o pequeno operário expressava com tijolos e alvenaria ao construir com as próprias mãos, com os primeiros ganhos, a sua casa, à semelhança da que havia deixado, levava mais tarde os que haviam enriquecido a encarregarem arquitetos italianos de erguer suas casas.[127]

Os imigrantes começaram a construir desde os primeiros tempos do fluxo imigratório:

> O ritmo das construções é atestado de modo eloquente pelos documentos do Arquivo Histórico da Prefeitura: um delgado volume guarda os pedidos apresentados de 70 a 73; para o ano de 1888, os volumes são três, e, para 1897, existem 47 volumes [...]. Em 1875, há um ou outro italiano que solicita a construção de uma casinha ou de uma modesta oficina (ferreiro, marceneiro ou pintor de paredes). Nos anos 79, 80 e 81, os primeiros emigrantes já se ambientaram e entenderam que o maior problema de uma pequena cidade, à qual chegam todos os anos milhares de pessoas, é o das acomodações [...]. Em 1886, os nomes de italianos já são numerosos; em 88, os pedidos de alvará para novas construções ocupam três grandes volumes, e mais de 2/3 deles são assinados por italianos; enfim, são de italianos quase todas as petições guardadas nos 47 volumes de 1897.[128]

---

125 Pinto (1900, p.9).
126 Leite, "Os italianos em São Paulo", *O Estado de S. Paulo*, 20 abr. 1954.
127 Debenedetti; Salmoni (1953, p.12).
128 Ibid., p.36-7. Sobre esse tema, ver também Cenni (1975, p.319-42) e Bardi (1981).

São Paulo foi uma cidade que cresceu muito em pouquíssimo tempo, passando de 23.243 habitantes em 1872 para 44.030 (1886), 64.934 (1890), 130.775 (1893), 239.820 (1900), cerca de 400 mil (1914), 579.033 (1920), 1.060.120 (1934).[129] Boa parte desse crescimento era devido aos imigrados: em 1920, quase 2/3 dos habitantes eram estrangeiros ou descendentes,[130] e os italianos representavam um terço dos habitantes e mais da metade da população adulta de sexo masculino.[131] Eles oscilaram entre 31% e 36% no período 1888-1920. Os poucos dados confiáveis sobre a consistência numérica dos peninsulares na capital são de 1886 (5.717, igual a 13%), 1893 (45.457, 35%), 1900 (75 mil, 31%), 1908 (talvez 150 mil, 50%), 1916 (187.540, 37%).[132] Alguns centros do interior também tiveram uma boa participação dos italianos, sobretudo os da fronteira do café. De forma mais geral, os centros urbanos e as aldeias absorveram 1/3 (e até mais em alguns períodos) dessa emigração.

2.4. Atualizações bibliográficas

Seguindo o caminho já traçado no passado, nos últimos trinta anos houve uma grande quantidade de artigos, ensaios e volumes sobre a emigração italiana para o Sul do Brasil, com clara preponderância do Rio Grande do Sul. Entre as centenas e centenas de contribuições que surgiram, limito-me a destacar a análise de Constantino, N. Santoro de, "Produzione storiografica sull'immigrazione italiana in vari contesti del Sud del Brasile", em Franzina, E. (Org.), *Gli Emiliano Romagnoli e l'emigrazione italiana in America Latina: il caso Modenese*, Modena: Provincia di Modena, 2003, p.219-33; Herédia, V. B. Merlotti; Pariani, N. M. Soldatelli (Orgs.), *Língua, cultura e valores: um estudo da presença do humanismo latino na produção científica sobre a imigração italiana no Sul do Brasil*, Porto Alegre: EST, 2003; Vendrame, M. T.; Zanini, M. C. Chitolini, "Imigrantes italianos no Brasil Meridional: práticas sociais e culturais na conformação das comunidades coloniais", *Estudos Ibero-Americanos*, v.40, n.1, p.128-49, 2014, que analisa o caso rio-grandense desde a década de 1870 e se debruça sobre as cadeias migratórias,

---

[129] Para os dados de 1872, 1886 e 1890, vide Morse (1970); para 1893, *BMAE*, mar. 1895, p.47; para 1900, 1920 e 1934, Singer (1974, p.58); para 1914, Hall (1969, p.1).

[130] Dean (1971, p.59).

[131] Lowrie (1938, p.42-3).

[132] Vide, para 1886 e 1900, Franceschini (1908, p.527); para 1893 e 1916, Souza (1917). Para 1893, ver também Veiga Filho (1896, p.73). Para 1910, a população italiana era estimada em 130 mil pessoas, igual a quase 33%. Vide "Il II Congresso degli Italiani all'estero" (1911, p.736-9).

sociabilidade e religiosidade; também focado no caso riograndense é Beneduzi, L. F., "Quando a imigração se transforma em colonização: algumas leituras sobre a presença italiana no Sul do Brasil", *Revista Latino-Americana de História*, v.6, p.35-58, 2017.

A literatura sobre o Rio Grande do Sul é vastíssima, tanto que selecionar alguns textos aqui não é apenas constrangedor, mas também injusto com os excluídos. Entre as muitas contribuições, o leitor pode consultar com proveito Costa, R. et al., *As colônias italianas Dona Isabel e Conde d'Eu*, Porto Alegre; Torino: EST; Fondazione Agnelli, 1992; Clemente, E.; Ungaretti, M., *História de Garibaldi*, Caxias do Sul: EdiPUCRS, 1993; Brunello, P., *Gli italiani in Brasile e il mito della frontiera*, Roma: Donzelli, 1994; Maestri, M. (Org.), *Nós, os ítalo-gaúchos*, Porto Alegre: UFRGS, 1996; Carboni, F.; Maestri, M., *Raízes italianas do Rio Grande do Sul: 1875-1997*, Passo Fundo: UPF, 2000; Herédia, V. B. Merlotti; Radünz, R. (Orgs.), *História e imigração*, Caxias do Sul: Educs, 2011; Maestri, M., *Os senhores da serra: a colonização italiana no Rio Grande do Sul (1875-1914)*, Passo Fundo: UPF, 2000; Zanini, M. C. Chitolini, "Diferentes percursos da migração italiana no Rio Grande do Sul", *Estudios Migratorios Latinoamericanos*, v.21, n.67, p.151-78, 2007; Rosoli, G., "A experiência da emigração italiana no Rio Grande do Sul na literatura italiana", *Métis*, v.1, n.1, p.95-133, 2002, no qual se traça também um percurso historiográfico; Giron, L. Slomp; Herédia, V. B. Merlotti, *História da imigração italiana no Rio Grande do Sul*, Porto Alegre: EST, 2007; Tedesco, J. C.; Balbinot, G.; Bertagna, F., "L'esposizione universale di Milano nel 1906 e l'immigrazione italiana nel Rio Grande do Sul", *Altre Italie*, n.55, 2017; Corteze, D. Piccinin, *Ulisses va in America: mitos da imigração italiana no Rio Grande do Sul*, Passo Fundo: UPS, 2002; Vendrame, M. I., *"Lá éramos servos, aqui somos senhores": a organização dos imigrantes italianos na ex-colônia Silveira Martins (1877-1914)*, Santa Maria: UFSM, 2007; Cristaldi, F., *E andarono per mar a piantar vigneti: gli italiani nel Rio Grande do Sul*, Todi: Tau, 2015; Radünz, R.; Herédia, V. B. Merlotti, *140 anos da imigração no Rio Grande do Sul*, Caxias do Sul: Educs, 2015.

A localidade que mais chamou a atenção na área de colonização italiana foi Caxias do Sul, com diversas obras, incluindo Gardelin, M.; Costa, R., *Os povoadores da colônia Caxias*, Porto Alegre: EST, 1992; Giron, L. Slomp; Nascimento, R. R. F. do (Orgs.), *Caxias centenária*, Caxias do Sul: Educs, 2010. Os estudos que analisam como o corpo consular italiano avaliou os esforços e as realizações dos colonos peninsulares no Sul do Brasil resultaram interessantes: Iotti, L. Horn, *O olhar do poder: a imigração italiana no Rio Grande do Sul de 1875 a 1914 através dos relatórios consulares*, Caxias do Sul: Educs,

2001; Constantino, N. Santoro de; Ribeiro, C. Piazza Julio (Orgs.), *De pioneiros a cidadãos: imagens da imigração italiana no Rio Grande do Sul (1875-1960)*, Porto Alegre: Consolato Generale d'Italia, 2005; Romanato, G.; Herédia, V. B. Merlotti, *Fontes diplomáticas e documentos da imigração italiana no Rio Grande do Sul*, Caxias do Sul: Educs, 2016; Iotti, L. Horn, *Imigração e poder: a palavra oficial sobre os imigrantes italianos no Rio Grande do Sul (1875-1914)*, Caxias do Sul: Educs, 2010, que, além dos relatórios dos cônsules em exercício no estado, se debruça na legislação migratória e em como as autoridades riograndenses, mesmo em nível local nos núcleos de colonização, se posicionaram em relação aos imigrantes peninsulares; sobre esta última temática e sobre os conflitos entre os gestores brasileiros responsáveis pela administração e pelo funcionamento dos núcleos e os imigrados, mas também sobre os julgamentos lisonjeiros expressos sobre eles, se detém o artigo de Luchese, T. A., "Autoridades locais e imigrantes italianos, conflitos e consensos", *História*, v.29, n.1, 2010.

As pesquisas voltadas para a reprodução da sociedade vêneta nas áreas de colonização também tiveram certo peso; sobre essas questões ver Beneduzi, L. F., *Os fios da nostalgia: perdas e ruínas na construção de um Vêneto imaginário*, Porto Alegre: UFRGS, 2011; sobre a reposição de alguns valores e sobre a avaliação de comportamentos individuais, cf. Vendrame, M. I., "Ofensas, reparações e controle comunitário: a justiça dos imigrantes italianos nos núcleos coloniais do Sul do Brasil", *Métis*, v.12, n.23, p.218-32, 2013; Id., *O poder na aldeia: redes sociais, honra familiar e práticas de justiça entre os camponeses italianos (Brasil-Itália)*, São Leopoldo; Porto Alegre: Oikos; Anpuh-RS, 2016. Nessa reconstrução, o clero vêneto localizado naquela área também teve um papel e vários trabalhos foram dedicados a ele e ao seu desempenho, dentre os quais devemos mencionar pelo menos Beneduzi, L. F., *Imigração italiana e catolicismo: entrecruzando olhares, discutindo mitos*, Porto Alegre: EdiPUCRS, 2008; e Pozenato, K. M. Menegotto; Giron, L. Slomp, "Igreja e poder na comunicação", *Metis*, v.9, n.17, p.133-52, 2010. No que diz respeito ao Brasil como um todo, não deve ser esquecida a contribuição dada por algumas ordens religiosas e, a esse respeito, ver, para um dos mais importantes de seus membros, Terragni, G., *Pietro Colbacchini con gli emigrati negli stati di S. Paolo, Paraná e Rio Grande do Sul 1884-1901*, Napoli: Grafica Elettronica, 2016.

A transposição da realidade social e organizacional deixada na pátria não impediu que expoentes individuais das áreas coloniais participassem de suas administrações públicas, exercendo cargos eletivos em nível local, e o fenômeno também teve alguma relevância. O caso mais conhecido é aquele analisado por Monteiro, M. N. Katani, "Fases da presença e da participação de imigrantes italianos na história do Rio Grande do Sul: aspectos da trajetória de Celeste Gobbato (1912-1924)", *Métis*, v.2, n.3, p.161-71, 2003.

Sobre o processo de progressiva diversificação produtiva no interior do Rio Grande do Sul, devem ser consultadas as obras da Herédia, V. B. Merlotti, "Considerazioni sull'industrializzazione nell'area di colonizzazione italiana di Rio Grande do Sul", *Dimensioni dello Sviluppo*, n.3-4, p.161-83, 1992; Id., *Processo de industrialização na zona colonial italiana*, Caxias do Sul: Educs, 2017; Id., "A força do comércio na expansão urbana da zona colonial italiana", *Métis*, v.11, n.21, p.381-97, 2012; bem como Stornowski, M. Sanocki, "Manufatura, artesanato e mercado em Caxias: um período de formação (1890-1910)", *Metis*, v.4, n.8, p.307-31, 2005.

Por fim, a história de gênero finalmente apareceu também na historiografia da colonização italiana, com obras valiosas, como as de Massarotto, F. Raouik, *Brasile per sempre: donne venete in Rio Grande do Sul*, Padova: Regione Veneto; Anea, 2000, que também oferece testemunhos de descendentes; Giron, L. Slomp, "L'immigrata in Brasile e il lavoro", *Altre Italie*, n.9, p.102-15, 1993; Beneduzi, L. F., "La maestra che cacciò il prete: ripensando l'immagine femminile nell'immigrazione veneta nel Rio Grande do Sul", em Luconi, S.; Varricchio, M. (Orgs.), *Lontane da casa: donne italiane e diaspora globale dall'inizio del Novecento a oggi*, Turim: Accademia University Press, 2015, p.149-73; em termos de capacidade de gestão, cf. Giron, L. Slomp; Bergamaschi, H. Eberle, "A força das mulheres proprietárias: histórias de vida de imigrantes italianas, 1875-1925", *Cadernos de Pesquisa*, v.3, n.2, 1995. As italianas urbanizadas também foram levadas em consideração por Constantino, N. Santoro de, "Testemunho feminino e imigração: mulheres vênetas em cidades brasileiras e a construção da identidade", *Fazendo Gênero*, n.9, p.1-10, 2010. Recentemente também foi publicado um volume de mulheres como guardiãs da memória (que também é rico em informações sobre uma cadeia migratória da Toscana ao estado do Rio de Janeiro), Pereira, S. Marques, *Mulheres e imigração italiana: histórias, fotografias, objetos*, Rio de Janeiro: Ayran, 2021. Ainda sobre o Rio de Janeiro, o artigo de Bartolazzi, R. A., "A mulher italiana no mundo dos negócios: do Lácio ao Rio de Janeiro", *Altre Italie*, n.47, 2013, é interessante. Mais orientado para o movimento operário é o artigo de Bignami, E., "Emigrazione femminile in Brasile: tra lavoro e anarchia", *Storicamente*, n.5, 2009. Para tempos mais próximos de nossos dias, veja Vangelista, C., *Terra, etnia, migrazioni: tre donne nel Brasile contemporaneo*, Turim: Il Segnalibro, 1998. No entanto, em termos de imigração italiana em geral, quero aconselhar, sobre essa questão, Franzina, E., "Donne di emigranti e donne emigranti: per una storia dell'emigrazione femminile italiana", em AA. VV., *Non uno itinere*, Veneza: Marsilio, 1993; útil, mas muito centrado na América do Norte, é o ensaio de Garroni, M. S.; Vezzosi, E., "Italiane migranti", em Corti, P.; Sanfilippo, M. (Orgs.), *Storia d'Italia: annali*, v.24: Migrazioni, Turim: Einaudi, 2009, p.449-65. Recorte parecido tem Bianchi, B., "Lavoro ed emigrazione femminile (1880-1915)", em Bevilacqua, P.; De Clementi, A.; Franzina, E., *Storia dell'emigrazione italiana*, v.1: Partenze, Roma: Donzelli, 2001, p.257-74. Gostaria de recomendar, para várias áreas do mundo, também o texto no qual aparece o ensaio de Beneduzi, indicado algumas linhas antes, a saber Luconi, S.; Varricchio, M. (Orgs.), *Lontane da casa: donne italiane e diaspora globale dall'inizio del Novecento a oggi*, Turim: Accademia University Press, 2015.

A produção sobre Santa Catarina é bem menor; entre as obras mais distantes nesses trinta anos, ver os volumes de Berri, A., *Agressões indígenas na colonização italiana*, Blumenau: Casa Blumenau, 1995 (que trata sobre um tema quase esquecido, o da relação com as populações nativas); de Ferreira, F. L. Vieira (que evoca memórias de ancestrais), *Azambuja e Urussanga: memória sobre a fundação pelo engenheiro Joaquim Vieira Ferreira de uma colônia de imigrantes italianos em Santa Catarina*, Orleans: Gráfica do Leo, 2001; e de Radin, J. C., *Italianos e ítalo-brasileiros na colonização do Oeste Catarinense*, Joaçaba: Unoesc, 1997. O mesmo autor publicou recentemente um volume que ilustra, como outros historiadores fizeram pelo Rio Grande do Sul, como o corpo consular em dois estados do Sul do Brasil descreveu as condições dos peninsulares que ali se estabeleceram: *Imigração italiana em Santa Catarina e no Paraná: fontes diplomáticas italianas (1875-1927)*, Chapecó: UFFS, 2020.

A historiografia sobre o Paraná concentra-se principalmente na Colônia Cecília, em grande parte na obra de Felici, I., "A verdadeira história da Colônia Cecília de Giovanni Rossi", *Cadernos AEL*, n.8-9, p.9-65, 1998; e Id., *Cecilia: histoire d'une communauté anarchiste et de son fondateur, Giovanni Rossi*, Paris: Atélier de Création Libertaire, 2001. Acerca dessa comunidade libertária, pode-se ler um artigo sobre um dos problemas não resolvidos dentro dele: Grossman, H., "Family or Free Love? A Study on Brazil's 'Cecilia', 1890-1894", *Arquivo do Centro Cultural Português*, v.25, n.28, p.403-20, 1990. A descendente de um dos protagonistas dessa experiência reconstruiu o seu percurso, partindo da sua realização e do seu fracasso para depois debruçar-se na experiência pessoal do antepassado, experiência que o levou a tornar-se um líder da emigração italiana nas áreas de colonização do Vale do Itajaí em Santa Catarina. Quanto a esse estado, também pode-se ler a reconstrução da sua primeira experiência de colonização agrícola com imigrantes italianos: Cavanha, J. Nena, *Colonia Alessandria*, Curitiba: Progressiva, 2012.

Um campo de pesquisa ainda pouco explorado, mas que oferece boas perspectivas para o futuro, é o dos italianos que se estabeleceram no estado de Minas Gerais: os estudos que surgiram até agora são pouquíssimos e limitados a este ou àquele município, como o livro de recorte hagiográfico de Seguso, M., *Os admiráveis italianos de Poços de Caldas, 1884-1915*, Poços de Caldas: Ed. do Autor, 2007. O Espírito Santo tem despertado maior interesse, graças aos esforços de dois estudiosos dos dois lados do Atlântico: Reginato, M. (Org.), *Dal Piemonte allo stato di Espírito Santo: aspetti dell'emigrazione italiana in Brasile tra Ottocento e Novecento*, Turim: Regione Piemonte; Fondazione Agnelli, 1996; e Castiglioni, A. H. (Org.), *Imigração italiana no Espírito Santo: uma aventura colonizadora*, Vitória: Ufes, 1998; os dois autores juntos publicaram *Imigração italiana no Espírito Santo: o banco de dados*, Vitória: Ufes, 1997; e "Immigranti italiani a Cachoeiro do Itapemirim/Brasile): formazione ed evoluzione delle famiglie tra Ottocento e Novecento", *Popolazione e Storia*, v.16, n.1, p.35-55, 2015.

Paradoxalmente, o Norte e o Nordeste do Brasil, que representavam um destino secundário para a emigração ultramarina, passaram a ter mais espaço. Assim, quem se interessar por esses destinos poderá consultar Andrade, M. Correia de, *Os italianos no Trópico: presença italiana no Norte e no Nordeste do Brasil*, Passo Fundo: UPF, 2002; e Id., *A Itália no Nordeste: contribuição italiana ao Nordeste do Brasil*, Recife: Fundação Joaquim Nabuco; Fondazione Agnelli, 1992. Para a Bahia, veja-se Azevedo, T. de, "Italianos na Bahia: familismo e imigração", em De Boni, L. A. (Org.), *A presença italiana no Brasil*, v.II, Porto Alegre; Turim: EST; Fondazione Agnelli, 1990, p.185-218. Para o extremo Norte, pode-se consultar Ferreira, E. M., *Italianos na Amazônia (1870-1950): pioneirismo econômico e identidade*, Belém: Edufpa, 2008; e Cappelli, V., "La presenza culturale italiana in Amazzonia al tempo del caucciù: musicisti, pittori, architetti, antropologi, migranti e viaggiatori", *Rivista Calabrese di Storia del '900*, n.1, p.151-60, 2021.

Apesar de ter aumentado após 1989, as pesquisas que dizem respeito ao Rio de Janeiro ainda são insuficientes para traçar um quadro satisfatório sobre o fenômeno. No entanto, devem ser apreciados os esforços feitos, nesse sentido, entre outros, por Gomes, A. de Castro, *História de família: entre a Itália e o Brasil. Depoimentos*, Niterói: Muiraquitã, 1999, uma boa tentativa de história oral; e Id. (Org.), *História de imigrantes e de imigração no Rio de Janeiro*, Rio de Janeiro: Letras, 2000, ambos dirigidos para o segundo pós-guerra, especialmente aos anos mais próximos de nós; Vanni, J. C., *Italianos no Rio de Janeiro*, Niterói: Comunità, 2000. Entre os outros textos, lembramos Wairauch, C. Schiavo; Fontes, M. Rodríguez; Avella, A. A. (Orgs.), *Travessias Brasil-Itália*, Rio de Janeiro: Uerj, 2007; Martins, I. de Lima, "A presença italiana no Rio de Janeiro", em Martins, I. de Lima; Hecker, A. (Orgs.), *E/imigrações: história, cultura e trajetórias*, São Paulo: Expressão e Arte, 2011; Bertonha, J. F., "Italianos na cidade do Rio de Janeiro: uma comunidade (re) descoberta", *Revista do Arquivo Geral da Cidade do Rio de Janeiro*, n.8, p.415-28, 2014; Cappelli, V., *A Belle Époque italiana no Rio de Janeiro: aspectos e história da emigração meridional na modernidade carioca*, Niterói: Eduff, 2015, livro voltado principalmente para a emigração calabresa para a então capital do Brasil.

Por sua vez, foram inúmeras as contribuições sobre o estado de São Paulo e, sobretudo, sobre sua capital. Sobre esta última, um excelente panorama geral é o traçado por Hall, M. M., "Imigrantes na cidade de São Paulo", em Porta, P. (Org.), *História da cidade de São Paulo*, v.3: A cidade na primeira metade do século XX, São Paulo: Paz e Terra, 2004, p.121-51. Uma rápida síntese é a de Rodrigues, O. A.; Di Francesco, N., *Imigração italiana no estado de São Paulo*, São Paulo: Memorial do Imigrante; Museu da Imigração, 2003. Para um olhar em um ou outro município, inclusive naqueles de menor taxa de estabelecimento, ver Soares, L. de, *Imigrantes italianos em Itatiba*, São Paulo: Itatiba, 2001. A Hospedaria da capital, que representava o primeiro impacto na cidade, é ilustrada, após 1990, por alguns trabalhos, um dos quais publicado justamente pelo que foi durante muito tempo a estrutura de acolhimento e que se transformou em Museu da Imigração: Paiva, O. da Cruz, *Breve história da Hospedaria de Imigrantes e da imigração em São Paulo*, São Paulo: Memorial do Imigrante; Museu de Imigração, 2000; e Paiva, O. da Cruz; Moura, S., *Hospedaria de imigrantes de São Paulo*, São Paulo: Paz e Terra, 2008; para o caso carioca, ver Reznik, L.; Fernandes, R. A. Nascimento, "Hospedaria de imigrantes nas Américas: criação da Hospedaria de Ilha das Flores", *História*, v.33, n.1, p.234-53, 2014; e, para o gaúcho, Iotti, L. Horn; Silva, G. Ucoski, "Sonhos, angústias e expectativas: a hospedagem dos imigrantes na Porto Alegre de 1890", *Revista de Estudos de E/Imigração*, n.2, p.108-19, 2016. Como demonstração da pouca importância que os núcleos coloniais tiveram na experiência paulista, são pouquíssimos os estudos, mas dentre eles podemos citar a excelente pesquisa de Martins, J. de Souza, *Subúrbio: vida cotidiana e história no subúrbio da cidade de São Paulo: São Caetano do fim do Império ao fim da República Velha*, São Paulo; São Caetano: Hucitec; Prefeitura de São Caetano, 1992; a mesma experiência viria depois analisada por Di Bella, S., *La presenza italiana nella costruzione del Brasile: São Caetano do Sul*, Catania: Bonanno, 1996; e, em seguida, por Mimesse, E., "Imigrantes italianos no núcleo colonial de São Caetano", *Estudos Ibero-Americanos*, v.26, n.1, p.163-82, 2000.

Muito mais elevada, do ponto de vista quantitativo, é a produção sobre os imigrantes nas fazendas e sobre suas condições de trabalho e de vida. Em 1991, foi lançada a tradução para o português de um livro já publicado na Itália em 1982: Vangelista, C., *Os braços da lavoura: imigrantes e "caipiras" na formação do mercado do trabalho paulista (1850-1930)*, São Paulo: Hucitec; Istituto Italiano di Cultura; alguns anos mais tarde, outro trabalho merece indicação: Alvim, Z. Forcioni, "Imigrantes: a vida privada dos pobres no campo", em Sevcenko, N. (Org.), *História da vida privada no Brasil*, v.3: República: da belle époque à era do rádio, São Paulo: Companhia das Letras, 1998, p.218-87. Em 2019, é lançado o interessante estudo de outra historiadora que analisou minuciosamente e em inúmeros ensaios, a colocação de italianos nas plantações de café: Bassanezi, M. S. Beozzo, *Colonos do café*, São Paulo: Contexto, 2019. Para um panorama do povo trentino empregado nesses mundos isolados, ver Grosselli, R. M., *Da schiavi a coloni: un progetto per le fazendas, 1875-1914*, Trento: Provincia Autonoma di Trento, 1991. As publicações sobre o tema são, no entanto, muito extensas e não há espaço aqui para ilustrá-las na íntegra, mas deve-se abrir uma exceção para dois artigos que têm como tema as mulheres: Vangelista, C., "Genere, etnia e lavoro: l'immigrazione italiana a São Paulo dal 1880 al 1930", em *Annali dell'Istituto A. Cervi*, 1990, p.353-71; e Matos, M. I. Santos; Truzzi, O.; Conceição, C. Fernandes, "Mulheres imigrantes: presença e ocultamento (interiores de São Paulo, 1880-1930)", *Revista Brasileira de Estudos da População*, v.35, n.3, 2018.

Mesmo o mundo urbano de São Paulo tem sido objeto de estudo do ponto de vista imigratório nos últimos trinta anos, em especial no que se refere à capital paulista, e muitas são as referências à sua apresentação como cidade italiana, tanto que, para reivindicar a presença e o protagonismo dos brasileiros, especialmente entre as classes populares, e resgatar sua visibilidade, no final do século XX surgiu um bom estudo: Santos, C. J. Ferreira, *Nem tudo era italiano: São Paulo e pobreza (1890-1915)*, São Paulo: Annablume, 1998. Sobre a temática, vejam-se Trento, A., "L'immagine di São Paulo come città italiana", em Giorcelli, C.; Cattarulla, C.; Scacchi, A. (Orgs.), *Città reali e immaginarie nel continente americano*, Roma: Edizioni Associate, 1998, p.557-69; e Id., "L'inserimento degli italiani nel mondo paulista", em Ribeiro, C. M. Piazza Julio; Pozenato, J. C. (Orgs.), *Cultura, imigração & memória: percursos e horizontes*, Caxias do Sul: Educs, 2004, p.205-15.

Existem algumas contribuições interessantes sobre a cooperação italiana para o panorama visual da cidade em todo o território, como Rosso Del Brenna, G., "Architetti e costruttori italiani in Brasile tra Otto e Novecento", em Mozzoni, L.; Santini, S., *L'architettura dell'eclettismo: la diffusione e l'emigrazione di artisti italiani nel Nuovo Mondo*, Napoli: Liguori, 1999, p.139-57; e Cappelli, V., "Architetti e costruttori italiani nelle città brasiliane (e altrove) tra XIX e XX secolo", em Ramos, A. Freire; Matos, M. I. Santos; Patriota, R. (Orgs.), *Olhares sobre a história: culturas, sensibilidades, sociabilidades*, São Paulo: Hucitec, 2010, p.49-69. De um modo mais geral, para a contribuição feita por imigrantes de vários países, ver Lanna, A. L. Duarte et al. (Orgs.), *São Paulo, os estrangeiros e a construção da cidade*, São Paulo: Alameda, 2011.

3
Misteres e classes sociais nos centros urbanos[1]

3.1. Comércio, serviços e artesanato

O emprego urbano dos italianos começa praticamente com as primeiras correntes migratórias, estimulado pelas transformações econômicas pelas quais o Brasil passa no período de maior afluxo. Ao chegarem num momento de transição, isto é, quando a escravidão entra em crise e se recorre ao trabalho livre, os imigrantes conseguem inserir-se num contexto urbano ainda magmático, que oferece possibilidades de empregos em fase de gestação e de definição, e, portanto, ainda não aproveitadas pelos poucos trabalhadores locais. Em muitos setores do trabalho urbano, por longo tempo, prevalecerá uma situação quase de monopólio por parte dos estrangeiros.

Não há dúvida de que o aumento de mão de obra imigrada, favorecendo o rápido incremento das exportações de café, representou o fator determinante no aumento de empregos urbanos (comércio, serviços e, indiretamente, indústrias). Além disso, a fazenda, embora sendo autossuficiente no que diz respeito aos alimentos, era um mercado virgem tanto para o comércio varejista, sobretudo ambulante, quanto para o artesanato.

O imigrante, tendo passado ou não pela fazenda, podia resolver dedicar-se a outras atividades, as quais, diga-se de passagem, apresentavam, em perspectiva, maiores possibilidades de lucro. A consistente presença de italianos

---

[1] Tradução de Mariarosaria Fabris. De Juliana Haas, para os acréscimos da nova edição.

nos centros urbanos, porém, não era devida, conforme sustentavam alguns, ao fato de ter chegado ao Brasil um bom número de operários,[2] mas antes à dupla passagem – fazenda-cidade –, que, embora não quantificável, deve ter envolvido uma parcela significativa da imigração italiana. Quem não tivesse conseguido juntar umas economias podia trabalhar como assalariado e depois abrir uma loja por conta própria. Em geral, essa última solução prevaleceu na segunda fase da emigração, ou seja, a partir da segunda metade dos anos 1890. A presença do trabalho e da iniciativa italiana em todos os setores da atividade urbana é incontestável, e fora reconhecida (embora com segundas intenções: reativação do fluxo de emigração e abolição do Decreto Prinetti) pelo próprio presidente do estado de São Paulo, Campos Salles, num banquete oferecido-lhe pela colônia italiana:

> Não existe trabalho lícito, não há setor de considerável produção [...] em que o italiano não esteja ao lado do brasileiro, partilhando esforços e resultados, dores e alegrias, com a única e natural diferença de capacidade, recursos e sorte de um ou do outro [...]. Visto de outro ângulo, e nem por isso menos significativo, a quem pertencem as maiores empresas industriais de nosso país? Aos italianos. A quem pertencem tantas e tantas afamadas instituições comerciais e bancárias? Aos italianos. Quem contribuiu em maior número para o nosso já poderoso organismo proletário? Os italianos. E todos vivem, trabalham e prosperam em louvável fraternidade com nossos patrícios.[3]

Sem dúvida, havia oportunidades de trabalho urbano, mas não a ponto de permitirem um nível de vida sem passar necessidades, ou uma certa tranquilidade no orçamento familiar sem enormes esforços ou sacrifícios. Essa impressão falaz resultaria da leitura de autores particularmente entusiasmados com o Brasil, como Oreste Mosca, o qual, apesar do ridículo, afirmava: "Se na rua se encontra um mendigo, com certeza é um infeliz que acabou de chegar ou está perdido, sem destino, sem orientação, sem um objetivo determinado, ou então um aventureiro ou um preguiçoso que não quer submeter-se ao trabalho do dia a dia que por lá não falta".[4]

Na realidade, os fatos não correspondiam ao meloso quadro traçado por Mosca. Para nos darmos conta disso basta repassar as várias etapas de muitos imigrantes que se tornaram pequenos comerciantes. O mais comum

---

2 Cattaruzza (1892, p.334).
3 Camera Italiana di Commercio ed Arti di S. Paolo Del Brasile (1924, p.9).
4 Mosca (1897, p.17).

era dedicarem-se inicialmente ao comércio ambulante, mister que, de 1880 em diante, foi monopolizado pelos italianos, ao menos até o início de nosso século, quando tiveram de enfrentar a concorrência e a ascensão dos sírios. O mascate percorria o estado de São Paulo em todas as direções, alcançando as fazendas mais distantes.

> Carregado de mercadorias baratas e de quinquilharias da cidade (ou, se mais próspero, conduzindo uma ou duas mulas), o mascate percorria as fazendas, vendendo e fazendo trocas. Seu sonho de todos os momentos era adquirir capital para abrir um pequeno armazém de artigos generalizados numa estrada movimentada do interior, e finalmente estabelecer-se com loja ou fábrica numa cidade, idealmente São Paulo.[5]

Para alcançar seu objetivo, o ambulante estava disposto a privar-se de tudo, até do estritamente necessário, e a viver em condições desumanas. O cônsul Enrico Perrod, ao interrogar uma centena de italianos que solicitavam a expedição do passaporte, descobriu que quase todos haviam economizado de 800 a 1.000 liras num ano:

> Porém, à custa de quanta fadiga e quantos sacrifícios? Não podemos descrevê-los. Dizer quantas vezes tive que dormir no meio do mato, alimentando-me, por dias a fio, só de ervas e de um pouco de farinha, ou de chá ou de café; quantas vezes passei fome e sede, como mascate, é impossível contar, disse-me alguém.[6]

Ao estabelecer-se na cidade, o mascate abria uma lojinha, de preferência de gêneros alimentícios, de armarinhos ou de artigos diversos. Em geral, por um bom tempo, quase todo o comércio varejista esteve em mãos de italianos, tanto que o único apelido que lhes foi atribuído foi o de *carcamano*, numa clara alusão ao comerciante que faz pressão na balança para roubar no peso.[7] No comércio de mais amplas dimensões, sua presença foi menor, como lamentava Pietro Maldotti, no fim do século passado:

---

5 Morse (1970, p.240).
6 Perrod (1888, p.32-3). Nem sempre os cônsules exprimiam solidariedade ou piedade em relação aos mascates, que às vezes eram descritos com acentos fortemente censórios. Vide Ciapelli (1905, p.952).
7 Com o advento do fascismo, o italiano receberá também a alcunha de "camisa suja", mas "carcamano" continuará sendo a denominação predominante.

Nesse sentido, nós italianos estamos bem longe de ter aquelas mesmas condições que nos são invejadas na Argentina. No Brasil, no grande comércio, estamos atrás dos alemães, dos ingleses e dos portugueses; no médio, conseguimos algo no Sul, e, no ínfimo (engraxate e pior), nos sobressaímos em quase todos os lugares. Infelizmente, estamos desacreditados na praça por nossa desonestidade nos negócios, a qual, ao que parece, é sistemática.[8]

Na realidade, o pequeno índice percentual em atividades comerciais que não fossem minúsculas dependia sobretudo da carência de capitais, mas a situação foi melhorando com o correr dos anos. Se em São Paulo, em 1884, existiam apenas duas casas comerciais italianas de certa importância, em 1887 as lojas de venda no atacado eram oito. Contudo, o reino dos italianos continuou sendo o do comércio varejista: de 166 lojas, em 1882, passou-se a 8.700 em 1894 (num total de 14 mil), para baixar em seguida para 3 mil em 1930.[9]

Além do setor comercial, o mundo do trabalho urbano oferecia outras possibilidades de inserir-se, principalmente nas camadas mais baixas. Eram numerosíssimos os italianos entre os barbeiros, sapateiros, alfaiates, cocheiros, carregadores, cavadores, pedreiros, canteiros, marmoristas, marceneiros, ferreiros, caldeireiros. Os areeiros eram exclusivamente italianos, ou, antes, toscanos: drenavam de forma rudimentar o fundo do rio Tietê, em São Paulo, em busca do que pudessem conseguir, e chegaram até mesmo a se reunir numa cooperativa de produção.[10] Em 1894, os quatrocentos lixeiros de São Paulo eram quase todos italianos.[11]

Também no setor do subemprego e das atividades marginais, os peninsulares detinham uma espécie de monopólio. As cidades, e não somente São Paulo, pululavam de um exército de engraxates, aguadeiros, vendedores de peixe ou até mesmo de castanhas assadas, para não falar da que se tornara a profissão italiana por excelência, a de vendedor de jornais na rua, exercida principalmente por meninos. Esses misteres vexavam muito os observadores vindos da Itália:

> Misturados à multidão, veem-se numerosos moleques italianos, rotos e descalços, que vendem os jornais da cidade e do Rio de Janeiro, importunando

---

8 Maldotti (1899, p.43).
9 Para 1882, vide Perrod (1888, p.10); para 1894, Guadagnini (1894, p.4); para 1930, Vicari (1930, p.836).
10 *Avanti!*, 16-17 fev. 1901.
11 Asmae, série pol., "Brasile (1891-1915)", envelope 280, fasc.39.

os transeuntes com suas ofertas e seus gritos de malandrinhos da rua (nós italianos temos a sorte [...] de abastecer os países da América, sobretudo o Brasil, exclusivamente de engraxates, vendedores de jornais, músicos, ambulantes, e não há quem não enxergue o quanto essa particularidade nos honra altamente e aumenta nosso crédito nesses países).[12]

Grosso modo, é possível chegar a uma discriminação regional dos vários misteres urbanos: entre os ambulantes, engraxates, carregadores e cocheiros predominavam os meridionais, mais especificamente campânios, lucanos e calabreses; os cavadores eram piemonteses; os pequenos comerciantes de produtos alimentícios, toscanos; os pequenos comerciantes de verduras nas capitais e de todos os gêneros no interior, meridionais; os artesãos, toscanos e do Norte da Itália. Também no artesanato a participação italiana foi consistente, sobretudo na cidade de São Paulo, onde suas oficinas chegaram a mais de 2 mil em 1930. Muitas delas, de caráter exclusivamente familiar, puderam surgir e sobreviver precisamente graças ao contínuo fluxo de imigrantes, que não deixavam de lado os costumes e os hábitos alimentares de outro tipo do país de origem.

> É incalculável o número de pequenas marcenarias, nas quais às vezes trabalha um só homem. As fábricas de bebidas e de massas, vulgarmente conhecidas por *Macarrão*, se é certo que elas de muito servem às classes pobres, hoje que a vida é tão cara, não é menos certo que causam considerável diminuição na renda das grandes fábricas.[13]

Somente num setor da atividade urbana a emigração italiana não teve praticamente peso algum: o das profissões liberais. Ainda em 1930, havia só 83 escritórios de arquitetura e engenharia, 150 médicos e cirurgiões, algumas centenas de professores, músicos e artistas. Isso dependia não só da dificuldade objetiva em encontrar esse tipo de ocupação e, em geral, empregos

---

12 Lomonaco (1889, p.123). Ainda em 1924, houve quem escrevesse: "Essa gentalha colonial, formada de desterrados pelo código penal pátrio – jornaleiros, engraxates, aventureiros de baixa categoria (e alguns de alta categoria também!), amadores de todas as profissões, párias da luta pela vida, depravados etc. –, representa (especialmente no Rio de Janeiro e, em menor medida, em São Paulo) uma considerável percentagem, mas, sobretudo, é tão chamativa que, às vezes – demasiadas vezes! –, nas maldades estrangeiras se torna o símbolo da qualidade de nossa emigração". Às vezes, essas atividades no limiar da marginalidade extrema podiam deslizar na pequena criminalidade (ou na criminalidade de maior porte) e, no caso do elemento feminino, na prostituição.

13 Bandeira Jr. (1901, p.XI).

de escritório – que, principalmente nos primeiros anos, não foram muito numerosos –, mas sobretudo da própria atitude do imigrante italiano em relação à cultura e à vida. Totalmente tomado pela ideologia do trabalho e do sacrifício como único elemento de ascensão social, muito dificilmente continuava a mandar os filhos para a escola (quando o fazia) após o primário. Os descendentes de italianos começarão a se destacar nas profissões liberais bastante tarde.

Apesar de sua ausência em setores de alta renda, com o correr do tempo os italianos que viviam na cidade conseguiram juntar economias consideráveis e realizaram projetos de promoção social, sem acumular fortunas mas vivendo uma existência sem problemas de dinheiro.[14] Isso é demonstrado pela curva das propriedades imobiliárias: as 259 de 1885 na cidade de São Paulo (12% do total) subiram para 23.720 em 1910 (50%), e, em 1920, os imóveis em mãos de peninsulares representavam 57% do valor total. Em 1902, em 57 dos 171 municípios do estado de São Paulo, os italianos possuíam 12.061 imóveis, num valor total de 90 milhões de liras.[15]

3.2. Proletariado

Grosso modo, a industrialização brasileira pode ser datada por volta da última década do século XIX; antes, só ocorreram algumas iniciativas isoladas. As necessidades de consumo (poucas, na verdade, até a abolição da escravatura) eram atendidas através das importações, sobretudo da Grã-Bretanha. Somente em 1910, a produção manufatureira do estado de São Paulo conseguirá igualar, em valor, o volume das importações. O café influirá indiretamente na industrialização: de fato, nos períodos de preços desfavoráveis no mercado internacional e nos anos de maior superprodução, os lucros do setor não eram totalmente reinvestidos nele, mas destinados a outros ramos de atividade: financeira, comercial e também industrial. Isso é demonstrado pelo fato de que, ainda em 1930, não existia um só empresário de origem brasileira vindo das camadas médias, para não falar das camadas populares. Em muitos casos, porém, os fazendeiros que fundaram fábricas acabaram por vendê-las aos imigrados.[16]

---

14 Sobre esse assunto, vide Holloway (1986).
15 Para 1885, vide Perrod (1888) e Rios (1958); para 1902, *Il Brasile e gli Italiani* (1906); para 1910, "La colonia italiana di San Paolo del Brasile"(1924); para 1920, Bonacci (1920).
16 Dean (1971, p.54-5).

O crescimento da indústria manifestou-se como um processo resultante da política financeira e fiscal adotada pelo governo, particularmente através das taxas alfandegárias, que representavam a fonte de receitas mais importante, e da manutenção de taxas de câmbio baixas, medida destinada a impedir que a diminuição do preço internacional do café correspondesse à contração da receita dos fazendeiros em moeda local. É óbvio que ao aumentar o valor da moeda estrangeira subia também o custo dos manufaturados importados, e isso favorecia a comercialização da produção local, que, qualidade à parte, nunca havia sido competitiva. Além disso, por um bom tempo, tratou-se de uma indústria extremamente atrasada, com uma pequeníssima aplicação de capital fixo, baseada numa mão de obra geralmente não qualificada e num regime de salários baixíssimos, o que, portanto, podia limitar a compra de maquinarias no exterior. De fato, os principais setores eram o do vestuário, dos calçados, dos gêneros alimentícios, dos materiais de construção e dos produtos têxteis. Entre estes, o único que poderia merecer a denominação de atividade fabril era o têxtil, sobretudo a partir da primeira década do século XX.

Outro indício do atraso industrial brasileiro era representado pela persistência de empresas pequenas, embora não minúsculas, que continuaram a ter um número elevado de empregados. Ainda em 1919, em todo o território nacional, as grandes empresas empregavam 21,9% da força de trabalho, e, em São Paulo, 31,5%.[17] Contudo, isso não impedia um crescimento sensível da população operária, que aumentou em ritmos bem mais elevados que os da mão de obra empregada na agricultura. Só para dar um exemplo, no estado de São Paulo, entre 1907 e 1920, a primeira teve um incremento de 347%, e a segunda (a força de trabalho agrícola), de 287%, porém entre 1907 e 1934.

É difícil dar uma ideia quantitativamente exata da importância do proletariado industrial até a Primeira Guerra Mundial. De fato, os recenseamentos estão repletos de lacunas. Bastará lembrar que, na cidade de São Paulo, os operários eram 3.667 na indústria manufatureira e 10.241 no artesanato, durante 1893; em 1907, os dois setores juntos alcançavam a cifra de 24.186; em 1920, de 83.998 (e, em todo o estado, de 100.388). No Rio de Janeiro, em 1890, os empregados na indústria manufatureira eram 48.661 e, no artesanato, 5.859; em 1906, as duas categorias juntas contavam com 116.092 trabalhadores.[18]

---

17 Pinheiro (1978, p.142).
18 Para as cifras, veja Fausto (1977a, p.30-2); Maram (1979, p.15-8).

As dificuldades para tentar estabelecer quantos desses proletários eram estrangeiros e qual o peso de cada nacionalidade são ainda maiores. O que se pode afirmar com certeza, e nisso toda a historiografia está de acordo, é que, pelo menos até 1920, imigrantes e seus descendentes representavam a maior parte da classe operária em São Paulo e Santos, e uma grande porcentagem dela no Rio de Janeiro. Os italianos predominavam particularmente na primeira e os portugueses nas outras duas. Algumas categorias, como por exemplo a dos tipógrafos, por muito tempo apresentaram características de mononacionalidade. É também difícil compreender por que o imigrante substituiu o trabalhador local em quase todas as atividades, deixando-lhe somente as mais subalternas.[19] Acontece que "os empregadores viam os europeus do Sul como gente trabalhadora, ambiciosa, muito mais adaptável à vida urbana que o próprio brasileiro".[20]

É muito provável, porém, que mais do que o comportamento racista dos empregadores, outras causas tenham entrado em jogo, em primeiro lugar o fato de o imigrante parecer mais dócil, por razões que analisaremos em seguida. Também não pode ser esquecido que, como no caso da agricultura, o ex-escravo tendia a considerar o trabalho como uma maldição e a prover a sua sobrevivência com um trabalho descontínuo. Enfim, o fato de boa parte dos empresários ser de origem estrangeira também deve ter tido seu peso na preferência pelos imigrantes.

Uma estimativa da proporção do proletariado estrangeiro nos diversos anos em São Paulo e no Rio de Janeiro é possível através de recenseamentos e informações diversas (Tabela 1), deixando bem claro, porém, que se trata de cálculos que, no caso das pesquisas particulares, são bem aproximativos e, no caso dos recenseamentos, de pouca confiabilidade. Sobretudo no que diz respeito ao Rio de Janeiro, o de 1906 subestima o total de empregos em setores em que os estrangeiros representavam a grande maioria. Além disso, o recenseamento de 1890 era invalidado, quanto ao cômputo das várias nacionalidades, pela ausência de indicação sobre o critério adotado para estabelecer se o trabalhador era brasileiro ou não. Outras pesquisas realizadas no período, mesmo sem fornecer a percentagem, falam de "grande maioria" de estrangeiros entre o proletariado local.[21]

---

19 Fernandes (1965, p.1).
20 Maram (1979, p.14).
21 Vide "Condições de trabalho na indústria de chapéus em São Paulo" (1911-1912, p.232).

Tabela 1 – Percentagem de estrangeiros no proletariado urbano em São Paulo e no Rio de Janeiro – 1890-1920

SÃO PAULO

Setores	1893 (recenseamento)	1901 (estimativas)	1912 (estimativas)	1920 (recenseamento)
Indústria manufatureira	79			
Artesanato e construção civil	85,5			58
Transportes e similares	81			
Indústria e artesanato		90		51
Indústria têxtil (31 fábricas)			82	

RIO DE JANEIRO

Setores	1890 (recenseamento)	1906 (estimativas)	1912 (estimativas)	1920 (recenseamento)
Indústria manufatureira	39			
Artesanato e construção civil	40			38,8
Transportes	54			
Indústria e artesanato		44		35,2

Fontes: *Recenseamento Geral da República...* (1895); *Relatório apresentado ao cidadão dr. Cesário Motta Jr...* (1894); Bandeira Jr. (1901); *Recenseamento do Rio de Janeiro...* (1907); "Condições de trabalho na indústria têxtil no estado de São Paulo" (1911-1912); *Recenseamento no Brasil...* (1930).

Um exame ulterior dos dados estatísticos permite definir com maior precisão a importância dos imigrantes na composição da classe operária. Os trabalhadores brasileiros, em sua maioria, eram filhos de estrangeiros: segundo o recenseamento de 1920, em São Paulo, 49% dos empregados das indústrias nascidos no Brasil tinham menos de 21 anos, enquanto a mesma faixa baixava para 12% entre os estrangeiros. Usando outro parâmetro, 85% dos trabalhadores menores de 21 anos eram brasileiros,[22] portanto, presumivelmente, uma parcela considerável dessa mão de obra tinha pais imigrados. Examinando o índice de natalidade e outros dados demográficos, no fim dos anos 1930, Lowrie afirmava que pelo menos um dos pais de boa parte dos trabalhadores brasileiros era estrangeiro.[23]

Se as informações sobre o total dos imigrantes empregados nas fábricas não são abundantes, as especificamente relativas aos italianos o são ainda menos. Aliás, para dizer a verdade, praticamente nem existem. As únicas notícias, muitas vezes vagas, dizem respeito à cidade de São Paulo. Em sua pesquisa de 1901, Antônio Francisco Bandeira já afirmava: "O corpo de operários no estado de São Paulo eleva-se a número superior a cinquenta mil entre homens, mulheres e crianças, quase em sua totalidade italianos".[24]

Doze anos depois, Antonio Piccarolo estimava que quatro quintos dos pedreiros haviam saído das fileiras da emigração italiana[25] e um atento observador como Robert Foerster notava o grande número de italianos em todo o setor da construção.[26] As únicas cifras suficientemente exatas são os totais de 1900, quando uma estatística sobre a indústria de todo o estado de São Paulo calculava que os operários italianos alcançavam a percentagem de 81%,[27] e as relativas à pesquisa parcial de 1912 sobre a indústria têxtil da cidade de São Paulo que, num total de 10.204 empregados, fixava em 6.044 o número de italianos, igual a 59%.[28]

Apesar dessas poucas informações, não há dúvida de que a emigração italiana representou a grande massa do proletariado paulista, pelo menos por 35 anos. Desconsiderados pelas pesquisas consulares (tão solícitas, porém,

---

22 Hall (1975, p.394-5).
23 Lowrie (1938, p.32).
24 Bandeira Jr. (1901, p.XIII).
25 *O Estado de S. Paulo*, 29 jan. 1913 apud Maram (1979, p.16).
26 Foerster (1919, p.303).
27 Vide Hall (1975, p.394).
28 "Condições de trabalho na indústria têxtil no estado de São Paulo" (1911-1912). Apesar do título, na realidade, a pesquisa dizia respeito a 31 fábricas da capital, uma de Santos e uma de São Bernardo, e nem todas forneceram os dados numéricos relativos aos empregados.

na denúncia das condições dos colonos nas fazendas), esmagados pelo mito do emigrante que "faz fortuna", marginalizados até mesmo em relação à importância que os libelistas atribuíam aos *carcamanos*, os operários italianos foram praticamente esquecidos pelas autoridades e pelos estudiosos.²⁹ E pensar que as condições de vida e de trabalho, de sacrifício e de fadiga que o proletariado tinha de enfrentar não podiam passar despercebidas. Teria bastado ir aos bairros populares do Brás, Barra Funda e Bela Vista, cujos moradores eram quase todos italianos – predominantemente operários –, para que qualquer observador se encontrasse diante de um quadro de desolação de não causar nenhuma inveja ao das fazendas, exceto que lá a violência não assumia as feições brutais do capanga, mas as determinadas pelo círculo vicioso miséria/salários baixos/miséria. Tampouco se pode afirmar que esse quadro não saltasse imediatamente aos olhos, mesmo de quem não tivesse interesse em observá-lo. Já em sua pesquisa de 1901, Bandeira notava que nos bairros do Brás e do Bom Retiro, onde se localizava a maior parte das fábricas, "as casas são infectas, as ruas, na quase totalidade, não são calçadas, há falta de água para os mais necessários misteres, escassez de luz e de esgotos".³⁰

Nos bairros populares, as ruas estavam sempre cobertas de lama, fediam, eram impraticáveis; as latrinas a céu aberto (que, quando repletas, eram enchidas com um pouco de terra) emanavam cheiros "pestilentos"; a água que se bebia era contaminada e de cor amarelada.³¹ Para os operários era impossível viver em casas que não fossem cortiços, os quais, segundo dados do *Fanfulla* – o mais difundido jornal em língua italiana –, em 1904, acolhiam um terço dos habitantes de São Paulo. Os cômodos, úmidos, enlameados, sujos, com paredes e tetos pretos de fumaça, abrigavam famílias inteiras: a densidade média era de seis a dez pessoas. Faltava ar, luz, espaço, esgotos e higiene. O quintal em comum, às vezes, transformava-se num charco, mais frequentemente num depósito de lixo, onde as crianças passavam o dia brincando e as mulheres lavando roupa, junto de uma única latrina quase

---

29 Um dos raros esboços de polêmica está num artigo de um semanário da colônia, que, a propósito da ventilada publicação de um livro sobre o trabalho italiano no Brasil, afirmava: "Seja a Camera di Commercio a tomar a iniciativa, seja o Istituto Coloniale, ou antes, que se entendam ambos e se faça esse livro sobre o trabalho dos italianos, um livro que leve em consideração os verdadeiros fatores do trabalho italiano e não somente as pessoas que conseguiram conquistar uma boa posição" ("Il lavoro degli italiani", *Il Pasquino Coloniale*, 12 jun. 1910).
30 Bandeira Jr. (1901, p.XIV).
31 Vide "Da San Paolo a San Paolo e viceversa. Al Braz", *Fanfulla*, 14 mar. 1899, e "Barra Funda", *Fanfulla*, 16 mar. 1899.

sempre em estado lastimável.[32] Portanto, uma situação que, por si só, denunciava o horror de uma miséria difícil de se extirpar, dadas as condições salariais predominantes na indústria. Situação que, em vez de provocar reações de raiva entre os mais ilustres porta-vozes da colônia italiana, levava antes a sensações de nojo e de ofensa, como se tudo dependesse da vontade específica dos habitantes, ou, então, de seu desinteresse pelas mais elementares noções de higiene.

3.3. "Os tios da América"

A própria imprensa e os jornais em língua italiana, que tanto se indignavam com a sujeira dos bairros populares, estavam dispostos, em qualquer ocasião, a exaltar o gênio, a determinação e o senso de oportunidade – todas virtudes "italianíssimas" – que permeavam a obra dos figurões da colônia. A presença de muitos italianos que haviam conquistado posições de prestígio no mundo industrial, comercial e financeiro certamente não pode ser colocada em dúvida, mas a exaltação contínua da riqueza servia para esconder ou levar a ver como inelutáveis as condições de profunda miséria em que vivia a maior parte dos imigrantes que se dedicavam a misteres urbanos. Contudo, independente dessas considerações, a colônia italiana acolhia em seu seio vários exemplos de *nouveaux riches*. Se Lunardelli ganhou a alcunha de "rei do café" e Morganti, de "rei do açúcar",[33] bem mais numerosos foram os que, mesmo sem ostentar coroas ou tendo-as de metais menos preciosos, ali estavam para demonstrar como o espírito de iniciativa era largamente recompensado. Para os recém-chegados, porém, a situação já não se revelava tão favorável como havia sido nos primeiros tempos; prova disso é o fato de as maiores fortunas italianas surgirem entre o fim do século XIX e o início do XX.

Para termos uma ideia menos genérica desse sucesso será necessário entrar em detalhes e ocuparmo-nos, em primeiro lugar, da indústria, a qual representou o campo em que os italianos mais se destacaram, fundando, via de regra, empresas familiares ou sociedades com outros conterrâneos. Na verdade, por um bom tempo os estrangeiros predominaram nas iniciativas empresariais. Esse predomínio foi explicado, entre outras coisas, pela

---

32 Vide *Relatório apresentado à Câmara Municipal...* (1894, p.43-8); "Il 'cortiço'", *Fanfulla*, 11 out. 1904.

33 Sobre este último, vide Ornellas (1967).

facilidade de acesso às fontes de capital no exterior e pela anterior atividade de importação.[34]

Se, em geral, isso podia ser verdade, não correspondia ao caso italiano, que, como demonstramos anteriormente, caracterizou-se pela falta total de capitais vindos da mãe-pátria. No que diz respeito a essa imigração, a observação sobre a origem comercial parece bem mais apropriada. Todos os principais empresários italianos no Brasil vinham dessa experiência e, em geral, procuraram não abandonar o setor da atividade de origem, mesmo após terem criado verdadeiros impérios industriais. Para Francesco Matarazzo, por exemplo, o comércio de importação foi predominante, pelo menos até 1900, e não foi deixado de lado nem durante a década de 1920.

Egidio Pinotti Gamba e os irmãos Puglisi Carbone importavam farinha e outros gêneros alimentícios e ao mesmo comércio se dedicavam Nicola Scarpa, Alessandro Siciliano e Rodolfo Crespi. Isso deve ter influído consideravelmente nas decisões posteriores de empreendimento não só pelas maiores facilidades na aquisição de maquinarias no exterior, mas, sobretudo, ao criar a consciência das possibilidades de mercado (e, portanto, de êxito) que a produção local oferecia, graças também ao constante aumento das taxas alfandegárias. Por outro lado, o mercado consumidor ampliava-se e ia se definindo a favor dessa classe empresarial estrangeira, porque, em grande parte, era formado de imigrantes.

> [Os industriais imigrados] compreendiam as suas preferências em matéria de alimentação, vestuário e habitação e instalaram máquinas para produzir os biscoitos, a *pasta*, a cerveja, os óleos de cozinha, os chapéus de feltro, os móveis e outros bens, que acabaram sendo aceitos também pelas classes inferiores nativas. As remessas de dinheiro de imigrantes foram uma fonte inicial de fundos de investimento para Briccola, Martinelli, Matarazzo e Puglisi Carbone, entre outros, que geriam agências de bancos italianos. Nos primeiros anos, era comum os homens de negócios buscarem compatriotas e até pessoas da mesma cidade na Europa para preencher as vagas dos seus escritórios e oficinas.[35]

---

34 Dean (1971, p.62). Sobre os empresários italianos em geral no Brasil, vide Petrone (1987); e Cenni (1975, p.197-216).

35 Dean (1977b, p.271). A difusão dos hábitos trazidos da Itália, porém, não se deu com extrema facilidade, sobretudo nas áreas urbanas em que a imigração italiana não foi tão maciça como em outros lugares. A primeira fábrica de espaguete, fundada em 1885, foi instalada por Giuseppe Todeschini em sua própria casa, em Curitiba. Chamava-se Fabbrica di Paste d'Ogni Qualità e dela surgirá depois a grande indústria Todeschini S. A. Contudo, no início, Todeschini teve de lutar bastante para impor o produto no mercado local, vendendo-o diretamente ao público e

Uma estimativa quantitativa sobre as indústrias no Brasil pertencentes a italianos pode ser tentada só para os anos de 1907 e 1920.[36] Deixando de parte a confiabilidade das cifras, os dois recenseamentos fornecem dados relativos à nacionalidade dos proprietários somente para empresas individuais, que são as menores, e não para as anônimas, em comandita etc. Ficavam de fora, portanto, todas as indústrias maiores pertencentes a italianos (Matarazzo, Crespi, Pinotti Gamba e assim por diante). Não por acaso, do recenseamento de 1920 resultou que as empresas de italianos em todo o território brasileiro empregavam 12.146 trabalhadores, "número inferior ao de todos os operários da empresa Matarazzo, que, porém, é uma sociedade e foge à estatística".[37] Até aquela data, as pequenas indústrias eram 9.190 e as societárias 4.146; no entanto, estas empregavam 211.537 pessoas contra as 63.975 daquelas. Assim mesmo, os dados sobre as empresas individuais servem para dar uma ideia da difusão do fenômeno; de fato, além das grandes fortunas havia numerosos italianos que, tendo fundado pequenas e médias oficinas, levavam uma vida razoavelmente cômoda. É nessa perspectiva que devemos interpretar os dados da Tabela 2, deixando claro que os de 1907 foram elaborados por mim com base em sobrenomes e, portanto, podem afastar-se da realidade, mesmo que por pouco.

A grande diferença no número médio de operários entre 1907 e 1920, a favor da primeira data, não deve surpreender muito, pois é o próprio recenseamento de 1907 que apresenta o maior índice de erros. Por outro lado, é provável que as empresas maiores tivessem se transformado em sociedades até a data de 1920. Muito mais importante é o fato de, enquanto em ambas as ocasiões a percentagem de empresas italianas chegava perto de 25% do total, o número de empregados e o valor da produção, em proporção, serem muito mais significativos em 1920 (19,0 contra 7,1 e 19,5 contra 6,0, respectivamente). Para esse último ano temos também as percentagens das indústrias italianas em relação ao total das estrangeiras: 51,9% do número de fábricas, 40,2% do número de operários e 40,2% do valor da produção. Portanto, as fábricas dos peninsulares caracterizavam-se por ser, em média, menores.

---

ensinando, ao mesmo tempo, como cozinhá-lo e como enrolá-lo com o garfo. Vide Museu de Arte de São Paulo; Fondazione Agnelli (1980, p.94).

36 O recenseamento de 1907, por exemplo, foi feito pelo Centro Industrial do Brasil, pelo correio, e, segundo W. Dean, deveria ser corrigido, triplicando o número de empresas e dobrando o de operários e do valor da produção. Vide Dean (1977b, p.258-9).

37 Zuculin (1926d, p.1130). Contudo, o autor estima que, em relação às outras nacionalidades (exceto a brasileira), os italianos possuíam o maior número de empresas, tanto individuais como por ações.

Tabela 2 – Indústrias, de um único proprietário, pertencentes a italianos – 1907 e 1920

Estados	1907			1920		
	Nº de empresas	Operários empregados	Valor da produção	Nº de empresas	Operários empregados	Valor da produção
Amazonas	5	71	490:000	5	15	68:380
Bahia	8	134	361:000	44	179	1.062:473
Distrito Federal	37	897	6.238:000	69	724	6.613:782
Espírito Santo	1	16	23:000	18	82	1.089:662
Mato Grosso	1	50	350:000	3	10	132:480
Minas Gerais	111	683	2.521:000	149	797	6.773:989
Pará	5	74	345:000	10	156	639:106
Paraíba	2	150	140:000	4	29	384:818
Paraná	31	247	833:000	61	255	1.969:810
Pernambuco	3	72	226:000	3	43	566:212
Rio de Janeiro	6	133	659:000	20	112	672:327
Rio Grande do Sul	50	2.453	9.906:500	227	1.054	11.160:655
Santa Catarina	13	156	407:000	56	184	1.794:197
São Paulo	120	5.364	20.627:000	1.446	8.487	72.077:851
Outros estados	5	58	136:000	4	19	154:012
Brasil	398	10.558	43.262:500	2.119	12.146	105.159:754

Fontes: Centro Industrial do Brasil (1909), elaboração do autor; Recenseamento do Brasil... (1930).

O fenômeno é indiretamente comprovado pelos setores mercadológicos predominantes, todos de baixa composição orgânica de capital: em 1907, das 394 indústrias, 188 (47,7%) produziam gêneros alimentícios e bebidas; 32 (8,1%), tecidos, artigos de vestuário, couro e calçados; e 17 (4,3%), chapéus.

Outro elemento a ser sublinhado é a concentração geográfica das indústrias italianas: os estados de Minas Gerais, Rio Grande do Sul e São Paulo acolhiam 71% delas em 1907, e 86% em 1920. É sobretudo na última região que se localizam mais de dois terços das fábricas, e portanto ela tem de ser estudada mais de perto, também porque a respeito dela temos informações mais exatas. O crescimento é intensivo sobretudo entre 1900 e 1920: as fábricas passam de 208 em 1900 para 975 em 1916, 1.446 em 1920, 2.181 em 1935.[38] Entretanto, o dado mais interessante é representado pela incidência que elas têm no conjunto do parque industrial, que nunca baixa para menos de 25% (Tabela 3).

Tabela 3 – Indústrias italianas no estado de São Paulo – 1901-1935

	1901	1912*	1920	1927*	1935
Valores absolutos	36	12	1.446	75	2.181
% do total	25,2	40,0	48,7	35,9	25,4

* Só indústria têxtil
Fontes: Bandeira Jr. (1901); "Condições de trabalho na indústria têxtil no estado de São Paulo" (1911-1912); *Recenseamento do Brasil* (1930); BDET, v.58, 1927; Gilberti (1937).

A presença italiana no mundo empresarial paulista deixará marcas até os anos 1960: ainda em 1962, 34,8% dos industriais de São Paulo eram italianos ou tinham pais ou avós italianos; em seguida, vinham os alemães (12,8%) e os portugueses (11,7%), enquanto os brasileiros de terceira geração eram apenas 15,7%.[39] Os italianos tinham praticamente o monopólio das fábricas de chapéus e uma grande participação na indústria têxtil e alimentícia. Uma pesquisa, provavelmente parcial, realizada pela Câmara de Comércio Italiana de São Paulo, no fim dos anos 1920, fornecia a cifra de 1.037 empresas, das quais 151 têxteis (18 mil operários), 410 de vestuário, 36 de artigos de couro, 117 de gêneros alimentícios, 36 de massas alimentícias, 52 de licores, chocolate e similares, 206 de material de construção, 148 metalúrgicas e outras de importância menor.[40] Entretanto, não é tão fácil, aliás é praticamente

---

38 Pisani (1937).
39 Pereira (1964).
40 Vicari (1930, p.836).

impossível, estabelecer quantas eram as grandes empresas, mas, decerto, a participação italiana devia ser muito menor que nas pequenas: em 1914, somente 68 das 428 *corporations* do Rio de Janeiro e de São Paulo eram de italianos.[41] Contudo, as poucas indústrias de dimensões consideráveis eram verdadeiros conglomerados, com produção e balanços respeitáveis. Sem dúvida, a maior "estrela" dessa constelação foi Francesco Matarazzo, reconhecidamente o chefe da colônia italiana de São Paulo e de todo o Brasil. Vindo de Castellabate, na província de Salerno, em 1881 desembarca em Santos, com mulher e dois filhos, e estabelece-se em Sorocaba, onde começa a produzir banha de porco em pequena escala e a dedicar-se ao comércio. Em 1890, com os lucros obtidos, junto com dois irmãos abre uma firma de importação e, em São Paulo, funda a Matarazzo e Irmãos, primeiro núcleo das futuras indústrias. Passa da importação da farinha de trigo da Argentina e dos Estados Unidos para a sua produção.

Entre 1900 e 1930, prevalecem os interesses industriais: em 1911 termina a fase de associação com os irmãos e Matarazzo reorganiza as atividades ao redor de si mesmo e dos filhos, criando as Indústrias Reunidas Fábricas Matarazzo (IRFM), que tinham também um setor financeiro, encarregado das remessas dos imigrantes para a Itália. Nesse período, verifica-se a concentração vertical do grupo, que se expande em ritmos vertiginosos e conta com uma frota própria para os tráficos com o exterior. Além das IRFM, são criadas a Sociedade Anônima Matarazzo no Paraná, a Sociedade Paulista de Navegação Matarazzo, a Sociedade Agrícola Fazenda Amália Matarazzo e Cia., a Società Italiana Matarazzo di Napoli e as Lojas Gerais Matarazzo. Em 1918, o lucro líquido do grupo é de 30 mil contos de réis e, em 1922, os operários empregados chegam a 10 mil.

Nem a crise de 1930 parece ter efeitos perceptíveis: será naqueles anos que Matarazzo abrirá duas filiais na Argentina e adquirirá duas indústrias em São Paulo, uma das quais – a S. A. Tecelagem de Seda Ítalo-Brasileira – de seus rivais em termos de riqueza e prestígio na colônia italiana, Crespi e Puglisi. Em 1936, as IRFM haviam se tornado um pequeno império de 285 fábricas metalúrgicas, têxteis e de gêneros alimentícios, com 20.730 operários.[42]

---

41 Martins (1966, p.105).
42 Sobre a figura e a ascensão econômica de Francesco Matarazzo, vide Blancato (1925, 1926); *O Conde Matarazzo aos oitenta annos* (1934); *In memoriam* ([s.d.]); *Gli italiani nel Brasile. Contributo...* (1922-1926); Brambilla (1928); Tegani (1930); Piccarolo; Finocchi (1918); Ruotolo; Basile (1924); Dean (1971, p.69-74); Martins (1973a, 1981).

Outra figura de grande peso na indústria italiana foi Rodolfo Crespi, que disputou com Matarazzo a liderança no seio da colônia, saindo derrotado, apesar de seu frenético ativismo a favor da escola italiana e da seção de São Paulo do Istituto Coloniale. Em 1893, Crespi havia partido de Busto Arsizio (na Lombardia) para o Brasil, como representante de uma firma milanesa de Enrico Dell'Acqua. Tendo casado com a filha de outro italiano, Rigoli, dono de uma loja de tecidos, fundou com o sogro uma sociedade, cujo balanço era alimentado pelos lucros de um restaurante aberto na praça da Sé. Em 1897, sempre junto com o sogro, fundou um cotonifício.

Até 1906, a empresa teve um desenvolvimento modesto, se é verdade que, em média, empregava trezentos operários e que as vendas totais de todo o período foram de 12.500 contos. Entretanto, em 1906, quando Rigoli voltou para a Itália, Crespi resgatou sua parte e, logo em seguida, adquiriu uma fábrica de cimento, uma de chapéus e outra tecelagem, todas de Puglisi Carbone.[43] Entre 1906 e 1909, a empresa inicial ampliou-se consideravelmente e nessa última data contava com 1.300 empregados. Em 1913, era criado também um lanifício. O crescimento das indústrias Crespi, como as de Matarazzo, foi rápido, mas a crise de 1929 causou algumas preocupações ao empresário de Busto Arsizio, embora a recuperação tenha sido completa. No fim dos anos 1930, a mão de obra nas duas tecelagens e na chapelaria chegava a 3.600 pessoas.[44]

A terceira personagem em ordem de importância econômica foi Alessandro Siciliano, que havia chegado ao estado de São Paulo, e mais exatamente em Piracicaba, em 1869, aos nove anos de idade, para unir-se ao tio e ao irmão, que ali se haviam estabelecido.[45] Originário de San Nicola Arcella, na Calábria, fez seus estudos até o colegial clássico em Piracicaba, dedicando-se, ao mesmo tempo, ao comércio. Em 1887 vendeu a loja e transferiu-se para São Paulo, onde, dois anos depois, fundou a Companhia Mecânica e Importadora e o Banco Ítalo-Brasileiro. Em 1896, a fábrica empregava 320 operários e tinha-se tornado (e permaneceria) a mais importante oficina mecânica do estado de São Paulo, depois daquelas das redes ferroviárias. Nos anos seguintes, Siciliano fundou uma fábrica de tijolos e cerâmica, uma de

---

43 Dean lança a hipótese de que uma parte do capital necessário tenha sido fornecida pelo próprio Dell'Acqua ou pela Banca Commerciale di Milano, graças a sua intervenção. Vide Dean (1971, p.69).

44 Sobre Crespi, além de Dean (1971, p.68-9) e dos livros citados na nota 42, que não tratam especificamente de Matarazzo, veja também Cusano (1911, 1921); Marpicati (1939).

45 E isso demonstra a falácia das estatísticas brasileiras que, mesmo realizadas desde os anos 1830, registram os cinco primeiros imigrantes em São Paulo só em 1874.

maçanetas e materiais sanitários e, no Rio de Janeiro, uma de óleos. Também era dele a Companhia Frigorífica e Pastoril de Barretos (que foi a primeira a mandar carne congelada para a Itália) e a de Santos, que venceu a concorrência para a distribuição de carne na cidade de São Paulo. Mais do que as suas riquezas no campo industrial, que no entanto foram imensas, Siciliano ligou seu nome ao projeto de valorização do café.[46]

Aqui bastará mencionar outros empresários que acumularam fortunas consideráveis, como Egidio Pinotti Gamba, que chegara ao Brasil em 1892, aos dez anos de idade (indústrias alimentícias e têxteis, as quais, em 1920, empregavam 2 mil operários); Giuseppe e Nicola Puglisi Carbone, que desembarcaram em 1886 (indústrias alimentícias e de construção); Nicola Scarpa, que vinha da província de Salerno; Arturo Odescalchi, que, em Campinas, procurou emancipar o Brasil da importação de seda da Itália, fundando antes a Brasital e depois a Indústria de Seda Nacional, com o objetivo de expandir a criação do bicho-da-seda e de comprar toda a produção.[47] E ainda Sabbado D'Angelo, dono da fábrica de cigarros Sudan e de outras empresas;[48] os Irmãos Ramenzoni, importantes chapeleiros;[49] Prada, no mesmo setor; Guglielmo Poletti, que criou a Tecelagem de Seda Ítalo-Brasileira.[50] A lista poderia estender-se, lembrando também nomes menos conhecidos, isto é, dos que, mesmo não tendo juntado grandes fortunas, puderam viver na abastança: os Bosisio, os Comodo, os Falchi, os Marcellino, os Zanetta, os Torre, os Diciatteo, os Melillo, os Medici, os Cervone, em São Paulo; Marinangeli, em Santos; De Marco, em Campinas; Ippolito e Messina, em Ribeirão Preto; para não falar de Agù, que, em São Paulo, fundou um bairro com o nome de sua aldeia natal, Osasco.[51]

Bastarão dois exemplos para ilustrar a ascensão econômica em setores que não o manufatureiro: Antonio Jannuzzi e Giuseppe Martinelli. Jannuzzi havia chegado ao Rio de Janeiro em 1874, vindo de Fuscaldo, na Calábria. Seu setor de atividade foi o da construção civil: aos poucos seus negócios expandiram-se e, em 1905, podia contar com um patrimônio de 60 milhões

---

46 Sobre Siciliano, além das obras citadas nas notas anteriores, vide *In memoriam* (1924); Sociedade Paulista de Agricultura (1903); *La valorizzazione del caffè...* (1922); Carone (1980).
47 Sobre Odescalchi, vide Zuculin (1926b, p.171-8).
48 Azzolini (1927, p.1255-60).
49 Passera (1926); R. (1924).
50 Zuculin (1925b).
51 Sobre Agù, vide Gilberti (1937). Sobre os outros e, em geral, sobre os italianos que "venceram", vide particularmente Buccelli (1912); *Gli italiani nel Brasile. Contributo...* (1922-1926); *Cinquant'anni di lavoro...* (1936-1937).

de liras.⁵² Martinelli partiu de sua cidade natal, Lucca, vinte anos depois. Estabeleceu-se antes em São Paulo, dedicando-se ao comércio; depois transferiu-se para o Rio de Janeiro, onde, em 1917, fundou a companhia de navegação Lloyd Brasileiro, que, em 1920, possuía 22 navios.⁵³

Uma parte não desprezível das fortunas italianas no Brasil nasceu e consolidou-se no mundo financeiro, o único em que houve contribuição de capital vindo da Itália. De fato, a ausência de um banco peninsular até o fim dos anos 1880 causava preocupação até às autoridades diplomáticas.⁵⁴ Após o criado por Siciliano, o segundo a ser fundado, por volta de 1890, foi exatamente o de Jannuzzi, em sociedade com Nicola Petagna (Banco Ítalo-Brasileiro), que porém, mais tarde, se fundiu com o Banco Metropolitano do Rio de Janeiro;⁵⁵ por volta do fim do século, Moriconi lamentava a quase inexistência de bancos italianos: havia apenas numerosas casas de câmbio, no mais das vezes desonestas, e muitas delas agiotas.⁵⁶

Na realidade, em São Paulo, dos 42 institutos de crédito surgidos entre 1891 e 1905, 22 eram italianos (mas todos criados após 1899). Porém, tratava-se por assim dizer de institutos de crédito, pois, em sua quase totalidade, viviam exclusivamente das remessas dos imigrantes.⁵⁷ O que não é de surpreender, uma vez que esse serviço possibilitava um enriquecimento rápido e sem riscos; a sorte de Giovanni Briccola, por exemplo, foi a de tornar-se agente do Banco di Napoli, um dos mais importantes da península, conseguindo acumular um patrimônio avaliado em cerca de 25 milhões de liras, por volta de 1911. Tampouco as operações bancárias que tinham como base as remessas eram deixadas de lado pelos que investiam principalmente em setores diversos: Matarazzo, Martinelli e Puglisi Carbone, todos eles passaram por essa experiência. Aliás, será Puglisi Carbone quem criará o mais importante dos institutos de crédito no Brasil: o Banco Comercial Italiano. Fundado em São Paulo, em 1900, no início tinha 116 acionistas, quase todos italianos, dos quais os principais eram empresários ligados à indústria alimentícia: de fato, além de Giuseppe Puglisi Carbone, apareciam os nomes de Falchi, Matarazzo e Pinotti Gamba. Isso o fazia assumir uma fisionomia altamente concorrencial em relação à Casa Bancária e Industrial, fundada, no ano anterior, por Crespi e Rigoli.

---

52 "L'opera degli italiani all'estero: Antonio Jannuzzi..." (1928).
53 *Gli Italiani nel Brasile. Contributo...* (1922-1926).
54 Corte (1887). Corte tornar-se-ia cônsul no Sul do Brasil.
55 Rozwadowsky (1893); Rangoni (1902).
56 Moriconi (1897).
57 Martins (1981).

O capital, inicialmente bastante pequeno, passou de 2 mil para 5 mil contos de réis, quando, após cinco anos, Puglisi Carbone conseguiu a participação do banco milanês homônimo. Naquela data, Matarazzo e Pinotti Gamba, tendo-se afastado anteriormente da iniciativa, criaram o Banco Italiano do Brasil, provocando as reações dos ex-sócios, como transparece neste relatório de 1905:

> Um banco italiano, no estado de São Paulo, encontra-se em seu verdadeiro campo de ação, e nenhuma outra instituição nacional ou estrangeira poderia ter direito à primazia dos negócios, se entre os italianos houvesse maior confiança e mais consciência do interesse coletivo.[58]

Apesar das tensões, o instituto conseguiu deslanchar e, em 1910, passava a um novo aumento de capital, após a fusão entre a Banca Commerciale di Milano, a Società Generale e a Banque de Paris et des Pays-Bas. A partir daquela data, o Banco Comercial de São Paulo mudou de nome, transformando-se no Banco Francês e Italiano para a América do Sul. Em meados dos anos 1920, tinha conseguido abrir seis filiais e doze agências no Brasil, duas filiais na Argentina, duas no Chile e uma na Colômbia; seu capital era de 50 milhões de liras.[59] Nesse ínterim, havia estreitado suas relações políticas, tanto que lhe foi confiada a colocação dos empréstimos na cidade de São Paulo.[60]

O outro grande banco italiano no Brasil, o Banco Ítalo-Belga, era também uma emanação de um coirmão peninsular – o Credito Italiano –, cuja sede, porém, ficava em Antuérpia. Em 1927, existia também um Banco Popular Italiano.[61]

Diante de tantos compatriotas que haviam alcançado o ápice no mundo industrial, e, em menor medida, comercial e financeiro, a coletividade italiana no Brasil e os observadores vindos da península eram levados a corroborar a imagem estereotipada do pobre emigrante que, tendo chegado com sua trouxa nas costas, à força de sacrifícios, vontade, dedicação ao trabalho e ponderação, tornava-se milionário.

---

58 M. (1905, p.150).
59 Para o Banco Comercial Italiano e seu desenvolvimento, vide Gilberti (1937); Malesani (1929); "Benemerenze italiane all'estero: la Banca..." (1926); Pini (1901); Martins (1981).
60 Dean (1977b, p.272).
61 Camera Italiana di Commercio ed Arti di S. Paolo (1927); Malesani (1929); Consoli (1927).

É só correr os olhos pela imprensa burguesa da colônia para perceber como era premeditada e maciça essa campanha, a qual, sem embargo, como veremos a seguir, não correspondia à realidade. Intenções declaradamente hagiográficas e adulatórias misturavam-se, muitas vezes, com pesquisas e entrevistas aparentemente objetivas, cujo principal escopo era o de inocular, também nos ambientes populares, a falsa certeza de que, se a riqueza havia sido alcançada por personagens que declaravam não dispor de capital ao desembarcar (e isso era confirmado *coram populo*), o mesmo podia acontecer com qualquer leitor, desde que tornasse próprios os valores daqueles. Era a consagração do *self-made man*, toda uma exaltação de conceitos como dedicação ao trabalho, moderação, capacidade de poupar, sacrifícios, um constante indicar, ao imigrante médio, o caminho a ser seguido rumo ao sucesso. Tudo isso visava suscitar um consenso difuso, não só ao redor de um homem, mas de uma classe social que representava, para um grande número de imigrantes italianos nos centros urbanos, a adversária no dia a dia do trabalho. Ao mesmo tempo, tentava-se, por um lado, aproximar patrão e operário (operação facilitada pela nacionalidade comum) e, por outro, dissuadir o proletariado de ações coletivas de defesa, inúteis e, aliás, daninhas em relação a soluções individuais de enriquecimento.

Temos de reconhecer que se se tratava de uma campanha intencional – como parece demonstrar a insistência com que esses mitos eram corroborados pelas declarações dos industriais e de seus familiares –, ela teve ampla repercussão, pelo menos entre o grande público. Não por acaso, a imagem de Francesco Matarazzo que nos foi transmitida é a do operário número um de suas fábricas, ao qual podiam aplicar-se, de olhos fechados, as qualidades que figuravam no lema legível nas embalagens de seus produtos: *Fides-Honor-Labor*:

> A primeira qualidade do Conde Matarazzo é a de ser o primeiro trabalhador de sua empresa. Os governos poderão fazer quantas leis quiserem sobre as oito horas de trabalho, mas ele continua a trabalhar 14 ou 16 horas, porque no trabalho encontra as maiores satisfações e o melhor consolo da vida. E hoje ele trabalha com a mesma intensidade e alacridade dos primeiros tempos de sua carreira comercial.[62]

Outro mito corroborado por Matarazzo e pela imprensa foi o de sua modéstia. São numerosas as ocasiões em que é sublinhada a pouca

---

62 *Gli italiani nel Brasile. Contributo...* (1922-1926, p.74).

competência específica do conde, que continuava sendo o de sempre, um pobre comerciante de uma cidade do interior: "Sou comerciante de farinha, de bacalhau e de algodão [...]. Não entendo de mais nada".[63] Isso também servia para demonstrar que qualquer um podia alcançar os ápices econômicos e que, para obter esses resultados, não eram necessários nem instrução, nem capital inicial, nem uma bagagem técnica anterior. Bastava um pouco de faro nos negócios, confiança em si mesmo e perseverança. O último mito difundido era o do pioneirismo, intimamente ligado à necessidade de divulgar a imagem mais importante, ou seja, a do emigrado sem bases econômicas que fica multimilionário. Ao lembrar o início de sua carreira, Matarazzo afirmava:

> Cheguei ao Brasil [...] com mulher e dois filhos. De minha terra, no sul da Itália, havia trazido algum dinheiro, mas pouco. Desembarquei aqui com a bagagem, cheio de vontade de trabalhar, e dirigi-me para Sorocaba, onde [...] abri uma loja ou venda, como se diz no Brasil. [...] Algum tempo depois, tendo superado as dificuldades naturais do começo [...], em Sorocaba fundei uma fábrica de banha de porco. Permita-me batizá-la com o pomposo nome de fábrica. Ela merece isso: é a origem de minha atual posição.[64]

A afirmação de um tal estereótipo tinha de passar necessariamente por canais mais seguros do que os representados pelos jornais em língua italiana, os quais, em virtude do difundido analfabetismo dos imigrantes peninsulares, corriam o risco de fazer chegar sua mensagem só à pequena burguesia e a uma faixa restrita do proletariado. Por isso Matarazzo foi muito ativo em outros campos, sobretudo na vida das associações da colônia, amiúde através de generosas doações, às vezes pessoalmente, assim como esteve presente nas comemorações de datas ou eventos patrióticos que diziam respeito à mãe-pátria. Não por acaso, os títulos que mais usualmente lhe foram atribuídos eram "Patriota", "Benfeitor", "Chefe moral da colônia". Títulos não de todo desmerecidos, no sentir da coletividade italiana, se é verdade que, no dia de seu 80º aniversário, houve uma imponente manifestação de estima. Ao falecer, em 1937, era admirado também por boa parte do proletariado.[65]

O que foi dito na biografia de Matarazzo repete-se para todos os outros industriais, mesmo que com resultados mais modestos. No entanto, sob um

---

63 *O Conde Matarazzo aos oitenta annos* (1934, p.63).
64 Blancato (1926, p.121-4).
65 Para uma análise muito aguda do mito Matarazzo, vide Martins (1973a).

aspecto, os vários Crespi, Siciliano, Pinotti Gamba etc. conseguiram igualar a fama do conde: eles também foram tidos por imigrantes que haviam desembarcado sem um tostão. Na realidade, apesar do profundo empenho dos interessados e da imprensa em exaltar o fenômeno e as oportunidades implícitas de ascensão social oferecidas pelo Brasil, mesmo uma análise superficial da extração social da classe empresarial estrangeira permite derrubar facilmente esse mito:

> Muitos chegaram com alguma forma de capital: economias de algum negócio realizado na Europa, um estoque de mercadorias, ou a intenção de instalar uma filial de sua firma. Outros haviam sido contratados para trabalhar em empresas de propriedade de fazendeiros, à semelhança dos colonos e dos operários têxteis, mas como técnicos ou administradores.[66]

No caso dos italianos, dificilmente os que chegaram pobres ao Brasil conseguiram ir além do comércio varejista ou da oficina de artesanato, que somente em alguns casos depois se transformará em pequena indústria. As únicas exceções relevantes são Nicola Scarpa e Dante Ramenzoni, este, nos primeiros tempos de residência, empenhado na propaganda e na atividade sindical nas fileiras do movimento socialista.[67] Todas as outras personagens eminentes do empresariado italiano tinham uma origem social diferente, em geral classe média, ou, pelo menos, alguma experiência comercial e/ou um certo grau de instrução e uma base de conhecimentos técnicos. Os Puglisi Carbone, por exemplo, chegaram para verificar a possibilidade de ampliar o giro de negócios do pai, que era comerciante na Sicília; Rodolfo Crespi foi enviado como representante de uma firma de Milão; Alessandro Siciliano vinha de uma família nobre e seu avô era um grande proprietário de terras, como, aliás, o pai de Matarazzo, Costabile, que exercia também a profissão de comerciante em Castellabate. Enfim, quase todos começaram sua atividade com economias de valor e origem diferentes, trazidas da Itália. No entanto, como dissemos, a imagem do *self-made man*, que continua

---

66 Dean (1971, p.59).
67 Ramenzoni fundará em 1895 uma modesta fábrica de chapéus, que, em seguida, se tornará a mais importante do estado de São Paulo. Mesmo após ter saboreado o sucesso, não esquecerá suas origens populares e sua militância política (que, aliás, continuou também durante a fase inicial da atividade industrial), permanecendo sempre uma figura bastante singular no mundo empresarial italiano da capital. "Trabalhador tenaz e modesto, inimigo das honras e da mundanidade, sem nunca exibir-se, sem nunca aspirar a comendas ou a cargos nas sociedades coloniais, soube levar sua fábrica à atual prosperidade" (Passera, 1926, p.776).

a trabalhar tanto ou mais que seus operários, tinha por objetivo encurtar as distâncias de classe na percepção dos proletários e, portanto, resultava pouco importante se, afinal das contas, tinha ou não um fundo de verdade. O essencial era que fosse aceita pela opinião pública em geral e pela contraparte em particular. A mesma nacionalidade contribuiria em seguida para atenuar as eventuais tensões no trabalho. De fato, o apelo patriótico desempenhou um papel fundamental na política operária dos industriais italianos, uma vez que a mão de obra de suas fábricas – e das de São Paulo em geral – era predominantemente formada por compatriotas. Não por acaso, a imprensa operária em língua italiana assinalava com apreensão o fenômeno e opunha a ele conclamações populistas, destinadas a alertar o proletariado:

> Repetem um grosseiro e interesseiro sofisma os que fingem acreditar que possa haver concórdia e pacificação entre os patrões e os operários, os pobres e os ricos, entre os que moram em palácios e estouram de indigestão de tanto comer e os outros que padecem nos cortiços e morrem de miséria, mesmo se são todos italianos.[68]

Esses "exploradores patrióticos", como os definia o *Avanti!*,[69] muitas vezes apelavam para uma hipócrita solidariedade étnica para extorquirem o máximo de sobretrabalho possível, fazendo passar por espírito de beneficência sua rapacidade. Nas crônicas da época, não é raro encontrar referências a industriais que declaravam manter abertas suas fábricas, mesmo trabalhando em déficit, só para não jogar na rua tantos compatriotas: obviamente, a operação exigia cortes radicais nos salários.

É difícil encontrar nos industriais italianos – em todos os industriais italianos – um mínimo de interesse por uma política operária de tipo esclarecido, exceto no caso de Ramenzoni. Em sua fábrica, os operários desfrutavam do seguro contra acidentes do trabalho muito antes que a lei o tornasse obrigatório e, em caso de doença ou de outros reveses familiares, podiam usufruir de um fundo comum, constituído por uma percentagem dos lucros da empresa.

A única aproximação à problemática social por parte dos industriais italianos passava pelas formas de paternalismo, dentro e fora da fábrica. Tanto Matarazzo quanto Crespi, por exemplo, mostraram-se dispostos a fazer doações a seus dependentes, mas tratava-se de um "impulso" que visava obter

---

68 *La Scure*, 3 set. 1910.
69 *Avanti!*, 5 jan. 1901.

um controle mais rígido da força de trabalho. A manifestação mais completa dessa prática deu-se em 1924, quando, por ocasião de seu aniversário, Crespi concedeu uma bonificação de 5% do salário anual para quem tivesse completado um ano de casa.[70] A segunda forma de paternalismo, a praticada fora da fábrica, em geral passava pela monopolização, antes dos familiares que dos próprios empresários, dos cargos de direção das instituições filantrópicas e pelas periódicas contribuições financeiras a associações de beneficência da colônia. Dessa forma, assistia-se a uma esquizofrenia em seu comportamento no ambiente social e no ambiente de trabalho, o que permitia a pessoas como Matarazzo usarem maquinários de tamanho reduzido para o trabalho das crianças em suas tecelagens, ou ameaçar com o *lockout* todo pedido do pessoal e, ao mesmo tempo, contribuir com donativos mais ou menos generosos a favor das mesmas crianças fora da fábrica.

As atitudes descritas assimilavam totalmente a elite italiana às classes dirigentes locais, mas foi um dos poucos pontos de contato. Fora do mundo econômico e do trabalho, a integração resultou problemática, pelo menos até o início do século, isto é, no período da emigração de massa. Só mais tarde o poder do dinheiro conseguiu minar a desconfiança das oligarquias rurais em relação a essa classe de *parvenus*. Contudo, antes de 1900 é bastante raro encontrar sinais de aceitação por parte da classe hegemônica: a imagem estereotipada do emigrante como o campônio que veio substituir o escravo nas plantações continua em vigor mesmo para os que conseguem sair da massa. Por vontade das famílias brasileiras importantes, naqueles anos praticamente não existirão as estratégias casamenteiras pelas quais os italianos tentavam conquistar o prestígio social após ter obtido o econômico. Há um único exemplo significativo, que foge à regra, e é o de Alessandro Siciliano, que se casa com a filha de um importante fazendeiro paulista. Nesse caso, a aceitação será total e Siciliano manterá contatos sobretudo com o grupo ao qual passa a pertencer, enquanto afrouxará os laços com a comunidade italiana. Mas a história pessoal de Siciliano representa uma exceção. Até uma personagem como Matarazzo será obrigada ou preferirá contrair parentesco com famílias nobres da península (como aliás muitos outros industriais): de seus doze filhos casados, só três entrarão para a oligarquia rural de São Paulo, enquanto cinco contrairão núpcias com expoentes de famílias nobres italianas.

Se no início as relações com os fazendeiros locais foram escassas, ainda mais fracas resultarão as estabelecidas com a classe política, fato, aliás, mais

---

70 Pinheiro; Hall (1981, p.208).

do que previsível, uma vez que no Brasil, até 1930, a gestão da coisa pública, tanto regional quanto nacional, ficou nas mãos dos proprietários de terra. Na realidade, se contrastes houve entre empresários imigrantes e quadros dirigentes brasileiros, eles se manifestaram em outros planos que não o econômico e o político. Aliás, como vimos, a política do governo favorecia a industrialização, seja através do aumento das taxas alfandegárias, seja através do absoluto descaso na promulgação de uma legislação trabalhista. Que a elite da colônia italiana estivesse em total sintonia com a classe política local e com os fazendeiros é demonstrado pela atitude idêntica que assumiu em relação à emigração e ao Decreto Prinetti. A necessidade de um exército industrial de reserva, que continuasse a manter baixos os salários, levava empresários e proprietários de terra peninsulares a exercerem uma discreta pressão sobre as autoridades diplomáticas e sobre o próprio governo italiano, a fim de que fossem abolidas as medidas restritivas contra a emigração subsidiada.

Para alcançar esse objetivo, mexeu-se até mesmo Matarazzo, o qual, em seus dois encontros com Mussolini (1924 e 1926), insistiu para que fosse liberado o fluxo de emigração para o Brasil. Mais de uma década antes, o Banco Comercial Italiano havia tentado o mesmo caminho em nível oficial e tinha inspirado a imprensa da colônia a levar adiante uma campanha para a revogação do Decreto Prinetti.[71] Em 1925, uma pesquisa realizada pela Câmara de Comércio Italiana de São Paulo entre seus sócios revelou uma atitude amplamente favorável à retomada da emigração peninsular. A coincidência com os interesses dos fazendeiros fica manifesta no relatório final, o qual, após ter liquidado rapidamente a questão do salário com o voto de que acompanhasse o custo de vida, alerta para o fato de que

> o salário não pode constituir um fim específico no programa da emigração. O colono tem que levar em conta que seu emprego na fazenda representa o meio indispensável para ambientar-se, para aprender completamente os diferentes cultivos locais, para adquirir todas as noções técnicas e agrícolas que lhe permitirão, em seguida, tornar-se dono da terra. Sem esse preparo, sem esse noviciado [...], o colono italiano, mesmo se, desde sua chegada, tivesse à disposição terras e ferramentas de trabalho, não conseguiria ter o sucesso alcançado pelos colonos que, após uma permanência de alguns anos na fazenda, puderam conquistar a própria independência,[72]

---

71 *La Scure*, 13 ago. 1910.
72 "L'emigrazione italiana nel Brasile nei risultati..." (1925, p.232).

posição, esta, que era idêntica à que expressara Washington Luís no ano anterior.

3. 4. Atualizações bibliográficas

O estabelecimento urbano dos imigrantes e seu percurso profissional, social e de experiências de vida – quer se dirigissem para as cidades sem fases intermédias, quer aí chegassem após uma inserção mais ou menos prolongada no mundo rural – deu origem a vários trabalhos descritivos e interpretativos. Eles são de caráter global, como o volume de Constantino, N. Santoro de, *A imigração italiana nas cidades brasileiras*, Passo Fundo: UPF, 2000; ou levaram em consideração apenas determinada localidade, como o de Borges, S., *Italianos: Porto Alegre e trabalho*, Porto Alegre: EST, 1993. No variado panorama das ocupações urbanas, o setor comercial, embora tão difundido, determinou poucas pesquisas específicas, mas permeou muitos trabalhos que focalizaram a atenção nos peninsulares nos grandes e pequenos centros urbanos; foi esse, por exemplo, o caminho seguido com bons resultados já no início dos anos 1990, por Constantino, N. Santoro de, *O italiano da esquina: imigrantes na sociedade porto-alegrense*, Porto Alegre: EST, 1991.

A produção científica também se concentrou nos processos – talvez longos e cansativos – de ascensão social, em maior ou menor grau, graças ao compromisso assumido neste ou naquele setor econômico, produção da qual são expressivos, entre outros, os trabalhos de Oliveira, F. Arlanch Martins de, *Impasses no Novo Mundo: imigrantes italianos na conquista de um espaço social na cidade de Jaú (1870-1914)*, São Paulo: Editora Unesp, 2008, p.66-82; Brandão, M. A., "O imigrante italiano pobre se torna industrial no Brasil: a ascensão social no estado de São Paulo por meio da pequena indústria (1890-1930)", *Studi Emigrazione*, v.LXIX, n.188, p.593-611, 2012; e Id., "A mobilidade social do imigrante italiano pobre no Brasil (1890-1930): uma contribuição à historiografia da imigração em São Paulo", *História e Cultura*, v.4, n.1, p.319-37, 2015. Como outro lado da moeda, alguns estudos mergulharam no submundo da emigração peninsular, no universo das ocupações marginais, incluindo a própria prostituição, até mesmo no mundo rural (Giron, L. Slomp, "O som do silêncio: sexo e prostituição na colônia", *Coletânea CCHA: Cultura e Saber*, v.3, n.2, p.117-33, 1999). Nessa ótica, houve referências ao crime, fenômeno, no entanto, menos difundido do que em algum outro destino emigratório; para um exemplo dessa produção, ver Monsma, K.; Truzzi, O.; Conceição, S. da, "Solidariedade étnica, poder local e banditismo:

uma quadrilha calabresa no Oeste Paulista, 1895-1898", *Revista Brasileira de Ciências Sociais*, n.18, p.71-96, 2003. Paradoxalmente, porém, o interesse às vezes se concentrou em setores de trabalho menos difundidos, pelo menos nas primeiras décadas, entre os italianos, como os profissionais liberais, particularmente no campo da medicina, de que são exemplo Salles, M. R. Rolfsen, *Médicos italianos em São Paulo (1890-1930)*, São Paulo: Sumaré; Fapesp, 1993; Salles, M. R. Rolfsen; Santos, L. A. de Castro, "Imigração e médicos italianos em São Paulo na Primeira República: uma abordagem histórico-sociológica", *Estudios Migratorios Latinoamericanos*, v.15, n.45, 2000; mas também em *Estudos de Sociologia*, n.10, p.63-95, 2001; Schwartsman, L. B., *Médicos italianos no Sul do Brasil (1892-1938)*, Porto Alegre: EdiPUCRS, 2017.

Se pouco espaço foi reservado para o proletariado fabril (mas não para o movimento operário, que será discutido mais adiante), muito foi produzido sobre os bairros por ele habitados, sobre as *Little Italies* de São Paulo: Ribeiro, S. Barreto, *1920-1930, italianos do Brás: imagens e memória*, São Paulo: Brasiliense, 1994; Sesso Jr., G., *Retratos da velha São Paulo*, 2.ed., São Paulo: Maltese, 1995, p.27-170; Biondi, L., "Le Quartier que je admire le plus, c'est Bom Retiro: l'archipel tropical urbain des Petites Italies de São Paulo (1880-1940)", em Blanc-Chaléard, M. C.; Bechelloni, A.; Deschamps, B.; Dreyfus, M.; Vial, É. (Orgs.), *Les Petites Italies dans le monde*, Rennes: PUR, 2007, p.105-14; Schneck, S., "Bexiga: cotidiano e trabalho (1906-1931)", *Anais do Museu Paulista*, n.26, p.1-50, 2015; e Castro, M. Sampaio de, *Bexiga, um bairro afro-italiano em São Paulo*, São Paulo: Annablume, 2008.

Ainda mais atenção foi dada ao mundo dos negócios, tanto no estado de São Paulo – Truzzi, O., *Café e indústria. São Carlos: 1850-1950*, São Carlos: UFSCar, 2000, p.145-64 – quanto a um âmbito territorial mais amplo: Cappellin, P. et al. (Orgs.), *Entre memória e mercado: famílias e empresas de origem italiana no Brasil*, Belo Horizonte: Argumentum, 2010; Fay, C. Mosa; De Ruggiero, A. (Orgs.), *Imigrantes empreendedores na história do Brasil: estudo de casos*, Porto Alegre: EdiPUCRS, 2014, na verdade dedicado sobretudo ao Rio Grande do Sul; neste último livro, ver, para uma visão geral, Franzina, E., "Parábolas empreendedoras, culturas territoriais e imigração italiana no Brasil entre 1800 e 1900", p.15-30. Do mesmo autor, veja-se também, para o Brasil meridional, "Um modello di sviluppo da esportazione? Emigrazione lombardo veneta e industrializzazione nel Sud del Brasile", em Fontana, L. G. (Org.), *Le vie dell'industrializzazione europea: sistemi a confronto*, Bolonha: Il Mulino, 1997, p.559-70.

Sobre a figura de maior destaque entre os "tios da América", Francesco Matarazzo, não faltam pesquisas, a começar por Bertonha, J. F., "Conde

Matarazzo e o ser italiano no Brasil: o enfoque biográfico na pesquisa sobre a colonização italiana em São Paulo", *Revista Eletrônica de História do Brasil*, v.4, n.1, p.16-27, 2000; veja-se também, em dois volumes, Couto, R. Costa, *Matarazzo*, São Paulo: Planeta, 2004. Sobre dois empreendedores de perfis bem diferentes, muito interessante é o ensaio de Biondi, L., "Os Ramenzoni: o mundo de uma família de militantes e empresários entre Itália e o Brasil", em FAY, C. Musa; De Ruggiero, A. (Orgs.), *Empreendedores na história do Brasil: estudo de casos*, Porto Alegre: EdiPUCRS, 2014, p.53-73.

4
VIDA COLETIVA E ASSIMILAÇÃO[1]

4.1. Práticas assistenciais e autoridades diplomáticas

A situação descrita nos capítulos anteriores devia necessariamente conduzir os italianos a privilegiar, nas manifestações de vida coletiva, tentativas de solução dos grandes e pequenos problemas que quase todos os imigrantes tiveram de enfrentar. Ao lado das propostas de costumeira assistência aos menos favorecidos, a preocupação constante da colônia italiana, pelo menos a partir da última década do século XIX, será a de recuperação da identidade nacional e defesa da cultura e da língua. Mas tanto em um como em outro caso, boa parte dos projetos ficou no plano das intenções, pois sucumbiram devido às dificuldades objetivas que tornavam impraticável qualquer abordagem unitária. O grande equívoco diz respeito ao próprio conceito de coletividade e aos valores que deveriam embasá-lo, por muito tempo demasiado frágeis e desconhecidos, mesmo na pátria, para permitirem a construção de uma compacidade não formal no exterior. De fato, o maior elemento de coesão deveria ser a matriz nacional comum, teoricamente exaltada pelo afastamento da mãe-pátria e revigorada, como queriam alguns, por uma lógica de contraposição em relação ao mundo, à sociedade e à cultura do país hospedeiro.

---

[1] Tradução de Mariarosaria Fabris. De Juliana Haas, para os acréscimos da nova edição.

Deixando de lado a aberração dessas últimas posturas (que, na verdade, foram bastante isoladas), as hipóteses favoráveis à formação de "baluartes da italianidade" partiam de premissas falazes e irrealizáveis, ou seja, da negação de qualquer tipo de conflito no seio da colônia. Alguns desses conflitos, e mais precisamente os que passavam pela divisão de classes, eram mais importantes do que outros, mas nas análises da época, que constatavam o perene fracasso de projetos unitários, não foram os que prevaleceram, pois essas mesmas análises atribuíam funções de capacidade empresarial organizadora somente às figuras que se destacavam no mundo econômico. Seguindo por esse caminho, acabavam por reforçar os elementos que agiam em sentido contrário à afirmação da unidade. Por outro lado, os antagonismos, mesmo que de natureza diferente, muitas vezes resultavam violentos, até no seio da própria elite italiana. Prejuízo não inferior acarretavam a incapacidade e o pouco-caso das estruturas oficiais da mãe-pátria, em primeiro lugar, um corpo diplomático propenso a, com demasiada frequência, aliar-se a essa ou àquela personagem em vez de agir acima das partes.

A contradição essencial, porém, residia precisamente na precoce diferenciação de classe, fonte de atitudes de intolerância que prevaleciam sobre a procedência geográfica comum. Essa divisão podia ser expressa de forma muito rudimentar, como no caso dos anarquistas,[2] ou de modo mais elaborado, por parte dos socialistas, mas nunca ninguém, no movimento operário, esteve a ponto de cair na cilada do patriotismo verborrágico. Na verdade, também no seio do movimento operário houve quem, deixando de lado posturas preconcebidas, reconhecesse, mesmo com muitas reservas, a necessidade de uma presença coletiva que não fosse prevaricadora e, sobretudo, que não pretendesse superar as diferentes posições de classe dos italianos no Brasil. A mais alta expressão dessa tendência foi o jornal *La Scure*, de Alceste de Ambris, o qual permaneceu duas vezes no Brasil:

> Nós não nos consumimos naquele sagrado e humorístico fogo patriótico que explode em chamas nas manifestações mais ou menos histriônicas ou nas bajulações aviltantes ao mundo oficial. Reconhecemos, porém, que – em caráter transitório, e até que não aconteça a fatal fusão entre os que imigram com o intuito de ficar e o elemento nativo do País – pode haver uma razão de ser e

---

2 "Assim como as delícias da vida eterna, que os feudatários leigos e eclesiásticos ofereciam a seus vassalos como prêmio pelas privações e misérias da vida terrena, a pátria é o paraíso com que os aproveitadores burgueses compensam os explorados do povo" ("Cos'è la Patria?", *Il Risveglio*, 6 fev. 1898).

motivos para se explicar uma ação coletiva dos que sentem existir entre si – na comunhão de origem, língua, educação e psicologia – um vínculo peculiar. Nesse sentido, e com esse objetivo, entendemos a utilidade das associações e dos institutos italianos e vemos com prazer sua afirmação e desenvolvimento; como também sentimos ter de confessar sua progressiva e rápida decadência. A italianidade pode ser perfeitamente sentida sem imprudentes pretensões de sobreposição e sem as absurdas inépcias das rançosas formas chauvinistas; bem como sem que ninguém renuncie a ideias próprias e interesses específicos de classe.[3]

Se o movimento operário imigrado não estava disposto a aceitar a liderança da elite nas associações italianas, esta, por sua vez, externava demasiada falta de boa vontade em relação aos projetos de grande fôlego, limitando frequentemente seu empenho a um pequeno óbolo, ou, então, jogando a cartada da italianidade só para obter vantagens pessoais e melhorar a imagem individual e de classe a ser oferecida ao público:

> Nossos figurões falam muitas vezes da Itália, da italianidade, de patriotismo, da colônia; demasiadas vezes, aliás, pontificam em seu nome; mas, no fim das contas, a massa, que representa a consciência italiana no Brasil, é por eles deixada de lado e sua quantidade considerada desprezível. Mais do que um erro, é uma culpa; mais do que uma culpa, é um crime [...]. Chega o novo cônsul? Vai embora o anterior? Acontece um fato extraordinário, que comove os que respiraram ao nascer as auras das terras itálicas? Ei-los de casaca, gravata branca e cartola brilhante; acorrem todos à estação, agitam-se, desdobram-se para representar bem seu papel de pessoas preeminentes da colônia italiana de São Paulo. E depois? As sociedades raquíticas: o hospital, testemunho eterno de nossa impotência; a beneficência ilusória e irrisória; a organização, que dá força, deixada de lado e negligenciada.[4]

Na ótica mesquinha da afirmação pessoal, as sociedades italianas que nasceram no Brasil, mesmo sendo numerosíssimas, em geral duraram pouco, e sobretudo contaram com um número de sócios relativamente exíguo. A própria proliferação dessas associações mostra como elas surgiram e se cindiram mais por rivalidades de ordem pessoal do que por um impulso efetivo de solidariedade em favor dos compatriotas em dificuldade.

---

3 "Il 'trust' del patriottismo coloniale", *La Scure*, 2 abr. 1910.
4 "Maggiorenti e colonia", *Il Tribuno*, 15 maio 1898.

Contra a comunhão de intenções agiam vários fatores, antes de mais nada as rivalidades regionais que os imigrantes traziam consigo da mãe-pátria. Era difícil falar de italianidade com pessoas para as quais a Sicília estava tão distante quanto o Brasil, em termos culturais e linguísticos. A consciência de pertencerem ao mesmo país surgirá, a duras penas, somente a partir do século XX, favorecida pela consciência de se saberem estrangeiros e pela uniformidade nacional que era atribuída aos imigrantes pela opinião pública brasileira. Contudo, por um bom tempo, o traço distintivo será o regionalismo, alimentado, num processo cumulativo, por mecanismos de homogeneidade e solidariedade restrita, que se traduziriam até mesmo em exclusivismo na escolha das localizações geográficas ou inclusive do bairro. Assim, se no Sul do Brasil prevaleceram núcleos coloniais habitados só por vênetos ou trentinos ou lombardos, na cidade de São Paulo encontramos bairros monorregionais: os calabreses se concentravam no Bixiga, os vênetos, no Bom Retiro, e os apulienses, no Brás. O fenômeno do regionalismo não poupava nem os centros menores, a ponto de, no fim do século, um jornal de Ribeirão Preto escrever: "Nós aqui não nos sentimos italianos, mas piemonteses, calabreses, sículos, vênetos, toscanos etc., conforme a região em que nascemos".[5] É óbvio que isso se traduzia também na vida associativa, num proliferar de instituições reservadas a imigrantes vindos dessa ou daquela região, quando não, dessa ou daquela cidade ou aldeia:

> É bem [...] frequente encontrar sociedades italianas que têm em seu estatuto a disposição peremptória pela qual podem ser sócios somente os que nasceram no município X ou Y, ou, quando muito, os filhos dos que nasceram no município; conheço dezenas e dezenas delas.[6]

Mesmo sendo improvável que elas tenham sido tantas quantas o autor achava, sem dúvida foram numerosas e tiveram uma vida ativa. Ainda mais ativas, porém, foram as associações de base regional. Bastará lembrar o nome das mais importantes que atuaram em São Paulo: Calabresi Riuniti, Subalpina, Trinacria, Campania, Veneta San Marco, Popolare Emiliana, Lega Lombarda, Meridionali Uniti. E quando vinham de regiões que não forneciam grandes contingentes, os imigrantes se reuniam em associações múltiplas – "Lácio, Umbria e Marcas" – ou se apoiavam em áreas de mais afluxo – Puglie e Basilicata (Apúlia e Basilicata).

---

5 "Uniamoci", *Lo Scudiscio*, 7 maio 1899.
6 Zuculin (1926b, p.176). Zuculin havia sido cônsul no Sul do Brasil.

Até nos casos em que a lógica regional não podia prevalecer pela patente inconsistência numérica dos italianos residentes, instituições abertas a todos languesciam por causa de um regionalismo teimoso e difícil de eliminar, como aconteceu com a sociedade de socorros mútuos Princesa Helena de Montenegro, na longínqua Amazônia. Temos que esclarecer, porém, que muitas vezes não se tratava de má vontade ou de preconceitos, mas de incompreensão até mesmo linguística entre os membros da colônia. Testemunhos nesse sentido, decerto, não faltam na imprensa da época, e envolvem não só a temática associativa, mas todas as manifestações de vida coletiva dos italianos:

> O prof. Luigi Lievore contava-me que, há alguns anos, comprou uma pequena escola no bairro do Brás [...], com uns cinquenta estudantes. Mas, após alguns dias, os alunos não apareceram mais. Alarmado e surpreso, fez uma pesquisa entre as famílias para saber quais os motivos dessa deserção e foi informado de que o professor anterior ensinava aos seus alunos apulienses o dialeto de Bari. Os estudantes não compreendiam mais o novo professor que ensinava italiano e, achando talvez que se tratasse de uma língua estrangeira, haviam deixado a escola.[7]

Se as forças internas da imigração não eram capazes de elas próprias estabelecerem instituições para a defesa de seus direitos, bem cedo perderam as esperanças (que alguém havia ingenuamente cultivado) de serem assistidas nessa tarefa pela mãe-pátria. De fato, é sabido que o governo italiano nunca demonstrou um grande interesse por seus cidadãos, uma vez que tinham superado os confins do reino; entretanto, no caso da América Latina, a indolência do governo atingiu limites dificilmente alcançáveis em outras situações. Os governos italianos, além de não fornecerem meios de defesa e de não procurarem acordos a fim de tutelar os próprios camponeses – a não ser para usar os emigrantes como mercadoria de troca para obter vantagens comerciais –, gastavam pouco com seus representantes no exterior e esperavam que estes os poupassem de qualquer tipo de aborrecimento. Por outro lado, também a oposição parlamentar, decerto, não brilhava por sua presença, pelo menos no caso brasileiro: será necessário esperar o século XX para que um deputado italiano pise no Rio de Janeiro e em São Paulo. E visitas desse tipo eram sempre demasiado apressadas, demasiado

---

7 Magrini (1926, p.9).

oficiais, demasiado divulgadas para permitirem um conhecimento real das condições dos imigrantes italianos e de suas instituições.

Se a proteção estatal à emigração podia ser considerada "uma ilusão jacobina", para usarmos uma expressão de De Ambris, não há dúvida de que teria sido possível solicitar ao governo italiano uma participação mais ativa, pelo menos no plano estritamente assistencial, haja vista as dramáticas vicissitudes da emigração peninsular. Também não faltavam pedidos nesse sentido, formulados repetidamente tanto na Itália como no Brasil, às vezes com objetivos ambiciosos. Basta o exemplo daqueles que desejavam que no seio do corpo diplomático fosse criada uma seção encarregada de acompanhar os trabalhadores italianos nas lavouras.[8] Contudo, as estruturas oficiais não levaram em consideração nem as sugestões mais elementares, e continuaram a desinteressar-se totalmente pela sorte dos emigrantes:

> Por parte do governo italiano, e de seus agentes e representantes aqui residentes [...], não só é censurável, mas é culpável o descaso em que são deixados nossos compatriotas e seus interesses. Parece que, na opinião de quem governa nosso país, o emigrado para o Brasil não é mais italiano, mas um filho réprobo, pelo qual não se pode fazer nada, senão dizer: Errou, aguente.[9]

A referência aos representantes diplomáticos não era casual: eles sempre representaram um espinho para a emigração dos que nada tinham. E isso, nem tanto pela consistência numérica do corpo consular, que parecia bastante adequada: em 1904, no Brasil, além da embaixada do Rio de Janeiro, havia nove consulados (no Rio de Janeiro, na Bahia, em Minas Gerais, em Santa Catarina, em Pernambuco, no Rio Grande do Sul, em São Paulo, no Espírito Santo e no Paraná), cinco vice-consulados (quatro em São Paulo e um no Pará) e 23 agentes consulares (dos quais oito em São Paulo e sete no Rio Grande do Sul). Em 1929, o número de cônsules havia baixado para oito – com a eliminação da sede do Espírito Santo e a transferência da sede da Bahia para Belém do Pará – e o de vice-cônsules, para três, enquanto o de agentes havia subido para 48.[10] O problema, portanto, não era escassez (embora em 1915 só um dos cargos de vice-cônsul no estado de São Paulo estivesse preenchido por um funcionário de carreira), mas indiferença e

---

8 Vide, só para citar dois períodos diferentes, Bodio (1896, p.303-4), e "Emigrazione e colonizzazione al Brasile..." (1908, p.122).
9 Gibelli (1891a, p.27); do mesmo autor, veja também (1891b, p.119).
10 Vide Beverini (1908); CGE (1904); Malesani (1929).

desorganização. Ainda nos anos 1920, um observador – aliás pouco crítico em relação ao governo italiano – assim denunciava o que normalmente acontecia a um hipotético colono que, tendo deixado por alguns dias a fazenda, dirigia-se para a capital do estado de São Paulo em busca de proteção e de uma passagem para repatriar-se:

> Se alguém não fica perdido nessa enorme cidade de fantástico desenvolvimento planimétrico, perde logo suas pequenas economias sem ter chegado a nada. Conseguiu encontrar o Consulado, que o mandou para o funcionário da imigração, residente num elegante sobradinho afastado do centro, distante de qualquer barulho e de difícil acesso, e este mandou-o ao seu lacaio, que, por sua vez, o enviou ao Patronato dos Imigrantes. Mas, para procurar todas aquelas repartições e, o que é pior, encontrar os respectivos titulares, perdeu de quatro a cinco dias; não tem mais um centavo e é obrigado a tomar o trem de volta, tendo aprendido somente que em São Paulo há bastante gente que cuida dele".[11]

Essa omissão do corpo consular, que abrangia todos os aspectos normalmente relativos às tarefas de repartição, os imigrantes já podiam percebê-la desde a hora de seu desembarque. De fato, os representantes diplomáticos residentes nas cidades marítimas limitavam-se a dar uma chegada a bordo para perguntarem ao capitão se tinha alguma notificação a fazer, e quase nunca se dignavam visitar as regiões do interior.[12] O corpo diplomático tampouco demonstrava zelo maior nos trâmites de repatriamento, cujas possibilidades de êxito já eram amplamente limitadas pela escassez de verbas que lhes eram destinadas: em São Paulo houve cônsules que, em vez de repatriarem os indigentes, os internavam na Santa Casa de Misericórdia, e outros que os confinavam na Hospedaria, de onde, desesperados, retomavam o caminho da fazenda.[13] Atitudes desse tipo, demasiado frequentes para serem simplesmente casuais, dependiam não só do fato de, por um bom tempo, os cônsules italianos terem tido "a santa mania de ver um malfeitor em cada imigrado",[14] mas sobretudo da tendência de descarregar nos vice-cônsules e agentes consulares residentes no interior as questões mais espinhosas. Isso tornava praticamente inviável qualquer obra assistencial e tutelar, mesmo porque, sendo o cargo de agente consular (e frequentemente o de

---

11 Bartolotti (1926, p.151).
12 Moriconi (1897, p.338); Hutter (1972, p.29).
13 Vide *L'Indipendente*, 10 jan. 1904.
14 D'Atri (1895-1896, p.268).

vice-cônsul) sem remuneração, nem sempre os titulares estavam dispostos a iniciativas de grande fôlego:

> Antes de mais nada, nem sempre os vice-cônsules são funcionários de carreira. A maioria deles tem negócios e relações comerciais com os "nativistas" [...]. Os correspondentes, geralmente, são ótimas pessoas, não há dúvida, mas quase sempre sem instrução, escolhidos entre os artistas e os comerciantes dos centros mais importantes ou das cidades (em Ouro Preto é um negociante de peles), e, certamente, não saem de suas lojas e de suas oficinas para correr em busca de dores de cabeça nas fazendas.[15]

Por outro lado, teria sido bem difícil para os comerciantes que exerciam as funções de agentes consulares ir contra os proprietários de terra, que frequentemente eram seus melhores fregueses. Os inspetores de imigração também não podiam prestar melhores serviços, pois eram esporadicamente enviados pelo Comissariado e logo adquiriam o hábito de deixar as coisas como estavam e estabelecer relações amigáveis com a elite italiana, "ou então, ao primeiro sinal de uma intervenção mais séria, são chamados de volta à pátria".[16]

Diante dessas carências, o CGE procurou pelo menos apoiar as atividades assistenciais dos patronatos surgidos por iniciativa de organizações católicas ou de particulares. Que essas instituições fossem uma exigência particularmente sentida é demonstrado pelo fato de que a ideia de constituir um patronato já havia se manifestado no longínquo ano de 1876, no Rio Grande do Sul.[17] Contudo, a absoluta liberdade de que gozavam os particulares fazia que, às vezes, as iniciativas assistenciais em suas mãos resultassem em operações fraudulentas. Um exemplo típico é o da Società Italiana di Beneficenza e Rimpatrio, de São Paulo, implicada no escândalo da venda, a agências de viagens, de passagens consulares de repatriamento com tarifa reduzida.[18] A gestão dos patronatos reconhecidos pelo Comissariado era menos desenvolta: o primeiro surgiu em Santos, em 1902; em seguida vieram os de Campinas, São Paulo, São Carlos do Pinhal e Rio de Janeiro. Em

---

15 Società di Patronato per Gli Emigranti (1896, p.7-8).
16 Damiani (1920, p.10-1). Também Ferri, em seu discurso à Câmara, em 1909, falava da indignidade de alguns representantes diplomáticos e inspetores, ao censurar o governo italiano por levar adiante, na América Latina, uma "polícia de emigração" em vez de uma política de emigração. Vide "L'emigrazione e l'espansione commerciale..." (1909, p.645).
17 Frisoni (1877, p.8).
18 Vide *Avanti!*, 12-19 jan. 1901.

São Paulo foi criado pela Società Galileo Galilei e em Campinas pelo Circolo Italiani Uniti. Entretanto, nem o aval do CGE era suficiente para impedir irregularidades administrativas, se é verdade que a gestão do patronato de São Paulo, logo após sua fundação, passou para o consulado, reduzindo-se o instituto "a um mero escritório burocrático, onde se mantêm muitos registros, se consome muito papel, onde a contabilidade é levada com todo rigor, temos que reconhecê-lo; mas onde a função assistencial se reduz à distribuição de alguns bônus para a sopa ou para o alojamento, a alguns subsídios de poucos mil-réis em dinheiro".[19]

O problema fundamental que justifica a falida arrancada para uma atividade com um mínimo de incidência e de dignidade era representado pelo fato de que os patronatos viviam e atuavam com os poucos recursos provenientes de subscrições entre os sócios e com os magros subsídios concedidos pelo governo italiano. Não deve surpreender, portanto, se, com o tempo, o número de adesões ao de São Paulo fosse minguando até reduzir-se à cifra de doze unidades em 1907, "de modo que, se a contribuição financeira era pequena, a contribuição moral praticamente nem existia".[20]

É evidente que, nessas condições, as instituições não podiam fazer muita coisa, a não ser estabelecer convênios com hotéis e restaurantes que deveriam cobrar tarifas mínimas, ocupar-se das bagagens perdidas, localizar parentes ou amigos, solicitar certidões de estado civil, tentar soluções amigáveis em casos de conflitos ou acidentes de trabalho, adquirir passagens de trem, cuidar do câmbio etc.[21] Para termos uma ideia mais precisa dos serviços prestados, por exemplo, pelo Patronato de São Paulo, transcrevemos o balanço da mesma instituição entre meados de 1903 e 1911: empregados em fazendas, 9.505 (até 1909); misteres urbanos, 691; hospitais, 2.250; manicômios, 70; consultas médicas gratuitas, 1.489; subsidiados com dinheiro, 2.275; com passagens de trem, 621; com remédios, 927; com pernoitamentos, 5.603; com tutela legal, 76; rações-mantimentos distribuídos, 11.603; quilos de pão, 7.084; repatriamentos, 18.386.[22]

Apesar dos poucos serviços prestados, os patronatos continuavam sendo a única estrutura assistencial ligada à mãe-pátria. Contudo eram em número irremediavelmente insuficiente para um território tão extenso como o Brasil e para a quantidade de pessoas que teriam precisado de sua

---

19 Piccarolo (1911, p.149-50). Deve-se, porém, levar em conta o caráter polêmico desse autor.
20 Coletti (1908a, p.13).
21 Cabrini (1911); CGE (1904).
22 Ceccherelli (1911).

ajuda. Exceto os de São Paulo e do Rio de Janeiro (onde, aliás, o funcionamento dessa instituição foi ainda mais limitado), a obra de proteção aos imigrantes era confiada a mestres de escola ou médicos-agentes, correspondentes do Comissariado. Também nesse caso, tratava-se de soluções paliativas, pois, em 1907, havia apenas sete mestres e dois médicos, localizados quase exclusivamente nos estados sulinos. Deles também não se podia pretender muito, por causa da grande parcimônia com que o Ministério das Relações Exteriores usava as verbas, provenientes dos bolsos dos próprios imigrantes. Basta pensar que, apesar da necessidade, sentida e assinalada por muitos (inclusive pelo CGE), de assegurar um mínimo de assistência médica aos colonos italianos, não se julgava necessário remunerar os médicos-agentes, porque, "uma vez estabelecidos, poderão facilmente assegurar para si uma boa posição com os proventos profissionais".[23] Nessas condições, o CGE só podia aconselhar aos imigrantes que se dirigissem às organizações católicas existentes.

No Brasil, mesmo estando presentes várias ordens religiosas,[24] prevaleceram os missionários da Congregação de São Carlos, mais conhecidos como escalabrinianos. De fato, monsenhor Scalabrini foi muito pródigo em iniciativas a favor dos italianos na América, e, a partir de 1903, a Congregação publicou uma revista – *L'Emigrato Italiano in America* – dedicada a esses problemas. Em 1909, surgiu a Italica Gens, reunindo todas as organizações católicas que se interessavam pelos imigrantes, a qual constituirá, no Brasil, 12 secretariados (contra 49 dos Estados Unidos e os 23 da Argentina), assim distribuídos: cinco no Rio Grande do Sul, dois em Santa Catarina, dois no Paraná e um em São Paulo, Rio de Janeiro e Pará, respectivamente[25] e os escalabrinianos continuaram a deter o monopólio da tutela da imigração no Brasil.

A Italica Gens propunha-se criar, através dos secretariados, uma "rede de italianidade", com tarefas de assistência que passavam também pelas figuras dos correspondentes que cada secretaria podia ter entre industriais e fazendeiros (para a obtenção de empregos), advogados (para a assistência jurídica), médicos etc. Mas o objetivo mais ambicioso era o de substituir

---

23 "Relazione sui servizi dell'emigrazione per il periodo aprile 1907-aprile 1908" (1908, p.87).

24 Os salesianos, por exemplo, chegaram em 1883 e reforçaram-se consideravelmente: nos anos 1920, estavam fixados em quarenta localidades com estabelecimentos ou missões.

25 "L'Italica Gens" (1910). Em 1912, em todo o continente americano, havia 234 secretariados e correspondentes, dos quais 71 nos Estados Unidos, 78 na Argentina, 47 no Brasil (1 no Espírito Santo, Rio de Janeiro e Minas Gerais, 2 no Pará, 3 no Paraná, 9 em Santa Catarina, 12 em São Paulo e 28 no Rio Grande do Sul) (*IG*, v.3, n.10-11, 1912, apêndice).

um Estado totalmente ausente. Entretanto, na realidade, a obra assistencial católica só teve êxito nas regiões em que a imigração italiana conseguiu criar, graças ao isolamento, núcleos compactos e mononacionais, de caráter exclusivamente rural. Em São Paulo, por exemplo, a ação da Italica Gens foi fraca, a ponto de esta enviar um seu representante – Eugenio Bonardelli – para tentar melhorar a eficiência das estruturas locais. Entretanto, o melhor que fez foi seguir monotonamente a trilha das sociedades de beneficência já existentes, propondo a criação de um comitê do qual fizessem parte os superiores das missões e as figuras de destaque da colônia.[26] A ideia de fundar uma casa para o imigrante – com o intuito de evitar os engodos a que estavam sujeitos os colonos que do interior chegavam à capital – não teve melhor sorte.[27]

A tutela exclusiva da Igreja sobre os imigrantes italianos foi maior nas colônias do Sul do Brasil, onde o agrupamento numa única zona, territorialmente restrita, de camponeses vindos de uma região católica como o Vêneto permitia a perpetuação da mesma ordem, mentalidade e costumes predominantes nas paróquias deixadas na pátria. Tudo isso não era possível nas fazendas, onde a procedência regional era mais variada, o alto índice de *turnover* impedia a criação de núcleos homogêneos e fechados e o sistema de relações sociais e de produção imposto pelo proprietário se baseava na ausência de instituições e pessoas que pudessem, de alguma forma, pô-lo em questão. No mundo fechado das colônias sulinas de povoamento, o clero conseguirá, por um bom tempo, manter intactos no imigrante a fé e a língua. Ali, a impermeabilidade das colônias ao mundo exterior e o monopólio cultural exercido pelos padres italianos permitiam uma perpetuação e um crescimento numérico do próprio clero:

> Mesmo limitando-nos ao estado do Rio Grande do Sul, podemos afirmar que lá os seminários, as casas religiosas, sobretudo femininas, recebem seu maior contingente das paróquias italianas, a ponto de, atualmente, a maior

---

[26] "L'Italica Gens nello Stato..." (1914).

[27] A ideia havia partido da constatação de que, "em geral, nos arredores da Estação Central da Luz, pululam pequenos hoteleiros que são também os intermediários de agências de câmbio e de navegação, quando não são eles mesmos a exercerem uma ou ambas as profissões. Os agentes desses hoteleiros, que sabem recorrer aos mais engenhosos ardis, às vezes explorando o patriotismo de nossos emigrantes (infelizmente, muitíssimos dos cavalheiros em questão são italianos!), sobem duas ou três estações antes nos trens para São Paulo e oferecem seus serviços aos colonos, que são presas fáceis desses trapaceiros" (Bonardelli, 1915a, p.15).

parte dos sacerdotes e das freiras rio-grandenses provirem das famílias de nossos velhos emigrados.²⁸

4.2. AS ASSOCIAÇÕES

A vida associativa dos italianos no Brasil teve um começo muito precoce, mesmo antes que se iniciasse o fenômeno da imigração em massa. Após a Giovine Italia, fundada pelos mazzinianos em 1836 com fins políticos, a primeira instituição de que se tem notícia é a Società Italiana di Beneficenza no Rio de Janeiro, surgida em 1854, à qual aderiram imediatamente 126 sócios, ou seja, um número elevadíssimo se considerarmos a pequena consistência da colônia italiana naquela data. Em 1875, fundiu-se com a Società di Mutuo Soccorso, fundada em 1874, mas por vinte anos teve uma existência difícil. Em 1908, com o nome com que era mais conhecida, La Beneficenza, contava com 340 inscritos.²⁹

Também no Rio Grande do Sul as experiências desse tipo foram pioneiras: em 1871, em Bajé, nascia a Società Italiana di Mutuo Soccorso e Beneficenza, que tinha, entre outras, a finalidade de divulgar o conhecimento da língua materna, e, em 1877, em Porto Alegre, a Società di Mutuo Soccorso e Beneficenza, que, no ano seguinte, acrescentou o nome Vittorio Emanuele II e conferiu a presidência honorária a Garibaldi.³⁰ Em São Paulo, uma Società di Beneficenza foi criada em 1878, mas, poucos dias depois, uma cisão levou à fundação da Società Italiana di Beneficenza Vittorio Emanuele II. Em poucos anos, seguiram-se o Circolo Operaio Italiano, a Società Filo-Drammatica Corale Pietro Cossa e a Società Protettrice delle Scuole Italiane di S. Paolo.³¹ Também no interior do estado, a manifestação de formas associativas foi precoce: em Campinas, o Circolo Italiani Uniti surgiu em 1881, com 124 sócios.³² A lista poderia estender-se, mas só serviria para confirmar que a necessidade de reunir-se em círculos e sociedades, com fins

---

28 R[inaldi] (1923, p.4). Sobre a Igreja italiana no Brasil, principalmente a do Sul, veja toda a coleção de *Italica Gens* e *L'Emigrato Italiano in America*. Veja também, além dos autores citados na nota 41 do Capítulo 2, Perotti (1968); Marzano (1904); Francesconi (1978); Zagonel (1975); Rupert (1977); Caviglia (1935); Marchesi (1934); Roberto (1928); Zani (1911).

29 Sobre a sociedade em questão e sobre o associacionismo italiano no Rio de Janeiro, vide Mazzini (1905a); e Rangoni (1902).

30 Vide *Centenário da Imigração Italiana...* (1976).

31 Sobre as origens das associações paulistas, vide Rios (1958); Perrod (1888); Belli (1908).

32 Meritani (1889); Zuculin (1926b).

predominantemente de mútuo socorro, foi uma exigência imprescindível dos primeiros imigrantes, inclusive nas regiões mais afastadas e com reduzida presença italiana (Pará, Paraíba, Amazônia etc.).

Entretanto, a todo esse proliferar não correspondia nem um mínimo de perseverança nas iniciativas, nem uma ação incisiva no seio da coletividade, nem um aumento do número de sócios. No início do século XX, Gaetano Pepe, um jornalista muito sensível à questão, constatou, com amargura, que os progressos registrados eram bem poucos:

> Chegamos ao ano da Graça de 1904 sem ter uma poderosa entidade associativa, sem que um, pelo menos um, dos sodalícios italianos existentes em São Paulo tenha uma sede própria. Todos, do maior ao menor, definham em apertadas salas de aluguel.[33]

A causa dessa fraqueza orgânica, da latente tendência à cisão e à nova fundação, do multiplicar-se de tantas minúsculas e ineficientes "panelinhas" de amigos e clientes (salvo as devidas exceções) deve ser provavelmente atribuída ao fato de que a elite econômica e intelectual italiana, participando pouco da vida política e pública do país – por impossibilidade ou por escolha –, descarregava na vida associativa da colônia ambições, frustrações, manias de grandeza e querelas pessoais. Não é casual que um Círculo Italiano na cidade de São Paulo só tenha sido fundado em 1911 e que, ainda em 1926, contasse somente com 850 sócios.[34] O mesmo peso numérico da imigração italiana permitia a criação de "igrejinhas", pois existia uma massa suscetível à demagogia barata, sobretudo se acompanhada de perspectivas de intervenções de beneficência, numa situação em que qualquer imprevisto era capaz de jogar no desespero o trabalhador urbano. Outro motivo que explicava a multiplicação das entidades associativas era, como dissemos, a persistência e o fortalecimento de identidades regionais e locais. Por fim, não podemos esquecer que a dispersão da imigração no interior de São Paulo e o isolamento em todo o Sul do Brasil facilitavam o aparecimento de iniciativas associativas em cada cidade ou colônia de povoamento.

Quaisquer que fossem as causas, assistiu-se a uma verdadeira pulverização das instituições italianas, sobretudo a partir da segunda metade dos anos 1890, particularmente em São Paulo e no Rio Grande do Sul. Neste estado, elas alcançaram a cifra máxima de 64 no início do século XX, com um

---

33 Pepe, "La casa degli italiani", *Bios*, 9 dez. 1903.

34 Sobre o Circolo Italiano, vide Chiarappa (1927); *Circolo Italiano...* ([s.d.]).

aumento consistente em relação a uma dezena de anos antes, quando chegavam a 37.³⁵ No estado de São Paulo, passaram de 136 em 1906 (das quais 33 na capital) para 182 em 1908, 392 em 1912, para decaírem progressivamente para 94 em 1923 e aumentarem novamente para quase 150 em 1937.³⁶

Porém, como prova da escassa vitalidade dessas associações, temos de sublinhar que o número total de sócios foi sempre inferior ao das coirmãs criadas na Argentina e nos Estados Unidos e, em proporção, até mesmo em países como o Chile e o Uruguai, que haviam recebido um contingente bem inferior de imigrantes italianos (Tabela 1).

Tabela 1 – Sociedades italianas no Brasil – 1880-1923

Estados	1880		1896		1908		1923	
	Nº	Sócios	Nº	Sócios	Nº	Sócios	Nº	Sócios
Bahia					1	56		
Minas Gerais					24	1.442	14	
Paraná					7	973	16	
Santa Catarina					6	332	2	
Pernambuco					3	65	2	
Rio Grande do Sul					53	3.174	45	
Rio de Janeiro					9	926	6	
São Paulo					170	8.213	94	
Espírito Santo					4	169		
Pará							3	
BRASIL	5		98	9.020	277	15.890	182	14.418
ARGENTINA	16		302	124.543	317	125.736	412	146.764
CHILE	3		22	2.537	46	2.640		
URUGUAI	12		52	11.436	23	3.414		
ESTADOS UNIDOS	20		427	31.143	394	'43.462	3.014	322.579

Fontes: Corte (1887); Prato (1906); "Elenco delle Società italiane all'estero" (1908); BE, v.24, 1908; CGE (1926a).

---

35 Legrenzi (1896, p.69-70).
36 Vide, para 1906, *Il Brasile e gli italiani* (1906); para 1908, Bonardelli (1911b); para 1912, BDET, v.3, 1912; para 1923, CGE (1926); para 1937, Pisani (1937).

A grande maioria das sociedades foi sempre representada pelas de beneficência e socorros mútuos (mais de 3/4 do total), cuja atuação se exercia sobretudo em caso de acidentes de trabalho e no plano da assistência médica, tanto indireta quanto diretamente, como na cidade de São Paulo, onde algumas associações dispunham de um médico próprio que prestava gratuitamente seus serviços aos sócios mais pobres.[37] Contudo, no variado panorama da vida coletiva italiana, não faltaram casos de transposição para terras brasileiras de instituições que tinham suas origens na pátria, pelo menos idealmente – Gruppo Reduci Garibaldini, Gruppo Reduci delle Patrie Battaglie, que depois se transformou na Associazione Reduci[38] –, ou de difusão das mercadorias italianas – Unione Viaggiatori Italiani – ou simplesmente desportivas – Palestra Italia.

Ao contrário, foram esporádicas e de vida efêmera as tentativas de agremiações declaradamente políticas, cuja exiguidade não significava que não houvesse contrastes políticos, mas simplesmente que eles se davam no seio das sociedades de beneficência e mútuo socorro já existentes: por exemplo, em 1910, em Piracicaba, o XX de Setembro não foi comemorado porque a diretoria da sociedade de mútuo socorro local, em mãos de clericais, queria celebrar a ocorrência com uma missa na sede social, provocando, naturalmente, a ira dos leigos.[39] Com relação a essa data, temos de lembrar que era a única festividade que mobilizava todas as associações italianas presentes no Brasil. A unanimidade de atitude não equivalia à unanimidade de opiniões, seja sobre a ocorrência, seja sobre a gestão dos festejos: em 1898, em São Paulo, verificaram-se violentos choques de rua entre os participantes da passeata organizada pela Unione Meridionale (União Meridional), de linha conservadora, e os socialistas e anarquistas italianos, que culminaram com a morte de Polinice Mattei, lembrado depois como a primeira vítima da questão social no Brasil.[40]

Indiretamente políticas (ou também diretamente, como no período entre as duas guerras mundiais) eram outras associações exclusivamente italianas, precisamente as lojas maçônicas que vieram se formando a partir de 1888, com a Loja Itália (113 adeptos em 1895, 200 em 1900). Elas

---

37 Ciscato (1908, p.10).
38 A seu respeito, o jornal *Il Lavoro* afirmava, ironicamente: "Que existe, todo mundo diz; onde fica, ninguém sabe" (*Il Lavoro*, 10 maio 1895).
39 *La Scure*, 3 set. 1910. No dia 20 de setembro de 1870, o exército italiano ocupara Roma, anexando-a à Itália e pondo fim ao poder temporal do Vaticano.
40 Sobre o acontecido, vide Pinheiro; Hall (1979, p.25).

tiveram uma certa difusão mesmo em regiões menos povoadas pela imigração italiana, como Minas Gerais – Loja Benso di Cavour –, ou muito isoladas (em Bento Gonçalves, em 1904, existiam duas). Nos anos 1920, havia pelo menos quatro: Aquila Romana, Andrea Costa, Guglielmo Oberdan e Cesare Battisti.[41]

Em todo caso, a menina dos olhos da coletividade italiana era o Hospital Uumberto I, criado em São Paulo em 1904, com a contribuição financeira de algumas personalidades eminentes (entre as quais se destacava Matarazzo), após anos de tentativas, acusações recíprocas e frustrações. Contudo, não se pode dizer que os resultados tenham sido satisfatórios, pelo menos nas duas primeiras décadas, como demonstram também as contínuas polêmicas sobre sua gestão, a política das despesas, os serviços prestados e como o atesta o fato de que, em 1923, os leitos eram 100 contra os 1.410 dos seis hospitais italianos na Argentina.[42] Há também uma referência a um hospital italiano em 1896, no Rio Grande do Sul[43] e sem dúvida bem atuantes foram o do Circolo Italiani Uniti de Campinas (a partir de 1918) e o do Rio de Janeiro (desde 1926).

Uma última prova das divisões existentes, e talvez a mais importante, é constituída pela falência de qualquer tentativa da fundação de uma federação das sociedades italianas existentes no Brasil, ou, mais modestamente, num dos estados brasileiros. A primeira de que se tem notícia é a de 1884, quando 242 expoentes da colônia italiana de São Paulo se reuniram no Teatro São José para propor um pacto federativo. Os resultados foram nulos e as rivalidades acabaram por explodir com grande amplitude,[44] alastrando-se em seguida para os centros do interior. Em 1890, foi formado, sob a presidência honorária do cônsul Rozwadowski, um segundo comitê promotor de um congresso de italianos no estado de São Paulo, que porém não teve mais êxito do que o anterior,[45] assim como, sete anos depois, faliu uma iniciativa análoga promovida pelo *Il Circolista* do Rio de Janeiro, jornal do Circolo Operaio Italiano.[46] Conseguiu ir mais longe uma tentativa coeva em São Paulo, onde o comitê para as comemorações do 20 de Setembro tornou-se o promotor de

---

41 Sobre as lojas, veja as poucas referências em *Il Brasile e gli italiani* (1906); Petrocchi (1904b); Asmae, série pol., "Brasile (1919-1930)", envelope 905, fasc.1640.
42 Sobre essa instituição, vide Piccarolo (1911, p.256-63); Zuculin (1926a).
43 Legrenzi (1896).
44 "La sezione di San Paolo..." (1910); "L'Istituto Coloniale di Roma..." (1910); Rios (1958, v.20, p.313).
45 Società Italiana di Mutuo Soccorso Galileo Galilei... (1911, p.11).
46 Vide *Il Circolista*, 15 jul. 1897.

um congresso ao qual aderiram 34 sociedades, que aprovaram um estatuto distribuído em seguida a todas as associações italianas, convidando-as a participarem de uma recém-fundada federação.

O comitê foi desfeito e não se falou mais em pactos federativos até 1904, quando a sociedade Galileo Galilei, talvez a mais autorizada das associações existentes, promoveu, em São Paulo, entre 13 e 18 de maio, um congresso das sociedades e instituições italianas no Brasil. Estavam representadas 98 associações (sendo 80% do estado de São Paulo), 29 escolas, 8 jornais e 265 particulares, num total de 143 delegados. Se o encontro tinha uma qualidade, era a do pluralismo: houve lugar para todas as facções regionais e políticas, desde o clero (De Rosa) aos socialistas (Ernestina Lesiva, Piccarolo, Ramenzoni) e aos anarquistas (Ristori). Durante os cinco dias, foram enfrentados vários temas: relações políticas e jurídicas dos italianos residentes no Brasil com a mãe-pátria e com o país de adoção, educação e instrução (particularmente os meios para difundir a língua e a cultura italianas), beneficência e assistência, previdência, mutualismo e cooperação, comércio e indústrias italianas no Brasil, imigração e colonização.

A pauta final foi aprovada por 73 votos a favor, 6 abstenções e 19 contra (entre os quais os dos que estavam ligados ao movimento operário: Lesiva, Piccarolo, Battelli, Ramenzoni e Ristori), após uma ampla e inflamada discussão devido às diferentes posturas que as várias correntes tinham em relação ao problema. Mais detalhadamente, voltaram a manifestar-se os dissídios políticos (unidade nacional – diferença de classe) e os contrastes regionais. Em todo caso, também o congresso de 1904 não deu em nada e marcou o fim de qualquer tentativa de agregação federativa, apesar dos esforços sucessivos de entusiasmados partidários da ideia, como Gaetano Pepe e Domenico Rangoni. Alguns anos depois, decepcionado com a experiência de 1904, o comitê diretivo da Galileo Galilei afirmava melancolicamente:

> Não mais nas sociedades, mas nos italianos tomados um por um, deve constituir-se qualquer base de organização [...]. A organização há de ter como objetivo: basear-se na participação não de uma só classe (porque também nas colônias temos as classes), mas de todas.[47]

Mas era logo esse ingênuo apelo para colocar-se acima das partes que não podia ter (e, de fato, não teve) possibilidade alguma de êxito: o próprio Circolo Italiano, que nasceu na mesma época, foi sempre única e

---

[47] Società Italiana di Mutuo Soccorso Galileo Galilei... (1911, p.13).

exclusivamente expressão de uma classe, a dominante, que confiava à elite intelectual a gestão do próprio círculo.

4.3. As escolas

A instrução e, mais em geral, a difusão da cultura peninsular, foram sempre uma preocupação prioritária da imprensa italiana durante todo o período em questão. Ambas eram vistas como instrumento indispensável para manter vivos o conceito de italianidade e os laços com a mãe-pátria, sobretudo levando em consideração o raquitismo associativo. É óbvio que as próprias características da emigração peninsular, em sua grande maioria camponesa e analfabeta, e sua distribuição pelo território, com o consequente isolamento tanto nos núcleos coloniais quanto nas fazendas, impediam que intentos de emancipação cultural e de ligação intelectual com a Itália brotassem espontaneamente em seu seio. Também o trabalhador urbano, duramente empenhado em sua luta pela sobrevivência ou freneticamente absorvido pela necessidade de poupar, não representava um terreno fértil para iniciativas que não fossem de mútuo socorro e de beneficência. É óbvio, portanto, que, no plano intelectual, o impulso deveria vir de além-mar, através de um empenho (não só financeiro), que, porém, faltou totalmente.

À primeira vista, a exportação de uma mercadoria tão sofisticada como a cultura parecia nada prioritária num país em que os problemas ligados à emigração eram tantos. Mas para quem contava com tal presença para projetos de expansão comercial ou ideológica – sobretudo a partir de 1922 –, só podia parecer preocupante a omissão das estruturas oficiais nesse campo específico. No entanto, as tentativas para inverter essa situação foram bem fracas, deixadas quase exclusivamente a cargo da Dante Alighieri, que, tendo surgido em 1889, no ano de 1906 contava com 239 comitês na Itália, mas só 80 no exterior, boa parte dos quais nas Américas.[48] No Brasil, nos anos 1920, a Dante Alighieri tinha 20 bibliotecas e 15 comitês, os quais, baixaram para 8 em 1940. Contudo, sua atividade não estava destinada a deixar qualquer tipo de marca, visto que um jornal de São Paulo assim estigmatizava sua total falta de realizações:

---

48 Brenna (1918, p.219).

> Em São Paulo há um comitê da Dante Alighieri que arrasta sua existência [...] de uma assembleia que não resolve nada para outra que anula o que nunca foi decidido. O que fez até agora, na verdade, a Dante Alighieri de São Paulo? Nada, se excluirmos os banquetes dos quais participaram os membros da presidência, com os respectivos discursos, bonitos e patrióticos, do doutor prof. Carini.[49]

A defesa da italianidade acabou sendo confiada à miríade de escolas primárias que surgiam e desapareciam em ritmo impressionante, mas cujos efeitos dificilmente poderiam ser avaliados no que se refere à manutenção dos valores culturais da mãe-pátria.[50] Não por acaso, os que mais tinham apreço a essas exigências não deixavam de notar como, entre os filhos dos imigrantes, qualquer hipótese de consolidação dos laços espirituais com o país de origem era passada antes através da instrução ginasial (e, portanto, de elite do que da primária:

> A escola italiana no exterior tem uma função diferente da que tem na pátria. Na pátria, é o aluno que importa; lá, ao contrário, é o patrimônio da cultura nacional que conta [...]. Defender o idioma não é a mesma coisa que difundi-lo, e sobretudo implica meios e ações diferentes.[51]

A criação e a multiplicação de ginásios e colégios permitiriam, justamente porque dirigidos a uma elite, obter efeitos mais duradouros, também em termos de consolidação do prestígio italiano no campo internacional. Esse conceito estava bem claro na cabeça do cônsul de São Paulo, Gherardo Pio di Savoia, o qual, em 1906, expunha ao conselho central da Dante Alighieri, na Itália, a necessidade de fundar em São Paulo um ginásio baseado exatamente em motivações parecidas. Em resposta a seu pedido foi enviado Arturo Magnacavallo, secretário do Ministério da Educação, que, em 1907, ficou na capital paulista por quatro meses a fim de estudar a questão. A criação do Istituto Medio Dante Alighieri, mais conhecido como Collegio Dante Alighieri, com internato anexo para hospedar os alunos residentes no interior e em outros estados brasileiros, foi possível graças à contribuição da

---

49 "La Dante Alighieri a San Paolo e a Rio", *La Vita Italiana nel Brasile*, 21 nov. 1908. Sobre a sociedade Dante Alighieri no estado de São Paulo, vide Piccarolo (1911, p.264-71).
50 Para um quadro otimista dessas escolas, vide Pepe (1916).
51 Bianco (1922b, p.176).

colônia italiana e do Ministério das Relações Exteriores, que, no entanto, se valeu da verba teoricamente destinada à tutela dos imigrantes, provocando um coro de protestos indignados:

> Nunca poderemos censurar o bastante nossas autoridades pelo fato de aquele colégio para filhos de italianos enriquecidos ter sido criado com a grande participação financeira do Fundo da Emigração, constituído, na maior parte, pela taxa de oito liras que o emigrante dá ao Governo para sua proteção.[52]

Rodolfo Crespi, que financiou parcialmente o projeto, foi nomeado presidente do colégio e aceitou de bom grado, acumulando assim esse cargo e o de presidente da seção paulista do Istituto Coloniale. Crespi conseguiu reunir fundos residuais para que a escola começasse a funcionar, em 1912, com uma só classe, numa casa de aluguel; mas já no ano seguinte tinha uma sede própria com 112 alunos. Até 1922, foram reunidos mais de dois milhões de liras e, em 1925, a escola contava com 476 estudantes, dos quais 110 internos.[53]

Em todo caso, a do Dante Alighieri foi uma tentativa isolada e toda a instrução em língua italiana ficou confinada ao âmbito das escolas primárias. As primeiras surgiram no Sul, por iniciativa dos próprios colonos, mas será necessário esperar meados dos anos 1880 para que surja uma subsidiada pelo governo italiano em Porto Alegre. Naquela data (1887), já havia quatro na Argentina e duas no Uruguai e nos Estados Unidos, respectivamente. O financiamento da instrução primária italiana no Brasil representou sempre uma nota dolente, frequentemente sublinhada, e a absoluta pobreza cultural e organizadora dos institutos muitas vezes foi atribuída exatamente ao desinteresse ou à avareza da mãe-pátria. De fato, no mais das vezes, as escolas eram criadas por associações, entidades religiosas ou pelos próprios professores, cujo salário, nos três casos, pesava no orçamento familiar dos alunos. Obviamente, esse elemento representava um desestímulo para os pais, os quais, ainda que tivessem as melhores intenções de dar uma educação a seus filhos, preferiam, às vezes, mandá-los às escolas públicas locais. Por exemplo, em 1908, o cônsul de Minas Gerais afirmava:

---

52 Bonardelli (1916, p.116).
53 Sobre a história do Colégio Dante Alighieri, vide "L'Istituto Medio Italo-Brasiliano di S. Paolo" (1913); Malesani (1929, p.455-6); V. (1927); Pagano (1925).

Tabela 2 – Escolas primárias italianas no Brasil, na Argentina e nos Estados Unidos 1908-1930 (entre parênteses, as escolas das crianças das capitais de estado)

Estados	1908		1911		1913		1924		1930	
	nº	Matrículas	nº	Matrículas	nº	Matrículas	nº	Matrículas	nº	Matrículas
Rio de Janeiro	3(2)		7(4)		7(3)		4(4)	901	2(2)	101
Espírito Santo	13		29		30		15			
Minas Gerais	7(1)		6(1)		6(1)		4(1)	307	5(1)	321
Paraná	9(2)		8(1)		8(1)		7(1)	708	7(2)	708
Pernambuco	3(3)		4(4)		4(4)		5(1)	656	3(3)	61
Rio Grande do Sul	47(4)		91(4)		91(4)		123(5)	4.085	38(6)	3.686
São Paulo	115(80)		122(80)		187(121)		87(46)	10.626	56(25)	6.934
Santa Catarina	33(1)		33(1)		60		83(3)	1.627	56(5)	2.010
Mato Grosso	2		3(1)		3(1)		–	–	–	–
Pará	–		–		–		1(1)	30	–	–
BRASIL	232	13.656	303	16.295	396	23.323	329	18.940	167	13.821
ARGENTINA	59	6.644	71	6.801	87	9.393	82	13.301	90	21.691
ESTADOS UNIDOS	80	8.044	98	17.395	97	20.340	146	37.734	112	28.550

Fonte: Ministéro degli Affari Esteri, *Annuario delle scuole italiane all'estero governative e sussidiate* (Roma, 1908, 1911, 1913, 1924, 1930).*

* Outras notícias sobre a consistência numérica das escolas italiana no Brasil podem ser encontradas, para 1905, em *Il Brasile e gli italiani* (1906); para 1900 (porém parciais), em "Popolazione dele scuole italiane..." (1900a); para 1907, 1910, 1921, 1925, em MAE, *Annuario delle Scuole Italiane all'Estero Governative e Sussidiate* (1907, 1910, 1921, 1925); para 1923, em CGE (1926a).

Existe no Consulado uma lista de cerca de cem pais de família que se declaram prontos a tirar seus filhos da Escola brasileira e a mandá-los à nossa, desde que se torne gratuita. Para pôr em prática o desejo dos signatários, seria necessário aumentar para 3.000 liras o subsídio anual, que, por enquanto, é de 1.000 liras.[54]

Um eventual aumento das contribuições, além de desejável, certamente teria sido possível, mas teria comportado um minucioso estudo das escolas existentes, do corpo docente, do número de alunos matriculados, da funcionalidade em relação à localização e ao número de italianos residentes. De um ponto de vista mais geral, comportaria uma distinção entre os institutos que seria justo ajudar financeiramente e os que não interessava manter. As autoridades diplomáticas italianas, no entanto, nunca foram capazes de levar adiante uma operação desse gênero, nem demonstraram a mínima vontade de fazê-lo, porque isso teria significado inimizades, rancores e, em última instância, aborrecimentos. Portanto, a concessão de novos subsídios acabou ficando ligada a fatores absolutamente casuais e à capacidade de pressão de cada centro ou associação. Para evitar descontentar alguém, acabou-se descontentando a todos, dividindo o magro subsídio anual total entre todas as escolas existentes. O método adotado permitiu, porém, uma verdadeira proliferação de escolas primárias, sobretudo em São Paulo e no Rio Grande do Sul, o que levou o número de matrículas a um nível bem mais alto do que na Argentina e, até 1913, do que nos Estados Unidos (Tabela 2).

Um fenômeno a ser evidenciado é a alta percentagem de meninas entre os alunos matriculados (de 1908 a 1930 nunca baixou para menos de 23%, com um índice máximo de 42% em 1924), sobretudo no Rio Grande do Sul e em Santa Catarina, onde abundavam as escolas religiosas dos núcleos coloniais. De fato, o clero teve um peso notável na estrutura escolar do Brasil, mesmo se limitado quase que exclusivamente aos dois estados mencionados e ao de São Paulo (Tabela 3).

O proliferar de escolas religiosas e particulares, os pequenos subsídios do governo, os salários dos professores a cargo dos alunos faziam que a organização dos institutos, o material didático e o próprio empenho do corpo docente fossem decididamente insuficientes. Em geral, para conseguir de sua atividade um salário digno, os professores procuravam reunir mais alunos do que as salas de aula podiam comportar, e raras vezes terminavam os programas. Por outro lado, as escolas apresentavam balanços totalmente

---

54 Bernardi (1908, p.162). Sobre o mesmo problema no Paraná, vide Castiglia (1908).

Tabela 3 – Escolas religiosas italianas no Brasil

Estados	1921		1924		1925		1930	
	nº	% do total	nº	% do total	nº	% do total	nº	% do total
Rio Grande do Sul	20	27,4	45	41,3	49	37,1	25	64,1
São Paulo	5	8,3	16	18,4	26	28,0	15	26,8
Santa Catarina	2	6,1	12	14,6	12	14,5	31	55,4
Brasil	30	15,1	75	23,9	97	27,1	74	45,1

Fontes: Ministéro degli Affari Esteri, *Annuario dele scuole italiane all'estero governative e sussidiate* (Roma, 1908, 1911, 1913, 1924, 1930). Elaboração do autor.

precários e em muitas delas acontecia de duas ou três classes serem amontoadas ao mesmo tempo numa única sala. Além disso, nos núcleos coloniais e nas sedes próximas a alguma fazenda, a frequência dos alunos oscilava bastante conforme a estação agrícola. Tudo isso contribuía para fornecer aos observadores um quadro desolador das escolas italianas:

> Muitíssimas, e não só as dos lugarejos agrícolas mais remotos do Brasil, mas também a maior parte das da própria cidade de São Paulo, segundo palavras dos Reais Representantes, estão em condições vergonhosas, tanto no que concerne aos locais que as escolas ocupam, quanto ao modo de ensino de nossa língua por parte de pessoas que, ao contrário, precisariam aprendê-la.[55]

Se essas acusações correm o risco de parecer fruto de uma certa malignidade (mas havia um fundo de verdade), alguns dados, de fato, baseados na simples lógica dos números, indicam que a classe docente tinha bem poucos méritos e que, aliás, muito dificilmente podia fazer jus a esse título. O artigo do *Avanti!*, a seguir, nos dá também uma ideia das consequências da concessão a todos os institutos indiscriminadamente de uma cota de míseros subsídios enviada pelo governo italiano:

> Na primeira quinzena do mês de maio passado, isto é, no momento em que se aproximava a distribuição gratuita de livros, foram abertas onze novas escolas na cidade. E há mais: para fazer aumentar o número cada vez maior de escolas federadas e para defraudar o governo no mesquinho subsídio dos livros e naquele mesquinhíssimo do dinheiro, recorreu-se a outro achado: marido e

---

[55] Venerosi Pesciolini (1911, p.105). Para os mesmos conceitos (com palavras idênticas), veja também Bonardelli (1916, p.115-6). Ambos referiam-se (obviamente) às escolas leigas.

mulher, ao abrirem uma escola em sua casa, inscrevem na Federazione e na Dante Alighieri duas escolas; e se tivessem um filho desempregado seriam inscritas três escolas.[56]

A Federazione Scolastica Italiana (Federação Escolar Italiana), à qual se referia o *Avanti!*, reunia o maior número de professores, apesar de (ou, talvez, exatamente por isso) sua conotação de organização pouco séria. De fato, surgiu em 1908, reunindo todos os que, temendo a criação de escolas verdadeiras, geridas por professores formados, haviam se alarmado diante da notícia de que a Dante Alighieri queria abrir escolas primárias em todos os bairros de grande presença italiana na cidade de São Paulo. A Federazione contrapunha-se à Unione Magistrale Italiana, cujo primeiro nome fora, significativamente, Società fra Insegnanti con Titoli (Sociedade de Professores com Títulos).[57] Como prova da falta de profissionalismo do corpo docente italiano em São Paulo, a Unione estava presente só em 26 escolas em São Paulo, enquanto a Federazione controlava 61 delas.

4.4. A imprensa

Se as associações eram muitas e as escolas ainda mais, o verdadeiro elemento de surpresa é representado pelo incrível número de jornais e revistas em língua italiana publicados no Brasil entre 1880 e 1940 e, sobretudo, entre 1885 e 1920. Elemento de surpresa porque a variedade de títulos presentes pressupunha um público que, na realidade, era, nas primeiras décadas, muito limitado. De fato, apesar do elevado número de italianos residentes no Brasil, em sua maioria tratava-se de analfabetos (entre todos os peninsulares que entraram ainda entre 1908 e 1927, os que não sabiam ler e escrever constituíam, de acordo com os dados oficiais, 28,7% do total)[58] ou semianalfabetos, e, de qualquer modo, de pessoas cujo horário de trabalho ou cujos compromissos eram tão pesados que não lhes permitiam qualquer tipo de aproximação com os jornais, tanto em língua italiana quanto em

---

56 "Federazione Scolastica e Unione Magistrale Italiana", *Avanti!*, 23 jun. 1908.
57 A Unione publicava também um jornal – *L'Eco* –, em cujo primeiro número podia ler-se: "Será (como o título indica) o eco de uma classe de beneméritos que pretendem defender os próprios direitos, sem transações vergonhosas" ("Programma", *L'Eco*, 19 mar. 1908). Sobre as duas organizações de mestres de escolas primárias, vide Pepe (1916).
58 Vide Cenni (1975, p.256).

português. Apesar disso, em 1907, só nas bancas de São Paulo encontravam-se cinco diários – *Fanfulla, La Tribuna Italiana, Il Secolo, Avanti!* e *Corriere d'Italia* – e uma dezena de semanários.[59] Levando em consideração todo o Brasil, as fontes mais prontas a analisar o fenômeno registram a presença (sempre inferior e às vezes muito inferior à realidade) de 43 publicações em 1909 (contra as 28 da Argentina), 30 em 1925 e em 1927 (quatro das quais diários), e 31 em 1941.[60] Só os Estados Unidos podiam ostentar um número maior de periódicos. Essa abundância foi importante porque a imprensa representou, como em outros países de emigração, um instrumento básico de integração dos italianos na sociedade acolhedora, fornecendo notícias sobre um mundo desconhecido para os recém-chegados, alimentando amor e carinho à "segunda pátria", brasilizando, em poucas palavras, os imigrados, pelo menos parcialmente.

A maior concentração deu-se na cidade de São Paulo, mas a imprensa italiana no Brasil apareceu pela primeira vez no Rio de Janeiro em época bem remota. De fato, o primeiro jornal do qual falam inúmeros artigos e monografias publicados na Itália a partir da segunda metade do século XIX teria saído em 1765. Seria uma publicação religiosa – *La Croce del Sud* –, editada no convento dos Capuchinhos pelos freis Giovan Francesco da Gubbio e Anselmo da Castelvetrano, porém sua existência é realmente duvidosa, não somente porque nenhum estudo brasileiro faz menção a ela, mas também porque, na época colonial, Lisboa não permitia que se imprimissem jornais no Brasil. Portanto, se essa folha, da qual não existe hoje, nem nunca ninguém viu no passado, nenhum exemplar, apareceu, é provável que fosse manuscrita.[61] Passar-se-ão setenta anos antes que apareça outro jornal italiano, dessa vez político: *La Giovine Italia*. De jornalismo, no verdadeiro sentido da palavra, só se poderá falar em 1854, quando veio à luz *L'Iride Italiana*, fundado, dirigido e escrito por Alessandro Galleano Ravara, com intentos literários para reforçar os laços culturais entre a Itália e o Brasil. Depois de cinco anos, nascia o *Monitore Italiano*, de caráter patriótico, seguido por *La Gazzetta Italiana del Brasile*, em 1875, dirigida por Francesco Vivaldi, *L'Italia Unita*, em 1878, *L'Eco d'Italia*, em 1879, *L'Italia*, em 1880, de Giovanni Fogliati, *La Voce del Popolo*, em 1881, de Giovanni Luglio, que depois se transformou em *La Voce d'Italia*, *L'Operaio Italiano* de Giovanni Celani no mesmo

---

59 Vide *Gli italiani nel Brasile* (1922-1926).
60 Vide Fumagalli (1909); "Censimento della stampa italiana all'estero..." (1925); Malesani (1929, p.457-9); Società Nazionale Dante Alighieri (1942, p.59).
61 Entre a grande quantidade de trabalhos que acenam a ela, vide Briani (1975b, p.135).

ano, *L'Imparziale* em 1882, *Il Giornale Italiano* de Ercole Foglia, *Il Cosmopolita* de Giovanni Fogliati e *La Patria* de Ferdinando Turchi, todos eles em 1883 e, aos poucos, todos os outros, em diferentes estados.[62]

Em São Paulo, o primeiro jornal italiano foi o *Garibaldi*, de Edmondo Zecca, surgido em 1870, depois *Il Movimento*, publicação liberal de Giacomo Uberti, em 1872, em seguida *Il Corriere d'Italia*, em 1880, sempre de Giacomo Uberti, e *L'Eco d'Italia*, em 1882, de Attilio Bucci.[63] Será em São Paulo que virá à luz o primeiro diário no Brasil, *Il Pensiero Italiano*, em 1890. No Rio Grande do Sul, onde foi bastante precoce uma presença significativa de italianos, a imprensa apareceu mais tarde, exatamente em 1883, em Pelotas, com *Il Venti Settembre*. No ano seguinte, em Porto Alegre, saiu *La Liguria* e, em 1885, *La Colonia Italiana*.[64]

É difícil estabelecer quantas publicações em língua italiana apareceram em todo o território entre 1870 e 1940, porque de algumas delas não há mais nenhum vestígio. Os únicos cálculos aproximativos feitos falam de 170 títulos entre 1880 e 1920, 140 ou 150 dos quais em São Paulo,[65] subestimando, porém, a consistência real do fenômeno. Com base em documentação direta e indireta, quem escreve encontrou quase 800 publicações entre diários, semanários, bissemários, trissemanários, quinzenários, mensários, números únicos, almanaques e jornais com periodicidade não definida desde as origens até 1940. E se a esses periódicos acrescentamos os que saíram até 1966, teremos um total de 824 títulos, dos quais mais de 90% foram editados em três estados: 486 na cidade de São Paulo e outros 94 no interior do estado, 100 no Distrito Federal, 74 no Rio Grande do Sul. Quanto ao resto do Brasil, estes são os números: 21 em Minas Gerais, 16 no Paraná,[66] 11 em Santa Catarina, 5 no Espírito Santo, 4 na Bahia, no Pará e no estado de Rio de Janeiro, 2 no Amazonas e em Pernambuco, 1 no Mato Grosso.

---

62 Para os primeiros jornais no Rio de Janeiro, vide Briani (1975b, p.136-9); Fumagalli (1909, p.139-41); Nati (1967, p.198-201). Sobre a imprensa italiana no Rio Grande do Sul, vide Gardelin (1987).

63 Para essas notícias, vide *Gli italiani nel Brasile* (1922-1926); Ferreira (1978). Briani, Nati e, antes deles, Fumagalli consideram que o primeiro jornal em São Paulo surgiu apenas em 1882, com *L'Eco d'Italia*, mas os testemunhos são demasiados para considerarmos exata essa afirmação. As únicas dúvidas, eventualmente, dizem respeito à data de nascimento de *Il Movimento*.

64 Sobre a imprensa italiana no Rio Grande do Sul, vide *Centenário da Imigração Italiana* (1976) e Gardelin (1987).

65 Vide Museu de Arte de São Paulo; Fondazione Giovanni Agnelli (1980, p.72); e Briani (1975b, p.139), que, porém, tira a informação de *Il Brasile e gli italiani* (1906).

66 Uma análise de alguns jornais italianos no Paraná é a de Araújo; Cardoso (1987).

É interessante notar a presença de iniciativas jornalísticas tanto nas regiões em que a colônia italiana era escassa (Pará, Bahia e Pernambuco), quanto em pequenas cidades do interior de São Paulo. Em Campinas, encontramos 22 periódicos, embora não contemporâneos; em Ribeirão Preto, 15; em São Carlos do Pinhal e em Santos, 10 em cada uma. Mas jornais em língua italiana apareceram também em Sorocaba (6), Jaú (6), Rio Claro (5), Jaboticabal (4), Araraquara (4), Amparo, Botucatu, Bragança, São Manoel do Paraíso (2 por município), Araras, Bariri, Batatais, Espírito Santo do Pinhal, Guaratinguetá, Itapira, Limeira, Mineiros, Mococa, Penápolis, Piracicaba, Salto de Itu, São José do Rio Pardo, Taubaté (um em cada município).

Qual era o conteúdo dessas publicações? Em geral, tratava-se de bem pouca coisa: pequenas notícias, fatinhos, curiosidades, fofocas, folhetins (produção tanto italiana quanto de intelectuais imigrados no Brasil), propaganda de firmas e lojas (de compatriotas, na maioria das vezes, mas não episodicamente de empresas brasileiras, inclusive algumas delas já bastante afirmadas). Esta, aliás, era a principal fonte de financiamento de folhas que dificilmente teriam sobrevivido mais que alguns dias se dependessem exclusivamente das vendas. Portanto, não é de surpreender que o quadro geral apresentasse características de marcada esqualidez para quem chegava da mãe-pátria:

> Desgraçadamente, como na imprensa colonial de outros países, aqui também é destinado um grande espaço às insolências recíprocas entre jornalistas e aos fatos de sangue, e também não é desconhecida uma espécie de chantagem insidiosa contra as pessoas que não fazem suas assinaturas e seus anúncios nos jornais, enquanto se verificam as mais abertas e complacentes adulações a pessoas que através do dinheiro criam uma certa influência nesses mesmos jornais.[67]

Acrescente-se a isso que, logo por causa das dificuldades financeiras ou por uma opção precisa, muitas vezes se falava quase exclusivamente da Itália, com base em notícias de agências ou copiando ao pé da letra os jornais da península em suas linhas gerais de interpretação. Como a redação era formada normalmente apenas pelo diretor e por um ou dois redatores (sobretudo até o início do século), o espaço reservado a eventuais serviços sobre fatos brasileiros era mínimo, dado que só se conseguia (quando se conseguia) seguir a vida da colônia. Não raro, porém, o interesse pelos acontecimentos

---

67 Bonardelli (1915c, p.103).

que diziam respeito à coletividade italiana limitava-se à crônica mundana ou às comemorações patrióticas. Em linhas gerais, a própria função da imprensa italiana no Brasil foi sempre um tanto quanto vaga e objeto de discussões periódicas:

> Resta ver se é tarefa dos jornais coloniais, a 5 ou 6 mil milhas de distância, seguir a política de Roma ou Viena, quando uma tarefa maior, mais lógica e mais humanitária, nos impõe trilhar outro caminho. O jornal colonial tem que ser o fio condutor do espírito vivo da nacionalidade; deve ser o porta-voz do amor da pátria por seus filhos distantes [...], deve tomar a palavra, quando de direito, pela respeitabilidade coletiva; deve ser exemplo de sabedoria e de sadio pensar no meio das suscetibilidades vaidosas que costumam nascer nas Colônias [...]. Nossos esforços [...] deveriam convergir para o sagrado objetivo de melhorar a educação e as faculdades intelectuais de dois terços de nossa colônia.[68]

De todo modo, a abordagem do jornal do Rio de Janeiro resultava redutora e certamente teria sido bem difícil para a imprensa levar a cabo a obra de educação moral e intelectual a que se referia, uma vez que dois terços dos emigrantes não liam jornais. Para intervir a seu favor, podiam-se utilmente seguir outros caminhos, em primeiro lugar o da denúncia das pequenas e grandes injustiças, individuais ou coletivas, sofridas pela emigração peninsular. Exemplos, até mesmo louváveis, nesse sentido não faltaram na imprensa em língua italiana e esse, aliás, foi o único caso em que as divergências políticas foram superadas em nome de um objetivo comum. Em todas as outras circunstâncias, ao contrário, a diversidade de matriz ideológica levou a rivalidades e contrastes bastante inflamados, inclusive no seio de um alinhamento de classe homogêneo.

Aliás, o tema da política revelou-se muito delicado em todas as circunstâncias, e foram muitos os jornais que, a fim de superar esse obstáculo, professaram abertamente uma posição apolítica. Isso aconteceu não só com aqueles periódicos que quanto mais a negavam nas enunciações tanto mais desenvolviam uma obra de propaganda conservadora em sua linha editorial, mas também com jornais de caráter progressista. Na realidade, os jornais de classe não faltaram, e alguns deles, aliás, tiveram um certo êxito. Por exemplo, o *Avanti!*, nascido em 1900, será por algum tempo a única folha cotidiana socialista a ser publicada, em qualquer língua, em toda a

---

[68] "La politica dei giornali", *L'Indipendente*, 18 fev. 1897.

América. Após uma interrupção de alguns anos e uma menor depois de 1917, continuará a existir até 1919, alcançando, em seu melhor período, a cifra de 6 mil assinaturas. Até mesmo um periódico anarquista como *La Battaglia*, muito menos incisivo e difundido que o *Avanti!*, durou mais de nove anos e, em 1908, imprimia 5 mil exemplares, número já suficientemente elevado para um jornal operário (e mesmo não operário) no Brasil. Decerto, era em jornais como estes, e, mais em geral, em qualquer jornal que hospedasse o menor vestígio de ideia progressista, que pensava o padre Guglielmo Paolini quando lançava seus anátemas nas colunas do clerical *L'Amico del Lavoratore*, outro periódico caracterizado, em sentido contrário e com menor sorte, por pesadas conotações ideológicas:

> Jornais, folhetos, romances, teatros, sociedades, lojas [maçônicas] representam um tamanho apostolado do inferno que é um verdadeiro milagre se toda a colônia não foi completamente pervertida [...]. Com a máxima facilidade os párocos poderão divulgar entre seus paroquianos essa humilde folha e, ao fazê-lo, poderão estar certos de enviar às famílias um antídoto muito eficaz contra as falsas doutrinas, e um pasto salutar para tantas almas que têm fome do pão da verdade e da justiça.[69]

Igualmente grosseiro era outro periódico clerical de breve existência, o *Cristoforo Colombo*, sempre dirigido por Guglielmo Paolini, que, além dos conselhos para moças, se caracterizava pela propaganda antiliberal, antimonárquica e, obviamente, antioperária. Mais confiável, mas nem por isso menos integrista, era *La Squilla*, que surgiu em 1906 e durou pelo menos até 1937, ostentando o lema: "Deus, Pátria e Família".

A imprensa política esteve sempre presente no Brasil, sobretudo a operária – socialista, anarquista e sindicalista –, mas também a de outro cunho: liberal, republicana e, no período entre as duas guerras, fascista.[70] Por outro lado, o quadro da imprensa em língua italiana era tão vasto que garantia amplos espaços não só às diferentes correntes ideológicas mas a qualquer

---

[69] "Lavoriamo!", *L'Amico del Lavoratore*, 25 ago. 1902. É muito duvidoso que esse jornal do Segretariato dei Coloni Italiani tivesse realmente laços de amizade com os trabalhadores, uma vez que, no mesmo número, afirmava: "Oh! sejamos justos, os fazendeiros, em sua grande maioria, amam seus colonos. E como poderia eu afirmar algo diferente se eles, logo eles, com suas gentilezas, contribuíram, e contribuem para sustentar o Secretariado?".

[70] Os exemplos de publicações liberais são demasiado numerosos para serem lembrados aqui. Os melhores jornais republicanos foram *La Sentinella Italiana*, fundado em Campinas, em 1901, por Natale Belli, e *La Voce del Popolo*, criado por Giovanni Luglio, no Rio de Janeiro, em 1881.

tendência, interesse ou simplesmente capricho existentes na colônia. Encontramos, assim, numerosos boletins, da Sociedade de Patronato para os Imigrantes (em São Paulo e Campinas), da Câmara Italiana de Comércio (em São Paulo, Rio de Janeiro e Pernambuco), de associações de beneficência – *Bollettino Mensile della Società di Mutuo Soccorso Leale Oberdan*, de São Paulo – e assim por diante. Encontramos também jornais dirigidos predominantemente a um público de uma única região geográfica, como *El Venezian* e *Il Meridionale*, em São Paulo, e *La Liguria* e *Il Trentino*, em Porto Alegre. Não faltaram os periódicos que forneciam informações de caráter econômico – *Il Commercio Italiano*, em Porto Alegre, e *Il Commercio e l'Industria*, em São Paulo – ou que eram a expressão de uma categoria não operária – *Il Viaggiatore* e, posteriormente, *Il Nuovo Mondo*, da Unione Viaggiatori Italiani, que reunia os representantes de comércio. Presentes também eram os semanários e mensários literários e artísticos, sobretudo em São Paulo: *Cronache*, de 1900, *Il Romanziere*, de 1904, *Il Gazzettino Artistico-Teatrale*, de 1907, *Il Fiore*, de 1908, *Varietas*, de 1908, e muitos outros ainda.

Em todo caso, as mais numerosas foram as folhas humorísticas, como: *Il Birichino*, *Il Diavolo Zoppo*, *Gazzettino Umoristico*, no Rio de Janeiro; *Lo Pascoalino*, em Porto Alegre; *Tre di Picche*, *Zazà*, *Guerin Meschino*, *Monsignor Perrelli*, *Il Pasquino Coloniale*, que resistiu de 1909 até a Segunda Guerra Mundial, *L'Arca di Noè*, *La Birichina*, *Don Chisciotte Senza Mancia*, *Frou Frou*, *I Folli di San Paolo*, *L'Asino*, em São Paulo. Crianças e mulheres também não eram esquecidas – *Giornale dei Piccoli*, *Mondo Piccino* e *La Moda nel Brasile* – e até quem se interessava por esporte encontrava jornais apropriados – *La Stampa Sportiva* e *Esperia Sport*, ambos publicados em São Paulo e, também nessa cidade, em 1906, apareceu inclusive uma folha dedicada exclusivamente aos caçadores, *Cani e Caccia*. Houve exemplos de jornais maçônicos – *Il Simbolismo* – e de revistas distribuídas gratuitamente, que serviam para divulgar os produtos de uma empresa comercial – como *La Toscana*, que depois se transformou em *La Rivista*, que a cada mês propunha contos, pequenas notícias, várias anedotas entremeadas de publicidade dos artigos em venda no Empório Toscano – ou até mesmo de um local público (*Criterium*, publicado pelo restaurante homônimo). A única especialização que faltou foi a de folhas que se dirigissem para as profissões liberais, como engenheiros, arquitetos ou médicos.

Não raros eram os casos de mudança repentina de linha política: *Il Giornale degli Italiani*, de São Paulo, folha democrática e batalhadora, tornou-se o porta-voz oficioso do consulado, após um acordo entre seu administrador, Trippa, seu diretor, Mazzoldi, e o cônsul Baroli, em troca de auxílios "morais e materiais".[71] Em outras circunstâncias, a intervenção consular teve objetivos mais banais, como o de fazer mudar o nome de *La Lotta*, um jornal de Campinas com anelo de denúncia, para *L'Unione*.[72] Mais grave é o caso do *Il Piccolo*, diário socialista fundado por Mazzoldi em 1915, que mais tarde os novos proprietários acabaram vendendo aos fascistas.

O fato de alguns nomes, como o de Mazzoldi, aparecerem frequentemente na história do jornalismo italiano no Brasil não é casual. As dificuldades financeiras com que a imprensa lutava constantemente, o pequeno número de leitores, a semelhança de postura e, às vezes, a própria duplicação das notícias faziam que a existência dos jornais acabasse sendo aleatória e, em geral, de curta duração. Portanto, acontecia de encontrar sempre os mesmos nomes chefiando várias publicações em épocas sucessivas: Mario Cattaruzza, Vitaliano Rotellini, Natale Belli, Domenico Rangoni, Antonio Piccarolo, Alessandro Sfrappini, Washington Procaccini, Schirone, Turchi, Maglia, Santanello, Segreto. Frequentemente, além de diretores, eram também os donos dos títulos.

Que se tratasse de periódicos sempre suspensos entre a vida e a morte é demonstrado pela irregularidade com que saíam. Exceto os diários (mas não poucos foram obrigados a interrupções por períodos mais ou menos longos), eram realmente raros os casos de semanários, quinzenários e mensários que respeitavam escrupulosamente os intervalos de publicação por eles mesmos fixados. Uma confirmação indireta dessa situação de mal-estar e incerteza nos é dada pela própria tiragem de cada jornal. Em 1925, para aqueles cujos dados foi possível obter, a tiragem média era de cerca de 1.700 exemplares, excluindo os dois maiores diários de São Paulo. Essa média, porém, ocultava situações muito desiguais, uma vez que sete jornais em treze imprimiam menos de mil exemplares, e se pode imaginar quanto vendiam.[73] Até mesmo o terceiro diário de São Paulo, *La Tribuna Italiana*, não ia além dos mil exemplares. Muito melhores eram os resultados de um jornal humorístico como *Il Pasquino Coloniale*, que alcançava a cifra de 10 mil exemplares, mas era antes uma exceção do que a regra, embora não faltassem revistas e até diários que tivessem uma certa divulgação. Refiro-me particularmente a *La Patria degli Italiani*, Il Bersagliere e Il Popolo d'Italia, do Rio de Janeiro, a *Stella d'Italia*, de Porto Alegre (bissemanário publicado entre 1902 e 1925), a

---

71 Vide *Avanti!*, 20 mar. 1915.
72 Vide *L'Unione*, 26-27 dez. 1894.
73 Vide "Censimento della stampa italiana all'estero..." (1925).

Il Colono Italiano de Garibaldi, que depois transformou-se na *Staffetta Riograndense*, a *Il Piccolo*, ao *Avanti!* e, sobretudo, ao *Fanfulla*, em São Paulo.

Surgido em 1893 por iniciativa de Vitaliano Rotellini e com uma redação limitada mas formada por alguns jornalistas afamados, como Sfrappini e Belli, o *Fanfulla* caracterizou-se logo por um trabalho de denúncia muito preciso e por uma seriedade que, frequentemente, faltou e faltará também no futuro à imprensa em língua italiana. A coletividade italiana premiou esse comportamento, a ponto de, em 1894, o *Fanfulla* já ter uma tiragem superior à de qualquer outra publicação italiana no Brasil, e de pouco depois tornar-se diário. Era o único jornal (incluindo os publicados em português) que saía também aos domingos. Ao longo dos anos, entre seus colaboradores, contou com nomes famosos, como Schirone, Ancona Lopez, Pisani, Borla, De Ambris. No quadro da imprensa italiana foi, por um bom tempo, o único jornal que saía com oito páginas. Graças às batalhas travadas, ao equilíbrio entre notícias da Itália, internas e da colônia, à sua capacidade de inserir-se na realidade local, soube conquistar dignidade e prestígio. Com uma tiragem de 20 mil exemplares em meados dos anos 1920 e 40 mil em 1934, segundo por difusão depois de *O Estado de S. Paulo*, durante muitíssimos anos foi o principal jornal e o porta-voz da coletividade italiana e soube alcançar uma importância confirmada por uma longevidade que não teve igual na imprensa italiana, não só do Brasil, mas de qualquer outro país. De fato, terminará suas publicações a 1º de outubro de 1965, após 74 anos de existência, retomando-as em seguida, mas como semanário.[74]

4.5. Lazer

Nas horas não ocupadas com o trabalho ou com as ocupações domésticas, apenas algumas formas de lazer pareciam destinadas a reforçar o sentimento de identidade étnica, enquanto outras eram comuns a todas as nacionalidades, tornando-se, assim, mais instrumentos de fraternidade –, muitas eram, porém, as ocasiões de encontro e de fruição do tempo livre que tinham características mais propriamente italianas. Dentro da esfera da vida social que reunia imigrantes e nativos, havia vários elementos que tornavam mais vivas as cidades de maiores dimensões, mas também os centros menores, ainda que de forma menos conspícua, e que lhes conferiam

---

[74] Para notícias mais detalhadas sobre o *Fanfulla*, veja, sobretudo, Briani (1975, p.145-7); e Nati (1967, p.203). Para uma análise ampla dos primeiros anos de vida, Belli (1923); e Trento (1988).

um caráter visualmente cosmopolita, especialmente onde os estrangeiros eram mais numerosos. À categoria da distração comum pertenciam os passeios, as horas passadas no café, os piqueniques nos parques da cidade, os circos, teatros, cinemas, jogos de tiro ao alvo, os mais modestos e simples passeios pelas ruas da cidade e praças e os desfiles de Carnaval, todas ocasiões de socialização que favoreciam uma maior coesão entre elementos de raças e etnias diversas.

As classes trabalhadoras nunca abandonaram as festas proletárias (em particular a de 1º de Maio), nas quais as diferentes e conflitantes correntes do movimento operário se afastavam, pelo menos naquelas circunstâncias (mas nem sempre), da seriedade da doutrinação, organizando atividades lúdicas, eventos esportivos, entretenimentos musicais e gastronômicos, sem deixar de lado os comícios de cunho ideológico e sindical. Também era comum a participação em noites de dança e o entusiasmo pelo Carnaval e seus desfiles, ocasiões em que, apesar de sofrerem os ataques virulentos dos jornais anarquistas por sua atmosfera de lubricidade e por sua função anestésica à luta de classes,[75] eram muito populares entre as classes trabalhadoras, brasileiras ou não. Não parecia, por isso, casual que algumas dessas formas de entretenimento também assumissem uma dimensão exclusivamente étnica e se difundissem entre os imigrantes italianos, como indica a presença de um Circolo Carnavalesco Italiano, ainda em funcionamento às vésperas da Primeira Guerra Mundial, e a difusão de uma infinidade de clubes recreativos que tinham como finalidade a promoção de entretenimento, principalmente a dança. Entre as associações desse tipo, basta aqui lembrar, em São Paulo, Gioventù Gioconda, Fiore della Mooca, Boheme; nessa categoria podiam-se encontrar grupos intitulados a glórias pátrias (Guglielmo Marconi) ou que evocavam ideais nacionais (Fratelli Bandiera) ou que expressavam lealdade à monarquia (Umberto I, Società Ricreativa Femminile Savoia) ou ainda destinados a uma ou outra categoria de trabalho (Circolo Ricreativo fra Sarti).

Mas se essas eram formas de fruição comum do tempo livre das classes populares (dentre as quais incluíam-se até missas e procissões, que também tinham função de socialização), havia outras formas de diversão destinadas praticamente apenas às classes médias, de todas as nacionalidades. Desse

---

75 Esse moralismo, que levava à condenação de vícios como o álcool e o fumo, era muito difundido entre os anarquistas. "Todas as formas de lazer promovidas pelas classes dominantes, do baile ao futebol, são censuradas como práticas imorais que visam enfraquecer a classe operária, desviando-a do cumprimento de sua função histórica revolucionária", fazendo que os indivíduos percam a dignidade (Rago, 1980, p.111).

tipo eram os passeios em ruas específicas, onde era essencial mostrar-se e ver os outros, as confeitarias e salões de chá, onde se exibiam roupas novas e chapéus da moda, enquanto os homens com um mínimo de dinheiro frequentavam cabarés, e para eles até o bordel poderia se tornar – e de fato se tornava – um lugar de sociabilidade. Igualmente comuns surgiram as formas de aproveitar o tempo livre da elite, frequentadora dos Jockey Clubs e de pequenos círculos, onde não faltavam bilhar, salas de leitura, ginásios e se praticavam esportes como o tênis.

Os cinemas, inversamente, atraíam todas as classes sociais; em São Paulo, eles surgiram no final da primeira década do século XX e, após passarem por uma breve fase de projeções itinerantes dentro da cidade, tornaram-se, então, um entretenimento de ambientes fechados. Afirmado como um entretenimento a preço reduzido, o cinema logo suplantou o circo (mas não o teatro) quanto à multiplicação de instalações e afluência e, nesse setor, os italianos se destacaram em alguns centros urbanos, como Porto Alegre e Rio de Janeiro, como proprietários das salas. Emblemático, nesse sentido, foi o caso dos irmãos Segreto, chamados de "fabricantes da alegria", pela gestão deles – quase monopolista – de empresas e negócios no campo do cinema e teatral (especialmente espetáculos de *vaudeville* e opereta), mas também nos pontos de encontro com bilhar, cafés, tiro ao alvo e outros ainda, bem como no setor da distribuição de jornais, através da criação e do financiamento da Società Ausiliari della Stampa, que ocupava-se da distribuição dos periódicos.

Entre as primeiras formas de fruição do tempo livre com forte componente étnico estão, sem dúvida, as festas locais dos santos padroeiros das várias *Little Italies* da cidade (S. Vito, S. Gennaro, Nossa Senhora Aquiropita, Nossa Senhora Casaluce, para nos limitarmos ao caso de São Paulo), oportunidades únicas de socialização e de apresentação de grupos musicais. De modo mais geral, foram os espaços comuns dos bairros em questão – começando pelos locais públicos de convivência como bares, salões de dança, clubes de bocha, sedes de times de futebol e assim por diante – que fortaleceram uma identidade étnica aos próprios bairros, talvez de tipo regional mais do que genuinamente italiana, sobretudo nas primeiras décadas.

Outro fator de coesão étnica foi representado pela tradicional paixão dos peninsulares pela música, a qual, ao mesmo tempo que deu origem a descrições estereotipadas de homens bigodudos decididos a tocar bandolim e cantar canções sentimentais, levou à criação generalizada de escolas de música ou orquestras mais ou menos renomadas, à produção e venda de instrumentos musicais e, sobretudo, à proliferação de bandas em São Paulo (Ettore Fieramosca, 8º Bersaglieri, Guido Monaco, Duca degli Abruzzi, XI Bersaglieri,

Banda Musicale Italo-Brasiliana). Engajados a tocar em muitas reuniões públicas, estiveram sempre presentes nas comemorações dos aniversários nacionais, em particular do 20 de Setembro, data que mobilizava milhares de pessoas para as comemorações da Unificação da Itália e que representava, por excelência, uma oportunidade de socialização étnica, tendo perdido em grande parte seu caráter secular e anticlerical. Tal secularismo havia em tempos passados atraído a ira e a advertência do Vaticano para essas comemorações, já que a conquista de Roma naquela data, em 1870, pelas tropas italianas tinha conseguido acabar com o poder temporal do papa. De qualquer maneira, a sensibilidade musical também era testemunhada pela atividade de clubes como o Club Mandolinistico Ugo Azzolini, a Società Corale Benedetto Marcello, Circolo Ricreativo Pietro Mascagni.

Todas as formas de fruição do lazer de natureza gastronômica eram claramente étnicas. Essa predileção pela cozinha da terra de origem encontrava uma saída no cotidiano doméstico, mas também na frequentação, de acordo com a classe social, de tabernas, trattorias e restaurantes que apresentavam menus rigorosamente italianos. As classes médias imigrantes e mesmo as camadas da pequena burguesia podiam, depois, permitir-se mais do que uma paragem nesta ou naquela confeitaria que produzia doces típicos da tradição regional ou nacional e, ao longo das décadas, esses hábitos começaram a estender-se também às classes populares. Até a Primeira Guerra Mundial, porém, estas últimas limitavam-se a frequentar, fora do horário de trabalho, as numerosas e mais prosaicas tabernas, onde muitas vezes paravam para beber e comer uma fatia de salame e um pouco de queijo, talvez jogando taco, cartas, *morra* ou nos intervalos de um jogo de bocha.

Um setor de lazer no qual a influência italiana foi muito perceptível até a Segunda Guerra Mundial (mas também além) foi o da lírica, da opereta e do teatro em língua italiana, setor que para os imigrantes, principalmente os oriundos de experiências urbanas, já era, de alguma forma, familiar na pátria. No Brasil, e em particular no Rio de Janeiro e em São Paulo, tais espetáculos representavam, já nos anos 1890, a forma de distração mais difundida, tanto os oferecidos pelas companhias da península quanto as, mais modestas, encenadas pelos numerosos grupos amadores criados por imigrantes, inclusive incentivados por associações étnicas, que viam o fenômeno como uma oportunidade não só de prazer, mas também de fortalecimento de uma consciência nacional. De fato, o teatro teve a função de ajudar primeiro a construir e depois a cimentar uma identidade coletiva e não foi por acaso que ele, amador ou profissional, encontrou tanto espaço nas crônicas dos periódicos da comunidade. Por outro lado, a língua italiana vinha, em grande medida, associada à lírica operística e, de maneira mais branda, à mesma dramaturgia, tanto que atores provenientes da península vinham repetidamente em turnê ao Rio e a São Paulo desde meados do século XIX e assim continuaram até 1940 e, esporadicamente, até depois.

Na verdade, já a partir da década de 1820, companhias líricas começaram a fazer escala na capital brasileira, realizando frutíferas apresentações – mais ou menos prolongadas – em várias cidades da América do Sul, aproveitando o fato de que a ópera era, por definição, uma coisa italiana.[76] Essas presenças se intensificaram nas décadas seguintes, mas foi somente nos anos 1880 que companhias italianas de peso desembarcaram em São Paulo, para a alegria dos imigrantes e brasileiros, que puderam apreciar os mais talentosos intérpretes do momento, de Titta Ruffo (que em 1911 inaugurou o Teatro Municipal) a Enrico Caruso, de Tito Schipa a Beniamino Gigli. Um subproduto cultural, mas generoso em termos de bilheteria, foi a opereta, gênero muito popular entre conterrâneos que no Cassino Antártica, no Palácio Boa Vista, no Apolo e no Santana, aclamaram várias companhias que traziam da terra natal um vasto repertório de antigos e novos trabalhos.

O entretenimento mais difundido, especialmente para as classes populares, no entanto, permaneceu o do teatro em prosa. Como para a ópera, também nesse caso as primeiras apresentações de atores da península ocorreram no Rio de Janeiro e algumas delas tiveram grande repercussão, assim como seus intérpretes, começando por Adelaide Ristori, conhecida e apreciada por dom Pedro II, em 1869, para depois passar para Tommaso Salvini, Ernesto Rossi, Eleonora Duse, que ali se apresentou em 1885. Já a partir dos anos 1870, porém, alguns desses atores e outros ainda começaram a trilhar as cenas paulistas (mas o fenômeno se tornou mais significativo após 1890), nos teatros já mencionados, mais o São José e o Colombo, este último no Brás. Dentre as personalidades mais famosas que atuaram na capital paulista, permanecendo por muito tempo e às vezes dando o próprio nome às companhias amadoras locais, devem ser mencionadas Ermete Novelli, Clara Zorda, Tina Di Lorenzo, Ermete Zacconi, Lidia Borelli, Clara Della Guardia, Ruggero.

À medida que esse fluxo se desenvolvia, registrou-se talvez o fenômeno mais significativo e com certeza o mais socializador, quer dizer, o das

---

76 Uma vez aqui, muitos resolviam ficar, dada a falta de concorrência. Só como anedota devemos lembrar que a primeira regência de Arturo Toscanini aconteceu no Rio de Janeiro, em 1886, quando, ainda jovem e obscuro violoncelista, foi obrigado a subir como diretor no palco devido a um surto de febre amarela que atingiu boa parte dos membros da companhia da qual fazia parte.

companhias amadoras de imigrantes, que, ligadas ou não a círculos estabelecidos com o mesmo nome da companhia, surgiram às centenas, como pode ser facilmente visto percorrendo as páginas do *Fanfulla* a partir do final da década de 1880 e houve períodos em que dezenas desses grupos atuaram simultaneamente em São Paulo. Atuavam em italiano, então, para um público natural representado pelos imigrantes, mas sem que isso distanciasse decisivamente os espectadores brasileiros (talvez descendentes de italianos) ou de outras nacionalidades. Os mais sólidos deles duraram décadas – esse foi o caso da Società Filodrammatica Andrea Maggi, que tinha teatro próprio –, atuando tanto na capital quanto no interior do estado. Entre estes, figurava o Amore dell'Arte, no qual Faustina Polloni, mais conhecida por seu nome artístico, Italia Fausta, deu os primeiros passos para depois perecorrer uma carreira profissional triunfante durante cinquenta anos. Os dramaturgos amadores mais importantes também criaram escolas de atuação, como o Ermete Novelli, enquanto apenas alguns, como Due Sicilie, encenaram espetáculos em dialeto.

Além do entretenimento cultural que ofereciam, todas essas companhias estimulavam uma irmandade patriótica, sustentando uma italianidade que por muito tempo representou mais um objeto de desejo da classe intelectual e das elites do que uma realidade vivida pelas massas, que ainda não tinham internalizado o pertencimento comum a uma nação. Nesse sentido, o teatro – teatro em geral e o teatro amador em particular – teve um impacto significativo na difusão (e na própria aprendizagem) da língua italiana ao lado do dialeto e, assim, na homologação dos imigrantes. As companhias receberam os nomes de atores ou atrizes que atuaram no Brasil ou de seus fundadores e empresários (Ermete Zacconi, Eleonora Duse, Andrea Maggi) ou receberam nomes de escritores italianos (Alessandro Manzoni, Matilde Serao, Carlo Goldoni), ou seja, lembravam patriotas e dinastias governantes (Giuseppe Garibaldi, Mafalda di Savoia) ou assumiam outros nomes que caracterizavam paixões e ímpetos (Simpatizzanti dell'Arte, Teatro e Lavoro, Pionieri dell'Arte, I Capricciosi). Tampouco houve falta de referências ao entusiasmo juvenil ou feminino para a atuação (Gioventù Moderna, Giovani dell'Arte, Bel Sesso). Durante o fascismo também apareceram, ainda que episodicamente, referências a personagens que apoiaram ou ainda prestigiavam o regime de Mussolini.

O repertório desses grupos era majoritariamente italiano, mas também incluía autores estrangeiros, de Shakespeare a Ibsen, de Dumas a Schiller. Poucas, mas não ausentes, as representações de intelectuais imigrantes no Brasil, dentre as quais as mais recorrentes foram *I napoletani in Brasile* e

Il buon Gesù (que tratava de Canudos), de Giorgio Cleto Camilli, jornalista antes do *Avanti!* e depois do *Fanfulla*, *Un ammalato per forza*, do dentista Giuseppe Saverio, que nada tinha a ver com Molière, e *Drammi brasiliani*, de Ulisse Barbieri, que tinha companhia própria com a qual viajava pelo estado de São Paulo. Na capital paulista, os dramaturgos amadores também podiam se apresentar nos teatros, mas era mais comum que isso acontecesse nas dependências modestas dos clubes de italianos. Registrava-se uma maior participação do público quando o espetáculo era encenado nos salões das associações étnicas ou em grandes salas alugadas para esse fim (em particular o Cassino Penteado, no Brás, e sobretudo o salão Celso Garcia) e inserido em um programa mais amplo que previa também apresentações de canto, declamações de poemas, degustação de pratos típicos, bandas, sorteios e, ao final, uma noite de dança. Essa prática também foi adotada pelo movimento operário, especialmente pelas correntes anarquistas, mas falaremos sobre ela no próximo capítulo.

De um modo mais geral, as próprias associações, para além das atribuições estabelecidas pelo seu estatuto, tiveram sempre uma função de socialização de cunho étnico através das atividades que ali se realizavam, da biblioteca (e talvez também das não incomuns cerimônias de leitura coletiva de jornais italianos publicados no Brasil, levando-se em conta o índice de analfabetismo dos imigrantes) ao jogo de cartas, da eventual escola elementar ao bilhar, de pequenos espaços de lazer a festas e assembleias de associados. Isto valia para todas as associações, mas o papel desempenhado em termos de sociabilidade foi exaltado nas associações esportivas, as mais concorridas em termos de participantes. De fato, a atividade física teve certo ímpeto entre os italianos já na última década do século XIX, primeiro com o ciclismo (quase uma extensão no lazer do usual sistema de locomoção para grupos das classes trabalhadoras) e depois com a natação, o futebol e, em menor medida e no que diz respeito às classes não populares, atletismo, tênis e outras especialidades. Encontramos, assim – limitando-nos apenas à capital do estado de São Paulo – vários clubes poliesportivos peninsulares até a Segunda Guerra Mundial, nascidos sobretudo a partir do início do século XX: Atletico Italia, Centro Ricreativo Sportivo Piemonte, Società Sportiva Forza e Coraggio, Atletico Club Lazio, Club Atletico Fiorentino e outros.

Alguns deles se destacaram, graças à qualidade dos serviços e aos bons desempenhos de alguns de seus campeões, no panorama local e nacional. Foi o caso da mais famosa dessas agremiações, o Clube Esperia, construído em 1899 às margens do rio Tietê, em um local lotado aos domingos por imigrantes que ali iam se banhar, dar um mergulho ou desfrutar de um passeio de barco e organizar piqueniques. Inicialmente destinado apenas ao remo, o clube logo promoveu uma série de outras atividades e se tornou um dos principais clubes esportivos de São Paulo, contando, em meados da década de 1930, com cerca de 5 mil sócios, nem todos italianos, favorecendo, assim, a integração e o multiculturalismo.

Obviamente, o esporte mais popular (compreendendo por esse termo não só o mais difundido, mas também o que mais atraiu as classes populares) foi o futebol, que os peninsulares também começaram a praticar, novamente em São Paulo, a partir do final do século XIX ou talvez apenas a apreciá-lo como espectadores primeiro nos campos periféricos e empoeirados da várzea e depois também nos estádios estruturados. Embora alguns jornais étnicos reclamassem que o futebol estava se afirmando entre os imigrantes em detrimento de outros esportes (que os italianos tinham "esplêndidos e muito úteis") por uma ansiedade de imitação que favorecia "um jogo grosseiro e perigoso para o futuro físico de nossos filhos"[77] (crítica compartilhada, por motivos políticos, pelos anarquistas), dentro de alguns anos esses jornais aumentarão as vendas inserindo neles colunas ou páginas de esportes.

Tamanha foi a paixão e o interesse que, em 1914, inclusive por causa do entusiasmo despertado por uma *turnê* do time de futebol de Turim na capital paulista, algumas personalidades proeminentes da comunidade decidiram fundar o Palestra Italia, como formação composta apenas por italianos e descendentes, para que se inscrevesse na Liga Paulista. Apesar de sua origem classista, em pouco tempo o time foi acompanhado com muita participação e conquistou a simpatia das massas populares. Logo o Parque Antártica foi comprado da homônima empresa alemã e, desde então, assistir aos jogos (e às vitórias) do futuro Palmeiras tornou-se quase um ato de fé para grande parte da comunidade peninsular masculina, e não só.

Essa concentração de torcida não impediu, no entanto, aos vários clubes de futebol italianos que surgiram em São Paulo antes mesmo do Palestra e que continuaram a fazê-lo sucessivamente, de atrair os imigrantes e seus filhos como atletas (alguns deles acabaram até jogando no campeonato italiano) e como espectadores, fenômeno testemunhado por muitos times dos quais os jornais da época publicavam notícias e resultados: Italo Team, Bersaglieri, Torino, Pro Vercelli, Roma, Milano, Umberto I, Dante Alighieri, Palermo, Florentia, XX Settembre, Savoia, Garibaldini, Juventus, Ruggerone, Primo Maggio e dezenas, se não centenas, de outros. Como se vê, os nomes dessas formações referiam-se às equipes idênticas

---

77 "Lo sport", *Fanfulla*, 7 set. 1903.

que disputaram o campeonato italiano, aos lugares de origem dos fundadores, às figuras eminentes da história ou da cultura italiana, sem esquecer algumas que estavam ligadas à militância política. A identificação da colônia com essas pequenas realidades e com o Palestra Italia (que representava o próprio símbolo da pátria mãe) foi profunda e apaixonante, uma vez que as vitórias esportivas – e não apenas no campo de futebol – fortaleceram a autoestima dos grupos étnicos. No período entre as duas guerras, surgirão algumas estruturas dedicadas à fruição do tempo livre que tinham estreitas relações ideológicas e organizacionais com o regime fascista na pátria e que se aproximavam das estruturas mais tradicionais no campo político, mas delas falaremos mais tarde.

As oportunidades de lazer, por mais limitadas, mas não ausentes, também apareceram nas realidades rurais. Nas fazendas estavam ligadas à celebração de batizados e casamentos, que normalmente aconteciam em dias de folga, seguidos de inevitáveis momentos de degustação gastronômica, música, festas e danças. Igualmente difundidos foram os jogos que os imigrantes trouxeram da Itália: bochas, tombola e os jogos de cartas típicos como briscola, scopa e tresette. Menos comuns devido à escassez de oficiantes, pelo menos nas primeiras décadas, foram as ocasiões religiosas, das missas às procissões, enquanto as orações eram frequentes, geralmente familiares, mas às vezes coletivas. O fim da safra do café também era comemorado com churrascos, danças, cantos e apresentações musicais. A partir da primeira década do século XX, em algumas fazendas acontecia de companhias teatrais itinerantes se apresentarem e, a partir da segunda década, o cinema errante também fez sua (rara) aparição. Durante todo o período, mas dependendo da rigidez ou da abertura mental do fazendeiro e de seus administradores, no domingo era possível ir ao centro urbano mais próximo em busca de oportunidades de lazer, representadas inclusive pela própria saída da fazenda de café.

Era muito mais fácil ir ao centro urbano dos núcleos coloniais, onde havia, entre outras coisas, associações étnicas que ofereciam as mesmas distrações das cidades maiores. Mesmo nas áreas coloniais, as festas eram frequentes por ocasião de batizados e casamentos, quando as pessoas cantavam, dançavam e bebiam por horas a fio, apesar da hostilidade demonstrada pelo clero local do Rio Grande do Sul às danças, vistas como tentações do demônio e condenadas por sua lubricidade (compartilhado, mas somente nisso, o julgamento dos sacerdotes com o dos anarquistas). Também no Rio Grande do Sul, mais precisamente em Caxias, grande sucesso e grande repercussão acabou por ter a Festa da Uva. Nascida no início dos anos 1930 e destinada a celebrar a colheita, era organizada como uma grande festa agrária durante vários dias. Caracterizada por concertos, atrações diversas, entrega de diplomas, corridas de carros, batalhas florais, convenções de viticultura, bailes, desfiles alegóricos, banquetes, canções de emigração, bandas marciais, degustação de vinhos, consagração de rainhas da beleza, a Festa da Uva envolveu (e continua a envolver) os participantes – tanto os moradores quanto os numerosos visitantes – e tinha como objetivo final fortalecer a identidade do colono.

4.6. A Primeira Guerra Mundial e a disseminação do sentimento de pertencimento

Se até o final do século XIX e início do seguinte a percepção dos italianos desembarcados no Brasil (como em outros lugares, aliás) não era tanto se sentirem italianos, mas de pertencer às pequenas pátrias representadas por várias regiões que compunham a península já unificada, a situação começou a mudar a partir da primeira década do século XX. Desde então, os imigrantes foram quase naturalmente induzidos a se considerarem italianos sem adjetivações, mesmo mantendo-se ancorados, muitas vezes fortemente, à própria região. Essa mudança deveu-se certamente à homogeneização decorrente da origem nacional comum que os brasileiros atribuíam às pessoas dessa proveniência geográfica e ao fato de frequentarem, lado a lado, elementos de localidade de nascimento diferentes do próprio na vida cotidiana e no local de trabalho, mas também em outros eventos que favoreceram a percepção de um sentimento de pertencimento comum e a difusão do conceito de italianidade.

A conquista da Líbia por Roma entre 1911 e 1912 desempenhou, nesse sentido, um papel significativo, uma vez que parecia garantir à Itália a entrada – que era divulgada como devida – no tabuleiro de xadrez da partilha colonialista da África (já em vigor havia algum tempo) entre as grandes potências europeias, despertando, assim, o orgulho não dos calabreses, nem dos vênetos, nem dos toscanos, mas de muitos dos que tivessem nascido na península, indistintamente. O empreendimento alimentou e por vezes exacerbou o patriotismo da comunidade, patriotismo que às vezes acabou se transformando em profundo nacionalismo. A esse respeito, não se deve esquecer como, apesar da hostilidade das esquerdas para essa aventura, dentro do movimento operário italiano no Brasil (e mais geralmente em todo o continente americano) e ainda mais, é claro, nas classes populares, certamente emergiram consensos entusiásticos sobre a validade dessa invasão, que dependia da fórmula falaciosa, proclamada várias vezes não só pela burguesia, elites, classes intelectuais e autoridades, mas também por elementos alinhados com o proletariado, da almejada redenção da "nação proletária".

Em um plano mais geral, havia um entusiasmo convicto e generalizado no seio da comunidade imigrada, do qual eram testemunhas as substanciais subscrições lançadas por instituições ou periódicos étnicos que tinham como objetivo apoiar o esforço bélico e financiar as famílias dos feridos e dos mortos. Procurou-se dar diversas, todas positivas, conotações ao empreendimento, diferenciando-o da ganância e do egoísmo das conquistas territoriais anteriores pelas nações colonialistas do velho continente. Sem poder negar as razões econômicas, elas foram colocadas em segundo plano e insistiu-se na intenção de colonização agrícola e populacional da região – através dos excedentes demográficos que tinham alimentado até então a emigração, mesmo a transoceânica – e na missão civilizadora da operação. Para sustentar essa linha, dentro da comunidade, a propaganda concentrou-se tanto na degradação social e moral das populações líbias (e, para reforçar o conceito, também no de imigrantes do Oriente Médio no Brasil, a fim de rebaixar a Turquia, contra a qual estavam em guerra), quanto na barbárie e na crueldade dos inimigos, todos elementos que ressurgirão depois de 25 anos, por ocasião do ataque à Etiópia durante o fascismo. A conquista da Líbia foi acertadamente vista por vários analistas na Itália como fator que tinha dado um impulso à consciência nacional dos emigrantes, dando-lhes também a sensação de que no futuro a nova dimensão internacional da Itália teria garantido maior prestígio aos peninsulares fora das fronteiras.

As posições nacionalistas foram fortalecidas, mais uma vez, graças a um evento internacional e, novamente, graças à martelante campanha da imprensa, à mobilização das associações e à pronta mobilização da elite econômica e intelectual imigrada em favor da participação da pátria na Grande Guerra. O conflito determinou não só entre a comunidade italiana no Brasil, mas também na península, um fenômeno de identificação patriótica e de comum pertencimento por envolver a partilha de sofrimentos e sacrifícios da mesma natureza e vastidão, tanto de soldados quanto de civis, aproximando também fisicamente pessoas de diferentes origens e dialetos através da convivência nas frentes de batalha e dando-lhes condições e destinos comuns. Também no Brasil esse acontecimento – e tragédia – acabou representando o momento mais alto alcançado até então pelo desdobramento de uma identidade coletiva de expatriados e tornou-se uma oportunidade para fazer ressoar com mais força o convite para deixar de lado qualquer mal-entendido, qualquer motivo de conflitos de ordem pessoal, regional ou ideológica. Neste último nível, para dizer a verdade, o sucesso foi apenas parcial, pelo menos na esfera política, pois o conflito mundial acabou alimentando – especialmente a partir de 1917 – rivalidades de classe no seio da comunidade.

Na verdade, a eclosão das hostilidades em julho de 1914 causou inicialmente alguma perplexidade e a colônia saudou a decisão do governo de Roma de permanecer neutro, apesar do Tratado da Tríplice Aliança assinado décadas atrás, que ligava a Itália à Áustria e à Alemanha. Ele, no entanto, não tinha valor – lembrava a imprensa étnica – nessa circunstância, uma vez que previa a obrigatoriedade da intervenção armada apenas quando uma das nações signatárias fosse atacada, ao passo que, em 1914, foi Viena que declarou guerra. Alguns periódicos, depois, defenderam essa posição, lembrando também a atitude hostil em relação à Itália por parte de Viena e, principalmente, de Berlim por ocasião da conquista da Líbia.[78] Do mesmo modo, também na pátria havia uma forte corrente a favor da neutralidade, que incluía a facção mais avançada dos liberais, o Vaticano, grandes setores do mundo católico e, salvo algumas exceções, especialmente entre o sindicalismo revolucionário, o movimento operário. Mas foi precisamente o colapso do unanimismo na Itália que determinou uma mudança aberta de humor na comunidade imigrada.

A partir do início de 1915, de fato, começou a engrossar na península uma vasta frente que unia republicanos, nacionalistas, radicais, socialistas reformistas, franjas da extrema esquerda e uma ala liberal a qual exigia que Roma interviesse sim, não a favor da Tríplice, mas ao lado da França e da Inglaterra (superando antigos rancores em relação ao governo de Paris) para recuperar as terras não redimidas, regiões pertencentes à Áustria, mas habitadas principalmente por súditos de língua italiana, a saber, substancialmente, Trentino e as margens do extremo norte do mar Adriático, completando, assim, de alguma forma, o ciclo do *Risorgimento* e das lutas pela independência.

Essa frente intervencionista passou a ter, na pátria, a dominação das praças, arrastando consigo as classes médias, estudantes, funcionários e profissionais autônomos e colocando em minoria no país o grupo que acreditava ser possível ficar fora do conflito armado e resolver pacificamente o problema das terras não redimidas como mercadoria de troca para sua

---

78 Serpieri, "Il fallimento morale della Triplice Alleanza", *Fanfulla*, 1º ago. 1914.

neutralidade. Mas a campanha para abandonar esta última transformou-se num verdadeiro ciclone que teria registrado um grau de poder ainda mais forte se houvesse conhecimento do pacto secreto feito por Roma com a França, a Inglaterra e a Rússia, que assegurava à Itália a posse, ao fim das hostilidades, de Trentino, Venezia Giulia, Istria (excluindo Fiume) e parte da Dalmácia como recompensa pela decisão de participar no conflito ao lado delas.

Também no Brasil começaram a surgir Comitês Intervencionistas, alimentados pela mesma base social que fomentava as manifestações e motins de praça na Itália e a seu favor – aberta ou clandestinamente – se posicionaram periódicos que até então tinham defendido firmemente a linha da neutralidade. De maneira mais geral, as dúvidas se espalhavam sobre a possibilidade de ficar longe das hostilidades por muito tempo, posição que só poderia ser mantida em caso de rápida resolução do conflito. Mesmo a imprensa mais alinhada ao governo de Roma passou a não descartar a necessidade de levar em consideração o fato de que o Estado italiano devesse, ao final, comprometer-se pessoalmente, propondo uma linha que vinha definida como "neutralidade armada".[79]

Com o início de 1915 e copiando as posições de algumas publicações da península da qual tiravam as notícias no passado (e continuavam a fazê-lo no presente), um número cada vez mais crescente de periódicos começou a mostrar-se a favor da intervenção ao lado da França (por consanguinidade latina) e Inglaterra (por laços econômicos), linha esta defendida pelo mais influente dos jornais peninsulares, *Il Corriere della Sera* de Milão. Exceto a imprensa operária e algumas folhas feitas por "padres e frades austríacos inimigos da Itália por tradição e por doença incurável",[80] a frente

---

79 "Nè il piatto di lenticchie nè la pelle dell'orso", *Il Corriere Italiano*, 20 out. 1914.
80 Coluna "Echi", *Fanfulla*, 22 maio 1915. O alvo dessas denúncias foi representado, durante todo o conflito, por outras publicações em italiano geralmente compiladas (mas nem sempre, como no caso de *La Squilla* de São Paulo) por imigrantes trentinos e normalmente editadas no Rio Grande do Sul, como *La Patria Italo-Brasiliana* e *Il Trentino*, que defendiam a Áustria por laços de sujeição, mas também por considerá-la farol do catolicismo. O jornal mais atacado foi *Il Colono Italiano*, semanário de Garibaldi dirigido pelo agente consular austríaco Giovanni Fronchetti, sacerdote trentino, acusado de usar a batina para condicionar os colonos ingênuos de sua região de origem e que se tornou alvo de outros jornais católicos, mas comprometidos com a Itália. Essas polêmicas raivosas só se atenuaram quando o jornal mudou de título, de propriedade e de diretor e se tornou, em 1917, *Staffetta Rio-Grandense*, que, no entanto, pouco se interessava pela Grande Guerra, preferindo tratar de temas ligados à religião, à agricultura e à vida dos colonos.

anti-intervencionista no Brasil derreteu como neve ao sol quando, após as grandes manifestações de maio de 1915 na Itália, o governo, no dia 23 daquele mês, declarou guerra à Áustria e à Alemanha.

A partir desse momento e desde o dia da partida, em 26 de maio, do primeiro contingente de convocados para as armas do Porto de Santos, sob pressão da imprensa em língua italiana, difundiu-se a convicção de ter que agir para dar provas concretas de apoio – moral e econômico – às tropas engajadas nos Alpes contra os austríacos e dar a própria contribuição para completar o destino da Itália como grande nação, sentimento que começara a se difundir por ocasião da conquista da Líbia. Também não faltaram gestos simbólicos de grande relevância, como a decisão de muitas empresas industriais, comerciais e bancárias de propriedade de imigrantes de pagar um quarto do salário às famílias de seus funcionários que tivessem partido para o *front* e de conservar o emprego até o retorno deles ou as deliberações de muitas associações, encabeçadas pelo Circolo Italiano de São Paulo, para expulsar os sócios que, apesar de pertencerem à categoria que era obrigada a cumprir o dever militar, não tivessem embarcado para a Itália (embora muito raramente tais resoluções fossem respeitadas).

Já no final de maio de 1915, a comunidade foi submetida (e o será durante todo o conflito) a uma pressão contínua, exercida por iniciativas de caráter oficial que partiam da terra natal, mas sobretudo por ação autônoma promovida por associações, organizações, periódicos, expressão da própria comunidade, ação que, no entanto, se caracterizou por certo grau de rivalidade entre as várias instituições, o que talvez tenha acabado por dificultar o seu impacto. A italianidade e o apego à pátria tornaram-se conceitos obsessivamente repetidos, palavras de ordem imprescritíveis de uma propaganda nacionalista que partia de várias frentes para convencer os imigrantes a apoiar a pátria (mas também a dos pais e dos avós) em armas com homens e com arrecadação de fundos. Isso determinou um comportamento quase esquizofrênico da comunidade, que normalmente respondia com entusiasmo ao apelo, com participação apreciável (e às vezes massiva) nas iniciativas de apoio à Itália empenhada em seu grande esforço bélico e com arrecadações de fundos de vários tipos, mas que mostraram um menor grau de protagonismo quando se tratou de fornecer reservistas e voluntários para serem enviados para a frente de batalha no arco alpino do norte da Itália

Imediatamente após a declaração de guerra, os Comitês Pró Pátria surgiram em grande número (como em muitos outros destinos de emigração), em todas as áreas do Brasil onde os compatriotas residiam, comitês que muitas vezes tinham subcomitês em nível distrital nos grandes centros urbanos (os do estado de São Paulo chegaram a trinta, metade deles na capital)[81] e que logo se viram acompanhados por suas homólogas femininas. Tais estruturas, cujas cúpulas honoríficas eram a todo o momento ocupadas pelos cônsules locais, sempre contaram com órgãos de governo compostos pela elite econômica e intelectual da colônia (com a possível adição de alguns elementos da classe média) e, no caso das mulheres, por filhas e esposas dessa classe social (mas, às vezes, também de brasileiras casadas com figuras proeminentes da política local brasileira, especialmente nas áreas de colonização agrícola no Sul). Complementando o modesto subsídio pago pelo Estado italiano, os comitês assumiram o encargo de prestar assistência financeira às famílias daqueles que tivessem idade para lutar e efetivamente procederam ao repatriamento – com passagem assegurada pelas estruturas diplomáticas – para fazer seus deveres como soldados, mas também se encarregaram da tarefa de coordenar os esforços econômicos da comunidade em favor dos combatentes. Os fundos pagos às famílias daqueles que embarcavam para cumprir seu dever como soldados, evidentemente, destinavam-se também a atrair outros imigrantes ou reservistas recrutados para embarcar para chegar à frente de batalha. As atividades dos comitês foram amplamente divulgadas pela imprensa étnica, que tomou a linha de frente para pressionar os compatriotas a não se esquivar de suas obrigações, que eram as de "dar, dar, dar; o pouco ou o muito, tudo o que podem, mais do que poderiam".[82]

O dinheiro para sustentar essas atividades – e as paralelas destinadas a pagar a passagem naval para as famílias dos combatentes que quisessem ou fossem obrigadas a acompanhar seus entes queridos à terra natal ou a pagar subsídios mensais a quaisquer inválidos e mutilados ou ainda construir fundos previdenciários para aqueles que retornassem ao Brasil após o conflito – era garantido por contribuições arrecadadas de imigrantes por meio de listas de assinaturas e diversas outras iniciativas: exibições de filmes, apresentações teatrais, shows, apresentações de canto, conferências, leilões, exposições, festas sertanejas, competições esportivas e muito mais, que envolviam a comunidade independentemente da classe social a que pertenciam. As contribuições eram teoricamente voluntárias (e, de fato, no clima daqueles anos, essa foi a caracterização predominante), com verbas obviamente mais altas pagas pelos membros proeminentes da colônia – que na verdade competiam para figurar entre os mais generosos –, mas não faltavam pagamentos substancialmente extorquidos, ou pelo menos impostos sem coragem de

---

81 Sobre a fundação do Comitê Pró Pátria São Paulo, ver Arigoni; Barbieri (1922, p.537-8).
82 Apelo publicado em *Il Corriere Italiano*, Rio de Janeiro, 9 set. 1916.

recusar, por empresários, grandes comerciantes e pessoas com algum poder de barganha em detrimento dos seus operários, empregados, vendedores.

Ao lado dessas subscrições, entre 1915 e 1918, foram promovidas outras pelos mais variados motivos, quase todas de natureza filantrópica; assim, coleções de vários tipos se sucederam, entre as quais as mais importantes foram as de artigos de conforto (comida, chocolate, café, cobertores, roupas de lã, tabaco, ataduras, remédios e outros equipamentos médicos) para as tropas italianas no *front*, de presentes para os soldados, de fundos para combatentes feridos, vítimas, viúvas e órfãos de guerra ou em favor dos comitês da Cruz Vermelha, instituição que em São Paulo também adquiriu imprensa própria durante o conflito.

Às ofertas que acabamos de mencionar somaram-se as subscrições para o Empréstimo Nacional (o primeiro foi lançado em 1915) para ajudar o Estado italiano a encontrar recursos para fazer face às enormes despesas causadas pelo conflito. Esses empréstimos, que eram solicitados por apelos enfáticos ao dever patriótico,[83] eram realizados continuamente. O aumento contínuo dos montantes angariados dependeu, certamente, de uma forte inspiração moral, mas também da circunstância de que, a partir de 1916, o governo de Roma aumentou gradualmente a taxa de juros, fazendo-a atingir, em 1918, níveis muito interessantes e tornando atrativa a assinatura como uma oportunidade de investimento rentável, principalmente no Brasil e na Argentina devido ao câmbio, que na época era vantajoso para os imigrantes,[84] como demonstrou o elevado número de brasileiros que a eles aderiu e o resultado excepcional das ofertas vindas do Brasil: 115 milhões de liras contra 10 em 1915, 17 em 1916 (77 em toda a América Latina, da qual quase a metade veio da Argentina e do Brasil)[85] e 41 em 1917, número que levou o país ao topo do *ranking* das nações latino-americanas, superando em alguns milhões a assinatura registrada na Argentina. Essa rivalidade entre as comunidades residentes nas duas nações foi amplamente explorada pelos periódicos étnicos para induzi-las a multiplicar seus esforços, arrecadando somas superiores às de seus rivais. Assim, em 1918, os italianos da Argentina

---

83 Em um cartaz de *Il Corriere d'Italia*, de Bento Gonçalves, datado de 15 de março de 1918, por exemplo, comparecia a incitação: "Colonos! Os fortes soldados da Itália expulsarão o inimigo da terra natal se vocês correrem para ajudá-los. Eles dão o sangue, vocês dão o dinheiro".

84 Como continuamente sublinhava a imprensa étnica e o título de um artigo-apelo que apareceu no principal órgão de imprensa da comunidade no Brasil deixou claro em 1918: "Il Prestito Nazionale Italiano è un buon affare", em *Fanfulla*, 27 jan. 1918.

85 "Contributi degli italiani residenti all'estero al Prestito Nazionale", *BE*, n.4, 1916.

puderam gabar-se de terem subscrito o empréstimo por uma quantia de alguns milhões superior à obtida no Brasil.

Em termos de relações interétnicas, os confrontos físicos entre italianos e alemães foram substancialmente esporádicos mesmo no Rio Grande do Sul, onde essas duas nacionalidades estavam fortemente presentes. No entanto, os teutônicos tornaram-se um alvo fixo dos jornais da colônia peninsular, que tentaram colocar os inimigos em maus lençóis, lembrando aos brasileiros que eles nunca se amalgamaram com os nativos e sempre criaram *enclaves* impermeáveis a qualquer outra influência, ao contrário do que acontecera no caso das colônias agrícolas italianas. Também não faltaram aqueles que denunciaram, sem provas, que muitos espiões germânicos estavam escondidos no Sul do Brasil, já prontos para desencadear uma revolução.[86] Desde a entrada da Itália na guerra, foi lançada uma campanha robusta para convidar os compatriotas no Brasil a boicotar bens de empresas industriais e comerciais alemãs e de não utilizar os serviços dos artesãos e profissionais liberais, campanha que também se estendia para as empresas, companhias comerciais e bancos italianos que, internamente, mostrassem pouca convicção em se libertar de influências ou elementos teutônicos.[87] Paralelamente à ofensiva contra os imigrantes de língua alemã, a imprensa e associações italianas tentaram fomentar certa solidariedade entre italianos e cidadãos das nações aliadas de Roma no conflito.

Do ponto de vista prático, desde o final de maio de 1915, os consulados inundavam a comunidade com avisos que incitavam aqueles que tinham a obrigação de ir à luta – ou seja, os nascidos entre 1876 e 1895 (estes últimos recrutas, os mais idosos na qualidade de chamados novamente em serviço) – apresentar-se no posto consular mais próximo, fazer um exame médico e, se declarado apto, retirar a passagem gratuita e partir para a Itália. Esses comunicados de imprensa, que apareciam continuamente em periódicos em língua italiana, lembravam, ao mesmo tempo, as penalidades que os desertores teriam incorrido e ilustravam as exceções a essas acusações.

A imprensa étnica representou entre 1915 e 1918 (surgiram 54 novos jornais entre essas duas datas) a principal ferramenta de propaganda e de mobilização e os apelos para convencer aqueles que tinham de partir a não fugir dessa obrigação eram infindáveis. O conflito teve o efeito de monopolizar

---

[86] "Il Brasile di fronte alla Germania", *Fanfulla*, 19 mar. 1916; e "Le aspirazioni della Germania nel Sud-America", *Stella d'Italia*, 14 dez. 1916.

[87] Ver, por exemplo, "Ancora della stedeschizzazione della banca Francese e Italiana", *Il Piccolo*, 15 ago. 1916.

grande parte dos espaços dessas folhas, cujas páginas eram dedicadas sobretudo à descrição das operações de guerra e ao clima predominante na Itália, com inevitáveis exageros. Praticamente desapareceram as notícias internacionais que não tratavam desse tema, desinteresse que só em parte dizia respeito ao Brasil, que se manteve presente não tanto em termos de vida política nacional quanto em tudo o que dizia respeito ao noticiário local – especialmente nas áreas coloniais do Sul – e ao da cidade. Mas, como especificado, a maior parte da atenção foi dedicada ao confronto europeu, muitas vezes usando os jornais peninsulares como fonte e recorrendo aos relatórios de seus correspondentes de guerra, mas também publicando uma série interminável de comunicações telegráficas e editoriais.

Para envolver mais seu público, muitos jornais hospedavam cartas de repatriados e voluntários que deixaram o Brasil, endereçadas aos próprios periódicos ou às famílias, que se encarregavam de entregar as mensagens aos periódicos em língua italiana. O fenômeno foi tão comum que levou à criação de colunas fixas e afetou todo o Brasil, até mesmo as pequenas cidades onde quase não havia jornal étnico. A prática se ampliou tanto que tornou pouco confiáveis as dúvidas expressas por um semanário anarquista sobre a autenticidade[88] delas, ainda que, na verdade, elas parecessem estereotipadas e redundantes com declarações de entusiasmo das tropas, de coragem da população civil, de ânimos exaltados e de confiança na vitória definitiva. Algumas dessas cartas eram de filhos de italianos nascidos no exterior (e, portanto, brasileiros de acordo com o *ius soli* vigente), demonstrando o quanto a italianidade era sentida até mesmo entre os descendentes.

Obviamente, os sucessos militares foram exaltados com força e convicção, como no caso da conquista de Gorizia em agosto de 1916, enquanto as derrotas – e em particular a retirada precipitada após a derrota de Caporetto no final de 1917 – foram minimizadas e atribuídas a fatores contingentes e imponderáveis, bem como à traição de socialistas e anarquistas, que enfraqueceram as almas ao se oporem à guerra desde o início. As derrotas, no entanto, eram ilustradas como incapazes de minar o orgulho e a determinação dos soldados, sempre ávidos de redenção, como pareceu acontecer alguns meses após Caporetto, quando as tropas italianas retomaram a ofensiva e expulsaram os austríacos das posições conquistadas. Esses encorajamentos e esses entusiasmos foram amplamente veiculados pela imprensa étnica, que, além de informar com tom otimista o que acontecia na pátria,

---

[88] "Quei componimenti patriottici si rassomigliano spesso" se afirmava em "Piccole note", em *Guerra Sociale*, 29 abr. 1916.

sobrecarregava seus leitores com uma quantidade incrível de informações sobre as iniciativas patrióticas em curso no Brasil e essa função também foi feita inclusive por periódicos com alto grau de especialização, em particular pelos humorísticos e culturais.

Naturalmente, os jornais competiam na veiculação do envolvente impacto coreográfico oferecido pelas cerimônias de saída dos combatentes, cerimônias que tiveram grande eficácia propagandística. De fato, elas não envolveram apenas os que embarcaram, mas também o grande grupo de familiares, amigos ou simples compatriotas (até mais de 10 mil pessoas com uma sequência de bandas musicais) que os acompanharam até a estação de trem, de onde mais tarde chegariam à costa,[89] ou diretamente no porto de embarque, nas cidades de mar, como o Rio de Janeiro. A confusão e o barulho que caracterizaram esses eventos levaram os jornais mais atentos às relações com a sociedade local a lembrar que teria sido melhor se tais cerimônias, embora necessárias, não ultrapassassem certo limite de frequência, pelo respeito devido aos brasileiros, cujo governo mantinha uma posição de neutralidade.[90] De fato, o problema existia tanto porque tais demonstrações de afeto e patriotismo arriscavam incomodar, por sua ruidosa visibilidade, uma opinião pública local cujas posições poderiam ser diferentes das dos manifestantes, tanto por sua potencial periculosidade, uma vez que reuniam milhares de pessoas em um só lugar. Esse risco se concretizou no início de julho de 1915 em São Paulo, onde um esmagamento ocorrido na Estação da Luz causou seis mortes e dezessete feridos[91] e, posteriormente, obrigou as autoridades a proibir a entrada de acompanhantes.

Mas quantos eram realmente aqueles que foram lutar? A resposta é que se tratou de um número muito diferente daquele de quantos deveriam ter respondido ao apelo. De fato, o fenômeno da relutância atingiu proporções significativas não só no Brasil, mas em todo o continente americano e, mais em geral, em todos os países que acolhiam comunidades de imigrantes peninsulares. É concebível que, no momento da eclosão da guerra, estes

---

89 Em junho de 1915, por exemplo, um artigo do *Fanfulla* destacava o entusiasmo e a proximidade de milhares de compatriotas não só da estação ferroviária de São Paulo, mas durante todo o trajeto até Santos e as eventuais paradas, bem como a própria de Santos até o embarque, com multidões animadas, agitando bandeiras italianas e cantando hinos patrióticos. Ver "Le dimostrazioni patriottiche di ieri sera a San Paolo e a Santos ai riservisti partiti col 'Regina Elena'", *Fanfulla*, 16 jun. 1915.

90 "Gloria al Comitato Femminile", *La Voce d'Italia*, 19 dez. 1915.

91 Para a crônica da tragédia, ver "La orrenda disgrazia di ieri mattina alla stazione della Luz", *Fanfulla*, 5 jul. 1915.

fossem cerca de 6 milhões e que aqueles que poderiam ser mobilizados fossem cerca de 1,2 milhão, mesmo que um autor que escrevia no final do conflito acreditasse, limitando excessivamente o número, ser de 700 mil pessoas.[92] Na realidade, apenas 303 mil se apresentaram para lutar, sendo 42% da Europa, 34% da América do Norte e 17% da América Latina.[93]

É difícil estabelecer exatamente quantos saíram do Brasil; dois autores, em um trabalho de alguns anos após o fim do conflito, fixavam esse número em cerca de 9 mil unidades.[94] No entanto, os poucos dados coletados em jornais de língua italiana – embora não divergindo muito daqueles que acabamos de indicar – fornecem valores mais altos. No final da guerra, de fato, o *Fanfulla*[95] falava-se de 8 mil italianos e descendentes embarcados apenas do Porto de Santos,[96] estimativa provavelmente inferior à realidade, considerando que o número de desembarcados que retornaram ao Brasil entre 1919 e 1922 parece ter sido de 9.177,[97] total ao qual devem-se adicionar aqueles que morreram no conflito (cerca de 300),[98] aqueles que retornaram anteriormente por ferimentos, mutilações e outras causas e aqueles que decidiram permanecer na Itália uma vez que as hostilidades cessaram; parece razoável, portanto, pensar que entre 10.500 e 11 mil italianos e descendentes deixaram o Brasil. A convicção, que se espalhou rapidamente, de que ao final do conflito o governo de Roma concederia anistia a quem não compareceu, certamente teve um papel determinante nessa participação insuficiente, como de fato aconteceu.

No entanto, é preciso dizer que, após as grandes mobilizações iniciais, o entusiasmo militarista foi se esvaindo a partir do final de 1916, como aliás demonstrava o tom mais moderado das cerimônias de despedida dos reservistas que partiam – grupos que, em todo caso, foram diminuindo por

---

92 De Gregorio (1918).

93 Salvetti (1987, p.288). Em uma avaliação de meados da década de 1920 pelo Comissariado Geral de Emigração, estabeleceu-se que 52 mil haviam retornado da América do Sul, dos quais 40 mil da Argentina e 9.900 do Brasil; ver CGE (1924).

94 Arigoni; Barbieri (1922, p.536). Sobre os italianos no Brasil durante o conflito, ver também *Il Brasile, gl'italiani e la guerra* (1919); e Cusano (1921).

95 "I nuovi orizzonti e i nuovi doveri del Pro Patria", *Fanfulla*, 10 abr. 1919.

96 E a esmagadora maioria deveria ter embarcado antes de setembro de 1915, se o mesmo jornal calculava ("Quanti sono i riservisti partiti finora", *Fanfulla*, 10 set. 1915) que 4.316 haviam saído até então.

97 Salvetti (1987, p.192).

98 E entre os que saíram do estado de São Paulo, quase um quarto tinha nascido no Brasil ("L'elenco dei caduti", *Fanfulla*, 22 dez. 1918).

conta própria devido às dificuldades de transporte marítimo e aos ataques de submarinos alemães – e, sobretudo, o incômodo que provocou a infinita multiplicação de subscrições, como demonstra a redução dos valores arrecadados. E não se tratava de "tibieza que toma conta de nossa colônia após cada pequeno esforço feito",[99] nem de avareza repentina, mas de cansaço e diminuição do consenso à medida que o conflito continuava com seus altos e baixos e, sobretudo, com a constatação de que a vitória rápida e fácil esperada no início ia se tornando cada vez mais distante ou mesmo incerta. A partir daí começou a ficar claro que o número de saídas estava diminuindo em relação às etapas iniciais por vários motivos, muitos deles válidos, por exemplo as responsabilidades de manter uma família, as dificuldades de deixar um emprego alcançado com muito esforço, o escasso uso da contribuição para a guerra de poucos milhares de reservistas a mais do Brasil e, por que não, o medo do sofrimento e da morte. E de pouco adiantava que, já em junho de 1918, o embaixador Luciani sentisse a necessidade de ir pessoalmente aos estados do Sul do Brasil para lembrar a todos o seu dever. Mas a situação era tal que ele resolveu não manter contato com as associações italianas que não expulsaram os "desertores" de seu seio. "Descobriu, entretanto, que se persistisse nesse método, teria de romper relações com a maior parte delas."[100]

Entre os motivos descritos havia, no entanto, e com muito peso, também o sentimento odioso de que existissem critérios muito diferentes na avaliação de quem tinha a obrigação de partir e de quem não tinha. A questão dizia respeito, essencialmente, às comissões médicas remanejadas nos consulados e as encarregadas de determinar quem estava apto ou não para a frente de guerra, devido às condições de saúde ou outras razões. Não se tratava de uma questão trivial, uma vez que a grande maioria dos elementos pertencentes às classes populares ou à pequena burguesia (e os filhos delas) acabaram saindo, resultaram ausentes aqueles que gozavam de uma melhor posição social (e cultural), embora não faltassem exemplos de indivíduos de classes abastadas que atenderam ao apelo, mas foram, de fato, exceções. E o semanário socialista em língua italiana de São Paulo tinha um bom jogo para manter colunas regulares intituladas "Il patriottismo di lor signori" [O patriotismo dos senhores] ou " La cuccagna di lor signori" [A cocanha dos senhores], que denunciavam continuamente o fenômeno, dando nomes e sobrenomes.

---

[99] "Due parole ai nostri connazionali", *La Patria degli Italiani*, 21 abr. 1918.
[100] Rios (1958, p.506).

A própria imprensa patriótica insistia, desde 1915, na extrema negatividade dessa situação e convidava o consulado a nomear uma nova comissão e a rever as práticas dos que tinham sido dispensados do serviço militar,[101] convencidos de que essa forma de proceder servia de pretexto que autorizava a não deixar partir membros de outras classes sociais que tivessem sido declarados aptos. Um peso menor no enfraquecimento do entusiasmo teve a fraca capacidade de gestão dos que chefiavam as Comissões Pró Pátria e Pró Cruz Vermelha, fenômeno que ocasionalmente acabava determinando a inação desses organismos e, mais frequentemente, resultava na criação de círculos restritos que os geriam como centros de poder.[102]

Especialmente após a derrota de Caporetto e o avanço austríaco no Vêneto, o cansaço rastejante começou a se transformar em desencanto, se não em desafio, especialmente em *Littles Italies* proletárias de alguns centros urbanos. Essa adversidade não tinha motivações ideológicas em sua base – ou tinha muito pouco – apesar dos esforços dos dois jornais de classe que existiam no período da guerra – ambos semanais, o socialista *Avanti!* e o anarquista *Guerra Sociale* –, que continuavam lutando contra a guerra, publicando também muitos artigos em português (e *Guerra Sociale*, esporadicamente, em espanhol) e vendo no conflito o desfecho lógico das rivalidades entre nações capitalistas e a consequência lógica desse modo de produção. No entanto, deve-se notar que essa hostilidade não era ditada por uma reticência em responder ao chamado da italianidade, mas sim pelo sentido diferente que o movimento operário atribuiu a esse conceito, reafirmando assim – mais uma vez – que a manutenção de hábitos e costumes, língua, nostalgia da pátria (consciência nacional, em suma) e consciência de classe poderiam coexistir.

O desamor, que cresceu nos últimos meses de 1916 e início de 1917, foi afetado pela decisão de Washington de participar do conflito e, sobretudo, pela decisão do Rio de romper relações diplomáticas com a Áustria e a Alemanha e, em outubro de 1917, de declarar guerra a esses países. Como sinal concreto de agradecimento da comunidade italiana, o *Fanfulla* abriu mais uma assinatura em São Paulo para doar um avião ao Aéreo Club Brasileiro (iniciativa que também foi adotada pela *Fieramosca* de Belo Horizonte em favor do estado de Minas Gerais) e, dada a considerável quantia angariada,

---

101 "Le visite dei richiamati al R. Consolato", *Fanfulla*, 15 set. 1915.

102 Para essas acusações, ver os dois artigos intitulados "Comitato Italiano Pro Patria", *Fieramosca*, 18 e 29 mar. 1916. Até os jornais humorísticos lançaram acusações contra os órgãos dirigentes dos comitês ("Il bilancio del Pro-Patria", *Il Pasquino Coloniale*, 14 out. 1916).

chegou até ao objetivo ambicioso de um esquadrão inteiro, operação que não pôde ser concretizada porque a indústria bélica italiana não era capaz de desviar aeronaves das necessidades militares na pátria.[103] Coincidentemente com a nova posição assumida pelo Brasil, em 1918 a legação italiana no Rio de Janeiro foi promovida ao posto de embaixada.

A conflagração mundial e o conflito que despertou na comunidade italiana não deixaram, porém, de se fazer presentes durante 1917, ano crucial para a própria história do Brasil, em particular para a cidade de São Paulo, em termos de convulsões sociais. O movimento dos trabalhadores imigrantes e seus periódicos ainda existentes se movimentaram desde o início do conflito e ainda mais após a entrada da Itália na guerra em total sintonia com as principais correntes de esquerda atuantes na Itália e com as brasileiras, que tinham todas (com algumas exceções individuais, especialmente na frente anarcossindicalista e do sindicalismo revolucionário) expressado hostilidade decisiva ao confronto armado e reafirmado o espírito internacionalista e a feroz oposição ao que foi chamado de carnificina, massacre, banho de sangue, matadouro. Durante o conflito, as duas folhas proletárias em língua italiana incitaram constantemente os italianos a não assinarem a favor dos Comitês Pró Pátria e da Cruz Vermelha e encorajaram os reservistas a não partir, atribuindo-se até mesmo algum mérito ao notar que, com o passar de tempo, as saídas eram muito menos numerosas do que defendido pelos nacionalistas peninsulares.

Voltando a 1917, naquele ano, *Avanti!* e *Guerra Sociale* travaram, ao lado de jornais brasileiros das mesmas tendências políticas, uma batalha contra os comerciantes que estocavam mercadorias para aumentar o preço delas e contra os lucros extras dos empresários, que mantinham os salários reais baixos nos anos em que o custo de vida aumentava significativamente. A imprensa de classe italiana continuava a denunciar, além disso, a exploração adicional da classe empresarial imigrante, o que aprofundava as dificuldades econômicas de seus operários e empregados por meio da imposição (mesmo que formalmente de escolhas voluntárias) da contribuição Pró Pátria, que muitas vezes envolvia também trabalhadores brasileiros. Sobre essas questões, mas sem se deter no tema da "exploração patriótica", também se lançavam publicações burguesas – *in primis* o *Fanfulla* – que se colocavam ao lado dos trabalhadores com pedidos de aumentos salariais e denúncias de

---

103 Para as iniciativas em questão, ver "Il dono dell'aeroplano all'Aereo Club Brasileiro. Una proposta della Colonia Italiana", *Fanfulla*, 28 dez. 1917; e "Per l'aeroplano", *Fieramosca*, 3 fev. 1918.

lucros excessivos, tanto que até mesmo jornais humorísticos foram lançados contra a estocagem de alimentos.[104]

O clima de mal-estar atingiu seu ápice em maio de 1917, quando os trabalhadores de um empresário italiano, Rodolfo Crespi, entraram em greve e, diante da intransigência do patrão, a agitação aumentou até se tornar uma greve geral, que tinha entre suas principais reivindicações a abolição da contribuição Pro Pátria. Embora a agitação tenha se espalhado para outros estados do Brasil, ela atingiu seu ápice na cidade de São Paulo, onde foi estabelecido um Comitê de Defesa Proletária (que será discutido no capítulo sobre o movimento operário), que acabou fechando um acordo com a contraparte e com o governo do estado de São Paulo, acordo que não foi respeitado nos meses seguintes à sua assinatura.

A multidão de 200 mil peninsulares reunida em dezembro de 1918 em São Paulo (como em outras cidades e regiões do Brasil) para comemorar o fim das hostilidades e a vitória italiana certamente representou uma ostentação de espírito nacionalista, mas também um sinal evidente de alívio para a cessação do conflito. Ao final da Primeira Guerra Mundial, os italianos do Brasil manifestaram, como seus compatriotas em casa, profunda insatisfação com o que foi chamado de "vitória mutilada", que emergiu do tratado de paz, não sendo atribuídos à Itália todos os territórios a que julgava ter direito, baseado no acordo assinado em Londres para fazê-la participar do conflito. Esse mal-estar levou os imigrantes peninsulares a apoiar, também por meio da criação de comitês *ad hoc*, a ocupação, em setembro de 1919, da cidade de Fiume – habitada principalmente por italianos e colocada sob controle internacional na área eslava – por um grupo de voluntários e soldados liderados pelo poeta Gabriele D'Annunzio.[105] A aventura durou quinze meses, até que o novo governo de Roma achou apropriado pôr fim ao rescaldo do tratado de paz e decidiu intervir, forçando os insurgentes a se retirarem. A participação emotiva dos imigrantes no Brasil serviu para demonstrar como no pós-guerra, apesar da falta de motivos que determinaram sua disseminação durante o conflito, o sentimento de pertencimento nacional se fortaleceu ainda mais e a adesão ampliada à causa fiumana significou sua representação concreta.

---

104 "Gli intercettatori", *Maciste Coloniale*, 21 out. 1917.
105 O próprio embaixador Bosdari informava ao Ministério das Relações Exteriores que "as manifestações que ocorreram em São Paulo em favor da italianidade de Fiume e para ajudar a cidade e seus defensores assumiram grande importância. No dia 25 foi realizada uma reunião na Câmara de Comércio [...]. Adesões numerosas, muito entusiasmo" (Asmae, série pol., "Brasile, 1919-1930", envelope 903).

4.7. Contrastes e assimilação

Ao contrário do que aconteceu demasiadas vezes em outros países e na própria Itália durante os anos 1950 em relação à mão de obra meridional no triângulo industrial, a sociedade brasileira caracterizou-se por uma falta quase total de sentimentos chauvinistas em relação aos estrangeiros, se excluirmos a parcial e tardia exceção da emigração japonesa. No que concerne particularmente aos italianos, em 1883, em Brusque e em Santos, verificaram-se incidentes pouco relevantes e outros de importância maior, a ponto de configurar-se uma verdadeira crise, em 1892 e em 1896. No mês de junho de 1892, a polícia de Santos prendeu ilegalmente o comandante de um navio italiano atracado no porto. Na cadeia, o capitão Anatra foi maltratado, e, uma vez solto, faleceu após alguns dias de um surto de febre amarela, cujo êxito letal provavelmente foi favorecido pela idade avançada e pelos maus-tratos recebidos. Passou-se algum tempo e a polícia cometeu novos abusos contra alguns marinheiros do vapor *Mentana*. Obviamente, isso provocou os protestos das autoridades consulares italianas, mas também uma grande agitação na colônia de todo o estado de São Paulo, que na capital resultou em graves tumultos.

> Desgraçadamente, tivemos então, como sempre acontece em todo incidente doloroso, os exaltados e os agitadores [e] um bando de insensatos ligados ao jornal *Roma* fizeram um *meeting* que queria ser de protesto e acabou sendo só de provocação. Saiu-se às ruas a vociferar e durante a demonstração foi rasgada uma bandeira brasileira pendurada na porta de uma loja. Esse foi o sinal de graves desordens: outros exaltados organizaram uma contramanifestação, que, ao grito de "Morra Itália! Morram os Italianos", começou a percorrer a cidade, insultando, batendo: foram assaltados jornais italianos e nasceram conflitos, alguns até sangrentos.[106]

Nessa ocasião vieram à tona as dilacerações presentes no seio da coletividade, que se traduziram também numa divisão entre a imprensa em língua italiana, em geral alinhada em posições intransigentes e combativas, e uma parte consistente das associações, mais levadas a uma política de prudência. Retrospectivamente, um autor assim estigmatizava a atitude dos periódicos italianos:

---

[106] Rangoni (1902, p.105, nota).

Montada, inflamada, atiçada por pseudojornalistas, inimigos ao mesmo tempo do bom senso e da gramática, que mal escondiam suas decepções e suas derrotas sob o véu e os trapos de um falso patriotismo, estridente e louco, surgiu uma questão séria que, sem a intervenção de poucos homens calmos e reflexivos, teria degenerado numa série gravíssima de conflitos contínuos.[107]

Em contrapartida, na hora dos choques mais cruentos, nove sociedades italianas de São Paulo fizeram distribuir o seguinte folheto:

Não nos excedamos. Corações generosos, espíritos elevados, almas desapaixonadas, vivemos no seio dessa nação que nos hospeda e da qual somos agentes ativos do progresso e do bem-estar como irmãos. *Italianos*, nós os exortamos a manter a calma e a tranquilidade, pois só com essa linha de conduta poderemos obter aquela justiça que nos é devida, aquela reparação que esperamos, a reintegração de nossos direitos mais sagrados e a reivindicação do nome italiano.[108]

Por sorte, passados os primeiros momentos de exaltação, voltou a calma e foram entabuladas negociações entre o encarregado das relações econômicas, Aldo Nobili, que exercia as funções de ministro da Itália no Brasil, e o ministro interino das Relações Exteriores do Brasil, almirante Custódio José de Mello, que tinham por objetivo a indenização a ser liquidada. A deflagração da revolução de secessão no Rio Grande do Sul, que, aliás, viu implicado o próprio José de Mello, levou à interrupção das negociações, as quais foram retomadas só em 1895, tendo-se tornado mais difíceis pelos novos pedidos de indenização, apresentados por colonos italianos residentes no Sul do Brasil, pelos danos sofridos com a passagem das tropas tanto dos revolucionários quanto dos federais.

No dia 27 de novembro de 1895, embarcado no cruzador *Lombardia*, chegava ao Rio de Janeiro, a fim de retomar as conversações, o conde Magliano, mas a bordo eclodiu um surto de febre amarela que ceifou a tripulação (117 mortos, entre os quais o comandante), e o cruzador foi substituído pelo *Piemonte*, que transportava o novo plenipotenciário, De Martino, substituto de Magliano. Ele tinha sobretudo a tarefa de colher informações

---

[107] Latini (1896, p.9-10). Na verdade, alguns jornais mantiveram uma certa calma, e os proprietários do *Roma*, cuja gráfica havia sido assaltada, obrigaram o diretor Washington Procaccini, partidário da linha dura e um dos principais responsáveis pelos distúrbios, a demitir-se.

[108] *L'Italia*, 23 jul. 1892. *L'Italia* era publicado em Curitiba. Para uma crônica dos principais distúrbios, vide o *Correio Paulistano*, 5 jul. 1892 e 6 jul. 1892.

de caráter militar sobre a Marinha e o Exército brasileiros.[109] Sua presença se devia ao fato de que o protocolo Magliano-Carvalho, arduamente alcançado em 1896, havia sido recusado pelo parlamento brasileiro numa fase de exacerbação dos conflitos e dos pruridos nacionalistas.

Junto com a nova missão de De Martino, o governo italiano chegou a ponto de programar uma expedição naval contra o Brasil. O fato mais desconcertante é que, além de ser presumivelmente muito difícil de ser colocado em prática em virtude da distância e da consistência das forças navais italianas, faltava ao projeto um elemento fundamental, ou seja, as previsões de gastos.[110] Felizmente, e não sem que se houvessem registrado outros cruentos choques em agosto de 1896,[111] a 19 de novembro daquele mesmo ano era assinado o protocolo final De Martino-Cerqueira, sucessivamente ratificado pelo Parlamento, pelo qual o governo brasileiro se comprometia a pagar ao italiano 4 mil contos de réis. A solução do caso, porém, descontentou um pouco a todos: os brasileiros, convencidos de terem concedido demais e de haverem sido tapeados por cidadãos italianos, que faziam das queixas uma indústria; os colonos do Sul do Brasil, que obtiveram somente um décimo da cifra total,[112] e muitos dos italianos residentes em São Paulo, devido à incorreção demonstrada pelos próprios compatriotas nos pedidos de indenização.[113]

Em todo caso, os incidentes, cuja crônica reconstruímos resumidamente, foram os únicos que se verificaram em todo o período em apreço e também no seguinte até 1928. A ausência de atritos significativos entre a emigração italiana e os elementos nativos, em grande parte, dependeu de dois fatos: a rapidez de assimilação dos italianos em relação ao novo ambiente e

---

109 Sobre o assunto, vide "Le Società Italiane al Brasile..." (1901).
110 Para um estudo mais detalhado do acontecido, vide Gabriele (1967).
111 Os choques foram particularmente violentos em São Paulo e Santos. O vice-cônsul Eboli informava ao Ministério das Relações Exteriores que, nessa cidade, por ocasião de um espetáculo beneficente organizado pela colônia italiana para o Hospital Uumberto I, de São Paulo, "um bando de loucos, ao grito de viva Menelik, morte à Itália, forçando a entrada, se precipitou no teatro, onde ocorreu uma batalha a pauladas" (Asmae, série pol., "Brasile (1891-1916)", envelope 282). Em São Paulo, estudantes de Direito queimaram uma bandeira da Itália e, em represália, um grupo de italianos, chefiados pelo cônsul Compans de Brichanteau e pelo vice-cônsul (sem dúvida, os menos indicados), percorreu as ruas ao grito de "Viva a Itália, abaixo o Brasil". Alvoroços e manifestações continuaram nos dias seguintes, com mortos e feridos. Vide Carone (1977, p.185).
112 Vide Venerosi Pesciolini (1910a, p.419).
113 Vide Rangoni (1910, p.146). Ideias análogas e até mais duras em Marsigli (1901, p.22, nota).

a facilidade com que o mundo brasileiro acolheu e fez próprios alguns dos hábitos e costumes trazidos pelo imigrante. No que diz respeito ao primeiro ponto, houve até quem afirmasse que o processo de assimilação, normalmente realizado no lapso de tempo de três gerações, no caso dos italianos de São Paulo se deu apenas em duas.[114] De qualquer forma, a integração dos italianos na sociedade brasileira foi muito maior e mais veloz do que na sociedade norte-americana, por exemplo, e igualmente certo é o fato de que ela teve características mais evidentes em São Paulo do que nos estados sulinos. Com efeito, nessas regiões, o isolamento dos núcleos coloniais permitia a manutenção de grupos homogêneos e da estrutura patriarcal, em que o chefe de família escolhia os cônjuges para seus filhos, favorecendo os pretendentes italianos. Contudo, mesmo lá, embora tenha levado mais tempo, a assimilação acabou prevalecendo e foi bem maior que no caso dos alemães: segundo o recenseamento de 1940, no Rio Grande do Sul, 393.934 pessoas (11,86% da população total) falavam alemão em casa, contra as 295.995 (8,91%) que se expressavam em italiano (mais provavelmente em dialeto); a emigração italiana, porém, fora mais numerosa e mais tardia do que a alemã.[115] A velocidade de integração preocupava enormemente – inútil sublinhá-lo – os observadores da mãe-pátria e os representantes diplomáticos, que a assimilavam *tout court*, à desnacionalização.[116]

O problema sentido como mais urgente era o dos filhos dos imigrantes: italianos, pelo *ius sanguinis* do código italiano; brasileiros, argentinos, uruguaios, norte-americanos, pelo *ius soli* de todos os códigos da América. Assim, eles tinham um dupla nacionalidade e, vivendo e trabalhando nos países em que haviam nascido, acabavam privilegiando a que, na realidade, era sentida como única e verdadeira.[117] Se isso acontecia, pelo menos no

---

114 Rios (1958). Pelo lado italiano, alguns autores queixavam-se de que o fenômeno acontecia num período ainda mais breve: "Tendo boa ou má sorte, nessas regiões, os italianos são gradativamente absorvidos pelo ambiente em que vivem, esquecendo facilmente sua língua, e são, por assim dizer, assimilados desde a primeira geração" (Bertolla, 1893, p.136).

115 Vide *Álbum Comemorativo...* (1950). Em 1950, o número de pessoas que indicavam o italiano como primeira língua havia baixado para 190.376. Vide Frosi; Mioranza (1975). Em São Paulo, em 1940, só 28.910 italianos falavam sua língua em casa, ou seja, 13,6% do total dos italianos residentes, enquanto essa percentagem subia para 49,1% para as outras nacionalidades (obviamente, com exceção dos portugueses). Vide Cenni (1975).

116 Vide, para todos, Pavoni (1914b, p.358-69).

117 Para tanto contribuíam também medidas de grave miopia política, como o fato de considerá-los, de parte italiana, como desertores. Sobre essa temática, vide, entre outros, Pavoni (1914a, 1914c); Buzzatti (1908b); De Zuani (1938).

Brasil, a culpa não era das autoridades locais, as quais, aliás, se mostravam muito renitentes em exercerem pressões a fim de que os filhos dos imigrantes decidissem a favor do novo país (exceto no ano de 1889, do qual falaremos em seguida). De fato, se é verdade que nas escolas municipais do Rio de Janeiro se aconselhava os professores a não insistirem sobre o país em que se havia nascido para definir o conceito de pátria, em virtude do grande número de estudantes estrangeiros, é igualmente verdade que em São Paulo, após 1893 e por um longo período, o ensino da língua italiana se tornou até mesmo obrigatório nos ginásios.[118] Também não parecia uma prevaricação, apesar do grande clamor provocado na Itália, a introdução da língua portuguesa nas escolas italianas do Rio Grande do Sul que eram subsidiadas pelo governo federal ou pelos municípios.

O rápido processo de assimilação dos imigrantes não significava a perda automática da identidade nacional, pelo menos nos centros urbanos. Embora existissem alguns naturalizados, a naturalização não foi muito comum entre os italianos no Brasil. De fato, entre maio de 1887 e abril de 1888, dos 879 estrangeiros que optaram pela cidadania brasileira, só 61 eram italianos. No entanto, apenas um ano depois verificou-se uma naturalização em massa, a qual, porém, significava antes indiferença e desinformação do que recusa da nacionalidade de origem. Naquela data, o governo brasileiro resolveu conceder de ofício a cidadania a todos os estrangeiros residentes no país, a menos que não declarassem quererem manter a própria nacionalidade. Apesar dos protestos dos países estrangeiros, entre os quais a Itália,[119] a medida foi mantida e, aliás, confirmada pela Constituição de 1891.[120] "O legislador contava aqui com a inércia dos estrangeiros para uma naturalização em massa. Foi o que se deu, mas a sanção jurídica nada significou do ponto de vista da assimilação e da aculturação."[121]

De fato, no caso dos italianos, só 5% dos residentes declararam querer manter a própria cidadania, e a percentagem foi ainda menor nos estados

---

118 Vide Cenni (1975, p.261); Franceschini (1908, p.518); Palomba (1908, p.17).
119 Em maio de 1890, o embaixador italiano apresentou um memorando, no qual, além de solicitar que o decreto fosse abolido ou modificado – de modo a permitir aos estrangeiros se expressarem somente no caso em que quisessem optar pela cidadania brasileira –, reafirmava que o governo italiano "considerará o decreto de 15 de novembro nulo e não promulgado, e baseará sua linha de conduta nos princípios do Direito Internacional e no interesse de seus súditos" ("Naturalizzazione...", 1890, p.653).
120 Vide *Gli Stati Uniti del Brasile* (1908).
121 Rios (1958, p.311).

sulinos,[122] mas só porque nem se soube do decreto; os vários consulados também não foram capazes de divulgá-lo nas fazendas e nos dispersos núcleos coloniais.

Apesar desses subterfúgios mesquinhos, a questão sobre a conveniência de optar ou não pela cidadania brasileira era colocada e debatida no seio da comunidade italiana. Já em 1892, nascia em São Paulo um comitê de italianos naturalizados, cuja presença contribuía para dividir ainda mais a tão fracionada comunidade italiana. Fautores e detratores da naturalização como escolha consciente enfrentaram-se e atacaram-se nas páginas das publicações em língua italiana até a Segunda Guerra Mundial. O *Fanfulla* era favorável, sem reservas (embora por ocasião da campanha da Líbia ou durante o fascismo sua postura fosse mais nuançada), enquanto decididamente contramanifestavam-se o *La Tribuna Italiana* e o *La Verità* de Porto Alegre, que assim estigmatizava qualquer hipótese de naturalização: "A questão é um insulto grave e evidente à pátria, uma imperdoável falta de coerência nas ideias, uma clara manifestação de falta de sentimento e de caráter".[123]

Opiniões expressas em termos ainda grosseiros confirmavam, por todos os lados, as acusações de oportunismo, pusilanimidade e traição para quem ousasse propor, mesmo em termos problemáticos, a conveniência de optar pela cidadania do país hospedeiro. Contudo, quem defendia essas posturas não o fazia, em geral, para obter vantagens imediatas (aliás, muito pouco perceptíveis num país jovem e pouco levado a ressentimentos nacionalistas), mas antes porque só dessa forma os estrangeiros podiam participar da vida política local.

Aliás, sugestões parecidas provinham da própria mãe-pátria, embora com objetivos talvez diferentes dos que se propunham os residentes na América: no Segundo Congresso dos Italianos no Exterior houve quem recomendasse calorosamente a presença ativa (mesmo se só através da manifestação do voto) dos italianos na política local, "para obterem maiores simpatias dos americanos e de seus governos em relação aos estrangeiros em geral e, sobretudo, em relação à nossa pátria".[124]

No Brasil, as motivações que estavam na base das hipóteses de participação eram de natureza bem diversa. A pátria tinha realmente um papel mais negativo, e sua omissão na defesa dos interesses dos cidadãos italianos levava

---

122 Rozwadowski (1893, p.155). Sobre essa naturalização, vide Rosoli (1986a, 1987b), que trata também dos transtornos de 1892-1896.
123 "In giro per il mondo", *La Verità*, 27 jul. 1902.
124 Vaccari (1911, p.13).

os mais precavidos a tentar criar formas de organização autônomas. Já em 1891 era criado um comitê eleitoral italiano formado por pessoas nascidas na Itália e inscritas nas listas eleitorais no Brasil, com consequente obtenção da cidadania.[125] Em 1907, no Rio Grande do Sul, nascia um movimento de opinião que pretendia criar um verdadeiro partido dos estrangeiros, e em 1911, em São Paulo, falou-se da possibilidade de fundar uma frente ítalo-alemã.

Esse projeto e mais em geral a participação política eram facilitados pelo próprio governo, tanto federal quanto estadual. Contudo, a participação dos italianos na vida política por um bom tempo limitou-se à conquista de cargos municipais, mas teve pouca incidência estadual e nacional. Os primeiros acontecimentos do Brasil republicano vêm confirmar essa impressão: por ocasião do congresso constituinte do estado de São Paulo (1891) foi oferecida uma cadeira aos italianos naturalizados, e, na legislatura seguinte, duas. Elas foram ocupadas por Cammarano, Malfatti e Saulle, respectivamente. Entretanto, sua ação foi nula (se excetuarmos a proposta de Malfatti de tornar obrigatório o ensino de língua italiana nos ginásios), devido aos contrastes no seio da coletividade italiana quanto à própria conveniência de tirar proveito dessa ocasião.[126]

De fato, a facção contrária à participação predominou pelo menos até os anos 1920, como demonstra o grande número de votos contra a proposta de inserir-se na vida política, apresentada no congresso das sociedades italianas em 1904. De nada valeram os esforços da Câmara de Comércio de São Paulo, que em 1909 deliberou sobre a conveniência de se estar presente nos pleitos e no parlamento, e do *Fanfulla*, cujo diretor, Vitaliano Rotellini, escreveu a políticos italianos e ao próprio Ministério das Relações Exteriores levantando o problema. Pareceres positivos chegaram de parte de Lombroso, Garofalo, Bonomelli, Colaianni, Brumialti, Crispi e Giolitti (se bem que em tons nebulosos). O próprio ministério mostrou-se favorável no caso de essa iniciativa ser tomada para defender e melhorar o bom nome da Itália, e Rotellini, tirando suas conclusões, afirmava:

> De minha parte, no fim das contas, estou convencido, e profundamente convencido, de que, mais que um erro, seria uma culpa nós italianos recusarmos a arma civil de nossa tutela que a lei federal livremente nos oferece.[127]

---

125 Vide *Il Messaggero*, 28 maio 1891.
126 Há quem afirme, erroneamente porém, que na ocasião ninguém quis ocupar os cargos reservados aos italianos. Vide Incisa (1969, p.105).
127 Rotellini (1902, p.64).

Entretanto, na realidade, predominou a política abstencionista, e isso foi devido tanto ao individualismo extremo do imigrante, que não o tornava disponível à aglomeração partidária,[128] quanto a fatores de menor peso psicológico. De um lado, uma expressiva parcela da imigração italiana não teria tido condições de votar, mesmo se quisesse, pois era analfabeta; em todo caso, tinha pouquíssimas motivações nesse sentido. Do outro, entre as camadas sociais que possuíam os requisitos para se manifestarem nos pleitos, em geral predominava uma visão do Brasil como país de passagem e/ou falta de hábito em termos de participação política. Somente nas fileiras da elite intelectual e econômica a temática podia despertar algum interesse. Se foi resolvida em sentido negativo, é razoável pensar que deve ter tido um certo peso a constatação do absoluto imobilismo e impermeabilidade da vida política local, dominada pelos fazendeiros, e a ausência de forças e frentes que fossem a expressão das classes médias ou da burguesia industrial.

Se no plano político a assimilação deu-se muito lentamente e com pouco entusiasmo, no plano dos costumes, dos hábitos, da vida social foi surpreendente. O encontro entre duas culturas originou, sobretudo nas classes populares, um processo de verdadeira simbiose, cuja expressão mais gritante talvez seja constituída pela linguagem. Não me refiro tanto aos empréstimos lexicais (entre trezentos e quatrocentos), que já se tornaram patrimônio do idioma português no Brasil,[129] quanto àquele singular e especial jeito de falar em que termos italianos e portugueses se fundiam num único código linguístico. O fenômeno, aliás, não diz respeito somente aos italianos no Brasil, mas também na Argentina e nos Estados Unidos, sendo que essa "simbiose" nunca causou problemas de compreensão a não ser para quem chegava da Itália e tinha de suar para intuir que "tirare" o chapéu significava *toglierselo* (= "tirá-lo" e não "puxá-lo"), "guastare" tinha de ser entendido como *spendere* (= "gastar" e não "estragar") e "pretendere" como *desiderare* (= "pretender" e não "exigir").[130]

Os empréstimos linguísticos do português não faltavam nem em situações de isolamento, como nas colônias do Rio Grande do Sul, onde as pessoas se expressavam numa linguagem cuja base era o dialeto vêneto, recheado de vocábulos lombardos e portugueses italianizados ou deixados em sua acepção de origem; assim "matto" significava *foresta* (= "mato", "floresta", e

---

128 Essa é a opinião de Rios (1958, p.313).
129 Vide Cenni (1975, p.265-8).
130 Bertarelli (1913, p.289).

não "louco") e "carta" equivalia a *lettera* (= "carta" e não "papel").[131] Porém, será sobretudo em São Paulo que a facilidade de assimilação dará origem a uma verdadeira língua da cidade, que representava a linguagem predominante e era usada pelos próprios brasileiros. Vale a pena transcrever uma pequena documentação escrita, obra de um brasileiro, o engenheiro Alexandre Machado Ribeiro Marcondes, que, com o pseudônimo de Juó Bananére, escreveu numerosas poesias e contos num idioma talvez demasiado abrasileirado:

> O chi sodades che io tegno
> D'aquilo gustoso tempigno
> Ch'io stava o tempo intirigno
> Brincando c'oas mulecada.
> Che brutta insgugliambaçò
> Che troça, che bringadêra,
> Imbaxo das bananêra,
> Na sombra dus bambuzá.
>
> Deitava sempre di notte,
> I alivantava cidigno
> Uguali d'un passarigno
> Allegro i cuntento da vida.
> Bibia un caffè ligêro,
> Pigava a penna i o tintêro
> Iva curreno p'ra scuola.
>
> Inveiz di afazê a liçó
> Passavo a aula intirigna
> Fazéno e giogáno boligna
> Ingoppa a gabeza dos ôtro.
> O professore gridava,
> Mi dava un puxó di oreglio,
> I mi butava di gioeglio
> Inzima d'un grão di milio.[132]

---

[131] Para um exemplo dessa linguagem, vide Bernardi (1975a). O autor era um frade, filho de imigrantes italianos. Publicada pela primeira vez em capítulos no *La Staffetta Riograndense*, em 1924, a obra foi escrita no idioma falado na região de Caxias, Verarápolis e Garibaldi. Sobre Bernardi, vide Desti (1981). Para uma análise da língua falada pelos imigrantes no Rio Grande do Sul, vide Frosi; Mioranza (1983).

[132] Bananére (1962, p.39-40; a primeira edição é de 1924). Sobre o autor e sobre como a literatura brasileira descrevia os italianos, vide Carelli (1981, 1986); para um pitoresco e realístico

Além dos empréstimos linguísticos, os brasileiros assimilaram da imigração italiana vários costumes e hábitos, da vida mundana (sobretudo da moda) à cultural, com a difusão e o gosto pela lírica e pelo teatro. Os italianos trouxeram também seus ritos religiosos, entrando, às vezes, em choque com outros imigrantes: no bairro do Belém, por anos houve uma luta surda entre italianos e portugueses pela hegemonia do santo: os primeiros queriam impor São Roque, e os portugueses, Santo Antônio.[133] Menores dificuldades encontravam os imigrantes italianos em bairros mononacionais, ou, melhor ainda, monorregionais, como no Brás (São Vito) e no Bixiga (N. S. da Aquiropita). Contudo, o setor em que mais se sentiu a presença italiana, além do gosto arquitetônico do qual já falamos, foi o dos hábitos alimentares:

> O principal aspecto dessa influência italiana traduziu-se no novo tipo de casa construído em Santa Efigênia, Vila Buarque e Liberdade, e não somente no Brás, onde talvez menos sensível se fizesse observar a influência arquitetônica para se salientar mais em outros aspectos: nos restaurantes típicos, por exemplo. Restaurantes que começaram a influenciar a dieta do paulistano com o consumo de massas alimentícias e de vinho, o que se vulgarizou, passando inclusive os hotéis a incluírem, em seus cardápios, *minestra*, *rizzotto* [sic], *spaghetti*, *pizza* e outros tipos de alimentação de origem italiana.[134]

Além dos já citados, tiveram especial importância a pizza e, sobretudo nos estados sulinos de maioria vêneta, a polenta. O fenômeno alcançou dimensões mais do que notáveis, a ponto de levar algumas pessoas a considerá-lo, amargamente, a única influência exercida pelos italianos no Brasil:

> Os italianos, que aqui não conseguiram impor sua língua e nenhuma das grandes diretrizes políticas desses países, com certeza impuseram, após poucos anos de sua laboriosa invasão, sua cozinha: e assumiram incontestavelmente o controle da gula desses povos fáceis. Por outro lado, há aqui milhões de compatriotas que, com certeza, comem mais do que italianissimamente. E os filhos desses italianos, os quais, por sua vez, esquecem a pátria de seus pais, nunca esquecem a cozinha de suas mães.[135]

---

panorama do linguajar dos imigrados nas *Little Italies* paulistas, vide Machado (1983) (a primeira edição é de 1927).
133 Vide Penteado (1962).
134 Diegues Jr. (1964, p.176).
135 Bianco (1922b, p.188).

Por todas as razões expostas, a italianidade em São Paulo e sobretudo nas *Little Italies* permanecerá por décadas como fator distintivo da cidade e será magistralmente ilustrada no plano literário por Antônio de Alcântara Machado, reconstruída no plano da memória afetiva de Zélia Gattai e reproposta no nível dos testemunhos por Ecléa Bosi.[136] Em todo caso, apesar das situações de compactação étnica territorial e embora a experiência emigratória tenha se revelado uma prova difícil para certo número de peninsulares, traduzindo-se em uma existência atrofiada, a maioria deles a viveu positivamente, pelo menos no sentido de que, via de regra, não se registrou nenhum conflito – nem dentro de si nem fora de si – entre as possibilidades de inserção na nova realidade e a perpetuação de todo tipo de vínculo com a pátria mãe. Se essa foi a situação prevalecente, ambos os sujeitos tinham algum mérito: os brasileiros, por terem minimizado atitudes verdadeiramente chauvinistas ou manifesta hostilidade (salvo no âmbito das oligarquias) e os italianos, por terem demonstrado grande adaptabilidade. Em essência, foi a sucessão contínua de uma prática multicultural, pela qual, os imigrantes atingiram certo grau de "abrasileiramento", os nativos se "italianizaram" nos códigos linguísticos, nos gostos alimentares, nas roupas, no uso do tempo livre.

Com certeza, principalmente nas primeiras décadas, essa realidade *in fieri* fez que prevalecesse, entre os observadores que chegavam da Itália (e não somente entre eles) a impressão de um abandono dos vínculos com o país de origem, que talvez fosse determinada exatamente pelo índice mais gritante de adaptação e assimilação ao país anfitrião, ou seja, o elevado número de casamentos dos filhos de italianos com a juventude local. E ele dizia respeito não só à segunda geração, mas também aos que haviam nascido na Itália. Esse fenômeno era mais acentuado nas situações urbanas que nas rurais e, no seio destas, mais nas fazendas que nas colônias isoladas do Sul, apesar de não ser raro também naquelas. Por exemplo, no início do século, em Santa Catarina, o cônsul da Itália observava: "Os casamentos entre um italiano e uma brasileira, entre uma italiana e um brasileiro são comuníssimos, e seriam ainda mais frequentes se a maior parte dos italianos não vivesse segregada na roça".[137]

Contudo, até mesmo nos núcleos do Sul do Brasil, com o correr do tempo e a suspensão da imigração, os casamentos foram perdendo as características de mononacionalidade que tinham tido na origem. Infelizmente, não

---

136 Machado (1983); Gattai (1979); Bosi (1979).
137 Pio di Savoia (1902, p.53).

há dados quantitativos disponíveis para todo o período, mas os poucos que temos atestam um acentuado processo de integração a partir da Primeira Guerra Mundial: entre 1917 e 1923, no Rio Grande do Sul, os casamentos entre italianos e brasileiras foram 997 (66,1%), entre italianas e brasileiros 135 (9%) e entre italianos e italianas 375 (24,9%).[138] Esses dados alteram, porém, parcialmente a realidade pois não consideram a endogamia oculta, isto é, de casamentos entre italianos e italianas com filhas e filhos de imigrados, que figuravam de nacionalidade brasileira nos registros municipais.

Devemos levar em conta isso quando analisamos a situação no estado de São Paulo, onde os dados são ainda mais limitados e tardios. Contudo, sabemos que, em 1911, os casamentos entre brasileiros representavam 60,7% do total, contra 21,6% dos entre estrangeiros e 17,7% dos mistos,[139] mas essas cifras não dizem muito porque não indicam, no seio do grupo dos estrangeiros e de cada nacionalidade, qual era a percentagem de homens e mulheres que casavam com patrícios. Em 1927 sabemos que a taxa de endogamia real (casamentos entre imigrados nascidos na Itália) era de 20%[140] e mais ou menos igual à que vigorou entre 1934 e 1939 (19,5%),[141] quando todos os estrangeiros, os italianos representam o grupo que mais se integrou em termos de casamento.[142] Certamente, são dados relativos a um período em que a imigração em massa já terminara havia uns trinta anos, mas parece razoável supor que a situação não devia ser muito diferente entre o fim do século XIX e as primeiras décadas do XX. Para testemunhá-lo, bastaria o horror que, ainda em 1893, provocavam as uniões com o elemento negro, que não pareciam infrequentes até entre as italianas:

> Os noivinhos de cor não desagradam a muitas das nossas Desdêmonas da gleba, e aliás são preferidos até a italianos de outros compartimentos. Essa singular perversão do gosto (me desculpem a expressão os negros, aos quais não quero mal desde que se entendam entre si) é um fenômeno não muito raro no estado de São Paulo.[143]

---

138 Vide Erler (1978, p.73, nota); Zuculin (1927a, p.191-2).
139 Vide *BDET*, v.3, 1912.
140 Cenni (1975, p.235).
141 Mortara (1950a, p.328).
142 Vide Diegues Jr. (1964, p.97-9).
143 De Zettiry (1893, p.81).

Até mesmo um órgão como o CGE, que deveria ter sido mais cauteloso, ou, pelo menos, mais diplomático, assim estigmatizava a situação, quinze anos depois:

> A degradação não para nem diante da distinção de raça: não são incomuns os casamentos de italianos com negras e, o que é pior, de mulheres italianas com negros.[144]

4.8. Atualizações bibliográficas

Nas últimas décadas, vários trabalhos sobre a italianidade e sobre como começou a enfraquecer o sentimento de pertencimento exclusivo à própria região de origem foram publicados. A esse respeito, ver para o subcontinente, Franzina, E., "'Piccole patrie, piccole Italie'. La costruzione dell'identità nazionale degli emigrati italiani in America Latina (1848-1924)", *Memoria e Ricerca*, v.4, n.8, p.13-22, 1996; Cappelli, V., "Pequeñas patrias, la patria, otras patrias: la complejas identidades de los italianos en Brasil y América Latina", *Naveg@mérica*, n.13, 2014. Sobre a lenta aquisição da italianidade no Brasil, sobre as ferramentas e as circunstâncias que facilitaram sua divulgação e sobre os métodos do processo cf. Trento, A., "Italianità in Brazil: A Disputed Object of Desire", em Tomasi, L.; Gastaldo, P.; Row, T. (Orgs.), *The Columbus People: Perspectives in Italian Immigration to the Americas and Australia*, Nova York: CMS; Fondazione Agnelli, 1994, p.250-64; Id., "Italiani e italianità in Brasile dall'età liberale alla Seconda Guerra Mondiale", em Casmirri, S. (Org.), *L'emigrazione italiana in 150 anni di storia unitaria*, Cassino: Università di Cassino, 2013, p.105-28.

Sobre o fenômeno em vários estados do Brasil, cf. Alvim, Z.; Ramos, J. Sachetta, "Italianos en São Paulo: dimensiones de la italianidad en el estado de São Paulo en 1920", *Estudios Migratorios Latinoamericanos*, v.10, n.29, p.113-27, 1995; Truzzi, O., *Italianidade no interior paulista: percursos e descaminhos de uma identidade étnica (1880-1950)*, São Paulo: Editora Unesp, 2016; Constantino, N. Santoro de, "Italiani a Porto Alegre: l'invenzione di un'identità", *Altre Italie*, n.25, p.76-88, 2002; Possamai, P., "'Dall'Italia siamo partiti': *a questão da identidade entre os imigrantes italianos e seus descendentes no Rio Grande do Sul (1875-1945)*, Passo Fundo: UPF, 2005; Zanini, M. C. C., *Italianidade no Brasil Meridional: a construção da identidade étnica na região de*

---

144 "Relazione sui servizi dell'emigrazione per il periodo aprile 1907-aprile 1908" (1908, p.80).

Santa Maria-RS, Santa Maria: UFSM, 2006; Beneduzi, L. F., "Caminhos da memória: uma análise de percursos de italianidade no Rio Grande do Sul", *Estudos Ibero-Americanos*, v.35, n.1, p.40-55, 2009. Sobre como certo grau de italianidade se perpetua entre os filhos e netos da península, ver Oro, A. P., "'Mi son talian': considerazioni sull'identità etnica dei discendenti degli italiani nel Rio Grande do Sul", *Altre Italie*, n.13, 1995. Para uma visão comparativa, ver o mais recente Luchese, T. A.; Malikovski, A. (Orgs.); *Italianidade, polonidade e germanidade*, Caxias do Sul: Educs, 2021, com interesse, em grande medida, dirigido para o Sul do Brasil.

Um livro interessante sobre as relações diplomáticas entre os dois países, lançado há cerca de trinta anos, mas que mantém sua completude, é o de Cervo, L. A., *O Brasil e a Itália: o papel da diplomacia*, Brasília: Editora UnB, 1992.

Para aprofundar o tema das associações, é preciosa a visão geral da questão oferecida por Luca, T. R. de, *O sonho do futuro assegurado: o mutualismo em São Paulo*, São Paulo: Contexto, 1990; e Id., "Inmigración, mutualismo e identidad: São Paulo (1890-1935)", *Estudios Migratorios Latinoamericanos*, v.10, n.29, p.191-208, 1995. Mais especificamente sobre as associações peninsulares são aconselháveis várias leituras: Colognese, S. A., *Associações étnicas de italianos: identidade e globalização*, São Paulo: Itália Nova, 2004; Franzina, E., "Uso della memoria e problemi aperti nella storia delle migrazioni del '900. Associazionismo etnico e acculturazione nazionale fra Italia e Brasile", em SEMINÁRIO DA IMIGRAÇÃO ITALIANA EM MINAS GERAIS, 5. Anais do... Belo Horizonte: [s.n.], 2009; Biondi, L., "Aventuras e desventuras da Sociedade Italiana de Socorro Mútuo Lega Lombarda", em SIMPÓSIO NACIONAL DA ANPUH, 26. Anais do... São Paulo: Anpuh, 2006, p.1-14; Id., "Mãos unidas, corações divididos. As Sociedades Italianas de Socorro Mútuo em São Paulo na Primeira República: sua formação, suas lutas, suas festas", *Tempo*, v.16, n.1, p.75-104, 2012; por ocasião do centenário da associação majoritariamente de elite da capital paulista, saiu *Circolo Italiano 100 Anni*, São Paulo: Circolo Italiano, [s.d.]. No que diz respeito ao interior do estado, cf. Teixeira, R. Siqueira, *Associações italianas no interior paulista num espaço compartilhado (1920-1942)*, São Carlos, 2011, Tese (Doutorado) – Universidade Federal de São Carlos.

As associações peninsulares foram objeto de estudo também em outros estados do Brasil; para Minas Gerais há um trabalho (com referências bibliográficas) de Cavalieri, D. Gonçalves, "Associativismo e imprensa na formação da comunidade italiana em Belo Horizonte (1897-1937): um balanço historiográfico", em Demata, S. R. et al. (Orgs.), *Anais do 3º Seminário Nacional de*

História de Historiografia: Aprender com a História, Ouro Preto: Ufop, 2009, p.1-12. Sobre o Sul do Brasil, ver Ospital, M. S.; Constantino, N. Santoro de, "Construção da identidade e associações italianas em La Plata e Porto Alegre", *Estudios Migratorios Latinoamericanos*, v.25, n.2, p.131-45, 1990; Silva Jr., A. L., "O mutualismo de fechamento étnico no Rio Grande do Sul (1854-1940)", *Métis*, v.4, n.8, p.127-57, 2005, que, porém, também diz respeito aos alemães; Bertagna, F.; Tedesco, J. C., "Fratelli d'Italia e del Brasile? Associazionismo, emigrazione e dinamiche dell'italianità nel Sud de Brasile", *Studi Emigrazione*, v.LII, n.199, p.395-418, 2015.

Uma produção historiográfica bastante substancial envolveu, sobretudo a partir de 2010, o tema da escola, também no que diz respeito ao ensino médio, em especial, nesse caso, as publicações dedicadas ao Instituto Dante Alighieri de São Paulo: Gordinho, M. Cintra (Org.), *Colégio Dante Alighieri: 85 anos*, São Paulo: Marca d'Água, 1996; Reale, E., *Colégio Dante Alighieri: um século de história, cultura e educação*, São Paulo: Melhoramentos, 2010; Dell'Aira, A., *Longo estudo, grande amor: história do Istituto Medio Italo-Brasiliano Dante Alighieri de São Paulo*, São Paulo: Annablume, 2011; a esse respeito, eu também recomendaria Salvetti, P., *Immagine nazionale ed emigrazione nella Società "Dante Alighieri"*, Roma: Bonacci, 1995, livro que contém muitas informações sobre a homônima instituição em São Paulo, intimamente ligada à instituição italiana.

Naturalmente, o maior número de estudos é dedicado à multiplicidade de escolas primárias que surgiram no Brasil entre 1880 e 1940, dentre as quais vale destacar, para o tema como um todo no território brasileiro, Bertonha, J. F., "A morte do conceito de ideologia? Cartilhas fascistas e escolas italianas no Brasil do entreguerras", *Cadernos de História*, v.9, n.1, p.29-42, 2001. As inúmeras contribuições de uma historiadora riograndense são muito válidas para o Brasil como um todo: Luchese, T. A. (Org.), *História da escola dos imigrantes italianos em terras brasileiras*, Caxias do Sul: Educs, 2014; Id., "Da Itália ao Brasil: indícios de produção, circulação e consumo de livros de leitura (1875-1945)", *História da Educação*, v.21, n.51, p.123-42, 2017; Id. (Org.), *Escolarização, culturas e instituições: escolas étnicas italianas em terras brasileiras*, Caxias do Sul: Educs, 2018, que acolhe contribuições sobre algumas áreas do Brasil e muitas das temáticas relativas à escola e ao ensino, incluindo um ensaio sobre o Instituto Dante Alighieri em São Paulo. São também úteis os trabalhos de Barausse, A., "The Construction of National Identity in Textbooks for Italian Schools Abroad: The Case of Brazil between the Two World Wars", *History of Education & Children's Literature*, v.X, n.2, p.425-61, 2015; Id., "Os livros escolares como instrumentos para a promoção da identidade nacional italiana durante os primeiros anos do fascismo (1922-1925)", *História da Educação*, v.20, n.49, p.81-94, 2016; Id., "'Una impronta di italianità': os livros didáticos para as escolas étnicas italianas no Brasil entre o liberalismo e o fascismo", *Cadernos de História da Educação*, v.18, n.2, p.329-50, 2019. Os dois estudiosos juntos publicaram um pequeno artigo de natureza mais geral: Barausse, A.; Luchese, T. A., "Da Itália para o Brasil: processos educativos e formativos, séculos 19 e 20", *História da Educação*, v.21, n.51, p.33-40, 2017. Interessante sobre livros didáticos é o artigo de Ascenzi, A., "Para a educação patriótica e nacional dos italianos no exterior: a edição póstuma do livro de leitura *O Patria mia* de Luigi Bertelli (Vampa) e a sua difusão no Brasil", *História da Educação*, v.21, n.51, p.101-22, 2017. Bem equilibrado é o recente volume editado por Luchese, T. Â.; Barausse, A.; Sani, R.; Ascenzi, A., *Migrações e história da educação: saberes, práticas e instituições. Um olhar trasnacional*, Caxias do Sul: Educs, 2021, com diversas contribuições referentes ao ensino fundamental e a livros didáticos enviados da Itália e utilizados em instituições italianas especialmente nos três estados do sul do Brasil.

As escolas de alguns estados do Brasil receberam muita atenção com a produção mais abundante no Rio Grande do Sul, a começar pelas obras de Barausse, A., "Chamas da educação nacional e do sentimento pátrio: as escolas italianas no Rio Grande do Sul da colonização ao final do século XIX (1875-1898)", *História da Educação*, v.21, n.51, p.41-84, 2017; Id., "La scuola in colonia. Maestri rurali e memorie dell'emigrazione veneta in Rio Grande do Sul (1875-1898)", *Venetica*, v.XXXIII, n.57, p.91-122, 2019; Id., "Between Religion and Nation: Italica Gens and the Development of Ethnical Schools and Italian Language in Southern Brazil in the Early 20th Century (1910-1930)", *History of Education & Children's Literature*, v.XIV, n.2, p.303-37, 2019, que se detém no Rio Grande do Sul. Do mesmo autor, ver também "Le scuole italiane nel Rio Grande do Sul attraverso le carte consolari tra la fine dell'Impero e l'inizio della Repubblica"; e Bastos, M. H. Câmara; Barausse, A., "Le vicende della Patria: os manuais de formação moral e cívica nas escolas elementares italianas no exterior (Rio Grande do Sul-RS – décadas de 1920-1930)", ambas as contribuições aparecem em De Ruggiero, A.; Herédia, V. B. Merlotti; Barausse, A. (Orgs.), *História e narrativas transculturais entre a Europa Mediterrânea e a América Latina*, Porto Alegre: EdiPUCRS, 2017, respectivamente p.195-248 e p.249-76; Luchese, T. A., *O processo escolar entre os imigrantes no Rio Grande do Sul*, Caxias do Sul: Educs, 2015; Castro, R. Brião de; Barausse, A., "'Una società senza scuola è un corpo senz'anima': as escolas italianas de Pelotas-RS mantidas pelas sociedades de mútuo socorro no século XIX", *História da Educação*, n.24, p.1-35, 2020; Rech, G. L., *Escolas étnicas italianas em Porto Alegre-RS (1877-1938): a formação de uma rede escolar e o fascismo*, Caxias do Sul: Educs, 2021.

Para outros estados ou regiões do Brasil, é possível consultar sobre o mesmo tema, bem como alguns ensaios presentes no volume editado por T. A. Luchese já citado, Maschio, E. C. Falcade, *Escolarização pública e imigração italiana: a constituição do ensino elementar das colônias ao município*, Jundiaí: Paco, 2014; para o Paraná; para o mesmo estado, ver Renk, V. E.; Maschio, E. C. Falcade, "Por uma história da escola primária no contexto da imigração: experiências de escolarização entre os imigrantes eslavos e peninsulares italianos no Paraná", *Revista Brasileira de História da Educação*, n.20, 2020; Renk, V. E.; Maschio, E. C. Falcade, "Celebrating Italianità: The Teaching of the Italian Language and Culture in Ethnic Schools in Paraná, Brazil", *History of Education & Children's Literature*, v.X, n.1, p.139-54, 2015; para São Paulo, cf. Panizzolo, C., "Italianizar os brasileirinhos, paulistanizar os italianinhos: um estudo sobre os livros de leitura que circularam nas escolas de São Paulo no início do século XX", em Castro, C. A.; Velasquez Castellanos, S. L. (Orgs.), *História da escola: métodos, disciplinas, currículos e espaços de leitura*, Maranhão: Edfuma, 2018, p.100-25; e Castro, C. A.; Velasquez Castellanos, S. L., "A escola italiana na cidade de São Paulo e os primeiros tons de uma identidade italiana", *História da Educação*, n.24, 2020.

Muitos trabalhos foram publicados sobre a imprensa, começando com o meu "La stampa periodica italiana in Brasile", *Il Veltro*, v.XXXIV, n.3-4, p.301-16, 1990; e prosseguindo com os mais recentes Posenato, K. M. Menegotto; Giron, L. Slomp, "I giornali italiani nel Rio Grande do Sul", *Altre Italie*, n.31, p.122-35, 2005; Bertonha, J. F., "A imprensa italiana em São Paulo, 1880-1945", *Insieme*, n.8, p.104-12, 2001; Valduga, G., *Paz, Itália, Jesus: uma identidade para os imigrantes italianos e seus descendentes: o papel do jornal* Correio Riograndense *(1930-1945)*, Porto Alegre: EdiPUCRS, 2008; Trento, A., "Due secoli di giornalismo italiano in Brasile", *Studi Emigrazione*, v.XLVI, n.175, p.568-90, 2009; Souza, M. Cintra (Org.), *A imprensa imigrante: trajetória da imprensa das comunidades imigrantes em São Paulo*, São Paulo: Memorial do Imigrante; Imprensa Oficial do Estado de São Paulo, 2010.

A última década foi particularmente rica em pesquisas, entre as quais gostaria de destacar a importância do meu livro *A imprensa italiana no Brasil, séculos XIX e XX*, São Paulo: EdUFSCar, 2013, que representa um panorama completo do fenômeno desde as origens até os anos 1970 e que também contém um extenso apêndice sobre todos os jornais italianos que apareceram no Brasil divididos por estados nos quais surgiram, especificando quantos exemplares restaram e quais as bibliotecas e os arquivos onde é possível rastreá-los no Brasil, Itália, França e Holanda. Ainda fruto dos meus esforços é o mais recente "Carta canta: il giornalismo in lingua italiana in Brasile, 1854-1975", em Deschamps, B.; Sergi, P. (Orgs.), *Voci d'Italia fuori d'Italia: giornalismo e stampa dell'emigrazione*, Cosenza: Pellegrini, 2021, p.219-40.

Sobre as publicações periódicas em vários idiomas que surgiram no Brasil, é muito útil consultar Luca, T. R. de; Guimarães, V. (Orgs.), *Imprensa estrangeira publicada no Brasil: primeiras incursões*, São Paulo: Copetti, 2017, que contém quatro ensaios em jornais italianos. Ver também Beneduzi, L. F., "Staffetta Riograndense: fascismo e italianidade na Serra Gaúcha", em Radünz, R.; Herédia, V. B. Merlotti (Orgs.), *Imigração e sociedade: fontes e acervos da imigração italiana no Brasil*, Caxias do Sul: Educs, 2015, p.288-311; algumas contribuições presentes em trabalhos coletivos dedicados, sobretudo, ao sul do Brasil: Silva, G. Batista da, "L'Iride Italiana: italianidade no Brasil oitocentista", *História*, n.38, 2019. Sobre a contribuição de alguns italianos que se tornaram personagens importantes no cenário jornalístico brasileiro, no caso específico da caricatura, cf. Lustosa, I. (Org.), *Agostini: obra, paixão e arte do italiano que desenhou o Brasil (1843-1910)*, Rio de Janeiro: Casa de Rui Barbosa, 2014.

Após o estudo precursor e ainda fortemente aconselhável de Consolmagno, M., *Fanfulla: perfil de um jornal da colônia*, São Paulo, 1993, Dissertação (Mestrado) – FFLCH, USP, o jornal de São Paulo, porta-voz da comunidade, recebeu a devida atenção com Trento, A., "L'identità dell'emigrato italiano in Brasile attraverso la stampa etnica: il caso del *Fanfulla*, 1893-1940", em Tosi, L. (Org.), *Europe, its Borders and the Others*, Napoli: ESI, 2000, p.419-37; e Id., "A Itália em guerra: a coletividade imigrada e o *Fanfulla* de São Paulo durante o primeiro conflito mundial", *Escritos*, v.9, n.9, p.97-124, 2015; Malatian, T., "Imprensa italiana em São Paulo e o fascismo: o *Fanfulla* (1921-1942)", *História*, v.34, n.1, p.195-215, 2015.

Poucas foram as contribuições sobre o lazer nas horas vagas das ocupações produtivas: Trento, A., "Organização operária e organização do tempo livre entre os imigrantes italianos em São Paulo (1889-1945)", em Carneiro, M. L. Tucci; Croci, F.; Franzina, E. (Orgs.), *História do trabalho e histórias da imigração*, São Paulo: Edusp; Editora Unesp, 2010, p.233-66; e Id., "Immigrati a São Paulo: lavoro e tempo libero degli italiani (1880-1940), *Venetica*, v.XXXIII, n.57, p.179-98, 2019. Do ponto de vista proletário e do movimento operário, convém consultar a densa contribuição de Franzina, E., "Il Primo Maggio degli immigrati. Il movimento operaio in Argentina e Brasile di maggio in maggio. Appunti sulla festa, la lotta e l'integrazione", em Donno,

G. C., *Storia e immagini del 10 Maggio: problemi della storiografia italiana e internazionale*, Manduria: Lacaita, 1990, p.529-54, que tem como ponto de partida a mais clássica das recorrências das organizações de classe, mas que desenvolve uma ampla gama de temas inerentes. No que diz respeito, de forma mais geral, ao uso do tempo livre na sociedade paulista, recomendamos a leitura do ensaio de Rago, M., "A invenção do cotidiano na metrópole: sociabilidade e lazer em São Paulo, 1900-1950", em Porta, P. (Org.), *História da cidade de São Paulo*, v.3: A cidade na primeira metade do século XX, 1890-1954, São Paulo: Paz e Terra, 2004, p.387-435. Interessante – para uma área geográfica em que a influência do clero se manteve forte por muito tempo e se expressou também na demonização de algumas formas de uso do tempo livre – a leitura de Possamai, P. C., "'O sepulcro do pudor': o combate aos bailes e a imposição de uma moral monacal pelos missionários aos imigrantes italianos no Rio Grande do Sul", *Métis*, v.2, n.4, p.247-62, 2003. A propósito do entretenimento e sobretudo da sua gestão por parte de alguns imigrantes italianos, mas também do protagonismo de alguns deles no cinema, é útil o artigo de Galdino, M., "Gli italiani nel cinema brasiliano", *Archivio Storico dell'Emigrazione Italiana*, n.5, p.99-114, 2009.

Algo surgiu sobre a contribuição dos peninsulares no campo teatral, tanto de companhias em *tournée* quanto de clubes amadores: Constantino, N. Santoro de, "Atores teatrais italianos no Rio de Janeiro: Adelade Ristori e Ernesto Rossi (1869-1879)", em Flores, H. A. Hübner (Org.), *Presença literária 2006*, Porto Alegre: Ediplat, 2006; Vannucci, A., *Un baritono ai tropici: diario di Giuseppe Banfi dal Paraná*, Reggio Emilia: Diabasis, 2008; Id., "La patria in scena. Mobilitazione politica e costruzione di una identità nazionale nelle società filodrammatiche italiane a São Paulo", em Fondazione Casa America, *Il Risorgimento Italiano in America Latina*, Ancona: Affinità Elettive, 2006, p.339-65. Sobre a difusão do teatro na área paulista, recomendo, como leitura geral, mas que foca na influência e na presença italiana no setor, Magaldi, S.; Vargas, M. T., *Cem anos de teatro em São Paulo (1875-1974)*, São Paulo: Senac, 2000. Maior atenção tem atraído a tradicional Festa da Uva de Caxias do Sul (Ribeiro, C. M. Piazza Julio, *Festa e identidade: como se fez a Festa da Uva*, Caxias do Sul: Educs, 2002), evento que acabou por transformar a italianidade da região em um fator de atração turística autônoma, talvez graças à participação, inclusive financeira, da região do Vêneto; sobre essa transformação, ver Silva, D. da, *De colonos do vinho a agricultores do turismo*, Caxias do Sul: Educs, 2020. Destino semelhante tem sido reservado, ainda que em menor escala, em São Paulo para algumas festas nascidas em homenagem aos padroeiros e depois transformadas em eventos gastronômicos e turísticos com características próprias, como no Bexiga, sobre o qual Bitelli, F. Molinari; Bastos, S. R., "Festa italiana de Nossa Senhora Achiropita: hospitalidade no bairro Bexiga em São Paulo", *Studi Emigrazione*, n.220, p.659-74, 2020.

As atividades esportivas ganharam espaço, principalmente graças ao Palmeiras: Araújo, J. R. dos Campos, "O Palestra Italia e sua trajetória: associativismo e etnicidade", *Estudios Migratorios Latinoamericanos*, v.11, n.34, p.593-641, 1996; e Id., *Imigração e futebol: o caso do Palestra Italia*, São Paulo: Sumaré; Idesp, 2000. O fenômeno também despertou interesse na Itália, ver Fratta, V., *Palestra Italia: quando gli italiani insegnavano il calcio in Brasile*, Roma: Lit, 2014. Sobre um time menor, fundado em 1924 pelos trabalhadores da fábrica de algodão Crespi, cf. Agarelli, A.; Romano Netto, V., *Glórias de um moleque travesso: a história do Juventus*, São Paulo: BB, 2012. Sobre o tema de como o futebol pode fortalecer a identidade étnica, cf. Bocketti, G., "Italian Immigrants, Brazilian Football, and the Dilemma of National Identity", *Journal of Latin American Studies*, v.40, n.2, p.275-302, 2008.

A produção sobre as comunidades italianas durante a aventura líbica foi mais consistente e muito mais durante a Grande Guerra, com pesquisas, porém, todas surgidas no século XXI, incluindo a única contribuição sobre a expansão colonial na Líbia (Bertagna, F., "Nazionalismo da esportazione: la guerra di Libia sulla stampa italiana in Argentina e Brasile", *Archivio Storico dell'Emigrazione Italiana*, n.7, p.51-62, 2011); trabalhos muito mais numerosos sobre o conflito de 1914-1918, entre os quais o precursor, de Franzina, E., "Un fronte d'oltreoceano: italiani del Brasile e italobrasiliani durante il primo conflitto mondiale", em Corrà, V.; Pozzato, P. (Orgs.), *1916, la Strafexpedition: gli altipiani vicentini nella tragedia della Grande Guerra*, Udine: Gaspari, 2003, p.226-42, que se seguiu a outro ensaio dedicado pelo autor à Argentina, igualmente interessante: "La guerra lontana: il primo conflitto mondiale e gli italiani d'Argentina", *Estudios Migratorios Latinoamericanos*, v.15, n.44, p.57-83, 2000. Esses estudos foram, depois, ampla e perfeitamente complementados por outras pesquisas do mesmo historiador, listadas a seguir: "Italiani in Brasile e italo-brasiliani durante il Primo Conflitto Mondiale", *Debates e Tendências*, v.1, n.5, p.225-67, 2004; *Entre duas pátrias: a grande guerra dos imigrantes ítalo-brasileiros*, Belo Horizonte: Ramalhete, 2017; também, em forma de romance, *La storia (quasi vera) del milite ignoto, raccontata come un'autobiografia*, Roma: Donzelli, 2014. Ao lado destes, merecem destaque os seus estudos sobre os peninsulares que regressaram à Itália de todo o continente americano: "Volontari dell'altra sponda: emigranti e emigrati in America alla guerra (1914-1918)", em Rasera, F.; Zandra, C. (Orgs.), *Volontari italiani nella*

Grande Guerra, Rovereto: Museo Storico della Grande Guerra, 2008, p.215-37; "Migranti italiani e Grande Guerra: emigranti ed emigrati in America davanti al primo conflitto mondiale (1914-1918)", em Fiorentino, D.; Sanfilippo, M. (Orgs.), *Stati Uniti e Italia nel nuovo scenario mondiale (1898-1918)*, Roma: Gangemi, 2012, p.135-56; "Corrispondenze popolari tra le Americhe e l'Italia durante la Prima Guerra Mondiale", *Achivio Storico dell'Emigrazione Italiana*, n.11, 2015; e "Fra storia, microstoria e discussioni in rete: la Grande Guerra degli immigrati 'americani' (1914-1918)", *História*, n.37, 2017; e em *Archivio Storico dell'Emigrazione Italiana*, n.13, 2017.

No nível mais geral dos italianos no exterior no difícil período de 1914-1918, ver Salvetti, P., "Emigrazione e Grande Guerra fra renitenza e rimpatri", em Staderini, A.; Zani, L.; Magni, F. (Orgs.), *La Grande Guerra e il fronte interno: studi in onore di George Mosse*, Camerino: Università degli Studi di Camerino, 1998, p.207-34; e Douki, C., "Les Emigrés face a la mobilitation militaire de l'Italie, dans 14-18", *Aujourd'hui*, n.5, p.158-81, 2002. Quanto ao subcontinente, gostaria de destacar o breve artigo de Pelaggi, S., "The Italian Community in Latin America and the Great War: Migrant Associations and the 'Voluntary' Participation in the Conflict", em Biagini, A.; Motta, G. (Orgs.), *The First World War: Analysis and Interpretation*, Cambridge: Cambridge Scholars, 2015, p.397-406. Uma visão comparativa e valiosa, focada em três centros cruciais da emigração italiana para a América do Sul, como Buenos Aires, Montevidéu e São Paulo, é a mais recente oferecida por Galante, J. Starosta, *On the Other Shore: The Atlantic Worlds of Italians in South America during the Great War*, Lincoln: University of Nebraska Press, 2022.

Outros autores também, no entanto, tentaram sua sorte na temática, incluindo Bertonha, J. F., "Una 'guerra di carta': giornali italiani e austroungarici di lingua italiana in Brasile durante la Prima Guerra Mondiale", em Ferraro, G. (Org.), *Dalle trincee alle retrovie: i molti fronti della Grande Guerra*, Arcavata di Rende: Istituto Calabrese per la Storia dell'Antifascismo e dell'Italia Contemporanea, 2015, p.7-34; De Ruggiero, A., "Ouro e sangue pela pátria: a contribuição dos ítalo-brasileiros na Primeira Guerra Mundial", em De Ruggiero, A.; Musa, F.; Gertz, R. E. (Orgs.), *Vivências da Primeira Guerra Mundial: entre a Europa e o Brasil*, São Leopoldo: Oikos, 2015; Id., "A Grande Guerra do ítalo-gaúcho Olyntho Sanmartin", *História Unisinos*, v.20, n.3, p.300-10, 2016; Trento, A., "A Itália em guerra: a coletividade italiana e o *Fanfulla* de São Paulo durante o primeiro conflito mundial", *Escritos*, v.9, n.9, p.97-124, 2015.

Sobre a malevolência em relação aos italianos na sociedade brasileira e sobre os contrastes entre nativistas e imigrantes, cf. Rovina, M. R., *Os *imigrantes italianos entre o barrete frígio e o saco de coar café*, Campinas, 2012, Dissertação (Mestrado) – IFCH, Unicamp. Sobre multiculturalismo e integração, as contribuições foram numerosas e, entre elas, relembro Petrone, P., "Immigrati italiani in Brasile: identità culturale e integrazione", *Altre Italie*, n.13, p.27-42, 1995; Caprara, L.; Mordente, O. A. (Orgs.), *Viajando entre duas culturas*, São Paulo: Lemos, 2000; Saccon, R., "O modelo de integração dos descendentes de italianos no Vale do rio Itajaí-Açu, Santa Catarina, Brasil", *Studi Emigrazione*, v.XXXVIII, n.142, p.423-44, 2001; Trento, A., "L'assimilazione degli italiani in Brasile", em Blengino, V. (Org.), *Nascita di una identità: la formazione della nazionalità americana*, Roma: Edizioni Associate, 1990, p.242-53; Id., "L'integrazione politica ed economica degli italiani in Brasile", em Sajia, M. (Org.), *L'emigrazione italiana transoceanica tra Otto e Novecento e la storia delle comunità derivate*, Messina: Trisiform, 2003, p.411-29; De Andreis, S.; Bernardini, E., "Italiani in Brasile fra migrazione e tutela della cultura", *Quaderni CSAL*, n.18, p.176-99, 2018. Os estudos sobre participação política são muito menos numerosos; entre eles, ver Constantino, N. Santoro de, "Italianos no processo revolucionário", em Flores, M. (Org.), *1893-1895: a Revolução dos Maragatos*, Porto Alegre: EdiPUCRS, 1993, p.75-81; e Monteiro, K. M. Nascimento, *Entre o vinho e a política: uma biografia de Celeste Gobbato (1890-1958)*, Caxias do Sul: Educs, 2016.

Sobre as influências culturais, cf. Casolino, E.; Mottin, A. J. S., *Italianos no Brasil: contribuições na literatura e nas ciências, séculos XIX e XX*, Porto Alegre: EdiPUCRS, 1999. A koiné ítalo-brasileira e o uso de dialetos são abordados em diversos trabalhos, dentre os quais Franzina, E. "'Talian' in terra brasileirra", *Limes*, n.4, p.233-44, 1994; Boso, I. M., *Noialtri chi parlan tuti en talian: dialetti trentini in Brasile*, Trento: Museo Storico, 2002; Possamai, P., "Voando com o Leão Alado de São Marcos: a invenção do talian no Rio Grande do Sul", *História em Revista*, n.16, p.115-64, 2020. Em relação às obras publicadas na ficção brasileira que trataram de descrever os comportamentos, as vidas e os impulsos dos italianos residentes no Brasil, prevalecem os estudos sobre Alexandre Machado Ribeiro Marcondes, como os de Campo, M. Martins do, *Pauliceia scumbagliada, pauliceia desvairada: Juó Bananére e a imagem do italiano na literatura brasileira*, Niterói: Eduff, 1997; o de Fonseca, C., *Juó Bananére: o abuso em Blague*, São Paulo: Editora 34, 2001; para chegar aos autores mais próximos de nós no tempo, ver Roscilli, A. R., *Zélia Gattai e a imigração italiana no Brasil entre os séculos XIX e XX*, Salvador: EdUFBA, 2016. Sobre escritores em italiano, incluindo imigrantes, é aconselhável ler dois ensaios contidos em Marchand, J. J. (Org.), *La letteratura dell'emigrazione: gli scrittori di lingua italiana nel mondo*, Torino: Fondazione Agnelli,

1991; precisamente Hohlfedt, A., "La letteratura di lingua italiana in Brasile", p.205-12; e Franzina, E., "Brasile: fra storia e romanzo", p.213-28. É também interessante o volume de Ghirardi, P. Garcez, *Escritores de língua italiana no Brasil*, Porto Alegre: EST, 1994.

Sobre a transmissão de modelos, hábitos e costumes à sociedade brasileira, ver Colbari, A., "Familismo e ética do trabalho: o legado dos imigrantes italianos para a cultura brasileira", *Revista Brasileira de História*, v.26, n.51, p.47-62, 2006; e, em um nível decididamente mais prosaico, Zanini, M. C. C.; Santos, M. de Oliveira, "Mangia che ti fa bene: comida e identidade entre os descendentes de imigrantes italianos no Rio Grande do Sul", *Travessia*, n.72, p.41-53, 2013; e Vendrame, M. I., "O paraíso terrestre? Alimentação como propaganda e construção da identidade italiana no Sul do Brasil", *Tempo e Argumento*, n.10, p.267-88, 2018. Sobre exogamia e endogamia, cf. o bom ensaio de Mosma, K.; Truzzi, O.; Villas Boas, S. Keller, "Entre la pasión y la familia: casamientos interétnicos de jovenes italianos en el oeste paulista, 1889-1916", *Estudios Migratorios Latinoamericanos*, v.18, n.54, p.241-70, 2004.

5
IMIGRAÇÃO ITALIANA E MOVIMENTO OPERÁRIO[1]

5.1. AS CONDIÇÕES NAS FÁBRICAS

Descrever as condições de trabalho do proletariado brasileiro entre o fim do século XIX e os anos 1920 significa percorrer sem novidades as etapas iniciais dos países europeus durante a primeira fase da Revolução Industrial. De fato, também nesse caso, registramos horários intermináveis, calculáveis em média por volta de 10 horas por 6 ou 7 dias por semana em quase todos os setores e de 11 ou 12 horas nas tecelagens, as quais se tornavam facilmente 15 ou 16 por boa parte do ano;[2] em algumas fábricas, como a Mariangela, de Francesco Matarazzo, nunca baixavam para menos de 13. No Brasil, como na Europa, nos barracões adaptados de qualquer jeito para serem transformados em fábricas, reinava a absoluta falta de higiene, ventilação e iluminação. As multas choviam sob qualquer pretexto, reduzindo o salário dos operários, e o uso da violência física contra crianças era comum. Por fim, faltava qualquer sistema de prevenção de acidentes de trabalho, que ocorriam todos os dias e em grande número, fazendo parte do cálculo preventivo e fatalista da lógica capitalista mais selvagem.

No Brasil como na Europa, as condições do proletariado foram dramáticas, sobretudo nas primeiras décadas, evocando denúncias, às vezes

---

1 Tradução de Mariarosaria Fabris. De Juliana Haas, para os acréscimos da nova edição.
2 Sobre a temática, vide Ribeiro (1988).

humanitárias, frequentemente de classe, que queriam levar para o banco dos réus "o canibalismo industrial burguês por todos os crimes [...] que se cometem nas trevas mefíticas de certas fábricas, verdadeiras prisões, impunemente, todos os dias, como se as crianças, as jovens, as mulheres e os homens fossem instrumentos como nos bons tempos da escravidão, que só servem para produzir e ser maltratados, explorados, mortos".[3]

A referência ao trabalho feminino e de menores era de todo exata, em virtude do elevado número de mulheres e crianças dos 9 anos em diante (mas, às vezes, também de 5) que trabalhavam 12 a 13 horas por dia, não raramente inclusive à noite, nas fábricas do país. Em 1920, mulheres e crianças representavam 40,8% da mão de obra industrial, e, em São Paulo, 43,1%. Nessa cidade, em 1923, a força de trabalho feminina e de menores era de, respectivamente, 58% e 38% na indústria têxtil, de 43% e 30% na de vestuário, 30% e 34% na química e farmacêutica. As crianças, sozinhas, representavam 51% dos empregados em atividades terciárias.[4]

A difundida utilização da mão de obra de crianças e mulheres respondia a um claro projeto para achatar o nível geral dos salários, os quais, de fato, se mantiveram baixos, superando de pouco os agrícolas, que aliás passaram por um processo gradual de diminuição em termos reais, a ponto de o poder de aquisição da classe operária em 1919 ser, provavelmente, inferior ao do período de 1887-1890.[5] Em 1908, o salário médio na indústria de São Paulo era de 4.000 a 6.000 réis por dia, e, em 1920, cerca de 4.000, que só bastavam para comprar meio quilo de arroz, macarrão, banha de porco, açúcar e café. Em 1919, o orçamento de uma família de sete pessoas no Rio de Janeiro era quatro vezes maior que o salário médio de um trabalhador de São Paulo.[6]

A manutenção de um sistema retribuidor abaixo dos níveis de subsistência era facilitada pela imigração de massa. Os industriais, principalmente os de São Paulo, baseavam suas possibilidades de expansão exclusivamente nela e até os anos 1930 nunca formularam pedidos de maior proteção ou de crédito mais barato, mas sempre e exclusivamente de política imigratória.[7] A constante pressão exercida com esse fim reunia fazendeiros e empresários,

---

3 "Le galere industriali", *Il Piccolo*, 15 dez. 1908.
4 Para os dados em questão e em geral para as condições de trabalho, veja sobretudo Vangelista (1982a); Pinheiro (1978). Para uma obra que se baseia nas lembranças da infância e aborda exclusivamente o proletariado italiano, vide Gattai (1979).
5 Essa é a opinião de Cano (1977). Para a diferença entre o salário do operário adulto em relação ao de mulheres e crianças, em 1923, em São Paulo, vide Vangelista (1982a, p.234).
6 Dean (1971, p.163). Os dados de 1908 são extraídos do *Avanti!*, 8 abr. 1908.
7 Sobre a atitude dos industriais, vide, entre outros, Leme (1978).

apesar da diversidade de interesses na esfera mais geral. As mesmas condições da fazenda, que determinavam o alto índice de deserção anteriormente analisado, resultavam perfeitamente funcionais para a classe empresarial urbana, que assim dispunha de um exército industrial de reserva muito numeroso. E as vantagens para os industriais eram, provavelmente, ainda maiores, pois dispunham de uma mão de obra substancialmente dócil por causa de sua procedência e da escassa predisposição de luta, ligada ao fato de ser ave de arribação. Além disso, a transferência da fazenda para a cidade tornava-a menos combativa: para muitos, a fábrica constituía a última esperança, após a frustração de todos os sonhos de independência econômica através do trabalho no cafezal, que determinava uma resignação maior antes da derrota definitiva, representada pela volta à pátria tão pobres como na hora da partida.

A estreita conexão entre fazenda, indústria e níveis salariais era motivada também pelo fato de que estes ficaram sempre ligados aos que vigoravam no setor hegemônico. Quanto maior a diminuição dos salários reais nas plantações de café (durante todo o período de superprodução, por exemplo), tanto menores eles resultavam no contexto urbano,[8] também por causa do crescente êxodo rural, que vinha engrossar as fileiras do proletariado e do subproletariado. Não por acaso, o fenômeno ganhou importância a partir de meados dos anos 1890.

Evidentemente, isso tudo não bastava à classe empresarial, que procurava aumentar ainda mais o grau de exploração, privilegiando salário por peças em detrimento do ordenado por horas de serviço: na Mariangela, as tecelãs recebiam 2.000 réis por dia, mas o salário passava para 3.000-5.000 se cuidavam de dois ou três teares.[9] Contudo, também o salário por peças, que deveria ser o sistema mais seguro para se ter certeza de um determinado ganho, resultava aleatório por causa das constantes e arbitrárias variações de tabela. Com efeito, na Mariangela, as tecelãs passam a reivindicar, além do aumento de tarifa, "que a própria tarifa seja afixada na fábrica, a fim de que elas mesmas possam saber, no fim do mês, o lucro obtido".[10]

Ao lado desses expedientes, obviamente havia outros, todos pouco inovadores em relação ao pioneirismo explorador dos empresários ingleses de fins do século XVIII ou de outros países já industrializados, como o atraso nos pagamentos, a diminuição dos salários, o velho e comprovado *truck*

---

8 Cano (1977).
9 Fausto (1977a, p.114).
10 *Fanfulla*, 13 maio 1908.

system, para não falar da remuneração parte em dinheiro e parte em mercadoria produzida.

Ao já descrito, acrescente-se a absoluta liberdade de demissão, a falta de qualquer forma de indenização em caso de acidente de trabalho, a ausência de estruturas de previdência social e aposentadoria (só em 1919 começou-se a pensar em leis do trabalho) e o quadro será bastante completo. Inútil dizer que a atitude dos industriais foi sempre de total fechamento em relação a qualquer reivindicação operária. Se isso acontecia quando as exigências eram mínimas, é fácil perceber a que grau de intransigência conseguiam chegar os patrões no caso de reivindicações mais amplas e de peso maior. Em maio de 1907, os empresários paulistanos reuniram-se e decidiram que "as oito horas de trabalho reclamadas com tanta insistência não devem ser concedidas, pois contribuirão para que os operários, ainda mais que hoje, empreguem seus lazeres nos botequins e festanças, onde pervertem o espírito, dando trabalho à polícia".[11]

Ainda mais intransigentes do que em relação às oito horas (conquista arrancada em alguns setores por alguns anos) mostravam-se os industriais no que concernia às tentativas de regulamentação do trabalho de menores. O próprio Jorge Street, tido como o expoente mais esclarecido da categoria, defendia abertamente o emprego de crianças nas fábricas a partir de 10 ou 11 anos, justificando-o com uma maior precocidade dos meninos brasileiros. Não satisfeito, acrescentava outro importante obstáculo, numa espécie de gasto *déjà vu* de matriz europeia do início do século XIX: "As crianças ficarão, pois, ao abandono, entregues a si mesmas, nas ruas, à disposição de todas as seduções e de todos os vícios, indo engrossar ainda mais o já tamanho número dos abandonados e futuros delinquentes de tenra idade".[12]

Igualmente dura era a atitude empresarial em relação às greves, às quais respondiam com ameaças de *lockout* e com intimidações e demissões dos operários que tinham se exposto mais.[13] Para estes, sobretudo a partir de 1912, ano em que foi criado o Centro Industrial de Fiação e Tecelagem de São Paulo, as possibilidades de trabalho tornaram-se praticamente nulas. De fato, no CIFTSP havia um sistema de listas negras dos "agitadores"

---

11 Maffei (1978, p.139-40).
12 Apud Pinheiro; Hall (1981, p.180).
13 As exceções foram raras e dentre elas a de Dante Ramenzoni, que chegou a um acordo "amigável" com seus operários durante o período das greves de 1907. Vide *Avanti!*, 10 jan. 1908. Devemos lembrar que Ramenzoni, muito louvado naquela ocasião pelo jornal socialista, integrou o comitê diretivo do *Avanti!* até seu fechamento definitivo.

de grande circulação, que funcionou com extrema precisão, particularmente nos anos 1920.

Como sempre acontece nas fases iniciais, os industriais desfrutavam da total colaboração, seja das autoridades, seja das forças policiais, que intervinham brutalmente em cada manifestação ou abstenção do trabalho. É óbvio que o arbítrio da polícia se exerce da mesma forma também em relação às ligas, aos sindicatos e aos jornais operários. Pelo menos em São Paulo, as vítimas de operações como essas e da política repressora das forças da ordem na maioria das vezes eram os italianos. Isso, porém, não dependia das características, com profundo sentido de classe, distinguidas em 1893, pelo representante diplomático italiano, em seu relatório ao Ministério das Relações Exteriores:

> Pela vivacidade de temperamento (a maioria desses nossos emigrantes pertence ao Sul da Itália) ou pela extração social das pessoas (a maior parte camponeses, pobres e desnorteados, para não falar de um grupo de anarquistas residentes no estado de São Paulo), as nossas colônias estão sujeitas, mais do que as outras, a sofrer os abusos e as vexações por parte da Polícia.[14]

Ao contrário, o motivo dessa situação tinha de ser procurado na simples lógica dos números, pois os italianos representavam a grande maioria da população operária.

5.2. Participação dos estrangeiros no movimento operário

O surgimento de organizações operárias no Brasil, no plano sindical e naquele mais estritamente político, foi tardio, como a própria industrialização. Em geral, até 1900, não se foi além da contestação vaga e das ações isoladas. As únicas tentativas de aglomeração tiveram características muito diferentes da luta de classe e se esgotaram rapidamente nos primeiros anos da década de 1890. Tratava-se de posturas colaboracionistas em relação aos industriais e dependentes em relação ao Estado, levadas adiante por elementos estranhos ao proletariado, muitas vezes militares.[15] Porém, foram outras as correntes que mais influíram na formação do movimento operário

---

14 Relatório de 1º abr. 1893, Asmae, série pol., "Brasile (1891-1915)", envelope 280, fasc.39.
15 Sobre a linha colaboracionista, vide Pinheiro (1978, p.163-5); e Fausto (1977a, p.41-60).

a partir de meados dos anos 1890, embora no Rio de Janeiro a tendência "reformista" estivesse sempre presente. Socialistas, anarquistas e sindicalistas revolucionários monopolizaram (sobretudo os últimos) a organização proletária e as lutas no trabalho até 1920. No seu desenvolvimento, o papel principal foi interpretado pelos imigrantes.

Italianos, espanhóis e portugueses formarão a maioria dos quadros dirigentes e da própria base das organizações operárias. No que concerne aos militantes italianos, eles atuaram predominantemente em São Paulo e, como no caso argentino, seu empenho e sua dedicação representaram uma exceção em relação ao papel deprimente desempenhado pelos imigrantes italianos no que diz respeito às lutas operárias, atitude várias vezes censurada ao Partido Socialista Italiano pelas organizações irmãs de outros países nos congressos internacionais. Já nos anos 1890, em São Paulo, era fundada uma Liga Democrática, que reunia todos os italianos antimonarquistas (socialistas, anarquistas e republicanos), a qual se opunha à lealdade monárquica das outras associações italianas presentes. Na verdade, os republicanos não foram muito ativos, e sua presença no período em apreço limitou-se à fundação de dois círculos: o Circolo Repubblicano Sociale (Círculo Republicano Social) e o Circolo Repubblicano IX Febbraio (Círculo Republicano IX de Fevereiro), ambos no início do século. As outras duas correntes, ao contrário, tiveram um peso muito maior: já em 1891, tinha-se notícia da chegada ao Brasil de trezentos socialistas romanos[16] e logo começaram a aparecer os primeiros jornais de linha proletária, como *Gli Schiavi Bianchi* [Os Escravos Brancos], o qual, bem no início das publicações, dirigindo-se a um público teórico que dificilmente podia ser o brasileiro daquela época, escrevia:

> Se o proletariado quiser mudar o deprimente estado de servidão moral e material ao qual está atado há muitos séculos de sofrimento e de ignomínia; se quiser emancipar-se completamente da tirania burguesa; se fizer questão de libertar-se da escravidão do capital; enfim, se quiser pôr um basta às injustiças, às infâmias de que sempre foi vítima, tem de aprender a contar somente com as próprias forças.[17]

Igualmente copioso foi o número de anarquistas que veio para o Brasil, e, como nas regiões europeias de procedência, também aqui, na primeira fase de industrialização, o anarquismo teve mais êxito que o socialismo.

---

16 "Immigrazione e colonizzazione", *Il Brasile*, v.5, n.8, p.339, 1891.
17 "Un'era nuova", *Gli Schiavi Bianchi*, 20 jun. 1892.

O afluxo dos expoentes dessa corrente foi constantemente facilitado pelas autoridades dos países de que eram cidadãos:

> Com o espetáculo que oferecem hoje em dia as nossas cidades, como as de toda a Europa, onde só se fala de greves ou de manifestações de operários desempregados, com as ameaças da dinamite e o espantalho do 1º de Maio, os governos europeus mostram-se dispostos a dar, a esses elementos (sem um trabalho definido), passaportes de mãos cheias.[18]

Quinze anos depois, o primo do autor da citação anterior confirmava que a prática descrita havia vigorado por um bom tempo e, na sua opinião, tinha permitido iluminações fulgurantes tipo "via de Damasco" (não se tratava, aliás, de emigração dirigida para São Paulo?):

> O Brasil, ou, para sermos mais exatos, esse estado, acolheu, mesmo em seus momentos de agitações políticas, os chamados facínoras, todos aqueles a quem, com efeito, a pátria punha o dilema: Ou para o Brasil, ou para o "domicílio obrigatório". Vieram para cá, a fim de se reabilitarem, muitos daqueles que na pátria haviam padecido na prisão ou tinham escapado de uma sentença certa. A travessia do oceano foi para muitos o caminho da redenção: marcou o renascer para uma nova vida.[19]

Entre todos, o governo italiano foi o mais disponível para operações desse gênero. As preocupações em relação aos "subversivos" haviam-no levado a tomar uma série de medidas para controlá-los, desde o fechamento das associações aos agentes infiltrados, às provocações e, enfim, ao convite para deixarem o território nacional com um passaporte para a América.

Que o governo liberal visse com bons olhos essa solução é demonstrado pelo fato de que, em 1904, diante da assinatura de um protocolo secreto entre vários estados europeus para uma ação comum contra os anarquistas – um de cujos artigos previa a recondução para a pátria dos expulsos de outros países –, o primeiro-ministro Giolitti assim respondia ao ingênuo Prinetti, ministro das Relações Exteriores, que lhe havia proposto a adesão ao protocolo:

---

18 Belli (1892, p.110).
19 Belli (1908, p.109).

Com base nas conclusões da conferência contra os anarquistas, realizada em Roma em 1899, a Direção Geral de Segurança Pública já estabeleceu contatos com os Escritórios centrais das polícias dos Estados estrangeiros quanto às informações sobre os anarquistas, numa forma livre, porém, e sem nenhum embaraço de pacto internacional a ser respeitado. Acredito que essa forma seja a única conveniente para um País que, como a Itália, tem uma grande emigração anarquista.[20]

A atitude de Giolitti só fazia confirmar uma linha de conduta firmemente seguida há algumas décadas: em 1894, o cônsul de São Paulo, Compans de Brichentau, receando incidentes por parte de anarquistas italianos por ocasião do 1º de Maio e complicações com as autoridades locais, sugeria denunciá-los e perguntava ao Ministério das Relações Exteriores se era preferível que o governo local os fizesse deportar "para o Pará e para a Amazônia, onde o próprio clima se encarregaria de pronunciar uma sentença sem recurso, ou se se devia, ao contrário, enviá-los para a Itália à disposição da justiça punitiva do Reino".[21] O ministério apressava-se em responder que era interesse do governo manter afastados esses elementos e que, portanto, o cônsul não devia opor-se à deportação "para o Pará, para a Amazônia e para qualquer outro lugar que se queira".[22]

Não há dúvida de que, além do projeto governamental, o próprio surgimento do movimento operário no Brasil, em grande parte, dependeu do elemento estrangeiro, que foi predominante a nível diretivo durante décadas. Ainda em 1913, no *Correio da Manhã*, do Rio de Janeiro, Caio Monteiro de Barros lamentava "a falta quase total [de brasileiros na] agitação socialista, na propaganda da classe operária e na vida dos sindicatos".[23] Mais tarde, por ocasião do maior período de tumultos de toda a história brasileira até os anos 1840, no Comitê de Defesa Proletária, surgido em São Paulo em 1917 e formado por seis pessoas, os estrangeiros eram quatro (três italianos – Cianci, Damiani e Monicelli – e um português, Candeias Duarte). Um quinto, Leuenroth, tinha pai alemão. Levando em consideração o espaço de tempo entre 1890 e 1920, de 119 líderes operários

---

20 Apud Ostuni (1980, p.122). A resposta de Giolitti é de alguns anos posterior ao Protocolo de 1904.
21 A carta é de 28 de março de 1894, Asmae, Interpol, "Consolato di San Paolo", envelope 47.
22 Ibid. Em 1919, a linha ainda não havia mudado, visto que um conhecido anarquista – Gigi Damiani –, expulso do Brasil naquela data, podia afirmar que essa providência havia "forçado uma ordem proibitiva do governo italiano a respeito de minha volta à Itália" (Damiani, 1920).
23 Vide Maram (1979, p.19).

individuados por Maram, só 35 eram brasileiros. Os italianos predominavam em São Paulo, os portugueses e espanhóis em Santos, enquanto no Rio de Janeiro a situação era mais equilibrada também graças à presença da tendência colaboracionista a que pertencia a maior parte dos dirigentes operários nativos (Tabela 1).

Tabela 1 – Líderes sindicais por nacionalidade e cidade – 1890-1920

Nacionalidade	São Paulo	Santos	Rio de Janeiro
Brasileiros	8	2	27
Italianos	22	–	2
Espanhóis	6	7	11
Portugueses	6	8	10
Outras nacionalidades	2	–	
Total dos estrangeiros	36	15	23
Não identificados	2	1	10

Fonte: Maram (1979, p.22).

Alguns viram na origem rural do proletariado local o motivo da participação minoritária dos brasileiros no movimento operário, mas a origem era a mesma também no caso dos estrangeiros. Já no início do século, De Ambris assinalava outras razões:

> Misturado com uma massa amorfa de emigrantes, chegava um número *limitado* de operários conscientes da organização, os combatentes que haviam participado da Internacional, do Partido Operário ou, mais tarde, do Partido Socialista Italiano, revolucionários, legalistas, até anarquistas e, *mesmo*, às vezes, só corporativistas. Foram eles que iniciaram o movimento revolucionário no Brasil [...], ajudados também por alguns brasileiros e por um número menor de espanhóis.[24]

Ultimamente, essa interpretação tem sido retomada e ampliada, no sentido de sublinhar que os imigrados tinham funções qualificadas ou semiqualificadas e os brasileiros não.[25] Na realidade, a grande massa da força de trabalho imigrada, assim como a local, não era especializada. É bem provável

---

24 *Il Brasile e gli italiani* (1906, p.843; os grifos são meus). O livro era composto de seções, e Alceste de Ambris escreveu a parte relativa ao movimento operário de São Paulo.
25 Vide Maram (1979, p.30).

que um papel não secundário tenha tido a preponderância numérica (no começo esmagadora) no seio do proletariado e que isso se tenha traduzido em predomínio no movimento operário, mesmo que só por razões estatísticas. Na verdade, uma parcela mínima de imigrantes com experiência política chegou de fato ao Brasil, mas seu peso quantitativo foi muitas vezes mitificado pelos libelistas da época e pela historiografia posterior.

Em todo caso, quem insistia sobre a função aliciadora dos imigrantes, a fim de salvaguardar os próprios interesses, era a classe empresarial, na tentativa de alarmar a opinião pública e as autoridades políticas com a imagem apocalíptica de assassinos sanguinários (os anarquistas),[26] ou então – o que lhes interessava muito mais – de ideologias exóticas transplantadas para um país "livre e feliz".

É óbvio que, diante dessa insistência, o governo não podia ficar insensível, nem teria querido, por suas características. Aliás, exemplos de medidas drásticas contra os "subversivos" estrangeiros não faltavam e vinham da vizinha Argentina, que, em 1902, havia aprovado uma lei de expulsão dos imigrantes socialmente perigosos. É certo que as classes dirigentes começaram a pensar a tempo em providências desse gênero, a ponto de, por ocasião de uma greve realizada por operários prevalecentemente italianos, o cônsul de São Paulo assim escrever ao Ministério das Relações Exteriores:

> Não é impossível, e aliás me parece muito provável, que um belo dia o Governo Federal ou Estadual, juntos ou separadamente, acharão oportuno [...] tomar alguma providência em termos administrativos que poderia também consistir na expulsão dos estrangeiros considerados perigosos pela República ou pelo estado.[27]

A previsão revelou-se exata. Em 1907, o governo brasileiro aprovou o Decreto n.1.637, pelo qual era sancionada a obrigatoriedade de os sindicatos depositarem seus estatutos acompanhados da lista dos membros dirigentes, os quais só podiam ser brasileiros ou naturalizados com mais de cinco anos de residência. No mesmo ano, o parlamento aprovava o Projeto n.1.641, apresentado por Adolfo Gordo, representante da oligarquia paulista e o "mais desprezível dos legisladores", na opinião do movimento operário.

---

26 Imagem não só exagerada, mas absolutamente falsa, pois, no Brasil, a "propaganda do fato" não teve praticamente prosélitos e o próprio anarquismo individualista foi minoritário em relação ao anarcossindicalismo.

27 Relatório de 21 de janeiro de 1903, Asmae, série pol., "Brasile (1891-1915)", envelope 283, fasc.35.

A lei em questão previa a expulsão do território brasileiro daqueles estrangeiros que representassem perigo para a segurança nacional ou para a tranquilidade pública, e a deportação para estados diferentes do de residência (em geral o Acre) para os brasileiros. O encaminhamento do processo era rápido e deixava pouquíssimo espaço para a defesa. Os governos estaduais enviavam ao governo federal seu pedido de expulsão, acompanhado de um relatório da polícia com eventuais testemunhos de imputação. Com base nesses poucos indícios, o Supremo Tribunal Federal decidia expulsar ou não o imigrante. A usual inconsistência das provas apresentadas está documentada no recurso interposto em 1908 pelo juiz Pedro Lessa com relação à decisão de expulsão de Vincenzo Vacirca, recurso assim justificado:

> A investigação efetuada pela Polícia de São Paulo [...] prova que Vincenzo Vacirca foi expulso do território nacional pelo único motivo de ter trabalhado em um jornal socialista (*Avanti!*), e de ter tentado organizar uma manifestação na qual pretendia pedir aos industriais que fossem mais cuidadosos a fim de evitar acidentes para os trabalhadores. Nenhum outro ato é atribuído a Vacirca.[28]

Teoricamente, a lei de expulsão oferecia também algumas garantias: o imigrante não podia ser submetido a ela se residente no Brasil havia dois anos e muito menos caso estivesse casado com uma brasileira ou, então, se fosse viúvo com filhos nascidos no Brasil. É verdade que, em janeiro de 1913, um segundo Decreto Gordo acabava com essas exceções, mas já no fim do mesmo ano foi declarado inconstitucional pelo Supremo Tribunal. Contudo, mesmo o mínimo de garantias oferecido pela primeira lei era mais aparente do que real, pois as autoridades raramente respeitavam a cláusula dos dois anos de residência, alegando pretextos e testemunhos variados, ou, mais simplesmente, não a levando em consideração. Em 1917, ano de grande mobilização, a própria Corte Suprema afirmava que os anarquistas não podiam ser considerados residentes porque eram elementos flutuantes, que perambulavam pelo país difundindo suas ideias.[29]

A arma da expulsão foi logo e duramente usada: no primeiro ano em que entrou em vigor, atingiu 132 estrangeiros. As expulsões apresentaram índices mais baixos até 1911, aumentaram entre 1912 e 1914 e alcançaram seu ponto máximo no período de 1917-1921 (Tabela 2).

---

28 Vide Maram (1979, p.40-1).
29 Vide Dulles (1973, p.61).

Tabela 2 – Estrangeiros expulsos do Brasil – 1907-1921

Períodos	Italianos	Espanhóis	Portugueses	Outras nacionalidades	Total
1907	25	27	47	33	132
1908-1911	14	6	23	24	67
1912-1914	34	29	22	49	134
1915-1916	6	1	1	10	18
1917-1921	42	50	88	25	205
1907-1921	121	113	181	141	556

Fonte: Maram (1979, p.43).

Temos de sublinhar que, dessa forma, o governo procurou tornar acéfalo o movimento operário, instaurando processos de expulsão contra 41 dos 71 líderes estrangeiros a que acenamos anteriormente.

De todo modo, a Lei Gordo serviu para dar uma aparência jurídica a uma prática que as autoridades brasileiras já utilizavam. Antes que fosse aprovada, haviam ocorrido, além de casos de deportações de imigrantes para o Acre, também expulsões de italianos, pelo menos numa ocasião. A 15 de abril de 1894, um grupo de anarquistas e socialistas reuniu-se na sede do Centro Socialista Internacional em São Paulo para organizar a comemoração do 1º de Maio, até então jamais celebrado no Brasil. A polícia prendeu 16 pessoas, libertou 6 após quatro meses e mandou os outros 10 para as prisões do Rio de Janeiro. Dos réus restantes, 9 eram italianos. Em agosto de 1895, 4 deles foram expulsos e forçados a embarcar para a Argentina.[30] É provável que a expulsão de estrangeiros antes da Lei Gordo se tenha verificado também em outra circunstância;[31] porém, para nos atermos a notícias certas, no único caso documentado – o de abril de 1894 –, um papel determinante teve a delação do cônsul italiano, que comunicou às autoridades policiais a data e o lugar da reunião, obrigando-as dessa forma a intervirem. Não há dúvida de que se tratou de uma delação, e isso é confirmado pelos numerosos testemunhos,[32] entre os quais o do próprio chefe da polícia de São Paulo, Cavalcante

---

30 Asmae, Interpol, "Consolato di San Paolo", envelope 47. Os relatórios do cônsul datam de 26 de junho, 4 de julho e 4 de agosto de 1894 (a fonte consular fala de 48 prisões); *L'Avvenire*, 2 dez. 1894, 14 jul. e 18 ago. 1895; *Il Diritto*, 14 set. 1895.

31 Quando ainda se discutia sobre a possibilidade de aprovar um decreto desse gênero, *La Nuova Gente* escrevia que o governo "não precisou de nenhuma lei para expulsar – e por duas vezes – vários anarquistas estrangeiros do território brasileiro". Vide "E la Costituzione?", *La Nuova Gente*, 29 set. 1903.

32 Além das fontes citadas na nota 29, veja também Dulles (1973); e Ferreira (1978).

de Albuquerque, o qual, diante dos pedidos de esclarecimento do Supremo Tribunal Federal sobre os motivos que haviam levado à prisão dos réus, respondia que eles "haviam sido apontados pelo próprio cônsul de sua nacionalidade ao dr. chefe da Polícia do Estado de São Paulo como anarquistas dinamiteiros".[33]

O vício da delação será difícil de se extirpar, visto que, ainda em 1901, outros três libertários foram denunciados às autoridades competentes por terem exaltado a anarquia na sede de uma sociedade italiana em Cambuí.[34] Naquela data, porém, o governo italiano tomava providências no sentido de aliviar seu corpo diplomático de responsabilidades tão graves e pesadas, mesmo em termos éticos, enviando ao Rio de Janeiro um funcionário da Segurança Pública, Francesco Rughini, com o falso emprego de agente de emigração. Rughini organizou o serviço para o qual fora mandado (em seguida veremos com que eficiência), sobretudo através de uma rede de informadores assalariados.[35] Em 1907, foi substituído pelo delegado Cesare Alliata-Bronner, que, no mesmo ano, se transferiu do Rio de Janeiro, onde residia seu predecessor, para São Paulo, onde era maior a presença de anarquistas e socialistas italianos. Num relatório de junho de 1909, Alliata-Bronner definia a situação encontrada e, após ter liquidado rapidamente os republicanos, que representavam uma verdadeira *"quantité négligeable* das nossas colônias no Brasil", dizia que os socialistas eram pouco perigosos e de tendência reformista, enquanto continuavam tendo um certo peso os sindicalistas revolucionários e os anarquistas.

Afora a avaliação da consistência numérica da emigração política italiana, Alliata-Bronner sublinhava as dificuldades de organização de um proletariado pronto a mobilizar-se só para conquistas imediatas, destacando (e tratava-se do parecer de um *expert*) a obra de provocação das forças da ordem nessas circunstâncias:

> Disso resultam explosões repentinas, imprudentes e bem pouco disciplinadas, especialmente no Rio, em São Paulo e em Santos, sob forma de greves violentas, nas quais, porém, forçoso é reconhecer, a ação provocadora é mais das polícias locais que dos grevistas, salvo exceções.[36]

---

33 Apud D'Atri (1895-1896, p.283). O documento foi divulgado pelo jornal *O Paiz*.
34 Vide *O Estado de S. Paulo*, 29 maio 1901.
35 ACS, MI/PS, AA.GG.RR., 1911, "Servizio di PS all'estero", envelope 12.
36 Vide Pinheiro; Hall (1979, p.110-1).

Em 1911, o serviço foi confiado de novo a Rughini, que permaneceu no Brasil até 1915. O balanço final do período em que tal serviço funcionou não pode ser considerado satisfatório. Provavelmente, uma única pessoa não era suficiente para controlar a emigração política num território tão grande como o Brasil, considerando sobretudo a deficiência crônica em termos financeiros. Contudo, é incompreensível que a ação de funcionários regularmente assalariados tenha dado resultados tão magros nos anos que eles passaram, um após outro, no Brasil.[37] Acontece que, uma vez desembarcados no Brasil, os perigosos "subversivos" não mais interessavam ao governo pátrio.

> [...] de 82 pessoas assinaladas nos relatórios da Polícia Internacional sobre o Brasil no decorrer da década de 1891-1900, com algumas assinalações anteriores e posteriores, de aderentes às organizações anarquistas, socialistas e republicanas [...] só 31 têm um dossiê, frequentemente esquelético, no Fichário Político Central da Segurança Pública, que não pecava por falta, mas por excesso de fichas.[38]

Uma prova do que foi afirmado residia no fato de que não só não existe o dossiê relativo a Rossoni (que provavelmente desapareceu quando este abraçou o fascismo), que do Brasil havia sido expulso, mas de que o próprio dossiê de Gigi Damiani, aliás os dois dossiês sobre ele, particularmente ricos, oferecem pouquíssimas notícias sobre os vinte anos passados no além-mar. Em 1914, o cônsul de São Paulo, mesmo tendo conhecimento de sua presença na cidade, ignorava a ocupação e o endereço do anarquista. Entre 1905 e 1910, perdem-se até mesmo suas pegadas; no entanto, bastava ler a imprensa operária de São Paulo para se obter um mínimo de informações.[39]

5.3. ANARQUISTAS, SOCIALISTAS E ANARCOSSINDICALISTAS

Os anarquistas italianos estão presentes no Brasil desde os anos 1890 e organizam uma imprensa libertária que, por muito tempo, representará um ponto de referência para o movimento operário. No início do século XX, as

---

37 O fascículo do arquivo do estado de Roma é muito rico, mas em fofocas e particularmente em relatórios consulares sobre a conduta moral de Alliata-Bronner e sua ligação extraconjugal com uma mulher com a qual tivera três filhos.
38 Ostuni (1980, p.133).
39 Vide ACS, MI/PS, CPC, envelope 1601.

autoridades diplomáticas italianas informavam ao Ministério das Relações Exteriores que o seu número havia aumentado nos últimos anos, levando à formação de dois grupos de uma certa consistência no Rio de Janeiro e em São Paulo, mais um núcleo restrito no longínquo Pará.[40] A atividade dos anarquistas peninsulares concentrou-se sobretudo em São Paulo. Em seu relatório de 1909, o delegado Alliata-Bronner falava de quatro grupos principais na capital paulista: 1) o grupo Aurora (Aurora), dirigido por Pietro Frigeri e Onofrio Vella; 2) o grupo La Battaglia (A Batalha), dirigido por Alessandro Cerchiai e Oreste Ristori, organizado ao redor do jornal homônimo; 3) o grupo Ponte Grande, dirigido por Guido Monachesi; 4) o grupo Pensiero ed Azione (Pensamento e Ação), dirigido por Enrico D'Avino, que conseguiu fazer funcionar uma escola primária de linha anarquista, com uns cinquenta alunos.[41] Na verdade, o relatório de Alliata-Bronner era um tanto quanto redutor, seja pela importância numérica atribuída aos anarquistas, seja por seu peso dentro do movimento operário. Contudo, podia-se concordar num ponto: a alta rotatividade dos círculos e dos grupos, que, frequentemente, acabavam por causa do pequeno número de adesões, para renascerem logo depois, às vezes sob outro nome. Dessa forma, além dos já citados, encontramos o Gruppo Libertario del Brás (Grupo Libertário do Brás), o Circolo di Studi Sociali (Círculo de Estudos Sociais), também no Brás, La Propaganda (A Propaganda), Studio e Diletto (Estudo e Deleite), o Circolo di Studi Sociali Francisco Ferrer (Círculo de Estudos Sociais Francisco Ferrer) e assim por diante.

Foram muitos os anarquistas que deram sua contribuição ativa ao movimento operário no Brasil, tantos que é impossível enumerá-los. Bastará aqui lembrar os nomes de Lorenzo Monaco, Pietro Frigeri, Onofrio Vella, Tobia Boni, Alfredo Mari, Guido Monachesi, Enrico D'Avino, Gino Chiari, Angelo Bandoni, Angelo Scala, Alberto Sandri, Silvio Antonelli, Alessandro Zanella e muitos outros menos conhecidos, mas nem por isso menos ativos, que sempre figuram nas crônicas da época. No entanto, de três deles parece-me oportuno fornecer alguns dados, por sua importância dentro do movimento anarquista no Brasil, que os colocou no mesmo nível de Edgard Leuenroth, Florestino de Carvalho, Neno Vasco, José Oiticica. São eles Cerchiai, Ristori e Damiani.

---

40 Relatório de 4 out. 1901, Asmae, Interpol, "Brasile", envelope 28. Na realidade, os anarquistas no Pará eram bem poucos e se destacaram sobretudo pela publicação, em julho de 1901, de um número único – *Un Anniversario* – para comemorar o regicídio de Bresci.

41 Pinheiro; Hall (1979, p.110).

Alessandro Cerchiai chegou ao Brasil no fim de 1901, após dois anos de prisão na Itália por causa dos episódios de sublevação popular de 1898. Em 1903 foi para a Argentina, mas, em 1904, voltou ao Brasil, onde ficou até seu falecimento em 1935. Seu nome está ligado principalmente à organização da imprensa anarquista: sozinho ou com outros, fundou *La Nuova Gente* [A Nova Gente], *La Barricata* [A Barricada], *La Propaganda* [A Propaganda], *Guerra Sociale* [Guerra Social] e *Alba Rossa* [Aurora Vermelha]. Entre 1904 e 1912, foi redator do *La Battaglia*.[42]

Oreste Ristori vinha, por sua vez, do Uruguai. Em 1904, fundou o jornal *La Battaglia*. Foi expulso duas vezes do Brasil: após a primeira expulsão, refugiou-se na Argentina e, após a segunda (1936), foi combater na Espanha. Everardo Dias disse dele: "Foi o maior agitador aparecido no Brasil, orador fluente e cáustico, sempre disposto à ação. Realizou centenas de conferências por todo o interior do Estado, agitando as massas trabalhadoras das cidades, vilas e fazendas".[43]

Gigi Damiani, sem dúvida a figura mais prestigiosa do movimento anarquista italiano no Brasil, nasceu em Roma em 1876. Aos dezoito anos foi condenado a dois anos de domicílio obrigatório. Em suas peregrinações entre Porto d'Ercole (Toscana), Tremiti (Amália), Favignana e Lipari (Sicília), tornou-se amigo de Ristori. Chegou a São Paulo em 1899, sendo preso logo em seguida por uma acusação infamante (estupro), mas sua inocência foi reconhecida. Ao sair da prisão, mudou-se para o Paraná, onde, com a ajuda de companheiros que falavam português, fundou em Curitiba o jornal libertário *Il Diritto*. Voltou para São Paulo e criou, com Cerchiai, *La Barricata*; colaborou com *A Plebe, O Amigo do Povo, La Propaganda, Guerra Sociale, La Battaglia* e manteve contatos com o movimento anarquista internacional. Expulso em 1919, voltou para a Itália e escreveu uma série de artigos sobre o Brasil, recolhidos depois num volume, cujo título é muito significativo: *I paesi nei quali non si deve emigrare: la questione sociale in Brasile* [Os países para os quais não se deve emigrar: a questão social no Brasil].[44]

Se o peso dos italianos foi relevante no anarquismo, o foi ainda mais no movimento socialista, cuja atividade demonstrava-se mais incisiva do que a anarquista entre o fim do século XIX e o início do XX, pelo menos em

---

42 Sobre Cerchiai, vide Nervio, E. (1936).

43 Dias (1962, p.246).

44 Sobre Gigi Damiani, vide Andreucci, F. &; Detti, T. (1975-1979, v.2, p.157-160); Fedeli, U. (1954).

São Paulo.⁴⁵ Foram muitas as tentativas para se criar um verdadeiro partido socialista, mas nenhuma teve êxito. O Primeiro Congresso Socialista Brasileiro foi realizado no Rio de Janeiro, em 1892, com a presença de 400 delegados, 44 dos quais de São Paulo e, entre estes, alguns italianos. Do Congresso nasceu o Partido Socialista Brasileiro, que, porém, logo desapareceu. A mesma sorte teve o Partido Socialista Operário do Rio de 1895, o Partido Operário Socialista de Santos de 1896, nascido do Centro Socialista de linha reformista, e o Partido Socialista Coletivista do Rio de 1902.⁴⁶

Os alemães, organizados ao redor de duas associações (*Allgemeiner Arbeiterverein* e *Socialistischer Lesezirkel*) e de um jornal, nunca se integraram aos socialistas locais, colaborando às vezes com outras organizações em que os italianos eram a maioria. De fato, foram logo estes a constituírem praticamente o único ponto de força do movimento socialista no Brasil. Será da Liga Democrática de São Paulo que, em 1900, nascerá o *Avanti!*, o qual, no mesmo ano, incitará os italianos residentes no Brasil à formação de um partido socialista.⁴⁷ Tendo fundado em São Paulo um Círculo Socialista, o *Avanti!* incentivará a criação de organizações no interior do estado a fim de fundar uma Federação Socialista, primeiro núcleo do partido. De fato, naqueles anos, os centros surgiram como por milagre em Campinas – Circolo Socialista Internazionale (Círculo Socialista Internacional) –, em Jaú – Circolo Socialista Carlo Marx (Círculo Socialista Karl Marx) –, em São Carlos do Pinhal – Circolo Socialista 1º Maggio (Círculo Socialista 1º de Maio), em Araraquara, em São Roque e até mesmo em minúsculos lugarejos como Dobrada – Gruppo Socialista Andrea Costa (Grupo Socialista Andrea Costa) – ou Olhos d'Água de Ribeirãozinho – Gruppo Socialista Enrico Ferri (Grupo Socialista Enrico Ferri). Ao mesmo tempo, em alguns bairros da capital paulista vinham-se formando agremiações parecidas. Em ambos os casos, a característica principal era constituída pelo fato de que quase todos os filiados eram italianos.

Foi justamente do Círculo Socialista de São Paulo e do *Avanti!* que partiu a iniciativa para realizar um congresso constituinte do partido, entre fins de maio e início de junho de 1902. Dele participaram 45 delegados (28 dos quais italianos, 13 brasileiros, 2 espanhóis e 2 alemães), representando 42 organizações (32 do estado de São Paulo, 1 do Pará, 1 da Bahia, 2 da Paraíba,

---

45 Fausto (1977a, p.97).
46 Sobre as primeiras tentativas de organização socialista, vide Fausto (1977a); Bandeira; Melo; Andrade (1980); Dulles (1973); Pinheiro; Hall (1979).
47 *Avanti!*, 8 dez. 1900.

2 do Rio Grande do Sul, 3 de Minas Gerais, 1 de Pernambuco).[48] Desse congresso surgiu mais um Partido Socialista Brasileiro, nos moldes do Partido Socialista Italiano, com um programa de 36 itens, sendo que os mais importantes diziam respeito ao pedido de oito horas de trabalho, de tribunais de arbítrio nos dissídios entre empresários e operários, de impostos progressivos sobre a herança, de divórcio, de supressão do exército permanente, de fornecimento gratuito de luz e água e de instrução gratuita e obrigatória até os 14 anos. Mas, em geral, contava-se com os sindicatos e as ligas de resistência, que deviam servir de correia de transmissão do partido. Como seus antecessores, também o PSB durou pouco – menos de um ano –, mas o que havia sido seu porta-voz – o *Avanti!* – continuou a existir e a representar um núcleo de agregação para todos aqueles que, italianos ou não, professavam fé socialista.[49]

Reconsiderando retrospectivamente a falência do partido, outro socialista, promotor do reformista Centro Socialista Paulistano, que se contrapunha ao Centro Socialista Internacional, do qual fazia parte o *Avanti!*, assim afirmava:

> Essas pessoas eram quase todas estrangeiras, socialistas antes de chegarem ao Brasil, as quais, como tinham trazido os hábitos de sua terra, assim queriam transplantar aqui suas opiniões políticas e os métodos com que tais opiniões se manifestavam: círculos, conferências, organização do proletariado (que não existia!). Tantas tentativas, tantos fracassos. Os círculos brotaram como cogumelos após uma chuva abundante [...], formaram uma Federação estadual, da qual nasceu uma Federação brasileira, embora não houvesse fora de São Paulo elementos a serem federados. Realizaram-se congressos, aprovaram-se programas, pronunciaram-se numerosas conferências, para ver tudo, em pouco tempo, cair no mais completo esquecimento.[50]

As críticas de Piccarolo dirigiam-se também a outras tentativas de criação do partido, sempre levadas adiante por italianos, em 1906, 1908 e 1914, mas sem êxito, tanto por causa das rivalidades internas que durante todo o período caracterizaram a vida do restrito grupo de socialistas italianos de São Paulo, quanto porque ele havia se fechado tanto em si mesmo como

---

48 Vide o artigo de Alceste de Ambris em *Il Brasile e gli italiani* (1906, p.843-5).
49 Após 1908, o *Avanti!* desapareceu por alguns anos; teve uma segunda fase em 1914-1917 e uma terceira, brevíssima, em 1919.
50 Piccarolo ([s.d.]c, p.55-6; a primeira edição é de 1908).

numa "igrejinha": "O fato de as manifestações socialistas no estado de São Paulo terem sido, até agora, quase exclusivamente italianas, tornou-as suspeitas aos filhos do país [...], por isso, ao invés de reconhecerem nosso internacionalismo, nos olharam e nos olham como os mais fervorosos patriotas coloniais.[51]

A autocrítica de 1907 não deveria porém surtir resultados, pois, ainda em 1915, o próprio jornal continuava perseguindo o sonho do partido e ditando a linha geral para todo o país, provocando assim as críticas de Donato Donati, que durante dois anos havia sido redator-chefe do *Avanti!* com funções de diretor:

> O grupo socialista paulistano, formado de 99 centésimos de italianos, por amor à verdade faria bem em falar em nome próprio, deixando em paz o misterioso "partido socialista brasileiro" [...]. O socialismo no Brasil é importado do exterior e não poderá aclimatar-se até os nativos se ocuparem dele com seriedade e fé [...]. Portanto, seria desejável que os companheiros do grupo socialista paulistano e seu jornal, o *Avanti!*, se limitassem a trabalhar o elemento italiano que é o único verdadeiramente acessível a seus esforços. E não pensem que, agindo dessa maneira, não estarão contribuindo para o futuro do socialismo no Brasil.[52]

Como no caso dos anarquistas, seria demasiado monótono e supérfluo fazer uma listagem de nomes e figuras do socialismo italiano no Brasil. Por enquanto, interessa-me destacar o maior preparo teórico (pelo menos em média) e o fôlego intelectual dessa corrente de pensamento que se expressou através do *Avanti!*, mas também de outros jornais em língua italiana. Entre os muitos que podem ser lembrados, citarei apenas Augusto e Donato Donati, Ambrogio Chiodi, Galileo Botti, Donato Battelli e Alcibiade Battelli, que, ao voltar à Itália, em 1902, se firmou em posturas reformistas, tornando-se fascista em seguida. Na verdade, ao lado do grande número de figuras que trouxeram para o Brasil a ideologia e os métodos de luta do PSI, encontramos também quem, uma vez atravessado o oceano, deixou toda e qualquer atividade política, como Antonio Lanzoni, redator em Lugo (Romanha) da *Rivista Italiana del Socialismo* [Revista Italiana do Socialismo], que chegou ao Brasil em 1888.

---

51 "Bisogna risollevarsi", *Avanti!*, 25 mar. 1907.
52 "Partito Socialista Brasiliano?", *Avanti!*, 27 mar. 1915.

Ao lado dos citados devem ser lembradas, não fosse por outra coisa, pela raridade do fato, duas mulheres, ambas diretoras de periódicos: Farina, *E Messaggero* [O Mensageiro], de Ribeirão Preto, e Lesiva, *Anima e Vita* [Alma e Vida], de São Paulo. A última foi uma assídua colaboradora de jornais do movimento operário, com artigos sobre a emancipação da mulher.

Também os socialistas tiveram seus nomes importantes, e valerá a pena determo-nos um pouco mais sobre eles; desde Teodoro Monicelli, que chegou em 1911 e dirigirá a segunda série do *Avanti!* a partir de 1914, a Vincenzo Vacirca, que havia sido convidado pelos socialistas italianos de São Paulo e convencido a assumir a direção da folha socialista no Brasil. Preso por ocasião de um comício de protesto pelo enésimo acidente de trabalho (que na Itália se chama "homicídio branco"), foi expulso em julho de 1908, indo para a Argentina, Itália, Istria, Estados Unidos e novamente para a Itália, em 1943.[53]

Outro elemento de destaque foi Alcibiade Bertolotti, engenheiro, que em 1891 fundou o bissemanário *Il Messaggero* de São Paulo e, em 1894, a Livraria Italiana. Esteve entre os promotores da Liga Democrática e, por algum tempo, dirigiu o *Avanti!*. De tendências reformistas, em 1914 foi secretário da Câmara Italiana de Comércio, de cujo comitê diretivo tomou parte desde um ano depois de sua fundação.[54]

O representante mais importante do socialismo italiano no Brasil, e seu maior teórico, foi Antonio Piccarolo. Após ter participado do congresso constitutivo do PSI, destacou-se como estudioso da questão agrária. Em 1893 foi eleito vereador em Turim e ocupou esse cargo até 1903. Em dezembro de 1902, transferiu-se para Carrara como secretário do Comitê Regional dos Canteiros de Mármore e entrou logo em choque com anarquistas e republicanos, demonstrando o temperamento polêmico e irado que irá caracterizá-lo por toda a vida. Após ter investivado até o maior dirigente local do PSI – Sarteschi –, e em parte por causa disso, emigrou para o Brasil em 1904. Aqui foi nomeado diretor do *Avanti!*, mas em fins de 1905 afastou-se do jornal aparentemente por causa de mais uma briga, na realidade por suas ideias moderadas. Em 1908, fundou o Centro Socialista Paulistano em contraposição aos outros socialistas italianos e foi acentuando sua linha reformista para, em seguida, aproximar-se e ascender no ambiente oficial da colônia. Apesar disso, no período entre as duas guerras foi sempre um

---

53 Sobre Vincenzo Vacirca, vide Andreucci; Detti (1975-1979, v.5, p.160-3); Candido (1980, p.52).
54 Sobre Alcibiade Bertolotti, vide Candido (1980, p.51-3).

fervoroso antifascista e ligou-se aos republicanos. Suicidou-se em 1957, com mais de 80 anos de idade.[55]

No Brasil, somente outra figura terá um prestígio igual ao de Piccarolo: Alceste de Ambris. Desembarcado em 1898, via Marselha, para fugir a uma pena por deserção, fundou e dirigiu entre 1900 e 1901 o *Avanti!*, afastando-se do jornal por seu radicalismo, que esbarrava nos artigos mais moderados do outro redator principal, Alcibiade Bertolotti. Foi um dos organizadores do congresso socialista de 1902 e do efêmero PSB. No ano seguinte, voltou à Itália a fim de escapar de uma pena de três meses por difamação através da imprensa contra Nicolino Matarazzo, chefão da Unione Meridionale (União Meridional) e braço direito do chefe da polícia de São Paulo. Em 1908, após a greve de Parma, refugiou-se na Suíça, para, em seguida, voltar ao Brasil e mais precisamente a São Paulo, onde dirigiu *La Tribuna Italiana*. A combatividade demonstrada por De Ambris acabou preocupando os proprietários, que procuraram moderar seu tom. De Ambris, então, deixou o jornal e fundou, no Rio de Janeiro, o semanário *La Scure*, "um dos mais sérios e sofisticados periódicos anarcossindicalistas".[56] Voltou definitivamente para a Itália no primeiro semestre de 1911, passando pela Suíça.[57]

Outro sindicalista revolucionário imigrado no Brasil foi Vittorio Buttis, que aqui ficou de 1911 a 1915, ano em que partiu para os Estados Unidos. Ainda mais curta foi a estadia de Edmondo Rossoni, que passou da França, onde fora ameaçado de expulsão, para o Brasil, em fevereiro de 1909. Aqui destacou-se por seus dotes de conferencista e ativista sindical. Em São Paulo, o nome de Rossoni ficou ligado à atividade desenvolvida na escola racionalista do bairro da Água Branca, criada e mantida por operários de uma fábrica de vidros, em contraposição ao ensino confessional, mas também ao público. Os ambientes clericais de São Paulo conseguiram que a escola fosse fechada e, ao mesmo tempo, que Rossoni fosse expulso. O anarcossindicalista foi embarcado em novembro de 1909, deixando uma mensagem de adeus aos companheiros, divulgada pela imprensa operária, nos seguintes termos: "Eu parto sem saudades e sem remorsos de espécie alguma. Levo comigo só a dolorosa lembrança de ter visto e sofrido no Brasil iniquidades que nunca vi em qualquer outro país civilizado".[58]

---

55 Sobre Piccarolo, vide Andreucci; Detti (1975-1979, v.4, p.121-3); Candido (1980, p.53-6). Notícias esparsas sobre sua longa militância podem ser encontradas em numerosas obras.
56 Pinheiro; Hall (1979, p.34).
57 Sobre a temporada brasileira de De Ambris, vide Ibid., p.34 e os autores citados na nota 54.
58 "Repubblica di banditi", *La Battaglia*, 21 nov. 1909. Sobre Rossoni, vide Candido (1980, p.56-62).

Rossoni e sobretudo De Ambris foram as figuras italianas de maior destaque dentro do sindicalismo, que dominou a organização sindical brasileira até 1920. Já no fim dos anos 1880, registravam-se as primeiras greves que, porém, permaneceram raras até o início do século e se limitaram quase sempre a empresas isoladas ou a setores de uma única fábrica. Entre 1888 e 1900, das 24 greves no estado de São Paulo, só 3 envolveram mais de uma empresa e 14 se deram bem no setor dos serviços.[59] Será sobretudo entre os últimos anos do século e a Primeira Guerra Mundial que se intensificarão os esforços para criar organizações de defesa do proletariado: no período de 1897-1915, foram fundadas cerca de 200 ligas e uniões em todo o território brasileiro. Aproximadamente 80 dessas organizações eram de São Paulo (sobretudo da capital), e mais de 1/10 tinha nome italiano.[60] O caso da Federação dos Trabalhadores do Livro é bastante interessante e significativo quanto ao funcionamento dessas ligas. Surgida em 1896 entre os trabalhadores gráficos, predominantemente italianos, filiou-se logo à análoga federação existente na Itália. Contando também com trabalhadores espanhóis e portugueses, mesmo que em medida bem menor, foi obrigada a organizar seções por nacionalidade, o que atrapalhou sua ação.[61]

A composição heterogênea do proletariado industrial no Brasil representou um grave problema para a organização e o êxito das lutas. Em geral, os antagonismos étnicos foram um traço dificilmente eliminável num mercado de trabalho em que os brasileiros eram relegados às tarefas mais humildes e percebiam uma atitude de superioridade cultural e até mesmo racial por parte dos estrangeiros, que, por sua vez, os acusavam de serem constantemente fura-greves. A isso acrescentavam-se os contrastes étnicos entre os próprios emigrados, sobretudo entre italianos e portugueses, que juntos representavam 2/3 dos estrangeiros entrados entre 1890 e 1920. O conflito étnico foi motivo de enfraquecimento do movimento operário e fez falir greves e até mesmo organizações sindicais. A liga de resistência dos chapeleiros de São Paulo, por exemplo, conseguiu reunir somente parte do proletariado

---

59 Vide Simão (1966, p.131-3 e 145).
60 Quase todas surgiram em 1901: Società Cosmopolita fra Lavoratori Cappellai (1890); Federazione dei Lavoratori del Libro (1896); Lega di Resistenza fra Lavoranti Cappellai e Affini (1898); Lega di Resistenza fra Operai Calzolai e Affini (1901); Lega di Resistenza fra Operai Muratori (1901); Lega di Resistenza fra Operai Arti Grafiche e Affini (1901); Lega di Resistenza fra Meccanici e Affini (1901); Lega di Resistenza fra Tessitrici e Tessitori (1901); Lega di Resistenza fra Operai Lavoranti in Veicoli (1901); Lega di Resistenza fra Metallurgici e Affini (1901); além de um Círculo Operário Italiano do Bom Retiro (1899). Vide Simão (1966, p.209-12).
61 Vide Ferreira (1978, p.112-3).

correspondente, porque era dominada pelos italianos, e a análoga organização dos pedreiros teve muitas dificuldades para ampliar seu raio de ação e atrair novos filiados porque a língua falada nas reuniões e na propaganda era a italiana. A Sociedade de Resistência dos Trabalhadores em Trapiches e Café foi destruída pelos conflitos étnicos.[62] Nem os próprios italianos de procedência regional diferente escaparam desses conflitos.

Apesar dos problemas mencionados, a organização sindical será a única a ter algum papel no movimento operário: a fragilidade dos partidos fez que não fossem eles, "mas o sindicato a representar o órgão de aglutinação e a ponta de lança da luta do operariado".[63] Em 1903, nasce a Federação Operária do Rio de Janeiro e, em 1905, a de São Paulo. Serão elas que promoverão o Primeiro Congresso Operário em 1906, que, como os de 1913 e 1920, será dominado pelo anarcossindicalismo. Essa corrente predominará na maioria das centenas de sindicatos, formados em grande parte de imigrados, presentes no Brasil na véspera da Primeira Guerra Mundial. O primeiro congresso de 1906 contou com a presença de 43 delegados, representando 28 sindicatos, entre os quais uma Liga Operária Italiana. A linha adotada será antimilitarista, anticlerical, apolítica e sindicalista revolucionária.

Essa hegemonia sobre o movimento operário dependia do fato de que eles se batiam por melhorias imediatas, tanto nas retribuições quanto nas condições de trabalho, através da greve, do boicote, da sabotagem, das manifestações públicas. Para um proletariado formado quase exclusivamente de estrangeiros, interessados sobretudo em conquistas a curto prazo monetizáveis mais do que em projetos de construção de sociedade futura num país que em geral não viam como residência definitiva, o apelo para vantagens imediatas, que podiam permitir a criação de pecúlio, tinha necessariamente uma repercussão maior. Não por acaso, no congresso de 1906, a proposta dos socialistas de criação de um partido foi derrotada por uma grande maioria de votos e predominou a tese de fundação da Confederação Operária Brasileira. Estruturada nos moldes da CGT francesa, a COB começou a funcionar só dois anos depois, paralelamente à publicação de seu jornal (*A Voz do Trabalhador*), cuja redação era formada quase exclusivamente por estrangeiros. A existência da confederação foi difícil até 1912, ano em que começou uma lenta recuperação, sobretudo em São Paulo, onde contava com 57 mil adesões.

---

62 Para essa problemática, vide Maram (1979); Hall (1975).
63 Carone (1979, p.13).

Nesse estado, a presença italiana na organização sindical era absolutamente majoritária: no Congresso Operário Estadual de 1908, de quarenta delegados representando 21 associações, 29 eram italianos, numa percentagem igual a 72,5%, que subia para 76,5% se se considerar somente a cidade de São Paulo. Que os peninsulares representassem o eixo principal do movimento operário paulista naquela data é demonstrado não só pelos italianismos presentes no relatório final,[64] mas também pela unanimidade com que foi aprovada uma moção de Attilio Gallo para fazer circular folhetos bilíngues.

Essa preponderância é confirmada pelo Segundo Congresso Operário Nacional de 1913,[65] em que os delegados italianos eram apenas 14 entre 117 (12%), mas 10 entre 32 (31,2%) se nos limitarmos aos de São Paulo. De resto, a função de defesa do proletariado assumida pelos italianos naquele estado está documentada na obra de mediação nos dissídios trabalhistas (que, frequentemente, viam contrapostos empresários e operários vindos da Itália) desenvolvida pelos socialistas do *Avanti!*. Assim foi, em 1901, no caso da fábrica de Crespi, que teve como protagonista Alcibiade Bertolotti,[66] e da Companhia Industrial.[67] E também quando se tratava de fábricas cujos proprietários eram brasileiros, as tentativas de mediação eram confiadas a italianos, em virtude da nacionalidade da grande maioria dos operários.

Na verdade, nem sempre o proletariado italiano depositou a mesma confiança nos compatriotas politizados e, aliás, frequentemente, solicitava a solução de problemas contingentes às autoridades consulares ou a outros organismos da colônia. Intervenções desse gênero foram comuns, e a primeira data foi a de 1894, quando os quatrocentos lixeiros, quase todos italianos, recorreram ao cônsul, que se empenhou para obter o pagamento dos salários atrasados.[68] Em 1903, Gherardo Pio di Savoia conseguiu a readmissão de trezentos trabalhadores que haviam entrado em greve.[69] Em 1908, registrou-se outra tentativa de conciliação, dessa vez sem êxito, com a Vidraçaria Santa Marina, na Água Branca.[70]

---

64 Fala-se, por exemplo, de "operários adebidos" e de "obstáculo insormontável".
65 Na verdade, no ano anterior, houvera outro congresso operário de sindicalismo "pelego", organizado pelo filho do presidente da República. Sobre esse congresso, que não teve nenhuma consequência, vide Ferreira (1978, p.70); Pinheiro; Hall (1980, p.253-9).
66 *Avanti!*, 8-9 jun. 1901.
67 *Avanti!*, 20-21 jul. 1901.
68 Relatório de 4 maio 1894, Asmae, série pol., "Brasile (1891-1916)", envelope 281.
69 Relatório de 21 jan. 1903, Asmae, série pol., "Brasile (1891-1916)", envelope 283, fasc.3
70 Relatórios de 21/30 out. e 19/23 nov. 1909, Asmae, série pol., "Brasile (1891-1916)", envelope 283, fasc.9.

Mesmo quando não houve a intervenção direta do corpo diplomático, muitas vezes os operários italianos dirigiram-se a associações de beneficência[71] ou, de preferência, ao *Fanfulla*, a ponto de *La Battaglia*, em 1912, após ter lembrado que o mais importante jornal italiano havia servido de mediador por ocasião da greve dos pedreiros em São Paulo e dos tecelãos em Salto, um mês depois alertava os operários quanto às propostas de "arbitragem, mediações vergonhosas e subterfúgios humilhantes" levadas adiante pelo *Fanfulla*.[72]

Apesar disso, sobretudo a partir de 1900, verificou-se uma verdadeira série de greves, porém de características marcadamente economicistas, que confirmam o interesse do proletariado imigrado por conquistas monetárias imediatas.[73] Que essa fosse a atitude predominante é demonstrado pelas constantes queixas que aparecem na imprensa operária quanto à desafeição para com a organização, uma vez superado o momento da luta. Já em 1905, no número único de *L'Azione Anarchica* [A Ação Anarquista], podia-se ler:

> Nossa propaganda está parada, estacionária; os companheiros, também os que no passado deram prova de abnegação e de sacrifício, dormem agora inativos, deixando os eventos correrem; indiferentes a tudo, acreditam poder remediar um estado anormal das coisas pondo-se à sombra de ócios pusilânimes.[74]

A única exceção às greves por reivindicações econômicas foi representada por aquela geral de 1907 pela conquista das oito horas, que viu envolvidos mais de 10 mil operários de São Paulo numa luta por objetivos não imediatamente monetários e que desenvolveu um alto grau de solidariedade. No entanto, representou uma exceção e até os anos 1920 foi a única agitação de tipo avançado do proletariado brasileiro, mais ainda do que seriam as greves de 1917 e de 1919, de importância muito maior por outros motivos, sobretudo por sua duração e pelo número de trabalhadores envolvidos. A explicação deve ser buscada no fato de que, em 1907, a maior parte

---

71 Em 1891, no Rio de Janeiro, a Sociedade Franzini escreveu diretamente ao chefe de polícia para obter o pagamento dos salários atrasados de quatro trabalhadores de uma fábrica de tijolos. Vide Carone (1979, p.50-1).

72 *La Battaglia*, 18 maio 1912 apud Beiguelman (1977a, p.67).

73 Sobre as greves do período de 1900-1919, vide Pinheiro (1978, p.154-62); Fausto (1977a, p.135-53).

74 "L'anarchia è in noi?", *L'Azione Anarchica*, 19 nov. 1905.

dos operários mobilizados exerce funções especializadas ou semiespecializadas, enquanto em 1917 e em 1919 se tratou predominantemente de operários comuns.[75] Contudo, também nesse caso, estava bem presente para todos o risco de que às lutas se seguisse imediatamente a desmoralização, anulando as conquistas parciais, a ponto de o *Avanti!* avisar:

> É possível que os senhores proprietários procurem diminuir aos poucos, até fazê-las desaparecer de todo, as concessões feitas durante a agitação: não seria certamente a primeira vez que isso acontece. Portanto, nós cumprimos o dever de alertar o proletariado a fim de que empregue todos os meios necessários para impedir qualquer surpresa por parte dos patrões. Esses meios limitam-se a reforçar as organizações profissionais e a denunciar imediatamente mesmo a menor infração às convenções estipuladas.[76]

Já no ano seguinte, as acusações lançadas por *La Lotta Proletaria* [A Luta Proletária] demonstravam que as preocupações do *Avanti!* eram fundadas e que o proletariado, passado o momento de mobilização, voltava a desertar da vida sindical mesmo diante da reação dos patrões. Nessa ocasião, o jornal anarcossindicalista lamentava que até os companheiros anarquistas e socialistas trabalhavam sem reclamar em empresas em que o horário diário superava abundantemente as oito horas, sublinhando outrossim a frieza do proletariado paulista com relação ao próprio sindicato:

> Nos primeiros tempos viam-se na Federação Operária, todas as noites, reunidos em diversas seções, os comitês que trabalhavam para a propaganda. De cada assembleia, por mais insignificante que fosse, participava um grande número de operários, os quais discutiam muitas boas e úteis iniciativas para a classe operária. Mas, em pouco tempo, isso tudo mudou. Muitos companheiros não são mais assíduos e preferem ficar indiferentes a qualquer movimento. E acredito que essa mudança não deva ser atribuída aos métodos de luta empregados, mas à pouca consciência que reina entre os operários.[77]

---

75 Vide Hall (1975, p.401-2).
76 "Gli insegnamenti dello sciopero", *Avanti!*, 3 jun. 1907. Naquela ocasião, o jornal demonstrou-se bom profeta: as conquistas foram praticamente anuladas em pouco tempo.
77 "Apatia proletaria", *La Lotta Proletaria*, 15 dez. 1908.

5.4. Imigração de massa e fraqueza do movimento operário

A atitude de desconfiança e não envolvimento do proletariado em relação às organizações prepostas à sua defesa foi bastante comum no Brasil e, até a Primeira Guerra Mundial, o movimento operário não conseguiu abrir uma brecha ou, se isso aconteceu, foi com grande descontinuidade. Às vezes, o sindicato ficou limitado ao pequeno grupo que o havia fundado, ou então, se havia nascido num clima de luta, decaía rapidamente uma vez terminada a circunstância que determinara seu surgimento.[78] Isso não dependia da substancial apatia da classe operária, como pretendiam os anarquistas italianos, levando-os a afirmar que o povo era "indigno de emancipação".[79] Na realidade, os motivos de fraqueza da propaganda anarquista e socialista eram outros, esquematicamente resumíveis na caracterização profissional, na nacionalidade dos trabalhadores e na política repressiva do governo. No que diz respeito à nacionalidade, até pouco tempo atrás boa parte da literatura sobre o assunto havia exaltado o papel do imigrante na politização do proletariado brasileiro, e, a esse propósito, é interessante transcrever a opinião de um autor militante como Leôncio Basbaum:

> Os imigrantes [...] tiveram realmente um papel de inestimável relevo, não somente pelo fato de participarem das organizações operárias, às quais traziam uma longa experiência, e de editarem jornais, mas principalmente por elevarem o significado da palavra *operário*, que pouco a pouco ia deixando de ser ultrajante e pejorativa e, principalmente, porque souberam inculcar no espírito do operário brasileiro e dos ex-escravos uma consciência de classe operária.[80]

Infelizmente, essa idealização e mitificação do trabalhador estrangeiro não tinha bases concretas e para confirmá-lo bastaria a constatação de que "à maior homogeneidade étnica da classe operária de São Paulo, com a presença dominante de italianos, não correspondeu um índice organizatório mais alto em comparação com o Rio de Janeiro".[81]

---

78 Fausto (1977a, p.120).
79 *La Battaglia*, 5 fev. 1911. Dois anos antes, no mesmo jornal, Anna De Gigli (que, na realidade, era um dos pseudônimos de Alessandro Cerchiai) escrevia que "o animal mais fácil de se contentar é o proletário. Bastam-lhe as promessas. Prometam-lhe as coisas mais irracionais e o terão sempre do seu lado, esfomeado, sim, mas fiel feito um cão" ("Imprecazioni", *La Battaglia*, 21 abr. 1909).
80 Basbaum (1982, v.2, p.207).
81 Fausto (1977a, p.37). Contra a mitificação do papel do imigrante estão também M. M. Hall, P. S. Pinheiro e S. L. Maram.

De fato, deve ser decididamente recusada a ideia de que os trabalhadores estrangeiros tivessem chegado ao Brasil com uma experiência de luta nas costas, apesar de sua presença maciça nos quadros dirigentes do movimento operário. Por outro lado, isso não era possível pelas próprias características da emigração subsidiada, que permitia o acesso ao Brasil (com viagem gratuita) predominantemente de famílias de agricultores.

Outro índice negativo para o grau de politização é representado pelos países de procedência, todos da Europa mediterrânea, onde nos anos 1880 e 1890 a organização do proletariado dava ainda seus primeiros passos. Mesmo que a partir do fim do século a situação tenha mudado, no sentido de uma menor homogeneidade de categorias profissionais chegadas ao Brasil, é muito improvável que o número crescente de emigrantes não provenientes das áreas rurais pudesse ser classificado como proletariado de fábrica, enquanto resultaria predominante (e no caso italiano é demonstrado pelas procedências regionais) a caracterização terciária, sobretudo de trabalho marginal. Em todo caso, a própria escolha da emigração sempre foi interpretada precisamente como um sucedâneo da luta de classe e como índice de uma recusa de envolvimento. Enfim, a origem rural levava o trabalhador a procurar antes um protetor do que a solidariedade proletária,[82] fenômeno, de resto, facilitado pelo paternalismo em vigor nas pequenas empresas (absolutamente predominantes em termos de emprego) e frequentemente acentuado pela mesma origem nacional dos proprietários.

Um segundo obstáculo à formação de uma consciência de classe generalizada era constituído pelas aspirações finais dos imigrantes, quase sempre voltadas à formação de uma pequena poupança no menor tempo possível. Aliás, até os operários que tinham consciência política caíam nessa tentação, como não deixava de censurar o *Avanti!*:

> É um fato que no Brasil vive um número de socialistas vindos de outros países, onde talvez estiveram entre os militantes mais ativos e na primeira fileira em todas as batalhas, que aqui forjam um socialismo *sui generis*, um socialismo que lhes permite não dar contribuição alguma à causa ou, então, conceder algumas migalhas de sua atividade com dignação [...]. A verdade é que [...] estamos na América, isto é, num país que se quer que sirva só ao egoísmo pessoal.[83]

---

82 Dean (1977b, p.277).
83 T. M[onicelli], "Per il partito socialista brasiliano", *Avanti!*, 1º maio 1915.

Se a perspectiva do emigrante médio era a ascensão econômica, ela decerto não resultava possível, nas difíceis condições da época, através do envolvimento nas lutas. Por outro lado, considerando o Brasil como residência temporária, diferentemente do trabalhador rural, o operário estrangeiro parecia desmotivado em relação ao empenho político e sindical. Embora os obstáculos para a obtenção de seu objetivo principal se mostrassem intransponíveis, restava-lhe sempre a possibilidade do repatriamento, cujo índice foi relativamente elevado. Contudo, essa não era a escolha predominante e foi feita principalmente pelos desertores das fazendas; por outro lado, logo a dupla passagem que caracterizou o imigrante italiano (das lavouras da península às plantações de café, e destas ao trabalho urbano) foi mais um fator causal – e talvez o mais importante – da indolência de participação. Em sua psicologia, o abandono da pátria já representava uma derrota, à qual se acrescentava, após um período mais ou menos longo na fazenda, a falência das esperanças que o haviam acompanhado. Portanto, é óbvio que ele procurasse evitar uma terceira e definitiva derrota, representada pela volta ao próprio país mais pobre do que quando havia partido. Teoricamente, essa consideração não o impedia de empenhar-se na luta sindical, muito mais se ela estava dirigida para a obtenção de melhorias econômicas imediatas. Contudo, esse envolvimento não podia ir além de um certo limite, pois o clima de repressão em vigor, a pouca qualificação e a presença de um numeroso exército industrial de reserva traduzia-se, frequentemente, em desemprego, cadeia e expulsão, o que significava, em última análise, aquela volta à pátria, que o imigrante temia mais que qualquer outra coisa.

Se o excesso de mão de obra tornava simples para os empresários o controle dos movimentos paredistas por causa de muitos fura-greves, a manutenção de altos níveis de consciência também por parte de quem era politizado exigia enorme espírito de sacrifício pela atitude fortemente reacionária dos patrões e da sociedade legal em seu conjunto. A violência cotidiana em relação aos anarquistas e socialistas apresentava mil facetas, e todas levavam a impedir sua militância.

De um ponto de vista mais geral, uma função preventiva muito eficaz foi exercida, a partir de 1906, pela lei de expulsão:

> A Lei Adolfo Gordo era uma constante ameaça a todos, meio de intimidação e vingança, um cutelo suspenso sobre a cabeça do irreverente ou inconformado. O fazendeiro ameaçava o colono. O industrial ameaçava o operário. Ou

se submetiam a qualquer iniquidade, a aceitar condições vexatórias e prejudiciais, ou eram denunciados como elementos perigosos à tranquilidade pública.[84]

Está fora de discussão que a repressão selvagem teve um papel importante na crise do movimento operário no Brasil, mas seria demasiado simplista atribuir-lhe toda a responsabilidade pela crônica fraqueza de organização demonstrada por suas instituições, constatação esta muito clara para os sindicalistas revolucionários quando analisavam a falência do Partido Socialista e das estruturas de resistência do proletariado:

> Houve depois uma tentativa corajosa de organização sindical; mas teve a mesma sorte do partido, com a única diferença de que o partido foi morto pelos dissídios internos, enquanto a organização foi estrangulada pela violência policial. Isso, porém, significa apenas que a organização era tão fraca que podia ser facilmente estrangulada.[85]

Uma das principais motivações da fraqueza era individuada por outro dirigente italiano na transposição mecanicista de modelos e estratégias do movimento operário do país de origem:

> A razão desses insucessos, tanto para o socialismo quanto para a organização operária, deve ser buscada na natureza e no caráter anacrônico que se quis impor-lhe. Esquecendo que viviam no Brasil, país que somente há pouco havia saído da escravidão, propagandistas e organizadores quiseram criar um socialismo e uma organização nos moldes já existentes nos países economicamente mais avançados. Os socialistas, em sua maioria italianos, em seu congresso aprovaram um magnífico programa de socialismo italiano. As organizações operárias, sob o influxo de elementos generosos, mas com a cabeça nas nuvens, viraram a proa para a França, imitando os sindicalistas e traduzindo as obras de Sorel e de outros revolucionários.[86]

Também a importância atribuída ao aspecto exógeno da elaboração política resultava redutora em relação ao amplo conjunto de causas, talvez menos teóricas, mas extremamente significativas, que pesavam na *débâcle* organizadora. De fato, do quadro de desarraigamento e dificuldades da

---

84 Dias (1962, p.56).
85 "La crisi generale", *La Scure*, 2 abr. 1910.
86 Piccarolo ([s.d.]c, p.57).

imigração emergiam alguns elementos de caráter prático que desestimulavam a participação das massas estrangeiras. Sobretudo em São Paulo, na fase do tumultuoso crescimento urbano, os italianos viam satisfeitas, se não frequentemente, pelo menos não ocasionalmente, suas aspirações de mobilidade vertical. Do ponto de vista estatístico, a percentagem de quem se sobressaía podia até ter pouca importância, mas o dado significativo era que as possibilidades de ascensão social eram percebidas como viáveis, desde que se mantivessem firmes alguns "dotes" fundamentais – docilidade, perseverança, espírito de sacrifício – que iam todos em sentido contrário à participação política e sindical. Como vimos, essas ocasiões estavam presentes no setor terciário, mas também no artesanal, sobretudo para quem tinha um certo grau de especialização, isto é, logo para aquela faixa do proletariado normalmente mais disponível para a organização. Disso resultava uma evasão constante, mesmo das poucas forças ativas da base operária e dos movimentos anarquista e socialista.

> É só olhar uma pouco ao nosso redor para nos darmos conta de que nenhum dos elementos ativos e inteligentes, que nas várias agitações dos anos passados se encontravam nas fileiras dos operários, jornaleiros, de São Paulo, lá se encontra hoje. Alguns já foram embora, muitos ainda estão aqui, não mais operários, mas mestres de obras, empresários, donos de oficinas, ou, então, deixado o ofício, dedicaram-se a um dos muitos trabalhos por conta própria.[87]

Mesmo entre os anarquistas militantes, mais raramente entre os líderes, não eram poucos os casos de companheiros, de primeiro plano nas lutas de base, que abandonavam a atividade política e sindical tão logo conseguiam se estabelecer com uma pequena oficina, ateliê ou lojinha, limitando sua ajuda, quando muito, a alguma eventual contribuição financeira.

> Aqui em São Paulo, os socialistas, após a expulsão de Vacirca, ou fugiram ou morreram; alguns anarquistas fizeram propaganda filosófica, outros, anticlerical; aqueles se cansaram ou sentiram a necessidade de descansar; estes ou alcançaram ou querem alcançar uma posição que lhes garanta a tranquilidade.[88]

É evidente que, na situação descrita e em falta de um elevado *turnover* de militantes, qualquer deserção representava um problema de difícil solução

---

87 G. Scala, "Organizzazione operaia e confusionismo di classe", *Avanti!*, 28 nov. 1914.
88 *La Barricata*, 22 jun. 1913.

para o movimento operário. Um sinal patético dessas dificuldades (e assim mesmo maravilhoso em sua ingenuidade) pode ser considerado o apelo publicado, como um lema, no rodapé do jornal anarquista *Germinal*, num período de grande convulsão: "Companheiros! Não comprem propriedades, não vinculem de modo algum sua atividade de amanhã, preparem-se, a revolução se aproxima".[89]

No quadro das dificuldades assinaladas, as explosões de luta muitas vezes apanhavam de surpresa tanto os socialistas (como em 1907)[90] quanto as outras correntes. Por ocasião das greves de 1919, os anarquistas italianos de *Germinal* assim expressavam sua autocrítica:

> A explosão tão espontânea, tão repentina e também tão intempestiva, vamos falar francamente, da legítima impaciência da classe trabalhadora nos surpreendeu e até mesmo desnorteou. Ficamos tão perplexos quanto deve ter ficado o bom asno de Buridã: incapazes de tomar qualquer decisão.[91]

Na realidade, logo os acontecimentos de 1917 a 1920 mostraram que a atitude do imigrante em relação à luta operária tinha mudado, porque a ótica em relação ao Brasil se alterara. As greves, só no estado de São Paulo, foram 14 em 1917, 4 em 1918, 37 em 1919 e 13 em 1920! Não é esse o momento para analisarmos detalhadamente o movimento social daqueles anos,[92] mas é necessário sublinhar que, se ele foi determinado pelo constante aumento do custo de vida associado a um rígido controle dos salários, é também verdade que seu caráter de massa e o grau de novidade em relação às manifestações do período anterior só foram possíveis graças ao envolvimento diferente dos imigrantes e, no caso específico de São Paulo, que foi o centro do movimento, dos italianos. As novidades residiam principalmente na determinação e na força demonstradas pelos grevistas (em 1917, a cidade de São Paulo ficou por um bom tempo em suas mãos) e no fato de o eixo principal ser representado pelo proletariado têxtil.

A partir de 1917, o imigrante médio italiano não pôde mais ser qualificado como indiferente ou apático em relação ao movimento operário, pois foi logo graças à sua participação e ao seu envolvimento que a agitação

---

89 *Germinal*, 17 maio 1919.
90 Vide "Gli insegnamenti dello sciopero", *Avanti!*, 31 maio 1907 apud Pinheiro; Hall (1979, p.67).
91 "La nostra missione", *Germinal*, 17 maio 1919.
92 Sobre as greves de 1917-1920, vide particularmente Dulles (1973); Maram (1979); Fausto (1977a); Pinheiro (1978); Bandeira; Melo; Andrade (1980).

assumiu as características e as dimensões de um fenômeno de massa. Essa mudança de atitude estava estritamente ligada à aceitação do Brasil como residência definitiva por parte da emigração mais antiga, à diminuta consistência numérica da mais recente e ao colapso de oportunidades de mobilidade vertical determinado pelo longo período de salários de pura subsistência. Como justamente observava Gigi Damiani, que havia voltado para a Itália após a pena de expulsão que lhe fora imputada pelos acontecimentos de 1919, os emigrantes "se ambientavam, formavam família, se nacionalizavam e, perdida qualquer esperança de voltar para a pátria, dobrados debaixo do peso de sacas de ouro, começavam a preocupar-se seriamente com suas condições de salário e de vida na que se ia tornando, por força das circunstâncias, sua nova pátria".[93]

De fato, naquela data, as comunidades estrangeiras em grande parte eram formadas por pessoas que residiam havia muito no Brasil. Em São Paulo, 60% dos estrangeiros (e 80% dos italianos) haviam chegado antes de 1905. Assim como a base, também a liderança era constituída de antigos emigrantes: dos 29 dirigentes operários de 1917 a 1920 de que se têm dados pessoais, 27 (isto é, 93%) residiam no Brasil havia mais de cinco anos e 17 (58%) havia mais de vinte.[94]

As autoridades reagiram com uma verdadeira onda repressora, efetuando prisões em massa, aumentando o número de efetivos da polícia militar e instaurando processos de expulsão contra 39 dos 48 principais dirigentes operários estrangeiros, sem se preocuparem com a cláusula sobre os anos de residência. Em 1917 foram expulsos 9 militantes que haviam chegado ao Brasil entre 10 e 28 anos antes, e até um que aqui havia nascido.[95] A repressão não poupou nem os operários comuns que se haviam destacado nas greves, a ponto de as autoridades diplomáticas italianas, geralmente tão solícitas em cooperar com a polícia local quando se tratava de compatriotas "subversivos", serem obrigadas a intervir para impedirem expulsões em massa de trabalhadores italianos.

O ano de 1920 pode ser indicado como a data em que começa o declínio do sindicalismo no Brasil, que, pelo contrário, resistiu por mais tempo em outros países latino-americanos e sobretudo na Argentina, onde, aliás, o grau de organização da massa operária estrangeira foi maior. A comparação com a Argentina coloca mais um problema de interpretação, porque também no

---

93 Damiani (1920, p.32).
94 Maram (1979, p.58).
95 *O Debate*, 27 out. 1917 apud Carone (1979).

caso platense a maior parte da mão de obra industrial era representada por emigrados, especificamente italianos, mas os resultados quanto a participação e mobilização foram diferentes. A maior sensibilidade política do emigrante médio na Argentina deve ser provavelmente atribuída à precocidade do desenvolvimento industrial desse país, fenômeno que permitiu um crescimento antecipado da organização operária. Quando, no Brasil, a atividade econômica estava toda baseada na agricultura, na república platense o setor primário predominante era o da criação de gado, que, como se sabe, precisa de pouca mão de obra. Segundo o recenseamento de 1895, de mais de um milhão de trabalhadores estrangeiros na Argentina, só 150 mil se dedicavam a atividades agrícolas. Essa característica teve um peso na atração que exerceu sobre um certo tipo de emigração e não sobre outro. Logo, os anos em que na Argentina surge e se consolida a estrutura industrial são os de maior afluxo da força de trabalho da Itália para o Brasil. Mas é uma força de trabalho quase exclusivamente rural, atraída pela miragem da posse da terra que, na república platense, já se havia tornado impossível também no plano das expectativas. A origem rural teve sem dúvida um papel refreador na participação no movimento operário. Na Argentina, a situação foi diferente, pelo menos a partir dos anos 1890, seja pelas oportunidades profissionais predominantes, seja pela menor frequência da dupla passagem, seja, enfim, pela procedência geográfica, com o maior peso relativo das regiões mais industrializadas (Piemonte, Ligúria e Lombardia).

Por outro lado, a precocidade do desenvolvimento industrial argentino favoreceu a consolidação dos setores de força de trabalho especializada ou semiespecializada, e, portanto, da maior consciência de classe também do proletariado estrangeiro. O absoluto prevalecimento do setor têxtil no Brasil significava um alto grau de possibilidade de substituição e intercâmbio da mão de obra, maior risco de desemprego e uma elevada percentagem de força de trabalho feminina e de menores, menos disponível para a luta de classe, enquanto na Argentina, em 1914, só 25% dos empregados na indústria eram mulheres.

5.5. A imprensa operária italiana

O fenômeno que talvez dê mais a impressão da importância adquirida pelo elemento italiano no movimento operário no Brasil é representado pelo enorme desenvolvimento da imprensa proletária em língua italiana em São Paulo. Segundo um estudo realizado por Maria Nazareth Ferreira, entre

1875 e 1920 foram impressos 343 periódicos operários no Brasil, em todos os idiomas, 149 dos quais no estado de São Paulo, 100 no do Rio de Janeiro e 94 nos outros estados. Desses 343, 60 eram em língua estrangeira, quase todos em italiano: 55 deles. Dos 149 jornais de São Paulo, a autora arrola 48 em italiano (19 dos quais surgidos entre 1892 e 1902, contra 16 em português).[96]

Na verdade, as folhas anarquistas, socialistas e sindicalistas por mim encontradas são mais de 80 (com muitos números únicos), dos quais 75 no estado de São Paulo, e não correspondem completamente às citadas por Ferreira.[97] Em todo caso, a participação dos estrangeiros em geral e dos italianos em particular na imprensa da esquerda era muito maior, pois, sobretudo até a primeira década do século XX, eles apareciam frequentemente como os fundadores de jornais em português.

As primeiras publicações operárias em São Paulo foram *Il Messaggero*, em 1891, e *Gli Schiavi Bianchi* em 1892, dirigido por Galileo Botti, seguidas por *La Giustizia* [A Justiça], em 1893, embora anteriormente, em 1885, tivesse surgido *La Lotta* [A Luta], cuja tendência porém não saberia indicar.[98] Alguns dos muitos jornais italianos publicados posteriormente eram bilíngues ou, pelo menos, tinham uma seção em português, como *L'Avvenire*, *La Barricata*, *Germinal*, todos anarquistas, e *La Scure*, sindicalista. O próprio *Avanti!*, por algum tempo, hospedou em suas páginas uma parte impressa em português. Por outro lado, diante do prevalecimento dos italianos no proletariado, havia também jornais brasileiros com seções em italiano: *O Amigo do Povo*, *A Lanterna*, *O Carinteiro* (que depois circulou em duas versões, em italiano e em português) e *O Socialista*, escrito em quatro línguas: português, italiano, espanhol e alemão.

A escolha do idioma em que publicar não era decerto determinada por atitudes chauvinistas, e isso é demonstrado pelo programa de *La Giustizia*, que, em seu primeiro número, após afirmar que queria ser um ponto de referência para o proletariado independente do país de origem, assim continuava: "Publicado, por enquanto, em língua italiana, desde já abrimos as colunas de nosso jornal aos escritos que nos chegarem em qualquer língua, desde que consoantes com nossos ideais".[99]

---

96 Ferreira (1978, p.89-90).

97 Entre outras coisas, a autora inclui entre os jornais operários também publicações que eram muito mais que uma defesa genérica do imigrante, por exemplo, o *Garibaldi*.

98 Maria Nazareth Ferreira afirma que o *La Giustizia* surgiu em 1879, mas o jornal que consultei inicia suas publicações em 1893. Não encontrei nenhuma referência, em momento algum, sobre uma eventual publicação anterior que tivesse o mesmo título.

99 "La Giustizia", *La Giustizia*, 25 mar. 1893.

A passagem de um para outro idioma ou a própria decisão de publicar em português não devia porém ser fácil, pois ainda em 1906 o porta-voz oficial da União dos Sindicatos de São Paulo era *La Lotta Proletaria*, com artigos quase exclusivamente em italiano. Será necessário esperar o fim dos anos 1910 para que diminua o número de jornais italianos: no caso dos socialistas, por sua derrota definitiva; no caso dos anarquistas, porque se procurou concentrar as forças para uma publicação diária: "Os companheiros verdadeiramente capazes de fazer um bom jornal de propaganda nossa estão quase todos de acordo em fazer convergir todos os esforços para um diário na língua do país, isto é, para a publicação jornalística de *A Plebe*".[100] Por causa dessa decisão, *Alba Rossa* (Aurora Vermelha) deixará de existir, sendo-lhe reservado um espaço em italiano nas páginas de *A Plebe*, mas voltará a sair de forma autônoma em janeiro de 1921.

A característica essencial de quase todos os jornais operários, salvo raras exceções como *La Scure, Avanti!, Il Secolo* e poucos outros, era a absoluta irregularidade de publicação. Até o número de páginas era variável, dependendo do momento e do assunto tratado. Os jornais, sobretudo os anarquistas, saíam, extinguiam-se, encerravam suas publicações por algum tempo, apareciam de novo com outro título ou com o nome anterior, continuando a numeração de onde a haviam interrompido.

"O que era constante era o nome dos seus redatores principais, o que demonstra a força de vontade dessa liderança."[101] Mas demonstra sobretudo a reduzida rotatividade existente, a perpetuação de um núcleo restrito e a presença de uma massa pouco disponível à politização, da qual raramente emergiam novos dirigentes. É só examinar a lista dos fundadores de jornais operários italianos para nos darmos conta disso: Angelo Bandoni deu origem a onze publicações ou limitou-se a dirigi-las em São Paulo entre 1902 e 1919, Alessandro Cerchiai a doze, elas também todas em São Paulo, e Gigi Damiani a catorze, sendo que doze na capital paulista e duas, mas quase inteiramente em português, em Curitiba. E isso sem contar seu empenho na fundação de jornais brasileiros.

Portanto, não é de surpreender que, após alguns anos do surgimento de *La Battaglia*, Cerchiai e Ristori escrevessem a vários companheiros na Itália para convencê-los a virem ao Brasil para dirigir o jornal,[102] ou que Vincenzo Vacirca fosse enviado pelo PSI italiano ao Brasil para cuidar do *Avanti!*.

---

100 "Parole chiare", *Alba Rossa*, 5 ago. 1919.
101 Ferreira (1978, p.104).
102 Vide *La Battaglia*, 30 ago. 1908.

Entre outras coisas, muitas vezes os diretores eram também os fundadores e os únicos redatores; assim, uma publicação podia ser interrompida por doença ou por impedimento dos mesmos. A irregularidade nos prazos de publicação e a própria vida breve dos jornais, sobretudo dos anarquistas, eram porém essencialmente devidas às dificuldades financeiras. Ao lado delas, devem ser sublinhados os obstáculos na obtenção de notícias, eloquentemente exemplificados nesse apelo publicado no terceiro número do jornal anarquista *Il Risveglio* [O Despertar]:

> Se os companheiros nos puderem conseguir endereços de vendedores solventes e nomes de amigos, assim como não serem avaros conosco em pequenas notícias e queixas (bem entendido, de uma verdade a toda prova), nós lhes seríamos agradecidos, ao mesmo tempo que favoreceriam a causa pela qual luta nosso jornal.[103]

Nessas condições, é óbvio que as possibilidades de proselitismo e de intervenção na realidade local eram bem limitadas, sobretudo porque, como volto a repetir, a própria colônia proletária italiana se mostrava bastante insensível ao apelo ideológico. O voluntarismo anarquista não podia deixar de constatar esse estado de coisas e fazia uma violenta autocrítica que, porém, dizia respeito um pouco a todos:

> É forçoso reconhecer que nessa situação de absoluta inferioridade não podemos lutar; que todos os nossos sacrifícios, voltados para manter vivos semanários que não têm nenhuma importância no mundo jornalístico, no mundo intelectual e menos ainda no mundo operário, não deram nem darão mais do que pouquíssimos frutos.[104]

O *Avanti!* foi um dos poucos jornais de esquerda que não teve crises financeiras e, aliás, em algumas circunstâncias ajudou folhas do mesmo credo político (ainda que não de idêntica corrente), propondo a seus leitores assinaturas cumulativas, como no caso de *Anima e Vita*, dirigida por Ernestina Lesina. Mas não foram certamente essas receitas que permitiram uma longa sobrevivência à folha socialista. Também não é possível acreditar que houvesse outras fontes, ocultas e pouco honradas, que um adversário do *Avanti!* (do qual, porém, fora diretor), insinuava terem sido embolsadas pelo jornal:

---

103 *Il Risveglio*, 23 jan. 1898.
104 *La Battaglia*, 11 set. 1904.

Nossos proeminentes coloniais, empenhados num único objetivo, fazer dinheiro, só ambicionavam serem deixados em paz e para tanto estavam dispostos a alguns sacrifícios. E eis que, quando se lhes apresentava alguém em nome do socialismo, de bom grado alguns davam um conto de réis, outros quinhentos mil réis, dependendo da taxa imposta, desde que não fossem incomodados por ataques inoportunos que lhes poderiam estragar algum bom negócio.[105]

Sem dúvida, a acusação em questão podia ser atribuída à pervicaz natureza polêmica de Piccarolo – que não desdenhava nem o uso da calúnia em relação aos adversários políticos –, e isso é demonstrado pelos constantes e reiterados ataques do *Avanti!* contra industriais e fazendeiros italianos. Em oposição a estes, e junto com outras publicações operárias, muitas vezes a folha socialista levou adiante campanhas de boicote que tiveram como alvo também o diário de Piccarolo – *Il Secolo* –, definido como "o jornal dos exploradores".[106] A arma do boicote divulgado através da imprensa foi muito usada pelos dirigentes do movimento operário e envolveu numerosos jornais.

Ao longo dos anos, o empresário mais atacado foi, sem dúvida, Matarazzo, que, por duas vezes, sofreu uma longuíssima campanha de boicote em todo o estado de São Paulo, conduzida pelas várias folhas operárias, por causa de seu total fechamento diante dos pedidos do proletariado. O nome de Matarazzo e de outras empresas industriais será recorrente em quase toda a imprensa de esquerda somente nessas circunstâncias e por ocasião de greves ou de denúncias de abusos. E talvez seja por esse motivo que tantos periódicos tiveram uma existência tão curta: poucos deles conheceram a publicidade, senão em sentido negativo, como no caso do boicote.

A propaganda esteve totalmente ausente das folhas anarquistas e de quase todas as anarcossindicalistas. Ela aparecerá no melhor jornal sindicalista – *La Scure* –, embora limitada a produtos pobres como xaropes contra a tosse, loções contra a calvície, gêneros alimentícios etc. A contribuição publicitária na imprensa socialista foi muito mais consistente em primeiro lugar no *Avanti!*, mas também em outros jornais: *L'Asino Umano* [O Asno Humano], *Anima e Vita*. Aliás, o *Avanti!*, das quatro páginas que o compunham, chegou a publicar uma e meia de anúncios (e, em todo caso, nunca desceu para menos de uma). Como prova porém de que sua penetração não

---

105 Piccarolo (1913, p.5).
106 *Avanti!*, 4 set. 1907. A folha socialista mostrava-se menos feroz que os companheiros anarcossindicalistas, os quais, no *La Lotta Proletarta*, por um bom tempo, convidaram a não ler "o imundo jornal *Il Secolo*".

era exclusivamente junto à classe operária, os artigos, cujo reclame fazia, já apresentavam certo grau de sofisticação: chapéus, restaurantes, médicos, alfaiates, bombons, licores, relógios, manufaturados de importação e até carros, isto é, produtos destinados a camadas médias e à pequena burguesia.

Se quiséssemos esboçar uma caracterização do conteúdo dos jornais em questão, poderíamos afirmar, esquematizando, que os jornais anarquistas tinham duas almas: extrema riqueza de elaboração na parte teórica, toda de importação (artigos de Kropotkin, Bakunin, Gori, Malatesta), e extrema pobreza de linguagem e de análise quando falavam de coisas brasileiras, fenômeno este bastante compreensível, pois frequentemente os artigos de assuntos internos eram escritos pelos próprios trabalhadores. Mas também os que não o eram se adequavam a um padrão de linguagem e de conteúdo segundo verdadeiras fórmulas paradigmáticas a que recorriam quase liturgicamente: ignomínia do capitalismo, avidez terrena do clero, brutalidade e sadismo policiais. A estereotipia de análise tinha a vantagem de poder ser aplicada indiferentemente a um e a outro fenômeno, a uma e a outra classe social, desde que diferente da própria. Assim, os fazendeiros eram sempre descritos como sanguessugas, glutões, viciados em jogo e em bordéis, mas era só virar a página para encontrar o mesmo modelo aplicado aos capitalistas, ao clero ou à classe política, privilegiando um determinado aspecto do quadro. Por outro lado, os colonos insensíveis à propaganda anarquista eram sempre vis, incapazes de reagir, satisfeitos em sua abjeção, mas o esquema resultava válido também para os proletários industriais quando as lutas definhavam.

Outro elemento característico dos jornais anarquistas era a escassez e, às vezes, a própria falta de notícias internas. Assim, podiam-se ler, por exemplo, em *Alba Rossa*, resenhas semanais sobre as agitações proletárias no mundo inteiro, mas nenhuma linha sobre o movimento operário no Brasil quando não havia greve.

Tais características resultavam um pouco menos acentuadas na imprensa sindicalista, cujos jornais mais significativos, como *La Scure*, hospedavam constantemente crônicas locais tanto sobre o movimento operário quanto sobre a vida política brasileira em geral. Tratava-se, contudo, de louváveis exceções, porque também no caso do sindicalismo frequentemente tendiam a predominar teoria e eurocentrismo. Dentro do próprio movimento, tudo isso era visto como um obstáculo à obra de proselitismo em relação às massas, como o demonstra o programa de intenções publicado no primeiro número de *Il Libertario* [O Libertário], quinzenário "socialista-anarquista" dirigido por Giulio Sorelli:

A fim de que o jornal não se torne aborrecido e pesado, não o transformaremos numa melopeia de longos e tediosos artigos teóricos colocados um atrás do outro ao acaso, mas procuraremos torná-lo desembaraçado, variado, interessante, seja acompanhando todas as mais importantes manifestações do movimento anarquista internacional, seja criticando do nosso ponto de vista todos os acontecimentos da vida pública e social deste país, seja intervindo em todas as questões relacionadas com a vida proletária do Brasil, seja procurando obter a colaboração de nossos companheiros de credo mais inteligentes.[107]

Certamente, tratava-se de ótimas intenções, às quais, porém, a publicação de um artigo teórico na mesma página tirava muita credibilidade.

Os anarquistas detinham uma espécie de monopólio de uma questão: a propaganda anticlerical, cujo ápice foi alcançado com a campanha contra os padres do orfanato Cristoforo Colombo, dirigido por dom Francesco Consoli, da qual participaram também o *Avanti!* e o *Fanfulla*. A acusação era de estupro continuado contra as meninas hospedadas e de ocultação do cadáver de uma delas.[108] O empenho em assuntos de tal envergadura e as escolhas a favor da teorização ideológica e da solidariedade internacional não eximiam os anarquistas de um gostoso moralismo barato que os levava a desaconselhar os operários a jogar futebol, justificando essa exortação com a previsão de que, no dia seguinte, o cansaço acumulado os teria feito render menos no trabalho, oferecendo ao patrão um pretexto válido para multá-los.[109]

Apesar de todos os seus defeitos e limites, os jornais da esquerda italiana permaneceram um ponto de referência para a propaganda e a mobilização do proletariado paulista, também do nativo.[110] Um elemento curioso e divertido que confirma, em escala diminuta, a validez dessa asserção é representado por um anúncio publicado em *La Battaglia*, em 1905, e evidentemente dirigido aos brasileiros que se esforçavam por usar o idioma predominante no movimento operário naquela época: "Pedimos aos nossos colaboradores que escrevam na língua que conheçam, a fim de nos evitar um penoso e enfadonho trabalho de concerto [sic]".[111]

---

107 "Incominciando", *Il Libertario*, 15 out. 1906.
108 Veja sobretudo os números de janeiro e fevereiro de 1911 de *A Lanterna*, *La Battaglia*, *Avanti!* e *Fanfulla*.
109 Vide "Il gioco del calcio e la mentalità del mulo", *Germinal*, 13 set. 1919.
110 Sobre como a imprensa étnica operária procurava infundir uma consciência de classe nos trabalhadores, vide Sferra (1987).
111 *La Battaglia*, 2 abr. 1905.

Ao contrário dos jornais anarquistas, em geral os socialistas deixavam muito mais espaço aos acontecimentos locais, embora eles também não desdenhassem a doutrinação ideológica. O *Avanti!*, por exemplo, dedicava toda uma página, entre quatro, ao movimento operário paulista, oferecendo também um quadro bastante exaustivo da situação nas localidades do interior. Além disso, havia uma pequena crônica da cidade e, como prova da composição não exclusivamente operária de seu público, até uma seção reservada ao teatro e aos espetáculos. Aliás, as preocupações culturais estavam também presentes nos jornais anarquistas, embora só na ótica de servir a causa: é raro não encontrar na imprensa operária de qualquer tendência romances sociais publicados em capítulos. Eles tinham predominantemente uma função didática e sua lista seria demasiado longa para ser transcrita aqui. Bastarão alguns exemplos: *L'Ultimo Sciopero* [A última greve], de Gigi Damiani, publicado em *La Battaglia*, *Disertore* [Desertor], de Vincenzo Vacirca, no *Avanti!*, e os poemas de Angelo Bandoni, sobretudo *L'Odissea di Sante Caserio* [A odisseia de Sante Caserio], em *Alba Rossa*. Porém, ao lado desses encontramos também uma produção não diretamente política, como *La Morta* [A falecida], de Pietro Zaccone, publicada na folha socialista *Il Messaggero*. Por falar em romances editados em capítulos em jornais operários, é interessante sublinhar uma operação extremamente incorreta do *Avanti!*, que, em seu primeiro ano de existência, publicou uma longa obra atribuída a um anônimo colono italiano, de gênero autobiográfico, que descrevia a viagem da Itália e seu estabelecimento na fazenda, mas que na realidade era obra de um intelectual, Bertolo Belli.[112] O fato de se recorrer a tal subterfúgio representava um índice preciso da dificuldade de contatos e de penetração no mundo rural paulista, própria não apenas dos socialistas, mas de todo o movimento operário no Brasil.

Outra questão sobre a qual socialistas, anarquistas e sindicalistas tinham uma visão comum era a relativa à emigração. Embora divididos quanto a muitos assuntos, os jornais proletários em língua italiana desenvolveram uma intensa obra de propaganda para alertarem os possíveis emigrantes a respeito da real situação do Brasil e das condições que encontrariam aqui. Os dirigentes operários tiveram uma atitude unitária também diante das manifestações de italianidade e, em geral, da colônia italiana em sua acepção redutora e elitista. Já no primeiro número de ensaio, *La Scure* explicitava claramente essa atitude, colocando-a como um de seus pontos programáticos:

---

112 O trabalho em questão – *Nane*, do nome do protagonista fictício – em seguida foi publicado pelo autor como romance.

O que se esconde sob os velhos trapos de um patriotismo interesseiro, as vergonhas do mundo monopolizador das finanças, do comércio e da indústria, a mentira da beneficência mais ou menos oficial e a indecência das representações consulares e diplomáticas mantidas pela Itália no Brasil, para oferecerem um indecoroso espetáculo de tacanhice, de ausência de dignidade e de patifaria policial, tudo aquilo, enfim, que há de infecto, de podre, de revoltante no ambiente em que vivemos, *La Scure* se propõe trazê-lo à luz, tornando-o notório, sem falsos pudores e equivocadas piedades.[113]

Todas as comemorações patrióticas foram de fato abandonadas pelo movimento operário, seja porque organizadas pelos "graúdos" da colônia, seja por motivos ideológicos. A imprensa de esquerda procurou sempre desaconselhar a participação dos trabalhadores italianos, insistindo no conceito de uma pátria que os havia obrigado a emigrar para ganharem um pedaço de pão, e organizando-se, às vezes, contramanifestações que, mesmo não tendo consequências dramáticas como a de 1898, acabaram por provocar incidentes. Mas, em geral, os jornais operários foram sempre levados a recusar a equação simplista idioma italiano/coletividade italiana, embora obviamente o fato de serem publicados na língua materna trouxesse alguns problemas de identificação. Assim o *Avanti!*, ao responder às acusações de quem lhe censurava o pouco interesse demonstrado pelo Hospital Umberto I, afirmava:

É bom nos entendermos de uma vez por todas: como socialistas, não compreendemos por que deveríamos nos ocupar, embora sejamos italianos antes de mais nada, das coisas que dizem diretamente respeito à colônia italiana, e depois de todas as outras que nos circundam no mundo. O *Avanti!* não é, e não quer ser, um jornal colonial, mas um jornal de propaganda e de crítica socialista [...]. Escrevemos em italiano por força das circunstâncias e porque queremos desenvolver nossa propaganda socialista entre o público italiano, que representa uma parcela não indiferente da massa produtora deste país; infelizmente, ainda não existe no Brasil um partido socialista nacional ao qual possa ser confiada a defesa dos italianos proletários.[114]

Para concluirmos esse quadro da imprensa, temos de lembrar que, às vezes, também alguns jornais não operários se manifestaram a favor do

---

113 "Per intenderci", *La Scure*, 2 abr. 1910.
114 T. M[onicelli], "A proposito della questione ospitaliera e... di altre quistioni", *Avanti!*, 23 maio 1914.

proletariado italiano, embora demonstrassem em geral simpatia pela elite dominante. O caso mais interessante é representado pelo *Fanfulla* (cujo fundador – Rotellini – anteriormente havia militado nas fileiras do anarquismo), que muitas vezes se encontra ao lado dos grevistas, desenvolvendo, de quando em quando, como dissemos, papel de mediador. Em todo caso, a denúncia constante de uma quantidade de abusos contra os operários não significava conversão à ideologia de esquerda e o jornal, aliás, apressava-se em dissipar qualquer possível equívoco, ao precisar: "Nem acreditem os pregadores dos partidos extremos que aqui se quer entrar em suas ideias e estabelecer o costumeiro e gasto paralelo entre a burguesia e o proletariado. Só fazemos questão de humanidade, nada mais".[115]

Mas também o conceito de humanidade devia resultar bastante elástico e, sobretudo, nada conciliável com a postura de difícil equilíbrio que o *Fanfulla* era obrigado a manter entre seu público privilegiado (a burguesia industrial italiana) e a massa dos imigrantes. E, às vezes, sentia a necessidade de apoiar abertamente o primeiro, como por ocasião da greve de 1907 para a conquista das oito horas quando, considerando absurdos os pedidos dos tecelões, os convidava a aceitarem a jornada de onze horas, em total sintonia com Matarazzo, Crespi e companhia.[116] Em todo caso, em geral, no quadro da imprensa italiana não operária, o *Fanfulla* representou uma exceção, pois a maior parte dos jornais demonstrava bem outra sensibilidade em relação à questão social e não perdia ocasião para atacar os militantes de esquerda com uma aspereza e uma violência comparáveis talvez somente à grosseria e à pobreza cultural. Isso é atestado pelo seguinte trecho, extraído da folha católica *La Squilla*, que se refere a Guido Podrecca, um socialista que veio a São Paulo para uma série de conferências:

> Quando nos livrará do fedor de seus excrementos intelectuais esse vil charlatão, desconhecedor dos primeiros elementos das boas maneiras quando não da educação? Vá embora, velhaco! Para o bem da humanidade, pela caridade do povo, nós lhe desejamos um câncer na língua.[117]

---

115 "Esorbitanze", *Fanfulla*, 4 dez. 1900.
116 *Fanfulla*, 25 maio 1907.
117 *La Squilla*, 17 nov. 1914.

5.6. Cultura, instrução e teatro operário

A liderança italiana do movimento operário, sobretudo a corrente anarquista, mostrou um interesse excepcional pela difusão da cultura no proletariado, o que se traduziu numa multiplicação de iniciativas de concertos, conferências, espetáculos teatrais, declamações de poesias. Os conteúdos dessas manifestações eram sempre "o ataque à burguesia, a descrição da vida operária, os sentimentos humanitários, a postura antirreligiosa, a solidariedade para com os pobres etc.".[118]

A aculturação do proletariado representou um dos elementos fundamentais das lutas reivindicatórias dos anarquistas e socialistas. A própria campanha pela redução da jornada de trabalho era motivada, em parte, pela necessidade de o proletário ter um mínimo de tempo à disposição para a leitura. Para que ele se interessasse pela cultura, vista como arma de libertação e de politização, era porém necessário que tivesse uma instrução, e será também nesse sentido que se encaminharão os esforços da liderança italiana. As sedes das ligas serviram de centro de irradiação dessa política: "os imigrantes fundaram em cada associação escolas para alfabetização de adultos e escolas modernas para os filhos dos operários".[119]

A prática de criar escolas libertárias datava do início do século, mas recebeu um novo impulso após o fuzilamento do anarquista espanhol Francisco Ferrer, cuja experiência de pedagogia alternativa em Barcelona foi transplantada, a São Paulo, através da fundação de escolas "modernas" ou "racionais", as mais importantes das quais foram as do Brás e do Belenzinho. Tratava-se de "escolas mistas, sem exames, sem promoções, sem castigos ostensivos, combinando um currículo convencional com a difusão dos princípios anarquistas".[120]

Para financiá-las recorria-se aos meios mais variados: coletas, festas com entrada e conferências pagas. Outro instrumento de emancipação social e política usado pelos emigrantes foram os centros de estudos sociais, tanto autônomos quanto no seio de associações já existentes, onde se mantinham cursos em dois níveis, um popular e outro mais elevado. Estes destinavam-se a operários que já tinham uma certa cultura e, nas intenções, deveriam servir para formar os novos quadros dirigentes através do estudo de obras

---

118 Candido (1980, p.48).
119 Ferreira (1978, p.57).
120 Fausto (1977a, p.82).

teóricas fundamentais, na maioria das vezes em italiano, mais raramente em espanhol, francês e português.

Embora a instrução alternativa tenha tido alguns êxitos, decididamente sua importância é menor em relação à outra forma de difusão da cultura (que era também, ao mesmo tempo, veículo de ideologia), isto é, o espetáculo teatral. Já a partir dos anos 1890, essa forma de entretenimento representa para a massa urbana dos imigrantes a mais frequente opção de lazer.

> Nesses primeiros anos, mesmo quando a imprensa operária já existe em português (*O Amigo do Povo*, por exemplo), o teatro programado e divulgado pelos jornais é quase sempre em italiano (raramente em espanhol) [...]. Há dois tipos de apelo envolvendo a representação cênica: um de caráter evocativo, que preserva o espírito de italianidade, e outro de natureza ideológica, procurando criar uma consciência de classe.[121]

As sedes em que as peças são apresentadas são ligas de profissões, sociedades de mútuo socorro, ou, mais raramente, salões destinados a conferências ou espetáculos musicais. Os próprios atores eram operários, mas a direção era confiada de preferência a dirigentes anarquistas. Nascem assim, um após o outro, numerosos grupos filodramáticos: Giovanni Bovio, Gioventit Libertaria [Juventude Libertária], Aurora [Aurora], Studio e Diletto, Gruppo Filodrammatico Libertario [Grupo Filodramático Libertário], Conquista dell'Avvenire [Conquista do Porvir], Gruppo Drammatico Libertario Mario Rapisardi [Grupo Dramático Libertário Mario Rapisardi], La Gioventù Libera [A Juventude Livre], Aurora e Libertas, Gruppo Drammatico Anticlericale [Grupo Dramático Anticlerical] e outros ainda. A bem da verdade, o programa da noite não se esgotava na representação teatral, mas abrangia outras atividades que, provavelmente, ajudam a explicar melhor o sucesso dessas manifestações. Refiro-me particularmente à tômbola e ao baile final. Para melhor compreender como eram estruturadas as noitadas, a seguir transcrevemos o programa de uma delas, que é absolutamente típico:

1º A Questão Social – conferência do jovem Giuseppe Magnocavallo, da escola Germinal.

2º *Sem Pátria* – drama social em três atos com *intermezzo* de versos alexandrinos de Pietro Gori. O drama foi montado pelos filodramáticos do grupo Giovanni Gargi, que gentilmente se ofereceram para representar de graça.

---

[121] Vargas (1980, p.20-1). A maior parte das informações a seguir foi extraída desse livro.

3º O ciclo histórico da Guerra Civil – conferência de Oreste Ristori.
4º Hilariantíssima farsa.
5º Loteria gastronômica, artística e humorística.
6º Baile familiar que irá até as primeiras horas do dia seguinte.[122]

A festa começava geralmente por volta das oito horas da noite de sábado e continuava até o amanhecer. Somente os homens pagavam a entrada, a das mulheres era gratuita. Os fundos arrecadados serviam para fins estritamente ligados à militância: financiamento de periódicos libertários, assistência aos companheiros adoentados, presos ou expulsos, fundação de escolas modernas, solidariedade internacional, impressão de folhetos de propaganda, auxílios às caixas de resistência. Afora as despesas, porém, a margem de lucro era mínima. Sobretudo nos primeiros tempos (fim do século XIX – início do XX), os textos podiam também não ser classistas, desde que acenassem um pouco à questão social ou, pelo menos, que insistissem na desgraça dos pobres. Assim são representados Ada Negri, Bracco, Ibsen e até Dumas, o que, obviamente, provocava as críticas da liderança militante, como o demonstra esse trecho de *O Amigo do Povo*, significativo pelo hiato existente entre os elementos politizados, preocupados exclusivamente com o aspecto didático e ideológico, e a massa operária, que via nas festas do sábado sobretudo uma ocasião para se divertir:

> Como anunciamos, realizou-se na noite de 2 do corrente uma festa organizada pela União dos Trabalhadores Gráficos, festa cujo programa constava de um drama, uma pequena comédia, uma conferência, vários trechos de música e o inevitável baile [...]. Salvo a conferência de V. Diego (que infelizmente, por ser feita em espanhol nem todos compreenderam), nada distinguiu o sarau das banais festarolas arranjadas por uma das sociedades recreativas que pululam pela cidade. O drama *Amor e desventura* (que título!), arcaico dramalhão de capa e espada, com duelos e grandes frases grotescamente heroicas, borracheira idiota [...] pode servir para muita coisa, inclusive para comover as pedras, mas para educar os assistentes, nem por sombra! Nem vale a pena falar da comédia e do baile [...]. Não nos levem a mal os sócios da União estas observações e não desistam de aumentar sua força enveredando pelo caminho seguido pelo proletariado. O mesmo dizemos ao grupo filodramático Ermete Novelli. Se, como mostrou, pretende colaborar no esforço do proletariado, escolha obras modernas, emancipadoras.[123]

---

122 *La Battaglia*, 18 jul. 1904.
123 *O Amigo do Povo*, 20 jul. 1904 apud Vargas (1980, p.82-3).

Logo, para evitar os riscos que o jornal anarquista lamentava, a partir de uma certa data foram-se tornando raras as comédias não diretamente ligadas à visão de classe. "Quando o teatro dos trabalhadores precisa revitalizar-se, recorre a textos importados. Ou então procura criar trabalhos que se assemelhem tanto quanto possível aos moldes já convencionais do teatro libertário".[124]

Os temas mais frequentes das peças montadas serão os da produção anarquista de sempre: pobreza, desemprego, exploração sexual da operária, anticlericalismo, arbítrio policial e dos patrões. Em todo caso, os textos escritos por brasileiros (poucos) ou por imigrantes residentes no Brasil serão extremamente minoritários: a proporção é de um para três em relação aos importados da Itália. E alguns trabalhos nascidos em território brasileiro terão como palco cidades italianas. Mesmo quando a imigração de massa tiver acabado há décadas, embora aumente o número de representações em português, o mundo anarquista paulista continuará a montar peças italianas. Isso acontecerá pelo menos até o fim dos anos 1920 e, no caso de escritores muito amados – por exemplo, Gigi Damiani –, também mais para lá.

A produção local raramente era fruto do trabalho de intelectuais anarquistas (Damiani, como dissemos, Motta Assunção, Teodoro Monicelli e o português Neno Vasco), ou, então, era devida à arte de alfaiates, sapateiros, operários, barbeiros, garçons. Entre as peças mais encenadas podemos citar: *Giustiziere* [Justiceiro], de Sorelli; *Giordano Bruno*, de Mori; *Primo Maggio* [Primeiro de Maio], de Alati; *Viva Rambolot, Osteria della Vittoria* [Taberna da Vitória] e *Nella repubblica* [Na república], de Damiani; *Senza patria* [Sem pátria], *Ideale* [Ideal], *Primo Maggio* e *Gente anesta* [Gente honesta], de Gori; *La via d'uscita* [A saída], de Vera Starkoff; *Ribellione* [Rebelião] e *Miseria* [Miséria], de Baldi; *Vispa Teresa* [A vivaz Teresa], de Chiesa; *Qualcuno guastò la festa* [Alguém estragou a festa], de Marsoelan; *Gabriella* [Gabriela], de Monicelli; *Morte di Francisco Ferrer* [Morte de Francisco Ferrer], de Grippola; *Alba* [Aurora], de Casadei; *Militarismo e miseria* [Militarismo e miséria], de Spagnolo; *Gli immigranti* [Os imigrantes], *Leone* [Leão], de Rapisardi; *Il viandante e l'eroe* [O viandante e o herói], de Venazzani, e ainda *Triste Carnevale* [Triste Carnaval], *La canaglia* [O canalha], *Santa religione* [Santa religião] e muitas outras.

É interessante notar que, ao longo dos anos e sobretudo a partir de 1917, enquanto no mundo operário se registram muitas novidades inclusive do ponto de vista ideológico, "o teatro permanece intocado. Ao que parece os

---

124 Ibid., p.14.

espectadores são imunes aos atrativos da originalidade. Algumas peças permanecem no repertório dos grupos libertários durante quatro décadas".[125]

5.7. AS DIVISÕES INTERNAS

Os vários componentes italianos do movimento operário paulista espelham fielmente as divisões mais gerais que, no mesmo período, sacudiam o quadro político da esquerda no mundo. Às vezes de tipo pessoal, mas frequentemente ideológico, elas começaram a manifestar-se desde o início da emigração de massa. Já em 1891, no segundo número de *Il Messaggero*, Alcibiade Bertolotti alertava o proletariado contra os arroubos do anarquismo, procurando atraí-lo para uma organização e um programa de socialismo reformista:

> E não se iludam os operários com as palavras de alguns caçadores de mitos, não se iludam indo atrás de súbitas e radicais mudanças, porque, dentro de uma grande regeneração, não se trata mais de dar em nada com inúteis revoltas e vãs lamentações, mas de ter em vista o triunfo preciso e prático de determinados princípios.[126]

A crítica do voluntarismo, das tentações de violenta subversão e do extremismo (muitas vezes só verbal) dos anarquistas e dos próprios anarcossindicalistas foi uma constante dos socialistas italianos e do *Avanti!*, sobretudo após a gestão De Ambris. Convites à calma, mesmo por ocasião das greves, apareceram frequentemente no jornal de São Paulo, o qual, num dado momento, expressou também a convicção de que as posturas violentas facilitariam o caminho do reformismo, tanto no seio do movimento operário quanto entre a própria burguesia:

> Se o anarquismo não existisse, seria necessário inventá-lo: é ele que agita as paixões populares e incute às classes dirigentes aquele temor salutar que as empurra a se mexerem e a progredirem mesmo quando acreditam estar exercendo a repressão; é ele que dá aos partidos reformadores e também, por que não, ao partido socialista a energia para trabalhar ativamente a fim de realizar

---

125 Ibid., p.30.
126 "Germinal", *Il Messaggero*, 28 maio 1891.

aquelas reformas cuja série é infinita e nas quais exclusivamente consiste o progresso da humanidade.[127]

Na realidade, essa convicção e o próprio projeto do *Avanti!* baseavam-se em areias movediças, mas, apesar disso, os socialistas italianos, exceto em breves intervalos ligados à personalidade desse ou daquele líder, continuaram a remoer seu reformismo, que podia ser resumido em três pontos. No plano político, lutavam para inserir representantes da classe operária no estado e para criar alianças que lhes permitissem transformar-se num instrumento auxiliar de emancipação proletária. No plano legislativo, auspiciavam a aprovação de normas, arrancadas também através da luta, para melhorar as condições dos operários, como redução da jornada de trabalho, tutela do proletariado na fábrica, criação de cooperativas de consumo e de produção, de escolas noturnas profissionalizantes, de ambulatórios e de montes de socorro, construção de casas populares e assim por diante. No plano sindical, enfim, o acento era colocado sobre a vitalidade das ligas de resistência e das organizações de defesa do proletariado para desenvolver amplas iniciativas de luta. Contudo, as greves deviam ser feitas com moderação. Em aberta polêmica com os sindicalistas da Federação Operária de São Paulo, cujo papel hegemônico no proletariado paulista tiveram sempre de suportar, os socialistas do *Avanti!* afirmavam:

> A classe operária deve guardar bem a arma da greve, porque, em última análise, é a mais decisiva que lhe resta. Mas não deve abusar dela porque acabaria por desgastá-la, quebrantá-la [...]. O abuso frequente da greve só serve para desacreditá-la. Os patrões deixam de ter demasiado medo e se resignam a ela como a uma inevitável epidemia periódica; a opinião pública torna-se cética e nos próprios trabalhadores enfraquece-se aquele entusiasmo que se manteria intacto se só se recorresse à greve por motivos gravíssimos e quando qualquer outro caminho para obter um determinado melhoramento estivesse fechado.[128]

É inútil sublinhar o quanto essas posturas foram totalmente incompatíveis com a doutrina sindicalista e ainda mais com a anarquista. Em nenhum dos níveis que os socialistas se propunham como base de ação havia possibilidades de encontro, embora não faltassem pontos de contato com a primeira das duas correntes, sobretudo no campo da legislação social. É bem

---

127 "Noi e loro", *Avanti!*, 8 jan. 1907.
128 "Movimento operaio o convulsioni anarchiche?", *Avanti!*, 20 dez. 1907.

verdade que os anarcossindicalistas negavam qualquer valor ao cooperativismo, mas se encontraram ao lado dos socialistas em toda uma série de lutas para a conquista de melhorias salariais e econômicas, que representavam o aspecto fundamental da ação sindicalista. Abismal era, ao contrário, a divisão entre ambos e os anarquistas puros, uma vez que para estes qualquer concessão arrancada ao governo ou aos empresários parecia totalmente inútil. Segundo eles, assim ocorreria com as oito horas, porque os patrões diminuiriam os salários e/ou aumentariam os preços, com a indenização em caso de acidentes de trabalho e o sistema de aposentadoria, porque seriam financiados pelas deduções salariais, com a limitação da jornada de trabalho feminino e de menores, porque seria compensada pela diminuição proporcional do salário e assim por diante.[129] Os próprios melhoramentos econômicos arrancados pelas mobilizações ao longo dos anos eram liquidados como consumo de energias e nada mais:

> Que melhoramentos certos, evidentes, indiscutíveis, trouxeram as greves às classes trabalhadoras? É doloroso confessá-lo, mas não podemos calar-nos: nenhum! [...]. No Brasil, o operário ganha mais agora do que dez anos atrás. Porém, o que importa saber é se está melhor do que dez anos atrás; se o custo de vida é o mesmo e se com o salário atual consegue satisfazer, na mesma medida, as necessidades que podia satisfazer com um salário bem mais exíguo em outros tempos. A resposta só pode ser negativa.[130]

Um elemento de análise que aproximava anarquistas e anarcossindicalistas na crítica aos socialistas (talvez o elemento que mais os aproximava) era a recusa de qualquer hipótese de participação parlamentar e, mais em geral, de reformismo político. A atitude era mais nuançada no caso dos segundos e mais grosseira no caso dos primeiros, que nunca souberam resistir à tentação de teorizar o *tant pis tant mieux*:

> Nós só podemos ter um desejo: que os governantes grandes e pequenos, que se sucedem, sejam um pior do que o outro, pois os péssimos funcionários, os péssimos governantes nos ajudam em nossa obra demolidora, desacreditando, com suas infâmias, as instituições em que se baseia a presente sociedade, facilitando assim nossa obra revolucionária.[131]

---

129 Para uma sistematização dessas posturas, vide Ristori ([s.d.]).
130 "La sterilità di una lotta", *La Battaglia*, 1º jun. 1912.
131 "Più cattivi sono, meglio è", *La Battaglia*, 20 set. 1908.

Apesar da diversidade de tom, também os anarcossindicalistas tinham pouquíssima confiança nas possibilidades de que as hipóteses reformistas avançassem, embora isso não significasse uma recusa prejudicial do recurso às instituições em determinadas circunstâncias, como aconteceu em 1917 para obter algumas concessões. Contudo, no plano político, os socialistas, principalmente os moderados, tinham bem outra postura. Seu reformismo explicitava-se seguindo duas direções, conectadas entre si: construção do partido e alianças com forças disponíveis para escolhas de progresso. Para alcançar ambos os objetivos, insistia-se sobretudo na participação política (e na prévia naturalização) dos estrangeiros, particularmente da força de trabalho industrial:

> Sem a participação direta do enorme número de imigrados na vida política e no governo do país, estes jamais poderão tutelar seus interesses – que [...] se confundem com os interesses da maioria do povo –, pisados e lesados pelas pequenas oligarquias que de forma parasitária governam a nação e com sistemas que nem ao menos servem aos interesses da burguesia.[132]

A insistência com que esse tema era proposto, aproximando os socialistas reformistas da ala mais aberta da intelectualidade burguesa italiana no Brasil – de que Rotellini e Rangoni foram as expressões mais significativas –, teve um papel importante na substancial falência dos socialistas. As outras duas tendências do movimento operário eram absolutamente indiferentes à questão da naturalização e hostis à participação política, recebendo assim as simpatias de um proletariado que tinha outros problemas, de natureza contingente, para resolver. O fato de privilegiar perspectivas de luta imediatas, junto com a prática internacionalista (que dava ao operário a consciência da universalidade da própria condição), são elementos extraordinariamente explicativos da hegemonia sindicalista sobre o movimento operário no Brasil.

Contra a possibilidade de intervir de alguma forma na vida pública havia também a restrita composição do corpo eleitoral: em São Paulo; somente 4,7% dos habitantes (168 mil) tinham direito ao voto. O próprio *Avanti!*, aliás, num período em que sua linha política era ditada por De Ambris, certamente mais maximalista que a da direção posterior, mostrava não acreditar de modo algum na possibilidade de conseguir a adesão do proletariado passando pela via parlamentar:

---

132 "L'azione degli italiani in difesa dei loro interessi e della civiltà", *Avanti!*, 3 set. 1908.

Embaixo, um povo apático, indiferente, desiludido, que deixa as coisas acontecerem por desconfiança em tudo e em todos. Certamente, nós socialistas não podemos dirigir-nos aos que estão no alto. Ao contrário, devemos falar ao povo e sacudi-lo de sua letargia. Mas como sacudi-lo? Talvez falando-lhe de reformas legislativas? Vamos! Essa massa que viu desaparecer um império e surgir uma república sem tirar disso nenhuma vantagem, nem material nem moral; essa plebe que se sente tiranizada, com uma constituição que sanciona qualquer liberdade, de certo não abandonará sua desconfiada calma para ir atrás de um capricho de reforma que não levará a nada.[133]

O caminho proposto era o de ligar-se aos interesses mais sentidos do proletariado, aqueles concretos, cotidianos, e de basear neles a organização. Contudo, nos anos seguintes, os socialistas italianos de São Paulo, mesmo sem abandonar totalmente essa linha, procuraram vinculá-la em função subordinada ao objetivo principal, mais declaradamente político, um de cujos pilares era a hipótese de alianças progressistas. O problema era que em São Paulo faltava totalmente uma ala reformista intelectual, pois, nesse estado, as camadas médias dependiam em tudo da oligarquia do café, tanto do ponto de vista econômico quanto cultural. Em todo caso, mais em geral, não existiam no Brasil margens de negociações e espaços políticos para estratégias progressistas e os socialistas pagavam a ausência de interlocutores, de uma fração liberal no seio da classe dominante; isto é, não haverá ninguém que desempenhe o papel da Unión Cívica Radical na Argentina.

A consciência da inelutável falência da linha participacionista levará alguns militantes a se afastarem do partido e da atividade política em geral. Outros ainda, como Donato Donati, por muito tempo moverão ataques aos convites de naturalização e, desencorajados, se converterão à causa da revolução violenta (e, no período fascista, a posições nacionalistas), após terem constatado que o ambiente brasileiro era "singularmente refratário às nossas idealidades e ainda mais aos nossos métodos".[134] Aliás, contrastes no interior do movimento socialista italiano no Brasil foram frequentes, tanto em termos de antipatias e inimizades pessoais quanto nas linhas políticas. O exemplo mais clamoroso do primeiro tipo é representado, como era de se esperar em virtude de seu caráter, por Antonio Piccarolo, o qual, após ter dirigido a folha socialista, brigou praticamente com todos, de De Ambris a Mazzoldi, de Vacirca a Monicelli, com querelas e pedidos de júri de honra.

---

133 "La revisione", *Avanti!*, 17-18 ago. 1901.
134 Lettera di Donati all'*Avanti* su ipotesi ricostituzione Circolo Socialista", *Avanti!*, 15 ago. 1914.

Afora as polêmicas pessoais, os contrastes entre socialistas passavam pelas diferentes linhas políticas que exprimiam. Embora o núcleo do *Avanti!* tivesse abandonado havia tempo o maximalismo de um De Ambris, existiam no Brasil expoentes de um reformismo tão moderado que dificilmente podia ser partilhado por aquele. Expressão dessa tendência eram o jornal *Anima e Vita* e, sobretudo, Piccarolo e o Centro Socialista Paulistano. Na realidade, o professor de Turim foi o único que procurou adaptar a teoria socialista às condições do Novo Mundo, chegando porém a uma visão em muitos sentidos discutível. Recobrindo a doutrina de Marx de uma veste spenceriana, atribuía o insucesso do socialismo no Brasil à pouca modernidade do proletariado e propunha níveis de intervenção no campo e nas cidades. Partindo da situação agrícola, Piccarolo afirmava que a tardia abolição da escravatura inaugurara um novo período no Brasil, mas sua chave de interpretação rigidamente determinista levava-o a sustentar um silogismo audaz: "Esse novo período não podia logicamente ser, segundo as leis evolutivas, senão o período feudal, com todas suas consequências políticas e sociais, reproduzindo em grandes linhas as condições dos primeiros séculos, depois do ano mil, da Europa ocidental até a Revolução de 1789".[135]

Desse modo, o socialista piemontês mostrava que, na melhor das hipóteses, estava confundindo a parte com o todo, a agricultura atrasada, predominante no resto do Brasil, com a, em vias de transformação, do café em São Paulo.[136] Assim, suas hipóteses de solução da questão agrária resultavam utópicas para a situação da época (ampliação da pequena propriedade camponesa e desenvolvimento do cooperativismo), quando não decididamente ilusórias (problemática e inútil passagem para o sistema de parceria que tinha se revelado ainda mais penalizador para o imigrado, como eficazmente ilustrava o caso de Minas Gerais).

Também no referente ao setor urbano e o industrial predominava a visão evolucionista: o proletariado não tinha consciência de classe, portanto era necessário desenvolver o sentido de solidariedade, dissuadir os operários do sindicalismo de ação direta, insistir na instrução, na educação e no proselitismo, sem arriscar passos mais compridos do que a perna. No plano político, cabia aos socialistas a tarefa de "tornar próprias, ou aderir a todas as iniciativas para a defesa da justiça, da liberdade, do fraco contra o forte". Assim, sem perder de vista o objetivo final da construção de uma nova sociedade e

---

135 Piccarolo ([s.d.]c, p.31).

136 De fato, no prefácio da terceira edição de 1932, Piccarolo reconhecia que a agricultura estava se tornando capitalista.

do coletivismo, que eram adiados para uma data a ser marcada, Piccarolo e sua corrente trabalhavam para que o Brasil também conhecesse sua revolução de 1789, o que estava em perfeita sintonia com a lógica evolucionista.

> Tudo isso não é rigorosamente socialismo, comparado com o que é nos países mais adiantados, onde já existem uma burguesia e um proletariado; mas é tudo o que de bom e de prático podem fazer aqui os socialistas, se não querem perder seu tempo em discussões teóricas, prematuras e de nenhum valor.[137]

Os contrastes no seio da emigração política não se limitavam aos choques entre anarquistas, sindicalistas e socialistas ou entre os próprios socialistas. Existiam também, e eram particularmente violentos, entre anarquistas e sindicalistas revolucionários. Estes, por exemplo, tinham uma postura mais matizada em relação à vida política oficial, que os primeiros se recusavam decididamente a levar em consideração. A propósito das eleições presidenciais que tinham visto vitorioso Hermes da Fonseca, *La Scure* escrevia:

> *Não* temos preferência por nenhum dos dois. Militar e militarista, Hermes da Fonseca não pode cativar nossas simpatias. Politiqueiro e clerical, Rui Barbosa está nos antípodas nossos [...]. Contudo, a luta travada pelas eleições não deixa de nos interessar. Pela primeira vez, viu-se no Brasil uma competição política da qual o povo participou diretamente e durante a qual – mesmo sendo muitas as fraudes e não raras as violências – foi no entanto possível à oposição fazer ouvir sua voz.[138]

Pode-se imaginar como essas linhas conseguiam desencadear a ira dos anarquistas, que detestavam o parlamentarismo, desencavando-o mesmo quando não existia o mínimo vestígio dele e rogando essa acusação contra os adversários de corrente para desacreditá-los. Esse fenômeno nos dá a medida de quanto pesavam as divisões internas nas fileiras do movimento anarquista, cuja unidade, no entanto, se recompunha nas questões mais gerais e na própria opinião sobre o sindicalismo, visto como um movimento puramente reformista, que somente a adoção de um método de luta baseado na ação direta podia fazer parecer revolucionário.

---

137 Ibid., p.61. Para o programa mais geral do Centro Socialista Paulistano, ver p.58-61.
138 *La Scure*, 30 jul. 1910.

Eu não hesito em afirmar que o sindicalismo não tem nada em comum com o anarquismo; e digo mais: o caráter efetivo da ação do sindicalismo é uma negação do anarquismo. Ideologicamente, no campo do trabalho, o sindicalismo deseja a constituição de uma casta dominante de proletários organizados, ou, para usarmos termos mais claros, a dominação do sindicato tanto no campo da produção como no do consumo. Praticamente, o sindicalismo luta para melhorar o regime do assalariado; e como melhorar algo quer dizer conservá-lo, a consequência lógica disso é que o sindicalismo trabalha para consolidar o regime burguês.[139]

Essa postura preconcebida não excluía a possibilidade de inserir-se nos sindicatos e de utilizá-los, porém isso era visto apenas sob uma ótica de proselitismo. A própria agremiação de operários numa única sede e organização permitia ampliar as perspectivas de doutrinação, cujo instrumento fundamental, em todo caso, continuava sendo a imprensa. Os sindicatos, além de sua capacidade de ampliação da educação revolucionária e do hábito de lutar, eram aceitos pelos anarquistas também por outro motivo. Num artigo publicado em 1904 em *La Nuova Gente*, após os ataques de praxe à função institucional das associações profissionais (melhorias salariais e das condições de trabalho, consideradas ilusórias), podia-se ler:

> É irrefutável que as *Ligas de Resistência* treinam o operário à luta: aí o trabalhador exercita-se para o combate, educa-se e, o que é mais importante, reforça contínua e incansavelmente suas energias, sem contar que as *Associações Profissionais* são verdadeiros focos de solidariedade, que é uma das armas, diríamos até a mais essencial, que os operários podem usar na luta entre trabalho e capital.[140]

Apesar das divisões descritas e da aspereza não ocasional das polêmicas, as três correntes do movimento operário muitas vezes colaboraram entre si e não simplesmente por ocasião dos períodos de greves. A primeira ação conjunta de anarquistas e socialistas italianos é de 1894, contra a prisão e a

---

139 Acratibis, "Sindicalismo e anarchismo", *La Barricata*, 16 mar. 1913.
140 "Parla l'operario", *La Nuova Gente*, 15 nov. 1904. Alguns meses depois, os mesmos conceitos eram retomados em *La Battaglia*: "Somos nós organizadores? Sim e não. Sim, se a organização tem que servir como meio para difundir mais amplamente e de forma mais rápida uma educação revolucionária entre as massas; não, se a organização tem que exaurir as forças do proletariado num movimento que quer conseguir melhorias impossíveis num regime capitalista" ("Gli anarchici e il corporativismo", *La Battaglia*, 2 abr. 1905).

expulsão dos companheiros presos depois da denúncia do cônsul. A partir daquela data, numerosas foram as ocasiões em que a ala militante da colônia, pondo de lado as divergências, se encontrou lutando lado a lado. Um importantíssimo fator de união era representado pela campanha internacionalista, particularmente sentida e logo tornada possível pela origem imigrante da direção operária no Brasil, que permitia desenvolver amplos contatos com as organizações de esquerda de outros países, sobretudo europeus.

Certamente essas ações comuns não tiravam o valor das diferenças existentes entre as várias almas do movimento operário, mas contribuíam para aparar as arestas polêmicas e, numa situação de fraqueza geral, serviam para fortalecer um pouco a frágil estrutura organizadora da esquerda. Respondendo a Gigi Damiani, que em *La Propaganda Libertaria* havia dirigido alguns ataques aos socialistas por ocasião das agitações contra a carestia e o desemprego de 1914, o *Avanti!*, após tê-los revidado, acrescentava:

> O problema é, ó amigos, que nem vossas críticas nem nossas [...] defesas preenchem o vazio proletário que nos circunda. Por que não dizer essa verdade? E então, ó amigos, é necessário continuar a trabalhar. Vocês querem que se lhes reconheça o mérito de terem feito algo. Quem pode dizer que estão errados? Não nós, que viemos pedir vossa colaboração para o êxito da manifestação do 1º de Maio proposta pela *Liga da Democracia*, não nós, que esperamos ter-vos ainda ao nosso lado em alguma outra obra de despertar popular. Em alguma outra obra; não em todas, porque, nós e vocês, temos limites impostos pela diversidade de conceito da solução histórica dos problemas sociais e, portanto, nós e vocês devemos ter também algumas reservas sobre as ações a serem levadas adiante.[141]

5.8. Atualizações bibliográficas

Não foram muitos os trabalhos publicados a partir de 1990 que tivessem como objeto a presença massiva dos italianos, em particular em termos gerenciais, no movimento operário. Isto vale especialmente no que concerne ao Brasil como um todo – campo no qual podemos lembrar Lopes, C. L. Evangelho, *A participação italiana na organização operária e sindical brasileira*, São Paulo: Centro de Memória Sindical, 2012; e Bignami, E., *In viaggio dall'utopia al Brasile: gli anarchici italiani nella migrazione transoceanica*

---

[141] "Per una azione contro le cause e gli effetti della crisi", *Avanti!*, 23 maio 1914.

(1876-1919), Bolonha: Bononia University Press, 2017 – enquanto um número maior de contribuições pode ser rastreado no plano de um ou outro estado ou até mesmo localidades determinadas. Podemos, assim, lembrar, mas a lista será necessariamente incompleta, Borges, S. Araújo, *Italianos em Porto Alegre e o movimento operário (1875-1919)*, Porto Alegre: EdiPUCRS, 1990; Biondi, L., "Associativismo e militância política dos italianos em Minas Gerais na Primeira República: um olhar comparativo", *Locus*, v.14, n.2. p.41-66, 2008; Matos, M. I. Santos de, "Pelo pão e pela liberdade: imigrantes, padeiros e experiências políticas (São Paulo, 1870-1945)", *Studi Emigrazione*, v.XLVI, n.176, p.927-48, 2009; Biondi, L., "Identidade e atuação política dos imigrantes italianos em São Paulo entre 1880 e 1920: uma experiência transnacional", em Matos, M. I. Santos de; Menezes, L. Medeiros de, *Italianos no Brasil: partidas, chegadas e heranças*, Rio de Janeiro: Uerj; Labimi, 2013.

Sobre as complicadas relações entre italianidade e consciência de classe, cf. Bertonha, J. F., "Trabalhadores imigrantes entre identidades nacionais étnicas e de classe: o caso dos italianos de São Paulo, 1890-1945", *Vária História*, n.19, p.51-67, 1998. Sobre os personagens, linhas de ação e comportamento dos sindicalistas revolucionários que emigraram para o Brasil, ver os dois interessantes (e ricos em notícias) volumes de Toledo, E., *Travessias revolucionárias: ideias e militantes sindicalistas em São Paulo e na Itália (1880-1945)*, Campinas: Editora da Unicamp, 2004; e *Anarquismo e sindicalismo: trabalhadores e militantes em São Paulo na Primeira República*, São Paulo: Fundação Perseu Abramo, 2004. Sobre figuras basilares do anarquismo italiano ultramarino, ver Romani, C., *Oreste Ristori: uma aventura anarquista*, São Paulo: Annablume; Fapesp, 2002; Biondi, L., "Na construção de uma biografia anarquista: os últimos anos de Gigi Damiani no Brasil", em Deminicis, R. Borges; Reis Filho, D. A. (Orgs.), *História do anarquismo no Brasil*, v.1, Niterói: Eduff, 2006, p.159-79; Felici, I., "Anarchistes italiens au Brésil, 1890-1920. Apports culturels", em Vegliante, J.-C. (Org.), *Phènomènes migratoires et mutations culturelles: Europe-Amériques, XIX-XXe siècles*, Paris: Presses de la Sorbonne Nouvelle, 1998, p.39-48; Id., "Anarchici italiani in Brasile: il percorso emblematico di Francesco Gattai", *Rivista Storica dell'Anarchismo*, n.2, p.59-64, 2007. Sobre a experiência da comuna libertária no Paraná, vide Felici, I., "A verdadeira história da Colônia Cecília", *Cadernos AEL*, n.8-9, p.9-65, 1998; e Id., *La Cecilia: histoire d'une communauté anarchiste et de son fondateur, Giovanni Rossi*, Paris: Atélier de Création Libertaire, 2001.

No campo socialista destacamos a reimpressão da envolvente autobiografia de um militante exemplar na condução da própria luta em diferentes países e continentes: Buttis, V., *Memorie di vita e di tempeste sociali*, org.

C. Bermani, Roma: Ediesse, 2006; e os vários estudos valiosos de Biondi, L., "Identidade de classe e identidade nacional entre solidariedade e conflito: socialistas e republicanos italianos em São Paulo e suas relações com as associações patrícias e o nascente sindicalismo", *Estudos Ibero-Americanos*, v.XXVI, v.1, p.131-62, 2000, temática profundamente desenvolvida em *Classe e nação: trabalhadores socialistas italianos em São Paulo, 1890-1920*, Campinas: Editora da Unicamp, 2011; trabalhos nos quais, pela primeira vez, além da elaboração política e da participação nas lutas, foram destacados os vínculos que os socialistas imigrantes estabeleceram com diversas associações étnicas, chegando, em alguns casos, a exercer um controle real sobre elas.

Sobre os primeiros anos da repressão ao movimento operário peninsular no Brasil, vale a pena ler Leal, C. Feierabend Baeta, "De primos, cunhados e 'anarquistas perigosos': repressão a imigrantes italianos (São Paulo 1893)", *Cadernos AEL*, v.15, n.27, p.69-113, 2009. Sobre a presença ativa dos italianos nas grandes agitações de 1917 na capital paulista, recomendamos Biondi, L., "A greve geral de 1917 em São Paulo e a imigração italiana: novas perspectivas", *Cadernos AEL*, v.17, n.27, p.263-306, 2009; Biondi, L.; Toledo, E., *Uma revolta urbana: a greve geral de 1917 em São Paulo*, São Paulo: Fundação Perseu Abramo, 2018. Para uma abordagem de gênero, é útil o ensaio de Fraccaro, G. C. Candian, "Mulheres, sindicatos e organização política nas greves de 1917 em São Paulo", *Revista Brasileira de História*, v.37, n.76, p.73-90, 2017.

Nesse longo intervalo, surgiram importantes estudos sobre a imprensa operária, inclusive os precursores Biondi, L., *La stampa anarchica italiana in Brasile, 1904-1915*, Roma, 1994-1995, Trabalho de Conclusão de Curso – Università di Roma La Sapienza; e Felici, I., *Les Italiens dans le mouvement anarchiste au Brésil, 1890-1920*, 2v., Paris, 1994, Tese (Doutorado) – Sorbonne Nouvelle, Paris III; ver também, nos anos seguintes, Trento, A., "'Wherever We Work, that Land Is Ours': The Italian Anarchist Press and Working Class Solidarity in São Paulo", em Gabaccia, D.; Ottanelli, F. M. (Orgs.), *Italian Workers of the World: Italian Labour Migration and the Formation of Multiethnic States*, Urbana; Chicago: University of Illinois Press, 2001, p.102-20; Biondi, L., "Anarquistas italianos em São Paulo. O grupo do jornal anarquista *La Battaglia* e a sua visão da sociedade brasileira: o embate entre imaginários libertários e etnocêntricos", *Cadernos AEL*, n.8-9, p.117-47, 1998; Felici, I., "Poésie d'émigrés italiens parues dans la presse anarchiste italienne au tournant du XXe siècle", *Gli Italiani all'Estero*, n.4, p.69-81, 1996; Id., "La Presse anarchiste de langue italienne à São Paulo (1890-1020), reflet d'une integration réussie", em Domingo, P.; Lara-Alengrin, A.; Benmiloud, K. (Orgs.), *Amériques anarchistes: expressions libertaires du XIXe au XXIe siècle*,

Paris: Nada, 2014, p.21-45; Trento, A., "Representação e papel da mulher na imprensa anarquista italiana no Brasil, 1890-1920", em Santos, E. dos (Org.), *Actas do XII Congresso Internacional de Ahila*, v.III, Porto: Faculdade de Letras da Universidade de Porto, 2003, p.379-87.

Quem estiver interessado em ler a falsa autobiografia publicada pelo *Avanti!* como fruto da pena de um colono italiano em uma fazenda de café, cf. reimpressão sob o nome real do autor: Belli, B., *Storia di un colono*, org. E. Franzina, Dueville: Agorà & Factory, 2003. Sobre as apresentações teatrais organizadas por libertários, ver AA. VV., "Operários e anarquistas fazendo teatro", *Cadernos AEL*, n.1, p.3-125, 1992.

6
O PERÍODO ENTRE AS DUAS GUERRAS[1]

6.1. Continuidade e descontinuidade

O reinício maciço da vaga imigratória proveniente da Itália só afetou marginalmente o Brasil, não obstante as contínuas pressões exercidas pela nossa elite, sobretudo a residente em São Paulo, tanto sobre o governo da mãe-pátria como sobre as próprias autoridades brasileiras. Em relação a essas últimas, as dificuldades ditadas pelo momento histórico e econômico tiravam-lhes boa parte da sensibilidade demonstrada precedentemente. Apesar disso, ainda em 1937, o jornal *Fanfulla*, que podia ser considerado, a justo título, a expressão das camadas hegemônicas italianas, tentava conquistar a simpatia do governo de Getúlio Vargas apontando para as vantagens hipotéticas que o país e a política econômica adotada naqueles anos obteriam com um novo afluxo de massas de imigrantes, não mais encaradas como panaceia para o desenvolvimento agrícola, mas sim, pondo-se em harmonia com os novos tempos, como criadoras daquele mercado interno indispensável ao crescimento industrial:

---

[1] Tradução de Luiz Eduardo de Lima Brandão. De Juliana Haas, para os acréscimos da nova edição.

> Será muito mais eficaz, para combater a superprodução, aumentar a capacidade de consumo da massa e voltar a uma vigorosa política de imigração. Trazer gente nova, aumentar as massas de trabalhadores, intensificar a vida, aumentar o consumo.[2]

No entanto, o interesse dos fazendeiros e dos capitalistas italianos, bem como da classe dirigente local, não teve como efeito a atração de mão de obra da península. Ela continuou a privilegiar os países que antes do conflito já se haviam destacado como os mais importantes receptores de força de trabalho italiana. Nem mesmo as limitações impostas pelos Estados Unidos à entrada de estrangeiros, primeiro com o Licteracy Act, de 1917, depois com os dois Percentage Bills, de 1921 e 1924, foram capazes de canalizar uma cota da emigração italiana para terras brasileiras, enquanto uma função "substitutiva" foi exercida, com êxito, pela Argentina. A porcentagem de italianos, no total de imigrantes que entraram no Brasil, caiu drasticamente no período entre as duas guerras. Depois de ter representado 56,9%, entre 1886 e 1900, reduziu-se a 23,8%, entre 1901 e 1920, e desabou para 10,6%, entre 1921 e 1940, num total de 89.054 indivíduos, de acordo com as estatísticas italianas, e de 119.382, de acordo com as brasileiras. Durante o mesmo período, emigraram para a Argentina 616.494 pessoas. As repatriações provenientes dessa nação foram de 234.055 (38% dos que entraram) e do Brasil de 46.133 (51,9%). O imenso país do além-mar não exercerá mais, a partir dos anos 1920, nenhuma atração, nem mesmo sobre as regiões mais pobres, que tradicionalmente forneciam o maior contingente de mão de obra (Tabela 1).

Tabela 1 – Proveniência geográfica dos emigrantes italianos para o Brasil – 1921-1937

Regiões	v.a.	%	Regiões	v.a.	%
Piemonte	2.546	3,0	Abruzos e Molise	3.112	3,6
Ligúria	888	1,0	Campânia	12.022	14,1
Lombardia	3.487	4,1	Puglia	2.147	2,5
Venezia Tridentina	1835	2,2	Basilicata	5.442	6,4
Vêneto	20.940	24,6	Calábria	16.867	19,8
Venezia Giulia	1.111	1,3	Sicília	2.028	2,4
Emília	1.604	1,9	Sardenha	75	0,1

---

2 "Insegnamenti", *Fanfulla*, 28 jan. 1937.

Regiões	v.a.	%	Regiões	v.a.	%
ITÁLIA SETENTRIONAL	32.411	38,1	ITÁLIA MERIDIONAL E ILHAS	41.693	48,9
Toscana	8.532	10,0			
Marcas	817	1,0	ITÁLIA	85.210*	100,0
Umbria	471	0,5			
Lácio	1.286	1,5			
ITÁLIA CENTRAL	11.106	13,0			

* Além de um certo número de emigrantes de procedência geográfica ignorada.
Fonte: Maic, *Statistica delle emigrazioni da e per l'estero*. Diversos anos. Nossa elaboração.

Também nesse período, as estimativas confiáveis acerca da população italiana no Brasil são reduzidíssimas. No início dos anos 1920, uma estatística do consulado falava de 850 mil indivíduos no estado de São Paulo, enquanto, por volta de 1936, outro funcionário diplomático, numa pesquisa realizada por ele próprio, de maneira exaustiva, aliás, no que dizia respeito a alguns aspectos da presença italiana nesse estado, chegava à cifra improvável de 664 mil (a que se acrescentavam 1.360.000 filhos de italianos), predominantemente vênetos (228.142), campânios (91.960), calabreses (72.686), lombardos (51.338) e toscanos (47.874), distribuídos, na maior parte, no município de São Paulo (192 mil) e em algumas cidades do interior – Campinas, Piracicaba, Ribeirão Preto, Jaboticabal, as mais importantes dentre elas.[3]

Na realidade, o censo de 1940 indica a existência de apenas 285.029 italianos em todo o Brasil, dos quais 212.996 (74,7%) no estado de São Paulo, 21.046 no do Rio de Janeiro e no Distrito Federal, 18.685 no Rio Grande do Sul e 13.741 em Minas Gerais. Mais próxima da realidade é a estimativa de Giogio Mortara: 435 mil em 1930, 325 mil em 1940, 277 mil em 1945, ou seja, 0,6% da população (em 1902, representavam 3,1%). No estado de São Paulo, os 235 mil italianos de 1940 ainda constituíam 2,5% dos residentes (5% na capital), mas 64% destes tinham mais de 50 anos – com o índice de senilidade mais elevado entre os grupos estrangeiros de certo peso –, e, no território nacional, haviam perdido a primazia, como comunidade imigrante, para os portugueses.[4]

---

3 Vide Pisani (1937, p.1040-7). Pisani tinha a pretensão de fornecer as cifras dos compatriotas residentes no município de São Paulo, bairro por bairro, com precisão mesmo das unidades.
4 Mortara (1950a, p.325-8).

Não obstante a profusão de análises, interessadas por um ou outro motivo e inclinadas a apresentar um quadro otimista da situação, a redução do fluxo emigratório demonstrava palpavelmente que o Brasil da época não mais proporcionava grandes perspectivas aos trabalhadores agrícolas italianos. Isso, por outro lado, era confirmado pelo aumento consistente de repatriações registradas naqueles anos, ainda que alguns autores, retomando temas surrados da literatura apologética sobre o Brasil, no auge do fim do século XIX, o imputassem à pouca determinação e à composição profissional heterogênea da emigração italiana.[5] Na realidade, ambos os fenômenos deviam estar relacionados à deterioração (se é que isso era possível) das condições de vida nas fazendas, com o endurecimento da disciplina e o aumento das horas de trabalho e do controle da mão de obra através do sistema das multas, muito embora fosse registrada, naquele período, uma maior difusão da empreitada, a cargo, principalmente, de trabalhadores que residiam havia mais tempo no Brasil. Os salários também sofreram uma involução: a retribuição para a carpa de mil pés de café e para a colheita, que era, em média, de 54 dólares na fase pré-bélica, caiu para 37 em 1922. Em todo caso, o elemento que mais influiu sobre a decisão de abandonar o país foi a acentuação da tendência a impedir, ou, se não tanto, a dificultar as produções subsidiárias, principalmente as de cereais:

> O colono destina-se exclusivamente ao cultivo do café, não podendo dedicar-se a outras plantações. O fazendeiro lhe dá a terra à parte para que plante cereais, mas não lhe deixa tempo para fazê-lo [...]. Quando planta cereais, o colono é obrigado a fazê-lo em pequena quantidade, ocupando para esse trabalho a tarde do sábado e, muitas vezes, também, a manhã do domingo. E não tendo cereais, especialmente milho, não se pode ajudar com a criação de galinhas e porcos.[6]

Considerando que as estruturas de defesa criadas nos anos anteriores funcionavam pouco e mal,[7] não é de se espantar que a situação desestimulasse a emigração. Esse fenômeno não escapava aos interessados diretos,

---

5 A propósito dos pedidos de regresso em massa apresentados ao consulado, havia, de fato, quem afirmasse que as famílias em questão "representavam, em grande parte, um desgraçado amontoado de sapateiros, alfaiates, engraxates e vagabundos variados, e não verdadeiros colonos" (Bartolotti, 1928, p.63).
6 C. Mattioli, "Il colono", L'Italia, 2 jan. 1932.
7 Os litígios resolvidos pelo Patronato Agrícola em 1923 foram apenas 643, e as somas liquidadas corresponderam à metade das somas reclamadas pelos colonos. Vide Magrini (1926, p.58).

tanto que, em 1929, o presidente da Sociedade Rural Brasileira, Figueira de Mello, após ter constatado que não era possível atrair o trabalhador europeu com o sistema de baixos salários vigente nas fazendas, almejava uma maior mecanização do trabalho agrícola, para permitir um rendimento maior das culturas e, por conseguinte, um aumento das retribuições.[8] Mas Figueira de Mello representava a ala moderna dos proprietários agrícolas, que continuavam sendo, predominantemente, pessoas cujo horizonte não ia muito além da pura e simples exploração intensiva da mão de obra. Isto é, eram pessoas como aquele fazendeiro que, acompanhando um visitante italiano em sua propriedade, "plantado diante de um colono vêneto, perguntava num tom que não admitia resposta negativa: 'Está satisfeito, tem economias?'. '*Si, sior, me trovo benon e go in salvo dei soldi*', respondia em voz alta o colono. Mas logo depois me sussurrava: '*No xe vero gnente, sior! Magnemo mal e gavemo debiti*'".[9]

Como foi mencionado nos capítulos precedentes, tentou-se fazer face à diminuição da imigração atraindo colonos japoneses. Todavia, a mão de obra nipônica, auxiliada pelas autoridades de seu país, desertou das fazendas de café. Já em 1913, começou a funcionar uma companhia de colonização japonesa com o fito de criar uma cidade-base perto de Iguape e ampliar, posteriormente, seu raio de ação no interior do estado de São Paulo. Os colonos criariam bicho-da-seda e cultivariam frutas e arroz. Apesar do escasso afluxo de 1920-1924, nos quinze anos seguintes entraram no estado 50.573 japoneses, admiravelmente amparados pelas instituições oficiais de além-mar e por seus representantes diplomáticos no Brasil.[10]

Nosso governo, ao contrário, continuou totalmente ausente e, embora limitada parcialmente pelas notícias epistolares provenientes de São Paulo, a emigração clandestina manteve-se em níveis apreciáveis durante os primeiros anos da década de 1920. Italianos a serviço de fazendeiros percorriam o interior do estado de São Paulo oferecendo dinheiro para que fossem chamados parentes de até o terceiro grau, residentes na Itália, tendo obtido algum

---

8   Para a hipótese de Mello, vide *BMAE*, jun. 1929.
9   Magrini (1926, p.16). O livro de Magrini, que tinha passado alguns meses no Brasil como correspondente do *Corriere della Sera*, descrevia cruamente a realidade da imigração italiana e suscitou vivas polêmicas no Brasil, principalmente entre as autoridades (tanto que o corpo diplomático propôs a apreensão da edição). O Ministério das Relações Exteriores optou por um caminho mais conciliador e enviou à embaixada, no Rio de Janeiro, o seguinte despacho: "Não fazer nada, explicar que não tem importância e que Magrini é opositor" (Asmae, série pol., "Brasile (1919-1930)", envelope 904, fasc.620, 2 jan. 1926). ["Sim, senhor, estou satisfeito e tenho um dinheirinho guardado... Não é verdade, senhor! Comemos mal e temos dívidas."]
10 Vide Beiguelman (1981, p.57-8).

êxito nisso, como reconhecia o próprio CGE.¹¹ É evidente que sistemas de recrutamento dessa natureza, além de mais complicados, às vezes podiam reservar surpresas desagradáveis, como se depreende de notícias que aparecem episodicamente na imprensa, nesse período.¹² Às vezes, porém, alcançavam seus objetivos. Os centros de emigração clandestina mais importantes foram Rovereto, Treviso e Mântua, e nela estiveram envolvidas também personalidades fascistas, se for verdade a denúncia feita pelo *Avanti!* de Roma contra Ottavio Dinale, enviado em missão política à América Latina em 1923 e depois nomeado representante do Partido Nacional Fascista (PNF) no subcontinente, acusado de querer recrutar milhares de famílias vênetas da província de Treviso para as fazendas brasileiras.¹³ Quando chegavam a seu destino, os colonos muitas vezes corriam o risco de ser submetidos a mercadejos vergonhosos, como se fossem gado. De fato, no jornal de maior circulação na capital podia-se ler, em 1923, o seguinte anúncio econômico: "Pessoa séria cede 26 famílias de primeira qualidade, gente do campo, que chegará em breve a São Paulo, mediante combinação com contrato. Tratar das 15 às 17 horas, na rua da Quitanda, 3º andar, sala 12".¹⁴

No caso em questão, as 26 famílias provinham de Rovigo, recrutadas clandestinamente por um fazendeiro que, não precisando mais delas, estava disposto a cedê-las por 30 mil réis, de acordo com as seguintes modalidades: "Contrato regular em cartório e adiantamento de 5 contos de réis; o resto no ato de entrega da mercadoria".¹⁵

Apesar das ignomínias patentes, a imprensa italiana continuará, durante todo o período, muito mais interessada na penetração econômica no Brasil

---

11 CGE (1926, p.527). Nem mesmo o beneplácito do Comissariado era suficiente para garantir os imigrados: em 1924, oito famílias bergamascas que haviam sido empregadas por um proprietário agrícola da Bahia, depois de um parecer favorável do CGE, pediram e obtiveram do vice-cônsul italiano a transferência para outro lugar, quatro meses depois de sua chegada. Vide *Fanfulla*, 4 abr. 1925.

12 No *Fanfulla*, 25 abr. 1923, por exemplo, é publicada uma nota acerca da presença, em São Paulo, do jornalista Tino Aguari, que, parece, exerça no CGE e na própria presidência do Conselho de Ministros um cargo relacionado à imigração. "Ignoramos até que ponto são exatas essas afirmações. Como quer que seja, nós o denunciamos às nossas autoridades e à opinião pública como um vigarista vulgar, que enganou um conhecido fazendeiro da região de Ribeirão Preto no montante de VINTE E CINCO MIL LIRAS, com a promessa de enviar-lhe famílias de imigrantes. As provas do que afirmamos estão em nosso poder, à disposição das autoridades consulares."

13 *Avanti!*, 31 ago. 1924.

14 *O Estado de S. Paulo*, 13 dez. 1923.

15 BE, v.12, p.49, 1923. Sabendo da notícia, o Comissariado interveio e, como as famílias em questão ainda não haviam saído da Itália, impediu-lhes a partida.

do que na proteção da emigração, tema este que ficará subordinado ao primeiro.[16] De fato, as exportações italianas para o Brasil se manterão em níveis baixíssimos: 2.934 milhões de liras, entre 1921 e 1940, contra 11.696 para a Argentina e 21.256 para os Estados Unidos. Nossa participação no total das importações brasileiras será inferior a 4% até o fim dos anos 1920[17] e em níveis mais baixos ainda na década sucessiva, apesar do tratado comercial firmado entre os dois países em 1937, com base no sistema de compensações.

O desenvolvimento do comércio com a Itália era obstaculizado, mais que no período precedente, pela consolidação de indústrias pertencentes a nossos compatriotas, precisamente nos setores em que a Itália teria melhores condições de competir. Persistindo a desorganização e a limitada capacidade comercial das empresas italianas, qualquer possibilidade de incremento das importações provenientes da Itália dependia do espírito de iniciativa das três Câmaras de Comércio Italianas existentes no Brasil, cujos dirigentes eram, muitas vezes, eles próprios, empresários.

> E os senhores acham que esses industriais locais estão verdadeiramente dispostos a ajudar e incentivar a importação de produtos europeus, ou, só por patriotismo, apenas os italianos? Vamos dar um exemplo prático: vi, em São Paulo, chapéus fabricados por um industrial italiano lá instalado,* que pouco deixa a desejar aos nossos "Borsalino", seja dito em honra dele. E os senhores pretendem que esse industrial, por ser, eventualmente, conselheiro da Câmara de Comércio, vá favorecer a importação dos "Borsalino", que, se vendidos em São Paulo, provavelmente custariam mais barato que os seus chapéus? Ora, vamos! [...]. Então, qual deveria ser, logicamente, a constituição de uma câmara de comércio italiana no exterior? Deveria ser constituída pelos representantes, no exterior, das indústrias produtoras italianas.[18]

O fato é que as trocas comerciais entre as duas nações não avançaram, ao contrário daquelas entre Brasil e Alemanha, que, na segunda metade da década de 1930, dobraram de valor. Mesmo em termos de penetração econômica no território, o Terceiro Reich obteve sucessos muito maiores do

---

16 Em 1924, Renato La Valle escrevia explicitamente a respeito de "valorizar o preço econômico dessa preciosíssima mercadoria de exportação que é o homem e que a guerra tornou singularmente mais cara" (La Valle, 1924, p.109).
17 Vide Istituto Nazionale per L'Esportazione (1929).
* Ramenzoni? [N. A.]
18 Zoli (1927, p.99-100).

que o regime de Mussolini, ainda que houvesse um campo, o da aviação civil, no qual ambos os países estavam hegemonicamente presentes, garantindo-se a maioria das concessões governamentais. Estavam ligadas direta ou indiretamente à Lufthansa três empresas operando no Brasil (Condor, Varig e Vasp), enquanto a Linhas Aéreas Transoceânicas Italianas (Lati), dirigida por um filho de Mussolini, Bruno, solicitou e obteve a concessão somente em 1938 e realizou o primeiro voo no ano seguinte,[19] continuando – e foi a única empresa a fazê-lo – a manter as conexões em 1940 e 1941.

No que diz respeito à imigração, logo depois da guerra efetuou-se uma tentativa de defesa dos italianos que embarcavam para o Brasil. Em 1920, foram entabuladas negociações para se chegar a um tratado sobre a emigração. Elas prosseguiram durante um ano, na base de propostas e contrapropostas rejeitadas por um dos dois países, porque consideradas onerosas demais ou lesivas à dignidade nacional. Abandonou-se, assim, a ideia de um verdadeiro tratado, assinando-se, em seu lugar, em outubro de 1921, em Roma, uma simples convenção, que previa a plena validade, para os italianos, das normas, indenizações, benefícios e privilégios garantidos aos trabalhadores brasileiros em caso de acidentes de trabalho, independentemente dos anos de residência, e facilidades para a organização e o funcionamento das sociedades cooperativas entre trabalhadores agrícolas italianos. A novidade mais importante, porém, era constituída pela cláusula que impunha a obrigação, para quem quisesse receber trabalhadores italianos, de firmar acordos com o CGE ou com instituições de assistência, com as sociedades Umanitaria e Bonomelli.

O Comissariado logo redigiu um contrato-tipo, em que inseriu várias cláusulas, reclamadas em vão havia décadas. As mais importantes eram: 1) as famílias só trabalhariam em fazendas que tivessem obtido o parecer favorável do cônsul; 2) o proprietário garantiria aos filhos dos colonos o aprendizado gratuito da língua, história e geografia italianas; 3) os imigrantes, por dez liras mensais, teriam garantidos médico e remédios para todo o núcleo familiar; 4) o domicílio do colono seria livre e inviolável; 5) o cônsul e seus representantes teriam o direito de visitar livremente as fazendas, para verificar o respeito às cláusulas, resolver controvérsias entre proprietários e trabalhadores e rever, anualmente, as condições de remuneração; 6) os

---

19 No voo inaugural, que recebeu a bordo um jornalista italiano e dois brasileiros (um homem e uma mulher), cf. o livro de uma deles, Ellender (1940).

fazendeiros deveriam depositar, na Itália, uma caução de mil liras por cada família, como garantia de cumprimento do contrato.[20]

Foi com base nessa convenção que o CGE firmou, em 1921 e 1923, contratos com dois grupos de proprietários fundiários (liderados, respectivamente, por Antônio Prado e Luís Alves de Almeida). Esses contratos, salvaguardando a questão da italianidade, fixavam normas gerais quanto a salários e condições de trabalho, garantiam a liberdade pessoal do colono e procuravam favorecer a sua independência econômica.[21] Eram tentativas que, muito pouco revolucionárias no que dizia respeito às remunerações e à possibilidade de erradicar mentalidades e costumes difundidos,[22] encontraram uma férrea oposição de parte da quase totalidade dos fazendeiros, oposição esta que era compartilhada pelas autoridades governamentais. De fato, um projeto de acordo geral, feito com base nos contratos de Prado e Almeida, apresentado em janeiro de 1923, foi recusado pelo presidente do estado, Washington Luís, que declarava em sua mensagem à Assembleia Legislativa:

> O governo de São Paulo deseja concluir acordos destinados a atrair correntes migratórias, mas não pode e não quer firmar contratos agrícolas com o imigrante em que se comprometa a executar diversas obrigações, que são incumbência exclusiva de uma das partes, o fazendeiro, em matéria de higiene, direito de pagamento e outras. O estado proporciona ao imigrante os meios de viagem e possibilidades de vida, como a amenidade do clima e a fertilidade da terra. O governo não pode ir além disso, sem assumir obrigações que não entram na sua esfera de competência. Ele não faz convenções diretas de trabalho.[23]

---

20 Asmae, série pol., "Brasile (1919-1930)", envelope 903, fasc.1609. Para a Convenção de 1921, vide R[Inaldi] (1921); Perassi (1921, p.605-17); Imperatori (1922b, p.1-4); CGE (1926a, p.227).

21 As cláusulas eram as do contrato-tipo, com o adendo, importantíssimo, da obrigação de conceder 15 mil-réis por mês a título de adiantamento, para cada mil pés de café, e a proibição de multas superiores a 25 mil-réis, que, em todo caso, deveriam ser depositadas num fundo do consulado destinado à constituição de cooperativas de assistência aos colonos.

22 Ambas as experiências resultaram num assédio ao consulado italiano dos colonos que queriam ser repatriados. A Fazenda Almeida, por outro lado, não precisava de tal mão de obra, e as cem famílias que chegaram foram repartidas pela Hospedaria em diversas fazendas. Vide Magrini (1926, p.167-8).

23 Ibid., p.81 e 173; Asmae, série pol., "Brasile (1919-1930)", envelope 903, fasc.1618.

No entanto, a carência de braços e o concomitante aumento das cotações do café induziram as autoridades paulistas e federais a reavaliar o problema: entendimentos para a assinatura de um acordo migratório entre os dois países se arrastaram por todo o ano de 1923. Insere-se nesse clima a pressão exercida pelo próprio Matarazzo, que, ao cabo de uma viagem à Itália, envia a Mussolini uma carta em que, depois das considerações pragmáticas acerca da superação (na sua opinião) das razões que haviam inspirado o Decreto Prinetti, propõe medidas que, sempre na sua opinião, seriam capazes de superar os obstáculos, relativos à assinatura de um tratado. Considerando que as autoridades diplomáticas careciam tanto de organização quanto de tempo material para cuidar da defesa do emigrante ("o próprio cônsul acha aborrecido e embaraçoso esse serviço, porque só pode apresentar seus protestos às autoridades locais de forma plenamente oficial", o que, porém, por motivos óbvios, não dá lugar a uma ação mais eficaz), o industrial italiano propõe a criação de uma "instituição autônoma de colocação dos emigrantes", criada pelo próprio CGE, mas que, não sendo oficial, pudesse "solicitar diretamente, por entendimentos privados, e obrigar por vias legais os proprietários inadimplentes a cumprir o contratado". Depois de anumerar as tarefas e deveres de tal instituição, Matarazzo conclui recordando como as cotações do café e o estado geral da economia tornavam o Brasil interessante como meta da emigração para quem desejasse expatriar-se.[24]

Após conversações que se prolongaram por um ano, chegou-se a um acordo em bases favoráveis à Itália: o fazendeiro que quisesse colonos teria que pedi-los a um representante do CGE em São Paulo. O envio de trabalhadores ocorreria por levas de mil unidades de cada vez, e em cada contingente também podia incluir-se uma cota de 5% de artesãos, pedreiros, carpinteiros etc. O contrato-padrão previa muitas das cláusulas dos contratos firmados com Prado e Almeida, acrescentando outras melhorias, como o adiantamento em dinheiro em caso de doença, repatriação gratuita em caso de invalidez, justificativa precisa dos motivos de demissão, proibição de efetuar pagamentos em vales e limitação das multas a um máximo de 5 mil réis.

Outra vantagem era que o Comissariado receberia dezoito libras esterlinas por pessoa desembarcada, cifra normalmente paga pela contratação de trabalhadores da área mediterrânea. Com essa comissão, o CGE poderia organizar e subvencionar a emigração agrícola, a exemplo do governo

---

24 O texto dessa carta, por mim consultado, foi publicado em um número do jornal *Tribuna Italiana*, de 1924, cuja data não posso especificar, uma vez que o encontrei como recorte entre os papéis de Antonio Piccarolo.

japonês, através da compra de terras destinadas a comunidades italianas, ajudas financeiras, pagamentos rateados dos lotes, escolas, assistência creditícia e comercial para a venda dos produtos. No entanto, o acordo nunca se tornou operacional. O texto foi enviado ao governo brasileiro em março de 1924, mas acompanhado da condição de ser concedido, à Itália, um tratamento privilegiado nos intercâmbios comerciais, cláusula a que não se havia feito nenhuma referência durante as negociações. Pouco mais tarde, respondendo a uma interpelação de Del Croix no Parlamento, Mussolini dirá que o acordo não havia sido alcançado, "já que nós sempre declaramos querer subordinar o tratado emigratório à concessão do tratamento alfandegário como nação mais favorecida, de parte do Brasil".[25]

As conversações foram retomadas em junho de 1924, dessa vez pelo estado de São Paulo, que enviou, como seu fiduciário, Rodolfo Crespi, o qual, depois de longos colóquios com De Michelis e Mussolini, voltou ao Brasil em agosto com o esboço de um acordo que só fazia pequenas alterações no projeto primitivo. O presidente do estado de São Paulo, Carlos de Campos, aprovou-o imediatamente e, no início de setembro, *Il Piccolo* noticiava a assinatura do acordo.[26] Nesse caso também, contudo, não foi ratificado devido à insistência italiana na obtenção de uma contrapartida comercial, muito embora tal posição fosse mascarada, oportunisticamente, por sentimentos humanitários. Assim, numa intervenção na Câmara, Mussolini dizia:

> Bastava que eu visse algumas fotografias de colonos italianos vitimados pelo tracoma, para experimentar um sentimento de horror e ter sérias dúvidas, antes de dar qualquer autorização à emigração para o Brasil. Enquanto as coisas não forem completamente esclarecidas, não queremos vender italianos.[27]

Ante os motivos patentes de não conclusão de um acordo, Luciano Magrini, numa correspondência de novembro de 1924, podia facilmente sublinhar o cinismo do regime fascista:

---

25 BE, v.12, p.1306, 1924.
26 *Il Piccolo*, 5 set. 1924.
27 Vide *O Estado de S. Paulo* e *Il Piccolo*, 22 nov. 1924. Considerada a reação da opinião pública brasileira à linguagem e ao próprio conteúdo do pronunciamento de Mussolini, este último jornal formulava a hipótese de que o correspondente da United Press, Camillo Cianfarra, elemento que demonstrava pouca simpatia para com o regime, tivesse inventado ou, em todo caso, deformado a frase para criar dificuldades ao governo. Essa interpretação revelou-se, porém, inexata.

> Ou o tratado é propício e a emigração aconselhável, e, nesse caso, ele deveria entrar em vigor independentemente de qualquer outro tratado, ou não é [...], e, nesse caso, é triste pensar que a existência de trabalhadores italianos seja barganhada para aumentar um pouco as nossas exportações.[28]

A questão não foi abandonada, pelo menos de parte da Itália. O ano de 1925 será caracterizado pela permanência por três meses, em São Paulo, do vice-comissário para a emigração, Mastromattei. Em todo caso, a partir do fim dos anos 1920 não foram mais necessários tratados ou convenções para proteger a emigração agrícola. Com efeito, a partir de 1928-1929, a queda das cotações internacionais do café acarretou uma drástica redução dos salários agrícolas – de 35% a 40%, segundo os dados oficiais; até 50% a 60%, segundo outras estimativas.[29] Os anos subsequentes à crise levaram a uma diversificação da economia agrícola paulista e aprofundaram uma tendência já manifesta a partir da metade dos anos 1920: o aumento das pequenas propriedades na área da fronteira (Araraquarense, Noroeste, Alta Paulista, Alta Sorocabana), favorecendo os colonos que tinham conseguido fazer pequenas economias. Consagrando-se quase exclusivamente à produção alimentar durante a década, eles resistiram à crise melhor que os grandes produtores de café.[30] Se essas novidades no panorama até então estático da economia agrícola paulista beneficiaram de certo modo os velhos imigrantes, não tiveram, em compensação, nenhum efeito em termos de capacidade de atração de mão de obra rural nova da Europa, porque a crise tornava menos urgente o afluxo de vastos contingentes de força de trabalho e levava a uma reestruturação parcial dos modos de produção:

> O processo produtivo sofre transformações importantes mediante o uso mais intenso de máquinas agrícolas e o surgimento de outras formas de exploração do trabalho. Com isto, o colonato não desaparece, mas perde a sua exclusividade (quase total) como forma de exploração do trabalho livre na lavoura cafeeira.[31]

---

28 Magrini (1926, p.180-1). Mais tarde, Alfredo Ellis Jr. afirmou que o tratado de emigração tinha fracassado porque "o preço pedido pelo governo italiano para sua mercadoria era caro demais, por isso o Brasil recusava-se a comprá-la" ("La questione dell'emigrazione", *Fanfulla*, 9 abr. 1925).
29 Carone (1976, p.26).
30 Vide Cenni (1975, p.213); e Stolcke (1986, p.91-100). Paralelamente, no Rio Grande do Sul, entre 1929 e 1940, foram fundadas as cooperativas vinícolas. Vide Santos (1984, p.115).
31 Sallum Jr. (1982, p.11).

Para quem chegava naquele momento e para quem não havia conseguido acumular economias ou conhecimentos, a única ocupação possível na agricultura continuava a ser a de colono. E tal alternativa de trabalho apresentava pouquíssimos atrativos, na medida em que, embora várias décadas tivessem se passado, e as exigências e expectativas houvessem mudado, "no final da década de 20 deste século a contratação da grande maioria dos trabalhadores nas fazendas de café continuava a ser efetuada por meio de contratos cujo padrão já fora definido, basicamente, nos anos 80 do século XIX".[32]

Todos esses fatores explicam a queda da emigração italiana a níveis mínimos, os mais baixos registrados desde os anos 1880 (14.533 pessoas de 1930 a 1940, contra 12.202 repatriações). Esse fenômeno não se devia, decerto, às cotas de imigração que entraram em vigor com a Constituição de 1934 e foram confirmadas pela de 1937,[33] pois ficou-se muito aquém delas. Sua causa estava, ao contrário, na situação interna brasileira e na diminuição geral do fluxo emigratório, devida às dificuldades no mercado internacional do trabalho surgidas depois da crise de 1929. A isso corresponderam, na Itália, restrições à liberdade de emigração aplicadas pelo fascismo. O fato é que, por volta do final da década de 1930, o número de peninsulares nas fazendas de São Paulo era avaliado, por uma publicação italiana impressa no Brasil, em cerca de 100 mil, uma cifra seguramente exagerada, dada a tendência a superestimar o número global de residentes italianos.[34]

O período entre as duas guerras viu as únicas tentativas de colonização agrícola por parte de estruturas oficiais do governo italiano e do capital privado. Fora criado, com esse fim, em 1920, o Instituto de Crédito para o Trabalho no Exterior (Icle), financiado principalmente pela poupança no estrangeiro. Foi representante do Icle no Brasil, durante vários anos, Umberto Tomezzoli, que, em julho de 1925, lançou um manifesto para a subscrição do capital acionário do Instituto. Os fundos recolhidos no Brasil

---

32 Ibid., p.141.

33 As entradas anuais de estrangeiros foram limitadas a 2% dos imigrantes de cada nacionalidade desembarcados no Brasil entre 1884 e 1933. Viu-se logo que a medida havia sido aprovada contra os japoneses. Os próprios promotores da lei, em encontros privados com o embaixador italiano, desejavam uma retomada da imigração italiana. Vide Asmae, série pol., "Brasile (1931-1945)", envelope 6, fasc.1-5.

34 Vide *Cinquant'anni di lavoro degli italiani in Brasile* (1936, v.1, p.175). Na sua obra monumental, Salvatore Pisani faz essa cifra elevar-se a 300 mil (mas compreendidos grandes e pequenos proprietários, fruticultores, horticultores e criadores de gado), o que representaria mais de 45% do total de residentes no estado. Repito que esses números calculados pelo autor excedem em muito a realidade. Vide Pisani (1937, p.1047).

corresponderam a um terço de todo o capital social – mais de 33 milhões de liras, quase todas provenientes do estado de São Paulo.³⁵ O êxito da iniciativa revestia-se de um significado particular, por duas ordens de motivos: a) ela deveria livrar a emigração dos riscos e perigos a que fora submetida até então, acompanhando-a e garantindo-a em sua instalação em solo estrangeiro; b) o dinheiro proveio de alguns grandes capitalistas (Lunardelli, por exemplo, contribuiu com 1 milhão de liras), mas sobretudo de outras camadas sociais, que demonstraram uma sensibilidade insuspeita para com a problemática.³⁶ Essas considerações tornaram ainda mais amarga a constatação de que, não obstante a promessa de utilizar *in loco* o capital, este fosse enviado quase totalmente à Itália e os pedidos de financiamento, inclusive de modestas quantias, resultassem sucessivamente indeferidos.³⁷

O primeiro projeto privado de colonização – e o mais importante não só no Brasil, como em toda a América Latina – consistiu na cogitada compra de uma vasta propriedade (60 mil hectares) na zona de Araraquara, em Cambuí, mais precisamente, cuja opção fora obtida por um funcionário governamental italiano. Nessa enorme fazenda já existiam 3 milhões de pés de café, 9 mil cabeças de gado, 300 casas de colono, fornos e a maquinaria completa para o processamento do café. O preço de venda foi fixado, após negociações, em 16 mil contos de réis, com pagamento parcelado. O projeto previa a divisão do terreno em lotes de dez hectares por família, a serem concedidos em parceria, com culturas tropicais (café e açúcar), cereais, legumes etc. As famílias colocadas inicialmente deveriam ser mais de 4 mil. A propriedade foi oferecida a um grupo de capitalistas italianos organizado pelo Incile de Roma, presidido pelo CGE, que enviou peritos ao local, os quais consideraram o empreendimento de difícil realização, e o negócio morreu aí. Isso demonstra, mais uma vez, o escasso dinamismo do capital italiano, que, nessa circunstância, deixou escapar uma boa oportunidade: a fazenda foi

---

35 Vide *Fanfulla*, 10 jan. 1926.
36 Quando a coleta ainda não estava terminada, o *Fanfulla* escrevia, com razão: "Ao lado dos poucos nomes dos colossos da finança e do comércio nos quais sempre se basearam, até hoje, todas as subscrições e todos os esforços financeiros em benefício de obras nacionais ou humanitárias, desfila um exército infinito de pequenos subscritores. Dos 24 milhões de liras subscritas até agora, não é exagerado afirmar que mais de dois terços representam a espontânea e significativa contribuição dos humildes e obscuros, que não esperam de sua contribuição benefícios econômicos ou compensações morais [...]. Nunca uma subscrição foi mais popular do que esta" ("Il sucesso di una patriottica iniziativa", *Fanfulla*, 19 out. 1925).
37 Vide Bartolotti (1953).

adquirida pouco depois, com ótimos resultados, por uma companhia inglesa, a um preço superior (20 mil contos) e com pagamento à vista.[38]

Ainda mais desastrosos, e com conotações de falcatrua – ainda mais graves se considerarmos a proveniência da poupança captada pela subscrição – foram as duas intervenções do Icle no Brasil. Não levando em consideração as sugestões de Lunardelli, que, em conversas com De Michelis, em 1925, projetou a compra de terrenos caros, mas promissores, no Oeste paulista,[39] o Icle viu-se envolvido, anos depois, numa operação sob muitos aspectos obscura e que custou aos acionistas 4 milhões de liras. Existia no Paraná uma companhia de colonização – a Esperia –, que recebera do governo do estado uma concessão de exploração de uma vasta extensão de terra, em determinadas condições. A companhia não dispunha de muitos recursos e, tendo-se visto em dificuldades, bateu à porta do Banco Francês e Italiano para a América do Sul, que já tinha investido alguns capitais no Paraná. Quando os problemas da Esperia se agravaram, o banco aceitou em pagamento do seu crédito um pacote de ações considerável, a tal ponto que se tornou proprietário da companhia, colocando em sua presidência o vice-diretor da filial de São Paulo, o capitão Serena.

Em vista das dificuldades persistentes, a instituição de crédito procurou desfazer-se daquele peso morto, recuperando o dinheiro investido. Graças às relações entre o administrador da matriz, em Paris – Giuseppe Zuccoli –, e De Michelis, a Esperia passou para o Icle, que pagou, ao todo, 1.750 contos de réis pela compra das ações antigas e pela emissão de novas. O novo diretor da Esperia, Tomezzoli, percebeu quase de imediato o erro cometido, na medida em que o negócio fora concluído com base numa série de escrituras falsificadas, que tendiam a demonstrar ser a companhia *proprietária* dos 192 mil hectares. A falcatrua patenteou-se quando, pouco tempo depois, o governo do Paraná retirou a concessão de exploração, tendo em vista os parcos resultados obtidos até então. A própria imprensa brasileira tratou, na época, do caso, com tons escandalizados, de que o trecho que reproduzimos é apenas um exemplo:

> Há quem afirme, e eu acredito em face dos precedentes, que De Michelis só não agiu ainda, sob a pressão do escândalo, para reaver o dinheiro que o banco furtou ao Icle pelo fato de estar preso à gaveta desse estabelecimento. Embora

---

38 Sobre o projeto Cambuí, vide Bartolotti (1926, p.53-6); "La colonizzazione italiana all'estero..." (1923, p.414-6).
39 Vide Giovannetti (1951, p.92).

tivesse sido o maior responsável, isso não impedia que ele reparasse o próprio erro, quero dizer a patifaria, fazendo voltar aos cofres do Icle o dinheiro que foi canalizado para a Esperia.[40]

O articulista em questão dizia-se seguro, porém, de que tanto Zuccoli como De Michelis seriam punidos quando Mussolini tomasse conhecimento do fato. Na realidade, não só isso não aconteceu (e o fato de a diretoria do banco, no nível central e no periférico, ser fascista deve ter tido algum peso nesse epílogo), mas Umberto Tomezzoli, que havia, primeiro, protestado dentro do Icle, depois mandado um relatório à Procuradoria de Roma, foi substituído por Ottavio Siccoli no cargo de representante da organização no Brasil. Daí em diante, toda a atividade do instituto no Brasil resumiu-se à aquisição do Edifício Martinelli, em São Paulo, cuja construção, iniciada sem os fundos necessários, foi interrompida pouco tempo depois. O Icle interveio, então, com 12 mil contos, para pagar duas hipotecas e permitir que o edifício fosse terminado.

6.2. O mundo urbano

A partir dos anos 1920, a emigração da península, além de diminuir sensivelmente, sofreu mutações significativas na composição profissional. Esse fenômeno se acentuará posteriormente, a partir da grande crise, a ponto de levar a uma queda drástica da porcentagem de agricultores e trabalhadores braçais em favor do proletariado fabril. Caindo a participação dos colonos, aumentará consideravelmente também o número das pessoas não profissionais, isto é, donas de casa e filhos menores (ver Tabela 2).

O fenômeno não era surpreendente, pois o Brasil conheceu um forte desenvolvimento industrial durante os anos 1930, devido tanto às dificuldades de fornecimento dos países capitalistas desenvolvidos como à diminuição de divisas resultante da queda dos preços dos produtos exportados. Acrescente-se a isso o fato de que, a partir daquela época, começará a

---

40 B. de Oliveira, "Como o Banco Francez e Italiano assaltou a ICLE", *O Imparcial*, 24 jan. 1935. Sobre a inteira questão, vide a reconstrução feita por "Le truffe fasciste dell'ICLE", *La Difesa*, 14 jan. 1933 e, anos mais tarde, em dois volumes, pelo próprio representante da ICLE em São Paulo – Tomezzoli (1938-1939). Bastante úteis são também um artigo retrospectivo: G. Cristaldi, "Sintesi di una risibile tragedia", *Fanfulla*, 23 dez. 1953 e uma série de reportagens no *Fanfulla*, 12-22 dez. 1953 (que também relata um episódio análogo na Argentina).

Tabela 2 – Composição profissional dos emigrantes italianos para o Brasil com mais de 15 anos, entre 1919-1937

Ano	Agric.	Const. civil	Braçais	Operários	Comércio e transportes	Serviços domésticos	Outras prof.	Não profissionais
1919-1921	37,3	3,1	9,8	20,5	8,5	(1)	1,1	19,7
1922-1924	49,1	2,7	11,4	14,5	5,1	(1)	0,9	16,3
1925-1927	40,1	4,7	8,8	19,9	4,8	(1)	2,9	18,8
1928-1930	16,7	4,2	11,4	28,2	1,5	1,6	3,5	32,9
1931-1933	7,2	1,3	2,0	49,8	(2)	1,5	5,4	32,8
1934-1937	3,0	0,6	1,0	47,4	(2)	1,3	6,8	39,9

(1) Incluídos em "Não profissionais".
(2) Incluídos em "Outras profissões".

Fonte: *Statistica delle emigrazioni da e per l'estero*. Diversos anos. Nossa elaboração.

desaparecer a classe dos empresários paternalistas, que caracterizara a primeira fase de crescimento industrial. Serão substituídos pelos filhos, que adotarão critérios mais empresariais, entre os quais se inserirá a importação de técnicos industriais e quadros intermediários da Europa. No que concerne especificamente aos italianos, o período entre as duas guerras não verá a aparição de grandes fortunas, fato que caracterizara a última década do século XIX e os primeiros quinze anos do XX, muito embora não faltem casos de pequenas indústrias destinadas a alcançar dimensões mais significativas ulteriormente. O nome de Emilio Romi é um exemplo típico disso. Maior novidade, porém, é a presença direta de empresas com sede na Itália, que não se limitam mais a ter representantes no Brasil e abrem verdadeiras filiais, como a Cinzano, a Pirelli e, num campo relativamente novo, como o dos seguros, a Riunione Adriatica di Sicurità.

No setor industrial, a presença italiana ainda ficará concentrada no estado de São Paulo, mas irá diminuindo principalmente em termos de capital investido e de valor da produção. Isso não só em relação aos brasileiros, mas também a outros grupos estrangeiros (Tabela 3). Entre as 2.181 empresas, continuavam a prevalecer as de construção civil (451), têxtil e vestuário (296), metalurgia (475), madeira (301), alimentos (247) e couros e peles (92). A maior concentração se verificava, naturalmente, na cidade de São Paulo, com 1.345 empresas. A participação italiana no parque industrial paulista era, em todo caso, muito mais significativa, levando em consideração as sociedades anônimas brasileiras pertencentes a peninsulares ou constituídas com capitais predominantemente italianos: 1.442 em todo o estado, com 48.660 operários e um capital de 572.964 mil réis, sem contar as participações em muitíssimas outras indústrias.[41]

Se a diminuição do fluxo imigratório faz que São Paulo comece a perder o caráter de cidade italiana que tivera precedentemente, tal fenômeno facilita a ascensão social dos italianos, tanto nos pequenos municípios como nos grandes centros. "Essa mobilidade social é acompanhada de melhora na habitação e também do acesso aos bairros residenciais. Os menos favorecidos constroem a casa em bairros fora do centro, porém agradáveis, como Vila Mariana, Consolação ou Perdizes".[42]

---

41 Vide Pisani (1937, p.1112-41), que cita até o nome de 70% a 90% dos empresários italianos do estado de São Paulo, município por município. O autor calculava que, entre proprietários e sócios, o número de industriais italianos nesse estado se elevasse a 15 mil.

42 Carelli (1986, p.37).

Tabela 3 – Fábricas de propriedade individual no estado de São Paulo – 1935

Nacionalidade	Quantidade	Capital investido em mil réis	Número de operários	Valor da produção em mil réis	% do total de fábricas	% do capital	% do valor da produção
Brasileira	4.837	1.997.906:754	149.898	1.692.425:371	56,41	68,61	72,08
Italiana	2.181	126.983:789	20.586	215.452:262	25,44	4,37	9,19
Portuguesa	460	38.232:201	5.215	61.820:538	5,37	1,32	2,64
Espanhola	275	10.172:002	2.040	23.517:576	3,21	0,34	1,01
Síria	225	50.239:569	5.886	97.561:757	2,63	1,73	4,16
Alemã	122	6.377:420	1.405	16.306:628	1,42	0,21	0,70
TOTAL	8.575	2.911.700:098	202.900	2.346.699:224			

Fonte: S. Pisani (1937, p.201).

Como no passado, os italianos estão maciçamente presentes no comércio (90 mil em todo o estado de São Paulo, dos quais, porém, 65 mil no varejista e só 3 mil no atacadista, enquanto, significativamente, 20 mil ainda não superaram o limite da venda ambulante), mas começam a se afirmar, também, nas profissões liberais (10 mil, incluindo o clero).[43] O quadro apenas esboçado não permite, porém, omitir que as condições dos italianos nos centros urbanos e, em particular, da mão de obra não qualificada continuavam a ser difíceis. Prova disso são os pedidos de assistência às sociedades de beneficência e mútuo socorro, bem como os apelos à solidariedade, que surgem sem cessar nas páginas da imprensa em língua italiana, envoltos ou não de retórica ou evocações nacionalistas. Típico, nesse sentido, é o seguinte comunicado da Associazione Italiana Reduci di Guerra [Associação Italiana dos Veteranos de Guerra], que agrupava os ex-combatentes (na maioria, da Primeira Guerra Mundial), poucos anos depois do fim do conflito:

> Acorrem nesta sede, em número cada vez maior, os ex-combatentes desempregados em busca de trabalho [...]. O espetáculo destes jovens que, acostumados a encarar o inimigo da Pátria, se apresentam agora, desanimados e envergonhados, para pedir trabalho para viver, é tristíssimo. São os mesmos que eram exaltados e abençoados quando a Pátria estava em perigo; os mesmos que expulsaram do solo sagrado o invasor imundo e libertaram os irmãos do domínio secular. Que bom italiano, conscientemente orgulhoso de sê-lo, lhes negaria ajuda? Por isso, é vivíssimo nosso pedido a todos os italianos que possam empregar nossos veteranos que se comuniquem conosco.[44]

Também havia dificuldades para os que tinham empregos. O nível de vida da classe operária, no período entre as duas guerras, manteve-se apenas acima do nível de subsistência, não proporcionando, em geral, perspectivas de ascensão social. Os salários na indústria acomodaram-se em valores baixos até, pelo menos, 1936-1937, e foram acompanhados por um forte aumento dos preços, devido à inflação e à crise agrícola.

Em comparação com os anos anteriores à guerra e devido à redução do fluxo imigratório, a presença italiana no movimento operário faz-se menos

---

43 Pisani (1937, p.1145-82). A estimativa remonta à metade dos anos 1930 e, embora seja, na minha opinião, condicionada pelo claro aumento do número de italianos residentes, indica uma linha de tendência suficientemente aceitável nos percentuais atribuídos às várias profissões.

44 *Fanfulla*, 28 mar. 1923. O apelo não teve muito eco e, no fim do ano, houve quem sugerisse um projeto de colonização agrícola com famílias de ex-combatentes.

sensível e a própria liderança passa para mãos brasileiras, em virtude, também, do afluxo maciço, nas cidades, de mão de obra proveniente das zonas agrícolas mais atrasadas do Brasil, afluxo esse que acarretará a formação de uma força de trabalho fabril em grande parte nacional. São anos em que o movimento de luta, depois das grandes mobilizações de 1917-1920, conhece uma derrota. Primeiro o estado de sítio, de 1922 a 1927; depois, a própria crise de 1929; enfim, a criação de uma estrutura sindical controlada pelo Estado, depois do advento de Getúlio Vargas à presidência, tirarão do proletariado grande parte dos espaços de manobra e toda e qualquer possibilidade de ação autônoma. Além disso, a Lei Gordo continua a fazer vítimas, revista em sentido restritivo em 1921 e 1938. O maior rigor com que é aplicada é demonstrado pelo número de expulsos, que, entre 1931 e 1937, foram 477, contra os 556 dos primeiros quinze anos (1907-1921).[45]

Obviamente, os italianos também não escaparão dessa queda do clima de mobilização. O jornal mais difundido entre as coletividades – *Fanfulla* – continuará mantendo somente durante poucos anos a seção sobre o movimento operário, enquanto, com o desaparecimento de *Avanti!* e *Guerra Sociale*, a imprensa classista em língua italiana limitar-se-á a efêmeros intentos de publicações anarquistas. No nível associativo, também, os anos entre as duas guerras verão uma crise das ligas de resistência, bem como dos círculos políticos, salvo os diretamente ligados à temática antifascista. O último de que se tem notícia é o Circolo di Studi Sociali [Círculo de Estudos Sociais], que ainda funcionava em dezembro de 1922, mas era bastante anômalo em relação ao passado, na medida em que reunia, na direção, elementos de diferentes matrizes ideológicas (Cerchiai, Cimatti, Chiodi e Finocchiaro).[46]

Nesse período, a atividade dos anarquistas e dos sindicalistas revolucionários italianos se exprime, sobretudo, na agitação em prol de Sacco e Vanzetti e na luta pelo fortalecimento dos sindicatos de classe. Além desses restos de manifestação militante ligada à origem nacional comum, a liderança operária italiana fora totalmente assimilada ao elemento local. A maioria dos anarquistas e socialistas já vivia no Brasil havia muitos anos, fato que explica por que, embora não perdendo totalmente os vínculos com a pátria de origem, perdiam muitas vezes a língua italiana, como demonstra o seguinte trecho, extraído de um jornal anarquista antifascista:

---

45 Carone (1976, p.144).
46 Vide Rodrigues (1984, p.143-4).

Mussolini dopo 13 anni di deliti, comesse contro il popolo lavoratori. Dopo 13 anni di sanguinosi reprezione contro tutte libertà individuale o coletive. Dopo avere distrutto tutte le associazioni e sindacatti proletari; non potendo più nascondere il suo chiaro fracasso morale, materiale ed economico, tenta com uno desiperato jesto giocare l'ultima cartata, lanciando la giuventù italiana nel più orendo macello ed il popolo italiano nella nera miseria.[47]

Em todo caso, os recém-chegados eram estimulados pelos agrupamentos políticos de classe a não se fecharem em si mesmos, socializando, em vez disso, a sua experiência e reforçando o movimento operário brasileiro. Um manifesto comunista de 1924, assinado, da parte italiana, por Terracini, em sua qualidade de delegado da III Internacional, e, da parte brasileira, por Pereira, Coutinho e Germanetto, convidava os trabalhadores italianos a retomar as lutas que haviam sido obrigados a interromper na pátria, filiando-se aos sindicatos brasileiros:

> Contra a tática hábil da burguesia brasileira, que, com o fim de mais nos explorar e mais acorrentar os trabalhadores indígenas, procura impedir a vossa união espiritual e organizativa com estes; contra a tática do demagógico patriotismo da burguesia italiana, que, pelos seus fins econômicos e de expansão, tem em mira exasperar o vosso sentimento de raça contra os habitantes do país em que habitais, é necessário aplicar a tática proletária da comunhão dos interesses vossos, das vossas necessidades, das vossas lutas, com as lutas, as necessidades, os interesses dos trabalhadores brasileiros [...]. Vosso dever foi – cumpriste-o sempre – entrar nos sindicatos brasileiros. O preconceito nacional não deve prevalecer para anular o princípio indestrutível da unidade de todos os explorados.[48]

A maior assimilação ao ambiente e a menor consistência numérica dos italianos no Brasil motivam uma diminuição de interesse pela vida associativa, pelas escolas e pela imprensa em língua italiana no período entre as

---

47 *Guerra Sociale*, out. 1935. ["Mussolini, depois de 13 anos de crimes cometidos contra o povo trabalhador. Depois de 13 anos de sangrentas repressões contra todas as liberdades individuais ou coletivas. Depois de ter destruído todas as associações e sindicatos proletários; não podendo mais esconder o seu claro fracasso moral, material e econômico, tenta, com um gesto desesperado, jogar a última cartada, lançando a juventude italiana no mais horrendo massacre, e o povo italiano na miséria negra."] Sublinhemos alguns desses erros: *deliti* em vez de *delitti*; *comesse* em vez de *commessi*; *lavoratori* em vez de *lavoratore*; *desiperato jesto* em vez de *disperato gesto*; *fracasso* em vez de *fallimento*; *cartada* em vez de *carta* etc. [N. T.]

48 "Apelo aos trabalhadores italianos", *O País*, 22 jun. 1924 apud Carone (1979, p.485).

duas guerras. Para dizer a verdade, os jornais continuam a surgir com certa frequência – facilitados, também, pela inauguração, em 1925, do serviço Italcable para a América do Sul e pelo apoio das autoridades diplomáticas à circulação de folhas que veiculem a ideologia fascista –, mas desaparecem com a mesma frequência. Assim, se é verdade que nos anos 1920 e 1930 nascem umas 160 publicações (dentre as quais cerca de 60 abertamente ligadas ao regime mussoliniano e outras 40 de alguma forma simpatizantes do mesmo), também é verdade que, em 1934, imprimiam-se no Brasil apenas cerca de 35 títulos, a grande maioria em São Paulo. Nesse estado, dos três diários existentes em 1927, só permanecia o *Fanfulla*. Não podiam contrabalançar essa perda progressiva de importância os programas radiofônicos em língua italiana, que podiam ser cotidianos, como em São Paulo, ou semanais, como em Belo Horizonte, conforme o peso quantitativo e qualitativo das coletividades peninsulares em cada centro.

A redução de interesse, salvo raras exceções, pela imprensa italiana era vista, obviamente, com preocupação pelos observadores que vinham da Itália, sobretudo num período em que o mito da italianidade não só era amplamente cultivado como adquiria conotações políticas precisas, ligadas inclusive à concepção predominante do número compreendido como força. Em 1939, de volta de uma viagem à América do Sul como enviado do *Corriere della Sera*, de Milão, o jornalista Cesco Tomaselli apressava-se a escrever ao ministro da Cultura Popular, Alessandro Pavolini, para informá-lo, entre outras coisas, de ter ficado surpreso com o grande número de filhos de italianos que, embora tendo pais "italianíssimos", escondiam e, até mesmo, desconheciam as suas origens. Esses italianos "desintegrados", como Tomaselli os definia, muitas vezes se destacavam no mundo da cultura e da política, devendo ser, com maior razão ainda, recuperados. O modo pelo qual isso podia ser feito era exemplificado precisamente pelo caso do Brasil, em que, como aliás em toda a América Latina, "quem dá corda no relógio da opinião pública é a Inglaterra". Reconhecia que em São Paulo circulava o *Fanfulla*, mas quem o lia, perguntava-se alterando a realidade? Só os italianos de boa vontade. E o que ele tinha condições de fazer? Muito pouco.

> Mas é urgente e necessário fazer muito. E esse muito só se pode começar a fazer de uma maneira: fundando, no Brasil, em São Paulo melhor que no Rio, um grande jornal de informação em língua portuguesa, o qual poderia, em segundo estágio, filiar diários menores nos pequenos centros do estado de São Paulo e nos outros estados da Federação. O jornal em questão deveria ser publicado com a qualificação de órgão independente, ser dirigido e redigido por

ítalo-brasileiros e por brasileiros simpatizantes do nosso País, ser bem informado, variado, vivo, não desgastar-se em pequenas polêmicas não construtivas, visar à finalidade última, que é a de, hábil e conceituadamente, representar, apoiar, defender os interesses da Itália.[49]

Para lá da viabilidade ou inviabilidade da hipótese, a análise ressaltava um dos aspectos negativos que caracterizavam a imprensa em língua italiana e que, aliás, sempre a caracterizaram: aquelas "pequenas polêmicas não construtivas" e, mais em geral, a absoluta pobreza de conteúdo, se excetuarmos este ou aquele caso isolado, como era o caso do *Fanfulla*. Além das inevitáveis discussões e choques, às vezes ásperos até, entre publicações fascistas e antifascistas, de que trataremos em seguida, o panorama jornalístico via, frequentemente, contraporem-se publicações que, embora de idêntica matriz ideológica, se combatiam por causa das personalidades influentes que as manipulavam dos bastidores, a ponto de descerem ao nível de acusações pessoais, numa linguagem muitas vezes vulgar. Típico exemplo é o choque entre *Il Piccolo*, onde quem mandava era Crespi, e *Tribuna Italiana*, sustentada por Matarazzo, que, em 1925, provocou até a discreta intervenção do cônsul em São Paulo para induzir os contendores a interromperem as polêmicas.

Em tal panorama, pouco adiantavam as exortações de Piero Parini, secretário-geral dos *fasci* italianos no exterior, e de tantos como ele que, por interesse partidário, convidaram os peninsulares a agruparem-se em torno das instituições, oficiais ou não, totalmente submissas ao regime, a frequentarem as escolas e a lerem a imprensa fascista, batendo na tecla de uma suposta "diversidade" dos imigrantes de além-mar:

> Nunca, como hoje, na alcançada plenitude dos tempos e no prestígio conquistado pela Itália de Mussolini, foi tão necessário aos italianos da América defenderem, com amor sereno e tenaz, a sua cultura e a sua língua, lerem, juntamente com o jornal americano, o jornal italiano local, aquele que levará às famílias os ecos e as vozes da pátria inesquecida e inesquecível. Nunca, como hoje, foi tão útil eles encontrarem em suas associações patrióticas e culturais aquela força que a América nunca proporciona aos homens que são e se sentem "sós".[50]

Na realidade, tanto quanto e mais até do que ocorria na área jornalística, muitas sociedades italianas estavam ligadas duplamente a personalidades de

---

49 Carta de 4 dez. 1939 (ACS, Minculpop, envelope 275, fasc.5/46).
50 P. Parini, "Italiani d'America", *Fanfulla*, 4 fev. 1937.

destaque na comunidade. A Oberdan, por exemplo, era expressão da família Matarazzo, e a Luigi di Savoia era financiada por Crespi. "Outras, de menor importância, são subordinadas a este ou aquele magnata, ou, ecleticamente, a vários ao mesmo tempo, que aspiram a cruzes, comendas, colares, ou qualquer outro título nobiliárquico ou 'cavaleiroso'."[51] Quando a importância da associação não permitia a gestão exclusiva ou conjunta, recorria-se a um *turnover* periódico, seja diretamente, seja através de elementos ligados ao clã, para impedir a consolidação de posições de poder. Assim, na presidência do Circolo Italiano – a mais elevada expressão da elite colonial (pouco mais de quatrocentos sócios em 1923) – alternaram-se, de 1923 a 1939, sete pessoas, três das quais pertenciam à fina-flor do mundo produtivo (Rodolfo Crespi, Francisco Matarazzo Sobrinho e Pietro Morganti) e uma era expressão do mundo financeiro (Arturo Apollinari, representante do Banco Francês e Italiano para a América do Sul).

São vários os elementos que poderiam ser tomados como indicadores desse estado de rivalidade epidérmica e difusa entre as várias associações, que as farão funcionar como grupos fechados e estranhos um ao outro, antes que o fascismo consiga controlá-las em sua totalidade. Basta citar aqui alguns exemplos: a intervenção das autoridades diplomáticas para resolver conflitos em curso (como a do cônsul Dolfini em Botucatu, em 1923, para estabelecer uma trégua entre a Società Italiana di Beneficenza e o Circolo Italiani Uniti); o fracasso da enésima tentativa de federar todas as sociedades italianas do estado de São Paulo em 1923; a persistência de associações de caráter regional, sendo as mais importantes, durante esse período, o Circolo Calabrese e o Circolo Abruzzi, além da Lega Lombarda, que perde, porém, a sua conotação de grupo regional.

A dependência em relação a essa ou aquela personalidade, a inveja em relação a outras e a difusão geográfica dos italianos farão que as associações não só resistam, mas até proliferem, não obstante as diretivas do governo fascista destinadas a unificá-las para melhor poder controlá-las e orientá-las. Assim, se em 1927 eram 192 em todo o Brasil, no espaço de quinze anos tornaram-se 250. No estado de São Paulo, na metade dos anos 1930, somavam nada menos que 157, sendo 40 na capital, enquanto em Minas, em 1932, contavam-se 17.[52]

Entre as várias associações, algumas mantiveram a sua importância, em termos de sócios e de atividades, e outras a conquistaram gradativamente.

---

51 "Lega Lombarda", *La Difesa*, 21 mar. 1931.
52 Para São Paulo, vide Pisani (1937, p.1256-94); para Minas, Rubbiani (1932, p.447-52).

Além das clássicas sociedades de beneficência e de mútuo socorro, destacam-se os círculos de teatro amador, os grupos patrióticos, as câmaras de comércio e até mesmo as associações de ex-alunos (a do Instituto Dante Alighieri de São Paulo – a IMDA –, criada em 1930), mas são as sociedades esportivas que contam com maior número de sócios. O Palestra Italia inaugurará seu novo estádio no Parque Antártica em 1933 e, em vista do sucesso obtido, grupos similares surgirão em Araraquara, Curitiba e Belo Horizonte (este último será campeão de futebol de Minas para o triênio de 1928-1930). É significativo, também, o efeito catalisador dos hospitais: o do Circolo Italiano Uniti, de Campinas, começará a funcionar em 1920; mais tarde, surgirá a Casa di Salute Fratellanza Italiana, em Jundiaí.

No âmbito desse panorama diversificado, é interessante registrar a resistência a assumir cargos de direção em algumas associações, seja pelo pequeno número de sócios, seja pela baixa relação final custos-benefícios, seja, enfim, pelo campo em que a sociedade se move, especialmente se for de caráter cultural ou exclusivamente assistencial. Talvez o exemplo mais clamoroso de tal desinteresse seja o da Assistenza Civile [Assistência Civil], surgida das ruínas do Comitato Pro Patria.

> É doloroso constatar, mas, até hoje, a Assistenza Civile foi a Cinderela das associações. Por quê? É inexplicável. Dentre todas as associações, a Assistenza Civile é a que dá ao emigrante necessitado a verdadeira sensação da fraternidade e da solidariedade dos italianos, é a única que vai em busca dos humildes, dos que não podem pagar nem mesmo a mais mísera cotização, ou adquirir a carteirinha mais barata, para socorrê-los em nome da Itália, por serem italianos. São viúvas, são órfãos, são velhos, às centenas, cada semana, que recebem o subsídio magro demais, e muitos vão embora tristes, pensando talvez que, enquanto os jornais exaltam a prosperidade da Colônia, a construção de edifícios suntuosos, a bravura de um time esportivo, para eles, os pobres, os inválidos, as crianças, esta mesma Colônia só conseguiu contribuir com poucos centavos, absolutamente insuficientes, que proporcionam dor a quem os recebe e a quem os distribui.[53]

Essa reprimenda severa aos figurões italianos e de toda a colônia é lançada pelo fundador do *fascio* de São Paulo. Mas quando, um ano depois, a Associação sofre uma reestruturação, passando a depender do próprio *fascio*, através do Ente Opere Assistenziali [Fundação de Obras Assistenciais], a

---

53 E. Rocchetti, "L'Assistenza Civile", *Fanfulla*, 15 mar. 1932.

situação não se modifica, e a Associação continua a receber minguados subsídios oficiais e a depender quase exclusivamente "da generosidade e do sentimento de solidariedade nacional e humana da coletividade italiana de São Paulo". Suas receitas demonstrar-se-ão insuficientes para atender os numerosos pedidos de ajuda, tanto que, ainda em 1941, distribuirá pacotes de víveres semanais a não mais de quinhentas pessoas, sendo inferior o número das que receberão roupas e magros subsídios em dinheiro.[54] Sinal evidente de que, inclusive em termos de projeção de imagem e de criação do consenso, o mundo dos *deracinés* era pouco interessante e pouco proveitoso para o fascismo, do mesmo modo que o fora para os graúdos.

Um elemento que veio enfraquecer todas as sociedades italianas no Brasil foram as leis de exceção do Estado Novo, que, em 1938, estabeleceram a obrigatoriedade de distinguir as associações em nacionais e estrangeiras. Nestas últimas, isto é, nas que mantinham cláusulas discriminadoras de nacionalidade, foi proibida a participação de brasileiros, inclusive naturalizados. É óbvio que a medida teve o efeito de obrigar algumas sociedades a se tornarem brasileiras, mas a opção que prevaleceu foi a da italianidade. Nesse caso, porém, registrou-se uma diminuição do número de sócios e certa contração das atividades, sorte essa a que não escapou nem mesmo o Circolo Italiano, que sofreu a saída de numerosos sócios brasileiros, que fundaram a Associação Latina.

Se os problemas internos da coletividade não permitem indicar a união e a solidariedade como elementos caracterizadores do período entre as duas guerras, o mesmo não pode ser dito das manifestações em favor da pátria. Antes de assumirem uma rígida caracterização política (favorecendo, assim, a divisão entre fascistas e antifascistas e ofuscando, de certa forma, a conotação da espontaneidade), essas formas de manifestação de amor pátrio lograram mobilizar amplos setores da colônia italiana, pelo menos nos centros urbanos. E, quando se tratava de dar contribuições em dinheiro, os menos generosos não serão os *carcamanos* e operários, mas sim as camadas abastadas, que, ao contrário, estarão na linha de frente quando as contribuições assumirem claras conotações de apoio ao regime, obrigando-as, provavelmente, a fazer um sacrifício financeiro superior ao que teriam suportado sem pressões oficiosas e de imagem. Por ocasião da subscrição do dólar pela pátria, lançada em 1925 na Itália e nas coletividades italianas no exterior, foram recolhidos, no Brasil, até dezembro, 50 mil dólares, fruto de 35-40 mil subscrições individuais. Um resultado bastante

---

54 "La Casa del Bene", *Fanfulla*, 24 maio 1941.

positivo, portanto, muito embora o *Fanfulla* escrevesse, insatisfeito, comentando as listas nominativas de doações, que "quem deu um dólar e pode dispor de muitos dólares não cumpriu com 'todo' o seu dever" e convidasse a "subscrever por quem não pode".⁵⁵

Algumas oposições e resistências a decisões tomadas pelo governo italiano se manifestaram durante os primeiros anos do fascismo, quando a grande maioria da imprensa e da classe dirigente colonial ainda não se alinhara decididamente ao regime. Um dos temas de discussão versava sobre o espinhoso e decenal problema das funções a serem atribuídas aos agentes consulares, tradicional ponto fraco das representações diplomáticas italianas no Brasil. Escrevendo em 1923, acerca de uma acalentada reforma das agências consulares no estrangeiro, o *Fanfulla* assim se exprimia:

> As Agências Consulares surgiram, em muitos pontos, não porque cônsules, ministros e governos tivessem reconhecido a sua imprescindível necessidade, mas unicamente para satisfazer a vaidade de algum compatriota nosso que desejava pôr à porta da sua casa um cintilante emblema da Casa de Saboia e pavonear-se na arrogante presunção de membro mais importante das coletividades locais [...]. É indispensável que as agências não tenham unicamente funções cartoriais e que, portanto, não tenham atividades limitadas e esporádicas. Hoje, ao contrário, elas deveriam assumir tarefas muito mais importantes para a defesa da nossa mão de obra.⁵⁶

Outro elemento de discórdia dizia respeito ao projeto de conceder aos italianos no exterior o direito de voto nas eleições que se realizavam na Itália, direito que, na opinião de muitos, acabaria obstaculizando a unívoca identidade de italianos, proporcionada pela ausência de divisões partidárias.

Preocupações do gênero diminuirão rapidamente com o alinhamento dos órgãos de imprensa e das instituições italianas ao novo regime. Um campo em que logo surgiram projetos de socialização política – e não só no Brasil – foi o da educação, na tentativa de repropor um modelo que tanto êxito estava obtendo na pátria. Tendo fracassado projetos de maior fôlego – como a iniciativa da Società Dante Alighieri de criar uma universidade popular italiana em São Paulo –, já a partir da metade dos anos 1920 começou-se a assistir a uma insistente campanha destinada a convencer os compatriotas da indispensabilidade de pôr os filhos em escolas italianas. Tal temática,

---

55 *Fanfulla*, 5 dez. 1925.
56 "Il problema della nostra rappresentanza nell'estero", *Fanfulla*, 15 jan. 1923.

presente – podemos dizer – desde o início da emigração, propunha aparentemente a defesa dos valores da italianidade e da consciência nacional, mas tendia, em última análise, a plasmar as jovens gerações ao mote "acreditar, obedecer, combater" (um dos tantos motes do fascismo), que algumas escolas no Brasil, como a Regina Margherita, de São Paulo, haviam feito seu, a modo de divisa. Que se tratasse de uma intenção de ordem geral, demonstram-no as diretivas dadas em 1928 pelo boletim da Secretaria dos *Fasci* no exterior acerca da obrigação de tirar os filhos das escolas estrangeiras e matriculá-los em escolas italianas. Obedecendo a essa indicação, o cônsul em São Paulo, Serafino Mazzolini, convidava os compatriotas a cumprirem seu dever.

Na realidade, os instrumentos utilizados para alcançar o objetivo pouco tiveram de inovadores, limitando-se, substancialmente, "a manter obstinadamente as velhas escolinhas em que se ensinam poucas letras e muita bazófia italiana". O fato de privilegiar o idioma de origem em detrimento do português constituía, de acordo com um intelectual residente no Brasil havia muitos anos, prova de miopia ou, pior ainda, de inconsciência. Útil, talvez, para os poucos que voltariam para a Itália, para a maioria que permanecia no Brasil, "a língua italiana sempre representará um objeto de luxo, enquanto a língua portuguesa será o pão de cada dia". O problema não era de língua, mas de cultura, e só podia ser resolvido mediante a criação de institutos médios e colegiais que não seguissem, porém, a linha ruinosa do que já existia em São Paulo:

> O Instituto Dante Alighieri originou-se daquele ambiente estreito, sufocado, malsão, para o qual a italianidade era considerada algo em si, que não podia confundir-se, que não devia ter contato com outras nacionalidades. O Instituto devia ser uma cópia do que são os institutos correspondentes na Itália, sem nada tirar, sem nada acrescentar. Foram transpostos para ele os programas italianos, os horários italianos, os professores italianos, quase todos vindos adrede da Itália sem conhecer uma palavra da língua portuguesa nem um fato da história brasileira.[57]

Com efeito, inclusive no período entre as duas guerras, a escola italiana não elementar foi limitada apenas ao Instituto Dante Alighieri, cujos vínculos com a mãe-pátria tornaram-se muito mais estreitos que no passado. Submetida ao seu benfeitor original, Rodolfo Crespi, fascista

---

57 A. Piccarolo, "La scuola italiana nel discorso dell'Ambasciatore fascista", *Il Risorgimento*, 16 abr. 1928.

ferrenho, e controlada com êxito pelo consulado, a escola alinhou-se, embora não imediatamente, ao regime. O velho diretor, Magnocavallo, foi substituído, em 1932, por Luigi Borgogno, que, por sua vez, cedeu o lugar, em 1935, a Venturi.

Sobre a utilidade do instituto em termos de socialização política não podiam existir dúvidas, já que, além dos cursos brasileiros, mantinha seções de contabilidade e de liceu científico italiano, de que usufruíam não somente os filhos da elite emigrada, mas também alunos provenientes de classes sociais menos elevadas, graças a uma generosa política de bolsas de estudo concedidas principalmente a famílias com algum mérito patriótico particular (veteranos de guerra, por exemplo). Esses estudantes, em geral internos, eram bombardeados diariamente, sobretudo na gestão Venturi, por mensagens políticas implícitas e explícitas. Durante a campanha da Etiópia, por exemplo, o vice-diretor Luzi lia para eles, na hora das refeições, os boletins de guerra italianos.[58]

A defesa da língua italiana, no entanto, continuou confiada às pequenas escolas primárias disseminadas pelo território. Apesar do indubitável interesse demonstrado em relação a ela pelos consulados e pelas instituições fascistas, e não obstante os esforços para aumentar o número de alunos, essas escolas conheceram uma lenta mas contínua decadência: 329 institutos com 18.940 alunos no estado de São Paulo em 1924, 167 com 13.821 em 1930 e 28 com 4.455 na metade dos anos 1930 e essa tendência registrava-se igualmente em outras zonas do Brasil. As razões de semelhante estado de coisas eram duas. A primeira, e menos importante, deve ser vista na concorrência exercida pelas escolas brasileiras, assim que a difusão da instrução começa a ocupar um espaço não marginal nos objetivos dos governos locais. A segunda, mais significativa, prende-se às preocupações suscitadas na opinião pública brasileira pela socialização política das escolas.

Já a partir de 1920, uma lei do estado de São Paulo suprimira o ensino da língua italiana para crianças com menos de 10 anos, mas a sua aplicação permanecera letra morta. A partir da metade da década, acrescentaram-se, aos temores ligados ao perigo da desnacionalização de crianças nascidas no Brasil, os do doutrinamento fascista. Em 1928, o *Diário Nacional* lamentava que os alunos de uma escola italiana tivessem sido levados pela professora à casa do cônsul italiano, onde, depois da clássica saudação romana, uma menina fizera um discurso em que, embora declarando-se apenas *filha* de

---

58 Entrevista com Pasquale Petrone, 18 set. 1986.

italianos, definia a Itália como "nossa pátria" e seus soberanos como "nosso rei e nossa rainha".[59]

Tais polêmicas foram imediatamente seguidas pelas relativas aos livros de leitura em uso nas escolas italianas no Brasil e, em particular, à obra de Sestilio Montanelli, *Le due patrie* ("As duas pátrias"), publicada em Florença. O texto, bilíngue, era caracterizado por uma série de inexatidões e um racismo patente em relação ao caboclo, descrito como preguiçoso, sujo, indolente, capaz de passar dias inteiros deitado. Indicava, depois, a emigração italiana como a única capaz de valorizar as terras do Brasil.[60] Mas inclusive quando os livros utilizados não eram pensados especificamente para os italianos do Brasil, e sim para as escolas no estrangeiro em geral, não deixavam de suscitar perplexidades e interrogações, seja pela inevitável equação Itália-pátria, seja pela exaltação da figura de Benito Mussolini.[61]

A mobilização da imprensa torna-se particularmente viva em 1932, após uma pesquisa que proporciona resultados alarmantes acerca dos livros de texto distribuídos gratuitamente às escolas italianas.[62] Esses livros, embora mais interessantes do que os do passado, tinham a função de educar as crianças para viver e morrer pela pátria e obedecer ao Duce, procurando incutir nelas, inclusive nas nascidas no Brasil, a convicção de pertencer a outra nação, a dos pais, ou, pior ainda, dos avós. Fortemente exaltada, nos textos em questão, era a glória irrestrita da Roma antiga.

A partir de 1934, os cadernos é que serviram de instrumento ideológico. De fato, em suas capas vinham impressas frases do tipo: "Onde quer que esteja um italiano está a bandeira tricolor, está a Pátria, está a defesa do Governo"; ou: "Mudei de céu, mas não de coração".[63] Depois do clima que descrevemos é que serão tomadas medidas restritivas contra as escolas

---

59 "As escolas estrangeiras no Brasil", *Diário Nacional*, 19 abr. 1928. Faziam eco a essas acusações as da imprensa antifascista italiana no Brasil, que estigmatizava os princípios de imperialismo e violência inculcados nas crianças, em contraste com "as leis do país que nos acolhe, preparando horas tristes para amanhã" ("Il risorgimento quotidiano", *Il Risorgimento*, 20 set. 1928).

60 Vide Montanelli (1927, p.21-47). Para as acusações contra o volume e o governo fascista que o havia tolerado, vide "A infiltração fascista no Brasil", *Diário Nacional*, 25 jul. 1929; e a resposta de *Il Piccolo*, "Un altro attacco fallito dell'offensiva antifascista", *Il Piccolo*, 26-27 jul. 1929.

61 Vide, por exemplo, Bagagli (1932).

62 A comissão de inquérito constatou que, em muitas escolas italianas, o ensino do português havia sido praticamente suprimido e sequestrou centenas e centenas de livros, cadernos e material didático impressos em Roma, pela Libreria dello Stato, seção Scuole Italiane all'Estero. Vide "Via il fascismo dal Brasile", *La Difesa*, 1º maio 1932.

63 Rios (1958, p.514-5).

estrangeiras. Quando Washington Luís ainda era presidente do estado de São Paulo, foi criada uma legislação, que mais tarde também aplicou-se no Distrito Federal, segundo a qual português, história e geografia do Brasil deviam ser ensinados, nas escolas estrangeiras, por professores brasileiros e ter, em termos de horas, predominância sobre a língua, a história e a geografia de outros países. As próprias escolas foram postas sob controle de inspetores brasileiros, assim como os livros de texto – medida esta que provocará uma interpelação à Câmara dos Deputados italiana. Em 1937, o secretário da Educação do Rio Grande do Sul, Coelho de Sousa, iniciou a campanha pela criação de escolas nas áreas das colônias estrangeiras, nacionalizando as escolas privadas e fechando as escolas estrangeiras que não aceitavam a brasileirização.[64] No plano nacional, em 1938, foi decretada a proibição de ensinar em língua estrangeira às crianças de menos de 14 anos. Como quer que seja, a aplicação de tais normas revelou-se difícil, sobretudo nas zonas mais isoladas. Ainda em fins dos anos 1930, viajando pelo Brasil, um observador proveniente da península podia afirmar gloriosamente:

> Oh, vocês não podem imaginar o que significa entrar numa pequena sala de aulas daqueles lugares de além-mar e encontrar trinta crianças que cantam para vocês "Giovinezza"* em italiano. E nem todas têm rostos da nossa raça. Antes mesmo de o professor lhes explicar, vocês terão visto e reconhecido, naquele loirinho branquela e gorducho, o filho do alemão, naquela amarelinha de olhinhos amendoados, a filha de um japonês, naquele negro de olhos brilhantes como brasas, o filho de um africano, naquele moreninho de olhar pensativo e triste, o resultado de um amor, nascido sabe-se lá como, entre um árabe da Síria e uma branca de vá saber que raça. [...] "Giovinezza", eles cantam "Giovinezza"; e, terminado o canto, erguem a mãozinha, todos, em nossa linda saudação romana.[65]

Independentemente do mundo escolar, a socialização política das crianças e a inculcação das palavras de ordem fascistas ocorria na organização do tempo livre e das férias, com a criação de vários grupos conforme a faixa etária e com o desenvolvimento das colônias de férias à beira-mar, prática esta incentivada pelo regime na pátria, onde, já em 1929, nascia uma Fondazione per i Figli degli Italiani all' Estero [Fundação para os Filhos dos Italianos no

---

64 Pesavento (1980, p.191-2).
* Hino da juventude fascista. [N. T.]
65 Puccini (1940a, p.112-23).

Exterior], sob a égide do Ministério das Relações Exteriores. As colônias à beira-mar logo foram vistas como estruturas essenciais de controle e propaganda. Em 1930, é inaugurada uma em Santos, para crianças provenientes de famílias italianas necessitadas, aos cuidados do *fascio* feminino de São Paulo. As notícias acerca dessa iniciativa são fragmentárias, mas se bem que tenha conhecido um fracasso temporário, as razões políticas em que se baseava nunca deixaram de ser claras. A quantidade de crianças beneficiadas pela iniciativa foi pequena (350 crianças foram, em várias levas, a Santos entre a metade de janeiro e fins de março de 1937), mas o valor propagandístico logo foi intuído e exaltado, tanto que estruturas semelhantes surgiram em outros lugares também.

Além da tentativa de manter viva a italianidade e de inculcar uma ideologia nos filhos dos italianos, os esforços da mãe-pátria no período entre as duas guerras foram dirigidos no sentido de garantir uma maior presença intelectual, capaz de influenciar a cultura local, seja através de uma difusão mais ampla da produção italiana, seja enviando professores universitários, seja, enfim, com a criação de escolas. No que diz respeito ao primeiro desses campos de intervenção, os resultados não foram particularmente brilhantes: não obstante o grande empenho, por exemplo, da Società Dante Alighieri e da Opera Nazionale Dopolavoro, em encenar obras italianas e em italiano em teatros importantes, como o Municipal de São Paulo, na maioria das vezes essas obras são representadas por companhias improvisadas, quando não por elencos amadores criados no próprio lugar. Foram poucas as turnês de companhias italianas de certo peso, dentre as quais a mais importante talvez tenha sido a de Ruggiero Ruggeri, em 1929.

As coisas não iam melhor no referente a associações no seio da colônia. A Società Dante Alighieri, que deveria ser a ponta de lança em termos de difusão cultural, contava, em 1937, com apenas 150 inscritos na cidade de São Paulo, onde a presença italiana era maior, enquanto eram muito mais numerosos os sócios de associações com objetivos culturais, mas também recreativos, como as Muse Italiche. O pequeno interesse não devia ser atribuído, provavelmente, ao lento mas definitivo envolvimento da Dante Alighieri com o regime (que a estimulava a organizar cursos de cultura fascista para jovens e adultos), mas, antes, ao próprio funcionamento da associação, que nem mesmo no passado jamais deixara grandes traços de si. Outro intento cultural de escasso peso foi a criação, por Rubbiani e Stevanoni, de uma editora – a Sociedade Editora Latina –, destinada a publicar, em italiano ou em português, autores de ambas as nacionalidades, capazes, em teoria, de favorecer um intercâmbio cultural. A escolha do primeiro volume – *Como eu vi a Itália*, de Plínio Salgado – já demonstrava, porém, que as preocupações de caráter político passavam à frente das preocupações de ordem intelectual.

Todas essas iniciativas surgiam, porém, no seio da coletividade transplantada no Brasil. Pelo menos nas intenções, as formas de intervenção diretamente ligadas à Itália e com caráter oficial deviam ter um peso bem diferente. A realização mais importante, nesse sentido, foi a criação dos Institutos Ítalo-Brasileiros de Alta Cultura, aos quais incumbia a tarefa de fomentar uma atividade especificamente cultural, através de conferências e intercâmbio de estudiosos de valor e professores universitários. O primeiro desses institutos foi inaugurado no Rio, em agosto de 1933, por Massimo Bontempelli, na sede da Academia Brasileira de Letras. Eram seus diretores Aloísio de Castro e Vincenzo Spinelli. Logo depois, nasceram institutos congêneres em muitas localidades brasileiras, a começar por São Paulo, seja com a mesma denominação, seja com denominações semelhantes (Centro Ítalo-Mineiro de Cultura), disseminando-se pouco a pouco também pelas cidades do interior. A atividade desenvolvida não foi desprezível. Basta pensar nas conferências do próprio Bontempelli, de Fermi, Marconi, Arias. Mas ela foi limitada, em geral, aos centros maiores, ou, em muitos casos, unicamente ao Rio e São Paulo. Tratando-se de personalidades enviadas pelo governo, é óbvio que fossem utilizadas no Brasil, pelas instituições existentes, com objetivo político. Assim, Arias inaugurará o curso de cultura fascista promovido pelo *fascio* de São Paulo.

Além das conferências pronunciadas por intelectuais de passagem pelo Brasil,[66] a atividade normal desses institutos era organizar cursos de literatura, história da arte, história do direito, *lectura Dantis*, que muitas vezes seguiam as pegadas da velha atividade da Società Dante Alighieri, com a qual, aliás, colaboravam. A única novidade digna de nota foi a instituição de ciclos de lições sobre argumentos mais especificamente ligados ao regime, em particular sobre o direito corporativo, que, visto o clima político brasileiro da época, tinham certa repercussão favorável.

---

66 Nem sempre apreciadas pelos próprios órgãos fascistas da coletividade, como demonstra este trecho do *Fanfulla*: "Os conferencistas que chegam apressados, fazem um par de discursos e vão embora convencidos de terem 'salvado a italianidade' e estudado a fundo – numa semana! – este país, não fazem um trabalho útil" ("I commessi viaggiatori della cultura italiana", *La Difesa*, 17 fev. 1934). Não se incluem nessa categoria as duas visitas de Filippo Tommaso Marinetti, o pai do futurismo italiano, cujas conferências, sobretudo a de 1926, provocaram não apenas discussões mas também desordens e conflitos dentro e fora do teatro nos quais ele exibiu comportamentos atribuídos ao fato de Marinetti ser um tenaz defensor do fascismo.

Os Institutos Ítalo-Brasileiros de Alta Cultura valeram-se também da colaboração de docentes italianos enviados às universidades brasileiras, em parte graças ao interesse dos próprios institutos. A maioria deles foi ensinar na Universidade de São Paulo, criada em 1934, mas não faltou quem fosse ao Rio e até a Porto Alegre. Entre os nomes mais famosos, recordemos De Falco (literatura italiana), Albanese (geometria descritiva), De Fiore (geologia), Piccolo (literatura italiana), Fantappiè (análise matemática), Galvani (estatística), Onorato (mineralogia), Wataghin (física e mecânica racional), Occhialini (física superior), Ungaretti (literatura italiana). Foi, em grande parte, por mérito deles e da sua influência, que a Faculdade de Direito de São Paulo instituiu um curso de italiano em 1941. Também no caso dessas personalidades, é evidente que as convicções políticas da maioria delas permitiram a utilização partidária no seio da colônia e, mais ainda, influenciaram a opinião pública para dar maior prestígio ao regime.[67]

6.3. Fascismo e coletividade italiana: partido e autoridades diplomáticas

Tentar decifrar de que maneira a emigração reagiu ao advento do fascismo é uma tarefa bastante árdua, se nos propusermos o objetivo de dar respostas globais com base neste ou naquele elemento. São particularmente deformantes as interpretações que se baseiam na italianidade como fator unificador. Não é um acaso que teses semelhantes tenham sido formuladas precisamente por personalidades políticas do novo regime, trasladados para o Brasil ou convertidos aqui, fossem eles diplomatas, intelectuais, ricos ou organizadores do consenso. A primeira consideração a ser feita é de ordem geral e não concerne apenas ao Brasil:

> Depois da marcha sobre Roma [...], era praticamente impossível que as colônias, incapazes de vida cultural própria, conseguissem fazer que o seu exíguo patrimônio de noções e experiências políticas bastasse para assegurar-lhes uma existência autônoma.[68]

---

67 Ainda em 1940, por exemplo, Ungaretti dava prova de fidelidade ao fascismo. Escrevendo para o ministro da Cultura Popular para pedir algumas resenhas de livros italianos, concluía assim: "Diga ao Duce que eu o venero com a mesma fé da Vigília, dê minhas lembranças à fraterna bondade de Ciano" (ACS, Minculpop, envelope 272, fasc.7/8. A carta é de 26 ago. 1940).

68 Dore (1964, p.280).

Acrescente-se a isso uma campanha insistente e incessante que provinha, como veremos, de vários lados e que devia, por força das circunstâncias, ter certo êxito entre os colonos isolados das fazendas, marginalizados de qualquer possibilidade de análise crítica e, também, de capacidades de reação e aprofundamento. O próprio proletariado urbano, duramente empenhado na batalha cotidiana pela sobrevivência, acabou, sem dúvida, sendo conquistado pelo fascismo, mas, na maior parte dos casos, superficialmente, pelo menos na década de 1920, ao passo que se registrou uma adesão mais ampla em meio à burguesia e à classe média. A popularidade do regime existiu, sem nenhuma dúvida, dentro da coletividade, mas com diferentes graus de profundidade e só tendo presentes essas caracterizações genéricas pode-se compartilhar o juízo expresso, mais tarde, por um estudioso brasileiro:

> O retrato do Duce veio juntar-se aos de Garibaldi e de Vítor Emanuel nas folhinhas que os italianos penduravam em suas casas. A figura de Mussolini arengando ao povo da sacada do Palácio Venezzia [sic] bastava às necessidades do italiano. Do resto, do partido, de sua organização e doutrina, nunca soube muito. O Duce se impôs mais do que a ideia e do que o próprio partido fascista.[69]

Análises semelhantes apresentam certo grau de superficialidade porque, por um lado, limitam-se a enunciar uma verdade que é normalmente válida para qualquer regime totalitário com líder carismático e, por outro, uniformizam um processo que, ao contrário, teve inúmeras facetas e tempos. Se quisermos descobrir um motivo geral do fascínio exercido pelo governo de Mussolini sobre os emigrantes italianos em qualquer lugar do mundo, devemos procurá-lo no maior prestígio internacional de que gozava a Itália, prestígio tão mal entendido e baseado em fundamentos tão frágeis quanto quiserem, mas aceito unanimemente e confirmado pelo comportamento não apenas de muitos governos ocidentais, mas também da opinião pública, da imprensa, de políticos dessas mesmas áreas, que demonstravam interesse e positiva recepção do fenômeno. É óbvio que, no exterior, essa situação tornava-se muito mais motivo de orgulho do que na própria Itália, em particular nos países em que a emigração tivera que suportar, anteriormente, o peso de uma condição social que a expunha à marginalizações de vários tipos. Tal sucesso era reconhecido até pelos próprios adversários

---

69 Rios (1958, p.511-2).

do fascismo. Um deles, escrevendo já no segundo pós-guerra a propósito da América Latina, assim concluía:

> Tratava-se de uma psicose de orgulho nacional, patriótico. Mussolini os havia libertado de um complexo de inferioridade. Se tirara toda e qualquer dignidade individual dos cidadãos do Reino, deles fazendo apenas números, aos italianos do exterior ele restituíra a dignidade.[70]

É óbvio que, se se tratava de renovada, ou melhor, desconhecida glória internacional, ela era ainda mais apreciável se contraposta à suposta negligência dos governos passados, análise essa que os mentores do fascismo no Brasil nunca se cansavam de sublinhar. Ainda em 1925, o *Fanfulla*, por ocasião do aniversário da marcha sobre Roma, recordava os tristes dias vividos pela Itália no primeiro pós-guerra, apresentando um quadro exagerado de violência das massas e de covardia da classe dirigente da época, para, depois, propor as considerações que mais lhe eram caras:

> Hoje, as coisas mudaram. Hoje, graças a Deus, temos um governo [...]. O que conta, hoje, é o sentido marcante – ou, antes, desenvolvido; melhor ainda, exagerado – da consciência nacional. É bom exagerar depois de tanta resignação e tanta humildade. Se em nosso grito de desforra se adverte um ímpeto quase selvagem, não devemos nem podemos nos esquecer que fomos obrigados ao silêncio por tantos anos [...] É melhor a ocupação de Corfú do que a obediência passiva aos governos europeus. É pouco? Mas nos parece muito. Hoje, a Itália não é mais tratada como uma aldeia macedônia qualquer. É temida. Todos a mimam.[71]

Esse mal compreendido sentimento de orgulho nacional reavivou, no Brasil como em outras partes, os desvios e exageros já existentes em alguns ambientes, em particular intelectuais, sobre o próprio conceito de

---

70 Mariani (1947, p.71).
71 "Come un saluto", *Fanfulla*, 28 out. 1925. Nem é preciso dizer que insistiam sobre esse tema todos os enviados do regime, quando de suas visitas ao Brasil, associando-o, muitas vezes, à ideia de que a fortuna construída no passado por muitos compatriotas, apesar de abandonados pela mãe-pátria, devia-se em boa medida a um espírito fascista *ante litteram*. O deputado Federzoni, por exemplo, falando, em 1937, no estádio do Palestra Itália, afirmava o seguinte: "Muitos dos italianos de São Paulo, com sua coragem e seu patriotismo, precederam a regeneração moral e política determinada na Itália pela guerra vitoriosa e pela Marcha sobre Roma" ("La parola di S. E. Federzoni", *Giovinezza*, 7 ago. 1937).

italianidade e sobre os meios utilizáveis para exprimi-lo. Com a agravante, porém, de que o fenômeno tornou-se cada vez mais difuso, inclusive em meio a camadas sociais antes imunes – e a italianidade identificou-se frequentemente com o fascismo. Esses sentimentos, aguçados pelo nacionalismo verborrágico e agressivo de dirigentes fascistas e intelectuais, logo assumiram conotações exacerbadas e perigosas, como não deixava de alertar um órgão do antifascismo, depois de ter insistido, uma vez mais, sobre as divisões entre italianos que a nova situação política criara: "Nossos maiores jornais deveriam saber o que é a exacerbação das multidões movidas por ressentimentos nacionalistas em terra estrangeira e deveriam recear para sempre os riscos morais e as responsabilidades nacionais e políticas dos males que eles adensam".[72]

Não há dúvida de que o agitar de bandeirolas, estandartes, a ostensividade das camisas negras e das coreografias fascistas, os hinos cantados aos berros, que, sobretudo nos anos 1930, caracterizaram as manifestações da vida coletiva, não podiam deixar de ferir a suscetibilidade dos brasileiros ou, pelo menos, infundir uma sensação de mal-estar. O próprio *Fanfulla*, que, no entanto, era um dos maiores artífices desse clima, apressava-se em minimizar a importância e o significado do fenômeno, atribuindo-o, pouco convincentemente, ao fato de que "a raça é amante das cores e dos sons". Mas, embora negando a existência de motivos desrespeitosos em relação aos brasileiros, não podia deixar de observar:

> A existência desses preconceitos cria um estado de suspeita, coloca uma frieza – que é inútil negar – nas relações entre a coletividade italiana e a massa brasileira, ou melhor, os órgãos representativos dessa massa. E deparamos com um fato absurdo e inexplicável: enquanto as relações individuais entre italianos e brasileiros são, mais que amistosas, afetuosas, de modo que nenhum de nós se sente um estrangeiro aqui, as relações coletivas são frias.[73]

---

72 Robur, "L'aumentato prestigio", *La Difesa*, 14 fev. 1926. Robur era um dos pseudônimos de Piccarolo. Preocupações desse gênero, por outro lado, também estavam presentes mesmo em quem não se opunha ao regime e nos próprios leitores dos diários fascistas, como demonstra esta carta enviada à redação do *Fanfulla*, por ocasião de uma partida de futebol do Bolonha, em São Paulo. O leitor anônimo, depois de ter lamentado o clima de exaltação criado pelos jornais e pelo próprio time de Bolonha, criticava severamente o fato de que "tenha sido dado a uma manifestação puramente esportiva, com as músicas, os discursos, as hipérboles, um caráter de afirmação nacional" (*Fanfulla*, 11 ago. 1929).

73 "I rapporti italo-brasiliani e le giornate riograndensi di S. Ecc. Cerruti", *Fanfulla*, 28 fev. 1932.

Foram muitos os motivos que levaram à aceitação do regime por uma parte consistente da imigração italiana, como demonstrado pelo imediato alinhamento dos mecanismos publicitários, tanto que até mesmo o Guaraná Espumante fazia o reclame do seu produto, nos jornais italianos, recorrendo a Mussolini. Do mesmo modo, aparecem um sabonete Fascista e cigarros "Fascistas" e "Alalá". A partir de 1923, a Companhia Ítalo-Brasileira de Seguros Gerais tem por emblema um *fascio* e, na periferia de São Paulo, surge um loteamento denominado Vila Mussolini.

Todos esses elementos eram simples indicadores de um quadro mais geral. Não se deve, também, esquecer que as atitudes da opinião pública brasileira, que demonstrava certa simpatia pela Itália daquele período, não concorria para obstacularizar a adesão dos imigrados ao regime. Não é casual, por exemplo, que a Associação dos Brasileiros Descendentes de Italianos viesse à luz no ano seguinte à ascensão do fascismo. Por ocasião da sua constituição, entre os vários discursos, o do dr. Covello sublinhava os principais motivos que haviam levado seus promotores a criá-la:

> Por que não deveríamos orgulhar-nos de sermos descendentes de uma Itália que, num momento em que o velho mundo se encontra sob a ameaça do desemprego e do declínio das maiores conquistas da civilização, opõe contra a ruína iminente as duas gigantescas figuras de D'Annunzio e Mussolini?[74]

Salvo raras exceções, a classe política brasileira foi bastante indulgente em relação ao regime. Basta pensar nas entrevistas concedidas por Altino Arantes, em 1926, depois de uma viagem à península, nos panegíricos de Mussolini feitos por Rodolfo Miranda no Senado e, de parte da Igreja, nas exaltações do fascismo feitas pelo cardeal Leme. Ainda mais aquiescentes para com a nova realidade italiana e seus epígonos no Brasil eram, obviamente, os prefeitos e vereadores, especialmente nos municípios em que o número de imigrantes era elevado. Devemos sublinhar, porém, que atos de autêntica adulação não puderam ser levados adiante. Assim, em 1924, a proposta apresentada por um grupo de italianos, e defendida pelos vereadores Almeirindo Gonçalves e Luciano Gualberto, de erigir um monumento a Mussolini, é rejeitada pela Câmara Municipal de São Paulo, mas só depois de um vivo debate. Como quer que seja, acabou sendo erguido um monumento ao regime, em 1929, embora numa região periférica (às margens da represa de Guarapiranga), em homenagem ao general De Pinedo, que, em

---

74 Asmae, série pol., "Brasile (1919-1930)", envelope 903.

1927, sobrevoara o Atlântico com seu hidroavião e dois homens a bordo, descendo precisamente naquela represa. Em tal circunstância, Mussolini doou uma coluna romana, descoberta durante as escavações no Foro de Augusto, para que fosse encastoada no monumento.[75]

Empresas como a de De Pinedo – que atravessou por quase 44 mil quilômetros, com seu hidroavião, os céus do continente americano –, heroicas ou não, também contribuíram para criar um clima favorável ao regime e conquistar ideologicamente os italianos, inclusive por serem sempre apresentadas não como obra da Itália em si, mas da Nova Itália, intrépida e épica. Já em 1925, houve uma tentativa de travessia aérea por Eugenio Casagrande, que não foi levada a cabo, mas foi utilizada para suscitar o orgulho dos compatriotas no Brasil. E, quando os preparativos para o voo de De Pinedo já estavam sendo feitos, os antifascistas sentiram a necessidade de colocar em sua justa perspectiva os eventuais ecos propagandísticos da iniciativa:

> De Pinedo é fascista? Bem, não é como tal que ele conduz seu aeroplano pelos céus do mundo. É como italiano, nada mais. [...] Como amantes entusiastas de tudo o que significa conquista do progresso, admiramos, seguimos ansiosamente o aviador De Pinedo em seu magnífico voo. Não gostaríamos que ele próprio se esquecesse de que é italiano, para fazer-nos recordar que é fascista.[76]

Um ano depois, outra tripulação italiana, composta por Ferrarin Del Prete, estabeleceu o recorde de permanência em voo e de distância, partindo no dia 3 de julho de 1928 de Roma, com um Savoia-Marchetti S-64 e aterrissando em Touros, nas proximidades de Natal, dois dias e meio depois. Foi uma verdadeira apoteose. No mês seguinte, decolando do Rio com outro avião para uma viagem a vários centros do Brasil, sofreram um acidente, e Carlo Del Prete morreu no dia 16 de agosto, em consequência dos ferimentos.[77] Participaram de seus funerais 300 mil pessoas (muitas delas de camisa negra) e um monumento em sua homenagem foi erigido no Rio, em 1930.

---

75 Sobre o tema, vide "Próximo à represa, monumento ostenta símbolo fascista", *Folha de S.Paulo*, 12 out. 1986. O monumento, com sua águia romana e os seus *fasci* foi mudado para os Jardins. No que diz respeito ao voo, vide o livro escrito pelo próprio aviador, De Pinedo (1928); Zuculin (1927c); e Tomaselli (1928).

76 "De Pinedo", *La Difesa*, 17 fev. 1927.

77 Sobre o voo, vide os jornais da época e, em particular, o *Fanfulla*. Para uma reconstrução posterior, vide F. Galasso, "Ricordo di Carlo Del Prete", *Fanfulla*, 15 ago. 1958. Il Risorgimento insinuou que o acidente ocorrera porque os dois pilotos foram obrigados a voar "num aparelho imperfeito, comprovadamente defeituoso", na ânsia de obter, de um *raid* que alcançara

Em dezembro daquele ano, registrou-se uma proeza ainda mais sensacional – a primeira travessia atlântica em grupo –, ainda mais porque o comandante dos catorze hidroaviões era o ministro da Aeronáutica, Italo Balbo, um dos mais importantes expoentes do regime. Os onze aviões que completaram a travessia, comprados mais tarde pelo governo brasileiro, chegaram a Natal no dia 6 de janeiro de 1931. O voo e a sua preparação, que durou quase um ano, foram amplamente divulgados pela imprensa italiana, no Brasil e fora, e chegou-se até mesmo a organizar uma subscrição para os festejos.[78]

Uma missão política, mas revestida de outra aparência, já ocorrera em 1924, com o cruzeiro pela América do Sul do navio *Italia*. Tratava-se de uma feira de amostras de que participavam mais de quinhentas empresas (que conseguiram firmar contratos no montante de uma centena de milhões de liras), mas que hospedava também uma importante exposição artística. O evidente intento do cruzeiro era, pois, o de ilustrar aos latino-americanos e aos imigrados os progressos econômicos e culturais da Nova Itália, uma Itália moderna, produtora e tecnicamente e artisticamente avançada. Por isso mesmo, à sua frente estava Giovanni Giuriati (que será ministro várias vezes na administração de Mussolini), na qualidade de embaixador extraordinário do fascismo, com o objetivo de entrar em contato com as coletividades italianas. Dos jornalistas acompanhantes, os mais próximos ao partido fascista descreveram a fervorosa recepção dos imigrantes no Brasil como caracterizada por gritos e cantos fascistas. O certo é que em todos os portos (e as fotos da época estão aí para testemunhar) multidões de italianos e brasileiros se aglomeravam para visitar o navio a vapor. No Rio, os visitantes foram mais de 30 mil e números semelhantes foram registrados em Santos. O próprio chanceler brasileiro, nas boas-vindas dirigidas a Giuriati, atribuía os avanços da Itália à realidade política que se estabelecera na península mediterrânea e falava da marcha sobre Roma como afirmação de um novo conceito de missão governamental, descrevendo o fascismo como "bem merecedor e saudável, que reintegrou a Itália em seus fóruns".[79]

---

seus objetivos técnicos, resultados propagandísticos. Vide "Nuove vittime", *Il Risorgimento*, 1-16 ago. 1928.

78 Além dos jornais da época, vide Balbo (1932); Nosari (1931); e Rampelli (1981). Mas em geral, para os cruzeiros dos hidroaviões italianos na segunda metade dos anos 1920 e no começo dos 1930, vide Cupini (1973).

79 Pacheco (1924). No cruzeiro do navio *Italia*, cf. o relato traçado por alguns jornalistas que depois coletaram em volume seus artigos enviados aos jornais da península: Miserocchi (1925), Belli (1925), Carrara (1925), Rocca (1926), bem como a voz oficial de quem estava no comando, Giuriati (1925).

No ano precedente, o delegado oficial para a América do Sul do Partido Nacional Fascista, Ottavio Dinale, percorrera alguns países do subcontinente com a missão de supervisionar a constituição e o funcionamento dos *fasci*. Se bem que no caso do Brasil o grau de penetração do regime na coletividade italiana tenha sido, em nossa opinião, totalmente diferente nos anos 1920 em relação aos anos 1930, algumas temáticas devem ser encaradas globalmente; em primeiro lugar, a da estrutura do partido. Criar uma representação nas terras de emigração era uma preocupação presente ainda antes da chegada ao poder, mas será sobretudo depois da marcha sobre Roma que os esforços se intensificarão. Na reunião do Grande Conselho do Fascismo de 10 de outubro de 1923 é decidida a instituição da Secretaria Geral dos *Fasci no Exterior*, como órgão autônomo, que será presidido por Giuseppe Bastianini até 1927, Cornelio di Marzio, entre 1927 e 1928, Piero Parini, entre 1928 e 1937, e Attilio De Cicco, depois dessa data. A missão principal era atrair os italianos no exterior para a órbita do fascismo. A Secretaria tinha um órgão de imprensa próprio, *I Fasci Italiani all'Estero*, que, em 1925, trocou de nome para *Il Legionario*. Um dos momentos mais importantes foi a convocação de um congresso em Roma, em outubro de 1925, que viu a presença de cerca de 90 *fasci* da Europa, 25 das duas Américas, 20 da África, 13 da Ásia e 5 da Austrália,[80] ainda que os resultados não tenham sido brilhantes. Naquela circunstância, insistiu-se muito sobre a fascistização da vida e das organizações de emigrantes italianos. Em seu informe, Bastianini afirmava que "o leito natural da revolução do fascismo está no exterior, depois que, no interior, se afirmou vigorosamente" e que os inscritos nos *fasci* do exterior "são os melhores italianos, os disciplinados, que vivem de trabalho e de fé, conservando íntegras as tradições italianas da família e da raça".[81] As seções do PNF no exterior deveriam defender os imigrados, elevar seu espírito, valorizar a cultura peninsular, promover a instrução, reforçar a italianidade, favorecer o intercâmbio comercial, abrandar os contrastes dentro da coletividade, mas, basicamente, capturar consensos e apoiar com força o regime de Roma.

É difícil estabelecer a importância que tiveram, na fascistização das coletividades emigradas, as estruturas partidárias, assim como outras medidas tomadas pelo governo de Roma, principalmente o expurgo do corpo diplomático e seu alinhamento ideológico no triênio 1927-1929. O fato é que, por volta de fins dos anos 1920, foi atribuída aos *fasci* no exterior uma função quase exclusivamente assistencial e educativa. No estatuto, promulgado

---

80 Vide *Il Legionario*, 24-31 out. 1925.
81 Vide Santarelli (1974, p.126); e Fabiano (1983, p.229).

em 1928, se reafirmavam com maior vigor algumas das normas presentes no precedente e se acrescentavam novas: obediência às leis do país anfitrião e proibição de intromissão na política interna; função assistencial e de defesa da italianidade; subordinação aos representantes diplomáticos; obrigação de moralidade pública e privada; constituição de seções femininas, juvenis e infantis no seio de cada *fascio*.[82] *Tudo isso significava que "os fasci no exterior tinham, a partir de então, um espaço cada vez menor para as iniciativas partidárias mais ou menos provocadoras. Ao mesmo tempo, a atividade 'política' assumirá um caráter oficial, formal, em estreita ligação com a diplomacia fascista"*.[83] Em 1930, o fracasso da tentativa de convocar um segundo congresso dos *fasci* no exterior, programado precisamente para aquele ano e adiado continuamente nos dez anos seguintes, demonstrou a perda de incisividade e de importância das estruturas partidárias. No que diz respeito à América Latina, o próprio Parini, quando de uma viagem à região em fins de 1931, exprimiu um juízo negativo das seções do PNF de além-mar, com exceção do Peru. Mas, já em 1924, Giuriati, num relatório, afirmava que elas eram apenas "uma Sociedade a mais da colônia, que muitas vezes aumenta as causas de desagregação da nossa coletividade", acusando que eram dirigidas, às vezes, "por pessoas escolhidas sem possibilidade de exercer uma seleção".[84]

Tal problema tinha, seguramente, certo peso no Brasil, tanto que o próprio Giuriati, escrevendo a Mussolini, dizia ter telegrafado a Roma, durante o cruzeiro, fazendo uma única proposta – o afastamento de Emidio Rocchetti, delegado do PNF no Brasil –, mas obtendo como único resultado "o de proporcionar a Rocchetti o apoio de Bastianini".[85] A figura do primeiro responsável pelo fascismo no Brasil na época era, decerto, difícil de ser defendida, não só pelos fatos de que foi protagonista fora da Itália, mas sobretudo pelo seu passado. A própria decisão de emigrar para o Brasil, em abril de 1922, devera-se em parte à necessidade de escapar de uma situação que se tornara insustentável após o assassinato de Augusto Troccaioli, secretário do Partido Comunista em Macerata, morto por Rocchetti com dois tiros no dia 17 de outubro de 1921. É verdade que a justiça italiana não o condenou, mas, como reconhecia mais tarde um tribunal brasileiro a que o delegado do PNF

---

82 Vide "Il nuovo statuto dei fasci all'estero scritto dall'on. Mussolini", *Fanfulla*, 20 fev. 1928.
83 Santarelli (1974, p.128).
84 Apud Gentile (1986, p.388).
85 Vide Fabiano (1985, p.249). Queixas sobre Rocchetti chegaram muitas vezes a Roma. Ele era acusado de desonestidade e de aproveitar-se de seu cargo para enriquecer. Vide "Gli scandali del fascismo coloniale", *La Difesa*, 4 jul. 1931.

se dirigira para processar o jornal antifascista *La Difesa*, "o processo relativo a esse caso foi cheio de dúvidas e incertezas" e não demonstrou "a inocência do querelante, dando, antes, provas contrárias".[86]

Se as acusações de desonestidade e péssima gestão envolviam o responsável máximo do fascismo no Brasil durante os anos 1920, é claro que elas não podiam poupar os responsáveis locais, principalmente o secretário do *fascio* do Rio e delegado do PNF para os estados setentrionais do Brasil, Sciutto, acusado em várias ocasiões pelo semanário do Distrito Federal, *Popolo d'Italia*, de vaidade, negocismo e estupidez.[87] Que não se tratava apenas de calúnias demonstra-o o fato de que o indivíduo foi expurgado em 1928, como aliás o próprio Rocchetti – e isso parece estreitamente ligado à promulgação do novo estatuto dos *fasci* no exterior. Eram particularmente frequentes as rivalidades internas, que, como a ascensão de camaradas de convicção não comprovada, pareciam indissoluvelmente ligadas aos apetites que as estruturas partidárias haviam imediatamente suscitado.

O cerne foi representado pelo fato de que os cargos diretivos deveriam ter sido – de acordo com as diretrizes de Roma – atribuídos a figuras inatacáveis. As qualidades dos dirigentes, pelo contrário, não respondiam minimamente a esse perfil, como demonstravam tanto as repetidas acusações de falta de tato, de autoridade e de prestígio desses personagens quanto a estranheza dos recém-chegados ao mundo brasileiro e às comunidades imigrantes. De Rocchetti, por exemplo, afirmava-se que ele era um jovem recém-chegado ao Brasil "em busca de um emprego que não tinha encontrado; portanto, sem posição, desconhecido pela colônia e, o que é pior, desconhecido pelo ambiente local".[88]

O problema da confiabilidade também dizia respeito aos membros simples, cuja sinceridade de adesão era muitas vezes incerta. As acusações contra os *fasci* de acolher uma ínfima minoria de filiados ideologicamente convictos e uma maioria de convertidos por razões de conveniência, sobretudo após a fascistização do corpo diplomático foram reiteradas. Igualmente problemática era a obrigação de abrir as portas apenas aos membros que tivessem "conduta irrepreensível como cidadãos e como italianos dentro e

---

86 "Il nostro processo", *La Difesa*, 11 abr. 1926. Sobre o homicídio de 1921, ver a reconstrução feita em *L'Italia del Popolo*, de Buenos Aires, por uma testemunha ocular, e citada pelo *La Difesa*, 18 dez. 1927 ("Il delitto di Emidio Rocchetti").

87 ACS, *DGPS*, Div. Polizia Politica, Materia, envelope 21, fasc.C 23/3.

88 Bartolotti (1926, p.100). Também na comunidade alemã foram comuns as acusações iniciais dirigidas aos funcionários do partido nazista de não terem nenhum prestígio nem seguidores (Gertz, 1987, p.78-80).

fora da sede".[89] Os inscritos sobre cujas qualidades éticas e políticas teria tido muita objeção foram numerosos: que a adesão ao partido trouxesse vantagens, especialmente se fossem alcançadas posições intermediárias ou de topo, não era segredo para ninguém, especialmente no campo empresarial, pois muitos italianos se curvavam à vontade dos líderes dos *fasci*, por medo ou por deferência.[90]

O primeiro *fascio* a ser constituído no Brasil foi o de São Paulo, em março de 1923,[91] por iniciativa de Rocchetti, que recebera de Roma instruções nesse sentido. Na carta que mandou aos jornais, pedindo para ser publicada, convidava os "italianos que se sentem verdadeiramente italianos" a se reunirem na nova organização, mas advertia:

> Antes de se inscreverem, pensem, examinem as suas consciências e o seu espírito, reflitam que o Fascismo nada promete aos indivíduos, mas pretende tudo deles por amor à Itália; depois, enviem os seus pedidos de inscrição e se encontrarão entre irmãos, reunidos no símbolo da Itália nova, da Itália da Vitória!".[92]

Promoveram o *fascio*, junto com ele, Ronchi, Santi e Milani. Essa primeira tentativa não teve muito êxito, pois só responderam ao apelo dezessete jovens, que, aliás, já se tinham inscrito no PNF, na Itália. Dois meses depois, surgia o *Fascio* Pietro Poli, do Rio, com adesões igualmente modestas. Em seguida, a breves intervalos, começaram a ser fundadas seções do PNF em várias localidades do Brasil. O estado em que, no entanto, a organização teve maior sucesso e um maior número de inscritos foi São Paulo. Na capital, além do *Fascio* Filippo Corridoni, estava sediada a secretaria regional dos *fasci* no exterior, com jurisdição sobre São Paulo e Mato Grosso, cujo lema era: "Muitos inimigos, muita honra". Rocchetti permanecerá à frente desta última até 1928, enquanto se alternarão, na secretaria do *Fascio* de São Paulo, Rocchetti, Altieri, Milani e, sucessivamente,

---

89 Aesp/Dops, Prontuário 30.254, Fascio Cesare Battisti de Itápolis.
90 No Rio de Janeiro, isso foi particularmente evidente no setor de seguros e envolveu personalidades que ocuparam, justamente, cargos importantes tanto no *fascio* quanto nas seguradoras gerais de Veneza e Trieste e na Companhia Adriática, conforme relatado retrospectivamente em um relatório dos órgãos de segurança brasileiros em 1943 (Aerj/Dops, *Espionagem*, Prontuário 1, Fascistas e espiões no alto comércio no Brasil).
91 O primeiro que apareceu no subcontinente foi o de Buenos Aires, cidade que chegou a ser sede da Delegação dos *Fasci* na América Latina (vide Gentile, 1983, p.173).
92 *Fanfulla*, 17 fev. 1923.

Manera, Manginelli, Colpi, Altieri (entre 1930 e 1935), Santi, Tuccimei e Bifano. Até a metade dos anos 1930, as reuniões foram realizadas em sedes mais ou menos ocasionais: escolares (Istituto Lievore), associativas (preferencialmente o Circolo Italiano, a partir de 1930) ou até religiosas (Istituto Salesiano Sacro Cuore de Gesù).

No último período, comprovando o peso maior, se não da organização partidária, pelo menos da sedimentação ideológica e do consenso, foram inauguradas três seções de bairro no Brás, Bela Vista e Ipiranga, todas elas em 1937. O objetivo de tal iniciativa era, sobretudo, o de penetrar na classe operária e, mais em geral, nas camadas populares.

O número de *fasci* nos estados de São Paulo e Mato Grosso também ampliou-se depois da metade dos anos 1930. Dos 19 ativados em 1924, passou-se a 33, aos quais se somavam 3 em constituição e 2 seções, ou seja, organizações que ainda não haviam chegado a um grau suficiente de eficiência e dependentes do *fascio* da localidade mais próxima. Os centros mais importantes do PNF em 1932 achavam-se em Araraquara (secretário: Giuseppe Anfiero), Bauru (Pellegrino Bacci), Jundiaí (Domenico Anastasio), Mococa (em cuja direção estava um padre: Giovanni Angeli, voluntário de guerra e ex-capelão dos Arditi), São Carlos (Michele Giannetti), Sorocaba (Antonio Laino), Santos (*Fascio* Carlo Bartolomei, secretário Filippo Tomaselli e, mais tarde, Armando Roubaudi), Campinas (*Fascio* Fabio Filzi, secretário, em 1936, Dante Di Bartolomeo), Ribeirão Preto (*Fascio* Rosario Papa, secretário, em 1936, Cristoforo Prota), Piracicaba (cujo secretário era o magnata do açúcar, Pietro Morganti).[93]

Cada *fascio* tinha uma diretoria composta de quatro membros, mas com funções meramente consultivas: secretário administrativo, conselheiro de assistência e propaganda, chefe do grupo juvenil e comandante da seção Jovens Fascistas. A responsável pelo *fascio* feminino não fazia parte dela.

Não há dados acerca da profissão dos inscritos e da camada social a que pertenciam (embora houvesse tentativas esporádicas de fazer o proletariado parecer majoritário). No entanto, em 1929, o secretário G. B. Colpi, falando numa reunião do partido, dividia os fascistas em três categorias: os intelectuais ("aqueles que devem dar ao *fascio* os tesouros da sua mente e da sua cultura"), a elite ("os abastados, os ricos, que são úteis ao *fascio* suprindo as suas necessidades de dinheiro") e o chamado "braço do fascismo" ("aqueles

---

[93] Para a lista dos *fasci* em 1932, vide Rubbiani (1932, p.383 e 415-41). Em 1936, vide Pisani (1937, p.1248-51).

que devem dar o seu trabalho pessoal, quase material").[94] Se é indubitável que as duas primeiras categorias responderam, mesmo com algumas reservas,[95] é difícil dar uma fisionomia precisa à terceira. Absolutamente certa, ao contrário, era a total impotência dos inscritos na esfera decisória e na escolha dos representantes. Por ocasião da demissão de Rocchetti e da ascensão de Manera ao cargo de secretário, o próprio cônsul Mazzolini se encarregou de apresentar os mecanismos que haviam possibilitado tal operação como prova de vitalidade e de superação de regras caducas, procurando também pintar uma renúncia que, seguramente, não havia sido voluntária, como exemplo de espírito militante e de disciplina à causa:

> Esta noite, celebramos, aqui, um rito. Um dirigente volta a ser militante de base, um militante sobe da base para assumir o posto de comando. E tudo isso se verifica sem recorrer à velha fórmula democrática da resposta, às vezes falaz, das urnas em torno das quais se experimenta a disputa pelos votos, mas em obediência às leis inderrogáveis de uma fé que se chama fascismo e de uma vontade inquebrantável: a de Benito Mussolini.[96]

No entanto, não eram estes – ou, pelo menos, apenas estes – os motivos que mantinham os imigrados longe das fileiras dos partido. O certo é que, durante todo o período, o número dos inscritos manteve-se decididamente baixo, em relação aos 435 mil residentes em 1930. Totalmente fantasiosa mostra-se a estimativa, feita em 1925 por Bertho Condé, na *Folha da Manhã*, que provocava a irônica confutação de Emilio Rocchetti:

> 300 mil, nada menos. São muito menos, ilustre advogado, creia em mim que tenho certeza disso, muito, muito menos! Se fossem 300 mil seria uma felicidade, tanto para a Itália, como, permita-me, para o Brasil também, que, entre

---

94 "Nella pattumiera", *La Difesa*, 26 maio 1929.

95 A presença de organizações partidárias suscitou perplexidades nas classes abastadas, que continuaram a lançar convites à cautela por medo de que a eventual reação da opinião pública e das próprias autoridades brasileiras chegasse a danificar a coletividade inteira e os interesses econômicos da elite. Matarazzo, por exemplo, afirmou ser contrário a qualquer campanha organizada, pois os nativos poderiam levar a mal "as lutas políticas importadas e mais ainda as agitações em sua pátria, que livremente nos acolhe" (Blancato, 1926, p.191 e 198).

96 Mazzolini (1929, p.29-30). O mesmo Manera, nessa ocasião, procurou dar crédito à imagem de um Rocchetti que, voltando voluntariamente à base como um soldado disciplinado, ensina a todos os camaradas como a disciplina deve ser entendida e praticada". Vide "I precisi comandamenti del Duce e i Fasci italiani", *Fanfulla*, 3 mar. 1928.

outras coisas, teria 300 mil pessoas disciplinadíssimas que obedeceriam e observariam cega e fielmente as leis brasileiras.⁹⁷

Se é difícil estabelecer a cifra exata, o fato de que fontes oficiais e escritores fascistas se mantivessem sempre vagos, falando de vários milhares, tende a confirmar a hipótese de penúria.⁹⁸ Considerando os dados disponíveis, o número dos inscritos girava em torno de 1.600 em todo o Brasil, em 1924. Uma progressão mais detalhada é possível para a cidade de São Paulo: 400 em 1924, caindo para 150 em 1926 (provavelmente por causa das repercussões no mundo inteiro e portanto também no Brasil do assassinato do deputado socialista Giacomo Matteotti na Itália em 1924) e elevando-se para 1.745 em 1928 (dos quais, porém, apenas 1.115 em dia com os pagamentos). No interior do estado, em 1932, existiam apenas oito *fasci*, que podiam contar uma centena de membros, enquanto todos os outros mantinham-se abaixo de cinquenta. Sempre em 1932, os inscritos no Rio de Janeiro somavam 1.100, em Minas Gerais menos de 700 (dos quais 170 em Belo Horizonte e 130 em Juiz de Fora) e na Bahia uma centena ou pouco mais.⁹⁹ Em São Paulo, em 1940, eram entre 3.000 e 3.500.

Nem mesmo as manifestações e as comemorações dos aniversários do regime, promovidas pelo PNF no Brasil, conseguiam suscitar uma participação ativa dos compatriotas. Em 1923, a comemoração da marcha sobre Roma foi "vibrante de entusiasmo", mas, como reconheceram os próprios organizadores, "modesta" e, pelo menos até os anos 1930, das assembleias do *fascio* no Rio participavam poucas dezenas de pessoas. Em São Paulo, em 1935, o 16º aniversário da fundação dos *fasci* teve a presença de menos de 2 mil pessoas, sendo considerado um sucesso, já que a celebração do Natal de Roma reunira menos ainda.¹⁰⁰

---

97 "É prejudicial aos nossos interesses a acção do fascismo", *Folha da Manhã*, 20 dez. 1925; e "Réplica ao dr. Bertho Condé", ibid., 22 dez. 1925.

98 É singular, por exemplo, que Pisani, que chega a fazer listas nominais de industriais, comerciantes, artesãos, representantes e profissionais liberais, não dê notícias da consistência numérica dos *fasci*, embora forneça amplas informações sobre sua história e funcionamento.

99 Para a cidade de São Paulo e para o Brasil inteiro, vide *Fanfulla*, 11 mar. 1924, e 7 mar. 1928. Para os dados de 1932, vide Rubbiani (1932, p.415-7).

100 O cronista da agência de informações oficial – Stefani – comentava amargamente que, para a festa alemã do Primeiro de Maio, haviam-se reunido 10 mil indivíduos, embora a comunidade alemã em São Paulo representasse menos de um terço da italiana. Asmae, série pol., "Brasile (1931-1945)", envelope 7.

Acrescente-se a isso o problema das defecções do partido durante os primeiros anos.[101] Considere-se, enfim, que, ao menos durante todo o decênio inicial, a atividade do *fascio* reduziu-se a bem pouca coisa, tanto que podia ser assim resumida por um vespertino bastante próximo do regime: "Na falta de um trabalho mais útil e digno, a Diretoria do *Fascio* local especializou-se em fazer... relatórios (chamemo-los assim) acerca das manifestações pessoais ou coletivas da colônia de São Paulo".[102]

As próprias reuniões eram realizadas com periodicidade irregular e, às vezes, passavam-se mais de seis meses entre uma e outra. Se era essa a situação nas áreas urbanas e com presença maciça de emigrados, ainda menos incisiva devia ser a ação do partido nas zonas periféricas, de economia rural, onde as carências associativas prolongaram-se mais. Analisando as causas dessa falência, o vice-cônsul em Santa Catarina, Guido Zecchin, assim se exprimia em 1935 a propósito dos *fasci* existentes no sul do estado (Urussanga, Nova Veneza, Laguna e Meleiro):

> Na prática, esses *Fasci* não existem. Foram fundados por pessoas animadas por elogiáveis sentimentos de italianidade e por ótimas intenções. Conseguiram facilmente um número notável de inscrições. Mas nunca funcionaram. Os compatriotas nunca compreenderam que funções o *Fascio* deveria ter. Se se tratava – era, em particular, o caso dos velhos – de se reunir para afirmar seus sentimentos de italianidade, muitos estavam prontos para fazê-lo. Mas, e depois? O que podia o *Fascio* fazer, além dessa manifestação de caráter exclusivamente platônico?[103]

Com efeito, sobretudo após o novo estatuto de 1928, as atividades dos *fasci* recordaram em muitos aspectos as realizadas pelas associações já presentes no território e, posteriormente, as organizadas pela Opera Nazionale Dopolavoro, resultando, assim, em concorrência com ambos os órgãos. Mesmo nos estatutos, o objetivo declarado era "reunir os cidadãos italianos

---

101 Ver, por exemplo, a carta enviada pelo secretário do *fascio* de São Paulo – Stromillo – a um jornal italiano, negando terem ocorrido mudanças de opinião e arrefecimentos de entusiasmo em meio aos fascistas, e a resposta do jornal – considerado, aliás, órgão do PNF no Estado –, que se limitava a comentar ("Quisera Deus!", *Tribuna Italiana*, 24-25 jan. 1925).

102 "L'ultima assemblea del Fascio", *Il Piccolo*, 3 fev. 1925. A alusão dizia respeito ao envio, a Roma, de alguns dossiês destinados a denunciar personalidades que se haviam demonstrado frias em relação ao fascismo local.

103 Relatório de 31 maio 1935, enviado ao cônsul, em Curitiba, ACS, Minculpop, envelope 277, fasc.1/9-11.

para fins de ajuda mútua moral, econômica e intelectual",[104] inclusive por meio de conferências, bibliotecas e abertura de cursos escolares. A manutenção de um forte sentido de identidade étnica parecia essencial, e devia traduzir-se em elevação espiritual, nas situações em que o imigrante "vive em uma comunhão de vida com o bruto indígena cujos vícios e alguma baixeza moral por vezes absorveu".[105] O secretário era obrigado a monitorar rigorosamente até que nenhuma outra língua além do italiano fosse falada na sede. As seções tinham a função de promover a comemoração de festas nacionais e fascistas e a organização do tempo livre: atividades esportivas, festas dançantes, dramas, em poucas palavras, o incentivo a divertimentos "honestos".

Apesar disso, os *fasci* sempre mantiveram a conotação política, e um elemento interessante é o fato de que a incidência percentual de oficiais e ex-oficiais das forças armadas entre os inscritos fosse significativa. Além disso, e especialmente no nível executivo, embora houvesse casos de responsabilidades assumidas por indivíduos imigrados algumas décadas antes, os cargos mais importantes eram ocupados por elementos que tinham deixado a Itália havia pouco, talvez já inscritos no PNF na pátria. Finalmente, também figuravam filhos de italianos entre os inscritos, até mesmo com altos cargos, como Carlo Carioni, um combatente voluntário na Itália na Primeira Guerra Mundial e depois secretário do *fascio* de Bauru.[106]

Mais fracas ainda eram as organizações femininas, que tinham a tarefa de secundar a obra assistencial do *fascio*, ajudar as famílias pobres, fornecer assistência escolar, proteção à maternidade e à infância, contribuir para a constituição das colônias de férias, "em suma, a função de gentileza e de humanidade que é própria das mães".[107] De qualquer forma, apesar da orientação decididamente machista do regime, aconteceu até mesmo, em casos muito raros, que o elemento feminino conseguisse ocupar os cargos mais altos nas próprias estruturas principais, como foi o caso da Bahia, onde, por algum tempo, uma mulher foi chamada para dirigir o *fascio* local. É difícil estabelecer o número das inscritas às organizações femininas, embora devesse ser, com certeza, bastante inferior ao dos camaradas homens (em torno de poucas dezenas nas localidades mais importantes), tanto que, em 1931, o *fascio* feminino do Rio contava apenas cinquenta afiliadas. Na secretaria da organização, o *turnover* era pouco frequente: em São Paulo se

---

104 Statuto del Fascio di Itápolis, in Aesp/Dops, Prontuário 30..84.
105 Bartolotti (1928, p.115-6).
106 *Cinquant'anni...* (1936-1937, p.241).
107 "La Casa d'Italia di Bello Horizonte", *L'Italia in Marcia*, v.2, n.3, dez. 1937.

alternaram senhoras da alta sociedade (Maria Apollinari, Rosa Frontini, Elvira Dall'Acqua e a senhora Venturi).

Mais interessante era o trabalho realizado pelas Organizações Juvenis dos Italianos no Exterior (Ogie), que organizavam os filhos dos imigrantes em seções por faixa etária e sexo: Filhos da Loba (crianças de ambos os sexos até 8 anos de idade), Balilla (dos 8 aos 14 anos), Vanguardistas (14 aos 18), Jovens Fascistas (mais de 18), enquanto as meninas eram agrupadas nas Pequenas Italianas e nas Jovens Italianas. Exercícios paramilitares e muita ginástica acompanhavam empenhos menos guerreiros (se bem que não em sua denominação), como a organização das Centúrias Líricas. O número de inscritos não deve ter sido desprezível, embora esses dados raramente tenham sido divulgados. No entanto, só na cidade de São Paulo, chegaram a 3.500 em 1939. A importância das estruturas juvenis é comprovada pelo interesse demonstrado por Roma, tanto que, em 1936, foi enviado diretamente da Itália para dirigir a Ogie um funcionário do partido, Lamberto Lippi, ex-responsável pelo grupo análogo na Bulgária e que, em 1937, tornar-se-á secretário da seção fascista do Brás.

A partir de 1938, todas as seções do PNF presentes no território tiveram que cessar as suas atividades – como acontecera no ano anterior a todos os partidos brasileiros – em consequência das leis promulgadas pelo Estado Novo, destinadas a limitar a atividade política das organizações estrangeiras. Dirigidas principalmente contra a nazistização da colônia alemã, mas perfeitamente coerentes também com o nacionalismo crescente que o novo panorama político estimulava, elas dissolviam os partidos estrangeiros em terra brasileira e, portanto, os *fasci* também. Proibiam, além disso, que organizações políticas de outros países tivessem delegados, representantes ou encarregados no Brasil, colocando sérios limites às atividades das estruturas que, embora não sendo expressões diretas de partidos, podiam servir de cobertura para eles. Paralelamente, foram impostas restrições à composição de associações estrangeiras, impedindo que aquelas que mantivessem critérios de nacionalidade registrassem associados brasileiros. Isso significava que as associações italianas poderiam sobreviver, mas apenas com a condição de não incluírem nas fileiras filhos e netos de imigrantes; caso contrário, eram obrigadas a se abrasileirarem. A opção predominante, principalmente no início, foi manter o próprio caráter étnico, suprimindo os artigos dos estatutos que permitiam a inscrição de descendentes e naturalizados. Com o passar dos anos, porém, os casos contrários começaram a ser mais frequentes.

A primeira vítima das disposições de 1938 foi, evidentemente, representada pelos *fasci*, que, forçados ao fechamento, optaram, pelo menos no plano formal, por proceder a uma transformação, decidindo dedicar-se exclusivamente à obra beneficente e de assistência ou a se dissolver de alguma forma nas Casas da Itália, que desde o final da década de 1920 os representantes da Itália no Brasil e as lideranças fascistas tinham tentado levantar em todas as realidades urbanas com presença peninsular para agrupar tantas formas de vida coletiva quantas possíveis (para controlá-las com mais rigor), das associações às seções do PNF, das redações jornalísticas às representações diplomáticas, das escolas ao *Dopolavoro*, passando também pelas Câmaras de Comércio. De fato, os sucessos dessas iniciativas resultaram modestos e poucas estruturas foram criadas e, sobretudo, raramente conseguiram reunir todas as organizações que pretendiam agrupar. Em relação aos *fasci*, mesmo na nova roupagem, continuaram a acolher, não muito clandestinamente, reuniões de natureza política e o fato de, ao lado daquele assistencial, perseguirem outros fins foi demonstrado, por exemplo, pelos milhares de folhetos de propaganda pró-regime encontrados durante uma busca em São Paulo, em 1941, no Ente Assistencial Filippo Corridoni, órgão no qual era transformada a seção do PNF, mantendo-se inalterado o nome do personagem nacionalista ao qual ambos eram dedicados.

O conjunto de medidas adotadas pelo Rio de Janeiro representava o índice de um fenômeno que deveria ter alarmado o governo de Roma, quer dizer, a confirmação definitiva do nacionalismo de Vargas. Se o governo italiano e seus representantes diplomáticos não demonstraram medo excessivo foi porque acreditaram na versão segundo a qual os decretos-lei visavam sobretudo a comunidade alemã, menos integrada e mais rigidamente controlada, mesmo em sua descendência, da pátria mãe. Para reforçar essas convicções, intervinham também os principais expoentes do Estado Novo, que tranquilizavam as autoridades diplomáticas italianas nesse sentido. O próprio chanceler Galeazzo Ciano, que também era genro de Mussolini, após a promulgação das medidas, recebeu do embaixador do Brasil a comunicação do reconhecimento oficial, pelo Rio de Janeiro, do Império (a conquista da Etiópia pela Itália tinha terminado alguns anos antes) e concluiu que essa decisão deveria ser colocada "em relação às novas leis contra atividades estrangeiras no Brasil e isso para provar que as leis não são contra nós".[108]

Em 1938, porém, o fascismo não necessitava mais dos *fasci* para proporcionar uma boa imagem de si: a fidelidade ao regime já havia sido garantida por outros canais, de maior peso e mais segura eficácia. O Estatuto de 1928 estabelecera, de uma vez por todas, a subordinação dos *fasci* no exterior às

---

108 Ciano (1980, p.130).

estruturas diplomáticas, pondo fim, desse modo, a uma situação caótica e perigosa registrada desde o advento do fascismo e que via a contínua intromissão dos dirigentes locais na vida consular, que muitas vezes descambava para um verdadeiro controle de embaixadores e cônsules. Naquele mesmo ano, Parini podia anunciar triunfalmente que a questão havia sido resolvida e que não se admitiam "parcerias no exercício da representação". Isso significava simplesmente que o regime se havia protegido atribuindo às autoridades diplomáticas também as tarefas de proselitismo político. Entre 1928 e 1929, a rede consular foi ampliada com a abertura de umas setenta sedes e ingressaram na carreira mais de cem cônsules fascistas (cerca de um quarto do total), que não provinham das fileiras da diplomacia.[109]

Os velhos representantes do Estado italiano no estrangeiro revelaram-se, às vezes, reticentes em exercer aquele papel partidário que o fascismo pretendia atribuir-lhes. No Brasil, porém, a partir de 1925, foi o próprio embaixador Montagna quem se colocou na linha de frente da propaganda do regime, estabelecendo perigosas equações entre fascistas e italianos e não desprezando ameaças de violência contra os opositores. Comemorando a marcha sobre Roma na sede da embaixada, chegou, de fato, a afirmar: "Eu lhes prometo, fascistas, que a representação oficial do nosso Rei e do nosso País será forte o bastante para pôr em seu devido lugar qualquer cabeça quente".[110]

Seu sucessor, Attolico, comportou-se com maior prudência, pelo menos até a chegada, entre 1928 e 1929, da nova vaga de cônsules fascistas: Mazzolini (São Paulo), Censi (Rio de Janeiro), Mammalella (Porto Alegre) e Chiostri (Curitiba). Somar-se-iam a esses muitos outros, menos conhecidos e que desenvolviam as suas atividades em sedes com menos prestígio, às vezes recrutados *in loco*. Só para dar exemplos, Giovanni Maria Nasi, vice-cônsul em São Paulo, em 1931; Giorgio Tiberi, que tinha o mesmo cargo em Ribeirão Preto e ostentava a medalha de ouro da marcha sobre Roma; Giovanni Moscati, vice-cônsul em Campinas, em 1932, e secretário do *fascio* dessa cidade. O sucessor de Mazzolini, Vecchiotti, era, segundo *La Difesa*, um agente da Ovra (a polícia secreta do regime).

---

109 Fabiano (1983, p.232); e Marocco (1986, p.106). No Brasil também registrou-se um aumento das agências consulares, que passaram das 23 de 1909 às 48 de 1929 e às 63 de 1939, permitindo uma presença mais difusa no território.

110 "Dolorosa costatazione", *La Difesa*, 8 nov. 1925. Segundo os antifascistas, Montagna foi chamado de volta à pátria precisamente por causa dos seus insucessos em relação a eles. ("La visita e i discorsi dell'ambasciatore fascista", *Il Risorgimento*, 16 abr. 1928.)

Ludovico Censi, que participara do voo de D'Annunzio sobre Viena, provinha de Buenos Aires, onde se destacara por uma tentativa de ataque à redação do jornal antifascista *Italia del Popolo* e fora transferido para o Brasil em consequência dos protestos do governo argentino, por esse e outros episódios do gênero. Amedeo Mammalella, ex-deputado do PNF de Nápoles, assim que chegou a Curitiba tornou-se protagonista de um episódio ridículo, afirmando ter sido objeto de dois atentados, negados após minuciosas investigações feitas pela polícia local e pelos jornais.[111]

A figura mais importante na difusão do fascismo entre os compatriotas residentes foi, sem dúvida nenhuma, Serafino Mazzolini. Nascido em Arcevia, nas Marcas, em 1890, participou, como voluntário, na Primeira Guerra Mundial, na ocupação de Fiume por D'Annunzio e na marcha sobre Roma. Deputado no parlamento, foi vice-secretário do PNF entre 1924 e 1926 e comissário da federação fascista de Nápoles em 1926. Nomeado cônsul em São Paulo em 1º de junho de 1928, lá permaneceu até agosto de 1932, quando foi enviado para Montevidéu e, daí, transferido para o Cairo, como chefe de missão. Em 1943, aderiu à República Social Italiana, tornando-se subsecretário das Relações Exteriores em março de 1944. Morreu em 1945, de coma diabético.[112]

Mal chegou ao Brasil, sua intuição política e, provavelmente, as instruções recebidas aconselharam-no a diferenciar-se de seus predecessores por uma prática que podia suscitar, como de fato suscitou, uma grande popularidade e simpatia entre os imigrantes de baixa extração social. No primeiro mês de permanência em São Paulo, efetuou inúmeras viagens ao interior do estado, onde as visitas do representante consular tinham sido, até então, esporádicas e apressadas. Tal comportamento também foi assumido pelos outros cônsules fascistas, ainda que de maneira menos contínua e chegou a interessar muitos setores populares da coletividade, apagando parcialmente a imagem dos diplomáticos anteriores que mantinham contatos unicamente com a classe abastada da imigração, tanto assim que um jornal admirador do regime escrevia que os representantes do governo haviam tornado suas estruturas "a casa de todos, esquecendo a etiqueta" e a indisponibilidade dos funcionários do passado.[113] O ativismo em questão contribuiu para dar às

---

111 Ver o jornal de Curitiba *O Sul*, que afirma, num caso, ter-se tratado apenas de uma pedrada no consulado, e não de um tiro, como pretendia Mammalella ("O 'atentado' ao cônsul fascista", *O Sul*, 25 jun. 1928).

112 Vide Marocco (1986, p.108); Rubbiani (1932, p.378).

113 "L'esempio dei capi", *La Fiamma*, 12 abr. 1934.

estruturas diplomáticas um prestígio que elas nunca haviam conhecido no passado, facilitando, assim, o objetivo de levar a coletividade a identificar-se compactamente com o fascismo. Os méritos de Mazzolini eram reconhecidos, por exemplo, até mesmo por observadores da mãe-pátria:

> O cônsul Mazzolini conseguiu fundir a colônia em compacta coesão, acima das invejas e dos rancores de pessoas e grupos, que, infelizmente, a laceravam, e torná-la toda fascista ou, pelo menos, tacitamente deferente para com o regime.[114]

A clarividência do cônsul, porém, não chegava até o diálogo com os adversários, os quais, ao contrário, eram condenados ao ostracismo. É evidente que, em tais condições, o efeito de atração exercido pelas representações diplomáticas fosse muito mais eficaz que a ação dos *fasci*, que, aliás, pelo que parece, deviam algumas ou várias inscrições precisamente a um espírito de bajulação em relação ao cônsul.[115] As cumplicidades eram tão evidentes, que os antifascistas podiam escrever sem temer desmentidos:

> Os líderes do fascismo no exterior, todos sabem quem são: os próprios diplomatas, os embaixadores, os cônsules. Cobertos por suas prerrogativas diplomáticas, dispondo de meios financeiros que seus predecessores não tinham, intrigam, espionam, corrompem. A soberania do Estado que os acolhe não lhes impõe respeito: todos sabem que, quando encontram gente disposta, pagam e subornam agentes nacionais – foram publicados os clichês dos recibos.[116]

Iniciativas do gênero provocavam clamor, pelo menos no que dizia respeito às destinadas a boicotar a imprensa antifascista brasileira. Em 1928,

---

114 Sarfatti (1931, p.443). O destinatário desses elogios repetiu as mesmas experiências no Uruguai, inclusive no que diz respeito à turnê pelo interior. Vide Marocco (1986, p.108-9). Para uma amostra dos discursos proferidos pelo cônsul em São Paulo, vide Mazzolini (1929).

115 Entrevista com Luigi Breda, 19 set. 1986. Esse conceito também havia sido expresso por um antifascista, Giuseppe Fabi, que, numa carta de 1928, interceptada pelos fascistas, escrevia a um amigo em Paris: "Com a vinda dos novos cônsules, a vileza dos italianos se multiplicou espantosamente, e vão em direção ao fascismo, todos os dias, novas correntes até ontem indiferentes" (ACS, *DGPS*, Div. Polizia Politica, Materia, envelope 21, fasc.C 23).

116 Observator, "Le meravigle di Mazzolino il bello", *Il Risorgimento*, 1º jul. 1928. De fato, a imprensa do Rio publicara o *fac-símile* de um recibo de 400 mil réis por serviços de informação prestados a Mazzolini pela polícia de São Paulo.

houve uma tentativa de Mazzolini de fazer as associações dos distribuidores de São Paulo e do Rio limitarem a circulação de jornais não favoráveis ao regime, particularmente de *O Combate*.[117] Em tais casos, e mais geralmente na avaliação da ação consular, a imprensa do país alinhou-se abertamente contra a intromissão dos diplomatas italianos na vida do Brasil.

A penetração do fascismo na coletividade italiana preocupou a opinião pública brasileira, e não só a de esquerda, bastante fraca durante o período. A acusação mais difundida era, obviamente, a de terem sido trazidas ao Brasil disputas e divergências, quando não ódios pessoais de fundo político, abusando-se, assim, da hospitalidade concedida. Tudo isso era, evidentemente, acompanhado pelo amargor de ver os fascistas agirem, em seus campos específicos, acima das autoridades brasileiras, muitas vezes chamadas a assumir uma postura mais enérgica. Por outro lado, devia ser bastante incompreensível – e, de fato, o tema foi várias vezes colocado – como, num período em que vigorava o estado de sítio e amplas restrições à liberdade de associação (durante grande parte dos anos 1920 e a partir de 1935), fosse consentida a atividade de estrangeiros que perturbavam a ordem pública, fomentavam a discórdia e atentavam contra a estabilidade das instituições. Bateu-se em particular na tecla da distinção entre italianos que trabalhavam e faziam o país progredir e uma minoria composta de políticos ambiciosos e organizadores da violência, contra os quais se pronunciava até mesmo um jornal moderado como o *Correio do Ypiranga*, órgão do PRP, ameaçando: "Esses fiquem certos de que os combateremos com o maior ardor, e, se preciso for, formaremos também nossas legiões, as legiões dos homens de bem, constituídas por brasileiros e italianos dignos, com o fim de expulsá-los do território nacional".[118]

A difusão dos *fasci* no território nacional evocava fantasmas de imperialismo mais ou menos violento, tema sobre o qual determinada imprensa insistia bastante, certa de sensibilizar o nacionalismo difuso do povo brasileiro, zeloso da sua independência e soberania. A propósito da tentativa de impedir, em Juiz de Fora, o comício de um antifascista italiano, assim se exprimia um jornal local: "A Itália está forte, está organizada, está próspera e está feliz? Por que não ir para lá? Por que não abandonar já,

---

117 A tentativa foi vista como um modo de suprimir a independência dos próprios jornais, "como se estivéssemos na Tripolitânia" ("A intromissão dos cônsules fascistas na vida brasileira", *O Combate*, 9 out. 1928).

118 "'Fascismo' impertinente", *Correio do Ypiranga*, 10 jan. 1925.

imediatamente, isto aqui, que não presta, que acolhe socialistas exaltados, que dá abrigo a expatriados?".[119]

O sentimento de intolerância podia aguçar-se e abrir caminho a ameaças de represálias quando o ostracismo fascista golpeava cidadãos brasileiros (o que não era insólito, visto o problema nunca resolvido do *ius sanguinis* e do *ius soli*), ou desencadear verdadeiras reações de massa, como aconteceu no caso de *Il Piccolo*, de que falaremos depois. Mas inclusive quando isso não se verificava e quando não eram os órgãos de imprensa de esquerda ou declaradamente antifascistas que moviam os ataques, as perplexidades expressas podiam ter caráter reiterado e substancial. E havia quem, embora admitindo que o fascismo constituía na Itália uma questão da maior importância, considerava inaceitável, inclusive à luz das normas internacionais, que os imigrantes continuassem a agir como se se achassem na sua pátria: "Não há dúvida que a discussão livre e franca das ideias é um direito incontestável. Mas só a discussão. Se ela é livre em toda a parte do mundo, a sua atuação partidária deve restringir-se ao território italiano.[120]

Até mesmo um jornal ligado à classe dirigente, como o *O Estado de S. Paulo*, insistirá sobre o perigo constituído pelo fato de dar uma disciplina fascista à numerosíssima comunidade italiana, em termos de criação de um Estado dentro do Estado e, ao longo de todos os anos 1920, pedirá ao governo para fechar os centros fascistas de São Paulo, que, entre outras coisas, impediam que os imigrantes incorporassem sentimentos brasileiros.[121] Com efeito, o setor em que a penetração fascista suscitava as reações mais vivas era provavelmente o da escola e, mais em geral, o mundo da infância e da juventude. A propósito das manifestações organizadas por ocasião do retorno de Mazzolini a São Paulo, um jornal declaradamente hostil, o *Diário Nacional*, assim escrevia:

> Oxalá não tenhamos mais o desprazer de assistir a espetáculos degradantes e ofensivos ao brio nacional, como o que ontem assistimos: inocentes criancinhas a desfilarem pelas ruas da cidade, encamisadas de negro e cantando a "Giovinezza". Elas hao de cantar, sim, com todas as forças da alma, a canção da mocidade que há de regenerar o Brasil e torná-lo brasileiro, absolutamente brasileiro.[122]

---

119 *Jornal do Commercio*, 28 jul. 1927.
120 M. Pinto Serva, "O fascismo no Brasil", *Folha da Noite*, 4 fev. 1928.
121 Capelato; Prado (1980, p.102).
122 Apud "Coll'arrivo di Mazzolini ricominciano le provocazioni fasciste", *La Difesa*, 17 mar. 1929.

Os clamores dos *mass media* não deviam ser demasiado injustificados, se até mesmo escritores fascistas convidavam a uma maior discrição nas manifestações públicas,[123] personagens que tinham feito a marcha sobre Roma se afastavam da política, dando-se conta de que aquilo poderia ser visto como hostilidade no Brasil,[124] e o próprio Francesco Matarazzo declarava à organização de São Paulo ser contra as campanhas fascistas, que se teriam revelado contraproducentes, concluindo, *pro domo sua*, que a única atitude a assumir era: "trabalhar, trabalhar bastante e só trabalhar".[125] Até mesmo o embaixador Lojacono era obrigado a revelar como as manifestações exteriores eram nocivas à imagem do regime no Brasil:

> O estudo da essência doutrinária e da prática de governo do fascismo não interessa muito. São os pequenos episódios locais – do garoto que frequenta as escolas italianas com uniforme de *balilla*, do grito fascista levado ao estádio pelo time de futebol do Palestra Italia, do Viva Roma gritado por um nadador italiano que chega em primeiro numa competição organizada pelo Club Esperia – que oferecem à imprensa o ensejo de assinalar "o perigo fascista" e de deflagrar campanhas e polêmicas.[126]

Nessas condições, o esforço propagandístico recaía nas costas dos jornais italianos no Brasil, aos quais os *fasci* locais podiam proporcionar pouca ajuda. Foi só a partir de 1930 que se obtiveram alguns resultados, isto é, quando essa função foi assumida diretamente pelo Ministério da Imprensa e Propaganda italiano (mais tarde, Ministério da Cultura Popular), o qual, além de financiar as publicações étnicas, instruiu os consulados no sentido de tentarem domesticar, com manipulações adequadas, as publicações brasileiras, encarregando-se também de enviar artigos já confeccionados por Roma. A atenção dada a essa atividade não devia ser excessiva, porém, pois o cônsul em São Paulo, Castruccio, lamentava que os textos chegassem em espanhol e sugeria que fossem enviados em português ou italiano.[127]

---

123 Bartolotti (1928, p.111-2).
124 Entrevista com Luigi Breda, 19 set. 1986. Breda fundara o *fascio* de Curitiba e, tendo se mudado para São Paulo, recusou, em 1932, a oferta do cônsul de dirigir o *fascio* local. "Se eu quisesse fazer política, voltaria para a Itália."
125 Blancato (1925, p.362).
126 Telegrama de 16 maio 1929 ao Ministero degli Affari Esteri (ACS, *DGPS*, Div. AA.GG.RR. J 5, envelope 264). O envelope é todo sobre Antonio Piccarolo.
127 Relatório de 26 nov. 1935, ACS, Minculpop, envelope 277, fasc.1/9.2.

Resultados mais interessantes foram obtidos durante a campanha da Etiópia, quando o consulado começou a financiar uma agência jornalística para que fornecesse aos cerca de duzentos jornais do interior que utilizavam seus serviços artigos e notícias favoráveis à campanha e ao comportamento das tropas italianas. O responsável por essa operação era Cesare Rivelli, ex-redator do *Fanfulla*, secretário provisório, em 1934, do *fascio* de Porto Alegre e redator-chefe de política internacional, desde 1935, da União Jornalística Brasileira. Fazendo um balanço lisonjeiro da iniciativa, Castruccio escrevia: "Os serviços prestados durante a guerra são evidentes. O financiamento foi feito por mim, com dinheiro da subscrição 'Pró África Oriental'. Apesar da subscrição se encerrar, continuarei a financiar a 'União Jornalística Brasileira' com fundos coletados *in loco*".[128]

Algumas dificuldades impedirão a continuidade do relacionamento estabelecido com a agência, que só será reatado em 1939 e reafirmado em 1940, com uma contribuição semestral de 6 milhões de réis, paga pelo consulado de São Paulo.[129] Sem esse apoio, tornou-se bastante difícil colocar material proveniente da Itália, ainda que devidamente traduzido em português, não obstante o recurso a algumas astúcias.[130] Mais tarde, contentaram-se em financiar diretamente apenas alguns jornais, ou jornalistas.[131] As dificuldades encontradas foram reafirmadas em 1939 por Castruccio, que aproveitava a ocasião para dar alguns conselhos:

> É inútil, por exemplo, ou, antes, contraproducente, publicar artigos ou caricaturas debochando da raça negra, que constitui aqui percentual elevado da população [...]. As notícias devem ser aceitáveis e interessantes para o elemento local [...]. Tampouco devemos nos iludir de que possam ser publicadas grátis.

---

128 Relatório de 1º out. 1936, Asmae, série pol., "Brasile (1931-1945)", envelope 9, fasc.34/3. Na realidade, os fundos viriam, depois, do Ministério da Cultura Popular (Minculpop).

129 ACS, Minculpop, envelope 275. Isso aconteceu sem a ajuda de Rivelli, que foi expulso em 1938 por atividades subversivas por causa de seus vínculos com a AIB.

130 Em setembro de 1937, o embaixador Lojacono precisava que "alguns artigos foram assinados com pseudônimos, pois de outro modo não seriam aceitos" (Asmae, série pol., "Brasile (1931-1945)", envelope 12, fasc.34/1).

131 Em novembro de 1939, o embaixador Sola pedia uma ajuda financeira para o publicista Francisco de Rocha Ferreira, de partida para a Itália, "a fim de cumprir sua missão, levando particularmente em conta o ponto de vista italiano" (ACS, Minculpop, envelope 272, fasc.7/8). Em Belém, era financiada a *Folha da Noite* e, em São Paulo, a revista *Brasiltur*, com 1.800 mil réis (ACS, Minculpop, envelope 273, fasc.8/7.1).

V. Exa. conhece bem os jornalistas. Quando publicam grátis, criam tais embaraços de natureza moral, que acabam custando muito mais caro.[132]

6.4. Fascismo e coletividade italiana: imprensa, associações e organizações do "consenso"

Eram pouco necessárias as operações do tipo descrito no parágrafo precedente para obter o apoio dos que tinham feito fortuna no Brasil. Aliás, foi a esse componente que o fascismo mostrou dirigir-se, desde o início. Já em dezembro de 1922, Mussolini enviava aos embaixadores italianos no Rio de Janeiro e Buenos Aires o seguinte telegrama:

> Favor telegrafar-me notícias precisas acerca personalidades mais conspícuas nossa colônia nesse país limitando-se a dois nomes de pessoas que oriundas de humildes origens de emigrantes tenham criado com trabalho honesto e pessoal grande fortuna e consideração.[133]

A iniciativa e, mais em geral, a política do fascismo encontraram amplo sucesso entre os membros mais economicamente abastados da nossa coletividade. Entre os inscritos nos *fasci* dos vários centros urbanos figuravam, frequentemente, industriais e fazendeiros, os mesmos a quem eram destinadas as carteiras de honra fascistas distribuídas além-mar, embora raramente expoentes da elite tenham assumido a direção das seções do PNF no Brasil (a mais importante exceção foi a de Pietro Morganti, secretário do *fascio* de Piracicaba), deixando que ficasse nas mãos da classe média.

No interior da classe dirigente italiana, podemos falar de simpatia difusa, que, no entanto, conhecia diferentes graus de intensidade, até chegar a adesões bastante tímidas, como no caso de Geremia Lunardelli[134] ou,

---

132 Relatório de 30 jul. 1939, ACS, Minculpop, envelope 272, fasc.7/46. Em 1940, com ajuda da Camera Italiana di Commercio e de uma agência de publicidade, o cônsul em São Paulo conseguiria publicidade para os jornais amigos, como o *Correio Paulistano*, ou que poderiam se tornar amigos, evitando a fórmula do subsídio direto, que implicava fundos notáveis (ACS, Minculpop, envelope 275, fasc.1/46).

133 Telegrama de 4 dez 1922 (Asmae, série, pol., "Brasile (1919-1930)", envelope 903). No dia 10 de dezembro, o embaixador propôs os nomes de Matarazzo e Siciliano.

134 Que essa hipótese tem fundamento, demonstra-o o fato de que um seu biógrafo, não podendo enumerar benemerências específicas nesse campo, se safava dizendo: "demonstrou através dos fatos e não com palavras ser um leal e desinteressado seguidor do nosso Partido, aplicando

até mesmo, ao repúdio manifesto. O Banco Ítalo-Belga, por exemplo, sempre esteve ausente das manifestações do partido e, por ocasião da campanha contra as sanções de 1936, distinguiu-se por seu distanciamento.[135]

Tratava-se, porém, de exceções. Os mais importantes expoentes da elite italiana sempre manifestaram uma adesão entusiasta à nova realidade política, por convicção profunda e não, simplesmente, como insinuavam os adversários, por fome de títulos, muito embora esse componente tivesse seu peso, pelo menos no caso de algumas pessoas. Típico, nesse sentido, é o exemplo de Egidio Pinotti Gamba, que até 1925 sempre manifestara a sua oposição ao regime, mas que, depois de uma viagem à Itália e da obtenção do título de conde, mudou de atitude, a ponto de pôr à disposição do consulado quinhentas assinaturas do órgão romano do PNF – *Il Popolo d'Italia* –, distribuídas depois a associações, *fasci* e operários das várias fábricas de São Paulo. A sua falta de convicções profundas reaflorava, porém, logo depois, seja pelas críticas manifestadas acerca da linha do partido no Brasil (em particular, sobre a utilidade dos *fasci* no exterior e sobre a oportunidade do Dopolavoro), seja porque insistia em cercar-se de funcionários e colaboradores contrários ao regime.[136]

No entanto, casos desse tipo permaneceram isolados. Em 1924, por ocasião do primeiro aniversário da fundação do *fascio* de São Paulo, já encontramos presentes alguns nomes de destaque da comunidade: Giorgi, Crespi, Loschi, Fratta, Falchi, Serpieri (secretário da Camera Italiana di Commercio) e Frontini, diretor do Banco Francês e Italiano para a América do Sul. Com o passar do tempo, quase todas as figuras de proa acabaram aderindo à nova realidade política, inclusive assumindo cargos de responsabilidade no partido ou nas organizações colaterais. Foram Crespi e Matarazzo, porém – isto é, os mais conhecidos e mais ricos expoentes da elite italiana –, os principais partidários do regime, ao qual teciam elogios em todas as circunstâncias

---

na vida social e privada os postulados fundamentais" (Bartolotti, 1928, p.29). Aliás, em 1928, Lunardelli recusou o título de conde, oferecido pelo ministro da Agricultura italiano, Giuriati, alegando que, num país republicano como o Brasil, não considerava oportuno condecorar-se com um título nobiliárquico (Giovannetti, 1951, p.156-9).

135 Asmae, série pol., "Brasile (1931-1945)", envelope 9.

136 Sobre o antifascismo inicial de Gamba e a sua conversão, vide *La Difesa*, 6 fev. e 17 out. 1926. Sobre a parábola inteira, ver um relatório de Mazzolini, de 1928, em ACS, *DGPS*, Div. Polizia Politica, Materia, envelope 13, fasc.5/1. O relatório deve ter sido convincente, pois Gamba foi inserido no fichário dos subversivos, mas sua ficha foi cancelada em 1930. Vide ACS, *CPC*, envelope 2262, Gamba Egidio, Pinotti. [O *Dopolavoro* – após-trabalho – era uma entidade destinada a organizar as atividades recreativas e culturais dos trabalhadores [N. T.].]

e à qual auxiliavam com pródigas contribuições. Foram particularmente generosas as doações de Matarazzo, que ostentava a Medalha de Ouro de Benemerência da ONB e a Carteira de Honra fascista.

É óbvio que a atitude das duas figuras mais prestigiosas devia influir, de uma maneira ou de outra, na colônia italiana, sobretudo na classe média, e o próprio fato de terem querido ser sepultados com ritual fascista constituía um sinal de convicção profunda. O funeral de Matarazzo foi particularmente evocativo nesse sentido, pois, dentre as oitocentas coroas dispostas ao redor, destacaram-se as do *fascio* e do OND de São Paulo, e a multidão que se aglomerava junto ao caixão para homenagear os restos mortais do grande empresário passava diante de seis figuras impecáveis em camisas pretas que velavam o corpo e não podiam deixar de notar, junto ao crucifixo, a flâmula do PNF, "testemunhas e símbolos de duas grandes fés".[137] Idêntico impacto deve ter tido o testamento de Crespi, que, além de legados a várias instituições italianas no Brasil, continha atestações de fidelidade ao regime. Depois de ter posto à disposição do *Duce* 500 mil liras como recordação da sua fé "fascista e mussolinista", continuava, numa ânsia de primazias: "Meu último pensamento, além do Brasil, vai, hoje, à minha pátria e ao *Duce*, pelo qual nutri sempre a maior devoção. Posso dizer que o meu modo de pensar e de agir sempre foi fascista, inclusive antes de o fascismo existir como partido".[138]

Igualmente eficaz para enquadrar ideologicamente a classe média e uma parte das camadas populares foi a ação da imprensa em italiano, que ficou praticamente em uníssono com o fascismo. Embora tenham sido registradas iniciativas consulares destinadas a promover ou mesmo dirigir alguns periódicos, foram casos isolados, pois as pressões diretas e indiretas exercidas pelas estruturas oficiais para determinar os rumos que a imprensa étnica deveria tomar tiveram maior eficácia: financiamentos, subsídios, concessões de franquias telegráficas (o cabo submarino que ligava a Itália à América Latina foi inaugurado na primeira metade da década de 1920), chantagens. Não surpreende, portanto, que das 120 folhas (ou um pouco mais) que nasceram entre 1922 e 1940, cerca de 60 fossem abertamente fascistas e quase 30 simpatizantes do regime, embora se tratassem, normalmente, de publicações de curta duração.

Mesmo jornais que haviam surgido anos ou décadas atrás seguiram o mesmo caminho, talvez à custa de uma rápida conversão de suas crenças políticas. Exemplos desse tipo foram frequentes, porém os mais clamorosos

---

137 "I grandiosi funerali del Conte Francesco Matarazzo", *Fanfulla*, 12 fev. 1937.
138 *A Gazeta*, 28 jan. 1939.

resultariam os de *Il Piccolo* e do *Fanfulla*. O primeiro, depois da morte de Mazzoldi, tornara-se propriedade exclusiva de Arturo Trippa e se distinguira, até 1922, pelo seu antifascismo, abrigando, entre outros, artigos de Antonio Piccarolo acerca das causas e da natureza do fenômeno, em agosto de 1922. O *Fanfulla*, por sua vez, por sua natureza de jornal aberto e democrático, alinhara-se decididamente contra Mussolini.[139] Ambos os jornais logo se tornaram ardentes defensores do regime, e o segundo, já em 1923, escrevia, comemorando a marcha sobre Roma:

> A revolução triunfara em toda linha e, com a revolução, triunfara o velho bom senso do nosso povo, que não é violento e nunca proporcionou capítulos de carnificina à história. Louvado seja o céu, gritou-se, viva a Itália, viva Mussolini! Um ano. Mas hoje se respira, graças a Deus, hoje os trens andam, as fábricas produzem, os portos são ativos e, nas ruas, não cospem mais nos uniformes e não zombam mais dos cotos dos mutilados. Hoje, finalmente, Montecitorio está mudo, passivo, inerte.[140]

Na verdade, durante os primeiros anos, o *Fanfulla* não foi avaro em críticas ao regime, em apelos pela volta à democracia e em artigos que celebravam personalidades do mundo político varridas pelo fascismo. O próprio *Il Piccolo*, muito embora se valesse da colaboração redacional do delegado do PNF no Brasil, Rocchetti, entrou em choque com os fascistas locais, por ter expressado críticas aos emissários do regime, a começar por Giuriati, acusados de semear a discórdia no seio da coletividade italiana.

Um período de maiores vacilações e incertezas quanto à linha política se abriu com o assassinato na Itália, por mãos de sicários fascistas, do parlamentar socialista Giacomo Matteotti em 1924. A partir de junho, por exemplo, não se encontra no *Fanfulla* nenhum editorial sobre o homicídio e sobre a situação política, mas só despachos de agências ou breves notas do correspondente em Roma – rigorosamente neutras, porém. *Il Piccolo*, passada a tempestade e embora fazendo profissão de fé fascista, não podia furtar-se a admitir ter criticado "as violências selvagens dos últimos tempos" e estigmatizado os ataques às organizações socialistas e católicas.[141]

---

139 Ainda em maio de 1922, escrevia: "O fascismo está matando a liberdade, toda a liberdade, a de pensamento e a de ação" ("Le insidie contro la liberta", *Fanfulla*, 14 maio 1922).
140 "La Marcia su Roma", *Fanfulla*, 31 out. 1923. Montecitorio era a sede do parlamento.
141 "L'ultima assemblea dei fascio", *Il Piccolo*, 3 fev. 1925.

No entanto, depois da metade dos anos 1920, todo resíduo de perplexidade foi eliminado e os dois jornais de São Paulo alinharam-se perfeitamente com as diretivas de além-mar, tanto que *Il Piccolo* tornou-se, inclusive, órgão do *fascio* paulista. Naqueles anos, outras publicações mudaram de linha, passando de um antifascismo mais ou menos convicto a uma adesão profunda ao regime. O caso desses órgãos e, em geral, da imprensa italiana prontamente alinhada com o fascismo pode ser mais bem compreendido recordando-se que seu público era composto da pequena e média burguesia, que proporcionava a base de apoio ao regime na Itália. A partir dos anos 1930, os periódicos que mais se distinguiam pela sua fidelidade ideológica começaram a receber subsídios em dinheiro provenientes dos fundos da Subscrição Única, que os cônsules manipulavam à vontade, além dos oriundos do Ministério da Propaganda italiana.[142]

A lista dos diários, semanários e quinzenários fascistas de vida mais ou menos breve seria longa demais. Citaremos apenas alguns. Em São Paulo, *Giovinezza*, órgão da Federação dos *Fasci* de São Paulo e Mato Grosso, *Dux*, *Fascio Illustrato*, *La Tribuna Italiana* (diário de que era coproprietário o secretário do *fascio* de São Paulo, Stromillo, e que se tornou, por algum tempo, órgão oficioso do PNF), *Noi*, *OND*, *Il Corriere degli Italiani*, *Rivista Latina*, *La Diana*, *Roma*, *L'Italia in Marcia*, além dos periódicos católicos *La Fiamma* e *La Stella*, mais uma publicação anual, *L'Almanacco degli Italiani del Brasile*. Em Ribeirão Preto, existia *Il Littorio*; em Campinas, o *Bollettino Mensile del Fascio di Campinas*; em Belém, *L'Eco d'Italia*; no Rio de Janeiro, *L'Italico*, órgão do *fascio* local, que depois se intitulará *L'Italiano*, *Imparziale*, *Giovinezza*, *La Patria* e *Lictoria*. Em Belo Horizonte, *La Squilla*, *Voce Latina*, *Italia e Nuova Italia*; em Porto Alegre, *Tribuna Italiana*, dirigida por Aldo Dieci (ex-colaborador do antifascista *La Difesa* de São Paulo), *La Nuova Italia*, *La Patria Fascista*, mesmo título publicado também em Curitiba; em Caxias do Sul, *L'Unione* e *Il Legionario*, enquanto, em Recife, saía *Il Tricolore*, financiado pelo consulado.

Analisar a vida desses jornais constitui um exercício interessante, já que, no período entre as duas guerras, ela refletiu não apenas as costumeiras rivalidades internas da colônia, mas também as intervenções de cima, que caracterizaram a existência de todas as formas de expressão coletiva. *Il Piccolo*, por exemplo, era controlado por Crespi, mas também recebia financiamentos do Banco Francês e Italiano para a América do Sul e, depois da metade dos anos

---

142 O cônsul em São Paulo, por exemplo, financiava, em 1939, os jornais *L'Italia in Marcia* e *Il Corriere degli Italiani* (ACS, Minculpop, envelope 276, fasc.7/1 e 7/14).

1920, ligou-se organicamente ao *fascio*, conseguindo, em compensação, passar de vespertino a matutino. Na sua direção permaneceu Arturo Trippa, mas o administrador-delegado passou a ser Pasquale Manera, representante do PNF em São Paulo. Mais tarde, e através da mediação do consulado, Trippa cedeu a propriedade do título aos fascistas, no âmbito de uma operação organizada por Crespi, cansado das contribuições mensais, e que envolveu também o diretor e coproprietário do *Fanfulla*, Angelo Poci, que contribuiu para o êxito da iniciativa com 500 contos de réis, para que o jornal concorrente voltasse a ser vespertino.

Foi enviado em 1928 pelo governo italiano, para dirigir o jornal, Luigi Freddi, vice-secretário dos *fasci* italianos no exterior. Sua gestão mostrou-se, desde o início, ruinosa, devido ao racismo explícito, às provocações, à pretensão de arregimentar para as fileiras do fascismo os italianos residentes e até mesmo seus filhos. Já em seu primeiro editorial, ao tomar posse do cargo, Freddi escrevia:

> Iniciando nosso trabalho, gostaríamos de achar palavras dignas para saudar os homens da nossa raça, os filhos da nossa terra, aqueles que atravessaram o oceano há tantos anos, guardando na pupila a última e inesquecível visão da Mãe-Pátria, e aqueles que, nascidos aqui, sentem no sangue que não mente, ao eco da ressurreição da Terra dos Pais, correr o arrepio da mais dilacerante saudade [...]. A Causa que defendemos durante tantos anos, na Pátria e fora dela, na paz e na guerra, é a deles. Por isso, consideramos o *Piccolo* uma trincheira.[143]

Logo ficou claro que se tratava mesmo de uma trincheira. Pouco mais de um mês depois, uma multidão de paulistas devastou a redação. A direção passou para Pettinati, em seguida para Nunzio Greco e, enfim, Giovannetti, mas o jornal não se recuperou mais e deixou de aparecer em 1931.

O porta-voz da comunidade italiana no Brasil continuou sendo, porém, o *Fanfulla*. Passada a fase de incerteza e dúvida ligada ao caso Matteotti, o diário de São Paulo empenhou-se incansavelmente na defesa do regime e a metamorfose desse cotidiano foi esclarecedora; o jornal passou a ser, desde meados dos anos 1920, uma folha sempre mais anódina – em contraposição à vivacidade e à problematicidade do passado –, apoiando acriticamente todas as empresas da Itália de Mussolini, propagando generosamente todas as iniciativas do fascismo no Brasil, elogiando e exaltando as autoridades diplomáticas.

---

[143] L. Freddi, "Al lavoro", *Il Piccolo*, 20 ago. 1928.

Em fevereiro de 1927, Rocchetti passou a ser seu redator, cargo que abandonou pouco tempo depois, mas que reassumiu em 1932. Naqueles mesmos anos, o *Fanfulla* mandou vir alguns jornalistas da Itália, como Rubbiani e Giovannetti, e contou também com a colaboração de Folco Testena, pseudônimo de Comunardo Braccialarghe, ex-sindicalista revolucionário e acérrimo inimigo do fascismo ainda em 1925, quando foi para a Argentina para tornar-se redator de *Il Giornale d'Italia*. Depois da sua conversão, falando do Duce, afirmava:

> Mussolini não derrubou senão uma ditadura que durava sessenta anos, a hipocrisia parlamentar, o governo das maiorias passivas, faladeiras e trapaceiras, conseguidas por todos os governos precedentes *"pagando o pegando"*, para dizê-lo em castelhano, isto é, comprando votos e afastando os adversários com o cacete. [...] O fascismo não surgiu absolutamente das ruínas de uma democracia, surgiu sobre os escombros pútridos de uma organização política que oscilava entre a plutocracia sem alma, em cima, e a demagogia sem critérios, embaixo. Mussolini não é um santo, como dizem os aduladores: é simplesmente um grande homem, um grande homem italiano.[144]

Durante os anos 1930, aparecerão frequentemente na primeira página do *Fanfulla* artigos e discursos de Mussolini, no lugar dos editoriais (sacrificando os poucos que, antes, eram dedicados ao Brasil). Esse costume se fortalecerá a partir de 1934, quando a propriedade do jornal passa, de fato, às mãos do governo italiano. Fazia muitos anos que o fundador do *Fanfulla*, Vitaliano Rotellini, residia em Roma. Ao morrer, em 1930, dispôs que todos os bens que possuía na Itália e no Brasil, logo também a copropriedade do jornal, servissem para criar uma fundação dedicada ao filho Americo, morto na guerra em 1918, cujo objetivo seria financiar bolsas de estudo para jovens brasileiros que tencionassem formar-se na Itália. A presidência dessa fundação foi confiada ao Ministério das Relações Exteriores. Até aqui, o testamento. As disposições essenciais permaneceram letra morta (seria preciso esperar 26 anos para ser organizado o primeiro concurso), mas o governo demonstrou bastante interesse pelo legado. Embora não tenha confirmação a hipótese de que Parini empreendeu a sua viagem à América Latina para, entre outras coisas, ultimar a compra das cotas restantes do *Fanfulla*,[145] o fato é que o regime conseguiu apossar-se ou gerir a metade que era propriedade

---

144 F. Testena, "L'oro e l'orpello dei rimpianti democratici", *Fanfulla*, 12 ago. 1928.
145 "Retroscena del giornalismo coloniale e fascista", *L'Italia*, 22 dez. 1931.

de Rotellini. Iniciou-se, assim, uma negociação com o outro coproprietário, Angelo Poci, para que as suas cotas também passassem a mãos italianas. A operação foi concluída em 1934, e, como um governo estrangeiro não podia possuir órgãos de imprensa próprios no Brasil, a venda foi efetuada a alguns testas-de-ferro, brasileiros mas filhos de italianos (que se declaravam prontos a restituir as ações quando e se possível), através da constituição de uma Sociedade Fanfulla Ltda.[146] A direção do jornal passou para o advogado Santalucia e, em 1940, para Antonio Cuoco.

Menos simples e, sobretudo, menos rápido foi o assalto fascista às associações. Até 1928 – e, em alguns casos, até mesmo depois dessa data –, as tentativas de controle se resolveram quase sempre em fracassos, por se chocarem com uma firme defesa da independência. O comportamento e o grau de resistência das sociedades não foram uniformes, porém em algumas delas os inscritos no fascio tiveram uma boa acolhida, enquanto em outras foram segregados. Já em 1923, os fascistas tentaram apoderar-se da Galileo Galilei, onde chegaram a efetuar-se algumas reuniões do *fascio*, e, no ano seguinte, da Dante Alighieri, aproveitando-se da presidência de Vella, que não escondia suas simpatias pelo regime. Em 1925, no Palestra Italia, as facções opostas chegaram às vias de fato, por ocasião do aniversário da marcha sobre Roma.

A situação permaneceu incerta por muito tempo. Assim, se era verdade que na Câmara Italiana de Comércio ainda havia, em 1927, numerosos antifascistas e que, na maioria das sociedades, estavam misturados fascistas e opositores, também era verdade que algumas associações já se mostravam mais dóceis diante das autoridades consulares, e elementos como Piccarolo só eram chamados para comemorar datas patrióticas, como o XX de Setembro, em sedes periféricas. Durante os primeiros tempos, a resistência à penetração fascista, onde ela ocorria, devia-se frequentemente à impulsividade e a uma certa insolência dos inscritos no partido, que obtinham, com isso, o resultado de fazer os outros superarem as divergências existentes, com o fim de criar barreiras. Em 1928, por ocasião das eleições para a Beneficenza Italiana, do Rio, o correspondente do *Fanfulla* constatava amargamente:

> A lista de oposição, é verdade, estava desgastada havia alguns meses e fizera uma intensa propaganda não só entre os elementos antifascistas ou congêneres, mas também entre os que se colocavam como bastiões do conservadorismo associativo. [...]. Então, muita gente de boa-fé, que está mais disposta a

---

146 Para todo o caso, vide *Fanfulla*, 3 jan. 1953; Id., vários números, 3-16 dez. 1953; Id., 24 jun. 1956; e "Questioni da risolvere", *A Voz da Itália*, 15 fev. 1947.

aceitar a insinuação malévola do que uma palavra de amadurecimento e bondade, acorreu às urnas, convencida de que estava realizando uma ação heroica e de salvação.[147]

Algo semelhante verificou-se no Circolo Italiano de São Paulo, a associação mais importante, se não pelo número de inscritos, ao menos por qualidade e prestígio, e que os fascistas tentaram conquistar desde 1923. A ocasião se apresentava propícia, já que, naquele mesmo ano, fora eleito para a presidência da sociedade Antonio Frontini, um dos promotores da criação do *fascio*. Todavia, em 1925, boa parte dos sócios do Circolo ainda eram contrários ao regime (ou às tramoias de seus homens no seio da associação), tanto que, por ocasião da comemoração do 4 de Novembro, "o embaixador da Itália, em visita a São Paulo, discursando no Circolo Italiano, foi interrompido pelos sócios do Circolo, entre o tumulto geral, aos gritos de 'Viva Matteotti'".[148]

Iniciou-se, por isso, o boicote à associação, de parte do representante do PNF, Rocchetti, e do próprio cônsul, Dolfini. Em 1927, os fascistas conseguiram eleger alguns conselheiros para os órgãos da diretoria, mas em posição minoritária. A campanha foi conduzida com extrema rudeza, e foi fácil para os adversários apresentarem a tentativa como um atentado à autonomia da instituição. Até mesmo um informante pago pelo consulado reprovava os métodos utilizados (que, entre outras coisas, custaram a Frontini a perda da presidência) e dava conselhos para o futuro:

> Resumindo: o Circolo Italiano é dirigido, atualmente, por um grupo social, que, na sua maioria, embora não nutrindo nenhuma simpatia pelo fascismo como partido, estaria disposto a manter boas relações com as autoridades pátrias. Não se deve, porém, atacá-lo a baioneta. É necessário tato, diplomacia, *savoir-faire*. Só assim se conseguiria uma vitória proveitosa e segura.[149]

O ponto crucial nas peripécias da vida associativa foi constituído pela chegada do cônsul Mazzolini. Poucas semanas depois de tomar posse do

---

147 Ennegi, "Le elezioni alla Beneficenza Italiana", *Fanfulla*, 15 mar. 1928.
148 Asmae, série pol., "Brasile (1919-1930)", envelope 905, fasc.1640. Parece, na verdade, que esse grito e a confusão que o sucedeu foram desencadeados por um "Viva Mussolini", pronunciado pelo embaixador Montagna e pelos fascistas presentes. Vide "Dolorosa costatazione", *La Difesa*, 8 nov. 1925.
149 ACS, Div. Polizia Politica, Materia, envelope 21, fasc.C 23/3.

cargo, convocou os presidentes de quase todas as sociedades presentes em São Paulo, propondo-lhes a unificação sob a direção do consulado. A operação, evidentemente, não teve êxito, mas pouco tempo depois conseguiu trazer a Dante Alighieri a posições totalmente favoráveis a ele e numa reunião foi decidido que o presidente da sociedade seria nomeado diretamente pelo cônsul, e que os oito conselheiros seriam escolhidos numa lista de dezesseis, preparada pelo primeiro.

Depois da Dante, muitas outras sociedades caíram nas mãos dos fascistas: a da Barra Funda, o Circolo Abruzzi, as Muse Italiche, a Unione Calabrese, a Oberdan, a organização dos caixeiros viajantes e várias outras sucessivamente, ainda que, em alguns casos, Mazzolini não tenha conseguido, no momento, dobrar a resistência das velhas direções. Típico é o caso do Hospital Umberto I, em que a sua proposta de eleger Colpi para presidente foi rejeitada. Em geral, porém, o novo cônsul atingiu os objetivos que se tinha proposto, às vezes recorrendo a pressões claramente rudes, outras vezes empregando a arma da divisão ou agitando a miragem de uma reconquista da concórdia. Essa última estratégia foi utilizada para a conquista do Circolo Italiano, onde Mazzolini propôs uma lista de conciliação, conseguindo impor, assim, um homem seu na presidência. A partir daquele momento, a velha associação tornou-se um baluarte do PNF, que começou a realizar nela as suas reuniões, a partir de dezembro de 1928, e em pouco tempo transformou-se num centro da atividade do partido.

A violência, por sua vez, foi empregada para reduzir à obediência a Associazione Italiana Mutilati, Invalidi e Reduci di Guerra (Associação Italiana de Mutilados, Inválidos e Veteranos de Guerra), sinteticamente conhecida como "Veteranos", onde o choque foi mais áspero e prolongado. Já em 1923, os fascistas tentaram controlá-la e, não conseguindo, desertaram a comemoração do 24 de Maio, ameaçando criar uma sociedade paralela. O quinquênio sucessivo foi caracterizado por reiteradas tentativas de conquista e por dissensões violentas. Com a chegada de Mazzolini, chegou-se ao conflito aberto, mas as eleições foram finalmente realizadas, com a presença da polícia, e a lista fascista conquistou a maioria dos votos, mas com cerca de um terço de cédulas contrárias. A nova direção, sob a presidência de Serena, decretou como primeira medida a expulsão de alguns sócios e propôs que a escolha das pessoas para os cargos sociais fosse confiada ao cônsul, que a faria com base numa lista de nomes proposta pelo conselho em fim de mandato.[150]

---

150 Sobre o caso inteiro, vide *Fanfulla*, 13 fev. a 4 maio 1928; *Il Risorgimento*, 16 fev. 1928; *La Difesa*, 29 jan. a 11 mar. 1928; e *Il Reduce*, número único, 14 fev. 1928.

Os derrotados reuniram-se numa Associazione dei Reduci Liberi [Associação dos Veteranos Livres], que teve poucos adeptos.

A conquista do Circolo e da Veteranos assinalou a derrota definitiva do antifascismo, que, salvo no caso da Lega Lombarda, não conseguiu mais controlar nenhuma associação em São Paulo. Uma depois da outra, todas as instituições que até então tinham mantido uma posição de equidistância começaram a alinhar-se, mais que com o *fascio*, com o consulado, cuja inimizade era extremamente perigosa para a sua própria sobrevivência. Mesmo quando a adesão não era ditada por razões ideológicas (como acontecia, por exemplo, no caso do Palestra Italia), foi sempre pronta e confiável. A Unione Viaggiatori di Commercio [União dos Caixeiros Viajantes] motivava-a do seguinte modo: "A nossa associação é, por natureza, apolítica. Mas isso não quer dizer que deva mostrar-se absolutamente estranha à vida política da Mãe-Pátria. Para nós, italianos no exterior, é o governo que representa a Nação".[151]

Uma vez enquadradas politicamente, as instituições da coletividade italiana conformaram-se, muitas vezes, ao exemplo da lista única para a renovação dos cargos e à falta de publicação dos balanços. Outras sociedades em alguns centros do Brasil e do próprio estado de São Paulo apresentaram maior resistência à penetração fascista. No Rio, o exemplo mais clamoroso foi, talvez, o da Beneficenza Italiana, onde, em 1929, os antifascistas recorreram à justiça brasileira para obter a anulação de eleições suspeitas. No interior do estado de São Paulo, os camisas-negras registraram algumas derrotas em Rio Claro (Società Operaia Italiana di Beneficenza e di Istruzione [Sociedade Operária Italiana de Beneficência e Instrução]) e em Sorocaba, onde o Circolo Italiano Gabriele D'Annunzio conseguiu expulsar, em 1932, da sua sede, a secretaria do *fascio* local, que lá se instalara em 1929. Porém, as vitórias mais interessantes do antifascismo foram provavelmente as de Santos e Ponta Grossa, no Paraná.

Em Santos, a diretoria da Società Italiana di Beneficenza correu o risco de ser derrubada por um grupo de jovens fascistas chegados havia pouco tempo da Itália. A tentativa frustrou-se, não obstante a intervenção do cônsul e o fato de que "um representante do *fascio* chegou a recordar, numa conversa, que muitos dos administradores têm parentes na Itália e que eles poderiam sofrer as consequências dos atos impensados, consumados aqui, a tantas milhas de distância".[152] A sociedade em questão ainda resistiu alguns anos, antes de cair nas mãos dos adversários.

---

151 "Nella pattumiera", *La Difesa*, 17 out. 1929.
152 A. Piccarolo, "Albori di rinascita coloniale", *La Difesa*, 16 mar. 1930.

Em Ponta Grossa, o palco do choque foi a Dante Alighieri, que, entre 1929 e 1931, sofreu repetidas intervenções da polícia e da justiça.[153] Além desses exemplos isolados, as associações não opuseram grande resistência à penetração fascista, ainda que tenham se alinhado contra as tentativas de unificação sob o controle do consulado. A única derrota de Mazzolini ocorreu precisamente nesse campo: "O procônsul não contara com o pronunciadíssimo sentimento de presidencialidade de que a colônia italiana era animada. Ainda não compreendera que, para certos compatriotas, é mais fácil viver sem pão do que sem uma presidência".[154]

Não foi por acaso, pois, que algumas associações, para fazer face à concorrência das estruturas oficiais do fascismo, também passaram a organizar, durante os anos 1930, excursões dominicais à praia. A obstinação com que mantinham a sua esfera de autonomia não foi vencida nem mesmo pelas diretrizes provenientes de Roma na segunda metade dos anos 1920 e destinadas a criar as Casas da Itália, que constituíam para os *fasci* "a projeção externa mais eficaz num clima de lisa oficialidade"[155] e que deveriam hospedar todas as formas de vida coletiva dos imigrados. Para compreender melhor seu funcionamento, será oportuno tomar o exemplo da que melhor funcionou no Brasil, a Casa degli Italiani, do Rio, cuja construção, iniciada em 1934, foi concluída em 1936. Ela reunia consulado, escolas, *Fascio*, *Dopolavoro*, Club Palestra Italia, Società Canottieri, Dante Alighieri, Beneficenza Italiana, tipografia do *L'Italiano* e uma capela. Não obstante os cuidados empregados para projetá-la e fazer propaganda dela, os italianos residentes no Rio só a frequentavam muito esporadicamente, e sorte semelhante coube às suas coirmãs espalhadas pelo Brasil. Depois da metade dos anos 1930, as Casas da Itália no estado de São Paulo ainda eram apenas dez, entre 117 associações italianas.

Esboçado o quadro geral das forças que agiam em favor do fascismo, só falta tentar uma análise de como a coletividade italiana em conjunto recebeu a mudança política na pátria e como traduziu as suas sensações no Brasil. Devemos sublinhar imediatamente – e as considerações desenvolvidas nas páginas precedentes constituem confirmação disso – que os comportamentos de massa sofreram significativas modificações entre os anos 1920 e os anos 1930. Voltando a desenterrar, atualizando-o, o mito da *"più grande Italia"* (Itália maior), o PNF viu desde o início a emigração como a expressão

---

153 Para alguns deles, vide *O Dia*, Curitiba, 7 maio 1929; e *Fanfulla*, 3 jan. 1931.
154 A. Piccarolo, "Albori di rinascita coloniale", *La Difesa*, 16 mar. 1930.
155 Santarelli (1974, p.131).

máxima de uma vigorosa vitalidade expansionista dos italianos. Convencido de que era necessário desenvolver uma ação em profundidade com a finalidade de levar os que residiam fora das fronteiras da pátria a identificar a italianidade com o fascismo, o partido propôs-se estar presente e, sobretudo, ativo onde existissem italianos.[156] No caso do Brasil, a penetração do regime marcou passo por bastante tempo.

Apesar dos esforços dos *fasci*, da imprensa e, em parte, já das autoridades diplomáticas; apesar das campanhas propagandísticas que utilizavam inclusive projeção de filmes laudatórios produzidos na Itália; apesar, enfim, dos repetidos convites à "pacificação da colônia", os adversários mantinham as suas posições, quando não as consolidavam, e coisa mais grave ainda, o fascismo não conseguia conquistar a grande massa dos indiferentes. Se pudéssemos utilizar um termo para caracterizar a coletividade italiana no Brasil até pouco antes de 1930, esse termo seria, sem dúvida, "afascista". O próprio embaixador Montagna reconhecia isso num relatório de 1927, falando de São Paulo e legitimando, de certa forma, as acusações lançadas à elite:

> A maioria dos italianos de São Paulo não é nem fascista, nem antifascista. O elemento fascista não é muito numeroso, para dizer a verdade, mas compreende as personalidades de mais destaque na colônia. Elas são, em sua maioria, fascistas e, eventualmente inscritas na seção local, mais por oportunismo que por outra coisa.[157]

Embora os partidários do regime e seus adversários fossem pouco representativos, e precisamente pelo clima de tensão que determinava a ausência de maiorias esmagadoras, foi naqueles anos que se registraram os maiores incidentes, na verdade não numerosos, que culminaram em fevereiro de 1927 com o assassinato de um alemão, Guilherme Bock, por um tal de José Bellusci. O homicídio de Itu, causado pela recusa a tirar o chapéu diante do retrato de Mussolini, foi ainda mais surpreendente por ter sido cometido por um filho de italianos e seu efeito mais perverso foi, talvez, o de estimular uma parte da imprensa fascista a organizar uma subscrição em seu favor: uma atitude errada, que os adversários utilizaram para tentar contestar aquela identidade italianos-fascistas, que era reafirmada em todas as circunstâncias pelo PNF, pelas autoridades diplomáticas e pelos jornais:

---

156 Vide Gentile (1986, p.377-8).
157 ACS, *DGPS*, Div. Polizia Politica, Materia, envelope 21, fasc.C 23.

Enquanto toda a imprensa local encerrou-se numa digna reserva, os órgãos do fascismo fizeram a mais macabra exaltação do assassinato. Estamos diante de um flagrante e clamoroso exemplo de apologia do crime [...]. A Itália não está em causa no assassinato de Itu. A Itália não tem nada a ver com o retrato de Mussolini e com a loucura sanguinária do seu vingador. A Itália é uma grande nação que, devido à covardia das instituições a que havia confiado a sua salvação, acha-se hoje sob a tirania de um bandido. O fascismo não é a Itália. Ao contrário, é a anti-Itália [...]. A subscrição pública a favor da família do assassino constitui uma provocação e um incitamento.[158]

Foram ainda mais graves os fatos de 1928, quando, por mais de um mês, São Paulo pareceu reviver os dias dramáticos de 1892, com choques entre italianos e brasileiros. Tudo foi desencadeado pelo mortal acidente aéreo de Del Prete e por um artigo publicado por Maria Lacerda de Moura em *O Combate*, que sempre se distinguira por sua aversão ao fascismo, no qual se insinuava que a desgraça ocorrera por causa do estado de embriaguês do piloto.[159] As reações foram imediatas e decididamente grosseiras, mesmo por quem deveria ter demonstrado maior diplomacia, como o cônsul Mazzolini, mas o ápice da violência foi atingido por alguns jornais de língua italiana. O *Fanfulla* chegou a falar de "p... envelhecida" e *Il Piccolo* e seu novo diretor, Luigi Freddi, descreveram Lacerda de Moura como "um aborto físico e horror moral",[160] passando pouco depois a ameaças explícitas e alertando *O Combate* para ter cuidado, uma vez que "em Roma encontra-se o que vigia e não brinca".[161] Durante todo o mês de agosto, seguiram-se artigos ferozes sobre o regime e sobre Mussolini em *O Combate* e venenosas réplicas de *Il Piccolo*, a que a chegada de Freddi dera maior combatividade e rancor. O ex-vice-secretário dos *fasci* no exterior levou a polêmica para o plano das relações entre autoridades italianas e brasileiras, avançando em terreno estranho à discussão e ofendendo as mulheres brasileiras. A reação não se fez esperar: no dia 24 de setembro, um grupo de estudantes da Faculdade de Direito começou

---

158 "Apologia di reato", *La Difesa*, 10 fev. 1927. Bellusci, absolvido em primeira instância, foi condenado pelo Tribunal do Júri a quinze anos de reclusão, em 1929, suscitando o amargor do *Fanfulla*, que repetira, meses a fio, que ele agira movido pela "paixão nacional".

159 No que diz respeito a esse e outros artigos da antifascista brasileira e às reações que eles provocaram, vide Moura (1928).

160 "Caricatura dell'eroismo", *Fanfulla*; e "Un'infamia", *Il Piccolo*, 25 ago. 1928.

161 Cit. em "Num momento de exaltação e de revolta, o povo empastelou, hontem, o jornal *Il Piccolo*", *Folha da Manhã*, 25 set. 1928.

a protestar diante da redação de *Il Piccolo*, logo recebendo o apoio da população. À tarde, após um comício improvisado, os locais foram invadidos e as cópias do jornal queimadas em via pública. Logo depois, alguns elementos, aos quais felizmente não se prestou atenção, sugeriram que todos se dirigissem também até o *Fanfulla*.

A própria secretaria do *fascio* distanciou-se imediatamente de Freddi, com um comunicado do dia seguinte, tentando de certo modo salvaguardar as relações com a população local: "Os italianos de São Paulo devem lembrar-se, nesta hora de amargor, como sempre se lembraram, do mandamento do *Duce*: respeito às leis do País que nos acolhe. Ninguém deve ousar desobedecê-lo. Viva a Itália, viva o Brasil".[162]

A situação, porém, evoluiu de maneira incontrolável. Apesar das tentativas de esclarecimento de Freddi e da sua fuga para o Rio, o ressentimento dos brasileiros ameaçava envolver o conjunto da coletividade italiana. Depois de ter condenado o comportamento do diretor de *Il Piccolo* e recordado igualmente o respeito às leis, o *Fanfulla* apelava para o papel representado pelos emigrantes italianos no desenvolvimento do Brasil, tentando isentar o fascismo de qualquer responsabilidade nos acontecimentos, mas reafirmando, ao mesmo tempo, o direito de os italianos manifestarem as suas convicções políticas:

> a grande família italiana, dizíamos, a que povoa as fábricas e desafia a fúria do sol nos andaimes dos arranha-céus, não pode, nem de longe, ser envolvida nas rixas jornalísticas mais ou menos pessoais. Nem muito menos a Itália e o seu Governo. Que culpa podem ter Mussolini ou a doutrina fascista – a qual, com raríssimas exceções, não é conhecida aqui como deveria ser – das intemperanças de dois jornalistas? Os estudantes decidiram não deixar que transitem pelas ruas de São Paulo fascistas usando camisas negras ou distintivos de qualquer corrente política estrangeira. Parece-nos que não devia importar muito aos brasileiros que estrangeiros usem distintivos com as suas cores nacionais. Afinal de contas, isso não constitui nem uma ofensa, nem um perigo para nenhuma nacionalidade, principalmente porque aquele distintivo não é mais o símbolo exterior de um partido, mas a bandeira de uma Nação com relações mais que amistosas com a nação brasileira.[163]

---

162 *Fanfulla*, 26 set. 1928.

163 "Ad incidente chiuso", *Fanfulla*, 28 set. 1928. Para a crônica daqueles dias, pelo lado brasileiro, ver a imprensa local e, sobretudo, *O Combate*.

Apesar de Freddi ter deixado o território nacional, as águas não se acalmaram, por causa de outro artigo publicado num semanário de Macerata – *L'Azione Fascista* –, assinado por Osvaldo Brancaleoni, que era secretário particular de Mazzolini. Narrando uma viagem de serviço a Jaboticabal, em companhia do cônsul, depois de irônicas apreciações sobre os serviços públicos e sobre os brasileiros em geral, assim se exprimia a propósito das mulheres encontradas:

> Moças tipicamente brasileiras, isto é, de estatura mediana, formas volumosas e provocantes, tez escura, embelezadas até o ridículo, como, aliás, é o uso de todas as mulheres daqui, com que já nos habituamos. Belas e robustas mulheres que contrastam com os homens, em geral mirrados e sofridos. As moças rebolavam descaradamente e, então, senti de modo mais terrível e real a verdade que caracteriza o Brasil: as frutas não têm sabor, o céu não tem cor, as mulheres não têm pudor.[164]

Assim que o artigo foi reproduzido pela imprensa local, Mazzolini tentou inultilmente negar que Brancaleoni fosse subordinado a ele e, também inutilmente, foram pronunciadas por todos palavras de conciliação e condenação do secretário do cônsul. O clima, já tenso devido ao incidente de Freddi, ameaçava tornar-se ainda mais incandescente. A redação do *Fanfulla* foi de novo protegida pela polícia, e o jornal, após ter constatado que a falta de consideração de alguns corria o risco de tornar-se um costume, afirmava, esquecendo-se de que os autores das *gaffes* eram personalidades ligadas ao credo político que o próprio jornal procurava difundir entre seu público:

> Parece que, de uns tempos para cá, elementos heterogêneos infiltraram-se na vida da nossa colônia, com o objetivo diabólico de comprometer irremediavelmente a sua sorte, comprometendo com ela, também, o prestígio das autoridades pátrias. Parecem uma espécie de agentes provocadores – agindo de boa ou má-fé, sempre são perigosos – e é absurdo e injusto que as suas ações recaiam sobre toda a coletividade italiana. O pesadelo que pesa periodicamente sobre os italianos deve cessar de uma vez por todas. Se alguém faltar aos deveres da hospitalidade, deve ser apontado e punido de maneira justa. O povo brasileiro, em tais conjunturas desagradáveis, não precisa recorrer a meios extremos. Bastam as suas leis. Se tal pessoa residir em território nacional, que seja processada,

---

164 Apud "Ensinemos o patife!", *O Combate*, 9 out. 1928.

presa, condenada. Se não bastar, que seja açoitada ou enforcada! Mas, pelo amor de Deus, chega de confusões, chega de generalizações. Cada qual em seu devido lugar nos deveres e nas responsabilidades. E que a Coletividade seja deixada em paz de uma vez por todas![165]

Os dois episódios, embora tenham sido superados, deixaram atrás de si um grande ressentimento, cujo alvo principal não eram tanto os italianos quanto os fascistas. Esse clima, no entanto, deveria modificar-se em boa medida nos anos 1930, quando, com a ascensão de Vargas ao poder, começou a difundir-se no Brasil certa simpatia para com o regime e para com Mussolini, concretizada no interesse por alguns modelos peninsulares do país de além-mar (corporações, sindicato único, *Carta del Lavoro* etc.). O Brasil foi certamente o país para o qual mais se dirigiu a atenção de Roma, mas toda a América Latina começou a ser observada com interesse quando, após a crise de 1929 e seus efeitos, se registrou a instauração de inúmeros governos autoritários e ditaduras militares que, não episodicamente, refaziam ou olhavam com curiosidade algumas das pedras angulares do regime de Mussolini. Do lado italiano, no entanto, julgou-se necessário tentar evitar a eventual aproximação a personagens constrangedores, tanto que muitas vezes era possível ler nas revistas da península alinhadas à direita artigos que lançavam advertências destinadas a "impedir que simples reacionários ou caudilhos militares exagerassem na autoatribuição de indevidas patentes de fascismo ".[166]

Paralelamente, a partir do final da década de 1920, começou a se delinear uma estratégia geopolítica que deveria favorecer a hegemonia italiana no subcontinente, substancialmente baseada em um panlatinismo em oposição ao pan-americanismo dominado por Washington. O conceito de latinidade continha em si o de uma grande família étnica que incluía também portugueses, espanhóis e franceses, mas que – tendo sido a Roma antiga o farol dessa latinidade e tendo colocado a Roma moderna à frente do mundo latino em termos de espiritualidade católica, mas sobretudo de prestígio (que lhe foi dado pelo regime e por Mussolini), de realizações e conquistas – a América Latina teria que assumir a Itália como guia. No caso do Brasil, o panlatinismo não teve grandes repercussões, mas, na década de 1930, a classe dominante nativa e as altas patentes militares avaliaram positivamente – como se sabe – o governo de Mussolini, o qual, por sua vez, manteve uma postura favorável ao de Vargas. Essa harmonia dependia de que o segundo

---

165 *Fanfulla*, 10 out. 1928.
166 Albonico (1982, p.42-3).

reconhecesse a validade de alguns elementos considerados próprios do fascismo, como a relação com as massas, o controle dos meios de comunicação (especialmente no campo radiofônico), a figura do líder carismático.[167]

A Itália foi o primeiro país a reconhecer o governo provisório saído da Revolução de 1930. À parte uma ou outra desavença por ocasião da rebelião paulista de 1932, as relações entre os dois países continuaram a melhorar, chegando ao ponto de maior harmonia em 1936, quando o Brasil recusou-se a aplicar as sanções decretadas pela Sociedade das Nações por causa da agressão italiana à Etiópia.

Naquela ocasião, até chegaram ao consulado algumas ofertas em dinheiro e objetos de cidadãos brasileiros. O *Fanfulla* convidou todos os italianos a mandarem um cartão de visita ao ministro do Exterior, Macedo Soares, com duas palavras apenas: "Em reconhecimento".[168] Não foi por casualidade que, precisamente na época da campanha etíope, surgiram no Rio a Società Amici dell'Italia [Sociedade Amigos da Itália], presidida por Aloísio de Castro, e em São Paulo a Giunta Pro-Italia, que foi seguida pela criação, em Roma, da Società Amici del Brasile, sob a presidência de Guglielmo Marconi.

A simpatia por Vargas não impediu que Roma mantivesse contatos – mais ou menos secretos – com a Ação Integralista Brasileira (que se referia abertamente ao fascismo), apesar de alguns temores suscitados pelo nacionalismo do partido de Salgado, temores que a diplomacia italiana transmitia ao governo de Mussolini:

> "Se por hipótese os princípios patrióticos do movimento integralista fossem aplicados, não seria possível para a Itália defender e difundir entre seus conterrâneos e seus descendentes o nosso idioma, com a criação de dezenas e dezenas de escolas, com a organização de Ginásios, de Casas da Itália, com a circulação de jornais em língua italiana etc. [...] Os nacionalismos elidem-se".[169]

As preocupações começaram a desvanecer-se em meados da década de 1930, quando a ideia de que a AIB poderia ser, de uma forma ou de outra, controlada se o governo de Roma a apoiasse materialmente, como instava o

---

167 Um bom panorama do relacionamento entre a Itália e o Brasil na segunda metade da década de 1930 é o traçado em Seitenfus (1984).
168 *Fanfulla*, 8 nov. 1935.
169 Relatório do Embaixador Cantalupo de 9 mar. 1935, in Asmae, série pol., "Brasile (1931-1945)", pasta 4.

partido de Salgado, considerado, aliás, um personagem privado de grandes habilidades políticas. A decisão, nesse sentido, também foi tomada por causa das preocupações suscitadas pela influência do nazismo no movimento, influência favorecida pelos subsídios que os alemães já davam aos integralistas, como relatado pela embaixada italiana.[170] Após ter enviado um agente de confiança ao Brasil e após ter recebido um emissário da AIB em Roma, em janeiro de 1937, o ministro das Relações Exteriores, Galeazzo Ciano, concedeu ao partido um subsídio mensal de 50 mil liras, por meio de seu agente e excluindo taxativamente a embaixada.[171] Além dessa soma, os cônsules passaram a desviar, em prol do integralismo, o dinheiro arrecadado em subscrições abertas para outros fins.

As novas diretrizes secretas da política fascista em relação ao Brasil não comprometeram as relações cordiais com Vargas porque, até o golpe do final de 1937, parecia que o presidente brasileiro mantinha laços que poderiam, inclusive, ser definidos como estreitos com os camisas-verdes e era possível pensar em uma futura colaboração entre as duas forças, evolução desejada por Mussolini, o qual esperava que pudesse traduzir-se no nascimento, na América Latina, de um grande estado totalitário, oposto aos Estados Unidos.[172] O regime de Roma, dessa forma, teria sido capaz de manter boas relações com Rio e com a AIB, mas se a situação tivesse tido uma evolução favorável à ascensão ao poder apenas do integralismo, legalmente nas eleições marcadas para 1937 ou ilegalmente, para o fascismo era indispensável que o partido de Salgado lhe fosse devedor. Ainda no final de novembro de 1937, o ministro Ciano escreveu em seu diário que "há cerca de um ano venho financiando os integralistas com 40 contos mensais. Se nestes dias de luta houver necessidade de mais intervenções, darei disponibilidade ao embaixador".[173] A contribuição excepcional será, de fato, autorizada, enquanto o pedido da AIB para o fornecimento de armas não foi aceito, devido ao agravamento da situação[174] com a proclamação do Estado Novo e a declaração de ilegalidade de todos os partidos.

A tentativa integralista de um ataque armado ao palácio presidencial constrangeu o governo italiano, também porque o embaixador, desobede-

---

170 Relatório de 19 out. 1936, in Asmae, série pol., "Brasile (1931-1945)", pasta 16, fasc.1/2.
171 Telegrama do ministro Ciano à embaixada, 13 jan. 1937, in Asmae, série pol., "Brasile, 1931-1945", pasta 16, fasc.1/2.
172 Guariglia (1950, p.333).
173 Ciano (1980, p.55).
174 Para as relações entre fascismo e integralismo e, mais geral, para os vínculos com Vargas, cf. Trento (1982); e Seitenfus (1985).

cendo Galeazzo Ciano, concedeu asilo político a um dos principais responsáveis pela operação e organizou a fuga dos líderes mais comprometidos. A partir desse momento, cessaram os subsídios à AIB, o fascismo invariavelmente passou a exaltar a ditadura do Estado Novo e os vínculos entre os dois países tornaram-se ainda mais estreitos, apesar da proscrição do partido fascista brasileiro. Registrou-se, assim, um período de exaltação do governo italiano, cujos êxitos, realizações, características e organização interna eram frequentemente citados na imprensa brasileira, que fazia comparações entre os dois regimes. Até mesmo os jornais anteriormente antifascistas atenuaram seus ataques (exemplo típico é o de *O Estado de S. Paulo*), chegando em alguns casos a adotar a posição oposta.

Contribuíram ainda mais para unir os dois povos iniciativas aparentemente espontâneas, mas, na realidade, manobradas pelas autoridades diplomáticas, como a colocação de uma lápide de mármore no Convento do Carmo, na Bahia, em 1938, por ocasião do tricentenário da luta contra os holandeses, para recordar a contribuição italiana das tropas chefiadas por Giovan Vincenzo di Sanfelice. Igualmente propagandística foi a decisão governamental de mandar 75 italianos* ao Brasil, em viagem de instrução, mas também de amizade, e de outorgar, em 1936, o Grande Colar da Coroa da Itália a Vicente Rao, ministro da Justiça, o primeiro filho de italianos a assumir cargo público brasileiro de certa importância.

No seio da coletividade italiana, os anos 1930 representaram uma reviravolta na popularidade do regime. Como na pátria, também no Brasil os compatriotas rivalizaram em gabar-se de méritos fascistas da primeira hora, muitas vezes inexistentes, em ostentar divisas negras, distintivos fascistas, em preceder o nome, nas ocasiões públicas, do militarista *camerata* [camarada]. Basta passar em revista as fotos da época para dar-se conta de como também estavam difundidos no Brasil os sinais exteriores da coreografia fascista. É verdade que esse entusiasmo não era demonstrado em toda e qualquer circunstância e, pelas lamúrias do órgão semanal do *fascio* de São Paulo por ocasião do comício de Federzoni no estádio do Palestra Italia, podemos deduzir uma significativa disparidade de militância entre os italianos residentes no interior do estado e os urbanos:

> Notamos, entre a multidão de nossos concidadãos, alguns que vieram das mais longínquas cidadezinhas do estado [...]. Mas, ao mesmo tempo que pudemos admirar tanto espírito de patriotismo e dedicação, também pudemos

---

* Vanguardistas (membros da juventude fascista). [N. T.]

observar com tristeza que o número de nossos compatriotas residentes em São Paulo era relativamente pequeno. Dizem – e achamos que a cifra não é exagerada – que moram em São Paulo mais de duzentos mil compatriotas. Onde estavam eles domingo? Onde estavam os comodistas preguiçosos que, com medo de perturbar a elaborada digestão do almocinho dominical, preferiram não interromper a sesta costumeira com o gozo espiritual incomum e o imperativo patriótico de ir à reunião?[175]

Apesar da preguiça participativa, os anos 1930 infundiram nos italianos um maior orgulho pelas realizações internas e os êxitos internacionais da mãe-pátria.[176] As frequentes projeções de filmes propagandísticos, iniciadas já em 1923, antes mesmo da fundação do *fascio*, e cada vez mais numerosas com o passar dos anos, contribuíam para exaltar uns e outros. Embora existissem os incontentáveis, que lamentavam a não importação deste ou daquele filme,[177] em São Paulo, a Ital-film, cujo representante era o conde Secco Suardo, e no Rio de Janeiro, a Art Film, dirigida por Ugo Sorrentino, proprietário de inúmeras salas, encarregavam-se de importar noticiários e documentários do Instituto Luce. A insistência com que bombardeavam a Itália com cartas para conseguir mais filmes demonstrava que existia interesse e mercado.

Muitos desses filmes eram exibidos pelos *fasci* e pela OND em salas preparadas em locais improvisados ou, com maiores dificuldades, no circuito cinematográfico, que já era dominado por Hollywood. Em algumas ocasiões, foram até organizadas projeções itinerantes pelo estado de São Paulo, como no caso do documentário da viagem de Hitler à Itália, em 1938, que foi levado até mesmo à fazenda Dumont, em Ribeirão Preto, por iniciativa do correspondente em São Paulo de *Il Popolo d'Italia*, Mario dall'Olio, com convites à coletividade alemã.[178]

A instituição que mais influiu na construção do "consenso" foi a Opera Nazionale Dopolavoro (OND), que, como na pátria, desempenhou um papel fundamental de socialização política das classes populares. É interessante

---

175 "Gli assenti", *Giovinezza*, 7 ago. 1937.
176 Para uma exposição sintética da difusão do fascismo no Brasil meridional, vide Giron (1986).
177 Em 1934, por exemplo, o órgão do *fascio* do Rio protestava porque, "no Brasil, onde não só há tantos italianos ricos, mas também italianos que importaram filmes de cinema por pura especulação, não houve, até hoje, um só que tenha demonstrado sinal de interesse por *Camicia Nera*" ("Chi porterà in Brasile il film *Camicia Nera*?", *L'Italiano*, 3 jun. 1934).
178 ACS, Minculpop, envelope 272, fasc.2 e 7/2.

notar, contudo, que o seu nascimento no Brasil foi tardio e acompanhado de polêmicas, ligadas à defesa das associações já existentes e ao temor da concorrência que a OND, com seus apoios, exerceria, como se deduz facilmente de um artigo publicado no *Fanfulla*, em 1925:

> Tem-se à ilusão de arregimentar as massas emigradas para organizações especiais e à sombra de bandeiras especiais. Não hesitamos um instante em declarar que se trata de um erro gravíssimo, especialmente do ponto de vista patriótico [...]. A iniciativa destinada a fazer que nossas coletividades no exterior vivam, ao menos por tabela, a vida política da mãe-pátria, não serviria senão para dividir os italianos expatriados e enfraquecer suas florescentes organizações inspiradas nos princípios da assistência mútua ou no mais elevado ideal de solidariedade nacional. Os italianos no exterior devem ser, única e simplesmente, italianos.[179]

Em São Paulo, só a presença de Mazzolini, "homem crescido no novo clima espiritual da Itália", conseguiu dobrar as resistências opostas ao desígnio de constituir a OND. Poucos meses depois da sua chegada, o próprio *Fanfulla*, com uma reviravolta radical em relação a três anos antes, alinhava-se a favor do projeto:

> Foi demasiadamente descurada aquela massa que, no entanto, forma a maioria da colônia. Por motivos que seria supérfluo examinar aqui, para condená-los ou justificá-los, esqueceu-se de dar a essa massa que, sem embargo, sabe encontrar magníficos ímpetos de apego à Itália e deles dar provas esplêndidas e tangíveis, com um entusiasmo não só verbal, a consciência do que vale efetivamente numa obra que deve ser comum. Se quisermos que a vida dos italianos no exterior seja o espelho dos italianos da Pátria, é preciso que ela tenha o mesmo ritmo, o mesmo espírito.[180]

Apesar do alinhamento do maior órgão de imprensa, a hostilidade em relação às diretrizes provenientes da península continuou a manifestar-se em São Paulo, onde a inauguração da OND local ocorreu com mais de dois anos de atraso em relação à do Rio de Janeiro, ou seja, em fins de 1931. No entanto, uma vez criada, a nova instituição registrou contínuos êxitos de iniciativas e de adesões. Os inscritos, que no Rio de Janeiro eram inicialmente

---

179 "Il Dopolavoro per gli emigrati?", *Fanfulla*, 4 dez. 1925.
180 "Il Dopolavoro a São Paulo", *Fanfulla*, 11 maio 1928.

700, aumentaram progressivamente, enquanto em São Paulo, dos 1.500 sócios da fase de inauguração passou-se a 2.800 (dos quais apenas 400 pagantes) em 1932, e a 5.437 (3 mil pagantes), em 1934, quase 7 mil no ano seguinte, mas um relatório policial afirmava – seguramente exagerando – que eram 40 mil em 1938.[181]

Mesmo que a grande maioria dos inscritos fosse italiana, as ONDs atraíam pessoas de qualquer nacionaliadede e aos nativos foi dada a possibilidade de exercer funções de responsabilidade. Como reconheciam os próprios orgãos de segurança brasileiros, muitos se acostavam ao Dopolavoro exclusivamente por interesses culturais ou para praticar esportes ou, talvez, para ampliar seu círculo de amizades ou de negócios, mas é fácil intuir como a frequentação das ONDs facilitasse a obra de doutrinação, como aliás reconhecia o secretário do *fascio* de São Paulo num discurso de 1938, afirmando que essas estruturas representavam "um veículo de propaganda e penetração fascista inclusive entre brasileiros e espanhóis, sendo abertas a todos".[182]

Organizada, onde possível, também em seções de bairro, a OND desenvolveu as suas atividades no campo do teatro amador – com uma seção pomposamente chamada de "cultural", que se limitava a recitais de poesias e empréstimo de livros –, do recreativo (tardes dançantes) e do esportivo (basquete, futebol, bocha, excursões, ciclismo, motociclismo, atletismo). Possuía, além disso (pelo menos a OND de São Paulo), um ambulatório próprio e tinha convênio com alguns cinemas e lojas, que concediam descontos. Igualmente agregadora era a organização de excursões dominicais à praia, perfeita cópia dos "trens populares" na Itália. A primeira excursão social a Santos foi realizada em maio de 1932 e, a partir de então, a experiência foi repetida em inúmeras circunstâncias, com doces, vermute, banda, refeição, danças, brinquedos para as crianças e sorteio de prêmios. Na metade dos anos 1930, as ONDs espalhadas pelo estado de São Paulo eram em número de onze, e, como todas as outras no Brasil inteiro, não desapareceram nem mesmo em 1938, depois da nova legislação, limitando-se a mudar de nome, mas mantendo a sigla: Organização Desportiva Nacional.

Naquela data, as autoridades diplomáticas já haviam conseguido unificar as várias subscrições, frequentes até demais, que se registravam no seio da coletividade italiana, para dar uma solução unitária ao problema da assistência, à imagem do que ocorrera na Itália. Nasceu, assim, em 1934, por iniciativa do embaixador Cantalupo e com o lema "dar ordenadamente

---

181 Aerj/Dops, *Estados/SP*, Prontuário 22/E2, *fascio* de São Paulo.
182 Aesp/Dops, Prontuário 77.882, Renato Bifano.

e distribuir ordenadamente", o Comitato della Sottoscrizione Unica [Comitê da Subscrição Única], encarregado da arrecadação dos fundos uma vez por ano. O programa de assistência era sintetizado em três pontos: assistência médica (na sede do *fascio*), assistência direta (subsídios em dinheiro, víveres, alojamentos etc.) e assistência do *fascio* feminino (enxoval para recém-nascidos, assistência domiciliar a doentes necessitados, organização da epifania fascista).

A iniciativa, lançada no Rio de Janeiro, foi repetida em São Paulo, com o apoio dos presidentes das associações, mas suscitou a preocupação das instituições menos fortes, inclusive a de algumas escolas, que temiam ser privadas das contribuições com que podiam contar até então. Malgrado as lamúrias acerca do montante e da frequência das subscrições (queixas essas que tinham como alvo principal os inscritos no *fascio*, as sociedades e os membros do Comitê Geral), os resultados foram suficientemente positivos, especialmente no que diz respeito aos donativos das classes populares, ainda que os fundos tenham sido utilizados, em parte, para objetivos totalmente estranhos à assistência.

O clima de adesão e apoio chegou ao auge com a guerra contra a Etiópia, que, no Brasil, como alhures, aliás, teve o efeito de dar nova vida aos *fasci*. No dia 2 de outubro de 1935, uma multidão foi à casa do *fascio* para ouvir pelo rádio a declaração de Mussolini e as palavras de Guglielmo Marconi, que estava em visita oficial a São Paulo naqueles dias. Durante a noite, em todos os principais centros urbanos do Brasil com presença italiana significativa ouviram-se hinos e bandeiras foram desfraldadas. O primeiro resultado tangível desse entusiasmo foi o número de voluntários que se apresentaram ao consulado para combater na Etiópia. Há quem afirme que tal número teria sido muito mais considerável se disposições precisas de Roma não houvessem estabelecido severas limitações. Mas, na verdade, a imprensa da época não fala delas. Em todo caso, o primeiro contingente, formado preponderantemente por ex-combatentes, compreendia cem italianos residentes no estado de São Paulo, mais outros grupos provenientes do Rio Grande do Sul, Minas Gerais e Rio de Janeiro, seguido, logo depois, de uma segunda leva de noventa pessoas de todo o Brasil. A comunidade italiana se mobilizou em favor deles, sobretudo a elite, que proporcionou, entre outras coisas, provas de arroubo financeiro: 100 mil liras doadas por Matarazzo a Parini, como contribuição para as despesas de organização da Legião Tevere, em que foram enquadrados os voluntários provenientes do Brasil e mil contos de réis, cada um, doados pelo mesmo Matarazzo e por Crespi para a Patria in Armi [Pátria em armas]. Ambos os magnatas e Morganti distinguiram-se imediatamente por méritos patrióticos graças às facilidades concedidas a seu pessoal:

> Sabemos que o conde Matarazzo, o conde Crespi e o cavaleiro Morganti comunicaram a seus empregados que serão mantidos, para todos os que partirem como voluntários, os empregos e salários por toda a duração da campanha. Acreditamos que todas as demais empresas italianas proporcionarão igual tratamento a seus empregados que partirem. Além do mais, entre a Coletividade italiana será organizado, como foi feito por ocasião da Grande Guerra, um comitê que arrecadará os fundos necessários para subsidiar as famílias dos voluntários.[183]

Mas, além das generosas doações por parte de imigrados que tinham alguma solidez econômica, os bons resultados alcançados – elogiados pelo próprio Parini – dependeram também do amplo elenco de subscritores de modestas capacidades contributivas, que provavelmente enfrentaram um sacrifício maior do que teriam desejado em ausência de pressões tão continuadas por parte da imprensa étnica e das estruturas oficiais. Só de São Paulo, partirão, em quatro levas diferentes, 283 pessoas, entre as quais onze oficiais[184] e dez sócios do Circolo Italiano. Uma mobilização de massa muito mais consistente foi tentada por ocasião das sanções decididas pela Sociedade das Nações. Desde outubro de 1935, algumas empresas comerciais italianas tomaram a iniciativa de boicotar os produtos ingleses, e essa ideia, ditada provavelmente por conveniências pessoais, foi retomada e amplificada pelas autoridades e os *mass media*. Tratava-se de uma campanha bem orquestrada, que chegou até a organizar um concurso para musicar um hino contra as sanções, com letra de Salvatore Pisani. Ela teve várias etapas. Apoiando-se no amor pátrio e na distância da Itália, insistiu, primeiro, na necessidade de ajudar de algum modo os compatriotas que, na península, corriam riscos e sofriam privações. Devia ser tarefa dos italianos no Brasil pagar com a mesma moeda os países que apoiavam as sanções, consumindo produtos italianos ou das nações que não haviam aplicado as medidas, em primeiro lugar os produtos brasileiros.

A segunda fase foi caracterizada pelos apelos prementes para comprar exclusivamente mercadorias italianas importadas, "substituir o produto

---

183 "Volontari d'Africa", *Fanfulla*, 3 out. 1935.
184 Pisani (1937, p.1085). Na verdade, uma outra fonte, que dá a lista nominal dos que partiam, fornece a cifra de 199, entre os quais 18 oficiais. Vide Rubbiani (1936, p.197-202).

boicotado pelo produto italiano e melhorar, dessa forma, a nossa posição neste mercado. Não nos esqueçamos que uma das maiores necessidades da Itália, de hoje em diante, será o ouro, isto é, a moeda estrangeira, e que a Itália só poderá obter essa moeda estrangeira vendendo as suas mercadorias".[185] É difícil avaliar o peso de semelhantes iniciativas em termos comerciais. É mais simples analisar o comportamento de massa nas campanhas do ouro e do dólar pela pátria. A coleta das alianças de casamento, substituídas por anéis de ferro que já tinham sido abençoados (como informava a dirigente do *fascio* feminino, Maria Apollinari), começou no dia 18 de dezembro de 1935, enquanto a subscrição monetária havia sido lançada em novembro. Só em São Paulo, o balanço final entre dinheiro corrente, objetos preciosos, títulos de renda, apólices de seguro de ex-combatentes e mercadorias foi de 8 mil contos.

O ímpeto patriótico dos italianos no Brasil foi, naquela circunstância, certamente elogiável, e o próprio Mussolini exprimiu, através de um telegrama ao embaixador, a sua satisfação. Na América Latina, tratava-se de um exemplo inigualado. É verdade que a coletividade no Uruguai respondeu de modo adequado, mas o número de residentes era bastante inferior. Totalmente diferente foi o comportamento dos italianos na Argentina, caracterizado, durante a guerra etíope, pela indiferença, quando não por hostilidade. Foram poucas as contribuições de "simpatia moral e ajuda material", tanto que, em meados de 1936, Mussolini assim se lamentou com o embaixador Guariglia: "Os italianos da Argentina não nos compreendem, nem nos amam. Se as coisas continuarem assim, nós nos dirigiremos cada vez mais aos italianos do Brasil".[186]

Grande parte do mérito pela difundida fidelidade ao regime cabia às personalidades mais destacadas e, talvez em maior medida ainda, à classe média e aos intelectuais, como não deixava de recordar o embaixador Cantalupo em 1934, por ocasião da mensagem comemorativa da marcha sobre Roma:

> Agradeço aos secretários dos *Fasci*, que têm de superar muitas dificuldades com espírito de sacrifício. Agradeço a todos os Fascistas, aos Dirigentes das Associações, aos bons cidadãos que trabalham em silêncio, estejam ou não inscritos nos *Fasci*. Meu pensamento vai particularmente aos nossos Professores, bem como aos redatores dos diários e semanários que fazem propaganda fascista e patriótica, aos sacerdotes que não olvidam as relações entre a Itália e a

---

185 "Organizziamo le controsanzioni", *Fanfulla*, 22 nov. 1935.
186 Guariglia (1950, p.340).

Igreja [...]. Neste ano [...], senti crescer o número e o calor dos Italianos que se aproximaram em massa das instituições fascistas, vi reduzirem-se ao mínimo, se não a nada, as extremas resistências mentais.[187]

O aceno aos padres não era casual. Fracassada nos anos 1920 a tentativa do regime de transformar "os missionários italianos no exterior em funcionários do governo italiano",[188] depois da Conciliação as coisas modificaram-se progressivamente. O Brasil também teve seus padres fascistas, alguns dos quais muito ativos, por exemplo o padre Cerbella, em Belo Horizonte. Essa propaganda constituiu um novo e eficaz instrumento no trabalho de fascistização da juventude e da adolescência, a que deu maior impulso ainda o início das excursões à Itália para os filhos de italianos residentes no Brasil, a partir de 1937.

As viagens à Itália a preços populares constituíam uma das atividades das cooperativas de consumo de fascistas e membros da OND, nascidas nos anos 1930. O trabalho específico de penetração no proletariado, no entanto, já era realizado pela OND e, a partir da metade da década, pela Legione Operaia del Littorio [Legião Operária do Litório], criada, embora com pouco êxito, para "proteger moral e materialmente a grande falange dos trabalhadores italianos, que desempenham suas atividades neste país, e constituir um baluarte defensivo contra a difusão da propaganda comunista".[189] O trabalho da Legião resumiu-se porém, principalmente, em organizar conferências para ilustrar as realizações do regime e cursos de higiene pessoal e doméstica. Os inscritos não superavam os quatrocentos em 1937.[190]

Para concluir, podemos afirmar que, a partir da metade dos anos 1930, a vida coletiva e, em parte, individual também, dos italianos no Brasil foi permeada pelos valores e pelas manifestações exteriores do regime, a começar pela epifania fascista, organizada cada ano, desde a década anterior, pelos *fasci* locais, mas também por outras instituições, como o Istituto Dante Alighieri, de São Paulo. As celebrações das datas do regime, por sua vez, realizavam-se no Circolo Italiano e nas Casas da Itália, onde elas existiam, enquanto só se tem notícia episodicamente de outras sedes (Istituto Dante Aligheri e Cassino Antartica).

---

187 "Italiani in Brasile!", *Fanfulla*, 28 out. 1934.
188 Rosoli (1986b, p.294).
189 Pisani (1937, p.1251).
190 Aerj/Dops, *Italianos*, Prontuário 2, Dossiê Propaganda Fascista.

Nos últimos anos, abundaram as representações de comédias e operetas de tema propagandístico (*O voluntário na África Oriental*, *Pequeno balilla*, *Carinha negra*), encenadas por companhias italianas, mas, com muito maior frequência, por companhias locais, com predominância da Centúria Lírica da Escola Maria Pia di Savoia e dos elencos amadores das ONDs. No campo das artes figurativas, também houve quem exprimisse em suas telas a realidade da nova Itália, inspirando-se na marcha sobre Roma.

Correspondia, frequentemente, a esse aspecto exterior uma convicção profunda, que também envolvia, pelo menos emocionalmente, os nascidos no Brasil de pais italianos, arrastados pelo entusiasmo dos nossos compatriotas em relação a Mussolini.[191] Para quem estava convencido de que a pátria tinha reencontrado vigor e credibilidade, nem a distância geográfica nem a data de emigração podiam atenuar o empenho em favor da causa, tanto assim que alguns dirigentes dos *fasci*, especialmente os de bairros, estavam fora da Itália havia mais de trinta anos. Em geral, os últimos anos do fascismo proporcionaram aos italianos no Brasil um senso de solidariedade e de orgulho até então desconhecidos.[192]

6.5. O ANTIFASCISMO

Nas condições descritas, a atividade antifascista era difícil, mesmo porque, se a maioria dos emigrados revelava inicialmente indiferença em relação ao regime, igual indiferença reservava aos opositores. As já pouco numerosas forças do antifascismo foram ainda mais reduzidas pelas defecções, talvez não clamorosas, mas contínuas, seja de simples militantes, seja de intelectuais. Além do caso de Aldo Dieci, que já mencionamos, assinalemos os exemplos de Bertarelli, do advogado Limongi, um dos fundadores da União Democrática do Rio de Janeiro, que passou para o campo oposto,

---

191 Ver, a esse respeito, alguns depoimentos recolhidos por Cléria Bosi, em particular o do senhor Amedeu ("Antes da guerra, Mussolini era um ídolo para os italianos") e do senhor Antonio, que fazia discursos integralistas no Dopolavoro de Sorocaba (Bosi, 1979, p.77-102 e 165-202).

192 Um pequeno episódio que me foi narrado por um protagonista, o professor Petrone, servirá provavelmente para dar uma ideia do fenômeno e sua difusão. Chegando ao Brasil com três anos, Petrone manteve-se fortemente apegado à italianidade e lembra ter participado de uma manifestação usando o uniforme de *balilla*, junto com alguns amigos. Voltando para casa, foram chamados, do outro lado da rua, pelo proprietário de um restaurante italiano que, tendo-os visto uniformizados, convidou-os para comer. Entrevista com Pasquale Petrone, 18 set. 1986.

e de Ulisse De Dominicis, que também foi um dos fundadores desse grupo, maçom e, depois, informante do consulado em São Paulo.

É difícil estabelecer quantos eram os antifascistas, ainda que os militantes mais ativos mostrassem um injustificado otimismo, que, em 1927, levava Francesco Frola a escrever que, mal fazia um discurso, "o castelo criado pelos nossos adversários vai abaixo. Os italianos vêm ao nosso encontro de braços abertos". Ou induzia Piccarolo a afirmar, no ano seguinte, que "antifascista é a colônia em sua grande maioria. E os antifascistas encontram-se por toda parte, até mesmo entre os inscritos no *fascio*, até mesmo na imprensa fascista, para não dizer outra coisa".[193] Também distante da verdade devia ser a estimativa feita retrospectivamente por Mariani (cerca de 10 mil), se já não fosse pela distribuição territorial: uma centena no Rio de Janeiro, 2 mil em São Paulo e "os restantes dispersos e isolados no vasto território".[194] De fato, ele devia saber muito bem que o estado paulista hospedava pelo menos 4/5 de todos os antifascistas italianos no Brasil.

Um desconhecido infiltrado pelo consulado, em 1927 afirmava serem os emigrados de longa data simpatizantes, em geral, do regime, e os últimos a chegar predominantemente antifascistas.[195] Na realidade, com base nos dados que consultei no arquivo político, onde estão fichados, obviamente, os que mais se distinguiam na luta contra o regime, a nova e a velha emigração praticamente se equivaliam, com prevalência da última categoria. Entre os protagonistas dessa luta se encontravam elementos aportados ao Brasil ainda meninos, como Giovanni Scala, ou até mesmo que aqui haviam nascido, como José Cerruti.

Ao contrário da Argentina, o processo de reconstituição dos partidos políticos foi difícil e as novas organizações tiveram, frequentemente, vida breve. O grupo que mais resistiu foi, sem dúvida, o partido republicano, primeiro sob a sigla de Associazione Mazzini e, logo depois, como verdadeira seção do PRI, tendo à sua frente Bixio Picciotti, que tomara a iniciativa de organizar os contatos com o núcleo central, em Paris. Nascida em 1928, a organização conheceu um crescimento significativo em pouco tempo, confirmado pelo aparecimento de numerosas seções em várias localidades do estado de São Paulo (além da capital, em São João da Boa Vista, Amparo,

---

193 F. Frola, "La nostra propaganda nell'interno", *La Difesa*, 26 maio 1927; "Nel fronte unico", *Il Risorgimento*, 1º abr 1928. O artigo "Lega Lombarda", *La Difesa*, 19 jan. 1930 falava de 30 mil italianos em São Paulo, "intimamente antifascistas".

194 Mariani (1947, p.71).

195 ACS, *DGPS*, Div. Polizia Politica, Materia, envelope 21, fasc.C 23.

Serra Negra, Santos, São Bernardo), no Rio de Janeiro e em Minas Gerais. Já o partido socialista teve um percurso mais atrapalhado, em boa parte por causa das divisões internas que abalaram a existência dessa corrente no período entre as duas guerras. Antes do fim dos anos 1920, foi criado o grupo Giacomo Matteotti, com seções em São Paulo, Rio de Janeiro e Porto Alegre, enquanto, depois de 1932, surgiu uma seção regular do PSI, e as duas organizações continuaram a coexistir por algum tempo.

O grupo com maior número de inscritos foi, porém, apartidário: a Lega Italiana dei Diritti dell'Uomo [Liga Italiana dos Direitos Humanos] (Lidu), organizada quase paralelamente ao centro parisiense, com duas seções, no Rio de Janeiro e em São Paulo. Na capital paulista existia, em 1928, a seção mais numerosa, depois das seções francesas, como reconhecia o próprio presidente da Lidu, Luigi Campolonghi.[196] É significativo o sucesso dessa organização, porque ele demonstra que, no mundo antifascista emigrado, prevaleciam os militantes que não estavam organizados neste ou naquele partido, como acontecia em outros países. As resistências a matrizes ideológicas precisas são confirmadas pelas dificuldades encontradas para criar o grupo Giustizia e Libertà [Justiça e Liberdade], apesar do interesse que ele suscitou por algum tempo entre os adversários do regime, seja em São Paulo, seja no Rio de Janeiro.

Os anarquistas certamente não tinham semelhantes problemas, por serem coerentemente contrários a organizações estruturadas. Foram poucas, porém, as novas forças vindas da Itália que se juntaram aos líderes históricos do anarquismo já residentes no Brasil, como Cerchiai e Ristori. Talvez o nome mais famoso tenha sido o de Trento Tagliaferri. Os anarquistas, do mesmo modo que os comunistas, se mantiveram à margem do movimento antifascista italiano, ainda que, em algumas circunstâncias, tenham se valido do apoio de organizações partidárias para poder desenvolver livremente a sua atividade, eludindo dessa feita a rígida vigilância a que eram submetidos pelas autoridades brasileiras. Acompanharam, em todo caso, o movimento, associando-se muitas vezes às manifestações realizadas por outros grupos.[197]

Nem mesmo os comunistas italianos organizaram uma seção do partido; mas eles foram, realmente, tão poucos, que só deram dois nomes de algum relevo: Luigi Cingolani e Goffredo Rosini, aos quais se somou, em

---

196 Vide "L'azione della Lega Italiana dei Diritti dell'Uomo nell'anno 1927-1928", *Il Risorgimento*, 1º set. 1928.

197 Entrevista com Bixio Picciotti, 27 nov. 1986. Veja também ACS, *DGPS*, Div. Polizia Politica, Materia, envelope 21, fasc.C 23.

1940, Ettore Biocca. A situação se apresentava certamente difícil para eles, acostumados à luta na pátria ou na França, nas fileiras de um partido que proporcionava indicações e diretrizes precisas. Interessantes, a esse respeito, são as impressões de Rosini em contato com a nova realidade, numa carta enviada a um companheiro em meados de 1929. Depois de constatar que, no Brasil, existiam dois jornais antifascistas, um deles órgão da Concentração (Lidu e republicanos) e o outro da Liga (genericamente socialista), continuava assim:

> Não existe mais nada, nem poderia existir. Talvez você saiba que o governo brasileiro dissolveu várias vezes o Partido Comunista e, até mesmo, um Partido Socialista [...]. Bem nesses dias, foram dissolvidos o Bloco Operário e Camponês (uma espécie de Partido Comunista Brasileiro), o Comitê para a reconstrução da CGT e todas as organizações econômicas e de classe existentes. Os elementos estrangeiros que foram presos no decorrer das batidas efetuadas foram mandados para seus países de origem. Esta a situação. Que deveria fazer alguém como nós? Retirar-se para a vida privada, para conservar límpido e... impotente o espírito? Ou fazer alguma coisa e trabalhar contra o fascismo, junto com aqueles que estão mais próximos de nós e que não constituem um verdadeiro movimento político? [...]. Aqui, em São Paulo, existem três (repito, três) comunistas italianos. Um é o viajante, da *Difesa*, que é o único honesto e sério. O outro é quem lhe escreve. O terceiro é um *cáften* ou um gigolô [...]. Pela segunda vez: que fazer nesse ambiente, em tal situação? Depois, também, a minha entrada na *Difesa* causou grande confusão. O órgão da Concentração estrila, dizendo que o comunismo está se infiltrando em meio aos italianos. Um jornal fascista, *Il Pasquino*, dirigido por Rocchetti, o assassino (o Rocchetti foi quem assassinou o nosso Troccaioli, de Macerata), está me denunciando à polícia há seis números, citando o meu nome, na esperança de me fazerem ser deportado [...]. O ambiente esquentou e, para me defender, tenho de brigar para valer. Comecei uma campanha feroz contra Mazzolini, Rocchetti e um tal de comendador Rubbiani. Pior do que os tratei é impossível. Certamente, esta não é uma luta de ideias e uma luta nossa. Mais do que isso não se pode fazer, garanto-lhe. Acho que o que se pode e se deve pretender na França e na Bélgica não se pode pretender aqui.[198]

A menção às resistências encontradas pelos comunistas nas organizações antifascistas era mais que justificada. Aliás, alguns opositores importantes

---

198 ACS, *CPC*, envelope 4418, Rosini, Goffredo.

até serviram-se dessa acusação para desacreditar adversários temporários ou definitivos no seio do movimento. Foi, sem dúvida, essa uma das causas que, nos anos 1930, levaram os poucos militantes comunistas a concentrarem sua atividade política exclusivamente nas lutas de classe internas do país que os hospedava, com riscos muito maiores.

Uma lista, mesmo incompleta, dos militantes mais significativos do antifascismo no Brasil seria provavelmente inútil; mas, como essa história nunca foi escrita, consideramos necessário citar pelo menos alguns nomes e fornecer uma breve biografia dos mais importantes. No Rio de Janeiro, devem ser assinalados Infante, Battistelli, De Gasperi, D'Alessandro, Pini, De Rosa, Trambucchi e Giovanni Scala; na Bahia, Tagliaferri, Della Valle, Sartori, Segatta e Scunzi; no Rio Grande do Sul, mais precisamente em Bento Gonçalves, dom Salvetti; no Paraná, Giuseppe Capra; em Minas Gerais, Guadagnin, Bello, os irmãos Pezzi, Barbieri, Salvini, Furlani, Donati e, a partir de 1931, Ugo Scalabrino, que abriu uma pequena livraria em Juiz de Fora. No interior do estado de São Paulo, agiram Lanzetti, Sandri, Pavan, Raghienti e Petrone (estes dois últimos em Ribeirão Preto). Particularmente numerosa, nos anos 1920, foi a colônia antifascista de Santos, com De Pian, Gerbi, Camara, Musiani, Messina, Lazzarini, Franzon, Fraccaroli, Landi e seu líder, o médico Domenico Battendieri.

A maior representação encontrava-se, obviamente, na cidade de São Paulo. Alguns dos nomes mais significativos: Dante e Nicola Ancona Lopez, Ottobrini, Finocchiaro, Vozza, Scavone, o velho Alcibiade Bertolotti, Orlandi, Rizzaro, Isoldi, Aureli, Bornacina, Chiarappa, Lodi, Donnaruma, Gobbi, Busacca, Cirenza, Frisciotti, Gradilone. E, também, Achille Robba, cunhado de Piccarolo e simpatizante comunista; Carlo Tamagni, republicano de esquerda; Giuseppe Fabi, trazido da Itália em 1926 pelo *Fanfulla*, juntamente com Rubbiani e Daniele. Demitido do jornal por ser antifascista, permaneceu no Brasil um par de anos, transferindo-se depois para Buenos Aires; Pasquale Petraccone, jornalista e editor; Antonio Cimatti, socialista, ex-tipógrafo do *Avanti!*, de Roma, no Brasil desde 1912; Adriano Arcari, ex-deputado republicano, já admoestado na Itália por ter contribuído para a impressão de três números clandestinos de *Non Mollare* (Não Ceder), emigrado em 1927.[199]

Outros merecem ser lembrados, com maior destaque, a começar por aqueles que residiam havia vários anos no Brasil quando o regime foi

---

199 As notícias relativas aos antifascistas foram tiradas da imprensa italiana da época, do Archivio Centrale di Stato e das entrevistas com Felice Orlandi e Bixio Picciotti.

instaurado: Antonio Piccarolo, muito ativo nos anos 1920, fundador e animador dos dois órgãos mais importantes da imprensa antifascista e ponto de referência para as correntes não marxistas, e Ambrogio Chiodi, emigrado em 1885, tipógrafo, naturalizado, como Piccarolo, que foi um dos pontos de força da corrente socialista e assumiu funções dirigentes na Liga Antifascista.

Também residente no Brasil havia muito era o anarquista Oreste Ristori. Expulso pela segunda vez em 1936, estabeleceu-se em Empoli em abril, mas, embora vigiado, lá permaneceu por apenas dois meses, saindo clandestinamente para a Espanha. Em setembro de 1937 estava domiciliado em Paris e pedia ao consulado italiano concessão de passaporte para poder retornar a São Paulo, concessão que lhe foi negada após parecer desfavorável da polícia de Florença. Em 1939, Ristori requereu repatriação em consequência de uma condenação na França. Detido na fronteira em fevereiro de 1940, escreveu uma carta a Mussolini para "lamentar certas irregularidades que ocorrem na fronteira com a França", carta em que, com sua habitual maneira arrogante e arguta, colocava o problema de sua detenção e prisão como "atentado às minhas liberdades elementares de cidadão". Considerados os seus 66 anos, foi solto, novamente admoestado e levado de volta a Empoli, onde, em novembro de 1941, foi detido por difusão de notícias tendenciosas e alarmistas acerca do andamento das operações bélicas. Condenado em agosto de 1943 por ultraje a oficial público pelo Tribunal Militar de Florença, logo obteve a liberdade provisória. Sua folha corrida se encerra com esta comunicação da prefeitura de Florença ao Ministério do Interior, datada de 3 de dezembro de 1943: "Comunicamos que ontem, dois do corrente, foi fuzilado, por um pelotão de execução, por ordem do Órgão Provincial Superior, em consequência do traiçoeiro assassinato do tenente-coronel Gobbi Gino, comandante do distrito militar local, o anarquista em questão".[200]

Outro anarquista, mas que chegara nos anos 1920, era Trento Tagliaferri, romano, amigo de Malatesta, comerciante. Emigrando em 1924 para o Uruguai e indo, depois, para a Argentina, chegou ao Brasil em 1926, passando algum tempo no Rio de Janeiro e em Poços de Caldas, e estabelecendo-se, enfim, na Bahia. Rico (abriu várias casas de jogo na Bahia, Curitiba, Rio Grande do Sul e até em Bogotá), enviou generosas contribuições aos refugiados na França, onde esteve várias vezes entre 1929 e 1933. Animador

---

200 ACS, *CPC*, envelope 4342, Ristori, Oreste. As notícias sobre Piccarolo e sobre Chiodi, em ACS, *DGPS*, Div. AA.GG.RR., J 5, envelopes 264 e 79.

do antifascismo na Bahia, trouxe alguns exilados, oferecendo-lhes trabalho. Naturalizado em 1929, transferiu-se para o Rio de Janeiro em 1933.[201]

Outro ativo opositor do regime foi José Cerruti, socialista e maçom, nascido no Brasil, como Bruno Giorgi, que combateu na Espanha. Na guerra civil, perdeu a vida Libero Battistelli, advogado, ex-membro da Federação Republicana Emiliano-Romanhola, emigrado em 1927 para o Rio de Janeiro, onde assumiu a presidência da Lidu. Em 1930, numa viagem a Paris, fez uma conferência sobre o antifascismo dos italianos no Brasil, sendo encarregado de recolher fundos no Rio de Janeiro para a luta contra o regime. Rico, dedicava-se nas horas vagas a atividades editoriais. Mudando-se definitivamente para Paris em 1935, entrou em contato com Giustizia e Libertà, escrevendo alguns artigos para a revista do grupo. Em 1936, foi para Barcelona. Com a patente de comandante da coluna Durruti, morreu em junho de 1937, em consequência dos ferimentos recebidos em combate na frente de Huesca.[202]

Sempre ligado ao conflito espanhol, mas envolvido em mistério, foi o fim de Goffredo Rosini. Nascido em Iesi em 1899, militante do PSI e, depois, do Partido Comunista, foi para Nápoles em 1925 dirigir a secretaria do partido. Mandado de volta para Iesi, fugiu em fins de 1925, indo primeiro para a União Soviética e, de lá, em 1928, para a França. Em maio de 1929, emigrou para São Paulo, onde morava um tio seu. Segundo algumas fontes, já havia esposado, naquela época, o programa da IV Internacional, mas é provável que a sua conversão ao trotskismo tenha ocorrido durante a permanência no Brasil. Colocando-se logo em evidência pela incessante propaganda contra o fascismo, foi detido já em 1930. Depois da revolução daquele ano, sua atividade tornou-se mais intensa. Em 1931, passou a fazer parte de *O Tempo*, ligado a Miguel Costa. Detido novamente em 1932, sob suspeita de ser comunista, esteve entre os principais promotores da Frente Única Antifascista. Em 1934, foi novamente detido pela polícia de São Paulo, "que o espancou violentamente e, depois, acompanhou-o até a fronteira do Uruguai, na qualidade de expulso indesejável". Transferindo-se provavelmente para a Argentina, o consulado italiano em São Paulo considerava que houvesse voltado clandestinamente ao Brasil. Em 1937, dava-o como detido no Presídio Maria Zélia e, em 1942, como residente em São Paulo. Outras fontes, ao contrário, afirmam que, na realidade, o Rosini a que aludiam os relatórios consulares era outro militante, que entrara no Brasil com seus documentos, método frequentemente utilizado na época. Mário Pedrosa, durante seu

---

201 ACS, *DGPS*, Div. AA.GG.RR., J 5, envelope 326, Tagliaferri, Trento.
202 ACS, *CPC*, envelope 411, Battistelli, Libero.

exílio nos Estados Unidos, obteve a informação de que Rosini combatera na Espanha com as Brigadas Internacionais, notícia confirmada também por um telegrama da embaixada em Paris, de 5 de outubro de 1937, em que se afirmava que ele militara com o pseudônimo de Sandro Ramella. Ferido em combate, segundo as informações de Pedrosa, foi transportado a Odessa num navio-hospital soviético e ali fuzilado, por ter confessado a uma enfermeira ser trotskista.[203]

Também comunista e da região de Marcas era Luigi Cingolani, nascido em Matelica, em 1894, secretário da Câmara do Trabalho local, pedreiro, emigrado em 1925, ativo antifascista e combatente das lutas de classe brasileiras.[204] Oriundo de Roma, Bixio Picciotti foi o mais importante organizador dos republicanos em São Paulo. Chegando ao Brasil com apenas 30 anos para escapar das ameaças fascistas na pátria, a partir de 1925 empenhou-se incansavelmente na construção do Partido Republicano Italiano e na oposição ao regime.[205]

Nicola Cilla, nascido em Ravena em 1895, secretário da Federação Juvenil Socialista em 1917 e da Câmara do Trabalho de Mirandola em 1919, permaneceu poucos anos no Brasil. Aderiu ao Partido Comunista, quando este nasceu, em 1921, e foi redator do jornal deste, *Unità*, desde sua fundação. Deixando-o em julho de 1925, por motivos de saúde, emigrou primeiramente para a França, onde foi redator-chefe do *Riscatto* e trabalhou para o Socorro Vermelho Internacional, mudando-se depois para a Bélgica. Transferiu-se para o Brasil, mais precisamente para a Bahia, em março de 1929, chamado por Trento Tagliaferri, que lhe ofereceu o cargo de administrador de um negócio seu. "A esse período, caracterizado por acalorados debates em torno da 'reviravolta', deve remontar o afastamento de Cilla do Partido Comunista, que, de fato, pouco depois parece tê-lo expulso".[206] Transferindo-se para São Paulo em 1930, para substituir Mariani na direção de *La Difesa*, aproximou-se cada vez mais dos socialistas. Em julho de 1932, foi primeiro para o Uruguai e, depois, para a Argentina, onde permaneceu até o fim da guerra, continuando sua militância nas fileiras da Federação Socialista Italiana naquele país, dirigindo o noticiário Italpress e, a partir de 1940, o jornal *Italia Libre*.[207]

---

203 ACS, *CPC*, envelope 4418, Rosini, Goffredo; Abramo (1984, p.14-5 e 68-9).
204 ACS, *CPC*, envelope 1349, Cingolani, Luigi.
205 ACS, *CPC*, envelope 3945, Picciotti Bixio; e entrevistas de 10 out. e 27 nov. 1986.
206 Andreucci; Detti (1975-1979, v.2, p.45).
207 Vide ibid., p.43-5; e ACS, *CPC*, envelope 1343, Cilla, Nicola.

Uma personalidade importante na luta antifascista no Brasil foi o conde Francesco Frola, de Turim, que já estivera anteriormente na América Latina. Secretário da Federação Socialista de Turim em 1919 e deputado do mesmo partido, passou em 1922 para o Partido Socialista Unitário, emigrando em 1925 para a França, onde colaborou para *Il Corriere degli Italiani*. Atingido pelo Decreto n.4.746 de 1926, pelo qual o governo fascista privava da cidadania e confiscava os bens de treze cidadãos que desenvolviam, no exterior, "atividades antinacionais" (entre os quais De Ambris e Vacirca), emigrou para o Brasil, onde assumiu o cargo de diretor de *La Difesa* e criou o grupo Giacomo Matteotti. Depois de algumas peripécias obscuras, voltou para a França no início de 1930 e, dali, no mesmo ano, foi para o Paraguai e, depois, para a Argentina. Em Buenos Aires fundou os jornais *Giustizia* e *Il Risorgimento*. Voltou para o Brasil em 1931 e, em 1933, naturalizou-se. Transferindo-se de São Paulo para o Rio de Janeiro em 1934, foi para o México em 1938, onde, junto com Mario Montagnana, promoveu uma Alleanza Garibaldi, de caráter unionista, que agrupava comunistas e socialistas.[208]

Acérrimo adversário de Frola no Brasil foi Mario Mariani, conhecidíssimo na Itália como romancista. "Por dez anos, desde o início da guerra à sua fuga forçada da Itália, Mariani foi talvez o autor mais lido na Itália; de cada livro seu vendiam-se mais de 10 mil exemplares [...] nas edições 'econômicas' da Sonzogno".[209] A atividade literária, em todo caso, só cobria uma parte dos interesses do escritor, atraído desde muito jovem pela questão social. A sua militância de esquerda era totalmente singular e suas ideias foram sintetizadas no livro *L'equilibrio degli egoismi* [O equilíbrio dos egoísmos], em que tentava sublinhar os limites da doutrina marxista. Embora prevendo uma vitória final do socialismo, Mariani insistia na valorização da classe média e rejeitava o conceito da igualdade absoluta.

Vigiado pelo fascismo, depois de ter sido espancado brutalmente por alguns camisas-pretas, fugiu clandestinamente em outubro de 1926, primeiro para a Suíça, depois para a França. Ali fundou o Partido Socialista Volontista e seu jornal, *Volontà* [Vontade]. O "voluntarismo" chegou a desfrutar de um sucesso efêmero, mas a oposição de comunistas e socialistas maximalistas, e a infiltração de informantes fascistas logo determinaram o seu declínio. Expulso da França em setembro de 1927, Mariani foi para a Bélgica, onde permaneceu por mais de um ano, em situação econômica

---

208 ACS, *CPC*, envelope 2188, Francesco; Andreucci; Detti (1975-1979, v.2, p.397).

209 Falco (1980, p.22). Para uma biografia sintética da personagem nos seus anos fora da Itália, vide Lacava (1983).

precária. "Como na Europa a sua popularidade diminuíra entre os antifascistas, o escritor achou oportuno partir para o Brasil, aceitando, assim, a hospitalidade que lhe fora oferecida pelo seu amigo Trento Tagliaferri".[210]

Chegando em 1929 à Bahia, aí desenvolveu por alguns meses uma atividade artística, transferindo-se depois para São Paulo, onde logo começou a colocar-se em evidência no ambiente antifascista e no mundo local, tanto que, em 1930, expulsaram-no do Brasil. Foi para Montevidéu, colaborou com a *Italia del Popolo*, de Buenos Aires, e projetou, juntamente com o anarquista Luigi Fabbri, fundar um grande jornal para todos os italianos da América Latina. Voltando para o Brasil em consequência da nova situação política criada com a Revolução de 1930, tornou-se o grande animador da Lidu, de São Paulo, de que foi eleito presidente, e dedicou-se com empenho a *La Difesa*. Novamente em má situação financeira a partir de 1933, agravada pelo recente matrimônio e pelo nascimento de um filho, tentou negociar com o fascismo, em 1934, trocando o seu engajamento político por uma intervenção junto ao editor Sonzogno, na Itália, para que lhe fossem pagos os direitos autorais correspondentes àqueles anos.

A tentativa gorou unicamente pela recusa da editora, e o escritor, então, pediu à embaixada no Rio de Janeiro que lhe fosse concedido um passaporte para a Espanha e as nações da América do Sul, declarando querer dedicar-se exclusivamente ao comércio. Obtendo a aprovação de Mussolini em pessoa, Mariani foi para a Argentina, retomando, porém, a atividade antifascista e colaborando para *Italia del Popolo* e para *Critica*. Voltando definitivamente para a Itália em 1947, fundou L'Alleanza degli Uomini Liberi [A Aliança dos Homens Livres] e o jornal *Unità Proletaria*.[211]

A ação do antifascismo no Brasil concentrou-se imediatamente na negação da validade da equação anti-fascistas-anti-italianos, agitada por vários setores, com tons cada vez mais agressivos e insultuosos. Comentando, por exemplo, a mobilização da imprensa brasileira contra o regime, o *Fanfulla* assim se exprimia:

> as origens dessas contorções anti-italianas cabem, em grande parte, aos próprios italianos. Aos italianos que [...] prostituem o seu sentimento nacional para ver vitoriosa a sua opinião. O servilismo das suas almas – admitindo-se que tenham alma! – chega às raias do absurdo! Os estrangeiros utilizam-no como uma mercadoria indispensável, mas não conseguem esconder a sua

---

210 Ibid., p.78.
211 Vide ibid.; e ACS, *CPC*, envelope 3059, Mariani, Mario.

repugnância em manejá-la. Até os esgotos são úteis. Mas tapamos apressadamente o nariz quando a sua utilidade se torna ainda mais... útil. Italianos como esses também existem, infelizmente, em São Paulo [...]. As coisas mais torpes, em caricatura e em prosa, são traçadas e escritas por mãos italianas. Nas veias desses maus compatriotas corre o sangue dos que, através das páginas negras da história, se punham de acordo com o inimigo para tramar em detrimento da Pátria. Daqueles que gostariam de ver a Itália escrava e serva. Sangue de traidores; mentalidade de espiões.[212]

Tarefa básica para os adversários de Mussolini foi, portanto, a de convencer os imigrados que ser antifascista não equivalia a ser anti-italiano e, ao fazer isso, lembravam como eles haviam sempre sido um exemplo de italianidade no Brasil, difundindo seu conceito e seus valores, mas amando "aquela Itália que o fascismo humilhou e que está levando à ruína econômica e social".[213] Paralelamente acentuavam constantemente o caráter imperialista e agressivo do nacionalismo fascista, tanto na península como no Brasil, insistindo sobre a necessidade de não inserir uma pátria italiana na pátria brasileira. Essa ideia é afirmada várias vezes, recorrendo inclusive à prestigiosa assinatura de Luigi Campolonghi:

> O que nos importa é que os milhões de italianos, que são levados pela necessidade para longe das fronteiras da Pátria, não se considerem a vanguarda de um exército de conquista nos países que lhes dão trabalho e os acolhem, mas sim, tanto permanecendo italianos de fato e não só de origem, como deixando-se absorver, tirem do afeto pelo país que continua sendo o deles, bem como do afeto pelo país que se tornou o deles [...] a força e a vontade para constituir uma espécie de exército tranquilo e trabalhador, pronto, a todo instante, a manobrar em defesa da paz.[214]

É óbvio que, colocados ante a necessidade de pôr-se na defensiva em consideração ao crescente prestígio da Itália, os antifascistas eram obrigados a pôr em dúvida o próprio nacionalismo, "naturalmente insincero, dos que, obrigados a abandonar a Itália para procurar e encontrar aqui a fortuna que a pátria lhes negava, em vez de sentirem-se profundamente reconhecidos, como seria justo, a essa sua pátria de adoção, ficam embevecidos com a Itália,

---

212 "Commenti", *Fanfulla*, 22 dez. 1925.
213 "La nostra italianità e quella di certi signori", *Il Risorgimento*, 1-16 ago. 1928.
214 L. Campolonghi, "Il problema dell'emigrazione", *Il Risorgimento*, 16 jan. 1928.

hoje, quarenta anos depois de a terem abandonado".²¹⁵ Nessa categoria tinha que ser incluída toda a elite, que se podia considerar perdida, salvo raras exceções, para o antifascismo. Logo se revelou necessário, para os adversários do regime, recrutar novos militantes, eventualmente fazendo distinções e desmontando pedaço por pedaço a construção propagandística em que era encerrado o imigrante médio, aquele que, no Brasil, trabalhava na cidade e nos campos para sobreviver e melhorar a sua condição. Era a esses, os fascistas de boa-fé, que devia ser dirigida, principalmente, a atividade de contrainformação. Mas quem eram eles?

> Em geral, é um bom sujeito que não vê a Itália há trinta anos e lembra-se dela como a deixou, pobre terra sem recursos, que avançava penosamente no sulco do progresso. Esse "duce" que pulou de repente para o timão do Estado com tantas plumas brancas que faz todo mundo falar de si, que promete mares e montes, que sacode a terra com seus "alalá" formidáveis, atinge profundamente a fantasia do bom sujeito que pensa na sua terra distante com um sentimento infinito de saudade. [...] Um grande estrépito atordoa a colônia. Os jornais estão todos ressoando gritos de "alalá" e de "viva o Duce", salvador da Itália. Nosso pobre sujeito fica ofuscado e tonto; ele também, atraído pelo vórtice delituoso, mistura-se aos tratantes, bate palmas e grita: viva o fascismo! Na verdade, não podemos condená-lo. É uma vítima. Ele está cego. Temos de devolver-lhe a visão. [...] Devemos nos aproximar dele, que é um trabalhador honesto, e falar a ele com o coração nas mãos, como a um irmão desencaminhado. [...] Contraponham aos blefes fascistas a lógica ferrenha dos fatos. Acusem, documentando. Falem a linguagem dos homens livres, sem violência e sem blasfêmias. Sustentem seus argumentos com fé. Falem do martírio dos nossos heróis e façam sair de seus lábios palavras de generosidade, nunca de vingança. Nosso sujeito começará a sentir-se emocionado.²¹⁶

A refutação das supostas conquistas da nova Itália era dirigida, com igual decisão, à opinião pública brasileira. Os antifascistas pretendiam que fosse dado um quadro correspondente ao que consideravam real:

> O que nós pedimos é não acreditar, como os fascistas vêm afirmando, que Itália e fascismo são a mesma coisa, e que o povo italiano tem aderido ao fascismo. [...] Ouvimos muitos, unicamente por ter lido os jornais, e alguns, depois

---

215 "L'aumentato prestigio", *La Difesa*, 14 fev. 1926.
216 F. Frola, "Il fascista in buona fede", *La Difesa*, 9 jan. 1927.

de uma visita muito apressada e superficial à península mediterrânea, dizer: Mas na Itália hoje reina a ordem, trabalha-se e os trens correm. É verdade. Mas a ordem reina também na Penitenciária de Carandiru; trabalha-se em toda parte do mundo, em muitos países mais seriamente, e com maior dignidade e proveito do que na Itália; os trens correm outrossim na Sibéria e através dos desertos da Ásia.[217]

A simpatia dos brasileiros devia ser conquistada, como era lógico, com comportamentos opostos aos dos fascistas, especialmente em questões que podiam ferir a suscetibilidade nacional. Assim, quando foi publicada a circular Parini, que tornava obrigatório, para os fascistas, matricular os filhos em escolas italianas, as organizações contrárias ao regime votaram uma moção para convidar os inscritos a pôr os filhos em escolas brasileiras.[218] Outro ponto em que os democratas insistiam com sucesso era o do nacionalismo exacerbado que começava a grassar na colônia, sublinhando, ao mesmo tempo, que ninguém podia lhes imputar um único ato de violência ou acusá-los de ter provocado incidentes como os causados por Freddi e Brancaleoni, ao passo que era fácil recordar episódios de agressões perpetradas pelos adversários. O caso mais saliente foi, certamente, o do homicídio de Itu. Mas os exemplos de violência fascista que podiam ser citados não faltavam, nem muito menos as incitações provenientes de certa imprensa em italiano, dos próprios representantes do regime e, em alguns casos, do corpo diplomático.[219]

Os espancamentos de adversários já haviam começado em 1923, continuando em várias localidades do país e chegando ao auge no biênio 1927-1928. Esses ataques destinavam-se, sobretudo, a impedir os frequentes comícios e conferências que Frola realizava em diversas cidades do estado de São Paulo e do Brasil inteiro. Ainda que não parecesse crível a hipótese de Mariani sobre a chegada de uma centena de agentes da Ovra, por ocasião da travessia aérea de Balbo, incumbidos especificamente da prática de atos de intimidação, é indubitável que, naquela circunstância, o clima de entusiasmo suscitado pela empresa levou os fascistas locais a intensificarem as violências, com a queima

---

217 "O que nós pedimos ao Brasil", *Il Risorgimento*, 1º fev. 1928.
218 ACS, *DGPS*, Div. AA.GG.RR., J 5, envelope 264.
219 *La Squilla*, de Belo Horizonte, assim escrevia, a propósito de uma conferência de Frola naquela cidade: "Por este triste capricho do destino, por este instrumento da abjeção e da miséria de todas as coisas, o santo porrete não agiu devido a um sentimento de piedade e comiseração. Mas é questão de tempo: PODE ALCANÇAR-TE MAIS DEPRESSA QUE TU PENSAS NO TEU ANTRO DO LARGO DA SÉ" (apud "Nella pattumiera", *La Difesa*, 16 out. 1927).

em praça pública de alguns números de *La Difesa* levados à força da redação, seguida das tentativas de agressão ao próprio Mariani, a Nicola Cilla e a Bixio Picciotti, e por provocações e espancamentos generalizados.[220] Em tal ocasião e em circunstâncias semelhantes, os antifascistas tiveram a solidariedade de grande parte da opinião pública brasileira, que, entre os dois contendores, demonstrava obviamente maior simpatia por quem não trajava roupas semelhantes a fardas, não lançava gritos e *slogans* nas reuniões, não cantava hinos e procurava manter o engajamento político em níveis menos ostensivos. É verdade que os fascistas podiam contar com a solidariedade do Partido Integralista, mas seus adversários também se valiam do apoio dos antifascistas locais, em particular de esquerda.

Mesmo quando não existiam motivações ideológicas, os jornais demonstraram maior simpatia para com os adversários do fascismo, pelo menos até 1930. *Diário Nacional, Diário da Noite, O Povo, O Combate, A Capital, A Platea, Folha da Manhã* e, no Rio de Janeiro, *O Jornal* e *O Globo* publicavam frequentemente notas contra o regime e seus representantes no Brasil. *O Estado de S. Paulo* publicava com certa regularidade artigos de Nitti (que havia sido, em tempos idos, primeiro-ministro italiano) e, até 1930, teve como redator-chefe Nicola Ancona Lopez, ativo antifascista italiano.

Em todo caso, a solidariedade da imprensa brasileira foi de duração limitada. Retrospectivamente, o próprio Piccarolo, que colaborava esporadicamente no *O Estado de S. Paulo*, afirmava ter tido vários artigos recusados em consequência de pressões do embaixador italiano.[221] Francesco Frola, que assinava uma página, "Vida Italiana", na *Folha da Manhã* desde praticamente a sua chegada, dela foi privado em 1927, por uma intervenção de cima.[222] Em 1930, a seção caiu em mãos fascistas, quando o novo responsável por ela, Nino Daniele, foi substituído por Ferruccio Rubbiani, chefe do serviço de imprensa do consulado. O mesmo Rubbiani substituiria, mais tarde, Mario Mariani em *A Platea*, em que este entrara em 1931 e na qual escrevia quase cotidianamente.

---

220 Vide diversos artículos em *La Difesa* de 18 jan., de 25 jan. e de 21 mar. 1931. O jornal tinha dedicado várias páginas à recordação das glórias fascistas de Balbo, rememorando sua responsabilidade no assassinato de dom Minzoni. As violências me foram confirmadas por Picciotti.

221 Vide A. Piccarolo, "Pro domo mea", *La Voce d'Italia*, 5 jul. 1947.

222 Um telegrama do embaixador, datado de 7 de julho de 1927, informava, de fato: "Enérgica intervenção compatriotas segura fé fascista em relação negócios com novo diretor da *Manhã* conseguiu afastar Frola daquele jornal interrompendo assim seção propaganda anti-italiana". ACS, *CPC*, envelope 2188, Frola, Francesco.

Que um novo clima político estivesse se delineando em fins dos anos 1920, era perfeitamente claro para os antifascistas, que se lamentavam:

> tivemos de constatar – com dor, nunca nos cansaremos de repetir – que todos os nossos esforços para manter-nos obedientes às autoridades, para merecermos o respeito dos que sabemos respeitar, foram em grande parte vãos. [...] Os governos sempre são governos. E, para o governo brasileiro, os legítimos representantes dos italianos residentes no Brasil são os embaixadores, os cônsules, os vice-cônsules, os funcionários dos consulados. Isto é, os representantes do fascismo [...]. Ora, os embaixadores e os cônsules italianos vivem, da manhã à noite, na polícia, difamando os antifascistas, declarando-os todos comunistas, todos anarquistas, todos turbulentos, todos maus elementos. Mas são eles que executam as violências.[223]

Por ironia do destino, o autor do artigo sofreu na própria pele a veracidade dessas afirmações, quando, pouco depois, foi expulso do Brasil. Com algum exagero, afirmava que o aumento da taxa alfandegária sobre o café, decidido na Itália naquela época, tinha como único objetivo o de chantagear o Brasil para obter a cabeça de duzentos antifascistas que lá residiam e, em primeiro lugar, a expulsão do próprio Mariani.[224] Na realidade, não parece que tenham sido encetadas manobras desse tipo, e o próprio tratado de extradição firmado em novembro de 1931 entre os dois países dizia respeito exclusivamente aos autores de delitos comuns.

É certo, porém, que as autoridades diplomáticas tinham livre acesso aos locais da polícia, tanto que o vice-cônsul da Bahia, Orazio Laorca, podia controlar tranquilamente os passaportes dos italianos que chegavam a Salvador e que eram retidos irregularmente pelo chefe de polícia, para dar-lhe "tempo de examiná-los, anotar os dados, fazer uma investigação".[225] O cônsul de São Paulo e, como ele, todos os outros, mal recebiam a notícia da chegada de um antifascista, especialmente os esquerdistas, faziam-na chegar aos responsáveis pela ordem pública, para que tomassem as providências cabíveis.[226]

---

223 M. Mariani, "Per l'ordine: separiamoci!", *La Difesa*, 2 fev. 1930.
224 M. Mariani, "Manovre", *La Difesa*, 3 abr. 1930; id. (1947, p.57).
225 Relatório de 9 mar. 1929, ACS, *CPC*, envelope 1343, Cilla Nicola.
226 Tal foi, por exemplo, o caso de Rosini: "Eu comunicava essas notícias a nossos confidentes, inspetores de polícia [...]. Rosini foi logo colocado sob vigilância especial" (ACS, *CPC*, envelope 4418, Rosini, Goffredo).

Para tornar a vida dos antifascistas mais difícil, recorria-se, também, a outras medidas; em primeiro lugar, pressões no campo do trabalho, facilitadas pela fidelidade ao regime que unia a quase totalidade dos empresários italianos no Brasil. De pouco serviam os apelos aos expoentes da elite, tendentes a sublinhar os riscos a que se expunham apoiando e financiando os fascistas locais, partidários da violência. Do mesmo modo, tinham eco limitado os apelos aos próprios trabalhadores, para que não traíssem "a causa do trabalho, que é a sua causa, e de seus irmãos italianos privados de toda e qualquer liberdade e direito, perseguidos, pisoteados, espancados, assassinados".[227] Num período de crise econômica, particularmente grave depois de 1930, as eventuais opções ideológicas do proletariado passavam para o segundo plano em relação às estratégias de sobrevivência.

Também no setor das profissões liberais e do trabalho intelectual a situação estava difícil, apesar das episódicas amizades que alguns antifascistas se gabavam de ter no mundo industrial e financeiro italiano, como foi o caso de Antonio Cimatti, que, de qualquer forma, tinha como viver por conta própria, por ser dono de uma tipografia. Outros não tiveram a mesma sorte: Bixio Picciotti, arquiteto, foi obrigado, por algum tempo, a trabalhar como apontador de carregamento de navios em Santos, e Giuseppe Fabi, demitido por *La Difesa* por falta de fundos, confessava, numa carta a um amigo, estar a ponto de mudar-se para o Rio de Janeiro, em busca de trabalho, por mais humilde que fosse. "Aqui, em São Paulo, todos os caminhos estão fechados para mim, e mesmo que eu quisesse ser ajudante de cozinha, ninguém me daria emprego." Mas na capital a situação também era difícil, tanto que o jornalista mudou-se, pouco depois, para Buenos Aires.[228]

Nem todas as instituições italianas no Brasil decretaram o ostracismo em relação aos adversários, nem mesmo quando caíram nas mãos dos fascistas. O exemplo mais significativo é o do Instituto Dante Alighieri, onde ensinavam Piccarolo, Felice Orlandi e outros professores, entre os quais Giuseppe Isoldi, conhecido maçom e antifascista. Todavia, em 1933, foi demitido, junto com certo número de colegas, "por suas posições políticas serem consideradas incompatíveis com a nova orientação do instituto, depois da

---

[227] "Ai lavoratori", *La Difesa*, 15 nov. 1925. Ver também o manifesto aos trabalhadores italianos, publicado em *La Difesa*, 2 nov. 1926.
[228] ACS, *DGPS*, Div. Polizia Politica, Materia, envelope 21, fasc.C 23. As notícias sobre Picciotti me foram fornecidas pelo próprio.

vinda de um Diretor enviado pelo Governo Real".[229] É precisamente a partir da gestão Borgogno que os antifascistas são afastados da escola italiana mais prestigiosa do Brasil, enquanto nas várias escolas primárias essa operação já havia sido efetuada.

Uma campanha destinada a atingir comerciantes e empresas pertencentes a antifascistas é lançada praticamente desde o início, mas teve seus momentos de maior dureza entre o fim dos anos 1920 e início dos 1930. Ela pode ser ilustrada eficazmente pela carta enviada por um "fidelíssimo e italianíssimo assinante do italianíssimo *Piccolo*" ao próprio jornal, embora seja possível que o autor anônimo da missiva fosse, na realidade, o diretor em pessoa:

> Sempre pensei que houvesse italianos demais – ou, pelo menos, indivíduos que têm um sobrenome etimologicamente italiano – anunciando em *La Difesa*. Ninguém pode impedir tal coisa, é verdade. Mas não seria patrioticamente útil chamar a atenção dos bons compatriotas para que nunca comprem nada das empresas que anunciam em *La Difesa*? Eu poderia transcrever os nomes aqui, mas o senhor não os publicaria. Convide, ao invés disso, como o senhor sabe fazer, seus numerosos assinantes a gastarem, de vez em quando, alguns tostões comprando um exemplar de *La Difesa*, a fim de recortarem todos os anúncios, aprenderem-nos de cor e evitarem comprar dos anunciantes.[230]

Os antifascistas serão bastante prejudicados por essas operações e tentarão minar a lógica que constituía a base do boicote, convidando os simpatizantes a privilegiar os anunciantes de seus jornais e organizando, paralelamente, um contraboicote:

> A publicidade de *La Difesa* deve ser sagrada para os antifascistas. Aqueles que colocam seu anúncio em nossas colunas efetuam um ato de fé. Muitas vezes em contradição com seus interesses. [...] Os antifascistas devem ler *La Difesa* não só pelo noticiário e comentário político, mas também para tomarem

---

229 Relatório de 2 abr. 1933, ACS, *CPC*, envelope 2650, Isoldi, Giuseppe. Veja também "La fascistizzazione dell'Istituto Italo-Brasiliano Dante Alighieri", *La Difesa*, 11 mar. 1933.

230 *Il Piccolo*, 28 abr. 1928. O boicote também relacionava-se aos jornais brasileiros não simpatizantes com o regime. Numa "circular aos industriais", o cônsul Mazzolini partia da recusa de Crespi a uma oferta de espaço publicitário em *O Combate*, para insistir na necessidade de que "os denegridores de nosso país não encontrem, em meio aos italianos, quem subvencione sua atividade". Para o texto da circular, vide "A intromissão dos cônsules fascistas na vida brasileira", *O Combate*, 9 out. 1928.

nota dos anunciantes e proporem-se fazer uso das suas empresas. Desse modo, não só anula-se o boicote fascista, mas torna-se possível, olho por olho, o boicote dos antifascistas aos comerciantes e industriais que, graças ao consumo da massa antifascista, acumulam lucros notáveis.[231]

Na realidade, o antifascismo no Brasil sofreu as consequências, durante a maior parte do vicênio, da falta de apoio consistente e significativo da coletividade italiana. Como vimos anteriormente, depois de um período inicial de resistência à penetração fascista, as associações existentes posicionaram-se a favor do regime, e as que surgiram entre as duas guerras já eram decididamente favoráveis. Os antifascistas ensaiaram algumas tentativas de criar sociedades controladas por eles, mas com pouco êxito. O maior fiasco foi, seguramente, a Associazione Combattenti Italiani Liberi [Associação dos Combatentes Italianos Livres], nascida em oposição à Veteranos, quando esta caiu nas mãos dos fascistas. A reunião de fundação foi feita na loja maçônica Andrea Costa, na presença de 23 ex-combatentes, mas logo se registrou a primeira cisão entre o grupo liderado por Achille Robba – que pretendia imprimir um caráter apolítico à nova associação, a fim de atrair o maior número de inscritos – e os que compartilhavam da posição de Luigi Cingolani e pretendiam uma conotação decididamente antifascista. Essa última tese prevaleceu, mas, com a constituição da diretoria provisória (Frola, Picciotti, Petraccone, Robba e outros), renovaram-se as querelas. Em particular, a ala liderada por Piccarolo e pelo ex-deputado republicano Arcani não gostava da presença de Frola e pretendia dar à associação "um caráter republicano intervencionista [favorável à participação da Itália na Primeira Guerra Mundial], para evitar as acusações de antipatriotismo".[232] Se bem que o número de membros tivesse aumentado de um par de dezenas, os ex-combatentes livres não desenvolveram grande atividade e, alguns anos depois, não se tinha mais notícias deles.

No fim dos anos 1920, eram poucas, em todo o território brasileiro, as associações contrárias ao regime. Tampouco dava grandes resultados a coexistência com os elementos ligados ao *fascio* nas sociedades de beneficência e de socorro mútuo, como nas de caráter cultural ou recreativo, na medida em que, com o passar do tempo, os seguidores de Mussolini acabavam

---

231 "La nostra pubblicità", *La Difesa*, 23 out. 1927. Por muito tempo, o jornal saiu com um anúncio que exortava os leitores a darem preferência aos comerciantes, industriais e profissionais liberais que sustentavam *La Difesa* com publicidade.

232 Relatório do cônsul Mazzolini, ago. 1928, ACS, *DGPS*, Div. AA.GG.RR. J 5, envelope 264.

prevalecendo, graças inclusive às pressões e aos favores do corpo diplomático. Mario Mariani tomou consciência dessa situação e, num artigo de 1930, indicava a nova tática a seguir:

> Portanto, a palavra de ordem para todos os antifascistas do Brasil é uma: sair das sociedades ditas apolíticas em que são minoria; não contribuir mais, com as nossas mensalidades, para as comemorações monarquistas e fascistas; não dar mais nosso dinheiro para os consulados. Reunir-se em sociedades homogêneas, mesmo que sejam clubes de bocha, mas em sociedades em que nenhum fascista possa entrar, a não ser como espião que se disponha a mentir. Dessa maneira, não haverá mais dissensões nem litígios nem intervenções. E poderemos viver em paz nelas. Palavra de ordem: pela ordem, separemo-nos![233]

Naquela data, somente a Lega Lombarda, que abrigava seiscentos inscritos, permanecera nas mãos dos antifascistas na cidade de São Paulo. A prova de força já ocorrera em 1926, quando a decisão da diretoria de ceder os salões da associação a *La Difesa*, para uma festa que visava angariar fundos para o jornal, suscitara ásperas reações dos fascistas. Mexeram-se, primeiramente, o *Fascio* e *Il Piccolo*, conseguindo adiar a reunião. Depois, entrou em ação o próprio cônsul e o presidente de honra da Liga, Egidio Pinotti Gamba, que ameaçou demitir-se. De nada serviram, porém, as acusações de anti-italianidade e subversão, nem a tentativa consular de organizar uma petição de protesto. O conselho diretor e a própria assembleia dos sócios confirmaram quase por unanimidade a decisão tomada. A festa foi realizada e Pinotti Gamba, juntamente com outros expoentes da elite italiana, pediram a sua demissão de sócios honorários, "porque, agora, renunciar tem o mesmo significado e valor que antes tinha aceitar: um gesto de benemerência diante daquele governo que podia dar e tirar títulos e distinções".[234]

As tentativas de dobrar a Lega Lombarda não cessaram, contudo, desenvolvendo-se mais plenamente por ocasião das eleições dos órgãos diretivos, em janeiro de 1927, com a apresentação de uma chapa fascista e a promessa de Pinotti Gamba de levantar uma hipoteca que pesava sobre o imóvel em caso de vitória dessa chapa. As eleições viram a vitória da chapa encabeçada por Pietro Frisciotti, que obteve 220 votos contra os 50 dos adversários.

---

233 M. Mariani, "Per l'ordine: separiamoci!", *La Difesa*, 2 fev. 1930.
234 A. Piccarolo, "La Marcia sulla Lega Lombarda", *A Voz da Itália*, 26 abr. 1947. O artigo é uma história sucinta e exaustiva da associação no período entre as duas guerras. Para o caso em questão, veja também *La Difesa*, nos meses de setembro e outubro de 1926.

A partir de então, a Liga tornou-se o refúgio associativo dos antifascistas, até porque os sócios não precisavam ser, necessariamente, lombardos. No início de 1928, novas eleições confirmaram a orientação política, com a ascensão à presidência de Francesco Finocchiaro, em substituição ao demissionário Frisciotti.

Outra tentativa infrutífera, com a cumplicidade do secretário, do vice-presidente e do novo presidente da Liga foi efetuada no fim de 1929, mas em 1930 a associação ainda abrigava, frequentemente, festas, reuniões e assembleias de *La Difesa* e da Lega Antifascista. Dos cerca de setecentos sócios, mais de um terço eram declaradamente adversários de Mussolini, embora existisse uma centena de fascistas. O problema era constituído pela maioria ainda sem posição definida, que se sentia excluída da vida comunitária da coletividade.

A situação geral começou, assim, a evoluir no sentido de uma derrota das forças contrárias ao regime no próprio baluarte delas. Através de um infiltrado no partido republicano, eleito presidente da associação, os fascistas conseguiram apossar-se dela, utilizaram seu homem para nomear uma nova administração e, depois, afastaram-no. Os antifascistas recorreram à justiça, dando início a uma disputa judiciária que se prolongou até o segundo pós-guerra. De imediato, porém, o objetivo do *fascio* e do consulado foi alcançado. Em maio de 1936, a reconciliação é assinalada pela circular enviada a todas as associações italianas de São Paulo, para convidá-las a uma festa patriótica:

> O Conselho diretor da Sociedade Italiana de M. S. Lega Lombarda, querendo voltar a consagrar as diretrizes sociais no sentido do tradicional espírito patriótico, obscurecido por um breve período de tempo, e estabelecido que os Administradores são, hoje, a verdadeira expressão do associacionismo e que vivem, como todos os italianos são de mente e coração, as horas mais belas para o seu orgulho de nacionalidade e de raça, imbuídos da fé que neles soube infundir o nosso Duce, estimulados pela grande Vitória obtida por nossas armas na África Oriental, promove uma Manifestação Patriótica, com a intervenção do Ilustríssimo Comendador Giuseppe Castruccio, Cônsul-Geral Real, para reconfirmar os princípios sociais às autoridades pátrias e para ingressar de novo, oficialmente, no seio da grande família das Sociedades Italianas de São Paulo.[235]

---

[235] "La festa di domani alla Lega Lombarda con l'intervento del Regio Console", *Fanfulla*, 16 maio 1936.

A enésima vitória do fascismo – a primeira, na verdade, que não se devia diretamente ao cônsul Mazzolini – foi sancionada, depois, pela celebração, na Liga, da fundação dos *fasci*, em 1937, e pela concessão dos locais como sede da OND em 1938.

Quem, ao contrário, nunca faltou com seu apoio ao antifascismo italiano no Brasil foi a maçonaria. Desde o início da Primeira Guerra Mundial, os maçons peninsulares de São Paulo haviam dado origem a um Grande Oriente Autônomo, composto exclusivamente de lojas italianas, e a adesão a tais lojas era bastante difundida entre as camadas sociais elevadas, especialmente entre os intelectuais.

Depois da campanha contra a maçonaria deflagrada por Mussolini, as lojas italianas de São Paulo decidiram, obviamente, livrar-se dos fascistas de seu seio, seja dissolvendo-se para, depois, reconstituírem-se depuradas (como no caso da Aquila Romana, com o propósito de eliminar das suas fileiras Arturo Trippa), seja procedendo diretamente à expulsão dos suspeitos. Já a partir da metade dos anos 1920, essas lojas começaram a apoiar financeiramente os grupos e jornais antifascistas, e, em 1928, em consequência do que ocorria na Itália, passaram de novo para o Grande Oriente de São Paulo. O número delas, que sempre fora consistente, aumentou nos anos 1920. Só em São Paulo existiam: Roma, Nazario Sauro, Giuseppe Garibaldi, 1º Maggio (todas extintas em 1928), Italia, Antica Roma, Cesare Battisti, Aquila Romana (quarenta inscritos em 1927), Giovanni Bovio (criada em 1923), Giuseppe Mazzini, XX Settembre, Giustizia, Marconi, Andrea Costa (de maioria socialista), Guglielmo Oberdan (de maioria republicana), Giacomo Matteotti (socialista, surgida em 1926 de uma cisão da Andrea Costa; entre seus fundadores, estavam conhecidos antifascistas, como Frola, Cerruti e Romano), Lucifero (de que faziam parte Piccarolo, Mariani, Cilla, Isoldi, Chiodi, e cujo grão-mestre era Francesco Finocchiaro).

Embora em número menor, também existiam lojas italianas em outros centros do Brasil. Bastará recordar a loja Roma, em Belo Horizonte, de que era grão-mestre Guadagnin, coordenador do antifascismo local, e a Fratellanza Italiana [Fraternidade Italiana] no Rio de Janeiro, de que fazia parte Liberto Battistelli. A maçonaria também desempenharia um papel importante no nascimento da imprensa contra o regime. *La Difesa* viveu, nos dois primeiros anos, com as subscrições feitas pela Andrea Costa e pela Guglielmo Oberdan, enquanto a Aquila Romana financiou *Il Risorgimento*, cuja sede coincidia com a do templo maçônico. Mais tarde, ambos os jornais (e os grupos partidários dos quais eram expressão, como o Grupo Matteotti) também receberam um financiamento das lojas existentes. Na ausência de outros pontos de apoio na vida institucional da colônia, os jornais logo se revelaram o mais importante instrumento de proselitismo e propaganda, assim como de sustento para os antifascistas.

O animador dessa imprensa foi Antonio Piccarolo, que fundou, dirigiu e financiou, em parte, tanto *La Difesa*, em seus primeiros anos, como *Il Risorgimento*. As outras tentativas de publicação tiveram vida breve, embora tenham sido numerosas. Foi o caso de *Il Dovere*, periódico republicano de Poços de Caldas, dirigido por Ugo Scalabrino, criado no início de 1925, ou, em São Paulo, de *Il Becco Giallo*, satírico, e *Esule*, ambos já desaparecidos em 1929. Devem ser recordados os dois únicos números da oposição interna da Associação dos Combatentes: *Il Reduce* e *Il Combattente*, ambos de 1928. Em 1930, Pasquale Petraccone fundou o quinzenário *Italia Libera*, órgão de um grupo de dissidência interna do antifascismo paulista, que só durou alguns meses. Tiveram a mesma sorte *Libertà* e o diário *La Vittoria*, surgido no mesmo ano por iniciativa de Alessandro Cerchiai e Nino Daniele, este último inspirador, no segundo pós-guerra, do ultrarreacionário *Diário Latino*. Os mesmos diretores foram os animadores de *Lo Spaghetto*, em 1931, que se transformou em banal revista humorística.

Também em 1931 surgia o *Bollettino dei Gruppo Socialista Giacomo Matteotti*, fruto de outra cisão no antifascismo em São Paulo e de breve duração, assim como *Uguaglianza*, do mesmo ano. Tampouco tiveram melhor sorte *I Quaderni della Libertà*, de 1932, de Cerchiai e Daniele, e os anarquistas *Alba Rossa*, de 1934, e *Guerra Sociale*, de 1935. No total, foram vinte os periódicos antifascistas que saíram entre 1922 e 1936 (22, se considerarmos como publicações à parte aqueles que mudaram denominação no curso do tempo), quase todos em São Paulo, com três números únicos, mas de diversos títulos circularam poucos números ou apenas um.

O jornal mais significativo do antifascismo no Brasil foi, sem dúvida, *La Difesa*, que viu sucederem-se em sua direção vários militantes, alguns efetivamente empenhados na publicação, outros meros presta-nomes. Dentre os primeiros, Piccarolo, Cimatti, Frola, Mariani, Cilla e Picciotti. Surgindo no dia 7 de abril de 1923, declarava não pertencer a nenhum partido e trazia o título: "Órgão Semanal dos Homens Livres". Dirigido aos "trabalhadores do braço e da mente", logo ficou em dificuldades, causadas pela revolução paulista de 1924, que o obrigaram a interromper a publicação por alguns meses.

Em 1925, concentraram-se esforços para tornar diário *La Difesa*, objetivo só parcialmente fracassado, já que, a partir de julho de 1926, graças a uma subscrição acionária, passou de semanário a bissemanário. O diretor provisório foi Piccarolo, que escrevera a De Ambris, em Paris, para pedir-lhe que voltasse para o Brasil a fim de encarregar-se do jornal. Seu ex-inimigo declinou do convite e sugeriu o nome de Francesco Frola, que, na França, fazia parte da redação de *Il Corriere degli Italiani*. Depois de um desembarque aventuroso, Frola assumiu a direção de *La Difesa*, que imediatamente conheceu os efeitos do seu "protagonismo": os editoriais, ao contrário do que sucedia antes, passaram sempre a ser assinados, e o jornal começou a publicar um romance de sua autoria em folhetim, *O triunfo da multidão*. Paralelamente, o ex-deputado socialista fundou a editora La Libertà, cuja atividade se limitou à publicação de três livros seus.

No plano especificamente jornalístico, aumentaram em *La Difesa* as correspondências do interior de São Paulo e do resto do Brasil, bem como os anúncios, enquanto a linguagem assumia uma conotação muito mais veemente e colorida.[236] A folha de oposição decaiu bastante, em conteúdo e envergadura, num período em que o antifascismo conseguia uma significativa vitória, depois da obtida no processo movido por Rocchetti, por difamação. De fato, em 1927, o processo contra Piccarolo, movido pelo embaixador Montagna por ofensa ao rei, por causa de um artigo publicado em *La Difesa*, concluiu-se pela absolvição (o mesmo caso repetir-se-á anos depois, sob a direção de Bixio Picciotti).

Para aumentar a tiragem do periódico (que, por outro lado, era boicotado pelos distribuidores do Rio de Janeiro, graças às pressões do corpo diplomático), Frola teve a ideia de organizar um "modesto serviço de colocação de mão de obra" no jornal, e insistiu com os leitores para que se tornassem propagandistas da sua folha mediante o boicote às bancas que não a expunham, emprestando-a ao vizinho ou ao companheiro de trabalho, e intensificou a obtenção de assinaturas e subscrições, a procura de correspondentes e empresas dispostas a pagar espaços publicitários. Junto com essas iniciativas surgiram outras de caráter mais pragmático e imediato: a venda de ações de 50 mil réis cada, de selos de propaganda com a efígie de Matteotti e de cartões "com o retrato de Giovanni Amendola e reprodução da sua assinatura". Além disso, foi lançada a ideia de formar um "batalhão" de amigos

---

236 Citemos, como exemplo, as poucas linhas que deveriam traçar o perfil "da senhora Freddi", o vice-secretário dos *fasci* no exterior, que assumia a direção de *Il Piccolo*: "A cocaína e certo vício, que deu a Oscar Wilde mais fama do que suas obras, serviram para tirá-lo da sombra e dar-lhe uma primeira notoriedade nada invejável [...]. Íntimo do Duce, a quem costumava prestar graciosos serviços de caráter sentimental [...]. No Departamento de Imprensa, Gigi comeu e engordou" ("*Il Piccolo*, organo ufficiale del fascismo in Brasile", *La Difesa*, 29 jul. 1928).

de *La Difesa*, isto é, quatrocentas a quinhentas pessoas que se empenhassem em pagar, por mês, uma cota fixa proporcional a seus recursos econômicos.

É difícil estabelecer se algumas dessas medidas tiveram êxito, inclusive por causa das suspeitas suscitadas pelo costume de Frola de manter um nível de vida elevado. O fato é que, em maio de 1927, *La Difesa* voltou a ser semanal, e nem a subscrição iniciada em agosto daquele ano para voltar à periodicidade precedente, nem a de setembro de 1928, que se propunha ambiciosamente transformar o jornal em diário, deram resultados tangíveis. Ao contrário, três números depois, *La Difesa* até suspendeu a publicação, retomando-a em dezembro.

A crise do semanário foi, em parte, atenuada, no mundo antifascista, pelo nascimento do quinzenário *Il Risorgimento*, que, não obstante as palavras de saudação dirigidas por *La Difesa*, colocava-se como concorrente direto deste último tanto no plano jornalístico, como – e sobretudo – no político, a partir do momento em que era liderado pela facção oposta a Frola, a que seguia Piccarolo. No editorial do primeiro número explicam-se os motivos do seu nome [*Risorgimento* = luta pela independência italiana] e do seu programa:

> O *Risorgimento* de hoje deve ligar-se ao *Risorgimento* passado e dele ser a continuação. Mas, instruídos pelos erros precedentes, deveremos construir em outras bases, evitar os escolhos que levaram à ruína presente. A obra das novas gerações deverá ser, sobretudo, uma obra de educação política e moral. O povo não deverá esperar a sua emancipação de cima, mas deverá buscá-la em si mesmo, na sua consciência, na sua dignidade. [...] A nossa Revista se qualifica, no subtítulo, de ítalo-brasileira, porque não se dirige apenas aos italianos, mas também aos brasileiros.[237]

A caracterização ideológica era de cunho nitidamente republicano, tanto que o PRI de São Paulo, que amadurecera a decisão de dar vida a um semanário próprio – *La Luce Repubblicana* [A Luz Republicana] –, desistiu da ideia para apoiar *Il Risorgimento*, que, ulteriormente, também obteve o apoio da Lidu.[238] Tendo sido abortado o projeto de transformação em diário, a revista sofreu uma interrupção na época dos incidentes ligados ao caso de *Il Piccolo* e de seu diretor, Freddi. Essa suspensão também atingiu *La Difesa* e deveu-se a demanda do consulado às autoridades do estado de São Paulo.[239]

---

237 *Il Risorgimento*, 1º jan. 1928.
238 ACS, *DGPS*, Div. AA.GG.RR., PS Gl, envelope 229, fasc.483.
239 Vide telegrama de 14 jan. 1929 (ACS, *DGPS*, Div. AA.GG.RR., J 5, envelope 264).

Retomadas as publicações no início de 1929, não mais como quinzenário mas com periodicidade semanal, *Il Risorgimento* foi novamente interrompido a partir de setembro do mesmo ano, por motivos financeiros, e deixou definitivamente de circular em 1930, quando se clarificou a situação no seio do antifascismo, com a reconquista de uma aparência de unidade e a canalização dos esforços financeiros e organizativos para *La Difesa*.

Com efeito, em julho de 1929, Frola afastara-se de São Paulo e, embora continuasse a figurar como diretor do semanário, seu lugar foi ocupado por Mariani, que fez modificações substanciais no sentido de melhorar as posições e a linha da folha antifascista. Desapareceu, entre outras coisas, a coluna "Nella pattumiera" [Na lata do lixo], miscelânea de insultos e fofocas aos cuidados do próprio Frola, e encontraram espaço artigos de Salvemini, Lussu, Arturo Labriola. Parece pouco verossímil, pois, o depoimento do ex-diretor ao afirmar que a tiragem, sob a nova gestão, caíra para 2.500 exemplares, depois de ter alcançado 8 mil no período precedente.[240]

Reconciliadas momentaneamente as divergências, foi finalmente possível transformar *La Difesa* num diário antifascista – *L'Italia (La Difesa)* – cujo primeiro número apareceu no dia 19 de dezembro de 1931. Seu diretor era Mariani, o redator-chefe Cilla e o secretário de redação, Picciotti. Composto de quatro e até seis páginas, apresentava uma coluna de vida paulista, que também compreendia um pouco de crônica policial, uma seção esportiva e uma de espetáculos, *L'Italia* durou menos de três meses, apesar da abnegação do corpo redacional, que chegou até a renunciar aos magros salários. No dia 15 de março de 1932, o jornal anunciava seu fechamento momentâneo, de modo a poder enfrentar os compromissos financeiros assumidos e dar descanso aos companheiros encarregados de dirigir o diário, os quais "adiantaram, inclusive do próprio bolso, quantias não elevadíssimas, mas consideráveis em relação à modéstia de seus meios". Advertia, porém, a necessidade de não apresentar o fechamento como falência e deixava aberta a possibilidade de retomar a publicação:

> O antifascismo é pobre de dinheiro. Temos arquivadas centenas de cartas de assinantes, operários e camponeses, rogando que a administração não suspenda o envio do jornal, embora anunciando a sua impossibilidade de pagar até mesmo a assinatura mensal. Em geral, a administração, de fato, não suspendeu

---

240 Frola ([s.d.], p.23). Um informante do consulado declarava, em 1927, que o *La Difesa* tinha 5 mil assinantes, afirmação contestada pelo embaixador, que falava de 3 mil. Para ambos os relatórios, vide ACS, *DGPS*, Div. Polizia Politica, Materia, envelope 21, fasc.C 23.

para os bons companheiros privados de meios essa folha de papel que é o pão do espírito deles. Por outro lado, a generosidade dos poucos remediados não podia contrabalançar a involuntária, ou, melhor, forçada inadimplência de tantos, especialmente num jornal que, por seu caráter proletário e de oposição, não conta com proventos de vasta publicidade, nem, muito menos, com outros ganhos inconfessáveis.[241]

O jornal reapareceu em abril do mesmo ano, mas não mais como diário e em formato reduzido. Seu novo diretor era Bixio Picciotti, que, ao assumir o cargo, recordou que o periódico continuaria a ser o que sempre tinha sido: "o órgão do antifascismo no Brasil; aberto a todos e a todas as ideias libertárias e sociais, ainda que o cunho redacional se inspirará nas ideias republicano-socialistas aceitas, como programa de amanhã, pela grande maioria dos antifascistas do Brasil".[242]

Como quinzenário e assumindo novamente a antiga denominação, *La Difesa*, a partir de outubro de 1933, o periódico continuou por algum tempo, cessando definitivamente a publicação no dia 3 de março de 1934. O fechamento do órgão antifascista constituía o indício mais evidente das dificuldades em que o movimento começou a se debater a partir daqueles anos, depois de ter dado anteriormente prova de vitalidade e de capacidade de recrutamento. No Brasil, a frente de oposição pereceu por várias causas, sendo uma das mais importantes as profundas dilacerações internas.

Até o ano de 1924, o antifascismo fora sustentado exclusivamente pelas iniciativas individuais dos velhos combatentes da causa proletária e da liberdade, emigrados para o Brasil em anos longínquos, e dos poucos recém-chegados que haviam abandonado a Itália mussolinista. Por outro lado, os antagonismos no seio da coletividade eram menos ásperos e ainda deixavam espaço para o debate e a discussão. O ponto crítico é marcado pelos dias que se seguiram ao assassinato de Matteotti, quando os adversários do novo governo sentiram a necessidade de se organizarem para enfrentar, também no Brasil, um regime que não podia mais ser considerado simplesmente transitório.

O primeiro grupo a surgir foi a Unione Democratica, no Rio de Janeiro, fundada em dezembro de 1924 por Giovanni Infante, Giovanni Scala, Armando De Gasperi, Eugenio D'Alessandro e outros. No espaço de alguns meses, nasceu também a seção de São Paulo, por iniciativa de Piccarolo e

---

241 "Agli antifascisti del Brasile", *L'Italia*, 15 mar. 1932.
242 B. Picciotti, "Agli antifascisti", *L'Italia*, 16 jul. 1932.

Cimatti, com o objetivo de constituir uma associação mais ampla, para reunir os italianos residentes no Brasil. A Unione Democratica decidiu, mais tarde, apresentar um pedido de ingresso na Lidu, com sede em Paris, e fazer-se representar por Alceste De Ambris. Apesar da constituição de algumas seções, inclusive de bairro, não conseguiu desenvolver uma ação incisiva: "Seus componentes só entraram de acordo quanto à ação antifascista. É seu ato de nascimento, o que já é alguma coisa, mas isso restringe-a a uma vida de expectativa. Sua ação está condicionada à ação dos outros, os do *fascio*".[243]

De pouco adiantou uma reunião em São Paulo, promovida para mudar os estatutos e atrair novos inscritos, assim como pouco peso tiveram outros grupos surgidos em 1926: Associazione Giacomo Matteotti, em São Paulo; Fronte Unico Antifascista, em Curitiba; Liga Internacional de Defesa Democrática, em Belo Horizonte. Também em 1926, foi criada a Lidu, primeiro em São Paulo e, em dezembro, no Rio de Janeiro. Pelo menos nesse último caso, os resultados não foram encorajadores, pois apenas cinco meses depois registravam-se preocupantes sintomas de desinteresse. Um dos inscritos assim se exprimia, acerca de uma reunião:

> Éramos muitos, mas éramos poucos. [...] O não comparecimento é uma forma de derrotismo, ousaria dizer de traição [...]. Tem que ficar claro. O antifascismo é uma militância duríssima. Os que o confundiram com um esporte ou um passatempo equivocaram-se grosseiramente. De resto, os caminhos do mundo são larguíssimos. Cada um pode escolher o seu [...]. Há pessoas que têm vontade de nos fazer perder tempo; sobre elas, nos perguntamos se são dignas de confiança. Uma cartinha de demissão dá pouco trabalho, e a Lidu saberá quais são os verdadeiros e os falsos amigos. Precisamos nos contar e saber de quais de nós é possível esperar um mínimo de sinceridade e de política honesta.[244]

Os problemas do antifascismo começaram a reavivar-se até demais com a chegada de Francesco Frola, em outubro de 1926, que foi decididamente aventurosa, pois o embaixador Montagna conseguira do governo brasileiro a proibição do seu desembarque.[245] Os antifascistas italianos se mobilizaram,

---

243 G. S[cala], "Cronaca da Rio de Janeiro", *La Difesa*, 15 fev. 1925.
244 "Dai nostri corrispondenti – Da Rio de Janeiro", *La Difesa*, 29 maio 1927.
245 Ver as declarações de Nicanor do Nascimento, às quais se acena em "Il diritto di asilo e il caso Frola", *La Difesa*, 21 out. 1926.

bem como os meios progressistas brasileiros, e foi apresentado um pedido de *habeas corpus* por Nicanor do Nascimento, Evaristo de Moraes e pelo dr. Paula Filho, em nome da Associação Brasileira de Imprensa. Ao mesmo tempo, mobilizou-se a opinião pública fascista. E se o *Fanfulla* dedicou apenas umas poucas linhas ao caso, *Il Piccolo* insistiu cotidianamente no tema, com editoriais insultantes, afirmando que "o direito de asilo, que é invocado com tanta frequência despropositadamente, é uma frase sem nenhum significado, tomada de empréstimo a costumes antigos e medievais que desapareceram para sempre".[246] Afinal, graças ao apoio da maçonaria, Frola conseguiu desembarcar definitivamente no Brasil e, depois, obter visto oficial de residência.[247]

Mal se ambientou, o ex-deputado socialista demonstrou um extremo ativismo, promovendo inúmeras conferências, debates e comícios tanto na cidade de São Paulo, como no interior do estado e em todo o território brasileiro, do Rio a Minas Gerais, de Santa Catarina ao Paraná, do Rio Grande do Sul ao Mato Grosso. E sempre com a sua agressividade, o seu sarcasmo, a sua violência verbal, tanto que, recordando mais tarde um comício por ele realizado em Juiz de Fora, em 1927, Trento Tagliaferri afirmava: "Era, e deve ser ainda, mestre nos discursos que arrancavam aplausos, e estes não foram poupados".[248]

Frola também foi o animador das formas organizativas, conseguindo fazer que a Unione Democratica se dissolvesse para fazer surgir, das suas cinzas, a Lega Antifascista. Nascida em São Paulo em janeiro de 1927, seu programa previa quatro pontos: a) manter elevado o prestígio italiano no exterior, "não mediante a exaltação de um sistema político particular e o triunfo armado e violento da facção no poder"; b) "impedir que os seguidores da dita facção sejam reconhecidos no exterior como representantes do Povo Italiano"; c) "contribuir para a pacificação de todos os italianos", com a propaganda e a educação, a fim de acelerar a queda do regime; d) "propugnar pelo desarmamento das consciências". Eram sócios efetivos os italianos ou filhos de italianos, sócios aderentes os não italianos, com voto apenas

---

[246] "Diritto di asilo", *Il Piccolo*, 19 out. 1926.

[247] Num relatório de um informante, temos notícia de que a maçonaria, não podendo fazer pressão sobre o presidente da República, devido à intervenção da embaixada, conseguiu que o comandante da Força Pública mudasse o corpo de guarda no porto e no navio, facilitando, assim, a escapada de Frola (ACS, *DGPS*, Div. Polizia Politica, Materia, envelope 21, fasc.C 23). Para todo o caso, vide Frola (1927).

[248] T. Tagliaferri, "L'incredibile Juiz de Fora", *A Voz da Itália*, 26 abr. 1947.

consultivo, e sócios beneméritos todos os que tivessem prestado serviços relevantes à Liga ou à causa democrática.[249]

A nova associação e suas homólogas, surgidas no Rio, em Ribeirão Preto, Jaú e outras localidades brasileiras, não só conseguiram proporcionar uma pequena ajuda aos que, tendo fugido da Itália, se dirigiam a elas, mas deram nova vida e novo ânimo aos meios antifascistas, aproximando-os, também, com maior eficácia, do mundo brasileiro do trabalho e, mais genericamente, do mundo democrático. O estrelismo de Frola impediu, porém, que essa fase constituísse a premissa para um ulterior deslanche do movimento, inclusive porque se chocava com o estrelismo, igualmente obstinado, do outro irascível expoente do antifascismo italiano no Brasil naquela data: Antonio Piccarolo. Diferenças de caráter, teimosia, egocentrismo e *vis polemica* determinaram muito cedo um áspero combate entre os dois animadores do antifascismo italiano no Brasil, que envolveu, em seguida, outras personagens, alimentando ulteriores divisões no movimento. Os choques entre os dois prosseguiram, ininterruptos e violentos, envolvendo um pouco todo o meio, de 1927 a fins de 1929, quando Frola afastou-se momentaneamente do Brasil.

As fases difíceis e intrincadas dessa e de outras divisões, assim como a própria criação de seções de partidos, começaram precisamente a partir do controle exercido por Frola sobre a Liga, em cuja presidência estava um homem ligado a ele – Ambrogio Chiodi – e da criação, pouco tempo depois, de um Gruppo Socialista Giacomo Matteotti, que aderia ao Partido Socialista Unitario d'Italia, tinha uma orientação reformista e logo abriu uma seção em Porto Alegre. Em 1928, os antagonismos e alinhamentos já estavam definidos. Frola viu-se, inclusive, empenhado contra os republicanos, que, naquela época, já haviam decidido sair do comitê de *La Difesa* e da própria Lega Antifascista. E, quando surgiram os sintomas claros do choque entre as duas personagens do antifascismo, eles propuseram a ambos que se retirassem do movimento e convocassem para a "direção do jornal único, que podia ser diário, uma pessoa estranha às rixas paulistanas e de agrado da massa antifascista", proposta a que aderiu Piccarolo, mas não Frola.[250]

Os republicanos se aproximaram de Piccarolo e as reuniões constitutivas do partido foram realizadas precisamente na sede de *Il Risorgimento*,[251]

---

249 "Statuto della Lega Antifascista", *La Difesa*, 30 jan. 1927.
250 "Bixio Picciotti per il PRI", *La Difesa*, 19 nov. 1931.
251 Vide *Il Risorgimento*, 1º abr. 10-16 maio 1928. Ver também os relatórios diplomáticos em ACS, DGPS, Div. Polizia Politica, Materia, envelope 21, fasc.C 23.

que abrigou durante muito tempo a seção paulista do PRI. Foi ali que, em agosto, inaugurou-se uma sala de instrução e educação dedicada a Mazzini, com material de imprensa à disposição de todos os membros das organizações antifascistas. Na realidade, elas eram quatro: republicanos e Lidu, de um lado, Lega Antifascista e Associazioni Combattenti Italiani Liberi, de outro, desde então acérrimas inimigas, a ponto de organizarem comemorações cada uma por sua conta.

As coisas se agravaram ainda mais com a descoberta de infiltrações fascistas nos vários grupos. Nas fileiras republicanas havia Ranieri, que fazia inclusive parte dos órgãos dirigentes. No entanto, o caso mais sensacional, talvez por ter sido descoberto, foi o de Ulisse De Dominicis, um dos fundadores da Unione Democratica, do Rio de Janeiro, e expulso da Lega Antifascista de São Paulo por ser acusado de espionagem em favor do consulado.[252]

Os últimos meses de 1928 e os primeiros de 1929 constituíram, provavelmente, o momento mais difícil atravessado pelo antifascismo no Brasil até a metade dos anos 1930. Não lhe deram alento nem mesmo a criação de duas novas associações – uma no Rio, Italia Libera, a outra na Bahia, com a mesma denominação –, ou o sucesso propagandístico da fuga de bordo de 23 marinheiros do *Trento*, ancorado em Salvador.[253]

Influíram para manter baixa a credibilidade do antifascismo fatos sob muitos aspectos obscuros e, em particular, as duas furibundas campanhas lançadas por Frola, nas colunas de *La Difesa*, contra o Banco Popular Italiano e o Banco Francês e Italiano para a América do Sul e seus dirigentes, campanhas essas que terminaram, a primeira, numa condenação a meses por difamação (depois anulada em apelo), a segunda, em sequelas e violentas

---

252 Acusação totalmente fundada, dados os relatórios às vezes anônimos, às vezes assinados, que o informante fazia chegar à Itália através do consulado. De Dominicis também pediu dinheiro às autoridades italianas para processar *La Difesa*, que o acusara de espionagem, asseverando que, na ausência de provas, isso daria um golpe definitivo no jornal, porém os fundos foram recusados. Vide ACS, *DGPS*, Div. Polizia Politica, Materia, envelope 21, fasc.C 23/3 e fasc.C 23. É provável que a atividade tenha continuado depois, através de outros infiltrados. Ainda em 1938, o secretário do *fascio* de São Paulo perguntava ao Ministério das Relações Exteriores se achava aconselhável utilizar Vincenzo Guerrieri, presidente da União dos Trabalhadores da Light e da Lega Antifascista, maleável em sua opinião, para ter "olhos e ouvidos no campo adversário". Considerados os antecedentes de Guerrieri (ex-organizador sindical e secretário provincial do Partido Socialista, em Nápoles), a resposta foi negativa. Vide ACS, *DGPS*, Div. AA.GG.RR., PS Gl, envelope 321, fasc.1247.

253 Também por ocasião do cruzeiro de Balbo, alguns marinheiros – uns vinte, talvez – abandonaram os navios que haviam escoltado a esquadrilha aérea. Vide "I disastrosi effetti dell' educazione fascista", *L'Italia*, 4 jan. 1932.

polêmicas no seio do antifascismo, alimentadas sobretudo por Piccarolo. Isso fez que fosse pedida a instauração de um tribunal de honra, que foi efetivamente consumada (o tribunal foi composto por Bornacina, Finocchiaro e Chiodi). A sentença final sancionou o que muitos já suspeitavam: a veemência dos ataques ao Banco Francês e Italiano não tinha motivos de ordem moral e política, mas de caráter econômico, fato comprovado pela existência de dois cheques a Frola, para que este apoiasse a campanha que era feita por um tal de Rinaldi contra o banco naqueles meses.[254]

Na época do seu julgamento, o ex-deputado socialista encontrava-se em Paris, depois de ter passado um par de meses em Corumbá, no Mato Grosso. Mas, já antes daquela data, o costumeiro informante apressava-se em sublinhar que "são muitíssimos os que, embora continuando a declarar-se antifascistas, fazem questão de observar que nada mais têm a compartilhar com o famigerado conde Frola".[255] Se a estimativa de Mariani estava certamente aquém da realidade, quando afirmava que, em julho de 1929, os inscritos na Lega Antifascista somavam 37 indivíduos,[256] não há dúvida de que a situação estava deteriorada. E, depois da partida de Frola, a atividade da Liga estagnou-se ainda mais. A inércia também atingia os grupos alinhados em outras frentes e linhas ideológicas, tanto que a Lidu parou praticamente de funcionar durante quase nove meses, precisamente em 1929.

Alguns sinais de recuperação começaram a ser detectados desde o início daquele mesmo ano. Piccarolo reconquistou maior espaço por causa das vicissitudes do seu inimigo e tornou a publicar *Il Risorgimento* como porta-voz oficial da Concentrazione Antifascista, a qual surgiu, de fato, com base no modelo da sediada em Paris e agrupando republicanos e a Lidu. Já a Liga ficou de fora, apesar dos esforços da maçonaria no sentido de conseguir uma reunificação, apoiada também na França. Afinal, a Concentração parisiense decidiu-se a reconhecer o comitê local de São Paulo, convidando os membros dos outros organismos a criar seções regulares – condição indispensável, a partir do momento em que eram excluídas adesões individuais ou de organizações espúrias, como a Liga –, para depois poderem fazer parte do

---

254 Para todo o caso, vide Piccarolo (1934); "Agli antifascisti del Brasile", *La Difesa*, 27 ago. 1931, que contém a carta apresentada a Finocchiaro pelo intermediário entre Frola e Rinaldi. Para o ponto de vista de Frola, vide Frola ([s.d.]).

255 ACS, *DGPS*, Div. Polizia Politica, Materia, envelope 21, fasc.C 23.

256 "La festa della Difesa alla Lega Lombarda e il ricevimento a Mario Mariani", *La Difesa*, 30 nov. 1930. O próprio embaixador Lojacono, num telegrama de 30 de maio de 1929, elevava para uma centena os adeptos da Lega – "socialistas e anarcoides" – e a 150 os membros da Lidu e do PRI de São Paulo. Vide ACS, *DGPS*, Div. AA.GG.RR., J 5, envelope 264.

comitê. Tratava-se de uma derrota para o grupo de Frola, que procurara em vão ser reconhecido pelo centro dirigente de Paris. Retrospectivamente, o órgão francês da Concentração reconhecia isso de maneira aberta, ao recordar a situação no Brasil no início de 1929 e afirmar que o comitê local sofrera a concorrência da Lega Antifascista, que contava com um número maior de inscritos e que politicamente "seguia diretrizes nem sempre claras, pelo menos até a chegada da nova direção de La Difesa, personificada por Mario Mariani e Nicola Cilla".[257]

A alusão a Cilla e, sobretudo, a Mariani não era fora de propósito, na medida em que foi depois da chegada deles que o antifascismo recobrou ânimo e vigor, como, aliás, as próprias autoridades diplomáticas reconheciam. O expurgo de Frola e, especialmente, sua ausência do Brasil produziram o efeito de induzir os republicanos a ingressarem novamente em La Difesa (ora dirigido por Mariani) e na própria Liga Antifascista. Essa decisão também foi tomada pela ressurgida Lidu. Durante 1930, assistiu-se a uma reorganização das forças, só parcialmente comprometida por uma nova cisão, representada por Petraccone e seu jornal Italia Libera, e pela persistente hostilidade do desaparecido grupo de Frola. Em julho do mesmo ano, a Liga decidia, por ampla maioria, admitir em seu seio todos os inscritos nos organismos políticos aliados à Concentração de Paris e, também, elementos isolados que concordassem com seus programas e linhas de ação.

O antifascismo tomara, fazia pouco, o novo caminho, quando foi obrigado a marcar um momentâneo compasso de espera com a expulsão de Mario Mariani do território brasileiro, que ia muito além do problema humano e pessoal do escritor, por seu caráter de ameaça em relação a todos os antifascistas e porque demonstrava claramente o poder que as autoridades diplomáticas italianas tinham no Brasil. No início de maio de 1930, Mariani recebeu a notícia de que o Ministério da Justiça estava a ponto de decretar a sua expulsão sob a acusação de comunismo. As provas que deviam demonstrar que pertencia a tal corrente eram constituídas de uma nota enviada pelo consulado de São Paulo, trazendo anexas as informações recebidas de Paris, e pelo testemunho de quatro pessoas.

O advogado Plínio Barreto entrou com um pedido de *habeas corpus* no Supremo Tribunal, que requereu ao ministério o dossiê do processo. Entrementes, Mariani apresentou um arrazoado em que dizia ter sempre nutrido

---

257 "La Lega Antifascista di San Paolo aderisce alia Concentrazione", La Libertà, 21 maio 1931. A Concentrazione Antifascista surgira em Paris em abril de 1927, por iniciativa dos socialistas, socialistas reformistas, republicanos e Lidu, ficando de fora liberais, comunistas e católicos.

ideias socialistas, embora nunca se houvesse inscrito no partido, e anexava numerosas citações do seu livro *L'equilibrio degli egoismi* (O equilíbrio dos egoísmos) para demonstrar não ser marxista. A imprensa brasileira, em sua quase totalidade, posicionou-se imediatamente a seu favor, e *O Estado de S. Paulo* chegou a promover um banquete de intelectuais em sua homenagem, enquanto em vários setores da opinião pública eram colocadas pesadas interrogações acerca da aquiescência do governo brasileiro aos *diktats* do fascismo:

> Não é por outro motivo que desejamos levantar aqui o nosso mais formal protesto contra a intenção da polícia de S. Paulo de expulsar Mario Mariani do território nacional. É, sem dúvida, uma arbitrariedade sem nome, com a agravante, ofensiva até para o bom brasileiro, de parecer que as nossas autoridades a isso se movem por inspiração, ou, quiçá, imposição do fascismo.[258]

De nada adiantaram a mobilização, nem os testemunhos a seu favor, nem um debate na Câmara, sobre uma interpelação de Maurício de Lacerda: o Supremo Tribunal rejeitou o *habeas corpus* por um só voto. De uma fazenda nos limites do estado de Minas Gerais, onde se escondera para evitar ser embarcado para a Itália, Mariani refugiou-se em julho no Uruguai. Seu caso suscitara muitas dúvidas em meio aos próprios fascistas de São Paulo, e essas perplexidades, envoltas num manto mais genérico, eram explicitadas por Folco Testena, num artigo para o *Fanfulla*:

> O exilado, seja justa ou injusta a pena que sofre, sempre é digno da simpatia respeitosa de toda boa alma [...]. Para uma maior serenidade da vida e da minha pátria, faço votos de que os homens que a governam sintam a beleza que existe no esquecimento das dissensões ideológicas. Mas, quando penso na obra prejudicial, inconsciente, gratuitamente antipatriótica daqueles escritores que abusam da sua fama para difamarem seu país no exterior; quando penso nessa obra idiota de lento parricídio, compreendo que posso estar errado quando peço ao fascismo e aos fascistas maior espaço para a expressão do pensamento e menor severidade para com os dissidentes. Mas não, não estou errado. Nem todos os dissidentes mentem e nem todos, com o pretexto do antifascismo, traem a Itália.[259]

---

258 "As nossas autoridades a serviço do fascismo?", *Diário Nacional*, 10 maio 1930.
259 F. Testena, "Per la veritá della cronistoria e la dignitá professionale", *Fanfulla*, 23 nov. 1930.

Mariani permaneceu quatro meses em Montevidéu. Quando a Revolução de 1930 delineou-se no Brasil, foi para Porto Alegre e lançou um apelo aos italianos, para que formassem uma Legião Garibaldina, que teve entre trezentos e quatrocentos adeptos, segundo o escritor, e uma dezena, segundo as autoridades diplomáticas fascistas – parecendo a segunda hipótese muito mais próxima da verdade.[260] Em todo caso, Osvaldo Aranha recusou a colaboração, mas permitiu que Mariani se unisse às tropas para chegar a São Paulo.

Com a sua volta, o antifascismo brasileiro encontrou-se dividido em quatro ramos, liderados, respectivamente, por Mariani e Piccarolo, Picciotti, Frola e Petraccone, esse último de pouca consistência. Apenas um mês depois de sua chegada, Mariani podia, por um lado, exaltar a limpeza ocorrida no seio do antifascismo, que, na sua opinião, atraíra novas energias e gente nova, e, por outro lado, mostrar-se magnânimo com os adversários:

> Acusam-me de ter provocado uma cisão no campo antifascista [...] mas essa cisão existia de fato quando cheguei a São Paulo [...]. Durante a minha ausência, a "cisão" – ou melhor, a depuração – consumou-se formalmente, e não tenho por que congratular-me com isso. [...] Não obstante, digo aqui: quem quer que, sincero antifascista, tenha se desviado, reconheça isso e repare seus erros que será acolhido por nós de braços abertos.[261]

Ocorreu também, em 1930, em prejuízo de Frola, a reunificação dos dois ramos do socialismo italiano, privando-o do apoio de que, ao menos teoricamente, o Grupo Matteotti gozara como seção do PSU, recolocando em discussão a representação do socialismo italiano no Brasil. Para os inscritos no Matteotti, era necessário reconquistar posições de predomínio no interior da Lega Antifascista, tanto que, em face de uma próxima assembleia, a secretaria convidava todos os membros que ainda não o houvessem feito a associar-se à Liga. As negociações destinadas a estabelecer equilíbrios políticos e de poder levaram a um acordo entre republicanos e socialistas para garantir uma representação paritária das duas tendências na associação. Chegou-se,

---

260 Da mesma opinião é Falco (1980). Se, de fato, algumas centenas de italianos houvessem respondido ao apelo, a notícia teria sido dada pela imprensa antifascista ou não; esta, ao contrário, não fez nenhuma menção a respeito.

261 "Gli antifascisti di San Paolo intorno a Mariani", *La Difesa*, 10 jan. 1931. Na verdade, algumas semanas antes, Mariani havia sido menos brando e falara de "gatunos e pequenos ambiciosos", de "desonestos e semeadores de discórdia", de uma massa intimamente honesta que podia aproximar-se do movimento, porque "despreza os contatos com a canalha". Vide "La festa della Difesa alla Lega Lombarda e il ricevimento a Mariani", *La Difesa*, 30 nov. 1930.

assim, à assembleia da Liga de 21 de março de 1931, com a aprovação de uma moção para que a diretoria entrasse em contato com a Concentração de Paris para formalizar a adesão da Lega Antifascista a ela. A assembleia via, porém, ressurgir alguns antagonismos, em particular acerca de *La Difesa*, que, nas palavras de Cimatti, "hoje é bem escrito, contém ótimos artigos de ótimos colaboradores, mas não funciona. O público não o entende, não o aprecia. Permanece fiel a ele só para que os fulgores do passado continuem a reverberar".[262]

Na realidade, o ataque constituía apenas um ensaio da luta mais áspera e violenta entre as correntes, que recomeçou assim que Frola voltou ao Brasil e que se caracterizou por uma sucessão de acusações, de tom acesíssimo, desde agosto de 1931, quando o *Bollettino del Gruppo Socialista "Giacomo Matteotti"* despejou colunas de rancor contra o Comitê de Concentração da Lega Antifascista. O motivo da contenda, que chegou até à publicação de dois libelos, foi o veredicto pronunciado pelo tribunal de honra acerca do caso Frola-Rinaldi.[263] O efeito imediato do recrudescimento das hostilidades foi que, embora tendo votado a adesão à Concentração, o grupo Matteotti, pela boca do secretário Chiodi, começou logo a sustentar a tese oposta. Esse fato e a expulsão, decretada precedentemente, de Cilla, que fazia parte do grupo Matteotti, levaram alguns socialistas, solicitados pelas outras tendências, a convocar duas reuniões constitutivas de uma seção do Partido Socialista Italiano no Brasil, no início de agosto.

A direção do PSI teve de intervir para dirimir os antagonismos. Em primeiro lugar, manifestou perplexidade quanto ao parecer de Finocchiaro a propósito do suposto tráfico de consciência de que Frola era acusado, seja pela parcialidade do julgamento, seja pelas pressões exercidas por Piccarolo sobre o tribunal, seja, enfim, pelas dificuldades encontradas naquela circunstância por Chiodi em seu trabalho de defesa do acusado. Todavia, levando em conta o "conjunto de observações que foram feitas no passado sobre o caráter confuso da sua atividade tanto política como administrativa", e apesar dos relatórios de Scala e Cimatti, tendentes a desculpá-lo, não podia ignorar que o próprio Frola havia justificado a sua atitude com

---

262 "L'adesione effettiva della Lega Antifascista alla Concentrazione di Parigi votata all'unanimità dall'imponente assemblea generale di S. Paolo", *La Difesa*, 28 mar. 1931. Para a assembleia, veja também "La Lega Antifascista di San Paolo aderisce alla Concentrazione", *La Libertà*, 21 maio 1931.

263 Vide Frola ([s.d.]), onde Piccarolo, Cilia e Mariani eram descritos com linguagem vulgar e acusados de serem pilantras; e Piccarolo (1934) em que, embora com termos um pouco mais educados, chama continuamente o adversário de vigarista.

"um fugacíssimo aceno a necessidades pessoais que o teriam obrigado a tanto". Embora sem chegar às conclusões do tribunal de honra, considerava injustificável que o ex-deputado não houvesse percebido a incompatibilidade moral de receber dinheiro de uma das partes em litígio para travar uma batalha, mesmo que justa. Determinava, portanto, que fossem tomadas medidas contra ele:

> deve ser excluído imediatamente das funções dirigentes que ocupou até agora e não poderá ser readmitido na honra da militância socialista, nem mesmo como militante de base, a não ser depois de ter provado, como o dever obriga, que foi induzido a tanta indelicadeza por razões absolutamente irresistíveis e suficientes para representar uma atenuante da sua conduta, como quer que seja das mais deploráveis.[264]

Estabelecida a suspensão pelo partido, a direção também tratou do caso Cilla e do reconhecimento de uma nova seção do PSI em São Paulo, pedida pelos dissidentes socialistas. A intervenção da diretoria socialista não obteve, de imediato, os resultados esperados: o grupo Matteotti retirou sua adesão à Liga, e Cilla e Cerruti dedicaram suas energias quase exclusivamente à Lidu, da qual foi eleito presidente Mario Mariani, que se tornou, naqueles anos, a personalidade mais representativa do antifascismo. A associação dos sem-partido desenvolveu uma atividade intensa, desconhecida no passado, mas que, como sempre, envolvia quase exclusivamente os intelectuais. Tampouco serviram muito para atrair outras camadas sociais os cursos de cultura operária organizados, justamente a partir de 1931, sobre vários temas marxistas e econômicos.

No mesmo ano também foram feitas tentativas de atrair elementos brasileiros à luta contra o fascismo. Nasceu, assim, em São Paulo, um Círculo Brasileiro dos Amigos da Liberdade Italiana, por iniciativa do advogado Bornacina, círculo esse que contava com uma centena de inscritos e se propunha a angariar fundos para a batalha contra o regime.[265] A iniciativa teve um sucesso limitado e momentâneo. Já mais incisiva foi a ação da Associação Antifascista, do Rio de Janeiro, constituída em outubro por iniciativa de cidadãos brasileiros – os quais temiam que o fascismo pudesse chegar ao poder no Brasil –, que encarregaram Battistelli e Scala de redigirem os

---

264 Partito Socialista Italiano – Direzione, *La Difesa*, 12 set. 1931.
265 ACS, *DGPS*, Div. Polizia Politica, Materia, envelope 13, fasc.5/1.

estatutos. Na realidade, a partir de 1930 todo o antifascismo italiano começou a estabelecer contatos e até vínculos mais estreitos com o movimento operário brasileiro, que havia atraído sua atenção apenas episodicamente nos anos anteriores. Foi após a revolução e a presidência de Vargas que a temática proletária suscitou um mais sincero interesse.

Já em novembro de 1930, o quinzenal *Italia Libera* louvava uma iniciativa de João Alberto Lins de Barros, interventor no governo do estado de São Paulo, voltada para a defesa dos interesses da classe operária, representando essa medida um corte abrupto com um passado caracterizado pela total falta de atenção em relação aos trabalhadores não somente por parte do patronato, mas também das autoridades públicas.[266] No ano seguinte, outro periódico – *Lo Spaghetto* – inaugurou a coluna "Collaborazione proletária" (Colaboração proletária) e, em 1932, tiveram início, na sede de *La Difesa*, os cursos de cultura operária. Pouco depois procedeu-se à constituição, junto com brasileiros, de um Centro de Cultura Social que propunha ciclos de conferências.[267] Enfim todos os jornais italianos antifascistas existentes na época publicavam apelos, ordens do dia e convocações de reuniões de estruturas sindicais brasileiras e na própria *La Difesa* de fins de novembro de 1932 a março de 1933 compareceu a coluna "Movimento operaio", limitada sobretudo a São Paulo.

Mas foi principalmente com o nascimento e o fortalecimento da Ação Integralista Brasileira que os contatos com os brasileiros e as iniciativas conjuntas se multiplicaram, através principalmente dos vínculos com a Frente Única Antifascista, sobretudo por parte de Itália Libera, do Grupo Matteotti e pessoalmente por Frola, enquanto a facção de Piccarolo e a própria *La Difesa* sustentavam mais tepidamente a FUA, embora sua apresentação oficial fosse feita na Lega Lombarda, onde Piccarolo continuava a ter um peso. Apesar disso, num de seus últimos números, em 1934, *La Difesa*, mesmo professando sua aversão à violência, noticiava a constituição dos Grupos de Defesa da Frente Única, especificando o que esses grupos ameaçavam: "Desde que um qualquer militante antifascista seja golpeado por fascistas, a reação pronta e eficaz exercer-se-á sobre a pessoa dos chefes

---

266 Noi, "Organizzazione di classe", *Italia Libera*, 20 nov. 1930.

267 As barreiras ideológicas continuaram porém a ter um peso determinante no caso de *La Difesa*, que em 1931 havia saudado com prazer a derrota dos comunistas em proveito de outras correntes sindicais ("Problemi e battaglie del lavoro nella Confederazione Operaia dello Stato di S. Paolo", *La Difesa*, 21 mar. 1931).

fascistas. Se a agressão for de fascista italiano contra italianos serão o secretário do *fascio* e seus conselheiros a sofrerem as consequências".[268]

No plano do antifascismo italiano, iniciou-se um rápido processo de declínio já em 1932. Os choques que haviam caracterizado o quadriênio precedente não foram superados e surgiu uma seção do PSI oposta ao grupo Matteotti, bem como uma nova associação Italia Libera. Dentro dessas facções, alguns militantes foram mais dispostos a ligar-se à esquerda brasileira. O próprio Frola, depois de obter a cidadania brasileira, tentou fundar, com outros, um efêmero Partido Socialista Brasileiro, dirigindo uma revista em português, igualmente efêmera: *Socialismo*. Em 1934, preso em consequência de incidentes, foi-lhe proibido residir em São Paulo. Mudou-se, então, para o Rio de Janeiro, onde permaneceu sem desenvolver atividade importante até a sua partida para o México.[269]

O engajamento nas lutas proletárias do país era abraçado pelos comunistas declarados, como Cingolani e Rossini, mas também por outras personalidades do antifascismo italiano, que, no clima da época, especialmente depois da fracassada tentativa insurrecional do Partido Comunista do Brasil em 1935, foram fichados e perseguidos como marxistas. Foi o caso de Petraccone, Tamagni e Filippo Ferri, detidos em 1938 por atividades subversivas, submetidos a processo pelo Tribunal de Segurança Nacional do Rio de Janeiro e ameaçados de expulsão junto com Cingolani.[270]

Depois do *putsch* de 1935, outro que ficou preso bastante tempo foi Ambrogio Chiodi, mas já em 1939 o cônsul Castruccio sublinhava a sua abstenção de toda e qualquer atividade política.[271] Na verdade, foram poucos os antifascistas que continuaram a combater com certa constância. Uma pesquisa feita por mim no arquivo político permite deduzir que não mais de 25% (no máximo 30%) dos que se tinham destacado no período precedente ainda se mantinham ativos na luta contra o regime na segunda metade dos anos 1930. Além dos nomes já citados, devem ser recordados Cimatti, Tagliaferri, Frisciotti, Asquini, Cerruti e os que foram combater na Espanha. Os demais tinham abandonado o Brasil, ou renunciado à atividade política.

Não faltaram, aliás, os arrependimentos tardios, como os de Arcani, Isoldi e Petrone, cuja italianidade e participação em manifestações patrióti-

---

268 "Federazione dei gruppi di difesa della frente única antifascista di S. Paulo", *La Difesa*, 2 jan. 1934.
269 Vide ACS, *CPC*, envelope 2188, Frola, Francesco; e Frola (1947, 1955).
270 ACS, *CPC*, envelope 1349, 3899 e 5012, nos respectivos nomes.
271 ACS, *DGPS*, Div. AA.GG.RR., J 5, envelope 79.

cas e do regime eram exaltadas pelos relatórios consulares.[272] Pouco a pouco, os antifascistas de São Paulo foram ficando isolados no seio da coletividade italiana, limitando-se a se reunir vez por outra na loja de Felice Orlandi. As coisas não estavam melhor no resto do Brasil, onde, aliás, perdeu-se praticamente o traço de qualquer forma de atividade. A última tentativa de reunião, que não deu certo, ocorreu em 1939, quando a maçonaria e, parece, a embaixada francesa envidaram esforços para que alguns antifascistas, entre os quais Picciotti, Aureli, Schiavone e Cerruti criassem a Unione Popolare Italiana. A tentativa não teve êxito, porque, de acordo com o secretário do *fascio* de São Paulo, faltava um líder: "Picciotti, chefe dos 'autoexilados', teve recentemente alguns problemas com a polícia e declarou que não pode cuidar ativamente da UPI; o prof. Piccarolo disse que está velho demais para entregar-se de novo à atividade política; Cimatti quer que o comitê parisiense da Liga dos Direitos Humanos, de que é representante no Brasil, lhe ordene isso".[273]

O fracasso dessa e de outras iniciativas e os acontecimentos do último quinquênio dos anos 1930 permitiam que o cônsul Castruccio comunicasse triunfalmente que "o antifascismo é constituído, hoje, por um minúsculo grupinho de renegados".[274] Talvez tenha sido precisamente por causa dessa inércia que a emigração judia posterior à legislação racial fascista não tenha se exprimido politicamente de maneira incisiva. A "colônia Mussolini", como se definiam os judeus que emigraram naquele período, para sublinhar o caráter involuntário da opção emigratória, não era muito numerosa: uma centena de famílias, das quais mais de setenta em São Paulo, num total de quatrocentas pessoas, obrigadas a seguir o caminho do exílio depois da série de medidas tomadas por Roma a partir de 1938 e que culminaram nas leis de novembro de 1938 e de fevereiro-julho de 1939. Os judeus foram atingidos no exercício da profissão, sobretudo os professores, os funcionários públicos e as altas patentes militares, nos estudos, nos direitos de propriedade e de atividade industrial e comercial, nas possibilidades de vilegiatura, publicações, acesso às repartições públicas etc. Até 28 de outubro de 1941, haviam-se expatriado quase 6 mil judeus italianos.[275]

---

272 ACS, *CPC*, envelope 175, 2650 e 3907, nos respectivos nomes.

273 ACS, *DGPS*, Div. AA.GG.RR., PS Gl, envelope 324, fasc.1357. Veja também ACS, *CPC*, envelope 215, Aureli, Ettore.

274 ACS, *CPC*, envelope 3945, Picciotti, Bixio.

275 Vide De Felice (1972) para o conjunto das medidas e das reações.

A América Latina absorveu uma parte dessa emigração, principalmente os países em que a presença italiana era mais forte, ainda que aos emigrantes não devia passar despercebida a fascistização das coletividades de além-mar. A opção caiu, essencialmente, sobre a Argentina e, em parte, o Uruguai (de onde, porém, os nomes mais prestigiosos, como Renato Treves e Rodolfo Mondolfo, tornaram a emigrar para a república platina vizinha) e o Brasil, apesar da manifesta simpatia do governo pelo nazifascismo e as barreiras que criou para impedir essa imigração. Aqui, a colônia judia italiana era pouco significativa, composta quase exclusivamente de pequenos comerciantes e alguns nomes de maior destaque, como Lattes, Levi e Maier, tendo este último prodigalizado ajuda, em particular aos triestinos.

O fluxo imigratório concentrou-se entre fins de 1938 e fins de 1940, tendo sido episódicas as chegadas depois dessa data. Salvo um ou outro professor universitário e os poucos que tinham parentes no Brasil, ou alguma atividade conexa com o país (por exemplo, a importação de café), a escolha foi totalmente casual, ligada à possibilidade de obter um visto, depois de uma cansativa peregrinação por diversos consulados. No caso específico do Brasil, a concessão do visto de entrada não foi particularmente frequente. Por outro lado, havia uma indicação precisa do governo Vargas contrária à concessão desse documento. Essas dificuldades, particularmente penosas num momento dramático como aquele, foram superadas recorrendo-se, em geral, a amizades ou à corrupção pura e simples.

A "colônia Mussolini" manteve-se muito unida durante os primeiros anos, inclusive quanto à faixa etária (entre 25 e 40 anos) e à extração social: técnicos, profissionais liberais, administradores, professores universitários, comerciantes, fazendeiros. Ainda que alguns tivessem de mudar de profissão, a característica predominante era de classe média. Essa emigração "burguesa", como a definia Tullio Ascarelli, um dos intelectuais semitas que vieram para o Brasil, não teve, de imediato, aquele impacto modernizador que o escritor lhe atribui,[276] até porque se chocou com uma mentalidade totalmente diferente. Em todo caso, o mundo do trabalho acolheu-a de braços abertos, inclusive o mundo italiano, apesar do seu fascismo ostensivo. Quem mais utilizou a colaboração dela – e não por acaso – foi a família Matarazzo, que empregou vários judeus imigrados, como Russi, Tagliacozzo, Milano, De Benedetti. Se a inserção dos técnicos na sociedade brasileira

---

276 Ascarelli (1949, p.98). O jurista se referia, mais em geral, a todos os expatriados no período entre as duas guerras, que não buscavam tanto o sucesso econômico, como o emigrante típico, mas "liberdade e paz".

apresentou poucas dificuldades, menor ainda registraram os comerciantes. E, terminada a guerra, uns e outros não voltaram mais à Itália, talvez por causa do patrimônio e do prestígio adquiridos.

Já quem fez essa opção, em sua quase totalidade, foi o mundo acadêmico emigrado. Depois da queda do fascismo, muitos professores aproveitaram a reintegração a seus cargos, na pátria, e abandonaram o Brasil, embora sem esquecer o país que os acolhera tão generosamente. De certa forma, eles vieram substituir (e, por pouco tempo, conviveram com eles) os professores universitários enviados pelo fascismo durante os anos 1930. Embora não tivessem chegado, como esses, com contratos regulares, não tiveram a menor dificuldade para conseguir emprego nas faculdades locais e nos institutos de pesquisa. Foi o caso de Serpilli, Biocca (casado com uma judia e proveniente dos Estados Unidos), o químico Giorgio Renato Levi e dois médicos, Artom e Foà. Os três nomes mais importantes, porém, foram Liebman, Ascarelli e Mortara.

Enrico Tullio Liebman já era na Itália uma das figuras mais prestigiosas do Direito Processual Civil. Chegando ao Brasil, depois de haver estado na Argentina e no Uruguai, transferiu-se para São Paulo, convidado por um advogado, seu compatriota. "Apesar de, nessa ocasião, ser o Governo brasileiro simpatizante do fascismo e, até, discreto perseguidor de judeus, Liebman foi aqui recebido de braços abertos." Obtendo a cátedra de Direito Processual Civil, "Liebman recebeu ofertas para patrocinar grandes causas. Sempre recusou-as, por entender que, advogando e competindo com advogados brasileiros, não estaria correspondendo à hospitalidade dos brasileiros".[277, 278] Tendo regressado à Itália, ensinou em Pádua e Milão, onde foi reitor.

Tullio Ascarelli, professor de Direito Comercial em Bolonha, provinha da Inglaterra. Mal chegou a São Paulo, foi convidado a ensinar na Faculdade de Direito. Durante a sua permanência, recebeu vários títulos de doutor *ad honorem* de universidades latino-americanas. Voltando à pátria depois da guerra, escreveu um livro sobre o Brasil. Ao morrer, legou a sua biblioteca à Faculdade de Direito de São Paulo.

Giorgio Mortara, professor de Estatística desde 1900 e diretor do prestigioso *Giornale degli Economisti e Rivista di Statistica* (Jornal dos Economistas e Revista de Estatística), foi afastado de seus cargos, como todos seus colegas

---

277 Citado em português.
278 L. E. Bueno Vidigal, "Prof. Enrico Liebman e a processualística brasileira", *O Estado de S. Paulo*, 12 nov. 1986.

judeus, em 1938. Tomou a decisão de emigrar e veio para o Brasil, a convite do presidente do IBGE, José Carlos Macedo Soares. Chegando ao Rio em janeiro de 1939, com a mulher e quatro filhos, passou por vários cargos no Instituto, atuando como coordenador do censo de 1940. Seus primeiros trabalhos em português foram publicados na *Revista Brasileira de Estatística*. Sem temer desmentidos, podemos afirmar que foi o pai da demografia brasileira, tanto que, em 1953, a Universidade do Rio de Janeiro conferiu-lhe o título de professor *honoris causa*. Delegado brasileiro em vários congressos, não voltou à pátria depois da guerra, ao contrário dos outros docentes italianos, apesar dos reiterados convites de seus colegas da Faculdade de Estatística de Roma. Só se mudou para a Itália em 1956, quando considerou concluída a tarefa que lhe fora confiada no Brasil. Aposentando-se em 1960, retornou ao Brasil, onde havia deixado os filhos, trabalhando para o IBGE até a sua morte, em 1967.[279]

Fixados, em sua maioria, em São Paulo – no Jardim Paulista ou na Vila Mariana –, os judeus italianos desenvolveram um sentimento profundo de solidariedade que, em alguns casos, chegou a ser quase de fechamento ao mundo exterior. Tiveram apoio, também, da comunidade judia alemã, que vivera a mesma experiência nos anos antecedentes, e se vincularam aos antifascistas locais, com os quais sentiam acentuada afinidade, já que eles também eram forçados ao exílio e eram considerados renegados. No entanto, esses vínculos foram sentidos sobretudo pelos mais jovens, enquanto uma parte da imigração judia vivia momentos de perplexidade e pagava pela adesão passada ao fascismo, na maioria das vezes sincera. Esse elemento permitia que os fascistas tentassem dividir a minúscula frente de oposição. Ainda alguns anos depois, terminada a guerra, o *Fanfulla* não tinha dificuldade para sublinhar qual havia sido a convicção política dos judeus italianos:

> vale a pena recordar que, precisamente aqui, em São Paulo, os maiores conferencistas e propagandistas do regime mussolinista vindos da Itália, naquela época, eram os judeus, razão pela qual foram objeto da ira furiosa dos antifascistas locais de então. De fato, eram hebreus o professor Árias, o professor Foà, o professor Castiglioni.[280]

---

[279] Secretaria de Planejamento da Presidência da República; IBGE (1985).
[280] "Il caso del professor Pende", *Fanfulla*, 7 maio 1950. O caso de Foà era simbólico, uma vez que ele já viera ao Brasil em 1936, para uma série de conferências no Instituto Ítalo-Brasileiro de Alta Cultura.

A aversão ao fascismo, despontada em muitos havia pouquíssimo tempo, nunca significou, porém, repúdio da italianidade, muito embora os representantes oficiais da pátria tentassem tudo para que essa nova imigração fosse malquista. Além da campanha antissemita nos círculos e nas associações, o corpo diplomático apelou até para convocações individuais ou em grupo ao consulado, para aconselhar a elite a não frequentar os judeus. E era impossível, para estes, inscreverem-se nas associações existentes, em particular no Circolo Italiano – no qual teriam podido ingressar dada a sua condição social –, onde os judeus nunca puseram os pés (e, mais tarde, muitos não o farão por livre e espontânea vontade).

Isso contribuiu para isolar a comunidade judia imigrada e, também, determinar uma atitude diferente no seio dela. Por um lado, havia quem renunciasse a todo e qualquer contato, a não ser de natureza profissional ou comercial, com a coletividade italiana; por outro, havia quem, ao contrário, mantivesse vínculos, até mesmo de amizade, com este ou aquele compatriota, inclusive fascista, e vivesse, de certo modo, no seio da própria coletividade. Devemos especificar que se tratava, em geral, da camada mais abastada e que essa posição era facilitada pela pouca adesão da colônia italiana, em seu conjunto, e da própria elite, à campanha racial. Até mesmo o *Fanfulla* começou a publicar artigos contra os semitas e as manobras "judaico-comunistas" bastante tarde, mantendo sempre um tom geral e nunca mencionando os judeus italianos no Brasil.

Outras instituições também, embora permanecendo integralmente fascistas, não demonstraram nenhuma aversão para com os recém-chegados, procurando, ao contrário, ajudá-los, como foi o caso do Istituto Dante Alighieri, cujo diretor permitia-se certa dose de paciência no recebimento da mensalidade escolar de alguns alunos judeus, que não eram raros no instituto.[281]

6.6. A PARTICIPAÇÃO NA VIDA POLÍTICA INTERNA

Se a participação dos italianos na vida do país de adoção não havia sido ampla no período precedente, salvo no caso da liderança operária, nos anos compreendidos entre as duas guerras ela será um pouco mais ativa. Só no

---

[281] Tagliacozzo, Segre, Serpilli e outros. Uma parte das informações sobre a imigração semita é tirada de quatro entrevistas: Romolo Bondi (16 set. 1986), Vittorio Terni (17 set. 1986), Luciano e Ferruccio Segre (26 set. 1986), Nella Tagliacozzo (28 out. 1986).

meio proletário se registrará uma queda no empenho, justificada pela redução do fluxo imigratório e pela substituição da mão de obra estrangeira por força de trabalho nacional.

A participação italiana nas lutas internas será, em parte, consequência direta da já longa permanência no território brasileiro, do engajamento político que os filhos dos imigrantes demonstrarão em alguns casos e da escassez de pessoal político brasileiro e de funcionários nos núcleos coloniais mononacionais já estabelecidos em municípios no Sul do Brasil. Em Caxias do Sul, por exemplo, o isolamento dessas áreas e a perpetuação da língua e costumes peninsulares fizeram que os secretários municipais fossem recrutados em Porto Alegre, pois era difícil encontrar nas colônias elementos capazes de redigir documentos oficiais em português, ao passo que não era raro que o mundo político também fosse composto por italianos e naturalizados, os quais, quase sempre, não tinham afrouxado os laços com a realidade que se estabelecera na pátria mãe. Típica, nesse sentido, foi a figura de Celeste Gobbato, agente consular e dirigente do *fascio* de Caxias do Sul, mas também vereador e posteriormente prefeito. Por outro lado, no Rio Grande do Sul não foram poucos os casos de integrantes da elite imigrante que, naturalizados ou não, mantinham vínculos tanto com o PNF quanto com o partido republicano local.

Em um plano mais geral e com maior impacto visível, o primeiro exemplo de comportamento coletivo, ou, pelo menos, difuso, se dará através da presença ativa em alguns episódios da revolta paulista de 1924. Comprovando como eram estreitos os vínculos entre as classes dirigentes locais e a elite italiana, esta última assumiu abertamente e sem exceções uma posição favorável ao governo legal, tanto que, nos saques de 9 de julho, lojas e empresas de italianos foram particularmente visadas. Se as camadas mais abastadas deram seu apoio ao governo central, limitando-se, todavia, a manifestações verbais e, provavelmente, a contribuições financeiras, foi bem diferente a participação dos compatriotas e, em geral, dos estrangeiros que se achavam em outros níveis da escala social – argumento esse que, aliás, foi amplamente utilizado pela propaganda governamental.[282] Não há dúvida de que a simpatia manifestada se devia, até certo ponto, aos saques permitidos pelos rebeldes, que ocorreram principalmente nos bairros habitados por italianos: Brás, Mooca, Cambuci, Belenzinho. Num relatório consular de 15 de julho, podia-se ler, com efeito:

---

282 Os tribunais que julgaram os insurretos fizeram a acusação de terem jogado os estrangeiros contra os brasileiros. Vide Corrêa (1976, p.162).

Os revolucionários souberam explorar o descontentamento dos operários com as difíceis condições de vida atuais, prometendo que o governo poria fim à carestia. Foi assim que muitos italianos dos bairros populares deram mão forte aos revolucionários desde os primeiros dias e que o povo pôde acreditar que o saque, não impedido no dia 9 do corrente pelas tropas revolucionárias, fosse uma recompensa pela sua atitude. Os italianos que tomaram parte nos saques ao lado dos outros operários imprecavam contra os exploradores do povo, e eu próprio tive ocasião de ouvir ameaças contra os ricos ("graúdos") da colônia italiana [...]. O próprio general Isidoro Lopez e o coronel Oliveira mencionaram-me a simpatia que haviam encontrada no elemento operário italiano.[283]

Em substância, os acontecimentos de 1924 demonstravam, mais uma vez, que a nacionalidade comum não se colocava exclusivamente como elemento de integração vertical, prevalecendo ao contrário, em várias ocasiões, a integração horizontal representada pela situação de classe. O próprio apelo ao espírito patriótico mostrou-se totalmente inoperante. Desde o primeiro dia dos combates, o cônsul Dolfini reuniu a imprensa italiana para que ela se fizesse intérprete das suas recomendações de neutralidade[284] e, diante da eventualidade de uma luta fratricida, o embaixador Pietro Badoglio foi obrigado a lançar (de avião) panfletos, embora tardios, aos compatriotas de São Paulo:

Italianos! [...] Ouvi a palavra do Embaixador do vosso amado país: vós deveis manter-vos absolutamente estranhos à luta que se desenrola nas ruas da capital paulista. O conflito não vos diz respeito. É um dever absoluto de todo estrangeiro manter-se neutro. Estou certo de que todos vós agis assim.[285]

Muito embora *Il Piccolo* minimizasse as transgressões à linha de neutralidade, podemos afirmar tranquilamente que nunca um apelo foi tão ignorado: os mortos, entre os italianos, foram mais de 150, os feridos mais de 300 e, fato mais importante, a investigação oficial ulterior constatou a presença,

---

283 Relatório do cônsul Dolfini de 15 jul. 1924, Asmae, série pol., "Brasile (1919-1930)", envelope 904, fasc.1615. Justamente o cônsul, junto com o representante português, fez-se promotor de uma iniciativa destinada a obter um cessar-fogo, mas sem grandes resultados. Vide Costa; Goes (1924, p.96-100).

284 Mais tarde, *Il Piccolo* esclarecia involuntariamente que a atividade consular exercera-se sobretudo para a "defesa dos grandes interesses bancários, industriais e comerciais" ("La gratitudine della colonia per le autorità consolari", *Il Piccolo*, 30 jul. 1924).

285 *Il Messaggero*, 27 jul. 1924; *Il Piccolo*, 28 jul. 1924.

entre os insurretos, de um batalhão italiano, que secundou os batalhões alemão e húngaro. De acordo com algumas indicações, porém, outros italianos se engajaram em favor do governo:

> Mas quantos foram os italianos – dos quais ninguém fala – que combateram contra os revolucionários nas fileiras das tropas legais? [...] As vítimas, em particular as mais humildes, que, numa hora de convulsão civil, perderam todo o fruto de uma longa vida de trabalho e privações, não merecem, absolutamente, ser comparadas com os que são levados pelo espírito de aventura a arriscar a vida, colocando-se contra o país hóspede e seu próprio país.[286]

Além da manifesta simpatia pelo governo, o artigo citado punha em evidência um tema sobre o qual as nossas autoridades insistirão por muito tempo, assinalando uma fratura no seio da comunidade italiana: o das indenizações. Os prejuízos globais sofridos pelos nossos compatriotas foram avaliados em torno de 40 mil contos. Os mais atingidos eram Matarazzo, Crespi, Puglisi, Giorgi, Gamba e Scarpa, mas choveram denúncias de somas, embora não exíguas, sem dúvida modestas. O governo italiano apresentou, várias vezes, pedidos oficiais de indenização, que, no entanto, não deram nenhum resultado, e já no início havia quem se perguntasse se não havia o "perigo de que os pedidos de indenização dos grandes industriais por prejuízos relativos, dadas a sua potencialidade e as suas possibilidades, prejudiquem os que tiveram prejuízos de pequena monta, muitos dos quais perderam tudo".[287] Desenvolvendo o mesmo raciocínio, quando tudo já parecia comprometido, e recordando a origem modesta daqueles industriais e comerciantes e as fortunas acumuladas no Brasil, *La Difesa* podia afirmar:

> Se, com um belo gesto, tivessem eles renunciado logo a qualquer pretensão de ressarcimento, talvez sugerindo que a ela renunciavam em benefício de tantos pobres verdadeiramente necessitados, para os quais a revolução significou ruína completa, tendo destruído a sua casinha, o seu pequeno sítio, a sua lojinha, isto é, o que, numa palavra, constituía a sua única riqueza; ou, pior ainda, tendo tirado a muitas famílias o seu chefe. [...] Se, pois, esses protegidos da sorte, com um gesto generoso e altamente honrado, tivessem efetuado essa

---

286 "Intorno ad una pretesa domanda di indennità del Governo Italiano", *Fanfulla*, 11 maio 1925.
287 Magrini (1926, p.9-10). Para o andamento dos pedidos de indenização, vide Asmae, série pol., "Brasile (1919-1930)", envelope 904, fasc.1615.

renúncia, tudo estaria liquidado a esta altura e a revolução, em vez de representar um perigo para as relações ítalo-brasileiras, teria servido para irmanar ainda mais os dois povos.[288]

A revolta de 1924 foi o último ato de participação do componente popular e mais numeroso da nossa coletividade. Outros componentes não se abstiveram em igual medida nos anos sucessivos, e a elite italiana foi muito ativa por ocasião das eleições e da Revolução de 1930. Nesse caso também, todavia, a assimilação às classes dirigentes locais prevaleceu sobre a origem comum. Assim, em São Paulo, os expoentes mais representativos da colônia apoiaram Júlio Prestes (tanto que Matarazzo convenceu ou obrigou milhares de operários das suas indústrias a figurarem como eleitores do PRP), enquanto os do Rio Grande do Sul e Minas Gerais apoiaram a candidatura Vargas.

A divisão também se verificou dentro dos alinhamentos políticos, salvo no Rio Grande do Sul, onde os fascistas apoiaram Getúlio e os antifascistas também o fizeram, com um telegrama ao candidato. Essa atitude suscitou a perplexidade dos companheiros de São Paulo, que recomendavam uma postura de prudência e não intromissão nos assuntos internos de um país que "nos abriga sem tolerar-nos [sic], que nos dá trabalho sem perseguir-nos".[289]

A mesma prudência não é partilhada pelos porta-vozes oficiosos e oficiais do fascismo, que, ao contrário, em alguns casos não procuraram evitar pronunciamentos que poderiam ser interpretados como atitude do regime. Era o caso, por exemplo, das tomadas de posição manifestadas pelas seções do PNF, e, pelo menos numa circunstância, os temores tornaram-se realidade: em Campinas, os legalistas realizaram um comício na sede do *fascio* local, que foi tomada de assalto pelos partidários de Vargas.

Apesar dos apelos oficiais à prudência, nem mesmo as autoridades diplomáticas locais se furtaram à tentação de exprimir opiniões sobre as duas tendências opostas, e se, no Rio Grande do Sul e em Minas Gerais, demonstraram simpatia por Getúlio, no resto do Brasil foram claramente pró-Júlio Prestes. Assim, uma vez vitoriosa a revolução, expuseram-se às acusações e ameaças de represália dos vencedores:

> Na hora do ajuste de contas, torna-se preciso [...] que não se esqueça a ação dos "cônsules fascistas", empreiteiros clandestinos e desabusados que extorquiam com a cumplicidade dos condes de moderna nobreza os seis mil votos de

---

288 "Sopra un rasoio", *La Difesa*, 17 maio 1925.
289 "Calma no Brasil!", *La Difesa*, 11 ago. 1929.

estrangeiros para o triunfo da chapa reacionária nas eleições do mês de março último. Isto em troca da injusta perseguição policial aos antifascistas laboriosos aqui domiciliados.[290]

Esse clima geral não conteve, mas, ao contrário, estimulou a elite italiana de São Paulo a apoiar abertamente Júlio Prestes, inclusive do ponto de vista financeiro. Como em 1924, ocorreram episódios de violência prejudiciais a italianos, sendo os mais graves as invasões do *Fanfulla*, de *Il Piccolo*, de *Il 430* e da Fiat, devidas, segundo o desconfiado cônsul Mazzolini, ao antifascismo do governo provisório. Uma interpretação mais realista é que os jornais pagaram pela sua linha política, e a Fiat (como a Ford e a General Motors, também devastadas), pela suspeita de fornecimentos militares em benefício do governo local.[291]

Depois de um período inicial de equidistância, porém, os antifascistas também tomaram posição, sobretudo por ódio ao governo Washington Luís devido à expulsão de Mariani e estimulados pela militância na Aliança Liberal dos homens que tinham se oposto a ele, a começar por Maurício de Lacerda e Plínio Barreto. Não foi à toa que a seção do Rio da Lidu mandou imediatamente ao ministro da Justiça do governo provisório um pedido de anulação do decreto. Considerando, depois de encerrado o caso, a posição sustentada durante grande parte de 1930, os antifascistas declaravam que a sua atitude havia sido de distanciamento, mas não de indiferença, já que, na Itália como no Brasil, eles eram a favor do progresso da democracia contra a tirania. Assim, depois de ter condenado o governo de casta precedente e aplaudido o programa de reformas do governo provisório, um editorial de *La Difesa* continuava:

> Não deixaremos de colaborar, nós, italianos livres, amantes da liberdade, militantes da democracia, filhos adotivos desta grande e generosa terra a que nos sentimos ligados por um afeto sincero, mais forte hoje do que nunca, quando se respira nela o ar puríssimo da liberdade, conforto e esperança para as dores da nossa vida de errabundos e exilados. Esta folha, tribuna de ideias livres, iluminará os seus leitores sobre a obra sábia que o governo revolucionário está

---

290 *Diário Nacional*, 2 nov. 1930. A alusão a Matarazzo é evidente.
291 Asmae, série pol., "Brasile (1919-1930)", envelope 906, fasc.1648. Em todo caso, participaram também da invasão do *Fanfulla* alguns antifascistas italianos, "gloriosos delinquentes da pátria", como o jornal os definia ("Come si scrive la storia", *Fanfulla*, 15 nov. 1930).

desenvolvendo, dará a sua modesta, mas sincera opinião sobre os problemas que mais urgem por uma solução.[292]

Na realidade, a promessa não é mantida e o jornal se desinteressará cada vez mais da política interna, talvez por causa, também, da orientação autoritária que o novo governo logo começará a adotar.

Mais atentos devido às decepções sofridas, os antifascistas não tomaram posição por ocasião da revolta paulista de 1932,[293] que, sem embargo, contou com certa mobilização de todos os estrangeiros residentes em São Paulo. E se o *Fanfulla*, provavelmente em razão das experiências passadas, não exprimiu quase nenhuma opinião acerca das forças em luta, não há dúvida de que os italianos participaram do movimento, seja com contribuições à Cruz Vermelha, seja com uma subscrição para os bancos de sangue, seja com a oferta de serviços do Hospital Umberto I e Ars Medica, seja com a criação de uma Unidade Cirúrgica Italiana, seja, enfim, com a prestação de trabalho voluntário em serviços de utilidade pública.[294]

A afirmação de que foram "inúmeros" os italianos que combateram entre os revoltosos[295] é certamente exagerada, mas não se pode negar que alguns dos nossos compatriotas empunharam armas. Tratava-se sobretudo de gente da classe média, como aliás foi o caso dos próprios brasileiros, e, também nesse caso, foi maciço o apoio da elite e das autoridades diplomáticas, que, embora nunca fazendo declarações abertas, deixaram em algumas ocasiões transparecer as suas preferências (sobretudo o cônsul Mazzolini). Essas atitudes também eram ditadas por cálculos fantasiosos: uma eventual separação do estado de São Paulo da federação brasileira ou, em todo caso, um resultado final que sancionasse sua hegemonia política poderia levar a colônia italiana (3/4 da qual já estava concentrada nele, então) a conhecer de novo seu antigo esplendor.

---

292 B. Picciotti, "I problemi della Rivoluzione", *La Difesa*, 15 nov. 1930. Para a atitude dos antifascistas, ver também o apelo lançado aos brasileiros e "Esemplari lezioni alla stampa mercenaria", ambos em *La Difesa*, 2 nov. 1930. Veja também "Rio, la Rivoluzione e Mario Mariani", *La Difesa*, 15 nov. 1930.

293 "O Brasil, a grande terra hospitaleira, está atravessando um dos momentos mais culminantes de sua História. Em nossa qualidade de hóspedes, não nos cabe nenhum direito de exprimir opiniões. Todavia, pelo afeto que nos liga, exprimimos o fervoroso desejo de que, sem derramamento de sangue, o generoso Povo Brasileiro saiba encontrar a melhor solução para seus destinos" (*L'Italia*, 16 jul. 1932). No entanto, alguns antifascistas paraticiparam da revolta, e Adriano Arcari chegou a ocupar cargos de responsabilidade.

294 Nogueira Filho (1967, p.478).

295 Pisani (1937, p.1068).

O binômio São Paulo/italianos ricos, todavia, também era encampado pela opinião pública dos outros estados, todos eles fiéis ao governo central, como demonstrará a áspera campanha anti-italiana daqueles dias. Panfletos distribuídos no Rio de Janeiro convidavam a população a boicotar as mercadorias produzidas por firmas de nossos compatriotas. Mencionavam, em particular, Gamba, Crespi e, como sempre, Matarazzo, acusado, entre outras coisas, de ter usado os seus navios para trazer da Argentina armas e munições, escondidas numa carga de trigo. Chegou até a ser deflagrada contra ele uma campanha radiofônica: "Os oradores chegaram a incitar os operários a assaltar propriedades de Matarazzo e dividir entre si o dinheiro ganho indevidamente com seu sangue e seu suor".[296] As acusações atingiram tons tão violentos que, por medo de represálias do governo, o embaixador italiano entrou em acordo com o Banco Ítalo-Belga para que os depósitos de Matarazzo fossem guardados numa caixa-forte em nome da própria embaixada.

Devemos fazer uma derradeira menção à participação política dos italianos nos movimentos fascistas locais, isto é, na prática, na Ação Integralista Brasileira, que se inspirava no modelo peninsular e que suscitou algumas apreensões pela sua capacidade potencial de concorrência em relação às organizações do regime no Brasil: "Um novo inimigo da existência dos *Fasci* é o integralismo, que, embora descendendo mais ou menos legitimamente do Fascismo, faz continuamente prosélitos entre os nossos compatriotas e, infelizmente, rouba nossos melhores elementos".[297] Essas preocupações revelaram-se excessivas e a AIB acabou exercendo maior atração sobre os filhos dos italianos (e alemães) do que sobre os próprios italianos. Alguns deles chegaram a ocupar cargos de destaque nela: Miguel Reale, Eduardo Graziani, Francesco Stella, Mario Giorgi e Carlo Crisci.

A despeito da evidente italofilia do líder integralista, os contínuos pedidos de financiamento apresentados pelo partido à alta burguesia italiana no Brasil tiveram pouquíssimo êxito.[298] Esse fato confirma que, se o proletariado esteve praticamente ausente da cena política nos anos entre as duas guerras, a elite financeira, industrial e comercial fez as suas opções visando, como sempre e exclusivamente, seus interesses de classe e agindo em perfeita

---

296 Telegrama do embaixador de 17 de setembro de 1932, Asmae, série pol., "Brasile (1931-1945)", envelope 2, fasc.1.

297 Relatório do vice-cônsul em Florianópolis, Guido Zecchin, com data de 31 de maio de 1935. ACS, Minculpop, envelope 277, fasc.1/9.11.

298 O único exemplo importante, mas já de segunda geração, é constituído por Luciano Crespi, neto de Rodolfo e filho de Giacinta, diretora do fascio feminino do Rio. Luciano Crespi foi condenado em 1938 a três meses de reclusão por ter participado da tentativa insurrecional integralista.

sintonia com as classes hegemônicas locais. Justamente por esse motivo, apesar da sua proclamada fé fascista, deu pouquíssima atenção a um integralismo politicamente derrotado.

Mais em geral, a história da nossa emigração nesse período centrou-se no abismo insuperável entre quem gozava de prestígio social e fortuna econômica e quem permanecera pobre. Em relação aos anos precedentes, porém, e não obstante o renovado orgulho nacional acentuado pelo fascismo, o emigrante inseriu-se definitivamente no ambiente em que vivia e trabalhava, libertando-se dos condicionamentos dos Matarazzo e congêneres e do mito de "fazer a América".

6.7. Os italianos e a Segunda Guerra Mundial

A entrada da Itália na guerra em junho de 1940 foi recebida pela comunidade com certo entusiasmo, determinado, porém, mais por fatores emocionais do que por verdadeira convicção. Muito mais politicamente motivado foi o apoio garantido pelos partidários do regime. Na Casa d'Italia, no Rio de Janeiro, a notícia foi aclamada por milhares de pessoas com os braços estendidos na saudação romana, ainda que a decisão de Roma colocasse os imigrantes em situação delicada, já que o Brasil tinha se declarado neutro. E, certamente, não foi por acaso que o diretor da Casa d'Itália e o próprio embaixador Sola, em seus discursos, convidavam vigorosamente seus compatriotas a respeitar rigorosamente a neutralidade do país anfitrião, lembrando a conduta definida como exemplar por Vargas quando da conquista da Etiópia. O representante do Estado italiano também se apressou em divulgar um apelo através da imprensa:

> Italianos do Brasil, Camaradas! [...] deveis abster-vos de qualquer manifestação pública que contraste com a neutralidade brasileira. Demonstrai com a vossa conduta que soubestes apreciar plenamente o gesto fraterno do Brasil. Reuni-vos nas "Casas da Itália", irmanai-vos num só feixe [...]. Os cidadãos que têm obrigações militares, os voluntários, dificilmente poderão alistar-se. Talvez não possamos sequer fazer chegar aos combatentes o sinal tangível do nosso amor.[299]

---

[299] Aerj/Dops, *Italianos*, Prontuário 1, relatório de 13 de junho de 1940. Na mesma ocasião, o artigo de fundo, o *Fanfulla* assumia uma posição mais precisa, preocupado, além do mais, com a vacância no consulado de São Paulo (o novo titular, Biondelli, chegaria em setembro): "A participação

A única manifestação de solidariedade, em tais circunstâncias, consistiu na criação de um comitê feminino pró-Cruz Vermelha Italiana, autorizado pela Lei de Neutralidade, em que não podiam faltar os nomes das senhoras e senhoritas da elite: Matarazzo, Crespi, Morganti. Foram secundadas nessa função caridosa pelo Ente Assistenziale Filippo Corridoni e pela Unione Cattolica Italiana. As relações entre Roma e Rio de Janeiro continuaram cordiais nos primeiros anos do conflito, tanto que o Brasil se encarregou de representar os interesses italianos na França e na Inglaterra. Apesar disso, não faltaram aqueles que se distanciaram das recomendações da imprensa e das autoridades diplomáticas, convocando, por exemplo, o boicote de mercadorias provenientes da Grã-Bretanha e de produtos colocados no mercado por empresas inglesas que operam no Brasil.[300]

De maneira mais geral, do lado fascista, houve um aumento na circulação de material de propaganda, vindo da Itália ou elaborado no Brasil, divulgado por consulados, ONDs, por esta ou aquela associação, às vezes por meio de folhas mimeografadas, como aconteceu no Rio, onde eles eram distribuídos da Casa d'Itália diariamente.[301] Por outro lado, não faltavam sinais que indicassem que a situação estava prestes a se deteriorar, como demonstram as inúmeras concessões feitas por Vargas aos Estados Unidos.

---

italiana na guerra cria deveres especiais, de estilo e de vida, para os italianos residentes no Brasil: austeridade de conduta, comedimento no falar, firmeza calma e digna. Devem lembrar-se a todo instante que vivem num país estrangeiro, onde as opiniões sobre as contendas que ensanguentam a Europa são divergentes e onde existem coletividades pertencentes às diversas nacionalidades beligerantes. O governo brasileiro quer – e tem o incontestável direito de querer – que todos observem as regras que derivam da neutralidade em que se colocou e respeitem as disposições severas que tomou a esse respeito" ("Italia avanti!", *Fanfulla*, 11 jun. 1940).

300 Em panfletos distribuídos em São Paulo em 9 de agosto de 1941, podia-se, por exemplo, ler o seguinte: "Você é italiano? Você é filho de italianos? Lembre-se que a Itália está em guerra contra o Império britânico; pensa que a Inglaterra em todos os tempos e com todos os meios tentou prejudicar todos os povos, inclusive o Brasil, para encher os cofres de seus ricos sem fundos e para impor sua vontade em todos os lugares. Olho por olho, dente por dente. Você também pode acalmar sua consciência italiana entrando na guerra, com todas as suas possibilidades, contra a prepotência inglesa, ajudando, assim, a conquistar a vitória pela qual seus irmãos lutam bravamente em todas as frentes. Não compre jornais que sejam pagos para insultar seus irmãos; rejeite mercadorias com a marca dos britânicos e dos amigos deles, mesmo que sejam vendidas por italianos; não dê sua publicidade e anúncios de qualquer tipo para estações de rádio e jornais subservientes à libra esterlina; não frequente instalações de propriedade inglesa, reduza o consumo de luz e gás. *Lembre-se* de que, mais cedo ou mais tarde, se saberá *se você conseguiu cumprir seu dever* para com a Itália" (Aerj/Dops, *Italianos*, Prontuário 2. Itálico no original).

301 Aerj/Dops, *Italianos*, Prontuário 3.

Paralelamente, com o passar do tempo, os órgãos de segurança se certificaram de que as violações das leis impostas pela neutralidade começavam a ser mais graves do que anteriormente; a Lati, por exemplo, foi descoberta, em 1941, para transmitir informações sobre navios britânicos que patrulhavam o oceano Atlântico e para fornecer aos submarinos italianos e alemães as coordenadas dos navios mercantes dos países beligerantes e neutros, permitindo seu afundamento.

De qualquer forma, os órgãos oficiais e oficiosos da coletividade observaram estritamente as recomendações do corpo diplomático. Aliás, toda a imprensa empenhou-se ainda mais em exaltar o regime de Vargas, fazendo muitas vezes (como no caso de Menotti del Picchia, que começou a colaborar no *Fanfulla* precisamente em 1941) paralelos com o fascismo, em panegíricos a ambos os governos. No entanto, isso tudo não bastou para impedir que o Estado Novo decretasse, em agosto de 1941, uma lei que proibia a circulação de jornais em língua estrangeira.

Já fazia algum tempo que o *Fanfulla* convidava seus correspondentes no interior do estado a mandar suas matérias na língua do país, até que, sem nenhum aviso, saiu, no dia 31 de agosto de 1941, completamente em português, mas ainda sob a direção de Antonio Cuoco. Na terceira página, César Oliveira (que, como se intui, não tinha uma gota de sangue italiano nas veias) falava dessa mudança "por força da lei":

> O *Fanfulla* entra hoje em nova fase. Sua responsabilidade, mais que nunca, deve ser medida [...]. Fico algo constrangido. Da sua labuta diária e afanosa se afastam jornalistas que podem ser considerados mestres na arte de Gutenberg. E eles, como bons latinos, são bons amigos e colegas. Mas não é só. Tão tristes como esses antigos camaradas há mais alguém, além de quem escreve essas linhas. Sim, os velhos filhos da Itália, que mal falam o nosso idioma e na leitura matinal do *Fanfulla* encontravam um conforto espiritual e uma saudade da imortal pátria longínqua, hão de sentir profundamente a transição.[302]

As medidas mencionadas às vezes foram utilizadas como pretexto para expulsar das direções e redações jornalistas considerados demasiado comprometidos com o regime. Foi o caso, por exemplo, de Cesare Bompard,

---

302 C. Oliveira, "Fanfulla e a hora que passa", *Fanfulla*, 31 ago. 1941. Na verdade, o jornal continuará sendo dominado por notícias italianas nas páginas internacionais, enquanto se verifica alguma mudança na crônica interna (com uma leve queda de interesse pelos atos oficiais da colônia) e na página esportiva.

diretor da *Staffetta Riograndense*, acusado de nazismo pelos padres capuchinhos de Garibaldi, que detinham a propriedade da publicação. O fato de Bompard ter sido despedido com o consenso da direção geral da ordem no Rio Grande do Sul[303] era um sintoma do distanciamento mais prudente e generalizado em relação ao fascismo que se registrava no Brasil naquele momento, e que se manifestava através de acontecimentos aparentemente insignificantes, mas sempre indicativos. Deve ser interpretada nesse sentido a queda na difusão dos cinejornais "Luce", que, depois de ter chegado a duzentas salas em todo o Brasil, reduziu-se, em 1941, a umas trinta, das quais só duas no Rio de Janeiro e igual número em São Paulo.[304]

A vida dos órgãos de imprensa italianos cessou totalmente no fim de janeiro de 1942, quando, encerrada no Rio de Janeiro a reunião dos chanceleres das repúblicas americanas, o Brasil rompeu, em janeiro de 1942, as relações diplomáticas com os países do Eixo, apesar de suas passadas simpatias pelo totalitarismo fascista, e Roma confiou a administração de seus interesses à embaixada suíça. A ordem de suspensão das publicações, dada pelo DIP no dia 29 de janeiro, atingiu jornais e revistas italianos, entre as quais o *Fanfulla*, cujo diretor vendeu o equipamento tipográfico. Em maio de 1942, embarcados em dois navios, um grupo de diplomatas, professores, jornalistas e profissionais liberais deixava o Rio de Janeiro com destino a Lisboa, de onde, passando pela Espanha, chegou à Itália.[305]

A participação da Itália no conflito mundial devolveu certa visibilidade aos antifascistas, que entraram em contato com a Mazzini Society nascida nos Estados Unidos e se organizaram como a seção brasileira da Itália Livre, apoiando a causa dos Aliados e a neutralidade brasileira. Mas tentaram, sobretudo, abrir os olhos dos imigrantes, mesmo com meios rudimentares, lembrando que a "guerra relâmpago" prometida pelo Duce se arrastaria e atacando os porta-vozes do regime no Brasil: "Italiano, os fascistas lhe disseram que a guerra italiana teria durado dois meses, que Moscou seria conquistada em 120 dias, que os Estados Unidos jamais interviriam na guerra europeia. Hoje os fascistas lhe dizem que esta guerra terminará sem perdedores nem vencedores. Não acredite! Mentiram ontem, continuam a mentir hoje. Italiano, acorde! Italiano, rebele-se! Leia o *Fanfulla* humilhado e

---

303 ACS, Minculpop, envelope 275, fasc.1/1.
304 ACS, Minculpop, envelope 274, fasc.7/2.
305 Vide Galvani (1948, p.60-1).

derrotado de hoje e compare-o com o *Fanfulla* petulante de ontem. Você não sente que a sentença de morte começou a soar para o fascismo e para Mussolini? Digite cinco cópias desta carta e envie para cinco amigos. Em sete dias falaremos novamente sobre isso".[306]

O afundamento de alguns navios mercantes brasileiros por submarinos do Eixo (na verdade, quase exclusivamente alemães) desencadeou a reação, às vezes violenta, das classes médias e de estudantes, ações que foram utilizadas pelo governo do Rio para declarar, em um primeiro momento, o estado de beligerância (22 de agosto de 1942) e, logo depois, a guerra contra Alemanha, Itália e Japão. O envolvimento direto, que levou o Brasil a enviar – único país da América Latina – uma força expedicionária à península agregada ao exército norte-americano, em 1944, exacerbou os ânimos, situação que chegou até a levar, em alguns lugares, a violências contra os cidadãos do Eixo e a propriedades deles.[307]

Os anos de 1942 e 1943 foram, provavelmente, os anos mais difíceis para os italianos no Brasil, assim como para os que residiam em outros países latino-americanos, a começar pelo Uruguai, país onde

> resta para todos os compatriotas que não se identificam com o antifascismo ativo e se sentem moralmente ligados ao seu país em guerra – os quais são a grande maioria – a opção entre a humilhante dissimulação e os pesados riscos, pessoais e materiais, que pesam sobre os partidários do totalitarismo, que demissões e "listas negras" aliadas põem à margem da vida econômica e social. É a hora triste na qual se rompem solidariedades, amizades, costumes, a hora do isolamento e, às vezes, da suspeita e da delação. A divisão que se produz neste momento na coletividade italiana durará décadas antes de recompor-se.[308]

No Brasil, na verdade, a situação não assumiu tons dramáticos, embora, obviamente, os italianos não só tivessem de assistir impotentes à queda de um mito, mas de suportar em silêncio o nacionalismo crescente dos brasileiros e um conjunto de medidas que os afetaram diretamente. Pesadas restrições foram impostas aos alemães, italianos e japoneses, os quais foram

---

306 Folheto sem data (mas arquivado em 6 de janeiro de 1942) em Aerj/Dops, Prontuário 3, *Italianos*, fasc.3/10 *Italianos Livres*.

307 Para todos, vale o exemplo do Recife, onde uma multidão de civis, mas também alguns soldados e policiais, invadiu lojas, escritórios e residências, chegando, em alguns casos, a incendiá-los (Aesp/Dops, Prontuário 13 J 2, relatório de 2 out. 1942).

308 Marocco (1986, p.166).

obrigados a entregar armas que eventualmente estivessem em seu poder e sofreram entraves em alguns setores de trabalho. Como já mencionado, escolas, jornais e associações fecharam suas portas e foi permitida a venda de periódicos – que antes representava quase um monopólio peninsular – apenas para brasileiros natos. Os cidadãos daquelas nacionalidades poderiam mudar de residência e até viajar apenas solicitando um salvo-conduto especial; além disso, não lhes era permitido morar ou mesmo aproximar-se de áreas de interesse estratégico, o que para alguns, principalmente os japoneses, significou a retirada forçada do litoral.

O fato mais humilhante foi, sem dúvida, a proibição, absurda sob muitos aspectos, de falar em público a sua língua, o que, por vezes, obrigou os imigrados a não sair da própria casa, onde os mais atemorizados acabaram por falar português dentro dos muros domésticos. A medida mais pesada foi o confisco dos bens, iniciado com o Decreto-Lei n.3.911 de 9 dezembro de 1941, aperfeiçoado pelo n.4.166 de 11 março de 1942 e regulamentado pela Portaria n.5.408 de 28 abril de 1942. O artigo 1º do Decreto-Lei n.4.166 dizia:

> Os bens e direitos dos súditos alemães, japoneses e italianos, pessoas físicas ou jurídicas, respondem pelo prejuízo, que, para os bens e direitos do Estado brasileiro, e para a vida, os bens e direitos das pessoas físicas ou jurídicas brasileiras, domiciliadas ou residentes no Brasil, resultaram ou resultarem de atos de agressão praticados pela Alemanha, pelo Japão ou pela Itália.

O segundo artigo impunha que uma parte dos depósitos bancários ou de obrigações de caráter patrimonial fosse transferida ao Banco do Brasil e nele bloqueada. A porcentagem era de 10%, no caso de depósitos inferiores a 20 contos, e chegava a 30% para os superiores a 100, devendo ser total no caso de dívidas do governo brasileiro para com cidadãos e entidades dos países do Eixo. Eram, assim, bloqueados os bens pertencentes ao Estado italiano, a italianos residentes no Brasil, a pessoas jurídicas proprietárias no Brasil, mas com sede na Itália, e a associações constituídas por italianos, embora o decreto de 1938 tivesse obrigado as sociedades a tornarem-se pessoas jurídicas brasileiras. Quando isso não se verificou, a culpa não foi dos dirigentes, mas das demoras administrativas. Em todo caso, o artigo 11 do Decreto-Lei n.4.166 estabelecia que os bens das associações poderiam ser utilizados "no interesse público, com a autorização do ministro da Justiça e Negócios Interiores".

O conjunto das medidas pegou de surpresa as autoridades italianas[309] e, mais ainda, os cidadãos, que sofreram um prejuízo considerável. Como afirmava com razão um jornal, no segundo pós-guerra, a lei era lesiva aos interesses dos italianos, mas também ao Brasil, já que reduzia a capacidade de iniciativa econômica numa fase em que o país tinha extrema necessidade dela. E, o que é mais importante, desacreditava quem a aprovara e aplicara:

> O clima de desconfiança e as dificuldades financeiras criadas por essas disposições, baseadas unicamente no direito do mais forte, paralisaram muitas atividades, de modo que, se foi possível transferir um pouco de dinheiro dos "inimigos" para as caixas do Estado, o prejuízo para este foi certamente superior ao valor do dinheiro embolsado [...]. Para não falar que a quase totalidade dos italianos radicados aqui procriou filhos brasileiros, que foram direta ou indiretamente prejudicados por essas medidas.[310]

Alguns meses depois, era estabelecido que os bens bloqueados poderiam ser vendidos, indo as somas auferidas para um Fundo de Indenização. A tais medidas de caráter econômico acrescentaram-se outras de tipo repressivo, relativas à possibilidade de circulação no território nacional, ao uso da língua nas conversas telefônicas e na correspondência e à já mencionada proibição de falar italiano em público.

As associações foram as primeiras a sofrer as consequências da nova situação: a maioria se dissolveu ou decidiu suspender momentaneamente as atividades, outras conseguiram vender o imóvel e pouquíssimas, enfim, sobreviveram com denominação brasileira. Essa solução aplicou-se exclusivamente às sociedades que não podiam de modo algum ser extintas, como o Palestra Italia, que se transformou em Palmeiras. Houve também muitos outros casos de abrasileiramento com mudança de denominação: o Istituto Dante Alighieri, por exemplo, foi rebatizado Visconde de São Leopoldo, a sede do Circolo Italiano veio a ser requisitada para hospedar a Legião Brasileira de Assistência, os sócios da Casa d'Italia de Itápolis doaram o edifício e o patrimônio social à Santa Casa de Misericórdia e em Campinas os bens da

---

309 O embaixador estava convencido de que o Brasil nunca iria declarar guerra à Itália e, portanto, não se preocupou em recolher os fundos do governo italiano depositados no Banco do Brasil para fazê-los chegar à pátria ou colocá-los em lugar seguro.

310 A. B., "La situazione degli italiani in Brasile in conseguenza della guerra, I", *A Voz da Itália*, 23 nov. 1946. O autor deve ser Alcibiade Bertolotti. Para um quadro das medidas legislativas, veja também G. Cristaldi, "Puzzle sblocchista e immigratorio", *Fanfulla*, 18 maio 1948; *O Estado de S. Paulo*, 13 mar. 1942.

OND foram englobados pela Sociedade Educadora.[311] No que diz respeito aos cidadãos, embora não seja aceitável o quadro catastrófico que alguns pintaram para desacreditar os fascistas,[312] devemos registrar uma maior tendência à naturalização, humanamente compreensível, porque ditada exclusivamente pela esperança de salvar seus bens.

Não houve resistências significativas, se excetuarmos a tentativa, feita precisamente em 1942, de realizar um curso clandestino do liceu científico italiano, ocorrido num apartamento do centro de São Paulo, por alguns professores (Di Tullio, Pallocchini) e alunos do Instituto Dante Alighieri. A experiência durou apenas poucos meses e, no fim, tiveram de renunciar a ela.[313] Mais pitorescas e frequentes foram as formas individuais de protesto, relativas principalmente à proibição de falar italiano, norma que, aliás, foi muitas vezes interpretada rigidamente, dando origem a numerosas prisões. Por seu caráter ingênuo, poderíamos reportar o testemunho de um jovem da época, filho de compatriotas:

> Teve um caso que se deu com um velho que foi preso por falar italiano: *Mi son Italian!*, ele disse: Gosto muito do Brasil, *ma però viva l'Italia! Adesso te può mettermi in prison.* (Mas viva a Itália! Agora você pode me levar para a prisão.) O delegado apertou a mão dele e disse que seria bom que os brasileiros gostassem do Brasil como ele gostava da Itália. Era o Antonioli, que eu conheci, charuteiro da rua Benjamin de Oliveira.[314]

Parte da historiografia expressou a crença de que, especialmente no Sul do Brasil, a repressão ao fascismo se transformou em repressão de toda a comunidade italiana, pois as medidas tomadas afetaram a todos.[315] Essa interpretação deve ser atenuada e não é aplicável a todas as áreas do território nacional, embora, certamente, os peninsulares tenham sido alvo de perseguições nem sempre justificadas. Normalmente, porém, as medidas mais drásticas foram motivadas por razões de segurança ou pela militância

---

311 Aesp/Dops, Prontuário 40.632, *Circolo Italiano*, Prontuário *Fascio Cesare Battisti de Itápolis*, Prontuário 12.354, Organização Nacional Desportiva.

312 A propósito de Juiz de Fora, um jornal antifascista assim escrevia, retratando a situação criada depois do Decreto-Lei n.4.166: "Foi um Deus nos acuda! – os vários gerarcas, medalhados ou não, lançaram fascismo e patriotismo às urtigas e fizeram fila para se naturalizarem brasileiros" ("De Juiz de Fora", *A Voz da Itália*, 15 fev. 1947).

313 Entrevista com Pasquale Petrone, 18 set. 1986.

314 Bosi (1979, p.94).

315 Ver Corsetti (1987, p.381).

política dos atingidos e, em todo caso, eram sempre de duração limitada. Naturalmente, no plano estatístico, as detenções frequentemente atingiram pessoas pouco ou nada envolvidas com o fascismo, possivelmente deixando livres aqueles que tiveram muita responsabilidade na orientação de seus compatriotas. As prisões feitas após buscas domiciliares e a descoberta de algumas fotos de Mussolini eram pouco justificáveis e menos ainda as detenções de alguns trabalhadores que saíam das fábricas de Matarazzo ou a presença de vários policiais nas *Little Italies*, onde bastava andar pelas estradas para ouvir as pessoas falando em italiano.

Outras prisões, porém, revelaram-se menos arbitrárias, diretas como eram, contra pessoas notoriamente comprometidas com o regime, que tinham ocupado cargos importantes nos *fasci* ou nas ONDs ou tinham participado de um jornalismo muito alinhado com o fascismo. No entanto, em geral, o tempo de detenção foi curto (geralmente menos de um ano) e em 1944 essas categorias não eram mais privadas de liberdade. Esse grupo incluía também as tripulações de navios italianos surpreendidos pela declaração de guerra do governo do Rio nos portos brasileiros, que tinham sido internados em campos de concentração, não particularmente rígidos, no estado de São Paulo e na Ilha das Flores: 567 elementos (incluindo 66 oficiais) para um total de 19 embarcações.[316] Nesse período também se falou de "quintas-colunas", mas as provas contra os italianos eram muito limitadas.[317]

O único caso relevante envolveu alguns funcionários da Lati. A companhia aérea italiana tinha interrompido seus voos transoceânicos desde o final de 1941, mas muitos executivos e técnicos permaneceram no Brasil. Em maio de 1942, um homem de confiança – Carlo Zampari – chegou de Roma ao Rio com o objetivo de organizar uma rede de espionagem, que resultou apenas na instalação de uma rádio clandestina nas proximidades do Rio, em Jacarepaguá, por meio da qual se transmitiam informações úteis, em especial no domínio da navegação.[318] Antes de retornar à Itália, o emissário passou a responsabilidade da empresa para Edmondo Di Robillant, mas a rede foi descoberta e seus integrantes, principalmente da antiga Lati, foram presos, julgados e condenados. A Lati, no entanto, provavelmente fez uma nova

---

316 Aerj/Dops, *Estados/SP*, Prontuário 22 E/3, *Presos políticos em São Paulo*. Já em outubro de 1943 os interessados receberam parecer favorável à sua liberação (Aerj/Dops, *Italianos*, Prontuário 1).

317 Mesmo um autor militante, que na época dedicou um volume inteiro ao assunto, falava quase exclusivamente dos alemães: ver Silva (1942).

318 Aerj/Dops, *Espionagem*, Prontuário 4, Dossiê 4/3, *Caso Edmundo Di Robbilant*.

tentativa, como indica um dossiê elaborado pelos órgãos de segurança, que denunciava como, em 1943, a empresa tinha enviado espiões ao Brasil de Buenos Aires.[319]

Em todo caso, em termos de detenções, os italianos foram menos afetados do que as outras duas nacionalidades, tanto que, em uma lista por nome de presos em uma penitenciária política para imigrantes, em São Paulo, os peninsulares eram apenas 20 contra 143 alemães e 212 japoneses.[320] A situação para os italianos melhorou, porém, a partir de 8 de setembro de 1943 – quando a Itália assinou o armistício com os Aliados e depois se colocou ao lado deles contra os alemães – e ainda mais a partir de 26 de outubro, quando o novo governo italiano foi reconhecido pelo Rio de Janeiro, enquanto, para o restabelecimento das relações diplomáticas, foi necessário aguardar até 10 de julho de 1945.

Quanto aos eternos inimigos do fascismo, unidos em torno do único grupo que existia então – Italia Libera –, cujos comitês e subcomitês se multiplicaram no país, apoiados pela manifesta simpatia da opinião pública brasileira para com os aliados, revitalizados pela contribuição da emigração judia, em particular a emigração juvenil e intelectual, os antifascistas logo recobraram vigor e até os que antes se haviam afastado ou abandonado as esperanças tornaram a se aproximar do movimento. Foram os casos de Piccarolo, Battendieri, Tagliaferri, que apenas um ano antes havia escrito diretamente a Mussolini declarando o fim da sua militância e pedindo permissão para voltar à Itália.

Além de exultarem abertamente com as vitórias dos aliados, novos e velhos antifascistas agiram com inteligência para sublinhar a sua presença e, sobretudo, para impedir que os italianos fossem identificados com os fascistas pela opinião pública, atitude que será de extrema importância no momento em que o Brasil declarará guerra à Itália. Nessa perspectiva, Italia Libera pronunciar-se-á violentamente contra o afundamento de cargueiros brasileiros pelos nazistas e, já no início de 1942, lançará um manifesto aos compatriotas, convidando-os a apoiar a democracia americana e lutar contra o nazifascismo. O manifesto, assinado por muitas personalidades conhecidas da coletividade, entre as quais Piccarolo, Petraccone, Picciotti e Battendieri, concluía assim:

---

319 Aerj/Dops, *Espionagem*, Prontuário 3, Dossiê *Linhas Aéreas Transcontinentais Italianas*.
320 Aerj/Dops, *Estados/SP*, Prontuário 22 E/3, *Presos políticos em São Paulo*.

Na vossa grande Pátria de adoção, o Brasil, vós tivestes grandes dons materiais e espirituais e, hoje, por meio da voz do grande Presidente Getúlio Vargas, é todo o Brasil que, no momento atual, indica a seus filhos e aos estrangeiros o caminho da luta e da ação [...]. Nossa grande esperança é poder, um dia, levar o símbolo da liberdade desta grande terra americana até a nossa Pátria. Esse símbolo de liberdade é, também, o símbolo da esperança que não morre e é nutrida por todos os italianos que vivem nesta nação.[321]

Em agosto de 1942, o grupo participaria – através do seu delegado, Tagliaferri – da Conferência Panamericana Italia Libera, realizada em Montevidéu, reunindo as seções da organização antifascista das duas Américas. A reunião, organizada, da parte latino-americana, por Nicola Cilla e, da parte norte-americana, pela Mazzini Society, em particular por Carlo Sforza e Rodolfo Pacciardi, deliberou a convocação de uma Constituinte e a criação de um Conselho Nacional Italiano, destinado a coordenar a luta contra o fascismo e a representar, junto aos aliados, os interesses dos italianos no exterior. Foi dado a Sforza o mandato de criar o Conselho, recomendando-se, também, a formação de uma unidade militar sob o comando de Pacciardi. Na comissão, de que era secretário Cilla, figurava, ao lado dos representantes da Argentina, Costa Rica, Chile, Estados Unidos, Paraguai Uruguai, Trento Tagliaferri, pelo Brasil.[322]

Os antifascistas obtiveram, evidentemente, maior credibilidade e peso, no Brasil, depois da assinatura do armistício e, mais ainda, depois do estado de cobeligerância. Em todo caso, esses fatos favoreceram todos os italianos, inclusive do ponto de vista econômico. O Decreto n.4.806 de outubro de 1942 já estabelecia a cessação da obrigatoriedade de "recolhimento ao Banco do Brasil, ou à repartição arrecadadora da União de que trata o art. 2º do Decreto-Lei n.4.166, de 11 de março de 1942, para as pessoas físicas [...] italianas domiciliadas no Brasil", mantendo-a para os residentes na Itália. Contudo, o problema dos bens confiscados e da sua liquidação permaneceu inalterado e, embora a matéria fosse regulamentada por sucessivos decretos em 1943 e 1944, as vendas de propriedades italianas continuaram depois da

---

321 Ver toda a imprensa brasileira da época, que deu grande destaque ao documento, e ACS, *DGPS*, AA.GG.RR., PS G1, envelope 264, fasc.681.

322 Sobre a conferência, vide Falco (1980); Sforza (1944); e Garosci (1953). Outras se seguirão nos anos posteriores e a quarta e última foi realizada em Buenos Aires, em julho de 1946, onde, pelo Brasil, participou o próprio Tagliaferri. Vide "La Quarta Conferenza Panamericana degli Italiani Liberi", *IM*, v.2, n.16, 1946.

cobeligerância. Foi preciso esperar o fim da guerra para que o Decreto-Lei n.7.723, de 10 de julho de 1945, decretasse a liberação dos bens dos italianos residentes no Brasil.[323]

A atividade dos antifascistas desenvolveu-se em diversas direções e eles obtiveram, em certo sentido, a representação da colônia italiana. A esse propósito, foi significativa a criação de um "comitê de socorro às vítimas da guerra" nos meses que seguiram à assinatura do armistício. Promovida como seção italiana da Cruz Vermelha Brasileira por Italia Libera, a organização viu multiplicarem-se os subcomitês em várias zonas do Brasil (Rio, São Paulo, Porto Alegre, Juiz de Fora e muitos centros menores). Depois do primeiro envio de auxílios pelo navio *Pedro II*, que transportava armas e material para a Força Expedicionária Brasileira na Itália, fez chegar milhares de pacotes à pátria, proporcionando, ao mesmo tempo, um mínimo de assistência aos italianos necessitados residentes no Brasil. É interessante notar que se encarregaram da parte operacional sobretudo as senhoras pertencentes ao mundo antifascista, mas que não recusavam as contribuições oferecidas pelos que se haviam destacado anteriormente no apoio ao regime. Assim, em São Paulo, encontramos as senhoras Foà, Frisoni, Petraccone, Arcani e Ascarelli, mas também o casal Bianchi e a condessa Mariangela Matarazzo, que era, inclusive, presidenta do comitê feminino.[324] Terminada a guerra, a instituição continuou as suas atividades beneficentes, transformando-se em Auxilium.

Apesar das restrições impostas e à parte, obviamente, casos isolados, não foi decretado um verdadeiro ostracismo em relação aos italianos, que, ao contrário, foram mais bem tratados que os outros súditos do Eixo. Isso se verificou porque os nossos compatriotas estavam, de fato, mais radicados no país por tempo de imigração, número, interesses e vínculos familiares. A experiência vivida pela parte que acabou sendo oposta ao país que os tinha acolhido mostrou como a fidelidade política e o prestígio internacional tornavam-se valores menos importantes do que a partilha cotidiana de esforços, esperanças, alegrias e frustrações no ambiente de trabalho, ao longo do tempo livre, nas famílias exogâmicas, nas relações de amizade. Por isso, apesar de ter manifestado inequivocamente menor ou maior apoio (especialmente na década de 1930) a Mussolini e ao fascismo mesmo após a entrada

---

323 Para todas as medidas desse período, vide A. B., "La situazione degli italiani in Brasile in conseguenza della guerra, II", *A Voz da Itália*, 7 dez. 1946.

324 Vide Sagittarius, "Aiuti per oltre un miliardo inviati dagli italiani del Brasile", *IM*, v.3, n.21, 1947; "Aiutare l'Auxilium", *Fanfulla*, 26 jun. 1958.

da Itália na guerra, a comunidade italiana deu uma resposta quase unânime e inequívoca: aceitação da terra onde as pessoas viveram e trabalharam por tanto tempo e assimilação aos seus (e frequentemente próprios) filhos. Por outro lado, a assunção dessa posição foi facilitada pelo correto comportamento da população local, como mais tarde reconhecia o prestigiado órgão de imprensa da comunidade.

> Certas atitudes não se esquecem. E nós, italianos, que vivemos aqui essa fase dificílima, entre o povo de uma nação "inimiga", em guerra declarada e combatida conosco, vimos quanta compreensão e indulgência tiveram conosco esses irmãos que, manifestamente, nunca deixaram de circunscrever ao campo da mais superficial formalidade sua impossível qualidade de "inimigos".[325]

6.8. Atualizações bibliográficas

Nos últimos trinta anos, a produção historiográfica sobre a emigração italiana para o Brasil no período entre as duas guerras, em particular sobre a temática do fascismo e, em menor medida, do antifascismo resultou extremamente rica e interessante. As sugestões que gostaria de dar começam com o meu trabalho que abrange todo o subcontinente, área que entre 1920 e 1940 atraiu mais a atenção das publicações peninsulares do que no passado (salvo pelo que dizia respeito à temática da emigração italiana): Trento, A., "Os viajantes italianos na América Latina durante o período fascista: entre curiosidade e ideologia", *Locus*, v.14, v.2, p.103-48, 2008. Sobre o tema específico do fascismo na América do Sul, ver Goebel, M., "Italian Fascism and Diasporic Nationalism in Argentina, Brazil and Uruguay", em Foote, N.; Goebel, M. (Orgs.), *Immigration and National Identities in Latin America*, Gainesville: University Press of Florida, 2014, p.234-55. Em relação, porém, apenas ao Brasil é Aliano, D., "Brazil through Italian Eyes: The Debate over Emigration to São Paulo during the 1920's", *Altre Italie*, n.31, p.87-107, 2005. Uma orientação extremamente útil sobre a historiografia de todo o período e que abrange todas as áreas de emigração é a de Bertonha, J. F., *Fascismo, antifascismo e as comunidades italianas no exterior: guia bibliográfico (1922-1945)*, Porto Alegre: EdiPUCRS, 2017, em que o leitor poderá encontrar todos os títulos publicados desde o início dos anos 1920 até meados da década de 2010, trabalho que evita a quem escreve de se deter em monografias e artigos que apareceram

---

325 "Intendimenti", *Fanfulla*, 5 maio 1947.

sobre o assunto, convidando a consultar o volume em questão. Também é de bom nível Pretelli, M., *Il fascismo e gli italiani all'estero*, Bolonha: Clueb, 2010.

Três breves artigos apareceram sobre a companhia aérea de Bruno Mussolini operando no Brasil: Ventura, L. I. N., "Lati: da Itália para o Brasil", *Asas*, v.II, n.11, p.38-45, 2003; Kasseb, P. F., "Codinome Mary", *Asas*, v.III, n.18, p.86-91, 2004; e Quintanero, T., "A Lati e o projeto estadunidense de controle do mercado de aviação no Brasil", *Vária História*, v.23, n.37, p.223-34, 2007. Sobre o cruzeiro do navio *Itália* na América Latina, que despertou tanto entusiasmo na época, ver Vernassa, M., "Una crociera di propaganda", *Politica Internazionale*, v.29, n.1-2, p.213-21, 1991; *Sartorio 1924: crociera della regia nave* Italia *nell'America Latina*, Roma: De Luca, 1999; e Fotia, A. L., *La crociera della nave "Italia" e le origini della diplomazia culturale del fascismo in America Latina*, Canterano: Aracne, 2017.

Sobre as relações bilaterais e a política externa do fascismo, em geral e na área latino-americana, ver Briganti, L., *Le relazioni tra Italia e Brasile dalla guerra ai primi accordi (1939-1949)*, Roma, 2003, Tese (Doutorado) – Università di Pisa; Mugnaini, M., *L'America Latina e Mussolini: Brasile e Argentina nella politica estera dell'Italia (1919-1943)*, Milão: Angeli, 2008; Beneduzi, L. F., "Uma aliança pela pátria: relação entre a política expansionista fascista e italianidade na comunidade italiana do Rio Grande do Sul", *Dimensões*, n.26, p.89-112, 2011; Bertonha, J. F., "O Brasil, os imigrantes italianos e a política externa fascista, 1922-1943", *Revista de Política Internacional*, v.40, n.2, 1997, p.106-30; e Id., "Un imperio italiano en América Latina? Inmigrantes, fascismo y la política externa de Mussolini", em Savarino, F.; González, J. L. (Orgs.), *México: escenario de confrontaciones*, México: Enah, 2010, p.161-88. Sobre a figura do cônsul que trabalhou em São Paulo e se distinguiu por méritos fascistas, pode-se consultar sua biografia que, no entanto, dedica apenas uma dezena de páginas sobre sua atuação no Brasil: Rossi, G. S., *Mussolini e il diplomatico: la vita e i diari di Serafino Mazzolini, un monarchico a Salò*, Soveria Mannelli: Rubbettino, 2005. Sobre sua experiência uruguaia, ao deixar a capital paulista, veja o artigo de Oddone, J., "Serafino Mazzolini: un emisario del fascismo en Uruguay", *Estudios Migratorios Latinoamericanos*, v.12, v.37, p.375-87, 1997.

As duas breves estadas de Marinetti no Brasil também despertaram um mínimo de interesse e, nesse sentido, vale destacar o ensaio de Barros, O. de, "Da estética à política: as duas visitas de Marinetti no Brasil", em Fonte, A. Rodriguez; Avella, A. A. (Orgs.), *Travessias Itália-Brasil*, Rio de Janeiro: Uerj, 2007; e o volume do mesmo autor, *O pai do futurismo no país do futuro: as viagens de Marinetti ao Brasil em 1926 e 1936*, Rio de Janeiro: E-papers, 2010.

Sobre a legislação do final da década de 1930 no Brasil, são interessantes as contribuições de Seyferth, G., "Os imigrantes e a campanha de nacionalização do Estado Novo", em Pandolfi, D. (Org.), *Repensando o Estado Novo*, Rio de Janeiro: FGV, 1999, p.199-228; Colin, C., "*Mordaça verde e amarela: imigrantes e descendentes no Estado Novo*, Santa Maria: Pallotti, 2005; Mazo, J. Zarpellon, "A nacionalização das associações esportivas em Porto Alegre (1937-1945)", *Movimento*, v.13, n.3, p.43-63, 2007; Beneduzi, L. F., "Etnicità, immaginario sociale e caccia alle streghe: gli immigrati italiani e la politica di nazionalizzazione nel Sud del Brasile (1930-1945)", *Deportati, Esuli, Profughi*, n.11, p.112-30, 2009; Geraldo, E., "O combate contra os 'quistos étnicos': identidade, assimilação e política imigratória no Estado Novo", *Locus*, v.14, n.2, p.15-29, 2008; Lia, C. Fortes, "Imigrantes judeus e italianos: as relações interétnicas e a campanha de nacionalização", *Metis*, v.9, n.17, p.45-53, 2010.

Inúmeras são as pesquisas sobre a difusão do credo de Mussolini no Brasil, a partir de Araújo, J. R. Campos, "Migna terra. Migrantes italianos e fascismo na cidade de São Paulo (1922-1935)", em *Anais do VIII Congresso Afro-Luso-Brasileiro de Ciência Sociais*, Coimbra, 2004, p.1-36; para seguir para as obras de Trento, A., "Il Brasile, gli immigrati e il fenomeno fascista", em Blengino, V.; Franzina, E.; Pepe, A. (Orgs.), *La riscoperta delle Americhe: lavoratori e sindacato nell'emigrazione italiana in America Latina, 1870-1970*, Milão: Teti, 1994, p.250-64; e "'Donde haya un italiano, allí estará la bandera tricolor': la penetración del fascismo entre los emigrantes en el Brasil", em Scarzanella, E. (Org.), *Fascistas en América del Sur*, Buenos Aires: Fondo de Cultura Económica, 2007, p.21-91. Extremamente numerosos são os trabalhos de Bertonha, J. F., *O fascismo e os imigrantes italianos no Brasil*, Porto Alegre: Educs, 2001; Id., "Fascism and Italian Communities in Brazil and the Unites States: A Comparative Approach", *Italian Americana*, v.19, n.2, p.146-57, 2001; Id., "Fascismo, antifascismo e as comunidades italianas no Centro, Norte e Nordeste do Brasil: os italianos na política regional brasileira", *Clio*, n.19, p.141-58, 2001; Id., "Fascismo, antifascismo e os italianos entre as duas guerras mundiais", em Cruz, N. Reis (Org.), *Ideias e práticas fascistas no Brasil*, Rio de Janeiro: Garamond, 2012, p.83-99.

Sobre a relação entre fascismo e integralismo é mais uma vez útil consultar Bertonha, J. F., em pelo menos três de seus textos: "Between Sigma and Fascio: An Analysis of the Relationship between Italian Fascism and Brazilian Integralism", *Luso-Brazilian Review*, v.XXVII, n.1, p.93-108, 2000; Id., "Entre Mussolini e Plínio Salgado: o fascismo italiano, o integralismo e o problema dos descendentes italianos no Brasil", *Revista Brasileira de História*, v.21, n.40, p.85-105, 2001; Id., *Plínio Salgado, 1895-1975: fascismo e autoritarismo no Brasil do século XX*, Coimbra; São Paulo: Imprensa da Universidade; USP, 2020; que contém algumas páginas sobre os contatos da AIB com o governo italiano e seus emissários. Também de Bertonha é um volume interessante que trata de imigrantes que partiram de todos os lugares para retornar à Itália e participar como voluntários na invasão da Etiópia: *A Legião Parini: o regime fascista, os emigrantes italianos e a Guerra de Etiópia (1935-1936)*, Maringá, Eduem, 2021. Também sobre a Etiópia é o artigo de Beneduzi, L. F., "Italianità e politica estera fascista nel Brasile meridionale: una lettura sulla guerra in Abissinia", *Venetica*, v.XXXIII, n.57, p.235-55, 2019.

Quanto à presença de seções do PNF nos países de emigração, recomendo os bons trabalhos de Gentile, E., "La politica estera del partito fascista. Ideologia e organizzazione dei fasci italiani all'estero (1920-1930)", *Storia Contemporanea*, v.26, n.6, p.897-955, 1995; Labanca, N., "Politica e propaganda: emigrazione e fasci all'estero", em Collotti, E. et al., *Fascismo e politica di potenza: politica estera 1922-1939*, Florença: La Nuova Italia, 2000, p.137-72; Abate, M., "Fasci italiani all'estero", em De Grazia, V.; Luzzatto, S. (Orgs.), *Dizionario del fascismo*, v.1, Turim: Einaudi, 2002, p.511-23; Palla, M., "Fasci italiani all'estero", em Milza, P. et al. (Orgs.), *Dizionario dei fascismi: personaggi, partiti, culture e istituzioni in Europa dalla Grande Guerra a oggi*, Milão: Bompiani, 2002, p.239-40; para uma posição mais de direita, cf. Santinon, R., *I Fasci italiani all'estero*, Roma: Settimo Sigillo, 1991. Para concluir esta breve e incompleta resenha, recomendo também, para uma excelente visão geral, Franzina, E.; Sanfilippo, M. (Orgs.), *Il fascismo e gli emigrati: la parabola dei Fasci italiani all'estero (1920-1943)*, Roma; Bari: Laterza, 2003; que contém um ensaio geral de De Caprariis, L., "Fasci italiani all'estero", p.3-26 e um voltado exclusivamente para o Brasil: Trento, A., "I Fasci in Brasile", p.152-66.

Sobre a ação da OND no subcontinente, são interessantes os dois ensaios de Guerrini, I.; Pluviano, M., "L'organizzazione del tempo libero nelle comunità italiane in America Latina: l'Opera Nazionale Dopolavoro", em Blengino, V.; Franzina, E.; Pepe, A. (Orgs.), *La riscoperta delle Americhe: lavoratori e sindacato nell'emigrazione italiana in America Latina, 1870-1970*, Milão: Teti, 1994, p.378-89; e "L'Opera Nazionale Dopolavoro in Sud America, 1926-1941", *Studi Emigrazione*, v.XXXII, n.119, p.518-36, 1995. Sobre a propaganda fora das fronteiras nacionais, vale a pena consultar, no plano cultural, Cavarocchi, F., *Avanguardie dello spirito: il fascismo e la propaganda culturale all'estero*, Roma: Carocci, 2010; enquanto, no que diz respeito à consistência, tática e ao uso das diversas ferramentas de propaganda no Brasil, cf. Bertonha, J. F., "Divulgando o Duce e o fascismo em terra brasileira: a propaganda italiana no Brasil, 1922-1943", *Revista de História Regional*, v.5, n.2, p.83-110, 2000; e Croci, F., "'Faccetta Nera'. Os primeiros passos da propaganda fascista em São Paulo, 1922-1924", em Toregal, L. Reis; Paulo, E. (Coords.), *Estados autoritários e totalitários e suas representações*, Coimbra: Imprensa da Universidade, 2008, p.167-81.

Sobre as preocupações com a disseminação do fascismo no Brasil, cf. Bertonha, J. F., "Observando o *littorio* do outro lado do Atlântico: a opinião pública brasileira e o fascismo italiano, 1919-1942", *Tempo*, n.9, p.155-77, 2000; e novamente do mesmo autor é o artigo sobre a resposta das elites imigrantes: "Comendatori, cavalieri e grand'ufficiali a serviço do fascismo: a burguesia italiana de São Paulo e o fascismo, 1919-1945", *Pós-História*, n.7, p.53-73, 1999. Sobre o trabalho de vigilância dos fascistas pelos órgãos de segurança (na verdade, especialmente a partir do final dos anos 1930), cf. Santos, V. T. dos, *Os seguidores do Duce: os italianos fascistas no estado de São Paulo*, São Paulo: Arquivo do Estado; Imprensa Oficial, 2001; e Zenga, F., "Il lapis rosso: storie di italiani negli schedari della polizia politica. São Paulo 1924-1945", *Altre Italie*, n.44, p.36-56, 2012.

Sobre imprensa, associações e Casas d'Italia no período entre as duas guerras, ver Mamertini, P. A. Lavera, "O fascismo italiano através do periódico *Il Giornale dell'Agricoltore* (1934-1939)", em *Anais do Encontro Regional de História (Anpuh-RS)*, Rio Grande do Sul: Anpuh-RS, 2012, p.862-68; Beneduzi, L. F., "Staffetta Riograndense: fascismo e italianidade na Serra Gaúcha", em Radünz, R.; Herédia, V. B. Merlotti (Orgs.), *Imigração e sociedade: fontes e acervos da imigração italiana no Brasil*, Caxias do Sul: Educs, 2015, p.288-311; sobre a devastação de *Il Piccolo* após os excessos do diretor Luigi Freddi, ver Gertz, R., "O episódio do *Il Piccolo* em 1928", em *Anais da XVII Reunião da Sociedade Brasileira de Professores de História*, 1998, p.295-300; Teixeira, R. Siqueira, "Nacionalismo, fascismo, nacionalidade", *Locus*, v.14, n.2, p.187-204, 2008; Id., "Società Italiani Uniti: do triunfo à decadência: a emergência do fascismo", *Topoi*, v.14, n.26, p.143-61, 2013; Ferenzini, V. Leão, "Os italianos e a Casa d'Italia de Juiz de Fora", *Locus*, v.14, n.2, p.149-59, 2008; Olender, M., "'Pedra miliar da nossa arte e da nossa estirpe': a Casa d'Italia de Juiz de Fora", *Locus*, v.14, n.2, p.161-85, 2008.

Sobre as sugestões ideológicas exercidas pelo regime e por sua doutrina no subcontinente, cf. Bertonha, J. F., "O fascismo italiano e os fascismos na América Latina: solidariedade e contradições", em CONGRESO INTERNACIONAL DE AHILA, 15. *Anais do...* Leiden: Ahila, 2008, p.9-17; Brandalise, C., "A ideia e a concepção de 'latinidade' nas Américas: a disputa entre nações", em Oro, A. P. (Org.), *Latinidade na América Latina: enfoques sócio-antropológicos*, São Paulo: Hucitec; Aderaldo & Rothschild, 2008, p.21-59; Lanna Jr., M. C. Martins, "1937, o Brasil apesar do fascismo: a legislação do Estado Novo e do fascismo italiano sobre o trabalho, o contrato coletivo e o salário", *Locus*, v.14, n.2, p.15-29, 2008.

Muitas foram as pesquisas sobre o antifascismo, sua capacidade de se propor, seus grupos, seus expoentes e suas rivalidades. Entre os muitos títulos, gostaria de destacar Pattuelli, M., "Il 'monatto della società borghese': il percorso lettarario e politico di Mario Mariani", *Rivista Storica dell'Anarchismo*, v.6, n.2, p.5-62, 1999; Hecker, A., "Socialistas contra fascistas e comunistas na São Paulo italiana dos anos 1920", *Studi Emigrazione*, v.XLVI, n.176, p.911-25, 2009; Scarrone, M., *Nello, Libero e Giuseppe: do Rio contra Mussolini: percursos políticos do antifascismo italiano na capital federal (1922-1945)*, Rio de Janeiro, 2013, Tese (Doutorado em história) – UFRJ.

Sobre esse tema, incontornáveis e copiosas são as obras de Bertonha, J. F., "Mazzolini *vs.* Piccarolo: fascismo e antifascismo a confronto nella San Paolo degli anni '20", *Letterature d'America*, v.12, n.47-48, p.139-60, 1992; Id., "O antifascismo no mundo da diáspora italiana: elementos para uma análise comparativa a partir do caso brasileiro", *Altre Italie*, n.17, p.16-30, 1998; Id., "Entre burgueses e operários: a representação do antifascismo socialista italiano em São Paulo, 1923-1934", *História Social*, v.I, n.1, p.117-44, 1994; Id., *Sob a sombra de Mussolini: os italianos de São Paulo e a luta contra o fascismo, 1919-1945*, São Paulo: Fapesp; Annablume, 1999; Id., "Libero Battistelli e Giustizia e Libertà no Brasil: um aspecto da luta antifascista italiana na América do Sul", *Diálogos*, n.3, p.213-34, 1999; Id., "Um antifascista controvertido: Francesco Frola", *História Social*, n.7, p.213-39, 2000; Id., "Antifascistas italianos en los extremos de América: las experiencias de Brasil y Canadá", *Centro Cultural Canadá*, n.20, p.79-90, 2004; Id., "O antifascismo italiano no Brasil: comparações internacionais e vivências transnacionais", *Anuario del Instituto de Estudios Históricos y Sociales*, n.19, p.67-78, 2004.

Sobre a imprensa antifascista, ver Trento, A., "A imprensa antifascista no Brasil", em Luca, T. R. de; Guimarães, V. (Orgs.), *Imprensa estrangeira publicada no Brasil: primeiras incursões*, São Paulo: Copetti, 2017, p.362-96; Id., "La prensa antifascista italiana en Brasil: el periódico La Difesa, 1923-1934", em García Galindo, J. A.; López Romero, L. (Orgs.), *Los medios en lengua extranjera: diversidad cultural e integración*, Granada: Comares, 2018, p.169-82. Sobre a emigração judaica a partir das leis raciais de 1938, ver Campagnano, A. R.; Petragnani, S., *A milenária presença dos judeus na Itália: resgatando a memória da imigração de judeus italianos no Brasil (1938-1941)*, São Paulo: Atheneu, 2007; Campagnano, A. R., *In difesa della razza: os judeus refugiados do fascismo e o antissemitismo do governo Vargas, 1938-1945*, São Paulo: Edusp; Fapesp, 2011; Trento, A., "Die jüdische immigration nach Brasilien nach erlaß der rassengesetze: die Colonia Mussolini", em Schrader, A.; Rengstorf, K. H. (Orgs.), *Europäische Juden in Lateinamerika*, Röhrig St., Ingbert, 1989, p.202-19. Alguma menção à presença de peninsulares na FUA na primeira metade da década de 1930 está presente em Castro, R. Figueredo, "A Frente Única Antifascista (1933-1934)" em Ferreira, J.; Reis, D. A. (Orgs.), *As esquerdas no Brasil*, v.I: A formação das tradições 1889-1945, Rio de Janeiro: Civilização Brasileira, 2007, p.429-51.

Sobre as medidas tomadas pelo governo do Rio contra imigrantes de países inimigos e contra seus filhos após a entrada do Brasil na guerra, cf. Moser, A., "A violência do Estado Novo brasileiro contra os colonos descendentes dos imigrantes italianos em Santa Catarina durante a Segunda Guerra Mundial", *Quaderni A.D.R.E.V.*, n.4, p.53-85, 1998; bem como Colin, C., "Ouvir e obedecer: o confisco dos aparelhos de rádio na zona de colonização italiana da Serra Gaúcha", em Colin, C.; Abreu, J. B. (Orgs.), *Batalha sonora: o rádio e a Segunda Guerra Mundial*, Porto Alegre: EdiPUCRS, 2006, p.99-124.

7
O SEGUNDO PÓS-GUERRA, 1946-1965[1]

7.1. O DIFÍCIL PÓS-GUERRA

O fim do conflito mundial e a difícil tarefa da reconstrução tornaram novamente atual, para os italianos, o caminho da emigração como solução para os problemas criados pela escassez de trabalho e de capitais. Uma parte dessa corrente canalizou-se para países europeus, com um caráter, ao menos nas intenções, temporário, mas um fluxo consistente tornou a percorrer velhos e novos itinerários transoceânicos. Não se tratava, decerto, de sede de aventuras, como alguns contemporâneos e até mesmo certos estudiosos de anos ulteriores pareciam acreditar,[2] mas de necessidade de uma sobrevivência digna. Um estímulo não desprezível foi proporcionado pelo próprio trauma bélico, pelo clima de ansiedade e incertezas, pelas decepções e amarguras, pela queda de um mito, pela esperança de encontrar cenários diferentes dos oferecidos por uma Europa destruída e ensanguentada, pelo sonho de um improvável esquecimento.

---

[1] Tradução de Luiz Eduardo de Lima Brandão. De Juliana Haas, para os acréscimos da nova edição.

[2] "[...] era tamanha a febre de migrar na Europa que não se podia corresponder com um parente ou amigo sem que nove em dez casos expressassem o desejo de emigrar, mesmo estando lá bem colocados" (Cecchi, 1957, p.114).

No plano mais material, a retomada da emigração foi facilitada pela política governamental, pelo menos depois de 1947, seja para reduzir um pouco as tensões sociais que se haviam acumulado – e que, principalmente no norte da Itália, haviam sido aumentadas pela decepção com o fracasso das mudanças imediatas que muitos acalentaram durante a luta dos *partigiani* contra o fascismo –, seja para atenuar o déficit da balança de pagamentos e uma parte dos problemas econômicos mediante as remessas de divisas estrangeiras feitas pelos emigrados.

No que diz respeito a este último ponto, era bastante difícil que a emigração para o Brasil pudesse ser de alguma utilidade. Com efeito, a partir de 1950, quando caíram as restrições que o governo brasileiro impusera anteriormente, as remessas foram limitadas a um máximo de 500 dólares por ano *per capita*, sendo permitidas unicamente em benefício de membros da família ou outras pessoas dependentes, na base de um teto máximo global de 60 mil dólares por mês. Mais tarde, o imigrante pôde efetuar remessas a um câmbio preferencial na proporção de 40% do seu salário. Mas, já a partir de 1956, esse tratamento privilegiado caiu, embora, paralelamente, terminassem as limitações acerca do montante e dos destinatários. Considerando o valor do cruzeiro, era evidente que deviam ser bem pequenas as cifras que os italianos conseguiam enviar para a pátria. Independentemente disso, a situação brasileira do momento não permitia grandes ilusões a esse respeito, como Mortara já pusera em evidência em 1950: "Mas parece muito duvidosa a possibilidade de que, nas atuais condições da economia deste país, o recém-imigrado consiga poupar uma parte do seu modesto ganho, em benefício de parentes deixados na Itália".[3]

A emigração para o Brasil, aliás, não propiciou nem mesmo aquela penetração econômica que, havia mais de setenta anos, governo e empresários italianos vinculavam estreitamente à presença maciça de compatriotas em terra estrangeira. No imediato pós-guerra, em todo caso, o quase secular problema de trocar força de trabalho por vantagens comerciais nem sequer foi cogitado. Admitindo-se que alguém ainda pudesse raciocinar nesses termos, a praticabilidade do *do ut des* teria sido nula ao fim dos anos 1940. Vigorava entre os dois países, como também entre a Itália e a Argentina, um sistema baseado nos intercâmbios compensados.

Nem a inauguração, em Milão, em 1947, de um Escritório Comercial Brasileiro, nem a reabertura das Câmaras Italianas de Comércio no além-mar, nem a presença em São Paulo, em 1947, de 207 empresas italianas

---

3 Mortara (1950a, p.329).

regularmente representadas por agentes próprios, podiam pôr fim a esse estado de coisas. Em outubro de 1949, quando uma missão conduzida por Luca Pietromarchi foi ao Rio de Janeiro, iniciaram-se negociações para se chegar a um verdadeiro acordo comercial. Elas levaram à assinatura de um tratado no ano seguinte, com validade anual, que, todavia, se limitava a estabelecer uma lista de mercadorias cujo comércio era consentido; as licenças de importação e exportação deviam ser concedidas tendo-se sempre presente o princípio de um equilíbrio razoável nos pagamentos ligados ao intercâmbio comercial entre os dois países. Renovado mais de uma vez, o acordo foi finalmente substituído pelo de 1956, pelo qual a Itália passava a fazer parte do grupo de países europeus que haviam instaurado com o Brasil um sistema de pagamentos multilaterais.

Os tratados de colaboração econômica parecem ter alcançado maior êxito; mas, também nesse caso, foi preciso esperar vários anos antes que se tornassem operacionais. A Fiat já havia assinado, por conta própria, desde 1947, um acordo com um grupo de financiadores locais para montar uma fábrica de automóveis no Rio de Janeiro. A iniciativa não teve continuidade, e tampouco o compromisso firmado pela missão Pietromarchi acerca da coparticipação de capitais italianos e brasileiros nos domínios industrial e agrícola. Seria preciso esperar 1958, com a visita a Brasília do presidente Gronchi, para que, juntamente com o acordo cultural e mais outros cinco, fossem aprovados acordos destinados a se concretizarem e que envolviam a Alfa Romeo, a Fiat, a Innocenti e a ENI.

Apesar da nítida inconsistência de vantagens comerciais vinculadas a um fluxo emigratório consistente, é interessante notar como esse tema ultrapassado continuava a ser proposto por muitos italianos residentes no Brasil, não excluídos elementos democratas que se haviam distinguido no movimento antifascista.[4] As tomadas de posição a favor de uma nova corrente de emigrantes que revitalizasse de algum modo a reduzida colônia provinham de várias direções e tornaram-se mais insistentes depois de 1948, ano em que foi comemorado o 60º aniversário da emigração italiana para o estado de São Paulo. O argumento de base era a dupla vantagem para a Itália e para o Brasil. Na pátria, o trabalhador que se transferisse para além-mar representaria, "com a sua ausência, um consumidor a menos e, com as suas remessas de divisas, um produtor a mais". No país de adoção, o mundo industrial só sairia ganhando com a sua experiência e capacidade.[5]

---

4   Veja, por exemplo, Petraccone (1946).
5   C. Blando, "Problemi emigratori", *Fanfulla*, 19 maio 1947.

Essas posições correspondiam plenamente às da classe dirigente local, sobretudo fundiária, que pressionava o governo para que encontrasse um meio de atrair novamente mão de obra da Europa, muito embora o perdurar de condições penosas nas fazendas induzisse quase todos os italianos a manifestarem, no mínimo, perplexidade quanto à destinação final, na qualidade de colonos, da nossa emigração. Como quer que seja, as normas restritivas em matéria de imigração, decretadas em 1934, foram logo abolidas, e já em 1948 foi restaurada a liberdade imigratória total. Isso, porém, só serviu para atrair força de trabalho da Itália por breves períodos e em medida bastante inferior em relação às correntes que se dirigiram para outros destinos, não só europeus mas também transoceânicos. Na própria América Latina, o Brasil representou o terceiro país em ordem de importância, como meta da emigração italiana, absorvendo apenas 12,6% da mão de obra que se dirigiu para a região (cf. Tabela 1).[6]

Tabela 1 – Emigração italiana para as Américas – 1946-1960

Áreas	Saídas da Itália	Voltas à Itália	% voltas/saídas
Brasil	110.932	31.546	28,4
Venezuela	231.543	92.584	40,0
Argentina	484.068	95.573	19,7
América Latina	879.340	231.324	26,3
Estados Unidos e Canadá	504.449	61.511	12,2

Fonte: Rosoli (1978, p.355).

Como fornecedora de força de trabalho para o Brasil, a Itália ainda continuava em segundo lugar, mas os nossos compatriotas constituíam apenas 16% da imigração total, superados em muito pelos portugueses. Além disso, mostra-se elevada a taxa de voltas à pátria, inferior apenas à da Venezuela, que, no segundo pós-guerra, exerceu grande capacidade de atração. Essa situação não se modificará posteriormente: entre 1961 e 1975 as entradas reduzir-se-ão a poucas centenas por ano (764, precisamente), enquanto a taxa de retorno à pátria será até superior (111,6%), fenômeno que também se registrará nos outros países da América Latina.

No censo de 1950, estavam presentes no território brasileiro, além dos 44.678 naturalizados, 197.659 italianos com passaporte. Destes, 145.307

---

6 Um breve panorama da emigração italiana ao Brasil é o de Favero (1980).

(73,5%) residiam no estado de São Paulo, de que representavam 1,59% da população, ascendendo essa percentagem a 2,68% na capital. Os outros estados que conheciam alguma presença italiana eram, por ordem de importância, o Distrito Federal (15.742), o Rio Grande do Sul (9.988), Minas Gerais (7.968), Paraná (7.850), o Rio de Janeiro (3.454), Espírito Santo (2.343) e Santa Catarina (1.867), achando-se os 2.940 restantes dispersos no resto do território. O índice de idade era bastante elevado: 71,6% tinham mais de 50 anos. Graças à nova imigração, a taxa dos com mais de 50 anos caiu para 57,1% no censo de 1960, embora a cifra total de residentes tenha diminuído ligeiramente para 187.377 unidades, das quais 136.332 (72,8%) no estado de São Paulo.

O fluxo de emigrantes da Itália teria podido ser mais consistente, especialmente durante os primeiros anos posteriores à guerra, se um acordo emigratório entre os dois países tivesse sido firmado a tempo. Na realidade, isso não aconteceu por não ter sido solucionado oportunamente o problema dos bens bloqueados. Liberados os haveres dos cidadãos italianos residentes no Brasil, permanecia de pé o problema das somas que o governo italiano depositara no Banco do Brasil, dos navios refugiados em águas brasileiras durante a guerra e dos haveres pertencentes a pessoas físicas ou jurídicas não domiciliadas no Brasil. Nessa categoria, estavam incluídos o Icle, as companhias de seguros, a companhia aérea Lati, o Banco Francês e Italiano para a América do Sul – só para citar os mais importantes.

A situação ficou bloqueada por causa do pedido de indenização, feito pelo governo brasileiro, pelos danos bélicos e, sobretudo, pelo torpedeamento de seus navios em águas atlânticas durante a guerra, embora fosse improvável que tal ação tivesse sido executada pela marinha italiana. Já na época dos acontecimentos, foram apontadas como únicas responsáveis as forças navais alemãs. Revelava-se particularmente odiosa a norma que envolvia as pessoas físicas não residentes no país, já que, muitas vezes, se tratava de indivíduos que tinham vivido longos anos no Brasil e depois regressado à Itália, quiçá para morrer na pátria. Os bens em questão, duramente conquistados com esforços e sacrifícios, "são o fruto do seu trabalho de emigrados nesse país e não resultam de investimentos capitalistas; portanto, confiscá-los ou reduzi-los é a mesma coisa que confiscar ou reduzir patrimônios brasileiros".[7] Acrescente-se a isso o fato de que, muitas vezes, tais imigrantes tinham filhos nascidos no Brasil, os quais, portanto, eram prejudicados por seu próprio governo.

---

7 P. Petraccone, "Beni bloccati e emigrazione", *La Voce d'Italia*, 5 jul. 1947.

É verdade que uma lei de 1946 consentia a liberação dos bens de italianos não residentes e de associações mediante decreto presidencial, caso a caso, após parecer da Comissão dos Danos de Guerra. Mas, à parte um ou outro caso isolado – como o de uma sociedade de Belo Horizonte –, das centenas e centenas de pedidos apresentados só poucos foram examinados. Além do mais, a maioria deles foi indeferida, salvo no caso de italianos que, retidos na Itália durante a guerra, voltaram depois para o Brasil.

A situação, já bastante insustentável, inclusive por causa do comportamento de outros países (os Estados Unidos haviam liberado os bens italianos desde 1947), foi agravada por contínuos boatos, de acordo com os quais muitas das propriedades confiscadas haviam sido passadas clandestinamente para o nome dos liquidantes e interventores.[8] O próprio prédio Martinelli foi vendido pelo órgão encarregado de administrar os bens sequestrados. A questão não deixou de suscitar críticas dentro do próprio governo brasileiro, e foram inúmeros os projetos de lei apresentados com o fim de revogar o decreto de confisco.

Não se devia, decerto, atribuir a falta de vontade de resolver o problema às autoridades italianas, que enviaram várias missões ao Brasil com esse fim, com Merzagora, Pilotta e o ministro das Relações Exteriores, Sforza, manifestando interesse em chegar a um acordo quanto à questão dos bens e da emigração. Os esforços italianos eram motivados em boa parte pelo fluxo indiscriminado e indisciplinado do imediato pós-guerra, que criara grandes dificuldades devido à sua inadaptação no Brasil. A situação correu o risco de se deteriorar ainda mais depois de outubro de 1948, com o restabelecimento da liberdade de acesso e as facilidades concedidas para os "atos de chamada". Apesar da necessidade que a Itália tinha de livrar-se dos excedentes de população e força de trabalho, é evidente que os novos tempos não permitiam partidas desordenadas, e as autoridades sentiam-se obrigadas a efetuar uma espécie de triagem. Assim, quem queria deixar o país devia apresentar ou um contrato de trabalho já assinado ou o "ato de chamada", devidamente visado pelo consulado, pelo qual os parentes residentes se comprometiam a sustentar eventualmente o imigrante durante os primeiros tempos.

Depois de demoradas negociações, foi finalmente firmado, no Rio de Janeiro, em 8 de outubro de 1949, um acordo ítalo-brasileiro, que resolvia o problema dos bens confiscados e lançava as bases de um tratado de emigração, antecipando alguns pontos deste. Quatro dias depois, seguia-se um pacto de amizade e colaboração que augurava a concretização de projetos

---

8 Vide *Diário de São Paulo*, 17 ago. 1948.

bilaterais no campo jurídico, cultural, técnico e social. O acordo, ratificado com extremo atraso pelos respectivos parlamentos (seria preciso esperar quase um ano), era composto de onze artigos, dos quais só alguns diziam respeito à questão dos bens, que já se arrastava havia anos. Estabelecia-se neles que os dois governos eximiam-se de qualquer responsabilidade derivada da guerra, de atos militares ou de medidas tomadas durante o período. Todas as disposições acerca das propriedades, dos haveres e dos títulos do Estado italiano, de pessoas físicas e jurídicas e de associações foram revogadas. O governo brasileiro adquiria os navios *Teresa* e *Librato* (rebatizados *Goiaz Loide* e *Oswaldo Cruz*), enquanto sete outros navios eram restituídos a quem pertenciam de direito.

Como foi sublinhado na época, o tratado era um dos mais favoráveis dentre os que a Itália firmou com as potências vencedoras. Todavia, o acordo não acabava ali e previa, além do compromisso de chegar-se o mais depressa possível a um tratado sobre a emigração que incrementasse o fluxo para o Brasil, três artigos que estabelecessem a imediata constituição de uma companhia de colonização e emigração mista, totalmente financiada pela Itália. O capital – 300 milhões de cruzeiros – devia ser integralizado em três parcelas: a primeira, de 100 milhões, quando da entrada em vigor do acordo, através dos haveres líquidos livres de bloqueio que o Icle e o Estado italiano possuíam no Brasil. Os outros 200 milhões deveriam ser pagos em duas parcelas, num prazo de 24 e 48 meses.

Os cálculos brasileiros eram, obviamente, justos, já que os bens do Icle (líquidos ou em títulos) montavam a cerca de 8 milhões de cruzeiros, enquanto o Estado italiano dispunha de um saldo no Banco do Brasil de 5.390.331 dólares, que, ao câmbio oficial, correspondiam a pouco mais de 97 milhões de cruzeiros. O jogo era, pois, com cartas na mesa, e deu lugar a comentários muito mais malévolos do que o citado a seguir:

> a constituição da companhia não é nada mais que a contrapartida da restituição dos bens, efetuada pelo Brasil. Na praxe dos tratados e dos acordos, é algo perfeitamente normal, que a política de todas as épocas sempre previu. Não existem restituições gratuitas ou concessões graciosas entre dois países em guerra, a despeito de todas as afinidades políticas, raciais, culturais, de tradição etc.[9]

Em meados de 1950, também foi firmado entre os dois países um verdadeiro acordo emigratório, que previa dois tipos de emigração: individual (na

---

9 "Emigrazione e trattati: note al protocollo..." (1949, p.451).

base dos "atos de chamada" e de ofertas de trabalho), de grupos e cooperativas (sobretudo de colonização agrícola) e "dirigida". Enquanto os dois primeiros eram esgotados com um par de artigos que se limitavam a propor facilidades no campo da assistência e de troca de informações, a minúcia e a amplitude das normas que concerniam ao terceiro tipo demonstravam que nele se concentravam todos os esforços.

Estabelecendo-se, antes de mais nada, a obrigatoriedade de comissões consultivas mistas e da presença de dois adidos para a imigração e a colonização nas respectivas embaixadas, o tratado previa que o Brasil forneceria periodicamente pedidos precisos de mão de obra, divididos por profissão. Essas listas seriam transmitidas pelo Ministério do Trabalho aos vários escritórios provinciais do trabalho, que cuidariam do recrutamento e da primeira seleção (em excesso), com base em critérios previamente estabelecidos pelas autoridades brasileiras, depois de terem verificado a idoneidade física e profissional dos candidatos. A seleção definitiva seria feita pela comissão brasileira competente dos departamentos de trabalho nas capitais das províncias.

As despesas de transporte e manutenção em território italiano estavam a cargo do governo local, enquanto o Brasil financiava o transporte marítimo e a manutenção do emigrante até a sua colocação.

> Será debitado ao chefe de família o preço das passagens, ficando entendido que esse débito, isento de juros, será cancelado a título de gratificação após dois anos consecutivos de exercício da profissão constante do certificado de imigração (não necessariamente na execução do mesmo contrato, nem no mesmo lugar), ou de outra que tenha sido excepcionalmente autorizada pelo Conselho de Imigração e Colonização".

No caso de o imigrante abandonar a profissão antes dos dois anos, seria obrigado a reembolsar a passagem. Eram três as categorias admitidas à emigração dirigida: agricultores por conta própria, artesãos por conta própria e assalariados agrícolas, industriais, operários especializados e técnicos. Após uma breve menção à possibilidade de adquirir, a longo prazo, um lote de terreno – tão indefinida que nem apresentava a conotação de um chamariz –, outros artigos disciplinavam o trabalho assalariado e por conta própria, os planos de colonização, as remessas de dinheiro e as hipóteses de arbitragem.[10]

---

10 Para o texto completo, vide "L'accordo italo-brasiliano" (1950).

O acordo desencadeou vivos protestos na Itália, sobretudo de parte da oposição de esquerda e da Società Umanitaria, que reabrira depois da guerra, continuando a ocupar-se da emigração e publicando uma revista própria, o *Bollettino Quindicinale dell'Emigrazione* [Boletim Quinzenal da Emigração]. Era particularmente visado o artigo que previa o reembolso da passagem em caso de abandono da profissão antes de um biênio de residência, medida que parecia reintroduzir o trabalho coercitivo, embora limitado no tempo, e que era odiosa, sobretudo no caso da fazenda, cuja organização e regras internas continuavam a suscitar dramáticas preocupações.[11]

A campanha contra o tratado retardou bastante a sua ratificação pelo parlamento italiano. O acordo só seria aprovado na Câmara em novembro de 1951, depois de violentos libelos contra a sua assinatura, que envolveram também a solução da controvérsia acerca dos bens confiscados. As polêmicas não se aplacaram nem mesmo depois, atingindo, ao contrário, níveis paroxísticos em 1955, quando foi impedido que os que entravam como trabalhadores agrícolas mudassem para os centros urbanos antes de decorrerem quatro anos.[12]

No entanto, a oposição não podia ter influência real sobre os processos e mecanismos emigratórios, já que a política de correntes emigratórias consistentes era perseguida não só pelo governo italiano, mas também pelos Estados Unidos, que, mediante financiamento, pretendiam com ela aliviar as pressões sobre o mercado de trabalho numa Europa agitada pela combatividade potencial das massas, que, em países como a Itália, se transformava em risco concreto. Já em 1949, a Economic Cooperation Administration (ECA) punha à disposição da Itália 1,3 milhão de dólares, com o objetivo de apoiar as iniciativas de emigração rural. Essa soma também serviria para cobrir as despesas com o envio de missões técnicas e a criação *in loco* de empresas agrícolas-piloto. Outros 10 milhões de dólares deveriam sustentar o desenvolvimento de empresas de colonização agrícola na América Latina. As verbas só não foram renovadas devido aos acontecimentos internacionais ligados à Guerra da Coreia.

Para incrementar o fluxo emigratório oriundo da Europa foi criado em Bruxelas, em 1951, o Comitê Intergovernamental para as Migrações Europeias (Cime). Dele faziam parte 29 países, dentre os quais 15 repúblicas latino-americanas, que, graças ao Comitê, receberam 339 mil europeus entre

---

11 Vide "Ancora il Brasile" (1954, p.145). O acordo era considerado pela revista como "o pior até agora firmado por nós" ("Il Brasile alla Camera", 1951, p.407).

12 Vide *BQE*, v.9, n.13, p.199, 1955.

1952 e 1971. Destes, 112 mil aportaram no Brasil, a grande maioria em 1961, especialmente trabalhadores industriais. Depois dessa data, as chegadas mantiveram-se em níveis reduzidos, limitando-se quase exclusivamente a técnicos, projetistas e engenheiros. Nascido originariamente com a divisa de "Homens sem terra, terras sem homens", o Cime acabou cuidando de todo tipo de emigração, encarregando-se de uma parte dos planos de assistência, da pré-seleção, dos cursos profissionais na pátria e assegurando o transporte da mão de obra. O emigrante, que inicialmente devia reembolsar o custo da passagem, a partir da metade dos anos 1950 se limitará a pagar uma modesta cota.

No caso do Brasil, o Cime acabou assumindo grande parte das tarefas precedentemente levadas a cabo pelas autoridades do país. Em 1955, um acordo entre as duas partes previa o ingresso de 12 mil emigrantes com transporte e assistência a cargo do Comitê, que, para desempenhar essa função, receberia 90 mil dólares, mais 850 mil cruzeiros para as despesas depois do desembarque. Mais geralmente, o Cime elaborou desde o início três planos para o Brasil: trabalhadores para a indústria e para a agricultura, transferências de coletividades, preferivelmente para a criação de colônias agrícolas, e reuniões de núcleos familiares. Essa última iniciativa tinha, em suas intenções, não só motivações de caráter humano e social, mas também econômicas, já que os parentes estavam muitas vezes em idade de trabalhar. Das três, foi ela que teve, provavelmente, o maior êxito. O emigrante podia apresentar um pedido de reunião num prazo de três anos a contar da data de chegada, contanto que se tratasse de um dependente. A transferência era efetuada mediante pagamento de uma pequena soma, como contribuição para as despesas de transporte, e, por certo tempo, foi até gratuita. Com essa fórmula, as primeiras levas familiares chegaram ao Brasil já em 1952, ainda que, justamente naquele ano, os 6.500 pedidos de reunião permanecessem em grande parte indeferidos, por indisponibilidade de espaço a bordo dos navios que transportavam força de trabalho efetiva para o Brasil.[13]

O plano de colonização agrícola teve êxito muito menor. Se bem que o Cime proporcionasse a assistência técnica inicial, além do transporte, só foram criados até metade dos anos 1960 dez núcleos coloniais de cem famílias cada um, predominantemente holandesas, italianas e de refugiados russos, dos Bálcãs ou de ex-colônias africanas.

O terceiro plano – de trabalhadores para a indústria e para a agricultura – é que absorveu as maiores energias do Cime, que, de fato, tomou o lugar

---

13 Vide *IM*, v.8, n.21, p.25, 1952.

do governo brasileiro no projeto mais vasto da emigração dirigida. As trinta primeiras famílias rurais reunidas pelo Comitê, num total de 249 pessoas das províncias de Teramo e Campobasso, partiram da Itália em abril de 1952, ano em que o estado de São Paulo concluiu com o Cime um acordo para a transferência de mil famílias de trabalhadores agrícolas italianos, à custa da organização internacional. Nesse setor produtivo específico, os resultados não foram lisonjeiros, apesar da fome de braços reclamados em todas as ocasiões pelos fazendeiros. Precisamente para satisfazer suas exigências, o Cime apresentaria ulteriormente um projeto, pedindo, porém, uma série de garantias. Em particular, propondo como fórmula preferível a parceria, a fim de criar interesses comuns entre proprietários e trabalhadores. Ao término do contrato, o parceiro poderia escolher entre continuar a relação de trabalho na fazenda ou cultivar um terreno próprio, que o Estado lhe concederia em condições vantajosas após cinco anos de permanência no Brasil. A proposta, privada da cláusula da parceria e substituída pela promessa de vida "digna", seria aprovada pouco tempo depois.[14]

De fato, porém, a emigração agrícola assalariada sob os auspícios do Cime chocar-se-ia com dificuldades objetivas no país de destino e revelar-se-ia sempre de difícil canalização. Grande parte dos esforços da organização será destinada, assim, à transferência de operários e técnicos industriais, no âmbito do plano Mão de Obra Pré-Colocada (MOPC). As autoridades brasileiras tinham o cuidado de enviar periodicamente uma lista de profissões e ofícios para os quais havia demanda no país. O Cime cuidava, na Itália, da seleção técnica, controlando se a qualificação dos aspirantes correspondia a uma das profissões requisitadas. Chegava-se, assim, à compilação de uma lista, em cujo âmbito as empresas de além-mar podiam escolher os nomes que pareciam mais adequados às suas necessidades, mediante o pagamento de uma pequena soma reembolsável, se, após um período de experiência de sessenta dias, o operário não tivesse proporcionado resultados satisfatórios.

Esse procedimento, entretanto, não era o mais seguido. A maioria dos trabalhadores industriais era enviada ao Brasil com base na lista de pedidos gerais. Ao chegarem, os imigrantes eram mandados às Hospedarias, onde podiam permanecer um mês com comida e alojamento gratuitos. Eram assistidos pelo Cime, que tinha escritórios no Rio, São Paulo e, depois, Brasília, Belo Horizonte e Porto Alegre, e desfrutavam do apoio do Departamento

---

14 Vide "Approvato il piano del Cime per la venuta di coloni", *Fanfulla*, 13 dez. 1956. Para o projeto do Comitê, vide "Le garanzie richieste dal Cime per la venuta di coloni italiani", *Fanfulla*, 16 ago. 1956.

de Imigração e Colonização. Os funcionários do Comitê encarregavam-se de pôr a mão de obra em contato com as empresas e dirigi-la para outras fábricas, caso o resultado da entrevista fosse negativo, até a sua colocação. A recolocação também era prevista quando o próprio trabalhador não estivesse satisfeito.[15]

A emigração dirigida encontrava alguns obstáculos que cresceram com o passar dos anos. O principal era constituído pelo baixo nível salarial, agravado pela contínua deterioração do cruzeiro em relação à lira. Para evitar previsíveis decepções e consequentes problemas *in loco*, o Cime estabeleceu só admitir trabalhadores com uma qualificação para a qual era prevista, no Brasil, uma remuneração mensal de 2.500 cruzeiros, nos centros urbanos maiores, e de 2.300 nas cidades menores. Em todo caso, os que pertencessem a categorias profissionais cujo salário variava dos 2.300 aos 4 mil cruzeiros só podiam partir se fossem solteiros; se casados e com filhos, só os emigrantes para os quais eram previstas remunerações superiores a 4 mil cruzeiros eram aceitos.[16] Em geral, porém, incentivava-se a partida de indivíduos sós (com a possibilidade de a família reunir-se a eles mais tarde), com idade entre 25 e 40 anos. Esses limites de idade só eram derrogados se se tratasse de operários altamente especializados.

Fazendo um balanço global da atividade do Cime, não podemos deixar de sublinhar que ela ficou bem aquém das metas que a organização se propusera alcançar, inclusive em termos meramente quantitativos. Os dados que levantei indicam que, para o conjunto da América Latina, durante os três primeiros anos de funcionamento do Comitê, os movimentos efetuados foram muito inferiores às expectativas. No que diz respeito ao fluxo entre Itália e Brasil, porém, os programas foram muitas vezes respeitados, pelo menos durante o primeiro quinquênio, mas, a partir de 1958, toda a emigração peninsular, e não só a dirigida, começou a declinar irremediavelmente, mantendo-se em níveis baixíssimos. Não tornará a crescer nem mesmo com o novo tratado imigratório, firmado entre os dois países em dezembro de 1960, o qual reafirmará muitas das cláusulas precedentes, acrescentando hipotéticas e futuras isenções de impostos agrícolas para os colonos, a validade, no Brasil, da assistência previdenciária que já tinha na pátria e a

---

15 Para as atividades gerais do Cime e para o seu funcionamento, vide Cime [s.d.]b. Para a atividade específica no Brasil, vide Cime [s.d.]a.

16 Vide "Notiziario dell'emigrazione", *Fanfulla*, 20 dez. 1953; e "Fasti dell'emigrazione assistita" (1954).

constituição de uma comissão mista para facilitar as remessas nas condições mais favoráveis previstas pela legislação brasileira.

7.2. Emigração livre e emigração dirigida

As demoras que caracterizaram a assinatura do tratado de 1950, a difícil retomada do fluxo migratório, os fracassos e os dramas humanos que se sucederam às primeiras tentativas de colonização, o caráter aleatório dos "atos de chamada", as contínuas peregrinações aos consulados para tentar voltar à pátria e as novas exigências de quem saía do seu país alimentaram tremendamente as polêmicas acerca das vantagens da emigração livre em relação à emigração dirigida. Em meio à opinião pública italiana progressista no Brasil, muitos também tomaram partido contra qualquer intervenção estatal, esquecendo-se por um momento das odisseias que haviam distinguido no passado boa parte das vicissitudes emigratórias. E mesmo se os que assim se pronunciavam mostravam não se dar conta, as posições em favor da livre emigração acabavam exaltando, implicitamente, práticas e tradições bastante antigas, decerto, mas nem por isso positivas, como a história se encarregara de demonstrar amplamente.

> Recapitulando, emigrar, sim; mas individualmente, livre, não subvencionada [sic] pelos Governos. Quanto menos o Estado interfere na vida particular, melhor. Controlar tão somente o que diz respeito a: passado e presente políticos, saúde e nenhum defeito físico e grave, documentação de que não é delinquente. Quanto ao mais: porta aberta![17]

Também entre os brasileiros – aliás, sobretudo entre eles – foram muitos os que tomaram posição a favor da imigração livre. Era um ponto de vista que convergia, seguramente, para as exigências dos fazendeiros, em particular depois das decepções dos que iam para as fazendas no âmbito dos planos do Cime e depois dos insistentes pedidos de proteção apresentados por aquela organização. Não é por nada que os mais tenazes defensores dos fluxos espontâneos eram especialistas e funcionários da Sociedade Rural Paulista ou da Secretaria de Agricultura do Estado de São Paulo, como o engenheiro agrônomo Renato Azzi.

---

17 U. Scalabrino, "Emigrazione in Brasile", *La Voce d'Italia*, 24 maio 1947.

Igual peso tinham as opiniões de quem defendia a emigração supervisionada pelo governo, opiniões presentes e difundidas no seio da coletividade italiana. Assim, o *Fanfulla*, embora reconhecendo que os emigrantes da fase heroica tinham se arranjado por conta própria, ainda que à custa de duros sacrifícios, alcançando, por vezes, ótimas posições, considerava insustentável o mesmo esquema no pós-guerra:

> Agora a emigração deve ser forçosamente coordenada, oficializada e controlada. Aventurar-se, inclusive no caso da chamada emigração técnica e especializada, é quase sempre um grande risco. Em todos os países sul-americanos e até aqui, em São Paulo, verificaram-se e verificam-se todos os dias casos dolorosos.[18]

Como demonstração da falta de certezas, corroborada pelos resultados nada entusiasmantes tanto da emigração espontânea como da emigração dirigida, o mesmo jornal mudava totalmente de opinião poucos anos depois, até mesmo por causa de uma mudança na direção e na redação. Impressionado provavelmente com a ineficácia da Companhia Brasileira de Colonização e Imigração Italiana, que dava, então, seus primeiros passos, e movido, também, por motivos polêmicos em relação aos dirigentes da organização, o responsável pelo *Fanfulla* atacava ferozmente a imigração subvencionada e controlada, defendendo a necessidade de o fenômeno manter as "características de fato espontâneo, individual e eclético". Para sufragar essa tese, não desdenhava recorrer aos velhos e falazes exemplos de Matarazzo e Lunardelli, dignando-se apenas a desejar uma melhoria das estruturas assistenciais. "Ora, precisamos convencer-nos de que a burocracia reduz a iniciativa migratória a uma modalidade de coletivismo em que, sem o fascínio da aventura, se dissipa toda a esperança de sucesso pessoal. A colonização organizada só é praticável quando todo sentido de individualidade é anulado".[19]

Estava claro que as polêmicas continuariam por muito tempo, sem que uma ou outra parte conseguisse levar a melhor, precisamente porque uma ou outra das soluções era pouco convincente para a promoção do bem-estar individual e de grupo dos novos imigrantes. A questão ocuparia por muito tempo as páginas da imprensa, e não só da imprensa italiana, sobretudo em São Paulo, dando até mesmo oportunidade a uma personalidade como Piero Parini intervir a respeito. O ex-secretário dos *fasci* italianos no

---

18 L. V. Giovannetti, "Il dramma dell'emigrazione", *Fanfulla*, 17 jun. 1948.
19 G. Cristaldi, "Assistenza e liberi migratori", *Fanfulla*, 17 ago. 1952.

exterior, que se encontrava, na época, no Brasil para estudar oportunidades de investimento por conta de um grupo de capitalistas peninsulares, escrevia uma carta ao *Fanfulla* em que afirmava que a responsabilidade pela difícil situação emigratória do momento recaía sobre o governo de Roma, que não a estudara em todos os seus aspectos e detalhes e não havia "tomado as medidas elementares para que a experiência, delicadíssima, não fracassasse de modo tão doloroso". Não contente com isso, permitia-se até afirmar, fingindo esquecer os vergonhosos acordos tentados pelo fascismo para obter vantagens comerciais à custa dos emigrantes: "Deixe-me dizer, caro Diretor, que, em nossos tempos, sabia-se organizar as coisas melhor e com mais humanidade, ou, se quiser, com mais democracia".[20]

Para lá das polêmicas, às vezes ásperas, e da sempre presente tentação de manipular a questão, a realidade estava diante dos olhos de todos. Para poder analisá-la partiremos da emigração livre, que se revelou, nos anos 1950, menos consistente do ponto de vista numérico, muito embora, em alguns momentos, tenha parecido destinada a readquirir certo peso. Na realidade, podemos afirmar que ela só teve importância durante a fase inicial e continuou crescendo até 1951. No primeiro quadrimestre foram chamadas, através de trâmite consular, 2.875 pessoas contra as 1.390 do período correspondente de 1950. A maioria foi para São Paulo e Distrito Federal, mas uma parte se estabeleceu no Rio Grande do Sul e Bahia.[21] A partir de 1952, porém, quando entrará em funcionamento o Cime, a emigração dirigida prevalecerá maciçamente, mesmo que nunca chegasse a suprimir a primeira.

Consideradas as normas restritivas e protetoras impostas pelo governo italiano, a emigração espontânea reduzia-se praticamente aos que possuíam "atos de chamada" de familiares já residentes ou contratos de trabalho de empresas locais. Ambos os compromissos garantiam o visto de saída, a obtenção de um visto permanente e, em alguns casos, chegaram a ser objeto de comércio ilícito por parte de agências pouco escrupulosas. Mas inclusive quando isso não se verificava, os conhecimentos *in loco* serviam para garantir verdadeiros microcosmos de emigração em série, através do envio de contratos fictícios.[22] Que o fenômeno fosse bastante difundido e, tal como os "atos de chamada", se tornasse fonte de terríveis desilusões, demonstram-no as contínuas queixas que marcavam a vida da colônia, sem provocar a menor comoção.

---

20 "Una lettera di Piero Parini", *Fanfulla*, 3 mar. 1953.
21 Vide *BQE*, v.5, n.23, 1951.
22 Entrevista com Massimo Mendia, 21 set. 1986.

A prática em questão causava "incidentes muitas vezes aborrecedores, porque quem pede a conhecidos ou parentes mais ou menos próximos o favor de 'uma carta' que lhe facilite o visto do Consulado brasileiro, quando chega aqui e se encontra em dificuldade para conseguir trabalho, ou, se consegue; acha-o inferior às suas capacidades, e humilhante, protesta imediatamente e se diz vítima de enganos, quando, na realidade, foi enganado apenas pela própria imaginação".[23] De fato, ambos os compromissos costumavam ser vistos como meros

> atos de cortesia ou de benevolência, para facilitar a emigração dos que desejavam vir para o Brasil. A prática demonstrou que essas facilidades são quase sempre prejudiciais a quem as pede e a quem as concede. Porque os segundos pensam, não sem razão, não terem assumido nenhum compromisso, terem feito um simples gesto de cortesia, e os primeiros não poucas vezes, esquecendo-se de que pediram e obtiveram um favor para eludir a lei, avançam pretensões.[24]

A emigração espontânea, especialmente por "atos de chamada", dirigiu-se em boa parte, até o fim dos anos 1940, para as fazendas. Esse destino era incentivado pelas próprias autoridades do estado de São Paulo através de uma série de instrumentos de apoio às exigências dos fazendeiros. Assim, no âmbito do Serviço de Imigração e Colonização, existia um Escritório Oficial de Informações e Colocação que assegurava um serviço de contratos, fornecendo os modelos destes, salvaguardando, assim, o trabalhador no que dizia respeito à legalidade das condições contratadas, e assegurando-lhe, ao mesmo tempo, "a faculdade de ser defendido gratuitamente pelo Estado" quando um direito seu fosse desrespeitado.[25]

O problema, porém, não era resolvido simplesmente garantindo o respeito aos contratos. O emigrante do pós-guerra não se parecia em nada com o de décadas atrás; ele era portador de exigências bem diferentes e tinha consciência de seus direitos e uma dignidade humana totalmente desconhecidas dos trabalhadores que abandonavam a pátria no início do século. As condições da fazenda, ao contrário, pouco haviam mudado, assim como a mentalidade da maioria dos fazendeiros, não obstante a insistência com que

---

23 L. V. Giovannetti, "Delusioni emigratorie", *Fanfulla*, 19 jun. 1949.
24 Id., "Nuova fase", *Fanfulla*, 7 jul. 1950.
25 Mendes (1948, p.105).

reclamavam novas levas de mão de obra da Espanha, Itália e Portugal, que tão grandes frutos haviam produzido no passado.

> Que podem oferecer, em geral, as fazendas, neste momento? Bons contratos de trabalho? Não. Boas habitações, boas condições de higiene, uma vida relativamente fácil? Não. A prova disso está no fato de que os trabalhadores nacionais, que – é preciso dizer, a bem da verdade – têm uma surpreendente capacidade de adaptação a condições de vida difíceis e uma capacidade de trabalho muito superior à que se julga, fazem o possível para se transplantarem para as cidades.[26]

O clima era certamente propício a que se deflagrasse na Itália uma campanha contra a emigração agrícola para o Brasil, campanha essa que tinha na linha de frente o *Bollettino Quindicinale dell'Emigrazione* (com artigos inflamados contra as fazendas, que começaram a ser publicados em 1949, continuando até 1955,[27] e Luciano Magrini, que pintou para o jornal *La Stampa*, com cores sombrias, o quadro dos colonos italianos, como já fizera vinte anos antes nas colunas do *Corriere della Sera*. Aliás, até mesmo um deputado norte-americano – Rooney – chegou a afirmar que os imigrantes viviam como verdadeiros escravos. Diante da veemência das acusações e do caráter dramático da situação, de pouco serviram os desmentidos das autoridades brasileiras e de personalidades interessadas, como Antônio Queiroz Teles, diretor da Sociedade Rural Brasileira e grande fazendeiro, que, procurando contestar Magrini, afirmava que as condições dos trabalhadores rurais italianos haviam melhorado muito.[28] Na realidade, a própria missão de técnicos enviados pelo Ministério das Relações Exteriores de Roma, após uma estada de alguns meses, entre 1949 e 1950, exprimiu parecer desfavorável acerca da oportunidade de colocar mão de obra agrícola assalariada no Brasil.

A questão tornou-se de extrema atualidade em 1951, quando, em pouco tempo, milhares de camponeses da Itália meridional apresentaram ao consulado brasileiro em Nápoles pedidos de visto, ao saberem que, no Brasil, havia necessidade de braços. A Direção Geral da Emigração não permitiu a partida sem garantias, subordinando a saída da Itália à apresentação de

---

26 Petraccone (1947, p.69). Para as mesmas ideias, ver também *La Voce d'Italia*, 21 jun. 1947.
27 Ver, por exemplo, "Il Brasile e l'emigrazione" (1949); "Ritorni dal Brasile" (1953); "La tragedia delle fazende" (1953); "Gli orrori delle fazende" (1953).
28 Vide "Estão bem instalados nas fazendas do nosso estado os imigrantes italianos", *Jornal de Notícias*, 30 mar. 1950.

contrato de trabalho em regra, como já era norma. A representação diplomática brasileira primeiro se espantou, depois tentou explicar as resistências declarando que os fazendeiros não podiam assinar contratos com pessoas que não conheciam, mas que havia trabalho em abundância e bem remunerado. Não obtendo resultados, o próprio embaixador Alves de Souza acusou a Direção Geral de ação inconstitucional, pois privava os cidadãos de um direito elementar, o de emigrar. Ameaçou, enfim, recorrer ao Cime, aludindo a uma presumida sabotagem italiana à livre circulação das pessoas. A diatribe passou, assim, das considerações técnicas para o campo político, e o governo cedeu, permitindo a partida de mil famílias agrícolas em 1952, com financiamento do Cime.[29]

O intento redundou num fracasso total, mas até os aspectos humanos dramáticos desse caso ficavam em segundo plano, em relação à falta geral de perspectivas aceitáveis para a emigração rural nos anos seguintes. Os erros mais evidentes cometidos em 1952 eram assim postos em evidência por Constantino Janni, ex-emigrante que se inserira com sucesso na vida brasileira, num artigo publicado em 1957 na *Folha da Manhã*:

> Mas nossos fazendeiros imaginavam que os colonos europeus teriam se adaptado às fazendas, das quais a mão de obra local fugia, sem que fosse introduzida nenhuma modificação [...]. De fato, a falta de braços não é nada mais que o indício da absoluta falta de condições suportáveis de trabalho e bem-estar, bem como de administração tolerável das fazendas. Como já tivemos a oportunidade de observar em 1953, o cultivo do café não exige o trabalho de um agricultor especializado, mas de simples lavradores braçais, que existem em abundância no Brasil, como demonstra a migração interna dos nordestinos [...] Para compreender todo o conteúdo dramático desse erro, o leitor deve ter em mente o que significa transferir mil famílias do seu ambiente nativo para confiná-las a milhares de quilômetros de distância, num isolamento total, em que não podem deixar de sentir-se abandonadas. Deve recordar que, poucas semanas depois, os colonos começaram a fugir das fazendas, em condições que não foram dadas inteiramente a conhecer. Muitos deles voltaram à Itália mais arruinados material e moralmente que antes.[30]

No entanto, o insucesso da iniciativa não pareceu induzir fazendeiros e autoridades brasileiras à autocrítica. No fim de 1952, numa reunião do

---

29 Sobre todo o caso, vide Felletti (1953, 1957).
30 Apud "La tragedia delle fazende brasiliane" (1957).

Conselho de Política da Agricultura de São Paulo, Renato Azzi, voltando de vários meses de permanência na Itália como selecionador dos emigrantes, minimizava as dificuldades surgidas com a leva das mil famílias agrícolas. Ele atribuía os problemas de inadaptação de boa parte delas seja à presença de inúmeros trabalhadores não rurais que passaram pelo controle italiano com documentos irregulares, seja por não ter sido exigido um documento pelo qual os que partiam aceitassem as condições de trabalho estabelecidas pelo governo de São Paulo, seja, enfim, ao fato de que algumas famílias professavam "tendências políticas bastante desinteressantes para nós".

Este último argumento, que, já no início do século, fora a base da Lei Gordo e que, então como outrora, não parecia senão uma desajeitada tentativa de confundir o efeito com a causa, foi encampado pelos três fazendeiros presentes na reunião e por Dória de Vasconcelos, diretor de imigração da Secretaria, o qual concluía:

> Resta pendente a questão dos desajustados, os quais, devido às suas atividades políticas, deverão ser recambiados ao seu país natal, a fim de que não venham exercer influência sobre os outros imigrantes que representam a maioria, cuja colaboração à nossa lavoura cafeeira torna-se desnecessário ressaltar.[31]

Nem essa nem outras reuniões irão além da reiteração quase litúrgica de estereótipos interpretativos idênticos ou análogos, que decerto não podia induzir o governo italiano a uma maior elasticidade em matéria de emigração. Assim, a emigração agrícola espontânea permaneceu limitada apenas aos "atos de chamada", que deviam ser, se não esporádicos, pelo menos pouco significativos numericamente. A Direção Geral da Emigração via, porém, com preocupação, até mesmo essa solução, já que os trabalhadores, "chegados ao destino, nem sempre poderiam ser adequadamente amparados, já que as fazendas para onde iriam em geral ficavam perdidas, em zonas bastante distantes das nossas sedes consulares".[32]

O Ministério das Relações Exteriores, aliás, não podia ficar insensível nem aos problemas da mão de obra rural de além-mar, nem às pressões, seja da oposição, seja de alguns compatriotas residentes no Brasil, que muitas vezes falavam com absoluto conhecimento de causa. Era o caso do Patronato Assistencial dos Emigrantes Italianos de São Paulo, que, já em 1952, tivera a

---

31 "Inconvenientes que estão surgindo", *A Gazeta*, 16 dez. 1952.
32 Sagittarius (1952, p.14).

oportunidade de expor seu ponto de vista ao subsecretário Dominedó, em visita ao Brasil para fazer contatos com os serviços de imigração paulistas. Nessa circunstância, o Patronato sublinhava que o Brasil, embora fosse um país em que era possível conquistar, em poucos anos, uma independência econômica, apresentava poucas perspectivas para a imigração agrícola assalariada. Particularmente, dava algumas recomendações, sendo as mais significativas as seguintes: a) não deviam ser mandados, nem mesmo com viagem subvencionada, trabalhadores rurais que tivessem um emprego qualquer na pátria; b) no caso de o destino ser uma fazenda, era preciso que as famílias contassem com pelo menos 40% de unidades trabalhadoras integrais, considerando os menores corno meia unidade; c) advertir que a vida, nos primeiros tempos, seria dura, tanto econômica como moralmente.

Para melhor especificar, o Patronato indicava os vários pontos que contribuíam para tornar real a terceira asserção. Demonstrando o caráter atrasado da fazenda, esses pontos pareciam sair, sem correções nem acréscimos, de uma publicação qualquer de cinquenta anos antes: salários baixos, isolamento, ausência de médicos, parteiras e igrejas, escassez de escolas, horário de trabalho determinado pelo toque de sinos, insetos nocivos, casas sem teto e janelas sem vidros, ausência de diversões, salvo o jogo de futebol.[33]

A ideia de encaminhar camponeses italianos para as fazendas não será abandonada, porém. O próprio Cime apresentará plano garantidor de que já havíamos falado e repetirá a tentativa alguns anos depois, baseando-se, dessa vez, na pretensão de obter para o colono maiores espaços e mais amplos períodos de tempo de trabalho destinado às culturas alimentícias vendáveis no mercado. Essa reivindicação demonstrava, mais uma vez, pouco conhecimento da realidade e chocava-se com a perda de fertilidade da terra das fazendas paulistas, que, por esse motivo, tinham necessidade de uma exploração mais intensa da mão de obra e da utilização de cada palmo de terra disponível exclusivamente para os pés de café.

Os fracassos da emigração agrícola não se limitavam aos assalariados. De fato, nunca se verificou tanto interesse pela colonização como no segundo pós-guerra, com exceção da fase inicial, entre 1875 e 1890, no Sul do Brasil. As iniciativas desse gênero, ditadas também pela capacidade de atração exercida pela antiga miragem da propriedade da terra, foram numerosas, mesmo

---

33 "L'emigrazione agricola in Brasile", *Bollettino del Patronato di S. Paolo*, v.2, n.11, p.12, 1952. Com tons menos dramáticos e conselhos banais, a revista voltará a tratar do assunto três meses depois. Vide "Emigrazione sovvenzionata", *Bollettino del Patronato di S. Paolo*, v.4, n.14, p.1-3, 1953.

que nem sempre tenham dado lugar a planos operacionais. Já em 1947, foi elaborado, na Secretaria de Agricultura de São Paulo, um projeto de constituição de uma companhia agrícola ítalo-brasileira, interessada na aquisição de terras a serem destinadas à colonização. O projeto previa, na fase inicial, a repartição de dois mil alqueires em lotes de dez por família e a implantação de estruturas médico-hospitalares.[34]

No ano seguinte, no Rio Grande do Sul, o deputado estadual do PTB, Celeste Gobbato, apresentava (talvez lembrando-se de ter nascido na Itália) um projeto de lei destinado a favorecer a imigração para "colônias-modelo" perfeitamente equipadas. Em 1949, João Alberto, que, na época, estava à disposição da Secretaria da Presidência, destinava à colonização 25 mil hectares de uma propriedade sua, nos limites de Goiás com Mato Grosso, exprimindo preferência por trabalhadores italianos. Ficou também no estado de projeto a ideia de destinar, com tal fim, uma fazenda de 4.670 hectares situada no município de Getulina, no noroeste paulista, que pretendia empregar 128 famílias da província de Veneza.

Ainda em 1949, o estado de Goiás, que era um dos que mais incentivava nesse sentido, organizou uma conferência para ilustrar as suas possibilidades e, mais em geral, as oportunidades oferecidas pelo Brasil Central como área de colonização.[35] Nos anos seguintes, inclusive depois da assinatura do tratado de emigração, que, evidentemente, acabava disciplinando rigorosamente o fenômeno, foram muitas as tentativas e as ofertas de colonização agrícola em diversas zonas do Brasil, tendo como sujeito potencial os lavradores italianos. Assim, em 1952, a Companhia Industrial Territorial Limitada (Citla) estava disposta a conceder vastos territórios situados no sudoeste do Paraná, enquanto o governo do Espírito Santo chegou a formular acordos com um grupo italiano, pondo gratuitamente à disposição terras devolutas, com extensões até bastante amplas (em blocos de 10 mil hectares), tanto que foi realizada uma inspeção das terras por uma comissão enviada pelo Icle. Em Santa Catarina, a Companhia Territorial Sul Brasil oferecia 25 mil hectares.

Em 1953, um industrial italiano, Carlo Castiglioni, entabulou negociações com o governo do Amazonas a fim de obter uma área para a qual transferiria 10 mil famílias italianas, de todas as profissões, com o objetivo de criar um verdadeiro enclave. Ainda em 1957, a Estrada de Ferro Mogiana ofereceu ao Cime uma fazenda de 3.800 alqueires, a 50 km de Ribeirão Preto.

---

34 "Per la colonizzazione di vaste zone dell'interno dello stato", *Fanfulla*, 25 jun. 1947.
35 Vide Conselho de Imigração e Colonização ([s.d.]).

Se as iniciativas em questão não se concretizaram (salvo no que concerne a Goiás), outras foram levadas a cabo, envolvendo grande número de agricultores peninsulares. Ademais, o governo brasileiro tinha demonstrado interesse por soluções semelhantes em 1943, quando, com o Decreto-Lei n.6.117, regulamentou a formação de núcleos coloniais destinados a receber e fixar, na qualidade de proprietários rurais, não só cidadãos brasileiros, mas também notáveis contingentes de estrangeiros.

Não foi, decerto, exclusivamente por esse motivo que foram enviadas pela Itália duas comissões, com breve intervalo de tempo entre si; mas, sem dúvida, a legislação brasileira e a presença dos primeiros contingentes de colonos italianos contribuíram para acelerar o envio delas, no âmbito de uma turnê de reconhecimento mais ampla por vários países da América Latina. O primeiro dos dois grupos partiu em 1949, com financiamento do ECA, que já mencionamos, e era composto de três pessoas; o segundo, que chegou ao Brasil em setembro de 1950, era muito mais numeroso: catorze membros conduzidos por Antonio De Benedictis. Nessa ocasião, encaminhou-se a constituição da Companhia Brasileira de Colonização e Imigração Italiana.

Ambas as missões ficaram alguns meses no país e valeram-se da colaboração de técnicos do Istituto Agronomico per l'Africa Italiana, de Florença, que iniciava, assim, a sua reconversão parcial, depois dos êxitos bélicos. Os escopos abrangiam o estudo das possibilidades concretas de emigração agrícola, a assistência a cooperativas já formadas, o desenvolvimento de projetos de colonização e a criação de fazendas-piloto. No que concerne a esse ponto, foi fundada apenas uma, em Pedrinhas, de que trataremos detidamente a seguir. No plano geral, ambas as missões, embora exprimindo opiniões favoráveis sobre as potencialidades rurais brasileiras, faziam suas as perplexidades e hostilidades difusas em relação às fazendas, manifestando, porém, otimismo acerca do futuro da colonização.

O problema de proporcionar ao Brasil uma agricultura mais intensiva parecia "perfeitamente solucionável, contanto que se pudesse associar a ela uma colonização agrícola moderna, adequadamente dotada de cultivadores capazes e de estruturas eficientes e amparada por providências estatais válidas".[36] Teria sido ideal, portanto, proceder à constituição de fazendas dirigidas por um órgão que garantisse a futura propriedade individual da terra, mas que, num primeiro tempo, pudesse fornecer aos colonos os instrumentos para progredir sem riscos. No entanto, era importante, na opinião

---

36 Istituto di Credito per il Lavoro all'Estero (1952-1953, v.1, p.7).

dos especialistas, não conceder coisas demais, "porque concessões demais e pouca disciplina diminuem o esforço e o rendimento do colono, em seu próprio prejuízo".[37]

A avaliação das áreas só era absolutamente negativa no estado do Rio de Janeiro, por razões climáticas e topográficas, custo dos terrenos e porcentagem de zonas cultiváveis. Santa Catarina, Paraná, Rio Grande do Sul e São Paulo apresentavam elementos positivos (clima, mercados, comunicações, presença italiana, em particular nos dois últimos) e negativos (escassez e esgotamento dos solos, a serem revitalizados por meios técnicos, altos custos de aquisição), assim como Goiás e Minas Gerais, onde, se, por um lado, as terras custavam pouco e os governos locais pareciam favoravelmente dispostos em relação às tentativas de colonização, por outro, as grandes distâncias, a escassez de vias de comunicação e a falta de meios financeiros à disposição dos dois estados tornavam difíceis as fases iniciais. Um caso à parte era a Bahia, onde o clima era suportável nas áreas subtropicais, os terrenos tinham fertilidade média, as comunicações eram aceitáveis, em particular entre Rio e Salvador, e o mercado interno de produtos alimentícios era interessante por causa da monocultura do cacau.

Na época em que as missões chegaram ao Brasil, algumas experiências de colonização italiana já estavam sendo feitas, envolvendo quase exclusivamente trabalhadores dos Abruzos. A primeira, na ordem cronológica, foi a da Cooperativa Italiana di Tecnici Agricoltori (Citag), criada em Lanciano, em 1948, mediante o pagamento de elevadas cotas de inscrição pelos sócios, e que tinha como finalidade precisamente promover a emigração agrícola para a América Latina. A cooperativa enviou representantes ao Paraguai e ao Brasil. Aqui, eles foram encaminhados a Goiás pelo conselheiro de emigração da embaixada italiana, Eugenio Bonardelli, e pelo presidente do Conselho Nacional de Imigração e Colonização, Jorge Latour.

Goiás realizava, na época, um trabalho de intensa propaganda em favor da colonização, como é demonstrado não só pela conferência de 1949 (na qual, aliás, a Citag estava presente), como pela criação, em Milão, de um Consorzio Italo-Brasiliano per la Valorizzazione del Goiás [Consórcio Ítalo-Brasileiro para a Valorização de Goiás], dirigido por Mario Bruniera, secretário da sede milanesa da Camera di Commercio Italiana per le Americhe [Câmara de Comércio Italiana para as Américas]. No início de 1949, chegou-se a um acordo entre o governo local, o Citag e o Conselho de Imigração,

---

37 MAE; Istituto Agronomico per L'A. I. (1951, p.25). Para as análises, inclusive de áreas específicas brasileiras, remetemos a esse estudo e ao da nota precedente, em três volumes.

pelo qual os brasileiros se comprometiam a antecipar as despesas de viagem e o transporte de máquinas agrícolas, abrindo um crédito de 100 mil cruzeiros por família, destinado a cobrir as despesas dos primeiros meses. Todas as antecipações seriam reembolsadas pela cooperativa em dez anos, a partir do terceiro. O plano inicial previa a transferência de 2 mil famílias, que se elevariam a 12 mil, se as condições se revelassem particularmente favoráveis.

A inspeção da área a ser colonizada foi assistida por um técnico indicado pelo Ministério das Relações Exteriores italiano. A escolha recaiu sobre uma propriedade de 8.700 hectares no município de Rio Verde, num planalto. O técnico manifestou-se favoravelmente e o ministério concedeu o "nada obsta" à saída dos emigrantes. Partiram imediatamente 23 pessoas e, também imediatamente, Latour comunicou que não estava em condições de honrar os compromissos financeiros assumidos. O grupo foi deixado no mais completo abandono e o ministro da Guerra teve de intervir, primeiro para que fosse alojado na enfermaria de um quartel, no Rio, e depois para ser transportado para Goiás.

Opondo-se às diretrizes da embaixada, o representante da Citag no Rio conseguiu obter uma audiência com o presidente Dutra, que decidiu pagar à cooperativa os 2.300.000 cruzeiros que lhe cabiam, mas encerrando todo vínculo anteriormente estabelecido. Entrementes, chegava um segundo contingente de sessenta chefes de família. Iniciaram-se as primeiras e grandes decepções para os lavradores, que deveriam encontrar, segundo os acordos estipulados, terras próximas dos centros de consumo, casas já construídas e todos os serviços, inclusive escola e igreja. Devido à falta de fundos, nada havia sido providenciado e a área era pouco equipada no plano das vias de comunicação.

Apesar do início dos trabalhos, as dificuldades não diminuíram; ao contrário, pareciam agravar-se pouco a pouco pelos maus resultados obtidos, devido à pouca fertilidade do solo, à escolha das zonas a serem cultivadas e, também, a erros na técnica de cultivo. Acrescentaram-se à falta de meios de subsistência as dissensões internas e, em pouco tempo, registrou-se o abandono de uns quarenta sócios, uma parte dos quais pediu repatriamento ao consulado e outra dirigiu-se a amigos e parentes já residentes no Brasil, para conseguir trabalho.

Enquanto os acontecimentos de Goiás provocavam interrogações na Câmara dos Deputados italiana, a cooperativa obteve um crédito que serviu parcialmente para pagar a primeira prestação da compra da fazenda São Geraldo, de 1.100 hectares, a 30 km de Goiânia, bem servida pela ferrovia Mogiana-Paulista, com terras mais férteis e oito casas de colono, de alvenaria. No início de 1951, chegaram outros 304 emigrantes, dos quais 184 eram mulheres e crianças que vinham ao encontro dos chefes de família. Cerca de noventa pessoas que não tinham parentes já instalados não encontraram nem comida, nem alojamento, e foram obrigadas a dormir semanas a fio num barracão coberto de palha. Para fornecer-lhes cobertores e colchões, o prefeito de Rio Verde foi obrigado a lançar uma subscrição pública. Desse novo grupo, alguns permaneceram nas terras da Citag, outros se transferiram para Goiânia ou para outras fazendas do estado, outros enfim para São Paulo.

Embora os órgãos dirigentes estivessem evidentemente a par do deterioramento da situação, a companhia permitiu a partida dos seus sócios. Essa decisão encontra provavelmente explicação no descontentamento difuso que reinava em Lanciano. Para pagar a cota inicial de inscrição, muitos pequenos proprietários tinham vendido as suas terras, e outros, contraído dívidas. Assim, apesar das notícias epistolares que com certeza chegavam até lá, uma pequena multidão de desesperados tentou igualmente o caminho do Brasil, secundada pela inconsciência dos órgãos dirigentes. Que se tratasse de inconsciência demonstra-o o fato de que já na segunda metade de 1951 a Citag pedia ao governo italiano para que a fizesse entrar na Companhia Brasileira de Colonização e Imigração Italiana, alegando que, sem o parecer favorável expresso previamente pelo técnico do ministério, a cooperativa não se teria lançado naquele empreendimento. O socorro à Citag era apresentado, portanto, como um dever, além de ser um ato "humano, social e patriótico". Ele permitiria a emigração das inúmeras famílias que haviam permanecido na Itália, apesar de terem pago as cotas que lhes davam direito de emigrar para o Brasil.

Quando a primeira comissão enviada pelo governo de Roma visitou Goiás, encontrou em Rio Verde nove famílias, num total de sessenta pessoas, seis casas de colonos e quatro galpões para serem utilizados como armazéns, habitados na época; já em São Geraldo, viviam 23 famílias com 140 pessoas ao todo, instaladas nas construções já existentes. Aqui, a Citag não estava em condições de pagar a segunda parcela da compra, e a fazenda passaria para a Companhia Brasileira de Colonização e Imigração Italiana pouco tempo depois.[38]

---

38 Para o caso da Citag, vide L. V. Giovannetti, "La conferenza di colonizzazione ed immigrazione riunita a Goiânia", *Fanfulla*, 7 maio 1949; Petraccone (1949); "Delusione degli Abruzzesi portati nel Goiaz", *Fanfulla*, 9 out. 1949; "La colonizzazione italiana nel Goiaz", *Fanfulla*, 17 jul. 1950; MAE; Istituto Agronomico per L'A. I. (1951, p.147-8); "Lo scandalo del Goiaz" (1951); "La situazione della Cooperativa di Colonizzazione Citag", *Fanfulla*, 30 set. 1951.

Outra cooperativa da Citag, sempre de emigrantes dos Abruzos, mas dessa vez de Aquila, instalou-se em Minas Gerais, no município de Patos. Transformada em Cooperativa de Produção Agrícola Afins (CPAA), não teve maior êxito que a sua coirmã. As terras escolhidas – uma superfície de mais de 6.500 hectares – foram concedidas pelo governo local com pagamento em dez anos e carência de três, sem juros. Segundo um acordo firmado em março de 1950, a CPAA tinha a obrigação de transferir colonos da Itália e cultivar trigo numa porcentagem determinada das terras, enquanto as autoridades concediam algumas facilidades e comprometiam-se a realizar obras hídricas, mas não a construir as casas, nem a dar antecipações aos trabalhadores até a primeira colheita.

A ideia original era de mandar vir duzentas famílias dos Abruzos e uni-las a um grupo de famílias brasileiras. O primeiro contingente, de oitenta pessoas, chegou logo depois da assinatura do acordo, mas a situação logo se revelou insuportável, seja porque a cooperativa não tinha os fundos para as construções, nem para garantir a subsistência inicial, seja porque teve de endividar-se para tanto nos bancos, seja enfim porque as terras, embora dessem um bom rendimento em milho e arroz, proporcionavam maus resultados para a triticultura. Pouco tempo depois, a colônia reduziu-se a alguns chefes de família, boa parte dos quais desejavam voltar à Itália.

Mais tarde, o governo de Minas transformou a iniciativa em empresa governamental, dando-lhe uma constituição semelhante à dos núcleos coloniais estatais. Quando da inspeção da segunda missão italiana, os trabalhadores dos Abruzos presentes eram 65 ao todo e nada satisfeitos com a sua situação.[39]

Também dos Abruzos eram as famílias que se instalaram na Bahia que talvez tenham constituído o único exemplo de colonização italiana bem-sucedida no segundo pós-guerra, não contando com a experiência de Pedrinhas. O estado da Bahia tinha-se mostrado particularmente atento à possibilidade de atrair imigrantes, como atestam as facilidades concedidas aos trabalhadores estrangeiros em maio de 1949 e o acordo financeiro entre as autoridades baianas e o governo federal para incentivar a colonização, assinado poucos meses depois. A organização que promoveu a emigração dos Abruzos foi a Società Cooperativa Lavoratori Agricoli per il Brasile (Scaplib) [Sociedade Cooperativa de Trabalhadores Agrícolas para o Brasil], fundada em Pescara, em setembro de 1948.

---

39 Para o caso da CPAA, vide L. V. Giovannetti, "L'esempio di Minas", *Fanfulla*, 13 abr. 1950; MAE; Istituto Agronomico per L'A. I. (1951, p.217-8); Istituto di Credito per il Lavoro all'Estero (1952-1953, v.3).

A sociedade enviou uma missão ao Brasil em 1949, a qual, descartando as terras que lhe foram propostas no estado do Rio de Janeiro e não podendo arcar com as despesas da compra de duas fazendas em Minas Gerais, entrou em contato com o governo baiano, pedindo depois à embaixada autorização para iniciar a transferência dos colonos para aquela área. A representação diplomática mandou efetuar uma inspeção e concedeu parecer favorável. Graças à Scaplib, foram revistos os motivos que haviam, até então, levado a excluir a Bahia como meta de emigração agrícola.

Em março de 1950, era firmado o acordo entre a cooperativa e o governo local, com que se previa o envio de um número reduzido de famílias, às quais seriam garantidos, além das vantagens previstas para os estrangeiros, algum benefícios extras: ajuda financeira de instalação, entrega de um lote de quinze a trinta hectares, com casa construída e serviços em usufruto gratuito por cinco anos, empréstimo mensal para os seis primeiros meses, sementes, mudas, fertilizantes e inseticidas por um ano, assistência médica gratuita por cinco anos e remédios por doze meses. Um quinquênio depois, o governo venderia para o colono o lote ocupado e a casa, a preço de custo, com pagamento parcelado em dez anos. Entre as condições privilegiadas para a emigração italiana, a mais importante era o compromisso de encontrar lotes já prontos para o plantio ou, no caso em que as famílias tivessem sido obrigadas a chegar atrasadas, a terra já semeada.

Entre junho e agosto de 1950, chegaram 58 chefes de família, sendo assim instalados: 32 na colônia de Jaguaquara (onde havia apenas colonos italianos), 18 na colônia Bateia, em Itirissu, junto de 2 japoneses, e 8 na colônia Boa União (a única federal), com um japonês. Entre dezembro de 1950 e janeiro de 1951, reuniram-se aos emigrantes as suas famílias, de modo que a população total elevou-se a 163 pessoas em Jaguaquara e 102 em Bateia. Em ambas as colônias não se verificou nenhum caso de deserção e a situação econômica dos colonos já era boa poucos meses depois da sua chegada.[40]

Não teve o mesmo êxito o quarto grupo de colonização vindo dos Abruzos: a Cooperativa Abruzzo Forte e Gentile (Cafeg) [Abruzo Forte e Gentil], fundada em meados de 1949 e que reunia cerca de trezentas famílias da zona Avezzano-Fucino, cada uma das quais desembolsou 10 mil liras a fundo perdido na esperança de transferir-se para o Brasil. O objetivo era dedicar-se à produção de hortaliças e, precisamente por tal razão, os representantes

---

40 Para maiores notícias sobre a experiência da Scaplib, vide MAE; Istituto Agronomico per L'A. I. (1951, p.180-9); Istituto di Credito per il Lavoro all'Estero (1952-1953, v.1, p.3-7 e 77-133); Cenni (1975, p.406-7).

da cooperativa escolheram como zona a Baixada Fluminense, que, embora desaconselhável para o trabalhador europeu, devido ao clima quente e úmido, tinha a vantagem de ser próxima de um grande centro de consumo, como a capital federal.

Os representantes firmaram um acordo com a empresa Moraes Lacerda, que cedeu à Cafeg 3.500 hectares na zona de S. Anna de Japuíba, a um preço a ser estabelecido mais tarde e a ser pago desde o primeiro ano, em parcelas proporcionais à colheita. A empresa comprometia-se, ademais, a conseguir para a cooperativa créditos do Banco do Brasil para facilitar a sua instalação. As culturas previstas eram: horticultura (especialmente tomates) no fundo do vale, amendoim, abacaxi, batata e pastagem nos morros com vegetação herbácea, frutas tropicais e subtropicais nos morros com vegetação florestal.

Mal o acordo foi assinado, a Cafeg lançou-se na aventura e, o que é pior, jogou seus sócios nessa aventura. Sem esperar as confirmações acerca do crédito que devia ser aberto pelo Banco do Brasil, enviou, em janeiro de 1950, cinquenta chefes de família, que, além do mais, pagaram 150 mil liras por pessoa. A firma Moraes Lacerda aceitou o fato consumado e, de fato, deu uma mísera subvenção (47 cruzeiros por dia *per capita*), enquanto os colonos começavam a desmatar e a plantar. Logo, porém, estes deram-se conta de que a situação era bem diferente da que lhes tinham descrito: o calor, o isolamento, a floresta e um trabalho a que não estavam acostumados contribuíram para fazer que os primeiros resultados negativos no plano da colheita os deixassem no maior desespero, dando um golpe de misericórdia no já reduzido otimismo acerca das possibilidades produtivas do terreno.

Quando, em janeiro de 1951, não conseguindo obter nenhum financiamento bancário, a empresa Moraes Lacerda decidiu suspender as antecipações, os colonos que tinham resistido até então também resolveram tomar o caminho já percorrido por muitos de seus companheiros e abandonaram a propriedade: alguns voltaram para a Itália, outros dispersaram-se pelo Brasil. Em S. Anna de Japuíba só ficaram treze trabalhadores, que, mais tarde, reduzidos à fome, procuraram colocar-se como assalariados nas fazendas ou como colonos em terras estatais, seguindo os conselhos da embaixada, cuja única sugestão foi o êxodo individual.[41]

Fracassos e decepções em série foi o que conheceram todos os outros intentos menores de colonização empreendidos naqueles anos em várias

---

41 Vide "Omnibus", *Fanfulla*, 2 jun. 1951; MAE; Istituto Agronomico per L'A. I. (1951, p.237-40). Para uma reconstrução amargurada do caso, por um dos protagonistas, que chegou posteriormente a Pedrinhas, ver o depoimento recolhido por Passeri (1958, p.214-7).

zonas do Brasil, a começar pelo de Indaiatuba, a 40 km de Campinas, onde três abastados agricultores sicilianos compraram uma fazenda de 1.700 hectares e, apesar do parecer desfavorável do vice-consulado local, fizeram vir da Sicília uns setenta colonos, antecipando as despesas da passagem. As casas de colonos existiam, mas, embora de tijolo, eram inabitáveis no período das chuvas. Ademais, o contrato previa a divisão não da produção bruta, como na parceria, mas da eventual renda líquida obtida com a venda dos produtos. É evidente que o acordo também previa a divisão das perdas. Em poucas palavras, apesar da localização favorável, a natureza do terreno (esgotado depois de tantos anos de cultivo de café), os erros de avaliação quanto aos tempos técnicos, as exíguas somas pagas como antecipação, o medíocre desenvolvimento das culturas levaram quase todos os emigrantes a pedirem a repatriação ao consulado, suscitando tensões e polêmicas jornalísticas.[42]

Coube igual sorte, em 1950, ao pequeno núcleo de Nova Belluno, organizado por Gino Sartori com imigrantes de Belluno para a exploração florestal na serra entre Santos e Paraná, bem como à fazenda Paraíso, no município de Araruama, no estado do Rio de Janeiro, dirigida por Nino Quatrocchi. Num prazo mais longo, fracassou a experiência da Cooperativa Agrícola e Industrial Umbra no Brasil, emanação da coirmã italiana criada em 1949, em Trevi, que contava com mais de 1.500 sócios, num total de 9 mil pessoas, todas dispostas à colonização no Brasil. A zona escolhida foi Parati, onde a cooperativa tomou posse de oitocentos alqueires e começou a transferir para lá não só agricultores, mas também pescadores, ferreiros, carpinteiros, eletricistas e ceramistas, com finalidade de criar uma unidade totalmente autossuficiente.[43] Já a Cooperativa Paradisi – constituída em maio de 1950 com um grupo de trabalhadores controlados por um pseudojornalista[44] – e uma tentativa de colonização em Santana do Parnaíba, no Mato Grosso, fracassaram rapidamente.

As causas do fracasso de todas essas tentativas, inclusive as que foram efetuadas pelos abruzenses, eram várias, sem dúvida, como reconhecia uma das duas missões oficiais. Sem falar nos motivos estranhos, que no entanto não faltavam, a responsabilidade era imputada, paradoxalmente, à ausência

---

42 Vide MAE; Istituto Agronomico per L'A. I. (1951, p.331-3); "Il doloroso caso di Indaiatuba", *Fanfulla*, 16 out. 1949; "Il caso dei coloni di Indaiatuba", *Fanfulla*, 20 out. 1949, em que um dos proprietários jogava toda a culpa em alguns elementos turbulentos que teriam insuflado os outros.

43 "Mais uma grande cooperativa de colonização italiana que se funda no Brasil", *Fanfulla*, 9 ago. 1950.

44 Ferrero (1951).

de espírito cooperativista entre os sócios e à sua insubordinação aos dirigentes, motivada também pela existência das cotas de inscrição, que dava a cada um a presunção de ter voz ativa em todas as questões. Tampouco deviam ser subestimados a crônica deficiência de capitais e o escasso preparo dos encarregados em desempenhar funções dirigentes ou técnicas, fato que levou à escolha de terrenos inadequados, à ausência de planos estruturais e à falta de ideias no que dizia respeito a culturas e métodos de cultivo do além-mar. Aliás, quando perplexidades e incertezas eram expressas pelas missões enviadas para inspecionar e comprar terrenos, não eram levadas em conta, pois, no momento da formação das cooperativas, quase sempre se projetavam partidas ao cabo de poucos meses. Assim, a primeira oportunidade que se apresentava era logo acolhida, precisamente para aplacar as insistências e as iras dos sócios, cuja seleção, por outro lado, se é que existiu, não era rigorosa.

As experiências negativas é que convenceram as autoridades italianas de que, para empreender com sucesso um plano de colonização, era necessário evitar os erros que caracterizaram as tentativas precedentes, valendo-se de um capital importante e estudando as formas de obter o seu retorno, ainda que a médio prazo, a fim de reutilizá-lo em outras realizações.[45] Depois do tratado sobre a restituição dos bens e do acordo sobre a emigração, foi prevista, de fato, a constituição de uma Companhia Brasileira de Colonização e Imigração Italiana (CBCII), que foi criada em 1950 (embora só tenha podido regularizar sua situação jurídica no início de 1951) e contou com a colaboração de alguns membros da segunda missão italiana, que prolongaram sua estada no Brasil precisamente com esse fim. Seu presidente era Vittorio Ronchi, substituído, mais tarde, por Francisco Matarazzo Júnior, e seu diretor, o professor De Benedictis. Desempenhavam funções importantes conhecidas personalidades da colônia italiana, como Egidio Bianchi e Arturo Apollinari, escolha esta que suscitou inúmeras perplexidades, dado o papel que este desempenhara no caso da Esperia, por sua posição no Banco Francês e Italiano para a América do Sul.

A companhia recebeu muitas ofertas de terras, no Paraná, no Espírito Santo, no Rio de Janeiro, e estendeu gradualmente as suas atividades aos núcleos coloniais de Pirabeiraba, em Santa Catarina, e de São Geraldo, de propriedade da Citag, em Goiás. Desde o início, porém, a atenção foi totalmente concentrada em Pedrinhas, área escolhida dentre as muitas visitadas

---

45 MAE; Istituto Agronomico per L'A. I. (1951, p.254-80).

no estado de São Paulo, que absorveu grande parte dos 300 milhões de capital. O contrato, firmado em março de 1951, atribuía à CBCII a propriedade de mais de 3.500 hectares no município de Maracaí, a 50 km de Assis e 550 de São Paulo. A zona era coberta de florestas e pastagens e tinha reduzida população agrícola estável. Desprovida de comunicações internas e construções, era ligada a Assis por uma estrada esburacada. Posteriormente, a companhia comprou outros terrenos e, em 1958, seria proprietária de 5.136 hectares, mas só os iniciais permanecerão vinculados à colonização.

A hipótese que orientava o projeto era de assegurar aos emigrantes assistência técnica, financeira e organizativa, com a formação de 160 sítios de 20 hectares em média, ligados entre si por uma rede de estradas que convergissem para um centro urbano equipado. Os lotes, entregues já cultiváveis e dotados de uma casa modestamente mobiliada, tornar-se-iam propriedade individual dos colonos mediante pagamentos parcelados em doze a quinze anos. Antes que isso se verificasse, cada família teria de pagar uma soma anual, 40% da qual eram poupados para a futura aquisição. Além disso, a CBCII antecipava os capitais de giro, fornecendo máquinas e equipamentos, sementes, adubos, pesticidas e subsídios em dinheiro até a primeira colheita: 600 cruzeiros para os chefes de família e 300 para os outros membros desta, cujas despesas de viagem eram cobertas pelo Cime.

Uma área de 217 hectares foi destinada aos serviços de utilidade pública, que, além da estrada, compreendiam o núcleo urbano com escolas, igreja, centro comercial, ambulatório, enfermaria, hotel, cinema, sala de reuniões, lojas, cooperativa etc. A companhia previa recuperar a curto prazo as somas investidas nos serviços coletivos e maquinaria agrícola comum, seja através da cessão a particulares de algumas empresas (hotel, restaurante, lojas e indústrias várias), seja através do lucro obtido com o loteamento de terrenos urbanos e suburbanos. Por sua vez, as famílias se comprometiam não só a restituir o dinheiro antecipado e a pagar o lote, como também a obedecer às diretrizes técnicas e administrativas estabelecidas pela companhia no que concernia ao terreno que lhes era atribuído.

Em maio de 1951, já estavam iniciados os levantamentos que levariam ao plano de loteamento. Os trabalhos para deixar as terras em condições de cultivo foram executados totalmente pela companhia, devido à reduzida capacidade de adaptação demonstrada em experiências precedentes pelos colonos, durante a fase de ambientação. As famílias de colonos propriamente ditas começaram a chegar em 1952 (85 famílias), sucedidas por outras nos anos seguintes, provenientes predominantemente da península (85% até 1957), mas também de outras zonas do Brasil, limítrofes ou distantes, sendo inclusive que três se transferiram para Pedrinhas vindas do Chile.[46] Nem todas, é claro, ficaram. Ao contrário, o *turnover* revelou-se até elevado, mas em 1958 estavam presentes 160 famílias agrícolas e 30 urbanas, e, em 1966, as cifras globais elevavam-se respectivamente a 137 (127 das quais italianas) e 85 (51 das quais italianas), num total de 1.901 pessoas (1.185 nascidas na Itália). A maioria dos imigrantes provinha do Vêneto (29,4%), Lácio (25,9%) e Abruzos (11,2%), enquanto algumas regiões (Ligúria, Marcas e Sardenha) não estavam representadas.[47]

Entre as culturas mais praticadas no decorrer dos anos, algumas mantiveram a sua importância inicial (algodão e milho), outras perderam-na gradativamente (amendoim) e outras conquistaram-na com o passar do tempo: arroz e, sobretudo, trigo, cujo plantio foi imposto pelos colonos, por se tratar de um gênero bastante familiar a eles. De fato, foi precisamente a colheita excepcional de trigo de 1964, unida ao aumento do seu preço em consequência da inflação, que permitiu a muitos colonos anteciparem a liquidação da compra do lote, enquanto outros haviam alcançado esse objetivo precedentemente.

Em geral, os resultados obtidos em Pedrinhas pareceram lisonjeiros, e muitos observadores da mãe-pátria sublinharam-nos repetidas vezes, fossem eles padres, funcionários do Icle ou ministros.[48] Mas tanta exaltação era mesmo justificada? Na realidade, desde o início não faltaram as críticas, tanto por parte dos residentes como de observadores vindos da Itália. Pouca importância pareciam ter as notas acerca da área escolhida, que ressaltavam o menor preço de compra das terras ou a maior fertilidade das mesmas em zonas menos exploradas ou mais periféricas, já que a companhia levara em consideração vários elementos, dentre os quais a proximidade dos mercados. Igualmente inúteis mostravam-se as tomadas de posição a favor de uma utilização alternativa dos capitais, já que os acordos de 1949 e 1950 vinculavam a sua destinação a iniciativas colonizadoras.

---

46 Cenni (1975, p.408).
47 Pereira (1974, p.175-7).
48 O pároco de San Donà del Piave, em visita ao núcleo de Pedrinhas, afirmava tratar-se de um exemplo a ser seguido ("Pedrinhas è una realizzazione che onora il Brasile e l'Italia", *Fanfulla*, 29 maio 1955), enquanto o diretor-geral do Icle, Carlo Tomazzoli, considerava-o a melhor solução para a emigração para o Brasil, já que "a emigração de operários, neste momento, só é conveniente para países de salários elevados, como a Austrália e o Canadá" ("Pedrinhas e i problemi dell'emigrazione in una intervista col Direttore Generale dell'Icle", *Fanfulla*, 29 set. 1955). O ministro Medici foi pródigo em elogios à realização por ocasião da visita do presidente Gronchi ao Brasil, em 1958.

Muito mais justificadas, ao contrário, eram as preocupações expressas de maneira quase contábil no balanço final de custos e lucros, considerando as grandes somas necessárias e o pequeno número de pessoas colocadas. As dúvidas e esse respeito eram frequentes, inclusive de parte dos próprios brasileiros, tanto que, num período em que a experiência não estava mais em sua fase inicial, *O Estado de S. Paulo* devia admitir que "esse tipo de imigração é muito dispendioso, porém, e talvez não se justifiquem os gastos que estariam implicados no processo".[49]

No entanto, o fator que maiores preocupações devia suscitar era a alta taxa de abandono e a conflituosidade endêmica que caracterizaram a experiência de Pedrinhas até mais da metade dos anos 1950. De fato, dos grupos familiares chegados à Alta Sorocabana, quase a metade não resistiu por muito tempo e, desta, só poucos conseguiram outras colocações no Brasil, enquanto a grande maioria retornou à Itália. As causas desse fenômeno foram muitas vezes superficialmente apontadas com a seguinte fórmula: "não se sentiram capazes de trabalhar duramente".[50] O entrelaçamento de motivos de ordem material e psicológica que condicionavam aquela escolha era, porém, muito mais complexo e envolvia a natureza e os dramas humanos do imigrante, tantas vezes esquecidos em benefício de considerações estatísticas e fáceis formulações estereotipadas, como a propagada pela própria CBCII acerca da presumida fé comunista dos insatisfeitos.

Dificuldade de adaptação ao novo ambiente, resultados econômicos imediatos bastante distantes das certezas que haviam sido prometidas na Itália, disparidade de sucesso no seio do núcleo, reduzido conhecimento da vida rural brasileira, inclusive do ponto de vista técnico, isolamento, todos esses foram fatores que influíram nas decisões de abandono, com maior ou menor peso, segundo os casos. O certo é que, enquanto os resultados econômicos e sociais não se patentearam com continuidade – o que só ocorreu com o passar de alguns anos –, as reações dos imigrantes de Pedrinhas "foram cruciais, e até mesmo virulentas, pois alguns, inconformados com o controle exercido pela Companhia para ajustar o colono a esquemas rígidos, rebelaram-se, abandonaram o núcleo, chegando a fazer, coletivamente, demonstrações públicas de protesto pelas ruas de São Paulo".[51]

---

49 "Não tem sido bem sucedida nesses últimos anos a imigração italiana", *O Estado de S. Paulo*, 31 ago. 1958. Preocupações análogas em Cenni (1975, p.408); e Fassio Bonanni (1956).

50 É curioso notar como essa expressão é repetida, literalmente, por, pelos menos, três autores: Cenni (1975, p.408); Polidoro (1971, p.339); e Briani (1975a, p.146).

51 Pereira (1974, p.77).

Inclusive quando o protesto não assumiu a forma de uma ruptura, ele foi obstinado e amplo. É típico, nesse sentido, o exemplo dos meios adotados para escapar à taxa imposta pela CBCII sobre os gêneros alimentícios vendidos pelo trabalhador agrícola, para a amortização parcial do seu débito. Por longos anos, os colonos procuraram evitar seu pagamento, comercializando os produtos clandestinamente e obrigando a companhia a contratar verdadeiros agentes fiscais – os "olheiros" –, que eram, todos, brasileiros, a fim de impedir toda e qualquer forma de solidariedade.[52]

Um testemunho de primeira mão talvez represente melhor do que qualquer descrição, inclusive analítica, o quadro das decepções do imigrante ao chegar e durante os primeiros tempos. No caso específico, tratava-se de um dos primeiros colonos, que chegou com a família em outubro de 1952, junto com outros 27 núcleos familiares, dos quais só ficaram 9 em Pedrinhas. Depois de ter descrito os momentos de desconforto iniciais, piorados pelas preocupações expressas pela mulher e pelos filhos, e, embora percebendo que mais cedo ou mais tarde a iniciativa teria êxito, assim concluía:

> Muitas vezes, famílias inteiras escapam de noite, abandonando a casa, os equipamentos, os animais; em geral, são as mulheres que levam a essa decisão, por não se adaptarem ao clima e às dificuldades que encontram aqui. Já indo viver em lugares próximos a alguma cidade grande, a vida parece mais fácil e, pelo menos, tem alguma distração. É verdade que, para resistir aqui é necessário ter fibra e não saber para onde ir: não há estradas, a água é vermelha, a terra é vermelha, não se encontra ninguém, salvo algum negro, e em volta há apenas mato. Quando chove, não dá para se movimentar, porque tudo vira pântano [...]. Enfim, com um pouco de paciência e sofrimento, vai-se levando, sem se lamentar muito, o que não adianta nada.[53]

Nem todos, porém, davam mostra do mesmo espírito de tolerância. Revelou-se particularmente odiosa a não correspondência das promessas à realidade, assim como a pouca compreensão demonstrada pelos funcionários da CBCII:

> O ambiente era difícil, as plantações não muito rentáveis, os salários oferecidos provisoriamente aos colonos insuficientes, até porque, nestes últimos tempos, ocorreu no Brasil, como em todos os países do mundo, um aumento do

---

52 Ibid., p.79.
53 Passeri (1958, p.230-1).

custo de vida. Os colonos começaram a lamentar-se. Faltou, então, uma assistência moral afetuosa e solícita. A companhia tratou-os com critérios puramente administrativos e burocráticos [...]. Começaram os primeiros protestos e, como era inevitável, alguns exasperados assumiram atitudes violentas e resistências intransigentes. O resultado foi que boa parte daquelas famílias abandonaram o grupo colonial de Pedrinhas, resignando-se a perder o resultado de vários meses de trabalho.[54]

De fato, as primeiras fugas começaram a verificar-se desde 1953, mas só assumiram caráter de massa, em relação ao número de residentes, em 1954, quando 170 imigrantes deixaram a zona, refugiando-se por alguns meses na Hospedaria de São Paulo e pressionando o consulado para que providenciasse a sua repatriação.[55] No entanto, a representação diplomática não cedeu, inclusive para não criar atritos com a CBCII, que era considerada um órgão oficial do governo italiano. Logicamente, aliás, caberia à companhia resolver o problema e embarcar os contestadores de volta para a Itália, já que eles a acusavam de não ter cumprido os acordos. Ao contrário, foi precisamente com base nas normas do contrato estipulado que a CBCII recusou-se a chegar a um compromisso. A inércia do consulado, por sua vez, justificava-se pelo medo de criar um precedente perigoso. A situação degenerou e registraram-se até incidentes de rua, enquanto alguns compatriotas lançaram a iniciativa de fazer uma subscrição em benefício dos colonos, para permitir-lhes voltar às regiões de origem.

Os imigrantes, por outro lado, graças a uma solidariedade provavelmente política e, sem dúvida, não difundida,[56] não levaram sequer em

---

54 Giovannetti (1954, p.2).
55 Para as fugas de 1953, vide *Fanfulla*, 27 dez. 1953. Para as de 1954, vide *Folha da Manhã*, 11-20 mar. 1954; Ianni (1963, p.218-26); *Bollettino del Patronato di S. Paolo*, v.5, n.21, p.1-3, 1955; Giovannetti (1954).
56 Também tomou posição em favor deles o programa radiofônico *VoceItaliana nel Cielo del Brasile*, que pressionava para que o consulado concedesse a repatriação, desencadeando, assim, a ira do *Fanfulla*, alinhado com o moralismo local. O jornal, perdendo o sentido da medida, criticava as pretensões dos colonos que tinham abandonado Pedrinhas, "como se emigrar para o Brasil fosse uma simples experiência que, não se tendo revelado satisfatória, pudesse transformar-se num belo cruzeiro pelo Atlântico [...]. Jovens sem ideais e sem vontade de trabalhar, que se valiam dos filhos, dos velhos, das mulheres para obter a compaixão do próximo, recorrendo até à violência para reclamar direitos inexistentes". Não contente, dois dias depois, procurava desencorajar as empresas italianas a anunciar no programa radiofônico, perguntando como podiam aceitar "ouvir o nome de suas firmas intercalado com injúrias e difamações ao governo italiano [...] ou às autoridades consulares que representavam aquele governo". Vide dois artigos com o mesmo

consideração a possibilidade de outras soluções de trabalho que lhes foram oferecidas várias vezes. Foi preciso esperar bastante tempo para que o bom senso acabasse prevalecendo e o impasse fosse contornado. De uma maneira ou de outra, os colonos foram, em grande parte, repatriados. Novas fugas verificaram-se nos anos seguintes, sem nunca alcançar, porém, os níveis de aspereza e a amplitude numérica da de 1954.[57] O abandono do projeto inicial de criar, através do retorno dos capitais investidos, novas e mais numerosas áreas de colonização oficial demonstrava, por um lado, que a experiência não dera todos os resultados esperados e, por outro, que a situação italiana evoluía no sentido de não tornar mais urgente a colocação além-mar dos excedentes de mão de obra agrícola, que, depois da metade dos anos 1950, encontrariam trabalho na pátria, nas indústrias do Norte.

7.3. Bem-estar, miséria e estruturas assistenciais

O problema das repatriações não se limitou apenas aos fugitivos das fazendas ou das áreas de colonização. Por muito tempo, pareceu estar na ordem do dia em muitos ambientes da colônia italiana. De fato, no segundo pós-guerra o mundo da imigração não tornou a seguir, a não ser em linha geral e com sucessos muito menos lucrativos, os passos dos "tios da América". E os tempos, aliás, também não se mostravam propícios para a acumulação de grandes fortunas partindo de bases modestas. Não que faltassem exemplos individuais de posições confortáveis conquistadas mediante intuições felizes, senso de negócios e, também, espírito de sacrifício; mas a crônica não arrolava casos mitológicos e enriquecimentos colossais, do tipo Matarazzo e similares, estabelecendo, assim, elementos de continuidade em relação ao que se verificou no período entre as duas guerras.

No plano da ascensão social e da formação de patrimônios de certa relevância, a segunda metade dos anos 1940 e a década seguinte conheceram duas situações distintas. Por um lado, abriram caminho operários

---

título: "*Voce italiana* per modo di dire", *Fanfulla*, 11-13 mar. 1955. O jornal demonstrava, também, querer reduzir o programa radiofônico à transmissão de músicas e notícias esportivas da Itália, numa concepção bastante limitadora do conceito de italianidade.

57 Para toda a história de Pedrinhas, desde sua fundação, ver, além de todas as obras citadas da nota 46 deste capítulo em diante, MAE; Istituto Agronomico per L'A. I. (1951); Istituto di Credito per il Lavoro all'Estero (1952-1953, v.3); "Presente e avvenire di Pedrinhas, nucleo esemplare della nostra emigrazione", *Fanfulla*, 31 out. 1954; "Storia di un centro modello", *Fanfulla*, 12 set. 1958; Salgado (1971).

especializados e técnicos – ou seja, a imigração chegada quase sempre sob os auspícios do Cime –, que, precisamente graças ao seu preparo técnico, conseguiram muitas vezes conquistar uma posição na maleável estrutura de classes da sociedade brasileira urbana. Ao lado deles, emergiram, também, às vezes, pessoas com instrução de nível superior, principalmente no setor terciário, ou simplesmente pessoas que exploraram algumas qualidades italianas tradicionais, como as culinárias. Restaurantes, construção, indústria de móveis, alimentícia, de calçados, mecânica, de vestuário e transportes foram os campos de atividade em que mais se distinguiram esses novos imigrantes.

O elemento de ruptura em relação ao passado era constituído, porém, pela presença de pequenos e médios empresários que chegaram ao Brasil com algum capital e que vinham somar-se às empresas italianas que, naquele período, abriram filiais em São Paulo e no Rio de Janeiro (Laboratórios Lepetit, Pibigás, Heliogás, Carlo Erba do Brasil etc.):

> À parte a imigração normal, reduzidíssima, surgiu no pós-guerra o imigrante "último tipo". Ao contrário do de outras épocas, que vinha em busca de melhor sorte, são capitães da indústria e das finanças, em busca de melhor emprego para as suas fortunas e que, junto com os capitais, transplantam a bagagem da sua experiência.[58]

Emergindo gradativamente de funções técnicas e administrativas nas fábricas, ou já dotados de capital, esses "tiozinhos da América" conquistaram seu espaço econômico e social. Foi o caminho de Salmidei, Beneduci, Borgelli, Cavoli, Conte, De Paoli, De Sarno, Cavicchia, Giannotti, Massari, Ramazzotti, Totaro, Calabrese (em Curitiba), só para citar alguns deles.[59]

Apesar dos exemplos descritos, o mundo do trabalho urbano não permitiu, em geral, enriquecimento fácil, nem mesmo para a chamada imigração intelectual, que, em particular nos anos imediatamente posteriores à guerra, foi copiosa no Brasil. Diplomados nas mais diversas disciplinas encontrarão em geral uma situação digna, mas muitas vezes terão de esperar bastante antes que isso aconteça. A república de além-mar continuava a ser um país difícil para quem possuísse um título universitário, por outro lado sem nenhuma validade legal no Brasil, por causa da ausência de acordos de reciprocidade. Ademais, certo espírito corporativo acabava inibindo qualquer

---

58 I. Ancona Lopes, "Emigranti dei ieri e di oggi", *Fanfulla*, 9 set. 1958.
59 Ver, a propósito, uma publicação de biografias meramente bajuladoras como *História da imigração no Brasil: as famílias* (1978).

possibilidade de soluções futuras, e não serviam muito as sugestões que eram lançadas no seio da colônia italiana e que pareciam simples panaceias:

> Sabemos perfeitamente que o Brasil não quer favorecer a concorrência neste campo, em alguns setores em que – por exemplo, o da medicina –, embora não haja propriamente abundância de formados, há o suficiente. Mas, para superar o inconveniente da concorrência, o Brasil – como fazem a Venezuela, a Bolívia etc. – poderia estabelecer que os diplomados italianos, depois de revalidado o diploma, exercessem a profissão em determinadas zonas por determinado número de anos.[60]

A incerteza do pós-guerra e o difícil momento da reconversão – e, também, depois, da reconstrução – levavam muitos jovens, e não tão jovens, com um diploma no bolso a buscar melhor sorte no estrangeiro. No Brasil, eles chegavam através de "atos de chamada" e contratos fictícios, ou simplesmente passando através das malhas da seleção na Itália, escondendo seus diplomas e declarando aptidões e profissões que não tinham. Uma vez chegados, conseguiam se arranjar até encontrar ocupações e empregos consoantes com a sua preparação. Mas alguns – não poucos – viam-se obrigados a desclassificações humilhantes: advogados, engenheiros, doutores em economia ou em letras e filosofia tornavam-se, assim, por períodos mais ou menos longos, linotipistas, operários, carregadores, vendedores ambulantes e domiciliares.

A sorte não sorria facilmente, nem mesmo para quem cultivara a modesta ambição de um trabalho seguro e decentemente remunerado. Refiro-me, em particular, à imigração proletária da fábrica ou da construção, enquanto os técnicos e os trabalhadores especializados não conheceram, em geral, dificuldades para encontrar trabalho e níveis salariais satisfatórios. Obstáculos, decepções, *turnover* elevado, repatriações foram, se não a regra geral, pelo menos fenômenos bastante difundidos na primeira faixa de mão de obra. Isso não dependia de indolência, má-fé ou convicções políticas extremistas, como considerava o *Fanfulla*, mergulhado com atraso no fluxo das teorias culpabilizantes, tão em voga cinquenta anos antes no seio da mesma coletividade: "Dentre os poucos perseguidos pela sorte adversa, há, frequentemente, os que gostam de pescar em águas turvas e muitos poltrões, que pretendem que o mundo deveria modificar seu andamento para tratar unicamente dos problemas deles".[61]

---

60 "E noi stiamo a guardare", *Tribuna Italiana*, 5 jun. 1948.
61 G. Cristaldi, "Ancora sul problema emigratorio", *Fanfulla*, 1º abr. 1953.

O mesmo jornal, por outro lado, batera durante bastante tempo (e continuará a fazê-lo em seguida) na tecla da superficialidade com que certa imprensa italiana descrevia os países da América Latina como vastíssimos, prósperos e despovoados, ricos de perspectivas de bem-estar para o emigrante italiano. Acrescentem-se a isso as informações erradas – propositais ou não – e as promessas não correspondentes à realidade acerca das condições e dos salários feitas pelos departamentos do trabalho provinciais e por funcionários governamentais brasileiros na Itália, para se ter um quadro mais preciso da situação em que se encontravam os operários que desembarcavam. E não se devem esquecer os episódios de verdadeiro tráfico desonesto de mão de obra, revestido de aspectos caridosos, como o recrutamento pela Organizzazione Sociale Pio XII [Organização Social Pio XII] de uma centena de italianos, que pediram imediatamente a repatriação em sua quase totalidade, ou a chegada de 75 órfãos de guerra, devido a uma pretensa princesa, que foram brutalmente explorados mal puseram os pés em São Paulo.[62]

Se é verdade que a partir dos anos 1950 se registra um aumento das guias de emigração, que até põem em guarda contra a ilusão de ir para um país onde é possível fazer fortuna rapidamente,[63] é igualmente verdade que as decepções e repatriações também envolvem quem chega teoricamente sob a responsabilidade de organizações como o Cime. Tal foi o caso da Operação Corcovado, que fez afluir, respondendo a um pedido preciso, quinhentos pedreiros que haviam feito na Itália um curso de qualificação profissional de cinco meses. Os recém-chegados, porém, desembarcaram no Brasil sem dinheiro e sem conhecer a língua – cujos rudimentos poderiam ter-lhes sido ensinados; e não tendo, em sua maioria, trabalhado na construção civil, foram em grande parte recusados pelos empregadores por nítida incompetência, tanto que as empresas de construção que se dirigiam de vez em quando ao Patronato Assistencial para obter pedreiros exigiram, durante muito tempo, que não se tratasse dos da Corcovado. Dos quinhentos emigrantes, os que haviam seguido o curso simplesmente para poder emigrar e usufruir das vantagens do Cime dedicaram-se à profissão ou ao ofício que

---

62 Para o primeiro caso, vide *IM*, v.8, n.8, p.24, 1952; para o segundo, G. Cristaldi, "Ameno caso d'immigrazione mirim", *Fanfulla*, 1º fev. 1952.

63 Embora acabem aconselhando a emigração para "todos os que têm o propósito preciso de afirmar-se confiando firmemente (diríamos, até, exclusivamente) na sua capacidade de trabalho", o que chegava a ser pleonástico, a menos que se entendesse que iam para o Brasil grandes contingentes de ladrões e vigaristas. Italiani nel Mondo ([s.d.]). Outro guia do período é Giunta Cattolica Italiana per L'Emigrazione (1956).

conheciam na prática, encontrando quase sempre trabalho, mas quase todos os outros voltaram à Itália.[64]

Para lá dos diversos episódios, não podemos deixar de compartilhar a opinião daquele autor que, na segunda metade dos anos 1950, depois de ter entrevistado padeiros, peixeiros, empregados, alfaiates, operários, sapateiros, vendedores ambulantes, carpinteiros e garçons, chegava à conclusão de que "o pão dos carcamanos é duro".[65] Antes dele, um observador residente no Brasil, percorrendo as ruas do Catumbi, no Rio de Janeiro, constatava a presença de "centenas de casebres malsãos em que nossos irmãos e filhos de nossos irmãos são minados pela tuberculose e tantos outros males que a miséria e a ignorância produzem".[66]

O problema da moradia foi de difícil resolução durante os primeiros anos de permanência no Brasil. Mesmo quem conseguisse arranjar trabalho e instalar-se sem muito conforto, mas sem sofrer privações, era obrigado a viver em modestas pensões ou em quartos de aluguel. Situação esta particularmente penosa para os que tinham deixado a família na Itália e que teriam podido mandá-la vir graças às facilidades concedidas pelo Cime, mas não estavam em condições de encontrar moradia barata.

O primeiro impacto negativo já era recebido pelos imigrantes na Hospedaria, onde eram alojados enquanto não conseguissem trabalho, quer agrícola, quer industrial. A Hospedaria de São Paulo havia sido reaberta em 1952, depois de ter abrigado por muito tempo a Escola Técnica da Aviação. Nela reinava um clima de grande confusão, devido em grande parte à superlotação do local, determinada não mais pelos europeus, mas pela migração interna: só em 1954, por ela transitaram 100 mil pessoas, das quais apenas 4.300 eram estrangeiras (e a metade delas italianas). A Hospedaria conservava grande parte das características do passado, inclusive a ausência do pessoal consular e as práticas de tráfico de mercadoria humana.

A situação não devia mesmo ser das mais felizes, já que o *Fanfulla* e o Patronato lançaram uma subscrição para os imigrantes italianos que estavam hospedados ali no final de 1952, e que em janeiro do ano seguinte registraram-se choques entre imigrantes e forças policiais. Teve maior eco uma revolta de trabalhadores italianos na Hospedaria da Ilha das Flores, no Rio

---

64 Vide "Fasti dell'emigrazione assistita" (1954); "Emigrazione Corcovado", *Bollettino del Patronato di S. Paolo*, v.4, n.17, p. 4, 1953; "Ancora l'operazione Corcovado", *Bollettino del Patronato di S. Paolo*, v.4, n.18, p.1-2, 1953.

65 Passeri (1958, p.29).

66 L. Ricca, "Per un ospedale italiano in Rio", *Fanfulla*, 28 dez. 1948.

de Janeiro, que envolveu 95 das 550 pessoas que esperavam documentos para poder voltar à Itália por não se terem adaptado ao mundo do trabalho brasileiro.

Sempre na Hospedaria, desta vez de São Paulo, foram bater centenas de refugiados italianos provenientes do Egito em 1956 e 1957, que a Junta Católica Italiana para a Emigração tentou colocar no Brasil, por intermédio do padre Giulio Basetti Sani, apelando para o sentimento de solidariedade dos compatriotas. Chegando sob os auspícios do Cime, os refugiados tiveram grande dificuldade para encontrar emprego, já que muitos só eram qualificados para trabalhos de escritório e nenhum conhecia a língua. Ainda em meados de 1957, 150 indivíduos se encontravam na Hospedaria, apesar de as normas internas não permitirem estadas tão prolongadas. Indubitavelmente, o prestígio religioso da associação que patrocinava a iniciativa conseguiu obter para eles o que era recusado aos imigrantes comuns, inclusive no domínio do trabalho, se for verdade que o padre Basetti Sani obteve empregos para boa parte dos seus assistidos já em fevereiro de 1957.[67]

Também se mobilizaram em favor deles as estruturas assistenciais presentes em São Paulo, da Auxilium à Assistenza Civile Italo Brasiliana [Assistência Civil Ítalo-Brasileira], que organizou sessões de cinema para angariar fundos. As iniciativas caridosas foram, aliás, as únicas com que os mais desafortunados puderam contar parcialmente, tal como ocorrera no passado, com todas as conotações negativas e as deficiências que as tinham caracterizado. Assim, apesar das queixas difusas acerca da ausência de uma entidade que tivesse como objetivo a proteção do imigrante e das propostas de criar um serviço de informações eficiente e operativo sobre o mercado de trabalho, confiando-o eventualmente às agências e correspondentes consulares, a ajuda aos compatriotas necessitados era feita por uma "Epifania" fascista, que mudara de fachada transformando-se em "Natal dos Pobres", ou subscrições, também de caráter nostálgico, pelo menos na denominação ("Lista Única"), lançadas pelo *Fanfulla* e comprometidas por lutas intestinas no seio da colônia. Como prova de que a iniciativa do jornal parecia ditada por desejos de liderança e buscas de primazia na coletividade, um ano depois, isto é, em 1949, outro jornal – *Tribuna Italiana* –, que era inimigo do primeiro, patrocinou o envio a Roma de uma petição de aposentados italianos no Brasil, que há anos não recebiam seus proventos por motivos cambiais.

---

67 "Operai specializzati desiderano emigrare dall'Egitto", *Fanfulla*, 21 out. 1956; "Italiani profughi dall'Egitto senza mezzi e senza lavoro", *Fanfulla*, 12 fev. 1957.

Os óbolos e contribuições dados pelos que respondiam aos apelos de solidariedade eram canalizados para várias instituições, nem todas igualmente eficazes. Seria, em parte, justamente pela falta de uma centralização das contribuições que os impulsos caridosos (de quem se sentia envolvido pelo destino adverso dos compatriotas ou de quem simplesmente apaziguava, assim, a sua consciência) não dariam resultados proporcionais às energias aplicadas. No entanto, eram muitas as pessoas que necessitavam de assistência e que teriam recorrido a instituições criada para esse fim. No segundo pós-guerra, a difícil retomada das atividades das associações italianas e, portanto, a ausência das formas clássicas de beneficência e socorro mútuo favorecem o nascimento de instituições de caridade, cuja dispersão foi, muitas vezes, mortal para as finalidades que as moviam. Será preciso esperar os meados dos anos 1950 para que seja atribuída uma função de liderança à mais importante delas.

A organização que se gabava da maior longevidade foi a que deu contribuições menos consistentes, pelo menos em relação aos italianos no Brasil. Tratava-se do velho Comitato di Soccorso alle Vittime di Guerra [Comitê de Socorro às Vítimas de Guerra], transformado, em 1946, em Auxilium, que, como seção da Cruz Vermelha italiana, vegetou nos anos seguintes, desenvolvendo uma atividade em surdina no campo da assistência material às crianças e enfermos. Na segunda metade dos anos 1940 surgiram, além dela, um Istituto Italo-Brasiliano Pro-Infanzia [Instituto Ítalo-Brasileiro Pró-Infância], uma Assistência Vicentina aos Mendigos e uma Sociedade Beneficente Laboratório Italiano, dirigida por Mira Garavaglia, que confeccionava roupas para os compatriotas pobres.

Em 1946, nascia em São Paulo o Comitato Assistenziale Italo-Brasiliano (que, mais tarde, tornar-se-á Assistenza Civile Italo-Brasiliana) e, poucos meses depois, em janeiro de 1947, seu homólogo no Rio de Janeiro. Em ambos os casos, a iniciativa teve origem nas autoridades consulares. À frente do primeiro encontramos, como sempre, os nomes de figurões da colônia: presidente de honra, Andrea Matarazzo; presidente efetivo, Marina Crespi; vice-presidente, Maria Apollinari; secretário, Pasquale Fratta; e, entre os conselheiros, Egidio Bianchi, Francesco Pettinati, José Falchi, Renato Morganti, Maria Carpano e outros. O trabalho do comitê limitar-se-á à mera distribuição mensal de alimentos, roupas e dinheiro. O número dos assistidos era, em todo caso, bastante reduzido: 400 pessoas em São Paulo e 130 no Rio, em 1949. Seus próprios promotores davam-se conta disso, lamentando-se do desinteresse da coletividade pela iniciativa. Por isso, a instituição do Rio teve momentos de grave crise em 1951, por não encontrar pessoas dispostas a assumir cargos de direção. Alguns anos antes, o comitê de São Paulo atribuíra a inércia quanto aos atos de solidariedade aos antagonismos existentes no seio da comunidade:

> Quantos italianos sabem e quantos, ao contrário, ignoram voluntariamente [...] que há infelizmente tantos compatriotas necessitados, que há muitas necessidades imperiosas a serem satisfeitas, que há muitos sofrimentos a serem aliviados? A coletividade (por que não dizer, em nome, talvez, de uma falsa caridade pátria?) não recuperou, como teria sido útil e necessário, a sua consistência harmoniosa, não soube ou não quis recompor ainda – não na aparência, mas na substância – a sua grande alma, que sempre teve impulsos nobres e generosos, fechar as feridas, calar as dissensões.[68]

Essa mitificação do passado, facilmente contestável no campo da assistência, não podia suprimir uma realidade dolorosa. As queixas acerca da reduzida adesão da colônia a iniciativas desse gênero eram reiteradas, com maior ou menor dramaticidade, por todas as instituições beneficentes, inclusive pela mais importante delas, o Patronato Assistenziale per gli Emigranti Italiani, o qual constatava amargamente que "são muito poucos os nossos compatriotas que, tendo notáveis possibilidades, ajudam o nosso Patronato".[69]

É a essa instituição que, finalmente, em 1955, seria confiada a tarefa de distribuir os subsídios, unificando, assim, os serviços assistenciais, dispersos, antes, em vários canais. Ao mesmo tempo, foi tomada a decisão de destacar um funcionário do Cime para o consulado, com a função de conseguir colocação para os emigrantes no trabalho urbano, enquanto o Patronato fazia um acordo com o Istituto Culturale Italo-Brasiliano para oferecer aos recém-chegados cursos acelerados de português. O Patronato, com a sua sede na rua 7 de Abril, nascera em julho de 1950 por iniciativa de um grupo de italianos. Suas finalidades eram o encaminhamento ao trabalho e a assistência jurídica, médica e hospitalar. Seu primeiro presidente foi Apollinari, substituído em 1955 por Bozzini e, depois, por Breda. Com o passar dos anos, outras instituições surgiram em Santos, Ribeirão Preto, Campinas, Bauru, Rio de Janeiro e Curitiba.

---

68 "L'opera benefica del Comitato Assistenziale Italo-Brasiliano", *Fanfulla*, 23 maio 1947.
69 *Bollettino del Patronato di S. Paolo*, v.2, n.13, p.2, 1952. Os meios à disposição eram extremamente limitados e se esgotavam praticamente na contribuição dos sócios, além de algumas doações, sendo nulas as contribuições governamentais. Entrevista com Amedeo Bobbio, 26 out. 1986.

A maioria dos italianos que se dirigiram ao Patronato de São Paulo em 1951 era vêneta (198 pessoas). Vinham, em seguida, os naturais dos Abruzos (154), da Emília (132), do Lácio (125) e da Campânia (103). No balanço do primeiro ano, registrou-se um gasto de 120.317 cruzeiros, que se elevou a 550 mil em 1953 e a mais de 2 milhões em 1958.[70] Para se ter uma ideia dos serviços que prestava, reproduzimos o balanço das atividades, de 1950 a 1953 (Tabela 2). Comprovando o interesse na instituição e a ampliação das suas intervenções, em 1956 a ela recorreram 20 mil pessoas, 3 mil das quais foram colocadas no mundo do trabalho urbano.

Tabela 2 – Atividade do Patronato Assistencial de São Paulo – 1950-1953

Atividade	1950	1951	1952	1953
Novos imigrantes registrados	497	759	2.107	4.240
Imigrantes colocados	450	600	1.830	3.814
Imigrantes colocados sem confirmação	47	159		
Atos de chamada	1	18	46	
Empréstimos	162	93	87	209
Auxílios em dinheiro e remédios	34	35	124	1.150
Assistência médica	12	67	79	254
Assistência jurídica	13	103	218	470
Imigração dos familiares	–	–	546	2.485

Fonte: *Bollettino del Patronato di S Paolo*, vários números.

7.4. Velha e nova imigração: os antagonismos

Nunca, como no segundo pós-guerra, a chegada das levas mais recentes trouxe tanta perturbação na vida e nas manifestações coletivas dos italianos no Brasil; nunca, como no decênio entre 1946 e 1955, os recém-chegados provocaram tantos rancores, tanta desconfiança, tanta animosidade nos que residiam havia vários anos no país; nunca, enfim, o amálgama foi tão difícil, permanecendo, em grande parte, incompleto. As causas dessa situação foram substancialmente três: culturais, políticas e de geração.

No que diz respeito ao primeiro fator, não há dúvida de que, entre os italianos que chegaram ao Brasil a partir de 1946, muitos possuíam um diploma

---

70 A. B[ozzini], "Un'attività assistenziale che non ha conosciuto ostacoli", *Fanfulla*, 9 set. 1958.

que os seus predecessores não tinham, sendo, portanto, portadores de valores desconhecidos e, em grande parte, incompreensíveis para quem fora obrigado a dar aquele passo vinte ou trinta anos atrás. Além disso, muitos abrigavam em seu foro íntimo o amargor pelo fim de um regime que ruiu sob o peso de um vangloriado crédito e cujas pomposas autoexaltações – em que se acreditou por muito tempo – não aguentaram o choque com a realidade bélica. O estado de espírito de quem emigrava, talvez com medo de que um novo conflito ainda pudesse sacudir a Europa – em particular, a partir do início da Guerra Fria –, não podia deixar de refletir o horror pelas devastações e pelos sacrifícios humanos, os sofrimentos e o desespero que, por tanto tempo, haviam assinalado o destino da pátria. Nessas condições, era inevitável certa dose de ceticismo e rejeição de alguns dos valores-guias que ainda caracterizavam a velha geração, que não tinha vivido de perto e na própria pele o drama do conflito.

A guerra foi, precisamente, um dos inexprimidos, mas quase palpáveis, motivos de atrito entre os velhos e os novos imigrantes, que, confundidos num único *feixe* (nunca uma expressão idiomática foi tão adequada),* eram considerados os principais responsáveis pela derrota e pela rapidíssima queda de prestígio que atingia sobretudo a eles, os italianos no exterior. Além desses aspectos, outras coisas de caráter mais geral concorreram para determinar o difícil convívio dos anos 1940 e 1950. Em primeiro lugar, a atitude da última leva de imigração em relação ao trabalho e aos sacrifícios. O que grande parte da colônia não entendia era a mudança das mentalidades, das exigências, do próprio nível de vida do italiano. Assim, a recusa em dobrar-se, submeter-se, aceitar compromissos humilhantes, a sensação de desconcerto e confusão, a luta para serem defendidos, os pedidos de repatriação, eram interpretados como indolência, vagabundagem, esperteza, má-fé.

Foi praticamente impossível convencer a velha guarda de que "não é escória a gente que chega. É gente que, talvez, não saiba adaptar-se logo a uma vida dura de sacrifício [...]. Ajudemo-la, pelo menos com uma acolhida afetuosa, a superar os primeiros tempos difíceis".[71] Na realidade, percorrendo os depoimentos e os escritos da época, destaca-se sobretudo a impressão causada pelo novo espírito do imigrante, que não é tido como índice positivo de dignidade e orgulho, mas como enfraquecimento acentuado da força moral que animara os velhos.

---

* Em italiano, feixe = *fascio*, palavra da qual deriva *fascismo* e é símbolo deste. [N. T.]
71 L. V. Giovannetti, "Immigranti vecchi e nuovi", *Fanfulla*, 21 dez. 1949.

Ninguém entendia que as condições eram totalmente diferentes, seja no *background* cultural, econômico e social na pátria, seja nas oportunidades oferecidas pelo Brasil no início do século e nas circunstâncias particulares ligadas à fase de desenvolvimento que o país atravessava. Para todos ou quase todos valia a desconcertante comparação entre humildade, heroísmo, tenacidade, parcimônia, resistência à fadiga e às privações dos velhos e a suposta preguiça dos novos. Não é de se espantar que os últimos se ressentissem com a acolhida que lhes era reservada: a mentalidade predominante era a de quem, numa carta a um jornal fascista, afirmava ser o trabalho no Brasil fácil para quem tivesse força de vontade, enquanto, ao contrário, muitos, sobretudo os mais jovens, não aceitavam as ocupações cansativas e viviam de expedientes, procurando explorar a generosidade dos compatriotas residentes, que, por sua vez, não a proporcionavam porque estavam cientes da artimanha.[72] Não foi provavelmente esta a causa principal do reduzido impulso beneficente do período, mas, sem dúvida, contribuiu para contê-lo.

Diante de tanta presunção e mitificação do seu passado, permaneceram isoladas posições como esta, defendidas por um velho colono vêneto do Rio Grande do Sul, que, interrogado a respeito, assim respondia ao delegado da primeira missão oficial enviada ao Brasil em 1949:

> Ficam espantados pelo fato de os imigrantes italianos fugirem, hoje, quando não encontram o que esperavam? Mas se fosse possível fugir antigamente, quantos de nós o senhor acha que teriam ficado? O caso é que, então, não havia estradas, nem jardineiras [ônibus] para voltar a Porto Alegre, e os consulados não pagavam a viagem de volta à Itália.[73]

Antagonismos muitas vezes violentos opuseram, no segundo pós-guerra, fascistas a antifascistas, cujas fileiras foram fortalecidas pela chegada de expoentes das tendências opostas. Assim, ao lado de quem combatera pela causa da liberdade ou simpatizara com ela, chegaram em grande número os inscritos nas organizações do regime, ex-dirigentes e ex-ministros, fugitivos da República Social Italiana, o último baluarte mussolinista após 1943. Que não se tratasse de poucos elementos e que a sua fé fascista fosse profunda e inabalável, demonstra-o a criação, em 1978, da associação Gladium, que reunia precisamente os que haviam feito parte da RSI.

---

72 "Risposta al vecchio emigrante", *Tribuna Italiana*, 11 set. 1948.
73 MAE; Istituto Agronomico per L'A. I. (1951, p.454).

O porta-voz por excelência dessas tendências afirmava sem maior escrúpulo que 95% dos italianos no Brasil tinham saudade do regime passado e que o "bom colono" permanecia insensível aos antifascistas do pós-guerra, tal como fora antes, "retraindo-se ainda mais, encerrando-se em seu silêncio digno".[74] Além da avaliação quantitativa dos fiéis a Mussolini, pouco havia de silencioso nas discussões políticas que dilaceraram a vida da coletividade até a metade dos anos 1950.

Embora a Argentina tenha sido o destino privilegiado dos fascistas que conseguiram escapar da prisão ou que se beneficiaram da medida de anistia, o Brasil também recebeu um discreto número de emigrantes políticos de direita. Ao lado de monarquistas como o duque de Ancona, emigraram, sobretudo para São Paulo, inúmeras personalidades que foram defensoras entusiastas do regime. A categoria dos jornalistas teve certa consistência, com Fabbri, Carta, Profili (que se tornará diretor do *Fanfulla*) e Malgeri, ex-diretor do *Messaggero* de Roma, que se casou com a viúva Crespi e fundou, no Brasil, uma editora importante. Muitos deles haviam renegado Mussolini a partir de 1943 e, precisamente por isso, atraíram a ira dos que, ao contrário, tinham permanecido fiéis à ideia. Era este, seguramente, o caso dos ex-membros do Exército da RSI, que confluíram quase todos ao Gladium: Gualerzi, Rosso, Melchiorri, Galloni, Lucchetti.

Outros não haviam desempenhado cargos importantes na Itália, como Vivaldo Pagni, que, não obstante, foi expurgado, ou já haviam estado no Brasil, como Bifano, secretário do PNF de São Paulo, que regressara à pátria e, depois, novamente ao Brasil, ou, enfim, só tinham sobrenomes comprometedores, como o casal Raimonda Ciano (filha de Galeazzo Ciano e Edda Mussolini) e Sandro Giunta (filho de Francesco, conhecido expoente do fascismo), que possuíam uma fazenda no Brasil.

Menção à parte merecem as personagens que, como muitos jornalistas, não só não acompanharam Mussolini até o fim, como contribuíram para determiná-lo. Refiro-me a Federzoni e Grandi, artífices, com outros, da moção de desconfiança no seio do Grande Consellho do Fascismo, que levou à exautoração do *Duce*. Federzoni, ex-nacionalista e ministro do regime, depois de permanecer escondido num convento de Roma até a ocupação da capital pelos Aliados, aportou no Brasil pouco tempo após seu colega, Dino Grandi, que fora para Lisboa logo depois do 25 de julho com um passaporte falso e com a cumplicidade das novas autoridades governamentais.

---

74 "Memento", *Tribuna Italiana*, 20 mar. 1948.

De Portugal, transferiu-se para São Paulo, graças inclusive ao apoio de Assis Chateaubriand, jornalista e editor.

Apoiado por algumas empresas italianas, Grandi tornou-se um próspero homem de negócios, assumindo inclusive o cargo de diretor da Techint no Brasil. Durante a sua permanência de cerca de dez anos, não foi bem recebido nem pela velha, nem pela nova imigração, tanto que, durante as recepções, muitos recusavam-se até a apertar a sua mão, e a imprensa da colônia recusou-se decididamente a cobrir um banquete em sua homenagem. Foi, em suma, "igualmente execrado por gregos e troianos", boicotado pelos antifascistas, devido ao seu passado até 1943, e pelos adversários destes, devido a seu comportamento em julho daquele ano.[75]

Os mais importantes expoentes da ala que nunca renegou suas ideias fascistas, bastante numerosa no Brasil, eram Venturi, ex-presidente da Confederação dos Trabalhadores Industriais e ex-secretário do Comitê Interministerial de Preços; Pascolato, ex-vice-secretário do PNF e subsecretário da Agricultura; Bellini, ex-chefe de polícia fascista; Cremisini, ex-secretário federal do partido; Parini, que provinha da Argentina. Menção particular merecem Ippolito, Pellegrini e Pedrazza.

Andrea Ippolito, ex-secretário federal do PNF em Milão e Roma, prisioneiro de guerra num *fascist criminal camp*, nos Estados Unidos, casado com uma filha de Matarazzo, desembarcou no Brasil no fim da guerra – reunindo-se à mulher e aos filhos, que haviam voltado para São Paulo em junho de 1944 – e tornou-se um dos diretores da Metalúrgica Matarazzo. Domenico Pellegrini Giampietro, ex-ministro das Finanças da RSI, advogado e professor de Direito da Universidade de Nápoles, foi o principal animador da Companhia de Expansão Econômica Ítalo-Americana, que tinha como finalidade promover atividades agrícolas, industriais e de construção, da qual também eram sócios antifascistas como Felice Orlandi. Suas principais realizações foram a criação de um Banco do Trabalho Ítalo-Brasileiro (que tinha em sua diretoria outro fascista, Domenico Nese) e de uma Companhia de Seguros Sociais. A gestão do banco não se distinguiu pela sua transparência, o que não impediu que Pellegrini criasse um análogo em Montevidéu, em 1952: o Banco del Trabajo Ítalo-Uruguaiano.

O maior propagandista do fascismo no Brasil foi, sem dúvida, Piero Pedrazza, de Treviso, fundador em 1922 do semanário *Camicia Nera* [Camisa

---

75 *La Voce d'Italia*, 17 jan. 1948. Sobre o personagem em questão, veja também, da parte fascista, "Nessuna resurrezione è possibile per questo traditore della Patria!", *Tribuna Italiana*, 6 ago. 1949.

Negra], em sua cidade natal, e, em 1927, da *Illustrazione Veneta*; diretor, em 1929, de *Il Popolo del Friuli*, de Udine, e, de 1933 a 1940, redator-chefe do *Resto del Carlino*, de Bolonha. Voluntário durante o conflito, foi feito prisioneiro pelos ingleses em 1941, primeiro no Egito, depois na Austrália. Repatriado em 1947, transferiu-se para São Paulo, onde fundou a *Tribuna Italiana* (subvencionada, parece, por alguns Matarazzo e Andrea Ippolito), que constituiu o ponto de referência mais eficaz para todos os fascistas nostálgicos no Brasil.[76]

Foi precisamente esse jornal que publicou uma saudação de Valerio Borghese – o mais consumado exemplo de glória militar fascista – aos italianos no Brasil, mensagem esta que, um ano depois, foi repetida nas colunas mais lidas do *Fanfulla*, cujo diretor justificava a sua publicação baseando-se na defesa de uma imparcialidade tão presumida quanto discutível. As poucas linhas de Borghese, em todo caso, ligavam de uma maneira sutil a questão da italianidade à do facciosismo político. O valoroso combatente esquecia-se que uma das teclas em que os seguidores de Mussolini no exterior mais bateram durante o vicênio foi precisamente a da equação antifascismo-anti-italianidade:

> Os italianos que precisaram ir buscar trabalho no estrangeiro, obrigados pelas necessidades econômicas da sua Mãe-pátria ou pelo facciosismo político, são duplamente italianos: porque o são de nascimento, língua e tradição e porque o são diante dos cidadãos da Nação que os hospeda.[77]

A *Tribuna*, sempre ela, se fizera artífice das duas campanhas de cunho inequívoco, ambas em 1948: a subscrição "Donativo Brasil", para os prisioneiros fascistas nos cárceres da Itália, e a petição em favor do marechal Rodolfo Graziani, chefe do Exército da República Social Italiana e que foi processado pela justiça. A campanha foi iniciada em outubro de 1948 e já em março do ano seguinte o jornal festejava, em editorial, uma pretensa resposta em massa à iniciativa, furtando-se, porém, a dar o montante real dessas adesões:

---

76 Para as notícias sobre os fascistas do pós-guerra, baseei-me em A. P[iccarolo], "Prima che l'Argentina Padre Eusebio visitò il Brasile", *La Voce d'Italia*, 21 jun. 1947; E. Amicucci, "Emigranti politici", correspondência de Buenos Aires para o *Giornale d'Italia*, reproduzida, sem comentários, no *Fanfulla*, 12 maio 1949; "Il Banco del Lavoro Italo-Brasiliano", *Fanfulla*, 23 ago. 1950; entrevistas com Luigi Breda (19 set. 1986) – que confirmou as irregularidades do banco de Pellegrini –, Vivaldo Pagni (9 out. 1986) e Valter Gualerzi (12 nov. 1986); notícias esparsas na imprensa italiana da época.

77 *Fanfulla*, 21 jul. 1953. Para a saudação do ano precedente, vide *Tribuna Italiana*, 7 jun. 1952.

muitos milhares de italianos de todas as idades e condições sociais acorreram à nossa redação para assinar o registro enviado ao Presidente da República, pedindo justiça e honra para o ilustre defensor da Pátria. [...] a voz da *Tribuna Italiana* amplificou-se, e não há nada mais significativo do que ouvir o seu eco nas inúmeras cartas que nos chegam de todas as partes, refletindo nossas convicções, nossa fé. Gostaríamos de publicar algumas delas. Vêm do sertão, vêm de cidadezinhas do extremo norte e do extremo sul, de regiões em que há apenas três ou quatro italianos em meio a uma população predominantemente de caboclos; cartas de missionários que mantêm acesa a chama inextinguível da italianidade.[78]

A *Tribuna Italiana* não era, aliás, o único jornal que destilava seu veneno contra a Itália republicana e democrática. Tais objetivos também eram encampados pelo *Diário Latino*, curioso semanário em que escreviam homens conservadores como Nunzio Greco ou velhos entusiastas do fascismo, como Giovannetti, capaz de, no mesmo número, atacar o machismo de certa direita e publicar poesias contra os *partigiani*, assinadas com o pseudônimo de Ausonio Filarete, que reproduzimos em seguida como exemplo do clima de rancor que grassava numa parte da colônia italiana:

> Se i nostri campi e le città salvate
> pur da nemici aveste, or di voi farmi
> esaltator saprei, le meritate
> lodi vorrei col nome insculte in marmi.
> Se aveste audaci sul tiranno alzate
> tra gl'inni ancor de la vittoria l'armi,
> ammirare or potrei l'insanguinate
> mani ed ornarle pio d'alloro e carmi.
> L'animo e il braccio avete voi rivolti
> contro la patria invece, avete i cuori
> de' cittadini d'ombre cupe avvolti.
> E sol per isfogar ciechi rancori

---

78 "Entriamo a vele spiegate nel secondo anno di vita", *Tribuna Italiana*, 12 mar. 1949. Pouco mais de um ano depois, o jornal recebeu um telegrama, de tom enfático, do próprio Graziani, agradecendo pela tomada de posição contrária a sua condenação: "Manifestação desta coletividade italiana testemunho ardente amor nossa cara pátria me torna ainda mais orgulhoso ter-me oferecido em sacrifício para resgatar sua dignidade e honra no mundo" (*Tribuna Italiana*, 27 maio 1950).

con gioia avete gli stranieri accolti,
deste l'Italia in preda a i lor furori.[79]

Sempre no *Diário Latino*, apareceram em 1947 três artigos de Vivaldo Pagni sobre os seus companheiros de viagem para a América Latina, em particular sobre o padre Eusebio Zappaterreni, capelão-geral das tropas da RSI e confessor de Mussolini, que, chegando à Argentina, celebrou uma missa de sufrágio pelo *Duce* no aniversário do seu fuzilamento. Análoga iniciativa tomaram os fascistas do Brasil, capitaneados por Bifani, em abril de 1947. A missa, rezada pelo padre Mario Rimondi, não podia deixar de suscitar as reações dos adversários do regime, e Antonio Piccarolo fez-se intérprete desse estado de espírito, recordando que, enquanto o governo argentino decretara a expulsão de Zappaterreni, nenhuma medida fora tomada pelo governo brasileiro em relação a Rimondi, em São Paulo. E não constava que "as elegantes senhoras que participaram de tal cerimônia, nem os ex-dirigentes do fascismo que a organizaram, tenham sido minimamente perturbados".

O velho combatente da liberdade lembrava também que o problema dos fascistas italianos refugiados no Brasil levara o deputado Lino Machado a fazer uma interpelação aos ministros da Justiça, do Trabalho e das Relações Exteriores para saber quantos italianos tinham entrado no Brasil entre janeiro de 1945 e maio de 1947, como tinham conseguido os vistos, quais os seus nomes, idades e profissões. Comentava, ademais, que, enquanto o visto era recusado a alguns trabalhadores, concediam-se amplas facilidades aos ex-dirigentes fascistas, inimigos da democracia, que, no Brasil, "recomeçaram, protegidos por muitos capitalistas locais de origem italiana, a

---

79 "Se nossos campos e cidades haveis de inimigos salvado, ora de vós saberei fazer-me exaltador e as merecidas loas quererei com o nome esculpidas em mármore. Se ainda haveis, audazes, as armas da vitória sobre o tirano erguido entre os hinos, agora poderei admirar as mãos ensanguentadas e orná-las, pio, de louro e carmes. O ânimo e o braço haveis voltado, porém, contra a pátria, haveis os corações dos cidadãos de profundas trevas envolvido. E só para desafogar cegos rancores haveis acolhido os estrangeiros, destes a Itália em presa aos furores deles" ("Partigiani", *Diário Latino*, 25 set. 1947). No mesmo número, outra poesia acusava a América de ter presenteado a Itália com "morenos vigorosos que deram filhos e com tanto ardor espalharam sífilis e escorbuto" ("Grazie, amici alleati"). Para não ser parcial, porém, atacava igualmente "os primeiros ocupantes da coisa pública, sedentos de poder e de vingança, corja de profissionais do ódio e da paixão política, que confundem continuamente a opinião pública em benefício de seus interesses particulares". E tome insultos a socialistas e comunistas como Nenni e Togliatti ("Lo stato d'animo del popolo italiano").

sua propaganda destinada a dividir e fascistizar de novo a numerosa colônia italiana".[80]

A polêmica, todavia, não pareceu afetar nem as autoridades brasileiras, nem os promotores da iniciativa, nem o público que dela participara. Missas em sufrágio de Mussolini e dos fascistas mortos em 1945 foram celebradas pelo menos até 1953, sempre na Igreja de Nossa Senhora da Paz e sempre pelo padre Rimondi, apesar das pressões do consulado, enquanto cerimônias análogas eram realizadas em Porto Alegre (na Igreja de Nossa Senhora do Rosário, tendo como oficiante o padre Mário Belém), Ribeirão Preto (na Igreja dos Italianos), Rio de Janeiro (na igreja do orfanato Nossa Senhora de Nazaré). Nesta última circunstância, tratou-se da iniciativa de um "assíduo leitor da *Tribuna Italiana*", carpinteiro, para quem não "foi possível encontrar uma igreja mais no centro, devido às dificuldades opostas por certos padres, que não quiseram celebrar, sabe-se lá por quê".[81]

Desde o início, os fascistas tentaram mostrar-se sob uma aparência que não era, decerto, a que havia caracterizado os partidários do regime durante o vicênio em suas relações com os adversários, ou, até, mais simplesmente, com os afascistas: convites e apelos à unidade dos italianos caracterizaram a imprensa e a propaganda dos nostálgicos. Que se tratava de manobras demonstra-o o editorial do primeiro número da *Tribuna Italiana*, em que a longa introdução servia para negar o que propunha no fim e, ao mesmo tempo, recorria ao valor que mais havia atraído os compatriotas de além-mar: o prestígio da nação. Assim, até mesmo os reveses militares do fascismo eram liquidados com a fórmula simplista da conjuração levada a cabo por poucos traidores da pátria:

> Queremos reafirmar nos italianos o orgulho de serem italianos, não obstante o resultado da guerra. Este deveu-se a vários fatores, mas, antes de mais nada, à traição de alguns generais e à inconsciência de alguns homens políticos que, para abater um regime, apunhalaram a Pátria, quando ela estava empenhada num duelo sem precedentes contra as maiores potências militares

---

80 "I fascisti italiani in Argentina e nel Brasile", *La Voce d'Italia*, 21 jun. 1947. O artigo, sem assinatura, é seguramente de Piccarolo.
81 "Nobile iniziativa di un operario", *Tribuna Italiana*, 18 maio 1950. Sobre as missas de sufrágio, ver também A. P[iccarolo], "Prima che l'Argentina Padre Eusebio visitò il Brasile", *La Voce d'Italia*, 21 jun. 1947; A. Piccarolo, "Pro domo mea", *La Voce d'Italia*, 5 jul. 1947; "In memoria degli italiani caduti nell'Aprile 1945", *Tribuna Italiana*, 1º maio 1948; vários números da *Tribuna Italiana*. As notícias acerca das primeiras cerimônias me foram confirmadas por Vivaldo Pagni (entrevista de 9 out. 1986).

do mundo. Mas o valor do combatente italiano não pode ser discutido [...]. Conhecemos bem demais os italianos do Brasil para duvidarmos do seu consenso quanto ao programa da *Tribuna Italiana*; em sua enorme maioria, têm pensamento idêntico ao nosso, fé idêntica à nossa. Mas nem por isso repelimos os poucos que nutrirem sentimentos diferentes. Queremos unir, não queremos dividir os italianos.[82]

Os enunciados verbais a favor da concórdia, sob o emblema do esquecimento do passado, foram frequentes no segundo pós-guerra e não provieram exclusivamente dos que tinham sido derrotados pela história. Convites nesse sentido, ainda que acompanhados de denúncias precisas de responsabilidade, foram feitos inclusive pela nova classe dirigente da pátria. Já em seu segundo número, o quinzenário democrático e progressista *A Voz da Itália* publicava uma saudação do deputado Pacciardi aos italianos do Brasil, em que afirmava que os compatriotas que viviam no estrangeiro não deviam esquecer a Itália, "especialmente quando, como agora, se reergue a duras penas da desventura e se redime, padecendo por pecados que não são seus [...]. Exorto os italianos no estrangeiro a amarem-se entre si e à Itália".[83]

O apelo, na verdade, não convenceu os antifascistas residentes no Brasil. Apenas um mês depois, o mesmo jornal abrigava uma nota de um seu leitor em que este constatava que os partidários do *embrassons-nous* generalizado eram os ingênuos de boa-fé, os fascistas e todos os que tinham apoiado a ditadura. A posição do órgão de imprensa era precisada poucos meses depois:

> A internacional nazifascista – seção de São Paulo – [...] insiste, agora, num novo motivo: os italianos do Brasil deveriam unir-se em torno do puro pendão da pátria, porque, dizem eles, pouco interessa aos italianos no exterior se, na Itália, vigora o regime monarquista ou o regime republicano, se é de esquerda ou de direita, se neva ou brilha o sol na doce terra em que se fala italiano. Significa, em outras palavras, que a coletividade italiana do Brasil é composta de uns pobres coitados que não têm preferências e nao distinguem o bem do mal.[84]

Para defender esse ponto de vista e a sua dignidade de combatentes da causa da liberdade, os antifascistas polemizaram até com quem não era

---

82 "Ci presentiamo", *Tribuna Italiana*, 6 mar. 1948.
83 *A Voz da Itália*, 9 nov. 1946.
84 L'uomo che ride, "Manicomio", *La Voce d'Italia*, 16 ago. 1947. Para as opiniões do leitor, vide *A Voz da Itália*, 21 dez. 1946.

expressão direta do regime passado, mas considerava que havia chegado o momento de superar as divisões políticas em nome do bem coletivo e da reaquisição do papel e do peso que cabiam, no Brasil, à comunidade italiana. Mais uma vez, o porta-voz oficial das opiniões antifascistas foi Antonio Piccarolo, a quem o diretor do *Fanfulla* dirigiu-se, em agosto de 1947, para que ele se tornasse promotor de uma ação pacificadora através das colunas do jornal. Piccarolo aceitou o convite, mas só para declarar que não estava em condições de apoiar a iniciativa por causa da sua idade avançada e da falta de energias. Logo depois, porém, especificava melhor a sua posição, que era de recusa substancial. Na prática, o velho antifascista afirmava que as partes em questão não se mostravam absolutamente dispostas a chegar a um compromisso. Depois de ter recordado o que o fascismo significara para a Itália em termos de perseguições, opressões, crimes, e quanto custariam ao país os esforços para sair da ruína e da humilhação, chegava à essência do seu raciocínio:

> Apesar de tudo isso, a maioria dos antifascistas está disposta a sacrificar, no altar da Pátria, os seus ressentimentos, a sufocar as cóleras que ainda lhe ardem no peito, a cobrir como puder as feridas ainda sangrando e a esquecer. O outro lado, diga-me francamente, dá mostras da mesma boa vontade? Não pedimos a ninguém para recitar o *Confiteor*. Bastaria que, depois de todo o mal de que foram culpados, tivessem o pudor de calar. Mas nem isso sabem fazer. Continuam a agitar-se e a agitar a coletividade italiana, distribuem boletins insidiosos ou anônimos, dirigem ameaças a torto e a direito, não deixam escapar uma ocasião para reafirmar a sua fé fascista e o propósito de fazer reviver a sua organização, mandam rezar missas em sufrágio da alma do *Duce* etc., etc."

Mas estes, segundo Piccarolo, não eram os mais perigosos, até porque poucos tinham a coragem de professar abertamente as suas ideias. Os mais perigosos eram aqueles que, em palavras, se diziam arrependidos e renegavam Mussolini, que alegavam nunca terem sido, no fundo, fascistas, "só tendo declarado sê-lo por erro, por utilidade, porque seus interesses assim os aconselhavam". Entretanto, esforçavam-se em fazer ressurgir as velhas instituições ou em criar novas com o mesmo fim e tornar impossível o êxito de iniciativas que não correspondessem às finalidades que tinham. Essas finalidades eram dar novamente vida ao fascismo, mesmo sem Mussolini.

> Ora, confesso-lhe que tomar uma iniciativa de concórdia nessas condições suscitar-me-ia a dúvida de estar traindo a causa a que me dediquei desde o dia

em que o fascismo nasceu e, ao mesmo tempo, estar traindo a boa-fé dos meus amigos antifascistas. [...] Aos que pregam a concórdia e a paz a qualquer preço, devemos responder, como respondiam os patriotas italianos durante o *Risorgimento* aos que os exortavam a esquecer e a amar o estrangeiro que ocupava as terras italianas, porque eles também eram irmãos: *ripassin l'Alpi e tornerem fratelli* ("atravessem de novo os Alpes e voltaremos a ser irmãos"). Purifiquem-se da peste fascista e a concórdia voltará imediatamente. Perdoe-me, Senhor Diretor, esta longa ladainha. Desabafo de velho teimoso.[85]

A longa missiva de Piccarolo foi seguida de uma réplica igualmente longa de Gaetano Cristaldi, que afirmava, substancialmente, que o problema não era tanto eliminar as razões de fato que estavam na base das discórdias, quanto não levá-las em consideração, não exacerbá-las. No convite feito ao professor piemontês estava implícito que não se tratava de pôr de acordo "vingadores e raivosos" e "obstinados e cabeçudos". De maneira nenhuma!

> Buscaremos a tolerância, necessariamente recíproca, entre probos e arrependidos, entre homens generosos e de boa vontade, os quais, muito mais do que um proveito pessoal, procurem na harmonia, aqui o bem-estar de toda uma coletividade, ali o interesse supremo da pátria [...]. Por mais de um quarto de século abateu-se a tempestade da violência. Os sulcos que nos separavam estão, agora, cheios de mortos: nossos mortos, deles, de todos [...] a consciência, sim, ficaria atormentada se não pudéssemos dizer com franqueza que tudo tentamos, ou melhor, ousamos, para que novo sangue não corresse e novas desgraças fossem afastadas. Quem negará, pois, a operação? Decerto, não os que, como o prof. Piccarolo, puderam extrair da doutrina do amor, da equidade e da sabedoria da vida o espírito sadio de tolerância. Abandonemos os últimos restos de preconceitos e intolerância, justificáveis no calor da luta, mas incompreensíveis depois dela [...]. O prof. Piccarolo, portanto, dirá que sim. Um sim sem condições, sem reticências, sem reservas. Um sim nítido, enérgico e de bom augúrio. Estará com os homens de boa vontade, com os saneadores, com os reconstrutores. Por todas as suas qualidades, tem o direito de dizer e, apesar da sua idade avançada – ou melhor, precisamente por causa da sua idade avançada –, a força também.[86]

---

85 A. Piccarolo, "Si, ma le intenzioni?", *Fanfulla*, 25 ago. 1947. O convite a Piccarolo no *Fanfulla*, 11 ago. 1947.
86 G. C[ristaldi], "Si, senza condizioni", *Fanfulla*, 26 ago. 1947.

Na realidade, Piccarolo não disse absolutamente que sim e, ainda que tivesse comunicado a sua resposta a Cristaldi, o jornal evitou publicá-la. A sua tomada de posição e a de seus amigos foram, no entanto, levadas ao conhecimento da coletividade, ainda que através das colunas de um órgão de imprensa de pequena circulação.[87] O *Fanfulla*, porém, prosseguiu o caminho que tomara sem desviar-se, distinguindo em cada reunião apolítica e em cada manifestação que reunisse algumas centenas de compatriotas o sinal evidente da disponibilidade de agregação em nome da italianidade.[88]

Por isso, o jornal não pôde deixar de alegrar-se quando os acontecimentos internos da política italiana levaram as autoridades e a opinião pública a cessar a campanha de depuração contra os personagens mais comprometidos com o regime. No plano local, essa satisfação foi expressa em termos triunfalistas por ocasião da entrega a Domenico Pellegrini da medalha de prata pelo valor militar.

Naquela data, a questão se encaminhava, de certo modo, para uma conclusão sem vencidos nem vencedores, quase por pura força de inércia, diria eu. O desaparecimento do "velho teimoso" em 1947 contribuiu bastante para essa solução. A morte de Piccarolo tirou de cena a personalidade que mais teria sido capaz de unir e dirigir a frente do antifascismo, graças ao seu prestígio, ao seu ativismo e, também, ao seu protagonismo. Não que as fileiras dos adversários do regime contassem com poucos militantes, tanto mais que foram engrossadas com as novas chegadas. Mas faltava o elemento carismático, capaz de organizar estruturalmente tendências e correntes de opinião. Apesar da presença de gente como Picciotti, Petraccone ou Scalabrino, não foi feita nenhuma tentativa para reconstruir além-mar seções de partidos políticos italianos, com exceção de uma infrutífera proposta promovida por alguns republicanos, em 1947.

A única forma de união antifascista do pós-guerra foi o Centro Democrático Garibaldi, que organizava conferências sobre a luta dos *partigiani*, comemorações conjuntas de Garibaldi e dos mártires caídos sob os golpes do

---

87 "Queremos a união com todos os italianos, ricos e humildes. Mas com uma condição: respeito e apoio à formidável obra de reconstrução do povo italiano; respeito aos homens, de Terracini a Sforza, de Nenni a De Gasperi, que hoje representam, na pátria e no exterior, a jovem República Italiana. Nessas bases, com essas condições, estamos dispostos a ficar ao lado de todos, estamos dispostos a esquecer um passado recente de lutas e amargores, a esquecer insultos, perseguições e ofensas" (L'uomo che ride, "Variazioni sul tema", *La Voce d'Italia*, 13 set. 1947).

88 Veja, por exemplo, G. Cristaldi, "Il vero volto", *Fanfulla*, 2 dez. 1952, onde essa interpretação era proporcionada para a afluência de público italiano a um concerto do Angelicum, composto exclusivamente de artistas nascidos na Itália.

fascismo, reuniões campestres por ocasião do 1º de Maio. Uma vez cessado o motivo de solidariedade e tendo os intelectuais retornado à pátria, o próprio grupo judeu afrouxou os laços com os italianos que se empenharam e se empenhavam contra fascistas velhos e novos. Essa atitude nunca significou, porém, fraqueza e esquecimento. Em 1950, quando Nicola Pende, o mais famoso representante daqueles "cientistas" que tinham redigido, em 1938, o manifesto da raça, chegou ao Brasil para algumas conferências nas universidades do Rio e de São Paulo, a coletividade semita de São Paulo publicou, provavelmente como matéria paga, a seguinte nota no *Fanfulla*: "Por ocasião da presença de Nicola Pende, principal signatário do manifesto antissemita italiano, as seguintes famílias residentes em São Paulo, com renovada dor, recordam seus queridos parentes que o ódio racial levou ao supremo martírio". Seguiam-se as assinaturas de 29 famílias e, depois de cada uma, entre parênteses, os nomes dos familiares mortos, num total de 137 pessoas.[89]

A ausência de formas organizativas dos antifascistas não significava, porém, ausência de capacidade de pressão, de possibilidade de estabelecer orientações e de influência real na comunidade italiana. É verdade que algumas manifestações promovidas por eles, ou de que participavam como protagonistas (é típico o caso das comemorações por ocasião dos aniversários da proclamação da república, realizadas nas sedes diplomáticas), não tiveram êxito, pelo menos quanto à afluência; mas também é verdade que parte das iniciativas coletivas do segundo pós-guerra foram levadas adiante graças a um pequeno grupo não oficialmente estruturado. O fato de que se tratava de uma presença incômoda é demonstrado pela insistência com que alguns setores, perdida a ilusão de apoiar-se na miragem da concórdia, procuraram diminuir a importância e as motivações ideais da frente antifascista no período entre as duas guerras, desacreditando-a e debochando das divisões internas existentes na época, para reduzi-la a mais um episódio de rivalidades pessoais no seio da colônia. Assim escrevia, por ocasião da volta à Itália do embaixador Martini, um jornalista que havia sido um seguidor fiel e abnegado do regime, demonstrando com a sua linguagem a exatidão das acusações feitas anos antes por Piccarolo a propósito dos fascistas "arrependidos":

> Ele foi um pouco vítima do seu passado de *partigiano*, que, embora honre altamente pelo que fez contra o fascismo na Pátria, não lhe permitiu ver com clareza o espírito do ambiente em que devia desempenhar a sua atividade. Não

---
89 *Fanfulla*, 17 maio 1950.

lhe permitiu compreender – embora tivesse podido, graças à sua inteligência, entender muito bem – de que modo era conquistável uma coletividade que o fascismo fascinara. O antifascismo no Brasil não fora mais que um episódio de poucos, que cometeram o erro de colocá-lo no plano em que, infelizmente, se colocam as divisões da colônia [...] o modo pelo qual a luta antifascista foi conduzida no Brasil não teve o mérito de inserir uma aspiração ideal numa vulgar questão de influências. Tanto assim que – sem ofender a memória dos que morreram – assistimos à eliminações recíprocas de líderes cada vez que alguém procurava tomar as rédeas do movimento para dirigi-lo em outro sentido.[90]

Não é absolutamente uma casualidade que o pretexto para esse ataque tenha sido proporcionado pela partida do embaixador, já que os adversários do fascismo tiveram o maior crédito com os novos representantes do governo italiano. Aliás, o *Fanfulla* nunca parou de atacar Martini pelo seu passado de *partigiano*, assim como outros expoentes do corpo diplomático, que, na opinião do diretor do jornal, estavam de conluio com os antifascistas. Essa acusação era feita, com maior razão, pelo *Diário Latino* e pela *Tribuna Italiana*. De fato, não há dúvida de que a estrutura consular valeu-se, com frequência, dos conselhos e da colaboração dos que não se haviam dobrado aos fascistas durante o vicênio. Isso, aliás, estava de acordo com a lógica presente na Itália durante os primeiros anos posteriores à guerra, e era natural que as autoridades diplomáticas procedessem a um expurgo das personalidades mais comprometidas na vida coletiva e oficial da colônia. No máximo, poderíamos concluir, a partir de algumas críticas publicadas no *La Voce d'Italia*, que tal alinhamento às diretrizes da mãe-pátria não foi nem oportuno, nem adequado, e que o expurgo só atingiu alguns dos que dele deveriam ser objeto.[91]

No entanto, já a partir de meados de 1947, o mesmo jornal se alinharia abertamente em favor dos representantes oficiais do governo, defendendo-os vigorosamente contra as críticas e afirmando que seu trabalho era "cheio de dificuldades que nem sempre, por razões evidentes, podem vir a

---

90 F. Rubbiani, "Per una partenza", *Fanfulla*, 28 fev. 1953.

91 Ver, por exemplo, "A proposito dell'unità degli italiani all'estero", *A Voz da Itália*, 7 dez. 1946; e A. Bussaca, "A proposito di un comunicato consolare", *A Voz da Itália*, 1º fev. 1947, em que se lamenta, em tons grosseiros, que o cônsul em São Paulo, Cancellario D'Alema, tenha chamado para fazer parte da Società di Assistenza gente ligada às gestões passadas e que, paralelamente, tenha imposto uma ampliação do Comitato di Soccorso alle Vittime di Guerra, emanação do antifascismo, para promover o acordo entre tendências opostas.

público".⁹² Tal lua de mel não podia deixar de desencadear a ira dos adversários, os quais se lançavam em falatórios de efeito seguro, não desprezando explorar as oportunidades que mais mexiam com o sentimento dos italianos residentes para propor, juntamente com o ataque ao consulado, elementos de distorção da realidade histórica e acusações infamantes aos antifascistas. Assim, quando se tratou de nomear um comitê para proceder ao angariamento de fundos para as crianças italianas vítimas da guerra (órfãos e mutilados), a *Tribuna Italiana* comentava desta maneira a ação do cônsul:

> Ele teria podido compor um comitê apolítico, isto é, composto de pessoas bem-aceitas por todos os italianos, mas não comprometidas com nenhuma simpatia ou tendência política [...]. Senão, deveria ter feito um comitê em que estivessem representadas todas as tendências. Em vez disso, que fez? [...] Formou um Comitê em que, ao lado de inúmeras pessoas irrepreensíveis e bem-aceitas por todos, fazem péssima figura alguns comunistoides que, no Brasil, não representam nada nem ninguém, indivíduos que, para tratá-los bem, diríamos que não... honram nenhum comitê de honra. Tratava-se de homenagear as vítimas de guerra, as crianças italianas mutiladas: era mesmo necessário incluir no Comitê de honra italianos que, com a palavra, com os escritos – e, quiçá, até com o dinheiro – *concorreram para mutilar aquelas crianças?* Que sensibilidade, senhor cônsul-geral! E o senhor ainda ousa espantar-se com a frieza – como costuma chamá-la – que a comunidade italiana demonstra?⁹³

7.5. VIDA COLETIVA: A DIFÍCIL RETOMADA

As divisões e os antagonismos do segundo pós-guerra tornaram particularmente improdutivos os esforços destinados a recriar as estruturas e os instrumentos da vida coletiva que haviam caracterizado os setenta anos precedentes. Algumas das formas associativas do passado não tornarão mais a surgir, outras farão força para deslanchar e, mesmo quando isso ocorrer, não

---

92 "Critiche senza base", *La Voce d'Italia*, 30 ago. 1947. O fato de os antifascistas encontrarem eco no consulado me foi confirmado por Bixio Picciotti, entrevista de 10 out. 1986.

93 "Puó essere il consolato un centro di faziosità?", *Tribuna Italiana*, 12 fev. 1949 (grifos meus). Os "comunistoides", na realidade, não eram senão os elementos genericamente democratas. O jornal de Pedrazza, aliás, também reclamava contra a presença, no Comitê, de Malgeri: "Que representa ele, fascistíssimo diretor do *Messaggero* até as 24 horas do dia em que podia mandar no *Messagero*, depois, no Brasil, descaradíssimo renegador do regime do qual se aproveitou durante vinte anos e de todo seu próprio passado?".

apresentarão as mesmas pulsões e funções de outrora, outras, enfim, recobrarão vigor, mas passarão por um pesado redimensionamento. No geral, os condicionamentos, as críticas, as diásporas, os compromissos e as soluções do início dos anos 1940 haviam marcado por muito tempo a vida comunitária e a própria presença italiana no Brasil, lançando as bases de uma nova dimensão e de novas orientações capazes de condicionar toda a história da colônia até nossos dias, tanto assim que toda tentativa de interpretação da realidade atual deve necessariamente partir do complicado e sofrido período que se seguiu ao conflito mundial.

O setor que mais sofreu com as divisões e a desorientação geral do pós-guerra foi, indubitavelmente, o associativo, cuja reativação foi balbuciante. Percorrer aqueles anos significa sublinhar as indecisões que tornaram particularmente penoso, individual e coletivamente, o reflorescimento da vida das sociedades. Nas condições específicas do período, eram muitos os italianos que se interrogavam sobre a própria oportunidade de reconstruir as velhas estruturas, a ponto de serem frequentemente censurados pelos que acreditavam nesse caminho e pelas próprias autoridades diplomáticas. Para os defensores da necessidade de associação, que, erroneamente, tomavam do passado, recente ou remoto, pretextos para condenar o presente, a dispersão de forças derivava da acesa conflituosidade, sobretudo política, que permeava a vida cotidiana da colônia. Eram os mesmos que se batiam para restabelecer a concórdia, eliminando a herança e as polêmicas acerca do vicênio e apoiando-se no orgulho nacional:

> Parece-me que o problema das posições políticas conta muito, até demais, na realidade que é a Colônia Italiana. O que pode ter acontecido aqui antes da guerra, durante a guerra, depois da guerra, foi e é reflexo do que acontece na Pátria [...]. Estou convencido de que os italianos do Brasil não têm o direito de justificar-se, nem o direito de ignorar-se, nem o direito de sabotar iniciativas, nem o direito de dizer "aquele que era, aquele que foi, aqueles que foram", nem, sobretudo, o direito da indiferença. Penso, ao contrário, que têm um dever: recordar [...] que podemos reunir-nos até mesmo sem o incentivo de uma bandeira, recordar que somos gente boa, mas muito mesmo, e que a gente boa fica bem junta.[94]

---

94 C. Alciati, "La Colonia Italiana", *Fanfulla*, 24 out. 1948. Alciati desembarcara no Brasil no pós-guerra, mas suas ideias não diferiam das de muitos italianos que se encontravam no país havia décadas. Ver, por exemplo, L. V. Giovannetti, "Ricostruire", *Fanfulla*, 25 jul. 1948.

As preocupações acerca da inação associativa eram mais que justificadas naquele momento. De fato, eram poucas, em todo o Brasil, as sociedades que haviam retomado as suas atividades e, entre estas, um número significativo era constituído de instituições que não exprimiam necessariamente exigências de agrupamento em nome da italianidade, como no caso, por exemplo, da Câmara Italiana de Comércio, de São Paulo, ressurgida em maio de 1946, contando com a colaboração da Associação Comercial de São Paulo e incentivada pelo consulado. Presidida por Egidio Bianchi até 1954 (substituído por Carsughi e, depois, por Giorgi), contava com a presença, como secretário, do velho Umberto Serpieri, que ocupara o cargo de 1923 a 1942, quando fora fechada. Sustentada pela adesão de muitas empresas brasileiras, a Câmara de Comércio constituiu-se com um primeiro núcleo de setenta sócios, que se tornaram 319 no fim de 1947. Iniciativas análogas também serão registradas no início dos anos 1950 no Rio de Janeiro e em Curitiba.

Igualmente óbvia, embora por outros motivos, era a manutenção do Hospital Italiano de São Paulo, enquanto no Rio de Janeiro, ainda em 1949, as iniciativas para a criação de uma instituição semelhante eram duplas e concorrentes entre si, com o resultado de se anularem reciprocamente. Algumas das associações que se constituíram tinham, ao contrário, finalidades de caráter político, como o Centro Democrático Garibaldi, em São Paulo, e a Associação Cultural e Beneficente Anita Garibaldi, em Juiz de Fora, criada em março de 1946 por iniciativa de cidadãos italianos e brasileiros. A rigor, esta última não podia sequer ser definida como uma sociedade italiana em senso estrito. Pertenciam à mesma tipologia o Centro ítalo-Brasileiro do Rio de Janeiro, constituído em 1949 com finalidades recreativas e culturais, e o Grêmio Libero Badaró, de São Paulo, nascido antes do fim da guerra, inclusive com a finalidade de manter vínculos amistosos entre os dois países.

Apesar das considerações apresentadas, todas aquelas instituições acabaram sendo, pelo menos durante os primeiros tempos, os focos mais importantes de italianidade, assim como era o Palmeiras, com 20 mil sócios, alguns dos quais pressionavam para que reassumisse a velha denominação de Palestra Italia. Os exemplos de associações italianas no domínio esportivo, aliás, não faltaram no segundo pós-guerra, ainda que de alcance limitadíssimo, comparativamente ao Palmeiras. Assim, surgiu no Rio uma Associazione Sportiva Italiana e, em Curitiba, uma Palestra Italia, enquanto, em São Paulo, veio à luz em 1953, por iniciativa de Amedeo Bobbio, que foi seu primeiro presidente, um time de futebol Pro Patria, composto apenas de jogadores italianos, com a camisa azul da seleção italiana e escudo tricolor no peito, que participou de campeonatos amadores.

Muito trabalhosa foi a reconstituição da Sociedade Dante Alighieri, em São Paulo e no Rio, devido muito mais ao fato de ter uma matriz na Itália do que a iniciativas locais. Sempre nesse terreno, devem ser assinaladas as dificuldades de repropor formas associativas de caráter regionalista, indício da mentalidade diferente do novo imigrante. De fato, em São Paulo, encontramos em 1947 um Circolo Calabrese e uma Polignanesi a Mare, também conhecida como Associazione di Beneficenza San Vito Martire [Associação de Beneficência São Vítor Mártir] (São Vito é o patrono de Polignano), mas será preciso esperar até 1953 para que seja lançada a iniciativa de uma outra instituição regional, no caso friulana.

Foi muito sofrida a reorganização da Veteranos, cuja sede – a Casa Del Prete – fora vendida a preço ínfimo pelo presidente, com a conivência de alguns sócios, no período em que as leis de guerra não permitiam o funcionamento de associações italianas. Esse comportamento deu origem a sequelas judiciárias na segunda metade dos anos 1940, que impediram uma rápida evolução da instituição. A partir de 1955, os espaços de patriotismo militar serão ocupados pela Unione Combattenti d'Italia [União dos Combatentes da Itália], que também acolhia as cônjuges dos mortos e desaparecidos na guerra.

Motivações exclusivamente de italianidade constituíam a base da reconstrução dos poucos círculos e associações que surgiram em algumas zonas do Brasil, entre 1946 e 1956. Em Porto Alegre, reabriram as suas portas a Società Italiana Elena di Montenegro e o Circolo Italiano (1952). No interior do estado de São Paulo, encontramos o Circolo Italiano Gabriele D'Annunzio, de Sorocaba, a Società Italiana di Beneficenza, de Rio Claro, a Società Italiana de Mutuo Soccorso, de Piracicaba, e a Associazione Reduci, de Ribeirão Preto, promotora da missa em sufrágio de Mussolini naquela cidade.

Foram mais numerosas as associações que retomaram as suas atividades na cidade de São Paulo, mas sempre em número bastante reduzido em relação ao passado, inclusive porque os novos tempos haviam tornado menos difundidas e, em certo sentido, menos importantes as finalidades em que se havia baseado, predominantemente, a atividade associativa: a função de mútuo socorro e de beneficência. Pouco depois do fim da guerra, em maio de 1947, reapareceram as Muse Italiche – com seus espetáculos e as suas iniciativas culturais – e a Unione Cattolica Italiana del Braz, cujo secretário era Pasquale Fratta e que se distinguia quase exclusivamente pela organização da comunhão da Páscoa na Igreja Nossa Senhora da Paz. Bem mais tarde, isto é, em 1953, seria reconstituída a Lega Lombarda, que, comprovando o reduzido interesse despertado, fundir-se-á, em 1956, com as Muse, dando vida a uma Lega Italica, que agregará, em 1958, a Pro Patria. As iniciativas destinadas a reconstruir centros italianos se esgotaram praticamente aqui, com o importante acréscimo do Circolo Italiano, cujas vicissitudes permitem fazer um relato bastante significativo das dificuldades e dúvidas que acompanharam, desde o início, as tentativas de retomada das atividades associativas.

Já no imediato pós-guerra, inúmeras pressões foram exercidas para que o Circolo reabrisse suas portas, ainda que, pela importância da instituição, cada um se sentisse autorizado a exprimir pareceres, defendendo-os a todo transe. Assim, Piccarolo e os antifascistas em geral pretendiam que o patrimônio social sequestrado em 1942 fosse restituído não à antiga diretoria, mas a uma nova administração escolhida livremente pela totalidade dos sócios, inclusive os que tinham se "demitido" em consequência da fascistização da associação.[95] Já os nostálgicos se pronunciavam favoravelmente quanto à reabertura, contanto que acompanhada de uma rede de círculos que recopiassem ao pé da letra a organização do *Dopolavoro*, com sociedades de bairro de caráter mais popular ligadas entre si e com finalidades culturais, recreativas e esportivas.

Em setembro de 1948, surgia o primeiro convite para uma reunião destinada a fazer reviver a instituição. A iniciativa, que aparentemente superava as divisões existentes, foi precursora de antagonismos ulteriores bem mais graves, cujo denominador comum era o problema da italianidade. As associações que enumeramos anteriormente tinham, de fato, ressurgido como sociedades entre italianos, excluindo assim, como previa a Lei n.383 de 18 de abril de 1938, os brasileiros natos, ainda que filhos de italianos, e os naturalizados. A questão era de difícil solução no caso do Circolo, já debilitado pelo êxodo dos inscritos em 1938 e reduzido ulteriormente pelas naturalizações do período bélico, presumivelmente numerosas, tratando-se das classes média e alta, que tinham muito a perder com as leis de confisco de bens.

O fato é que uma assembleia extraordinária foi finalmente convocada em agosto de 1950, na sede das Muse Italiche, e, em novembro, o Circolo recebeu a permissão de funcionamento como associação entre italianos. Por todo o mês de março de 1951, sucederam-se as polêmicas acerca da validade da opção feita, aguçadas pela convocação de uma assembleia ordinária, que, de fato, foi realizada no dia 30 de março e deliberou a nomeação para

---

95 A. Piccarolo, "Questioni da risolvere", *A Voz da Itália*, 1º mar. 1947.

presidente de Emidio Falchi, que havia anos lutava pela solução que acabou vencendo. Um numeroso grupo de derrotados – entre os quais Andrea Matarazzo, Vicente Amato Sobrinho, Capuano, Zapparoli, Tomaselli, Conti (todos da velha guarda e alguns também fundadores da sociedade), Rubbiani, Scala, Chiarelli, Ancona Lopes e Colasuonno – fundou em 1952 o Circolo Roma, alegando que em outros lugares muitas associações tinham sido refundadas aceitando também sócios brasileiros.

Enquanto a nova instituição não teve, praticamente, nenhum eco, o Circolo Italiano – dirigido por Falchi até 1957, e por Capone, Scalini e Andrea Ippolito, entre 1959 e 1968 – retomou penosamente o seu caminho, mas nunca mais conseguiu ser novamente a expressão da elite italiana em São Paulo. O motivo que esteve na base da dissidência de 1952 não deu, porém, melhores frutos em termos de representação da coletividade. A escolha da nacionalidade mista, no entanto, foi adotada por algumas associações de São Paulo, que muitas vezes confirmavam uma decisão tomada em 1938. Tal foi o caso da Sociedade Beneficente da Barra Funda, da Bernardino de Campos (ex-Vittorio Emanuele II, fundada em 1879) e da Guglielmo Oberdan, todas elas compostas de italianos e filhos de italianos.

No Rio de Janeiro, esta foi a solução predominante, envolvendo associações de antiga tradição, como a Sociedade de Beneficência, que ressurgiu por iniciativa do coronel Joaquim Henrique Coutinho, ou a velha Fuscaldese Umberto I, que assumiu a denominação de Sociedade Fuscaldese de Mútuo Socorro e Beneficência, perdendo seu caráter ultralocalista, na medida em que podiam fazer parte dela os nativos do município de Fuscaldo, seus filhos e os cidadãos brasileiros natos ou naturalizados. A única concessão estava no artigo 32, que dava aos sócios o direito de exprimir-se, nas reuniões, no idioma materno e, portanto, eventualmente, até em calabrês. Uma função mais agregativa foi provavelmente desenvolvida pela Casa da Itália, que iniciou suas atividades em 1957, numa sede provisória, à espera de retomar posse da sede própria, que estava abrigando a Faculdade de Direito e que reunia as diferentes instituições italianas da capital.

Foi menos atormentado o caminho da imprensa, cuja reativação, todavia, foi caracterizada por uma surpreendente escassez de publicações em comparação com a prolixidade de iniciativas do passado. O único setor em que talvez tenham se registrado progressos foi o das transmissões radiofônicas, em perfeita sintonia com a evolução dos tempos. Os principais animadores desses programas foram Giampaolo Flavioni e Antonella Petrucci (que desembarcou no Brasil junto com uma companhia de teatro), que promoveram em São Paulo, em períodos sucessivos, um *Programa Itália* na Rádio

Cultura (1948), uma *Voce Italiana* na Rádio Cruzeiro do Sul (1949) e uma *Voce Italiana nel Cielo del Brasile*, na Rádio Piratininga (1952), que alegrariam o tempo livre dos italianos com canções e notícias políticas, esportivas e de atualidade da Itália. Além da transmissão principal, surgiram outras, tanto em São Paulo, como no Rio de Janeiro (*Sotto il Cielo di Napoli, Italia Eterna*).

O reino da informação continuou sendo, porém, o da imprensa. Ao lado de pouquíssimos que não assumiram mais o seu caráter italiano, como o *Moscardo*, de Ragognetti, registraram-se tentativas efêmeras e destinadas a ter vida brevíssima, como o reaparecimento, em 1947, de *Il Piccolo* e um *Nuovo Fanfulla*, ambos de periodicidade semanal. Outros jornais tiveram vida mais longa, mas simplesmente porque estavam ligados a instituições ou às próprias estruturas diplomáticas e destinados a circulação bastante limitada: em São Paulo, o *Bollettino Mensile* [Boletim Mensal] do consulado, o *Notiziario Culturale* do Instituto Cultural Ítalo-Brasileiro e o *Bollettino* da Câmara Italiana de Comércio; em Campinas, o *Foglio di Notizie* [Folha de Notícias] do vice-consulado; em Curitiba, o *Bollettino* da Câmara Italiana de Comércio do Paraná e Santa Catarina; no Rio de Janeiro, o *Notiziario Italiano*, publicação mensal aos cuidados da embaixada.

Maior difusão, mas menor duração, tiveram dois jornais de São Paulo: o *Diário Latino* e *A Voz da Itália*, ambos nascidos em 1946 e de tendências políticas diametralmente opostas. O semanário *Diário Latino*, que se definia "órgão da Colônia Italiana" e "jornal anticomunista", era inspirado e provavelmente dirigido por Nino Daniele, ainda que como proprietário-responsável figurasse De Masi. Nele escreviam, entre outros, Giovannetti (antes de passar de novo para o *Fanfulla*) e Nunzio Greco. De posição nitidamente direitista, durou um par de anos.

A Voz da Itália surgiu por iniciativa de alguns antifascistas, entre os quais Piccarolo e Petraccone, a quem provavelmente deve ser atribuída a responsabilidade pela direção. Quinzenário progressista, assumiu a denominação *La Voce d'Italia* em maio de 1947, mas mesmo antes era escrito todo em italiano, como, aliás, o *Diário Latino*. Abrigava colaborações de homens de esquerda da nova Itália, de Parri e Scoccimarro a Di Vittorio, Pertini e Nenni. Embora tivesse uma sucursal no Rio de Janeiro, sua vida foi difícil, tanto que as páginas diminuíram das oito iniciais para quatro em julho de 1947 e assim permaneceram até o fim, ocorrido provavelmente em fevereiro de 1948, não por acaso depois da morte de Piccarolo.

Merece uma menção particular a *Tribuna Italiana*, quando mais não fosse por causa da sua longevidade. Criada por Piero Pedrazza em 6 de março de 1948, o semanário saiu regularmente até dezembro de 1972, voltando a ser publicado após uma breve interrupção e cessando definitivamente a publicação em 1985. O diretor fictício durante o primeiro período foi Nunziato Nastari, mas o jornal era, na realidade, feito pelo próprio Pedrazza e refletia as opiniões políticas dele e dos fiéis irredutíveis do fascismo. Não foi por acaso, pois, que o festejo do seu segundo aniversário ocorreu na Cantina Balilla.* Centrado exclusivamente na vida italiana e na da coletividade imigrada de São Paulo, com acenos episódicos ao cenário internacional numa óptica obviamente de direita, o jornal valeu-se, também, da colaboração eventual de jornalistas como Pettenati, mas sempre foi o ponto de referência dos nostálgicos, assumindo, frequentemente, tons duros em relação à república italiana e, às vezes, indo além dos limites que os deveres da hospitalidade impunham.

A atitude da *Tribuna Italiana* foi várias vezes estigmatizada pela imprensa brasileira, provocando, talvez, o único motivo de atrito do segundo pós-guerra. Desde 1949, de fato, vários jornais – *O Estado de S. Paulo, Diário de São Paulo, Diário da Noite, A Razão* – atacaram violentamente Pedrazza, acusando-o de semear discórdia na colônia italiana, de obstaculizar a amizade entre os dois povos, de fazer a apologia do fascismo, de cobrir de injúrias os governantes democráticos do seu país e das nações amigas do Brasil, esquecendo que

> há um cemitério na Itália onde jazem inúmeros brasileiros que ali caíram para defender exatamente a liberdade que o sr. Pedrazza insulta. Tudo isso dá certeza de que se trata, como na realidade se trata, de um agitador indesejável, exercendo aqui uma atividade que as leis do país vedam a indivíduos nessas condições, isto é, orientando um pseudojornal brasileiro, fomentador de discórdia e propagandista do fascismo, doutrina indesejável no Brasil, embora estranhamente redigido numa língua que não é a nossa.[96]

Apesar das tensões e, por que não, do boicote, a *Tribuna Italiana* teve algum sucesso entre a coletividade imigrada, comprovando quanto fascínio ainda exerce o regime passado. Embora soasse totalmente inoportuno o triunfalismo que percorria as suas colunas acerca da difusão em zonas distantes do Brasil e em toda a América Latina, não há dúvida de que o jornal teve um eco até mesmo além das fronteiras de São Paulo. Não disponho de dados para quantificar o fenômeno no período que estamos examinando,

---

* Recordemos que Balilla era o nome das organizações fascistas de jovens de 8 a 14 anos. [N. T.]
96 "*Anhembi* processada por um jornal fascista", *O Estado de S. Paulo*, 14 dez. 1955.

mas em meados dos anos 1970, de um total de 710 assinantes, 332 residiam na cidade de São Paulo, 63 no interior do estado, 187 no Rio, 69 em Minas Gerais, 28 no Rio Grande do Sul, 17 na Itália, 3 nos Estados Unidos, 1 em Portugal e os outros 8 dispersos no Brasil.[97]

O jornal que continuou sendo o principal expoente da imprensa italiana no Brasil foi, no entanto, o *Fanfulla*, que reapareceu como vespertino no dia 5 de maio de 1947 e se transformou em matutino em setembro do mesmo ano. Seus primeiros tempos não foram, porém, isentos de dificuldades, seja pelas polêmicas que acompanharam a sua reaparição, seja porque toda corrente política e de opinião teria gostado de valer-se do prestigioso órgão de imprensa, seja, enfim, pelo caráter impetuoso e briguento do novo diretor.

No plano mais propriamente jornalístico, o diário adotou uma linha de moderação e de conservadorismo, abrigando artigos enviados da Itália por Sturzo, Einaudi e Corbino. Embora, no início, tenha oscilado, o *Fanfulla* logo tomou posições claramente contrárias à esquerda, usando frequentemente aqueles tons ofensivos que também grassavam na imprensa italiana. Pouco a pouco, a posição do jornal se estabilizou em torno daquela que fora a partir da primeira década do século XX a linha preferida do *Fanfulla*, isto é, a adesão ao governo italiano do momento e apoio às opções internacionais, especialmente a partir do início da Guerra Fria. A própria colaboração de Mario Mariani, em 1951, se dará no plano do anticomunismo. A linha editorial do jornal de São Paulo era assim definida, sinteticamente, em 1948:

> O *Fanfulla* tem como ponto de referência a italianidade, no que essa palavra tem representado de espiritual, moral e artístico na história dos últimos milênios. Tem como ponto de referência a liberdade, aquela máxima e completa liberdade individual que escapa a todo preconceito político ou econômico, nacional ou racial, ético ou religioso. [...] Tem como ponto de referência a concórdia, o respeito e a estima entre os diferentes povos.[98]

Provinciano e pedante, o jornal se ocuparia quase exclusivamente da Itália e da vida italiana no Brasil, tanto que o primeiro editorial verdadeiro sobre o país anfitrião só apareceria em setembro de 1949, tendo como objeto o reatamento das relações diplomáticas entre o Brasil e a Espanha. Os dois colaboradores mais importantes durante os primeiros tempos serão Giovannetti e Rubbiani, logo, porém, ofuscados pela personalidade do diretor,

---

97 Arquivo da *Tribuna Italiana*.
98 G. Cristaldi, "Colore politico", *Fanfulla*, 6 abr. 1948.

Gaetano Cristaldi. A gestão do jornalista siciliano foi, de certo modo, funesta para o jornal, que seguiu progressivamente o caminho do ataque contínuo a homens e instituições. Essa atitude, motivada, segundo alguns, por pressões chantagistas do diretor,[99] levou o *Fanfulla* a empreender campanhas furibundas contra o Patronato, o cônsul, a CBCII, o Banco Francês e Italiano para a América do Sul, a Câmara Italiana de Comércio, o Comitê Italiano para a comemoração do IV Centenário de São Paulo, o Circolo, entre outros, assim como contra indivíduos. O diário recuperará sua credibilidade a partir de 1954, com o afastamento de Cristaldi e sob a direção, primeiro, de Giovannetti, depois de Profili, tornando-se, ao mesmo tempo, um jornal sem personalidade, quase neutro, sem posições polêmicas, obsequioso para com as autoridades diplomáticas e a elite da colônia.

Enquanto as associações e a imprensa muito sofreram, e não readquiriram mais o antigo vigor, o segundo pós-guerra marcou o fim da terceira forma de agregação. Suprimidas para sempre as escolas primárias e o Istituto Medio Dante Alighieri – rebatizado como Colégio Dante Alighieri – mantendo com firmeza a sua opção de nacionalização, muito embora frequentado por elevado número de alunos italianos e filhos de italianos, as possibilidades de ministrar cursos reconhecidos pela mãe-pátria permaneceram ligadas não digo a tentativas, mas a simples sugestões. Descartada imediatamente a a-histórica, se não decididamente louca, sugestão de criar uma universidade italiana sobre "as bases robustas do Istituto Medio Dante Alighieri", feita pela *Tribuna Italiana* em maio de 1951, e diante dos pedidos de algumas famílias de residentes temporários, pensou-se em organizar cursos integrados em 1955.

Dois anos depois, o próprio consulado examinou a hipótese de criar uma escola italiana que, como o Dante Alighieri de antes da guerra, abrigasse cursos médios e liceu científico. Mas, tendo o custo sido considerado enorme, realizou uma espécie de referendo na coletividade, estabelecendo como limite mínimo a adesão de uma centena de famílias. As respostas que recebeu mantiveram-se bem abaixo das expectativas.

Todavia, a vida cultural italiana não foi entregue a iniciativas espúrias. É difícil negar que, exatamente naquele período, a difusão da cultura italiana, entendida não como mera defesa da língua, obteve, talvez, os melhores resultados. Os instrumentos essenciais dessa operação foram o Centro Cultural ítalo-Brasileiro, do Rio, que, no fim dos anos 1950, vai ser substituído

---

99 Entrevista com Vivaldo Pagni (9 out. 1986) e Amedeo Bobbio (26 out. 1986).

pelo Instituto Italiano de Cultura e, sobretudo, o Instituto Cultural Ítalo-
-Brasileiro de São Paulo (Icib).

O Icib nasceu no dia 20 de novembro de 1945, por iniciativa de alguns brasileiros e de um grupo de italianos, na maioria antifascistas e judeus. Inicialmente nas instalações do Comitato di Soccorso alle Vittime di Guerra [Comitê de Socorro às Vítimas de Guerra], em 1951 obteve uma sede própria na rua 7 de Abril, graças a uma "coleta" feita em meio à comunidade italiana e à fiança de Felice Orlandi. As finalidades do Instituto, desde o início, foram: divulgação da língua e da cultura italianas, criação de uma biblioteca e, mais em geral, de um centro de documentação, promoção de contatos entre estudiosos dos dois países. Dirigido a partir de 1948 por Eduardo Bizarri, cuja indicação proveio do Ministério das Relações Exteriores e que tinha certa experiência de ensino no estrangeiro, mas em zonas periféricas, o Icib obteve bons resultados, tanto assim que, em 1951, o ministério lhe atribuiu as prerrogativas próprias aos institutos italianos de cultura, e a Sociedade Dante Alighieri, de Roma, reconheceu-o como seu correspondente em São Paulo, superando, assim, o obstáculo da inércia da sua própria sede na capital paulista.

O trabalho de divulgação da língua é documentado pelo aumento do número de alunos, que passaram de poucas dezenas em 1947 a quase mil a partir de 1955. Também tiveram um aumento significativo as inscrições para os cursos de cultura de nível mais elevado, e que cobriam da literatura à linguística, estética, teatro, pensamento político, história da arte: o curso de 1960 teve 820 assistentes. Paralelamente, surgiram institutos análogos no interior do estado de São Paulo (Campinas, Santos, Rio Claro, Piracicaba, Ribeirão Preto, São Carlos, Bauru, Sorocaba, Araraquara, Atibaia) e em outras zonas do Brasil.

Mas a atividade do Icib não se esgotou nessas iniciativas, que pouco o teriam diferenciado de tentativas semelhantes do passado. Além do convite a personalidades da cultura, como Abbagnano, De Ruggiero, Flora, Ungaretti, o Instituto esteve presente e patrocinou uma série de manifestações, do encontro com personalidades do mundo do espetáculo, da arte, da literatura, do direito, às comemorações de italianos ilustres, às exposições de pintura, às semanas do cinema, à "Exposição do Livro Italiano", seguidas de outras de caráter setorial.

Foi também do Icib que partiu a iniciativa de duas transmissões radiofônicas por ocasião do IV Centenário de São Paulo e de doar à cidade uma estátua de Dante Alighieri, que foi colocada nos jardins da Biblioteca Municipal. Não podemos, enfim, deixar de mencionar o *Notiziario Culturale*, mensário de informação bibliográfica, e a atividade teatral, com repertório todo italiano, levado à cena por uma companhia formada de alunos e ex-alunos dos cursos. Foi igualmente importante a organização da biblioteca (mais de 13 mil volumes no início de 1961) e o incentivo aos estudos e pesquisas, confiado sobretudo ao Prêmio Pasquale Petraccone, instituído em 1951. Em 1960, o Instituto comprava a sede atual, na rua Frei Caneca. Nos anos seguintes, a atividade do Icib se enfraqueceria até praticamente desaparecer, em benefício do Instituto Italiano de Cultura.[100]

A presença no campo artístico, nos anos 1940 e 1950, foi, sem dúvida, bastante significativa, e deixou vestígios evidentes na sociedade cultural brasileira. Não estou me referindo, é claro, à atividade teatral autárquica realizada por um Conjunto Artístico Ítalo-Brasileiro e pelo Grupo Teatral Ítalo-Brasileiro, que, patrocinado pelo restaurante Paribar, estreou em 1958, nem aos sobressaltos de regionalismo explorados com nítidas finalidades lucrativas, como a organização de um festival da canção napolitana, em 1957. Também tiveram pouco sucesso as companhias de revista italianas que se apresentaram no Brasil, aí deixando às vezes elementos que farão sucesso duradouro, como Otello Zeloni. Revelou-se pouco significativa e em nada diferente do passado a colaboração cultural de companhias de opereta, artistas líricos (Beniamino Gigli, Mario Del Monaco, Ferruccio Tagliavini) e grupos teatrais de até algum prestígio provenientes da península (Torrieri-Tofano, Emma Grammatica, Piccolo de Milão, Compagnia del Teatro Italiano, Peppino De Filippo, Torrieri-Gassman-Zareschi, Compagnia dei Giovani).

A cooperação mais interessante foi dada por personalidades que se transferiram para o Brasil e contribuíram, por algum tempo, para reerguer o teatro e o cinema brasileiros. Entre elas, também havia gente de passagem, como Camillo Mastrocinque, que, depois de dirigir o filme *Areião*, voltou para a Itália. Alguns, ao contrário, permaneceram por muitos anos e dividiram as suas atividades entre cinema e teatro: Luciano Salce, Adolfo Celi, Ruggero Jacobbi, Flaminio Bollini, Gianni Ratto, só para citar alguns diretores e roteiristas. Outros, enfim, contribuíram com seus conhecimentos no terreno da fotografia, passando em seguida à direção, como Ugo Lombardi. O sucesso da Vera Cruz no campo cinematográfico foi, em grande parte, mérito de alguns deles.

O setor em que mais se fez sentir a influência e o ensinamento dos artistas italianos foi, sem dúvida, o teatral. Em 1948, quando São Paulo não

---

100 Sobre o Icib, vide Cenni (1975, p.413-5); "Presenza della cultura italiana in San Paolo", *Fanfulla*, 22 jun. 1958; "A 'Casa di Dante' em São Paulo" (1961).

possuía mais em funcionamento um teatro digno desse nome, Franco Zampari, industrial com interesses culturais, fundou, com Francisco Matarazzo Sobrinho, o Teatro Brasileiro de Comédia, que, em pouco tempo, devia tornar-se o mais importante ponto de referência de todo o país. Ele próprio italiano, Zampari valeu-se da colaboração de diretores e cenógrafos peninsulares, que formaram jovens colegas brasileiros: Calvo, Vaccarini, Celi, Salce, Ratto, Bollini, Jacobbi. Muitos voltaram à Itália no fim dos anos 1950 e no início dos anos 1960, quando a situação interna tornou-se difícil para os trabalhadores em espetáculo. Outros, ao contrário, ficaram no Brasil, dedicando-se a outras atividades.[101]

Algumas palavras finais para recordar a obra de Pietro Maria Bardi, há mais de quarenta anos poderoso diretor do Masp de São Paulo, cidade a que chegou em 1946, trazendo consigo algumas obras de arte e uma fama consolidada de crítico e publicista. Com o auxílio de Assis Chateaubriand, conseguiu criar o Museu de Arte, que hoje tem um acervo de mais de mil obras, valendo-se das generosas contribuições de muitos milionários amedrontados com as pressões de Chateaubriand e do seu poderoso império jornalístico.[102] Ao lado de Bardi, devemos assinalar Lina Bo Bardi, ex-diretora do Museu de Arte Moderna da Bahia.

7.6. OS NOVOS HORIZONTES DA ITALIANIDADE

A década posterior à guerra foi prenhe de ocasiões e implicações para definir uma nova dimensão da italianidade, que acabou se chocando com antigas identificações que, se não eram inimigas dessa nova Itália, eram certamente estranhas a ela. Todo o período em questão foi marcado por atritos no plano político e da mentalidade, atritos estes que se arrastarão por muito tempo, contribuindo para tornar difícil, senão impossível, a assunção, pela coletividade, de uma identificação precisa e, sobretudo, unívoca.

É mais fácil a tarefa de descrever as relações com o país anfitrião e a atitude da opinião pública brasileira, substancialmente favorável aos italianos. É pouco provável que isso tenha sido determinado apenas por gestos quiçá propagandísticos, mas, na maioria das vezes, ditados pela boa-fé e por sentimentos de reconhecimento de parte dos italianos, como as cruzadas de

---

101 Foi o caso de Ugo Lombardi, a quem devo parte das informações (entrevista de 16 nov. 1986). Para uma análise sintética do TBC daquela época, vide Cenni (1975, p.411-2).

102 Bardi foi também autor de uma obra sobre os arquitetos italianos no Brasil; vide Bardi (1981).

fraternidade e de amizade de 1948 e 1950, ou a decisão de contribuir para a comemoração do IV Centenário de São Paulo, num sinal coletivo tangível de amor à cidade. Neste último caso, fez-se, sob os auspícios da Câmara Italiana de Comércio, uma subscrição entre a comunidade que levou à construção de um prédio na Faculdade de Física, dedicado a Alessandro Volta.

Por sua vez, os brasileiros retribuíram com um monumento ao imigrante, em Caxias, e, sobretudo, com uma atenção particular para com o elemento italiano, demonstrada em primeiro lugar pelos responsáveis pela administração pública, inclusive nos mais altos níveis. Ninguém era provavelmente tão ingênuo a ponto de pensar que essa atitude não escondia objetivos de promoção da própria imagem; em todo caso, era significativo que, pela primeira vez, o mundo político manifestasse a necessidade de elogiar os italianos e reconhecer não só a sua contribuição ao progresso e ao bem-estar, como a sua laboriosidade, cultura e alegria de viver, como afirmava o governador de São Paulo, Ademar de Barros, por ocasião da reabertura do *Fanfulla*.[103] E, vários anos depois, o próprio presidente da República, Juscelino Kubitschek, utilizaria as colunas do mesmo jornal para exprimir opiniões ainda mais lisonjeiras e fazer votos de uma retomada maciça do fluxo imigratório:

> Motiva-me, a mim, como brasileiro antes de mais nada, o sentimento de gratidão pelo que o sangue e o espírito dos italianos já fizeram pelo Brasil. Nas vastidões da minha Pátria, onde haja uma igreja, uma fábrica, uma escola, um campo arado, uma canção, um sorriso, procurarei e ali acharei um sadio rebento da Itália, tronco e viga de muito do que há de bom e grande no Brasil [...]. Minha Pátria precisa que se repita o caso de São Paulo: e em cada estado brasileiro é preciso que surjam outros Matarazzo, Crespi, Lunardelli, para só ficarmos nestes nomes. Minha melhor saudação aos italianos do Brasil, eu a resumo nestas palavras: precisamos de muitos mais como vós.[104]

O aceno à terra de Piratininga não era, obviamente, casual, já que São Paulo abrigava não somente 70% dos nossos compatriotas, mas também uma cota elevada de seus filhos e descendentes, que frequentemente permaneciam ligados às suas raízes, sobretudo a partir da segunda geração de brasileiros natos. Uma prova de que esse segmento era numeroso e interessante do ponto de vista eleitoral é dada pela frequência com que os candidatos

---

103 *Fanfulla*, 5 maio 1947.
104 *Fanfulla*, 11 dez. 1955.

se dirigiam a ele, utilizando, em geral, para as suas mensagens, o órgão de imprensa mais difundido. Os exemplos são numerosos, mas limitar-me--ei a citar, no caso das eleições de 1950, os de Cristiano Machado e Hugo Borghi (que, além do mais, tinha um sobrenome italiano). Tampouco deve ser esquecida a longa colaboração de Jânio Quadros no jornal, em 1953, com a sua seção "Cinco Minutos", um dos pouquíssimos espaços em português concedidos pelo *Fanfulla*.

É bastante interessante, a esse respeito, o comportamento de alguns filhos ou netos de italianos, que se dirigem aos seus coirmãos ou, simplesmente, aos naturalizados, pedindo o seu voto em nome não de programas ou ideologias, mas de uma defesa da italianidade que eles garantiriam nas assembleias dos estados ou no Congresso. Também em 1950, Vincenzo Ragognetti – candidato do Partido Libertador e animador, no passado, de alguns órgãos de imprensa italianos – assim exprimia explicitamente tal posição, numa carta ao *Fanfulla*:

> Sou cem por cento brasileiro, sim, quanto quiserem, mas italianíssimo de espírito e educação. No Congresso, serei a voz que sempre se elevará para defender e elevar as milenárias virtudes dos italianos da Itália e, especialmente, os grandes méritos dos italianos do Brasil. Conto com você, Cristaldi, grande amigo de todos os tempos, e com o seu *Fanfulla*, bela bandeira de italianidade, pois, vencendo a luta, a italianidade é que sairá ganhando.[105]

Por mais sinceros e interessados que fossem, os reconhecimentos que choveram sobre os compatriotas a partir dos anos 1950 demonstravam, entre outras coisas, que precisamente quando a emigração para o Brasil tornara-se uma opção de poucos e a colônia estava diminuindo, os residentes perdiam, aos olhos da opinião pública local, as características negativas – miséria e ignorância, antes de mais nada – que, por décadas, tinham perseguido os italianos, amalgamados num juízo folclorístico e padronizado. A mudança de perspectiva estava, sem dúvida, ligada às novas categorias profissionais que chegavam de além-mar, mas também à dignidade e mentalidade diferentes que, ao contrário, pareciam tão pouco apreciadas pela velha imigração.

Em geral, as relações com o mundo local foram boas, se excetuarmos alguma pequena dissensão, como a relativa à *Tribuna*, ou alguma queixa de parte dos italianos – aliás, pouco difundidas – acerca do tratamento

---

[105] "Vincenzo Ragognetti, candidato, ci scrive", *Fanfulla*, 2 set. 1950. Para a sua propaganda eleitoral, o ítalo-brasileiro também serviu-se da *Tribuna Italiana*.

reservado aos naturalizados, acolhidos "com certa repugnância e com prevenção na família nacional. O naturalizado não possui a plenitude dos direitos civis. Ele só poderá atuar na vida pública através de procuradores, os cidadãos natos [...] Praticamente, continua a ser considerado um intruso".[106] Tratava-se de recriminações de pouca importância, tal como o eram, na vertente oposta, as que exprimia um leitor de *O Estado de S. Paulo*, que lamentava a difusão de transmissões radiofônicas italianas, apoiando-se num nacionalismo mal-entendido. Claro, o diretor do *Fanfulla* poderia ter replicado com argumentos mais válidos do que o recurso a exemplos de países trilíngues e à presumida ausência de um idioma nacional, já que o português tinha sido importado, do mesmo modo como, no fundo, acontecia com o italiano. No entanto, talvez as ideias mais interessantes e até mesmo tocantes do seu raciocínio estavam na conclusão:

> Nós, italianos aqui residentes, amamos o Brasil. É a nossa segunda Pátria. É a Pátria eleita. Mil motivos despertam em nós esse amor [...]. Deixe-nos, portanto, este bendito cidadão que protesta, amar a sua Terra, a nossa Terra, com franqueza, sem maneiras, sem afetação, formalismos [...]. Deixe-nos dizer e cantar em paz nossos versos e nossa música.[107]

Como vimos, não se pode dizer que as relações no seio da coletividade fossem igualmente idílicas, nem mesmo no terreno da italianidade. A única forma de coesão, não privada de tensões, registrou-se no campo da coleta de auxílios para serem enviados à Itália, circunstâncias em que, atentando bem, a piedade prevalecia sobre a italianidade e o óbolo dado em favor de compatriotas na Itália apaziguava a consciência e permitia eliminar ou reduzir o óbolo para os indigentes da coletividade no Brasil, dos quais se sentiam distantes. A organização mais antiga de canalização dos auxílios foi o Comitato di Soccorso per le Vittime di Guerra, que, até mesmo depois do fim do conflito, distinguiu-se pela coleta de víveres e roupas, e, em fins de 1940, já pusera à disposição do ministro do Exterior, Pietro Nenni, mais de 20 mil pacotes de donativos de cinco quilos cada. A mesma tendência política responderá, no ano seguinte, ao apelo da União das Mulheres Italianas para a construção, na pátria, de um edifício chamado Italianos no Exterior para a Assistência às Crianças Mutiladas, cujas fichas de subscrição eram retiradas no Icib e na redação de *La Voce d'Italia*.

---

106 N. Greco, "L'immigrante è un capitale perduto per la madrepatria", *Diário Latino*, 18 set. 1947.
107 G. Cristaldi, "La lingua di fuori e la lingua di dentro", *Fanfulla*, 20 abr. 1949.

Os donativos para as crianças mutiladas ou órfãs foram a forma de beneficência mais difundida durante os primeiros anos. De fato, iniciativas análogas foram tomadas pelo Comitato Assistenziale Italo-Brasiliano, em 1947, e pelo *Fanfulla*, em 1949. Em tal circunstância, porém, não faltaram os antagonismos, em parte atribuíveis às rivalidades internas, em parte motivados pela atitude arrogante do jornal, que lançou uma própria subscrição com a finalidade de coletar fundos para uma iniciativa assistencial empreendida na Itália pelo padre Gnocchi ("Pequenos mutilados do padre Gnocchi"). As somas recolhidas pela subscrição do diário paulista em competição pela empreendida pelo próprio padre Gnocchi foram muito maiores que as angariadas pela precedente lista única destinada a ajudar os membros necessitados da coletividade: em poucos meses foram coletados, no estado de São Paulo, 349 mil cruzeiros.

Igualmente fracionada foi a iniciativa do inverno de 1951-1952 em favor das vítimas da inundação do Polesine. Embora a subscrição alcançasse a elevada cifra de 112 milhões de liras – contra os 18 da Argentina e os 15 do Chile, colocando, assim, a coletividade italiana do Brasil em segundo lugar, depois da dos Estados Unidos –, ela foi canalizada por diversas estruturas e instituições: em São Paulo, *Fanfulla*, *Tribuna Italiana*, Câmara de Comércio, seção italiana da Cruz Vermelha, Icib, Patronato. A dispersão dos centros de coleta não se deveu apenas a necessidades de caráter operacional que facilitassem as coisas para quem quisesse contribuir, mas correspondeu também a divisões de caráter político, em sentido lato, e pessoais, existentes na colônia.

São precisamente as dificuldades encontradas pela atividade assistencial que podemos tomar como ponto de partida para analisar quanto o próprio discurso sobre a italianidade era anulado por rancores e birras. Até mesmo a insignificância das contribuições relacionava-se a antagonismos de natureza ideológica e a decepções quanto ao desenlace da guerra. Assim, o *Fanfulla*, que não demonstrava antipatia para com o regime passado, reprovava muitos compatriotas, cuja falta de iniciativas caridosas devia-se, ao menos parcialmente, a amarguras pela queda do fascismo e a indisposições para com os imigrantes do pós-guerra, que, recordemos, além de serem considerados preguiçosos e vagabundos, eram vistos como os principais responsáveis por essa queda:

> Muita gente se queixa do *império perdido*. Os que se mostram decepcionados por não poderem ver os italianos em veste imperial não poderão, absolutamente, ser indiferentes à realidade dos andrajos. Quinze anos atrás, havia muita gente de coração terno e caridoso. Se os corações endureceram, a miséria

persiste. Não se trata de *ajudar a gente nova, mas* a miséria velha, a eterna indigência, a constante necessidade presentes e imanentes *em todos os tempos e em todos os povos*, sejam eles imperiais ou proletários, guerreiros ou pacíficos, conquistadores ou justos.[108]

A própria indiferença que parecia reinar no seio da coletividade em relação a manifestações que, de uma maneira ou de outra, envolviam a italianidade, devia ser atribuída, em boa parte, às decepções sofridas. De fato, que motivos podiam levar a comemorar o aniversário da República, em sedes diplomáticas ou progressistas, se muitos recusavam precisamente aquela república surgida da luta dos *partigiani* e permaneciam intimamente monarquistas ou fascistas? Claro, essa atitude se debilitará com o passar do tempo, mas, embora cedendo lugar às novas exigências e à nova realidade, a hostilidade continuará por muito tempo, inclusive nas instituições que mais teriam podido representar pontos de agregação por excelência dos italianos no Brasil, a começar pelo Circolo Italiano, que, na gestão de Ippolito, conhecerá uma guinada ainda mais acentuada – se é que isso era possível – à direita, seguramente não atenuada de maneira significativa nos anos seguintes.

Os fatores políticos assumiram, sobretudo nos primeiros tempos, tons dramáticos, inclusive por causa de comportamentos oficiais dificilmente evitáveis. Assim, se não há dúvida de que os tenazes adversários do regime passado foram, em certo sentido, premiados no segundo pós-guerra, não tanto em termos de cargos, quanto de prestígio e de espaços, também é verdade que não se registrou, em relação aos elementos comprometidos com o fascismo, um rígido processo de expurgo por parte das autoridades diplomáticas – ou, pelo menos, tal processo foi passageiro e de pouca profundidade. Algumas personalidades puderam, contudo, apresentar a auréola do martírio, encontrando compreensão por parte de uma massa, principalmente da classe média, para a qual o fim do fascismo representava o fim da pátria *tout court*.

Isso tudo repercutiu na vida coletiva, traduzindo-se quase sempre em apatia, desinteresse e indiferença em relação às ocasiões que haviam sido vividas anteriormente como mostras de apego às origens e às raízes. Era típico, nesse sentido, o vazio que cercava as iniciativas de caráter cultural, nas quais conferencistas provenientes daquela Itália agora negligenciada, às vezes contavam com uma presença até numerosa de brasileiros – "mas italianos, daqueles que eu costumava encontrar quando, uns vinte anos atrás,

---

108 *Fanfulla*, 29 set. 1948. (Grifos meus.)

peregrinava comemorando datas nacionais, pouquíssimos, tanto que é quase embaraçoso falar em nome deles".[109]

A comparação com o passado, exaltado, sem dúvida, mais do que se devia para ressaltar a ausência e o desinteresse do momento para com as manifestações coletivas e de italianidade, era obviamente sublinhada por aqueles que haviam sido incansáveis apologistas do regime mussolinista. Havia, portanto, em suas análises, distorções interpretativas de um suposto entusiasmo participativo que teria caracterizado o vicênio. Essas constatações, todavia, eram quase sempre acompanhadas, a não ser no caso de comentaristas particularmente insolentes, de convites a reencontrar a concórdia, lado a lado com as exortações a depor armas e rancores, a que já acenamos neste capítulo. Se devia haver um vencedor, diziam em substância, pois bem, que fosse a italianidade:

> Ninguém deve exigir do compatriota renúncias ou conversões. E ninguém deve pretender impor as suas simpatias ou as suas preferências políticas, até porque todo mundo tem o direito de pensar como melhor lhe aprouver e a única coisa verdadeiramente aborrecida e inferior é a intolerância. Mas, quando se trata de afirmações nacionais e de honrar o saber, a cultura, a arte, as afirmações italianas, em suma, todos, acima de qualquer partido e de qualquer tendência política, deveríamos estar de acordo, até porque, independentemente de qualquer outra razão moral e espiritual, é o interesse de todos.[110]

Essa filosofia do "queiramo-nos bem" devia ser necessariamente perturbada por qualquer hipótese que contribuísse para exacerbar os antagonismos, como as frequentes sugestões que visavam, na Itália, conceder o voto aos italianos no estrangeiro. Grandes suspiros de alívio eram soltados toda vez que uma proposta do gênero sucumbia, muito embora os fascistas atribuíssem corretamente o abandono da hipótese de participação eleitoral à consciência de que as forças reacionárias prevaleceriam nas coletividades emigradas.[111]

Existiam, porém, outros fatores que impediam a enunciação de um conceito unívoco de italianidade, em que a maioria pudesse reconhecer-se. O antigo e o moderno, o tradicional e o inovador vieram sobrepor-se aos

---

109 F. Rubbiani, "Ricostruire la collettività italiana", *Fanfulla*, 7 mar. 1950.
110 L. V. Giovannetti, "Fare uno sforzo", *Fanfulla*, 29 ago. 1948.
111 Ver, por exemplo, "Perche gli italiani all'estero non possono votare?", *Tribuna Italiana*, 10 abr. 1948.

motivos políticos de discórdia, acentuando as divisões e fragmentando-as, atravessando às vezes determinado alinhamento e unindo outros. Já vimos como a opção entre emigração espontânea e dirigida não espelhava fielmente as matrizes ideológicas, mas poderíamos dar muitos outros exemplos. No plano meramente episódico, a publicação sob forma de folhetim de um romance do fim do século XIX no *Fanfulla*, no mesmo mês em que o jornal reapareceu nas bancas, não depunha, decerto, a favor da ideia de mudança, do mesmo modo que o repúdio ao neorrealismo cinematográfico italiano demonstrava pouca adaptação às novas realidades da pátria.

Tratava-se, em todo caso, de simples direito de opinião e de divergências que, entre outras coisas, suscitavam ásperos debates, inclusive do outro lado do oceano. Muito mais sérias revelavam-se as incompreensões acerca dos novos valores em que a Itália estava se exprimindo no terreno econômico, político, social e cultural, e acerca da mentalidade dos imigrantes do pós-guerra, que, se não os haviam assimilado, pelo menos tinham experimentado esses valores. Nunca, como no segundo pós-guerra, a fossilização das convicções revelou-se obstáculo insuperável e motivo de ruptura.

Até mesmo uma parte dos intelectuais tradicionais começou a dar-se conta de tal estado de coisas, aquela parte que, talvez até só por razões profissionais, se mostrava mais sensível à nova realidade que estava se delineando. Era sobretudo o mundo produtivo que impressionava a fantasia dessa minoria. Tanto assim que, para exprimir a ruptura com o passado, o diretor do *Fanfulla* recorria aos exemplos de Matarazzo, Crespi e Morganti, cujos herdeiros representavam "uma sequência genealógica não certamente ideal [...] Naqueles três rebentos, que tenho a honra de conhecer pessoalmente, consigo distinguir muito de significativo e nada de representativo". Referindo-se, depois, aos empresários e à mão de obra qualificada que chegou no segundo pós-guerra, assim continuava:

> Não posso dirigir-me a esse novo imigrante com o mesmo palavreado que eu usava para os ouvidos de Gamba, Tomaselli ou Martinelli. Nem posso declarar aos engenheiros da Techint, aos técnicos da Pirelli ou aos industriais da Martini que a Colônia não será mais capaz de livrar-se do hábito de ouvir os velhos sobrenomes Matarazzo, Morganti e Crespi.[112]

Um par de anos depois, o mesmo jornalista ampliava o discurso e afirmava: "A velha Colônia, com todas as honras que lhe são devidas por seu

---

112 G. Cristaldi, "Tempi nuovi", *Fanfulla*, 4 jan. 1952.

esplêndido passado, é algo de acabado e [...] decadente, que não mais se adapta ao dinamismo, totalmente diferente, dos novos tempos".[113]

Apesar deste e de outros profissionais da imprensa, não se pode afirmar que esse ponto de vista prevalecesse a curto prazo nem que, de repente, cessassem as divisões que o pós-guerra criara. Tampouco podia suprimir a diversidade de opiniões e divergências a entusiástica acolhida reservada, em setembro de 1958, a Giovanni Gronchi, primeiro chefe de Estado italiano a pôr os pés na América Latina, cuja mensagem, apenas desembarcou, homenageava velhos e novos imigrantes.[114] Nas enfáticas saudações, compreensíveis em vista das circunstâncias, as divisões presentes eram minimizadas e atribuídas até ao caráter exuberante das peninsulares, cujo número, assim como seu orgulho nacional, eram exaltados:

> Sim, estamos de acordo entre nós. Aconteceram tantas coisas, passou tanta gente! E, numa cidade de três milhões e meio de habitantes, onde os italianos são muitos e vêm, na maior parte, de regiões em que, em geral, as pessoas defendem seus princípios com boa dose de convicta obstinação, não poderíamos pretender vê-los sob uma redoma de vidro. Houve e haverá momentos em que estalam centelhas, mas essa também é uma forma de amor, manifestação de temperamento mediterrâneo, e tudo leva à conclusão de querer-se bem [...]. Não somos colônia italiana, senhor Presidente, como se diz na linguagem consular. Aqui somos os italianos. E pode imaginar o que significa de orgulho e gratidão ouvir-se cumprimentar pelos outros a quem queremos verdadeiramente bem com a frase "eu também sou filho, sou neto de italianos".[115]

A viagem de Gronchi acontecia num momento de transição, mas não marcou a consolidação daquela unanimidade aparente que pareceu ter se formado em torno da sua pessoa. Se, aliás, tivesse posto os pés no Circolo Italiano (o que não sei se aconteceu), ter-se-ia dado conta de que a Itália ali figurada não era a que ele representava. Nele se respirava o ar de reação, mas sobretudo de tradicionalismo. Não se trata, aqui, de exprimir julgamentos de mérito, mas simplesmente de sublinhar como tal situação desincentivava, por um lado, a inscrição de antigos e recentes imigrantes portadores de

---

113 Id., "2001 e probabilità di spugna", *Fanfulla*, 29 nov. 1953.
114 "Deve-se a vocês o fato de o nome da Itália ser respeitado e amado neste grande país e em todos os outros da América Latina", *Fanfulla*, 10 set. 1958.
115 A. Profili, "Benvenuto nella nostra città", *Fanfulla*, 9 set. 1958.

ideias de progresso e, por outro, de quem chegava de uma Itália muito mais rica e diversificada do que a dos anos 1930 e, também, dos anos 1940 e 1950.

Devia ser igualmente desencorajador para os velhos residentes o impacto de uma imigração que trazia poucas canções e nenhum bandolim, uma imigração que, cada vez mais, com o passar dos anos, repudiava o regionalismo ou interpretava-o de acordo com padrões diferentes, em termos talvez culturais, mas não de saga localista e de exclusivismo. Não é casual o fato de que as iniciativas de criação de associações regionais, provinciais ou locais tenham sido tão fracas durante um vicênio inteiro. A recente retomada de tais formas associativas, que proliferaram como fungos sobretudo a partir dos anos 1970, está ligada em grande parte à nova ordem interna da Itália e ao fato de que, a partir daquela época, as regiões obtiveram finalmente a autonomia sancionada pela constituição republicana de final de 1947, autonomia que lhes proporcionou tarefas decisórias e disponibilidades financeiras que foram inclusive utilizadas para sustentar associações de caráter regional no exterior e essa nova situação propiciou a proliferação dessas estruturas nas áreas clássicas de emigração, incluindo o Brasil.

Mas no imediato pós-guerra, para quem atravessara o oceano trinta ou quarenta anos antes ou para quem o fizera mais recentemente, mas com uma bagagem de valores ainda tradicionais, não havia possibilidade de contato e de intercâmbio com os que, embora provenientes do mesmo lugar, exprimiam interesses mais vastos do que aqueles que a simples ambição econômica encerrava. O próprio conceito de cultura foi-se modificando gradativamente, a difusão da instrução tornou-se fenômeno de massa, a imprensa, o cinema, a televisão haviam delineado, nos novos imigrantes, um mundo de horizontes mais abertos e cosmopolitas. Não se tratava, porém, de um simples conflito de gerações, ou, pelo menos, não só isso. As origens comuns não eram necessariamente capazes de manter unidos indivíduos que as entendiam de maneira totalmente diferente. E talvez não seja um dado casual que precisamente nos anos posteriores, quando mais se difundia a imagem da nova Itália, se tenha verificado uma verdadeira explosão de pedidos de passaporte italiano pelos descendentes. Esse fenômeno, que pode ser sem dúvida atribuído ao salto de gerações que estimula os netos de italianos a redescobrirem as suas raízes muito mais do que estimulava os filhos (às vezes pouco orgulhosos da miséria que expulsara os pais da Itália), também é sinal de admiração e reconhecimento pelos resultados da terra dos avós e pela imagem que ela projeta no estrangeiro.

Isso não significa, obviamente, que velhos valores, mentalidades e costumes tenham sido varridos – nem seria justo que o fossem. Manifestações como as festas de Nossa Senhora de Aquiropita, no Bixiga, de San Vito Martire, no Brás, de San Gennaro, no Brás e na Mooca, só para citar o caso de São Paulo, indicam quanta força as velhas tradições ainda têm, ainda que, a bem da verdade, pudéssemos nos perguntar se essas ocasiões não fazem, hoje em dia, muito mais parte da bagagem cultural local do que da bagagem italiana, em sentido estrito.

Para concluir, não me parece arriscado afirmar que se, por um lado, não há uma vontade precisa de desprezar a vasta e complexa identidade da nova Itália, por outro, devemos excluir a possibilidade de que as perplexidades e o distanciamento demonstrados em relação à velha imigração – não só do ponto de vista etário, é claro – signifiquem desconhecimento. O termo mais exato talvez seja "superação". "Fazer a América" não era uma empresa fácil, custava fadiga, humilhações, desespero, até para quem teve êxito nessa empresa. Passados os tempos "heroicos", os protagonistas conhecidos e obscuros desses sacrifícios não devem ser esquecidos, e ninguém pode, ou pretende, suprimir a sua lembrança histórica. Este livro é um testemunho disso. O momento atual requer, simplesmente, que se viva e trabalhe num país a que estamos ligados por vínculos hoje quase seculares, levando e recebendo experiências, valores, empenho, conhecimentos. Só ganharemos com isso.

7.7. Atualizações bibliográficas

Os trabalhos sobre os trinta anos que se seguiram à Segunda Guerra Mundial não foram numerosos se comparados àqueles destinados a ilustrar situações, temáticas e debates relativos à emigração italiana para o Brasil nas décadas anteriores. Entre os estudos publicados para o período 1946-1975 (e em alguns casos mesmo após esta última data) encontramos artigos em revistas especializadas – como Salles, M. R. Rolfsen; Bastos, S. R., "L'immigrazione italiana in Brasile nel secondo dopoguerra: il profilo degli interessi e delle traiettorie", *Studi Emigrazione*, v.XLVIII, n.182, p.267-88, 2011; e Conedera, L. de Oliveira, "Imigração e trabalho: a presença italiana em Porto Alegre no pós-guerra (1946-1970)", *Métis*, v.11, n.12, p.81-96, 2012, e pelo menos três monografias: La Cava, G., *Italians in Brazil: The Post-World War II Experience*, Nova York: Lang, 1999; Ambasciata D'Italia, *Presenza italiana in Brasile: cenni sulle collettività*, São Paulo: Istituto Italiano di Cultura, 1999 (de recorte sobretudo descritivo e mais destinado a retratar a realidade das décadas mais próximas de nós); Facchinetti, L., *O imigrante italiano no segundo pós-guerra e seus relatos*, São Paulo: Angellara, 2004, além de um volume que também diz respeito ao vizinho rioplatense, que tem como objeto a expatriação de duas províncias vênetas: Bertagna, F., *L'ultima America. Emigrazione postbellica in Brasile e in Argentina: studi provinciali di caso (Verona e Vicenza). Primi rapporti. Dati e materiali su partenze, permanenze e "rimpatri"*, Dueville: Agorà, 2008.

Sobre a Companhia Brasileira de Colonização e Imigração Italiana e sobre Pedrinhas, ver Petochi, M., "Storici loro malgrado: i coloni italiani di Pedrinhas Paulista", *Studi Emigrazione*, v.XL, n.150, p.253-75, 2003; e, do mesmo autor, *Menina! Menina! Storia di un'oasi italiana in Brasile: Pedrinhas 1951-1991*, Isernia: Cosmo Iannone, 2007; além da republicação da pesquisa de Pereira, J. B. Borges, *Italianos no mundo rural paulista*, São Paulo: Edusp, 2002. Ainda sobre o tema da colonização agrícola, também foi lançado um livro com o objetivo de ilustrar as tentativas realizadas no segundo pós--guerra no estado da Bahia: Benedini, G. F.; Arquilla, M., *Nella Tana del Giaguaro: storia dell'emigrazione italiana nelle colonie agricole della Bahia*, Viterbo: Sette Città, 2010.

Sobre a chegada às Américas de seguidores de Mussolini (inclusive de nomes proeminentes de seu *entourage*) e de personagens comprometidos com o regime nos anos posteriores ao fim das hostilidades, vide os trabalhos bem-feitos (também relacionados ao subcontinente e em particular à Argentina) daquela que é a historiadora de referência sobre o tema, que listo a seguir: Bertagna, F., "Fascisti e collaborazionisti verso l'America (1945-1948)", em Bevilacqua, P.; De Clementi, A.; Franzina, E. (Orgs.), *Storia dell'emigrazione italiana*, v.I: Partenze, Roma: Donzelli, 2001, p.353-68; Id., "Il movimento "Fede e Famiglia": la fuga dei fascisti italiani in Sud America", *Novecento*, n.8-9, p.47-62, 2003; Id., "Il 'Movimento Fermminile' e la fuga dei fascisti italiani in Sud America dopo la Seconda Guerra Mondiale", *História: Debates e Tendências*, v. 5, n.1, p.182-204, 2004.

Especificamente sobre a Argentina (mas com algumas páginas também dedicadas aos nostálgicos que encontraram abrigo no Brasil), ver, sempre de Bertagna, F., *La patria di riserva: l'emigrazione fascista in Argentina*, Roma: Donzelli, 2006; e, para a situação em ambos os países, Id., "Vinti o emigranti? Le memorie dei fascisti italiani in Argentina e Brasile nel secondo dopoguerra", *História: Debates e Tendências*, v.13, n.2, p.282-94, 2013. Para uma visão geral das tentativas de fugir das próprias responsabilidades e não responder às investigações judiciais em andamento ou prestes a serem iniciadas na Itália e na Alemanha, cf. o artigo de Bertagna, F.; Sanfilippo, M., "Per una prospettiva comparata dell'emigrazione nazifascista dopo la Seconda Guerra Mondiale", *Studi Emigrazione*, v.XLI, n.155, p.527-53, 2004. Sobre a imprensa fascista no Brasil, vale a pena dar uma olhada – sempre tendo em mente as distorções e silêncios ditados pelo afeto – nas memórias da filha de Piero Pedrazza, diretor do longevo *Tribuna Italiana*, Pedrazza, E., *La casa dei Gelsi*, Florença: L'Autore Libri, 2002.

Para os poucos periódicos em língua italiana que circularam depois de 1945, refiro-me ao meu "La stampa italiana in Brasile, 1946-1960", *Archivio Storico dell'Emigrazione Italiana*, v.I, n.1, p.103-18, 2005; para a construção de um verdadeiro império editorial por Civita, ver Scarzanella, E., *Uma editora italiana na América Latina: o Grupo Editorial Abril (décadas de 1940 a 1970)*, Campinas: Editora da Unicamp, 2016. Para uma abordagem de gênero, é útil a leitura do ensaio de Charão, E. Brum, "Mulheres italianas em Porto Alegre (1945-1955): aspectos da imigração urbana", *Revista de Graduação*, n.6, p.1-76, 2013. Para influências culturais, vale a pena conferir Colbari, A., "O legado dos imigrantes italianos para a cultura brasileira", *Revista Brasileira de História*, v.17, n.34, 1997; Galdino, M., "Gli italiani nel cinema brasiliano", *Archivio Storico dell'Emigrazione Italiana*, n.5, p.99-114, 2009; Corato, A. Coelho Sanches, "Além do 'silêncio de um oceano': ideias de Brasil nas representações de um crítico e de artistas e arquitetos italianos depois da Segunda Guerra Mundial", *Anais do Museu Paulista*, v.24, n.2, p.187-215, 2016; e Cerávolo, A. L., "Lina Bo Bardi e a experiência da restauração no Brasil", *Anais do Museu Paulista*, v.28, n.1, p.1-37, 2020.

Bibliografia

Uma primeira advertência: nesta bibliografia o leitor não vai encontrar os livros e os artigos que saíram depois de 1989, que podem ser encontrados na última seção de todos os capítulos.

A segunda advertência é que, visando não sobrecarregar desnecessariamente a relação bibliográfica, achei de bom alvitre não registrar, com raras exceções, obras italianas que, apesar de relativas ao Brasil, se referem minimamente aos temas abordados nesta obra, como geográficos, etnográficos etc., bem como artigos com menos de três páginas e os meramente noticiosos.

Transcrevemos, contudo, para maior comodidade do leitor, o título das revistas que publicavam matérias extensas sobre a imigração italiana no Brasil. (A data entre parênteses refere-se ao início da publicação.)

Annuario del Commercio Italo-Brasiliano (1927).
Atlantica (1929).
Boletim do Departamento Estadual do Trabalho (São Paulo, 1911).
Bollettino Consolare (1861).
Bollettino del Ministero degli Affari Esteri (1861).
Bollettino del Patronato Assistenziale degli Emigranti Italiani di S. Paolo (1951. A partir de 1952 mudou para *Bollettino del Patronato di S. Paolo*).
Bollettino della Società Geografica Italiana (1868).
Bollettino della Società pel Patronato degli Emigranti Italiani (1876).
Bollettino dell'Emigrazione (1902).

Bollettino Quindicinale dell'Emigrazione (1947).
Colombo (1926).
Emigrazione e Lavoro (1917).
Giornale delle Colonie (1913).
Il Brasile (1911).
Il Brasile (Rio de Janeiro, 1887).
Il Consigliere dell'Emigrante (1902. A partir de 1913 mudou para *Giornale delle Colonie*).
Il Giornale delle Colonie (1873).
Italia e Brasile (Rio de Janeiro; São Paulo, 1909. A partir de 1913 passou a ser impressa em Bolonha).
Italiani nel Mondo (1945).
Italica Gens (1910).
La Gazzetta Coloniale (1903).
La Gazzetta delle Colonie e dell'Emigrazione (1907. Em abril, fundiu-se com *La Gazzetta Coloniale*, assumindo essa denominação).
La Patria (1912. A partir de 1913, *Patria e Colonie*).
La Rassegna Nazionale (1879).
La Rivista Coloniale (São Paulo, 1909).
L'Agricoltura Coloniale (1907. Em 1930 mudou para *Rivista di Agricoltura Subtropicale e Tropicale*).
L'Amazzonia (1898).
L'America (1908. Impressa inicialmente em Buenos Aires, sua redação transferiu-se para Turim em 1909).
Le Missione Cattoliche Italiane (1897).
Le Vie del Mondo (1937).
Le Vie d'Italia e del Mondo (1933).
Le Vie d'Italia e dell'America Latina (1924).
L'Emigrante (Brescia, 1913).
L'Emigrante (Lecco, depois em Milão, 1900).
L'Emigrante (Milão, 1880).
L'Emigrante (Turim, 1919).
L'Emigrante (Udine, 1903).
L'Emigrante Italiano (Palermo, 1904).
L'Emigrato Italiano (1937. Continuação de *L'Emigrato Italiano in America*).
L'Emigrato Italiano in America (1903).
L'Emigrazione Italiana (1903).
L'Esplorazione Commerciale (1886).
L'Esportazione Italiana (1898).
L'Italia all'Estero (1901).
L'Italia Coloniale (1900).
L'Italia nelle Colonie (1893).
Marina e Colonie e Giornale del Patronato degli Emigranti (1901. A partir de 1902, *Marina e Commercio: Rivista Italo-Brasiliana*. A partir de 1904, *Marina e Commercio: Rivista Italo-Americana*).
Marina e Commercio e Giornale delle Colonie (1877).

Notiziario dell'Emigrazione (1948).
Nuova Antologia (1866).
Rassegna Contemporanea (1908).
Rivista Coloniale (1906).
Rivista d'Italia e d'America (1923. A partir de 1929, *Atlantica*).
Rivista delle Colonie (1927).
Rivista dell'Italia d'Oltremare (1913).
Rivista di Emigrazione (1908).
Rivista Italo-America (1889).
Rivista Italo-Americana (1902).
Rivista Italo-Brasiliana (1897).
Rivista Italo-Brasiliana (1925).
Rivista Marittima (1866).
Rivista-Bollettino della Camera di Commercio e Industria Italo-Brasiliana (1917).
Vita Italiana all'Estero (1913).

Para as abreviaturas das revistas mais citadas, veja o início do livro.

A., A. Lo stato del Parà. *L'Italia Coloniale*, v.1, n.5, p.16-21, 1900.
AA. VV. *I e II Fórum de Estudos Ítalo-Brasileiros*. Porto Alegre: EST; Educs, 1979.
AA. VV. *Euroamericani*. v.3: La popolazione di origine italiana in Brasile. Turim: Fondazione Agnelli, 1987.
A., M. L'emigrazione italiana al Brasile. *Italica Gens*, v.2, n.10, p.369-86, 1991.
ABRAMO, F. Frente Única Antifascista. *Cadernos Cemap*, v.1, n.1, p.2-92, 1984.
Accordo italo-brasiliano, L'. *Bollettino Quindicinale dell'Emigrazione*, v.3, n.21, p.402-4, 1949.
Accordo italo-brasiliano, L'. *Bollettino Quindicinale dell'Emigrazione*, v.4, n.19, p.373-7, 1950.
ADAMI, J. Spadari. *História de Caxias do Sul*: educação (1877-1967). Porto Alegre: EST; Educs, 1981.
_____. *História de Caxias do Sul*. 2.ed. Caxias do Sul: Paulinas, 1971.
_____. *Festa da Uva*: 1881-1965. Caxias do Sul: São Miguel, [s.d.].
AGNOLI, R. Gli italiani nel Nord del Brasile. *Bollettino dell'Emigrazione*, v.8, p.22-30, 1902.
ALBONICO, A. Immagine e destino delle comunità italiane in America Latina attraverso la stampa fascista degli anni 30. *Studi Emigrazione*, v.XIX, n.65, p.41-50, 1982.
Álbum comemorativo do 75º aniversário da colonização italiana no Rio Grande do Sul. Porto Alegre: Globo, 1950.
ALCEAS, L. Una fazenda modello con scopi economici. *Vie d'Italia e dell'America Latina*, v.2, n.2, p.183-92, 1925.
ALVI, G. Quadro realistico delle possibilità di una emigrazione agricola in Brasile. *Italiani nel Mondo*, v.6, n.11, p.5-7, 1950.
ALVIM, Z. M. Forcioni. *Brava Gente!*: os italianos em São Paulo. São Paulo: Brasiliense, 1986.
_____. Immigrazione e forza lavoro femminile in São Paulo (1880-1920). In: FRANZINA, E. (Org.). *Un altro veneto*: saggi e studi di storia dell'emigrazione nei secoli XIX e XX. Abano Terme: Francisci, 1983a. p.491-512.
_____. Lavoro femminile e economia domestica nelle fazendas di San Paolo all'inizio del secolo. *Studi Emigrazione*, v.70, p.237-47, 1983b.

AMARAL, L. *História geral da agricultura brasileira*. São Paulo: Nacional, 1946.

AMERICANO, J. *São Paulo nesse tempo: 1915-1935*. São Paulo: Melhoramentos, 1962.

_____. *São Paulo naquele tempo: 1895-1915*. São Paulo: Saraiva, 1957.

ANCARANI, U. La colonia italiana di Caxias (Rio Grande do Sul, Brasile). *Bollettino dell'Emigrazione*, v.19, p.3-30, 1905.

Ancora il Brasile. *Bollettino Quindicinale dell'Emigrazione*, v.5, n.8, p.142-6, 1954.

ANDREUCCI, F.; DETTI, T. *Il movimento operaio italiano*: dizionario biografico. 6v. Roma: Riuniti, 1975-1979.

ANNINO, A. Espansionismo ed emigrazione verso l'America Latina (L'Italia Coloniale, 1900-1904). *Clio*, v.12, n.1-2, p.424-5, 1976.

_____. La politica emigratoria dello stato postunitario: origini e controversie della legge 31 gennaio 1901. *Il Ponte*, v.11-12, p.1229-68, 1974.

ANTIBON, P. *Sull'emigrazione al Brasile*. Roma: [s.n.], 1879.

ANTONELLI, P. Lo stato del Rio Grande del Sud e l'emigrazione italiana. *Bollettino del Ministero degli Affari Esteri*, p.225-40, jun. 1899.

ANTONIL, A. J. *Cultura e opulência do Brasil*. Belo Horizonte: Itatiaia, 1982.

APOLLONIO, M. Metodi e sistemi coloniali. *Rivista Italo-Americana*, v.1, n.5, p.80-115, 1902.

ARAÚJO, S. M. Pereira de; CARDOSO, A. M. de Lara. Italianos no Brasil ou a pátria recriada. In: DE BONI, L. A. (Org.). *A presença italiana no Brasil*. v.I. Porto Alegre; Turim: EST; Fondazione Agnelli, 1987. p.333-44.

ARENA, C. *Italiani per il mondo*: politica nazionale dell'emigrazione. Milão: Alpes, 1927.

ARIGONI, A.; BARBIERI, S. *Gli italiani in Sud-America e il loro contributo alla guerra*. Buenos Aires: Arigoni & Barbieri, 1922.

ARMANI, L. *L'emigrazione italiana nell'America del Sud*. Roma: Forzani, 1887.

ARSENE, I. *Gli italiani nel Brasile*. São Paulo: Pater Nostro, 1924.

ASCARELLI, T. *Sguardo sul Brasile*. Milão: Giuffrè, 1949. [Ed. bras.: *Apresentação do Brasil*. São Paulo: SAL, 1952.]

ASSOCIAZIONE TRENTINI NEL MONDO. *1875-1975*: la storia leggendaria dei Trentini in Brasile. Trento: [s.n.], 1975.

Atti relativi alla domanda di patente di vettore per l'anno 1913 e per la linea diretta sovvenzionata Italia-Brasile, presentata dalle compagnie di navigazione Navigazione Generale Italiana, La Veloce, Italia e Lloyd Italiano. *Bollettino dell'Emigrazione*, n.1, p.3-113, 1914.

ÁVILA, Bastos de. *L'immigration au Brésil*. Rio de Janeiro: Agir, 1956.

AZEVEDO, L. *Sangue italiano e a terra de Piratininga*: a colônia italiana no progresso do Brasil. São Paulo: Gráfica Cinelândia, 1946.

AZEVEDO, S. de Almeida. Imigração e colonização no estado de São Paulo. *Revista do Arquivo Municipal*, v.75, p.105-57, abr. 1941.

AZEVEDO, T. de. *Italianos na Bahia e outros temas*. Salvador: Empresa Gráfica da Bahia, 1989.

_____. *Italianos e gaúchos*. Porto Alegre: Instituto Estadual do Livro, 1975.

_____. Aculturação de italianos no Rio Grande do Sul. In: *Gaúchos*: a fisionomia social do Rio Grande do Sul. 2.ed. Salvador: Progresso, 1968. p.69-115.

AZZI, P. *A Igreja e os migrantes*. v.II: A fixação da imigração italiana e a implantação da obra escalabriniana no Brasil (1904-1924). São Paulo: Paulinas, 1988.

AZZI, P. *A Igreja e os migrantes*. v.I: A imigração italiana e os primórdios da obra escalabriniana no Brasil. São Paulo: Paulinas, 1987.

AZZOLINI, O. Constanza ed operosità italiana. La fabbrica di sigarette Sudan in S. Paulo. *Vie d'Italia e dell'America Latina*, v.4, n.11, p.1255-60, 1927.

AXERIO, E. Lo stato del Goyaz. *Bollettino del Ministero degli Affari Esteri*, p.3-18, jan. 1911.

B., A. Variazioni sul tema della emigrazione a viaggio gratuito per il Brasile. *Rivista Coloniale*, v.8, n.2, p.4-43, 1913.

BAGAGLI, C. *Letture classe seconda*. Roma: Scuole Italiane all'Estero, 1932.

BAILY, S. L. The Role of Two Newspapers in the Assimilation of Italians in Buenos Aires and São Paulo, 1893-1913. *International Migration Review*, v.12, n.3, p.321-40, 1978.

BALBO, I. *Legiões aladas sobre o mar*. Rio de Janeiro: Officinas do Jornal do Brasil, 1932.

BALHANA, A. Pilatti. *Santa Felicidade, uma paróquia vêneta no Brasil*. Curitiba: Fundação Cultural de Curitiba, 1978.

_____. *Santa Felicidade*: um processo de assimilação. Curitiba: Haupt, 1958.

_____. L'emigrazione italiana nello stato del Paraná. *Italiani nel Mondo*, v.13, n.22, p.12-8, 1957.

BALLETTA, F. *Il Banco di Napoli e le rimesse degli emigranti (1914-1925)*. Nápoles: Institut International d'Histoire de la Banque, 1972.

BANANÉRE, J. *La divina increnca*. 2.ed. São Paulo: Masucci, 1962.

BANDECCHI, P. Brasil. Documento sobre a imigração italiana em Ribeirão Preto. *Revista de História*, v.72, p.601-12, 1967a.

_____. *Problemas de imigração na região Sul*. São Paulo: Obelisco, 1967b.

BANDEIRA JR., A. F. *A indústria no estado de São Paulo em 1901*. São Paulo: Diário Oficial, 1901.

BANDEIRA, L. A. Moniz; MELO, C.; ANDRADE, A. T. *O ano vermelho*: a Revolução Russa e seus reflexos no Brasil. 2.ed. São Paulo: Brasiliense, 1980.

BANDONI, A. *La fatalità storica della Rivoluzione Sociale*. São Paulo: SCP, 1921.

BARBOSA, F. D. *Antonio Prado e sua história*. Porto Alegre: EST; Educs, 1980a.

_____. *São Virgílio da Segunda Légua*: cem anos de história. Porto Alegre: EST; Educs, 1980b.

_____. *Campo dos Bugres*. Porto Alegre: EST; Educs, 1975.

_____. *Semblantes de pioneiros*: vultos e fatos da colonização italiana no Rio Grande do Sul. Porto Alegre: Sulina, 1961.

BARBOSA, N. A. Madsen. *Imigração italiana em S. Bernardo do Campo*. São Bernardo do Campo, SP: Prefeitura do Município, 1975.

BARDI, P. M. *Contribuições dos italianos na arquitetura brasileira*. São Paulo: Fiat Brasileira; Fondazione Agnelli, 1981.

BARRECCHIA, D. *Il manuale dell'emigrante italiano*. Caserta: Saccone, 1903.

BARRETO, A. Castro. Espressioni culturali della immigrazione italiana nel Brasile. *Rivista di Agricoltura Tropicale e Subtropicale*, v.52, n.10-12, p.526-31, 1958.

BARRUCCO, O. *Dodici anni di residenza in Brasile*. Rocca di S. Casciano: Tip. Cappelli, 1901.

BARTOLOTTI, D. *Alcune verità sulla emigrazione italiana*: per la soluzione del problema emigratorio. Milão: Gastaldi, 1953.

_____. *Il Brasile Meridionale*. Roma: A. Stock, 1930.

_____. *L'oro verde del Brasile*. Sancasciano Val di Pesa: Soc. Ed. Toscana, 1928.

BARTOLOTTI, D. *In Brasile*. Genova: Siag, 1926.
BASBAUM, L. *História sincera da República*. 4v. São Paulo: Alfa-Ômega, 1982.
BASSANEZI, M. S. C. Beozzo. Família colona: italianos e seus descendentes numa fazenda de café paulista. In: ROSOLI, G. (Org.). *Emigrazioni europeee e popolo brasiliano*. Roma: CSER, 1987. p.272-92.
BATTISTEL, A. *Colônia italiana*: religião e costumes. Porto Alegre: EST; Educs, 1981.
_____; COSTA, R. *Assim vivem os italianos*. 3v. Porto Alegre: EST; Educs, 1982-1983.
BAUER, R. Il dramma dell'emigrazione. *Bollettino Quindicinale dell'Emigrazione*, v.7, n.2, p.17-21, 1953.
BEIGUELMAN, P. *A crise do escravismo e a grande emigração*. São Paulo: Brasiliense, 1981.
_____. *Os companheiros de São Paulo*. São Paulo: Símbolo, 1977a.
_____. *A formação do povo no complexo cafeeiro*: aspectos políticos. São Paulo: Pioneira, 1977b.
_____. A grande imigração em São Paulo. *Revista do Instituto de Estudos Brasileiros*, v.3, p.9-116; v.4, p.145-57, 1968.
BELCREDI, G. G. Condizioni dei coloni italiani nello Stato di S. Paolo (Brasile). *L'Italia Coloniale*, v.3, n.6, p.40-4, 1902.
BELLI, B. *Il caffè*: il suo paese e la sua importanza (S. Paolo del Brasile). Milano: Hoelpi, 1910.
_____. L'emigrazione italiana nello Stato di San Paolo (Brasile). *L'Esplorazione Commerciale*, v.23, n.7-8, p.100-12, 1908.
_____. Lo stato di San Paulo: note commerciali e confronti statistici. *L'Esplorazione Commerciale*, ano XVIII e XIX, diferentes números, 1903-1904.
_____. *Le relazioni commerciali fra l'Italia e il Brasile*. São Paulo: Typ. Gerke, 1902.
_____. *Memoria sulla condizione dei coloni italiani nella Provincia di San Paolo (Brasile)*. São Paulo: Tip. Gli Italiani in S. Paolo, 1888.
BELLI, N. *Giornalismo italiano in Brasile*. São Paulo: [s.n.], 1923.
_____. *In Brasile*. Firenze: Tip. Bini-Santori e Sevieri, 1892.
BELLI, P. *Al di là dei Mari...* Florença: Vallecchi, 1925.
BELLUCCI, R. *Pagine di verità e di vita*: cinquant'anni di storia de la popolazione di São Caetano. São Paulo: Tip. Argus, 1927.
BENCI, G. *Economia cristã dos senhores no governo dos escravos*. Porto: Apostolado da Imprensa, 1954.
BENEDETTI, E.; SALMONI, A. *Architettura italiana a San Paolo*. São Paulo: Instituto Cultural Ítalo-Brasileiro, 1953.
BENEDUCE, A. Saggio di statistica dei rimpatriati dalle Americhe. *Bollettino dell'Emigrazione*, v.11, p.3-119, 1911.
_____. Sul movimento di rimpatriati dalle Americhe. *Giornale degli Economisti*, v.41, p.225-58, 1910.
Beneficienza e patronato. *Italia e Brasile*, v.3, n.2-3, p.54-60; v.3, n.4, p.147-53, 1911.
Benemerenze italiane all'estero: la Banca Francese ed Italiana per l'America del Sud. *Vie d'Italia e dell'America Latina*, v.1, n.6, 1926.
BEOZZO, J. O. Il clero italiano in Brasile. In: *Euroamericani*. v.3: La popolazione di origine italiana in Brasile. Turim: Fondazione Agnelli, 1987.

BERETTA, P. L. *La colonizzazione italiana nel Rio Grande do Sul (Brasile)*. Pavia: Istituto di Scienze Politiche, 1976.

_____. Utilizzazione del suolo e insediamento rurale nell'area di colonizzazione italiana del Rio Grande do Sul (Brasile). *Bollettino della Società Geografica Italiana*, v.1, n.6, p.51-90, 1975.

BERNARDES, N. A colonização europeia no Sul do Brasil. *Boletim Geográfico*, v.10, n.109, p.442-8, 1952.

BERNARDEZ, M. *Nel paese dell'oro verde*: il Brasile. Roma: Maglione & Strini, 1925.

_____. *Il gigante giacente*: note e ricordi di dodici anni di vita nel Brasile. Roma: Maglione e Strini, 1924.

BERNARDI, A. *Vita e storia di Nanetto Pipetta, nassuo in Italia e vegnudo in Merica per Catare la Cucagna*: uma epopeia da imigração italiana. Porto Alegre: EST; Educs, 1975a.

_____. *Storia de Nino, Fradello de Nanetto Pipetta*. Porto Alegre: EST; Educs, 1975b.

BERNARDI, T. F. Lo stato di Minas Geraes. In: MAE. *Emigrazione e colonie*: raccolta dei rapporti dei R. R. Agenti Diplomatici e Consolari. Roma: Tip. Manuzio, 1908. p.19-166.

BERTAGNOLLI, C. L'emigrazione dei contadini per l'America. *La Rassegna Nazionale*, v.38, n.9, p.94-122, 1887.

BERTARELLI, E. *Il Brasile Meridionale*: ricordi e impressioni. Roma: Nazionale, 1914.

_____. S. Paulo. *Patria e Colonie*, v.2, n.4, p.285-93, 1913.

_____. Le *fazendas* brasiliane e le grandi piantagioni di caffè. *La Patria*, v.1, n.4, p.315-25, 1912.

BERTOLLA, C. Rapporto. In: MAE. *Emigrazione e colonie*. Roma: Bertero, 1893. p.132-46.

BETRI, L. *Cittadella e Cecilia*: due esperimenti di colonia agricola socialista. Milão: Del Gallo, 1971.

BETTINI, L. *Bibliografia dell'anarchismo*: periodici unici anarchici in lingua italiana pubblicati all'estero. Firenze: CP, 1976.

BEVERINI, G. B. Nella zona coloniale agricola del Rio Grande del Sud (Stati Uniti del Brasile). *Bollettino dell'Emigrazione*, v.10, 1913.

_____. Lo stato di Espirito Santo. In: MAE. *Emigrazione e colonie*: raccolta di rapporti dei R. R. Agenti Diplomatici e Consolari. Roma: Tip. Manuzio, 1908. p.390-405.

BEVILACQUA, C. Cecere. *Nobilità italiane in Brasile*. Rio de Janeiro: [s.n.], 1911.

BEZZA, B. (Org.). *Gli italiani fuori d'Italia*. Milano: Angeli, 1983.

BIANCO, F. Il legame spirituale tra l'Italia e il Brasile. Il problema della cultura italiana all'estero. *Emigrazione e Lavoro*, v.6, n.7, p.1-8, 1922a.

_____. *Il paese dell'avvenire*. Milano: Mondadori, 1922b.

_____. La celebrazione del centenario brasiliano. Una nuova collaborazione fra l'Italia e il Brasile. *Nuova Antologia*, v.219, n.1210, p.348-56, 1922c.

_____. *L'Italia e il Brasile*. Milano: Treves, 1920.

_____. *La verità sul Brasile resa in forma popolare ad uso del colono italiano*. Nápoles: Tip. Centrale, 1903.

BISSOLI, O. *Memórias de um imigrante italiano*. Vitória: Fundação Ceciliano Abel de Almeida, 1970.

BLANCATO, V. S. *Scelta di discorsi e interviste del Conte Francesco Matarazzo*. São Paulo: Typ. Paulista, 1926.

_____. *Conte Francesco Matarazzo*. São Paulo: Monteiro Lobato, 1925.

BLESSICH, A. Per l'accordo commerciale col Brasile. *Rivista Italo-Americana*, v.1, n.1, p.17-31, 1902.
BODIO, L. *Sulle condizioni degli italiani all'estero*. Roma: Tip. La Speranza, 1907.
_____. Della nuova legge 31 gennaio 1901 per la tutela degli emigranti. In: CONGRESSO GEOGRAFICO ITALIANO, 4. *Atti del...* Milão: Bellini, 1902a. p.332-45.
_____. Dell emigrazione italiana e della legge 31 gennaio 1901 per la tutela degli emigranti. *Nuova Antologia*, v.99, n.731, p.529-40, 1902b.
_____. Dei provvedimenti che potrebbero rendere più efficace la protezione degli emigranti italiani. In: CONGRESSO GEOGRAFICO ITALIANO, 2. *Atti del...* Roma: Civelli, 1896. p.289-304.
_____. Della protezione degli emigranti in America. *Nuova Antologia*, v.60, n.24, p.628-44, 1895.
_____. *Della emigrazione italiana nell'anno 1876*. Roma: Tip. Elzeviriana, 1877.
BOGNI, P. A. Parrocchia di S. Luiz de Casca. *L'Emigrato Italiano*, v.26, p.75-80, out. 1937.
_____. Tra gli emigrati italiani a Rio Grande del Sud (Brasile). *L'Emigrato Italiano in America*, v.16, n.4, p.4-10; v.17, n.1, p.7-10; v.17, n.2, p.57-9; v.17, n.3, p.21-3; v.17, n.4, p.6-9, 1922-1923.
BOITEUX, L. *Primeira página da colonização italiana em Santa Catarina*. Florianópolis: Imprensa Oficial do Estado, 1939.
_____. *Italianos em Santa Catarina*. Florianópolis: [s.n.], 1925.
BONACCI, G. *L'Italia vittoriosa e la sua espansione nel mondo*. v.I: Nel Brasile. Roma: Banca Italiana di Sconto, 1920.
BONARDELLI, E. *Lo stato di S. Paolo del Brasile e l'emigrazione italiana*. Turim: Bocca, 1916.
_____. La protezione dei coloni italiani nello stato di S. Paolo. *Italica Gens*, v.6, n.1-2, p.6-23, 1915a.
_____. Gli scioperi agrari nello stato di S. Paolo. *Italica Gens*, v.6, n.1-2, p.24-39, 1915b.
_____. Vita intellettuale, sociale, religiosa degli italiani nello stato di S. Paolo. *Italica Gens*, v.6, n.3-6, p.95-108, 1915c.
_____. La piccola proprietà nello stato di S. Paolo. *Italica Gens*, v.6, n.7-9, p.171-84, 1915d.
_____. Interessi commerciali e interessi d'emigrazione: la questione della linea diretta al Brasile. *Italica Gens*, v.5, n.9-12, p.177-87, 1914a.
_____. L'assistenza igienico-sanitaria degli emigrati nello stato di S. Paolo. *Italica Gens*, v.5, n.3-8, p.114-27, 1914b.
_____. Il caffè nello stato di S. Paolo e la sua importanza commerciale. *Italica Gens*, v.5, n.3-8, p.190-220, 1914c.
_____. Per l'assistenza sanitaria degli emigrati nell'America del Sud. *Italica Gens*, v.2, n.5, p.193-205, 1911a.
_____. La cooperazione economica tra i nostri emigrati. *Italica Gens*, v.2, n.10, p.387-402, 1911b.
BONATTI, M. *Aculturação linguística numa colônia de imigrantes italianos em Santa Catarina, Brasil*. Lorena: [s.n.], 1974.
BONO, A. *Di alcuni stati d'America*: note economiche. Vincenza: Arti Grafiche Venete, 1910.
BOSCO, A. L'emigrazione dal mezzogiorno. *Giornale degli Economisti*, v.32, série 3, p.326, abr. 1906.

BOSI, E. *Memória e sociedade*: lembranças de velhos. São Paulo: T. A. Queiroz, 1979.
BOSSI, B. *Brasile*: il giornalismo e l'emigrazione. Genova: Tip. Marittima, 1886.
_____. *Viaje pitoresco por los rios Paraná, Paraguay, S. Lorenzo, Cuyabá y El Arino, Tributario del Grande Amazonas*. Paris: E. Parisiense, 1863.
BRAIDO, J. F. *Presença escalabriniana no Brasil (1888-1964)*. São Paulo: Centro de Estudos Migratórios, 1974.
BRAMBILLA, E. Italiani eminenti nell'America Latina: il conte Francesco Matarazzo. *Vie d'Italia e dell'America Latina*, v.5, n.7, p.785-91, 1928.
BRANDÃO, O. *Combates e batalhas*. v.1. São Paulo: Alfa-Ômega, 1978.
Brasile. *Bollettino dell'Emigrazione*, v.2, p.97-9, 1921.
Brasile. *Bollettino dell'Emigrazione*, v.2, p.47-55; v.6, p.82-3, 1919.
Brasile. *Bollettino della Società pel Patronato degli Emigranti Italiani*, v.2, 3 e 4, diferentes números, 1877-1879.
Brasile. Roma: Facta, 1945.
Brasile. Milão: Uff. Commerciale degli Stati Uniti del Brasile; Rizzoli, 1933.
Brasile agricolo, Il. *Italia e Brasile*, v.3, n.10-11, p.391-400, 1911.
Brasile alla Camera, Il. *Bollettino Quindicinale dell'Emigrazione*, v.5, n.22, p.407-9, 1951.
Brasile e gli italiani, Il. Florença: Bemporad, 1906.
Brasile e l'emigrazione, Il. *Bollettino Quindicinale dell'Emigrazione*, v.3, n.19, p.353-4, 1949.
Brasile: giudizi del conte Antonelli. *Rivista Italo-Brasiliana*, v.2, n.16, p.29-36, 1898.
Brasile gli italiani e la guerra, Il. Rio de Janeiro: [s.n.], 1919.
Brasile nel 1889, Il. *Il Brasile*, v.4, n.1, p.3-84, 1890.
Brasile: nostro comitato del Rio Grande del Sud. *Bollettino della Società pel Patronato degli Emigranti Italiani*, v.2, n.9, p.211-6, 1877.
BRAVO, E. Studio critico sul commercio italiano d'esportazione al Brasile. *L'Esplorazione Commerciale*, v.27, n.4, p.122, 1912.
_____. *Per gli scambi commerciali tra l'Italia ed il Brasile*. Torino: Sten, 1910.
BRENNA, P. G. *Storia dell'emigrazione italiana*. Roma: Mantegazza, 1928.
_____. *L'emigrazione italiana nel periodo antebellico*. Florença: Bemporad, 1918.
BRIANI, V. *Il lavoro italiano d'oltremare*. Roma: [s.n.], 1975a.
_____. Profilo della stampa italiana in Brasile dagli esordi agli inizi del secolo XX. In: MASSA, G. (Org.). *Contributo alla storia della presenza italiana in Brasile. In occasione del I Centenario dell'Emigrazione Agricola Italiana nel Rio Grande do Sul, 1875-1975*. Roma: Istituto Italo-Latino Americano, 1975b. p.135-47.
BRIANI, V., La legislazione emigratoria italiana nelle sue successive fasi, Roma, Istituto Poligrafico dello Stato, 1978.
BRITO, J. *História da cidade de Campinas*. v.26. Campinas: [s.n.], 1969.
BRUNIALTI, A. La morte di don Pedro II e le difficoltà della repubblica brasiliana. *Nuova Antologia*, v.36, n.24, p.739-58, 1891.
_____. La rivoluzione in Brasile e l'opera di don Pedro II. *Nuova Antologia*, v.25, n.2, p.351-73, 1890.
BRUNO, E. Silva. *História e tradições da cidade de São Paulo*. Rio de Janeiro: José Olympio, 1954.
BUCCELLI, V. *Libro d'oro dello stato di S. Paolo*. Roma: Tip. Capaccini, 1912.
_____. *Un viaggio a Rio Grande del Sud*. Milão: Tip. Pallestrini, 1906.

BUSATTA, F. F. *A hospedagem nas colônias italianas*. Porto Alegre: EST; Educs, 1979.

_____. *Árvore transplantada da Itália para o Brasil*. Porto Alegre: EST; Educs, 1978.

_____. *Um pioneiro nas novas colônias*. Porto Alegre: EST; Educs, 1976.

_____. *Paraí no Centenário da Imigração Italiana*. Porto Alegre: EST; Educs, 1975.

_____; DALL'AGNOL, M. *I Mariani*. Porto Alegre: EST; Educs, 1982.

BUZZATTI, G. C. *Italia e America Latina*. Pavia: Tip. Bizzoni, 1908a.

_____. L'Italia e l'America Latina e la doppia nazionalità. *Rivista Coloniale*, v.3, n.1, p.8-21, 1908b.

C., G. Tra i coloni italiani nello stato di San Paolo. *Italica Gens*, v.6, n.3-6, p.109-19, 1915.

C., M. *Nel Brasile*: l'emigrazione gratuita, ovvero gli Schiavi Bianchi. Memorie di un ritornato. Roma: Tip. Adriana, 1898.

CABRINI, A. Al consiglio dell'emigrazione. *Rivista Coloniale*, v.12, n.3, p.117-33, 1917.

_____. Emigrazione ed emigranti. Discussione. *Rivista Coloniale*, v.11, n.8, p.458-71, 1916.

_____. Dopo i rimpatri. *Rivista Coloniale*, v.10, n.4, p.201-19, 1915.

_____. Piccola polemica sul Brasile. *Vita Italiana all'Estero*, v.1, n.5, p.353-60, 1913a.

_____. Un episodio della politica dell'emigrazione (Il contratto fra Brasile e Compagnie Italiane di Navigazione). *Vita Italiana all'Estero*, v.1, n.4, p.272-91, 1913b.

_____. *Emigrazione ed emigrante*: manuale. Bologna: Zanichelli, 1911.

CALDIROLA, P. L. Nel Brasile. In: EINAUDI, L. *Un principe mercante*: studio sulla espansione coloniale italiana. Turim: Bocca, 1900.

CALIARO, M.; FRANCESCONI, M. *L'apostolo degli emigrante*: Giovanni Battista Scalabrini. Milão: Ancora, 1968.

CÂMARA, L. *Estrangeiros em Santa Catarina*. Rio de Janeiro: Conselho Nacional de Geografia, 1948.

CAMERA ITALIANA DI COMMERCIO ED ARTI DI S. PAOLO DEL BRASILE. *Relazione presentata alla Delegazione Parlamentare Italiana al Congresso Internazionale del Commercio in Rio*. São Paulo: Typ. Paulista, 1927.

_____. *Relazione sui problemi dell'emigrazione italiana nello stato di San Paolo*. São Paulo: [s.n.], 1926.

_____. *Relazione presentata alla Crociera della R. Nave Italia*. São Paulo: Rossetti & Rocco, 1924.

_____. *Relazione sul lavoro compiuto nel decennio 1902-1911*. São Paulo: Tip. Nazionale, [s.d.].

CAMOZZINI, F. *Politica immigratoria del Brasile e dell'Argentina in relazione all'Italia*. Ancona: Tip. Pucci, 1928.

CAMPOS NETO, J. C. de. *O "cavaliere" Aristides Germani*. 3.ed. Porto Alegre: EST; Educs, 1978.

CANDELARI, R. *Una colonia agricola sperimentale in Italia*: progetto di Giovanni Rossi. Milão: Milanese, [s.d.].

CANDIDO, A. *Teresina etc*. Rio de Janeiro: Paz e Terra, 1980.

CÂNDIDO, S. *La rivoluzione riograndense nel carteggio inedito di due giornalisti mazziniani*: Luigi Rossetti e G. B. Cuneo (1837-1840). Florença: Valmartina, 1973.

_____. L'azione mazziniana in Brasile e il giornale La Giovine Italia di Rio de Janeiro (1836) attraverso documenti inediti o poco noti. *Bollettino della "Domus Mazziniana"*, v.14, n.2, p.3-66, 1968.

CANELLA, F. Le condizioni degli italiani nello stato di San Paolo. *L'Italia Coloniale*, v.6, n.1, p.43-62; v.6, n.2, p.155-81, 1903.

CANO, W. *Raízes da concentração industrial em São Paulo*. São Paulo: Difel, 1977.

CANONICO, G. *Il Brasile*. Turim: Tip. Celanza, 1908a.

_____. *Conferenza circa l'origine e le vicende della colonia italiana di Cresciuma nello stato di S. Caterina nel Brasile*. Turim: [s.n.], 1908b.

CANTALUPO, R. *Brasile euro-americano*. Milão: Ispi, 1941.

CAPELATO, M. H.; PRADO, M. L. *O bravo matutino – imprensa e ideologia*: o jornal O Estado de S. Paulo. São Paulo: Alfa-Ômega, 1980.

CARCHIA, P. F. La missione del Guaporè al Rio Grande del Sud – Brasile. *L'Italia all'Estero*, v.12, n.1, p.24-8, 1908.

CARDELLI, L. *Fra gli emigranti nel Brasile*: tre anni di esperienza medica, 1907-1910. Bolonha: Stab. Poligrafico Emiliano, 1910.

CARDOSO, F. H. Condições sociais da industrialização: o caso de São Paulo. In: *Mudanças sociais na América Latina*. São Paulo: Difel, 1969.

_____. *Empresário industrial e desenvolvimento econômico no Brasil*. São Paulo: Difel, 1964.

CARELLI, M. *Carcamanos e comendadores*: os italianos de São Paulo da realidade à ficção (1919-1930). São Paulo: Ática, 1986.

_____. Juó Bananére, fut-il le porte-parole de l'immigré italien de São Paulo? *Letterature d'America*, v.2, n.9-10, p.109-34, 1981.

CARERJ, G. Quali sono i rapporti d'ordine economico da potersi stabilire tra il Brasile, l'Uruguay e la Repubblica Argentina in rapporto all'emigrazione italiana. In: CONGRESSO GEOGRAFICO ITALIANO, 1. *Atti del...* v.2, segunda parte. Gênova: Tip. del R. Istituto Sordo-Muti, 1894. p.241-321.

CARMAGNANI, M.; MANTELLI, G. Fonti quantitative italiane relative all'emigrazione italiana verso l'America Latina (1902-1914). *Annali Fondazione Einaudi*, v.9, p.283-97, 1975.

CARMO, A. Gomes A lavoura brasileira e os colonos italianos. *Revista Agrícola de São Paulo*, p.105-14, 1898.

CARNEIRO, J. F. *Imigração e colonização no Brasil*. Rio de Janeiro: Faculdade Nacional de Filosofia, 1950.

_____. História da imigração no Brasil: uma interpretação. *Boletim Geográfico*, v.6, p.1009-44, 1948.

CARONE, E. *Nas origens do capitalismo industrial*: o caso de Alexandre Siciliano (1860-1923). Turim: [s.n.], 1980. (mimeo.)

_____. *Movimento operário no Brasil (1877-1944)*. Rio de Janeiro; São Paulo: Difel, 1979.

_____. *A República Velha*. v.II: Evolução política (1889-1930). 3.ed. Rio de Janeiro; São Paulo: Difel, 1977.

_____. *A República Nova (1930-1937)*. 2.ed. Rio de Janeiro; São Paulo: Difel, 1976.

_____. *A República Velha*. v.I: Instituições e classes sociais. 2.ed. Rio de Janeiro; São Paulo: Difel, 1970.

CARPI, L. *Delle colonie e dell'emigrazione d'italiani all'estero sotto l'aspetto dell'industria, commercio ed agricoltura e con trattazione d'importanti questioni sociali*. 4v. Milão: Tip. Ed. Lombarda, 1874.

CARRARA, E. *Ventotto Porti dell'America Latina*: fra Atlantico e Pacifico con la Rª Nave Italia. Turim: Gisani, 1925.

CARUSO MACDONALD, G. Lo stato di S. Caterina e la colonizzazione italiana. In: MAE. *Emigrazione e colonie*: raccolta dei rapporti dei R. R. Agenti Dipiomatici e Consolari. Roma: Tip. Manuzio, 1908. p.213-70.

_____. Le scuole italiane nel municipio di Urussanga (Stato di Santa Caterina, Brasile). *Bollettino dell'Emigrazione*, v.11, p.46-7, 1905.

CARVALHO, A. de. *O Brazil*: colonização e emigração. Esboço histórico baseado no estudo dos systemas e vantagens que offerecem os Estados Unidos. Porto: Imprensa Portugueza, 1876.

CARVALHO, J. L. S. Bulhões de. *Progrès de l'immigration italienne au Brésil*. Rio de Janeiro: Imp. de la Statistique, 1925.

CASABONA, L. *São Paulo du Brésil*: notes d'un colon français. São Paulo: Guilmoto, 1908.

"Casa de Dante, A" em São Paulo. *Caderno do Instituto Cultural Italo-Brasileiro*, v.1, p.39-63, 1961.

CASSINIS, U. Primi risultati di una inchiesta C. I. M. E. sull'emigrazione italiana in Brasile. *Italiani nel Mondo*, v.13, n.21, p.5-9, 1957.

CASTALDI, C. O ajustamento do imigrante à comunidade brasileira: estudo de um grupo de imigrantes italianos e de seus descendentes. In: HUTCHINSON, B. (Org.). *Mobilidade e trabalho*. Rio de Janeiro: Centro Brasileiro de Pesquisas Educacionais, 1960.

_____. Mobilidade ocupacional de um grupo primário de imigrantes italianos na cidade de São Paulo. *Educação e Ciências Sociais*, v.2, n.4, 1957.

CASTIGLIA, T. Lo stato del Paranà. In: MAE. *Emigrazione e colonie*: raccolta dei rapporti dei R. R. Agenti Diplomatici e Consolari. Roma: Tip. Manuzio, 1908. p.167-211.

CATTARUZZA, M. L'istallazione delle prime famiglie agricole al Parà. *L'Amazzonia*, v.2, n.28, p.7-9, 1899.

_____. Lo sfruttamento capitalistico al Brasile. L'enorme rendita dela terra. *Critica Sociale*, v.3, n.11, p.175-6, 1893.

_____. L'impianto della schiavitú capitalista in Brasile. La concorrenza cinese. *Critica Sociale*, v.2, n.21, p.334-5, 1892.

CAVALLO, A. *Nell'America dei Sud*: norme per gli emigrante. Casale: Tip. Pane, 1889.

CAVATI, G. B. *História da imigração italiana no Espírito Santo*. Vitória: [s.n.], 1973.

CAVIGLIA, A. *Le missioni italiane nei Sud-America*. Milano: Vita e Pensiero, 1935.

CAVIGLIA, E. *L'emigrazione italiana nei Sud-America*. Roma: Stab. Poligrafico per l'Amministrazione della Guerra, 1923.

CECCARELLI, P. B. *Relazione degli sviluppi e progressi nell'ultimo lustro delle opere cattaliche nelle Repubbliche dei Rio della Plata Orientale ed Argentina e nell'Impero del Brasile dell'America Meridionale*. Turim: Tip. Salesiana, 1877.

CECCHERELLI, A. *L'argomento dei Giorno*: Nel Brasile. Milão: Villardi, 1911.

CECCHI, C. L'identificazione etnica nella seconda e terza generazione degli emigrati. *Studi Emigrazione*, v.4, n.9, p.209-52, 1967.

_____. O fluxo migratório e o problema do retorno. *Sociologia*, v.22, n.3, p.262-77, 1960.

_____. Determinante e características da emigração italiana. *Sociologia*, v.21, n.1, p.68-97, 1959.

_____. Estudo comparativo de assimilação e mobilidade. *Sociologia*, v.19, n.2, 1957.

_____. *L'emigrazione italiana in Brasile*. Lucca: Guidotti, 1910.

_____. *I progressi di S. Paolo*. São Paulo: Riedel & Franco, 1907.

CENNI, F. *Italianos no Brasil*. 2.ed. São Paulo: Martins, 1975.
Censimento della stampa italiana all'estero al 30 giugno 1925. *Bollettino dell'Emigrazione*, v.6, p.591-612, 1925.
Centenário da Imigração Italiana, 1875-1975, Rio Grande do Sul – Brasil. Porto Alegre: Edel, 1976.
Centenário do Conde Francisco Matarazzo: discursos comemorativos. São Paulo: [s.n.], 1954.
CENTRO INDUSTRIAL DO BRASIL. *O Brasil, suas riquezas naturaes, suas industrias*. 3v. Rio de Janeiro: Officinas G. Orasco, 1909.
CENTURIONE, G. L. L'immigrazione italiana nel Distretto Federale e nello stato di Rio de Janeiro. In: MAE. *Emigrazione e colonie*: raccolta dei rapporti dei R. R. Agenti Diplomatici e Consolari. Roma: Tip. Manuzio, 1908. p.5-9.
CHIARAPPA, G. Istituzioni italiane all'estero. Il *Circolo Italiano* di S. Paulo. *Vie d'Italia e dell'America Latina*, v.4, n.2, p.138-43, 1927.
CHICCO, E. Emigrazione italiana a S. Paolo (Brasile). *Bollettino del Ministero degli Affari Esteri*, p.220-4, abr. 1897.
CIANO, G., *Diario 1937-1945*. Milão, Rizzoli, 1980.
CIAPELLI, E. Lo stato di Rio Grande del Sud. *Bollettino dell'Emigrazione*, v.12, p.3-83, 1905.
_____. Lo stato di Rio Grande del Sud (Brasile) e l'emigrazione italiana. *Bollettino dell'Emigrazione*, v.4, p.48-59, 1903.
_____. Lo stato di Rio Grande do Sul nel Brasile e l'immigrazione italiana. *Bollettino del Ministero degli Affari Esteri*, p.215-35, mar. 1900.
_____. Emigrazione nello stato di Rio Grande do Sul (Brasile). *Bollettino del Ministero degli Affari Esteri*, p.48-54, fev. 1899a.
_____. Lo stato di Rio Grande do Sul (Brasile). *Bollettino del Ministero degli Affari Esteri*, p.394-403, nov. 1899b.
CICCARESE, E. *Lo schiavo bianco ossia l'emigrante italiano al Brasile*. Nápoles: Tip. Pesola, 1898.
Cinquant'anni di lavoro degli italiani in Brasile. 2v. São Paulo: Soc. Ed. Italiana, 1936-1937.
Cinquantenario della colonizzazione italiana nel Rio Grande do Sul. Porto Alegre: Globo, 1925.
Ciò che guadagnano gl'immigrati nelle fazende della Provincia di S. Paulo. *Il Brasile*, v.1, n.9, p.761-5, 1887.
Circolo Italiano: São Paulo, 1911-1961. São Paulo: [s.n., s.d.].
CIUFFOLETTI, Z.; DEGL'INNOCENTI, M. *L'emigrazione nella storia d'Italia, 1868-1975*. 2v. Florença: Vallecchi, 1978.
CIVIS. Il Brasile e l'emigrazione italiana. *Rassegna Contemporanea*, v.7, n.10, p.634-45, 1914.
COCCHIA, E. Il proletariato intellettuale e il problema dell'emigrazione. *Nuova Antologia*, v.111, n.777, p.89-99, 1904.
COLBACCHINI, P. G. Le condizioni degli emigranti nello stato di Paraná in Brasile. *Studi Emigrazione*, v.11-12, p.325-42, 1968.
_____. Attività e benemerenze dei missionari di S. Carlo nel Rio Grande del Sud (Brasile). *L'Emigrato Italiano in America*, v.17, n.3, p.14-21, 1923.
_____. Nelle fazendas di S. Paolo (Brasile). *L'Emigrato Italiano in America*, v.7, n.23, p.8-10, 1913.
_____. L'emigrazione italiana negli Stati Uniti del Brasile. Condizioni presenti. Provvedimenti opportuni per migliorarle. *La Rassegna Nazionale*, v.17, p.114-48, 1º mar.; p.292-329, 16 mar. 1895.

COLBACCHINI, P. G. Al marchese avvocato Giambattista Volpe-Landi, presidente dell'Associazione di Patronato per l'Emigrazione Italiana. *L'Esplorazione Commerciale*, v.7, n.9, p.287-91, 1892.

COLETTI, F. Dell'emigrazione italiana. In: *Cinquanta anni di storia italiana*. v.3. Milão: Hoelpi, 1911.

COLETTI, S. L'emigrazione italiana nel Brasile. *Bollettino dell'Emigrazione*, v.16, p.3-16, 1908a.

_____. Lo stato di S. Paolo e l'emigrazione italiana. *Bollettino dell'Emigrazione*, v.14, p.3-77; v.15, p.3-101, 1908b.

_____. Lo stato di S. Paolo e l'emigrazione italiana. In: MAE. *Emigrazione e colonie*: raccolta dei rapporti dei R. R. Agenti Diplomatici e Consolari. Roma: Tip. Manuzio, 1908c. p.360-89.

COLLOR, L. *Garibaldi e a Guerra dos Farrapos*. 2.ed. Porto Alegre: Globo, 1958.

COLMEGNA, V. *La verità*: consigli agli emigranti per l'America del Sud. La differenza che passa dal Brasile alla Repubblica Argentina. Udine: Tip. Jacob & Colmegna, 1898.

Colonia italiana in Bahia, La. São Paulo: Frioli, [s.d.].

Colonia italiana "Conte d'Eu" nel Brasile, La. *Bollettino della Società pel Patronato degli Emigranti Italiani*, v.3, n.5, p.90-3, 1878.

Colonia italiana della città di S. Paolo (Brasile), La. *Bollettino della Società Geografica Italiana*, série 4, v.7, n.10, p.993-5, 1906.

Colonia italiana di San Paolo del Brasile, La. *L'Italia Coloniale*, v.1, n.1, 1924.

Colonia italiana nello stato di Espirito Santo del Brasile, La. *Rivista Coloniale*, v.10, n.6, p.365-9, 1915.

Coloni italiani in Brasile, I. *Le Missioni Cattoliche Italiane*, v.2, n.1-3, p.8-13, 1900.

Coloni italiani in Brasile, I. *Le Missioni Cattoliche Italiane*, v.2, n.1-2, p.10-2, 1898.

Coloni italiani nelle fazendas dello stato di S. Paolo del Brasile, I. *Italica Gens*, v.1, n.7-8, p.315-25, 1910.

Colonizzazione (la) italiana all'estero nell'opera del Commissariato Generale dell'Emigrazione, in *Bollettino dell'Emigrazione*, n. 6, p. 414-16, 1926.

Come sono stati ingannati. *Bollettino Quindicinale dell'Emigrazione*, v.7, n.9, p.129-31, 1953.

COMMISSARIATO ITALIANO DELL'EMIGRAZIONE (CGE). *L'emigrazione italiana dal 1910 al 1923*. 2v. Roma: CGE, 1926a.

_____. *L'emigrazione italiana negli anni 1924 e 1925*. Roma: CGE, 1926b.

_____. *Annuario statistico dell'emigrazione italiana dal 1876 al 1925*. Roma: CGE, 1926c.

_____. *Il contributo dato alla vittoria dal commissariato generale dell'emigrazione*: mobilitazione e smobilitazione degli emigrati italiani in occasione della guerra, 1915-1922. Roma: Tip. Cartoere Centrali, 1924.

_____. *Coloni italiani al Brasile*: discussione al consiglio dell'emigrazione. Roma: Tip. Cartiere Centrali, 1919.

_____. *Notizie suila emigrazione italiana dal 1910 al 1917*. Roma: CGE, 1918.

_____. *Avvertenze per chi emigra nel Brasile*. Roma: Tip. Bertero, 1904.

COMITÊ INTERGOVERNAMENTAL PARA MIGRAÇÕES EUROPEIAS (Cime). *Italia che emigra*. Salerno: Ed. Italiana del Resoarch Digest, 1960.

_____. *Brasile*. Genève: Typ. Studer, [s.d.]a.

_____. *Veinte años dedicados al libre movimiento de las personas*. [s.L.: s.n., s.d.]b.

COMPAGNONI-MAREFOSCHI, M. Le colonie italiane nella provincia di Santa Caterina. In: MAE. *Emigrazione e colonie*: raccolta di rapporti dei R. R. Agenti Diplomatici e Consolari. Roma: Tip. Manuzio, 1893. p.128-32.

COMPANS DE BRICHENTAU, E. Rapporto sull'emigrazione italiana in Pernambuco. In: MAE. *Emigrazione e colonie*: raccolta dei rapporti dei R. R. Agenti Diplomatici e Consolari. Roma: Tip. Manuzio, 1908a. p.103-7.

_____. Rapporto sull'emigrazione italiana a Porto Alegre. In: MAE. *Emigrazione e colonie*: raccolta dei rapporti dei R. R. Agenti Diplomatici e Consolari. Roma: Tip. Manuzio, 1908b.

Conde Matarazzo aos oitenta anos, O. [s.l.]: Typ. Pannon, 1934.

Condições de trabalho na indústria de chapéus em São Paulo. *Boletim do Departamento Estadual do Trabalho*, v.3, p.225-37, 1911-1912.

Condições de trabalho na indústria têxtil no estado de S. Paulo. *Boletim do Departamento Estadual do Trabalho*, v.1, p.35-77, 1911-1912.

Condições do trabalho na lavoura cafeeira do estado de S. Paulo. *Boletim do Departamento Estadual do Trabalho*, v.1, p.19-33, 1911-1912.

Condizioni dell'immigrazione agricola a Ribeirão Preto (San Paolo del Brasile), Le. *Bollettino dell'Emigrazione*, v.14, p.3-9, 1903.

Condizioni dell'immigrazione nel Brasile, Le. *Rivista d'Emigrazione*, v.6, n.1, p.45-8, 1913.

CONSELHO DE IMIGRAÇÃO E COLONIZAÇÃO. *I Conferência Brasileira de Imigração e Colonização, de 30 de abril a 7 de maio de 1949*. [s.l.: s.n., s.d.].

CONSELHO NACIONAL DE ESTATÍSTICA. *A distribuição territorial dos estrangeiros no Brasil*. Rio de Janeiro: [s.n.], 1958.

CONSOLI, B. Banche argentine, brasiliane, uruguayane. *Vie d'Italia e dell'America Latina*, v.4, n.7, p.791-7, 1927.

CONTASTORIE, N. *Stória de Peder*. Porto Alegre: EST; Educs, 1976.

Contra a emigração. São Paulo: La Battaglia, 1906.

Contributi degli italiani residenti all'estero al Prestito Nazionale. *Bollettino dell'Emigrazione*, v.4, 1916.

Contro l'emigrazione in Brasile. Mantova: Tip. dell'Università Popolare, 1907.

Cooperazione italiana al progresso civile ed economico del Rio Grande do Sul: opera commemorativa dei cinquantenario della colonizzazione italiana nello stato di Rio Grande do Sul. Porto Alegre: Globo, 1925.

CORINALDI, C. *L'Italia all'Esposizione Internazionale di Rio de Janeiro, 1922-1923*. Turim: Tip. Silvestrelli & Cappelletto, 1923.

CORRÊA, A. M. Martinez. *A rebelião de 1924 em São Paulo*. São Paulo: Hucitec, 1976.

CORRIAS. *L'Italia e le sue collettività all'estero*. Genova: D'Assero, 1923.

CORRIDORE, F. *Una nuova fase dell'emigrazione italiana*. Torino: Paravia, 1908.

CORSETTI, B. O crime de ser italiano: a perseguição do Estado Novo. In: DE BONI, L. A. (Org.). *A presença italiana no Brasil*. Porto Alegre: EST, 1987. p.363-82.

CORTE, P. *Voti e speranze nelle colonie italiane all'estero*. Torino: Roux, 1887.

_____. *Le colonie agricole italiane della provincia di Rio Grande do Sul del Brasile all'Esposizione Nazionale di Torino*. Montevideo: La Nacción, 1884.

_____. *L'Italia all'estero nell'ultimo decennio*. Roma: Botta, 1882.

CORTES, G. de Menezes. *Migração e colonização no Brasil*. Rio de Janeiro: José Olympio, 1958.

COSTA, C.; GOES, E. de. *Sob a metralha*. São Paulo: Monteiro Lobato, 1924.
COSTA, E. Viotti da. *Da senzala à colônia*. São Paulo: Difel, 1966.
COSTA, O. *Os grandes julgamentos do Supremo Tribunal Federal*. v.I: 1892-1925. Rio de Janeiro: Civilização Brasileira, 1964.
COSTA, R. *Antropologia visual da imigração italiana*. Porto Alegre: EST; Educs, 1976.
_____ et al. *Imigração italiana no Rio Grande do Sul*. Porto Alegre: Livraria Sulina, 1975.
_____; MARCON, I. *Imigração italiana no Rio Grande do Sul*: fontes históricas. Porto Alegre; Caxias do Sul: EST; Educs, 1988.
COSTANZO, P. Brasile: dalle missioni di Rio Grande del Sud. *L'Emigrato Italiano in America*, v.4, p.77-80, jun. 1906.
COSTELLA, G. *Costella Mattiello*: uma presença ítalo-brasileira. Porto Alegre: EST; Educs, 1980.
CRESCIANI, G. *Fascismo, antifascismo e gli italiani in Australia, 1922-1945*. Roma: Bonacci, 1979.
CROCÈ, C. Lo stato del Paranà nel Brasile. *Bollettino del Ministero degli Affari Esteri*, p.831-41, out. 1895.
Cronaca del ricorso delle 4 compagnie di navigazione al Consiglio contro il decreto San Giuliano. *Rivista d'Emigrazione*, v.7, n.1-2, p.31-9, 1914.
CUOCO, A. Prospettive economiche tra l'Italia e il Brasile. *Colombo*, v.1, n.2, p.156-61, 1926.
CURTI, D. G. *Manuale pratico dell'emigrante e dell'emigrato italiano in America*. Turim: Tip. Salesiana, 1908.
CUPINI, R. *Cieli e Mari*: le grandi crociere degli idrovolanti italiani (1925-1933). Milão: [s.n.], 1973.
CUSANO, A. *Il Brasile, gl'italiani e la guerra*. Buenos Aires; São Paulo: Italo-Sudamericana, 1921.
_____. *Il paese dell'avvenire*: Rio Grande do Sul. Roma: Italo-Sudamericana, 1920.
_____. *Commercio ed emigrazione italiana al Brasile*: a proposito del decreto San Giuliano 31 dicembre 1912. Milão: Tip. Concordia, 1913.
_____. *L'Italia d'oltre mare*: impressioni e ricordi dei miei cinque anni di Brasile. Milão: Tip. Reggiani, 1911.
CYBLO, G. M. Nuova Trento: stato di Santa Catherina (Brasile). *Italica Gens*, v.2, n.11, p.424-41, 1911.
DA CAMINO, L. *Un po' di storia Vera del Brasile*. Torino: Tip. Centrale Eynard, 1911.
DACANAL, J. H. (Org.). *RS: imigração e colonização*. Porto Alegre: Mercado Aberto, 1980.
Dados para a história da imigração e da colonização em S. Paulo. *Boletim do Departamento Estadual do Trabalho*, v.5, n.19, p.175-208, 1916.
DALL'ALBA, J. L. *Imigração italiana em Santa Catarina*. Caxias do Sul: Educs, 1983.
DALL'ASTE BRANDOLINI, A. Le colonie italiane nello stato di Rio Grande do Sul (Brasile). *Bollettino del Ministero degli Affari Esteri*, p.174-7, fev. 1898.
_____. Emigrazione all'Espirito Santo (Brasile). *Bollettino del Ministero degli Affari Esteri*, p.304-6, abr. 1896a.
_____. La colonizzazione nell'Espirito Santo (Brasile). *Bollettino del Ministero degli Affari Esteri*, p.526-9, jun. 1896b.
DAL MAS, I. *São Caetano do Sul e seus fundadores*. São Caetano do Sul: [s.n.], 1957.
_____. *Da colonização à imigração no Brasil*. São Paulo: Hamburg, [s.d.].

DALMASSO, L. Viticoltura e colonizzazione italiana in Brasile. *Le Vie del Mondo*, v.15, n.3, p.317-25, 1953.

D'AMBROSIO, D. *Le barbarie del Brasile*: maltrattamenti agli stranieri. Buenos Aires: [s.n., s.d.].

DAMIANI, G. *I paesi nei quali non si deve emigrare*: la questione sociale nel Brasile. Milão: Umanità Nuova, 1920.

_____. L'ora de' coloni. *La Battaglia*, 2 jul. 1911.

D'APREMONT, B.; GILLONAY, B. de. *As comunidades indígenas, brasileiras, polonesas e italianas no Rio Grande do Sul (1896-1915)*. Porto Alegre: EST; Edusc, 1976.

D'ATRI, A. *L'état de São Paulo et le renouvellement économique de l'Europe*. Paris: Chiron, 1926.

_____. *Brasile, faro dell'Universo*. Paris: Muller, 1910.

_____. *Interviste brasiliane*. Napoli: Tip. D'Auria, 1904a.

_____. *La giovane Italia a San Paolo*. Napoli: Tip. D'Auria, 1904b.

_____. *Uomini e cose del Brasile*. Napoli: Tip. Tocco, 1895-1896.

_____. *L'ottantanove nel Brasile*. Napoli: D'Auria, 1890.

_____. *Colonizzazione nel Brasile*: lettera a S. E. il Ministro degli affari esteri Cav. Francesco Crispi. Napoli: Tip. De Angelis-Belissario, 1888a.

_____. *Lo scettico*: dall'Italia al Brasile. Foggia: Tip. Pollice, 1888b.

DAVATZ, T. *Memórias de um colono no Brasil*. 3.ed. São Paulo: Itatiaia, 1980. [ed. 1972, São Paulo: Martins.]

DE AGOSTINI, G. *Dalla patria in America*: Atlante dell'emigrante italiano per le Americhe. Novara: De Agostini, 1914.

DE AMBRIS, A. *Almanacco socialista pel 1902*. São Paulo: Riedel & Lemmi, 1902.

_____. *Almanacco socialista*. São Paulo: Riedel & Lemmi, 1901.

DE AMICIS, E. *Sull'oceano*. Milão: Treves, 1889.

DEAN, W. *Rio Claro*: um sistema brasileiro de grande lavoura, 1820-1920. Rio de Janeiro: Paz e Terra, 1977a.

_____. A industrialização durante a República Velha. In: FAUSTO, B. (Org.). *História geral da civilização brasileira*. t.III: O Brasil Republicano. v.1: Estrutura de poder e economia (1889-1930). São Paulo: Difel, 1977b. p.251-83.

_____. A pequena propriedade dentro do complexo cafeeiro: sitiantes no município de Rio Claro. *Revista de História*, v.53, abr.-jun. 1976.

_____. Remessas de dinheiro dos imigrantes italianos do Brasil, Argentina, Uruguai e Estados Unidos da América (1884-1914). *Anais de História*, v.6, p.231-7, 1974.

_____. *A industrialização de São Paulo, 1880-1945*. 1.ed. Rio de Janeiro; São Paulo: Difel, 1971.

DE BELLIS, V. *Fra l'Italia e il Brasile*. Roma: Bertero, 1907.

DEBENEDETTI, E.; SALMONI, A. *Architettura italiana a San Paolo*. São Paulo: Istituto Culturale Italo-Brasiliano, 1953.

DE BONI, L. A. (Org.). *A presença italiana no Brasil*. Porto Alegre: EST; Fondazione Agnelli, 1987.

_____. *A Itália e o Rio Grande do Sul*. Porto Alegre: EST; Educs, 1983.

_____ (Org.). *La Merica*: escritos dos primeiros emigrantes italianos. Porto Alegre: EST; Educs, 1977.

_____; COSTA, R. *Os italianos no Rio Grande do Sul*. Porto Alegre: EST; Educs, 1982.

DE FELICE, R. (Org.). *L'emigrazione italiana in Brasile, 1800-1978*. Turim: Fondazione Giovanni Agnelli, 1980. (mimeo.)

_____ (Org.). *Cenni storici sulla emigrazione italiana nelle Americhe e in Australia*. Milão: Angeli, 1979.

_____. *Storia degli ebrei italiani sotto il fascismo*. Turim: Einaudi, 1972.

DE GREGORIO, U. E. *L'emigrazione italiana e la guerra*. Roma: Tip. Cartiere Centrali, [1918] 1979.

DELFIM NETO, A. *O problema do café no Brasil*. 2.ed. São Paulo: USP, 1966.

DELHAES-GUENTHER, D. von. Cento anni di emigrazione italiana in Brasile e la colonizzazione del Rio Grande do Sul. *Annali Fondazione Einaudi*, v.9, p.317-34, 1975a.

_____. La colonizzazione italiana e tedesca in Rio Grande do Sul. *Studi Emigrazione*, v.12, n.38-39, p.342-52, 1975b.

_____. La fondazione delle prime colonie italiane nel giudizio dei tedeschi. In: MASSA, G. (Org.). *Contributo alla storia della presenza italiana in Brasile e nel Rio Grande do Sul, 1875-1975*. Roma: Istituto Italo-Latino Americano, 1975c. p.43-54.

D'ELIA, R. *Argentina, Paraguay, Brasile*. Torino: [s.n.], 1906.

DELLA VALLE, C. Studi italiani per l'emigrazione agricola in Brasile. *Bollettino della Società Geografica Italiana*, série 8, v.5, n.3-4, p.1-25, 1952.

DEL ROIO, J. L. (Org.). *Lavoratori in Brasile*. Milão: Angeli, 1981.

DEL ROSSO, C. *Manuale indispensabile per l'emigrante che si reca al Brasil*. Milão; Buenos Aires: [s.n.], 1892.

DE LUCA, P. E. *Della emigrazione europea ed in particolare di quella italiana*. 4v. Turim: Bocca, 1909.

DE MICHELIS, G. *La difesa del lavoro italiano all'estero*. Roma: CGE, 1927.

DENIS, P. *Le Brésil au XXeme siècle*. Paris: Colin, 1909.

Denunzia del Brasile dell'accordo commerciale con L'Italia (lettera dell'on Luigi Luzzatti a G. G. Belcredi), La. *L'Italia Coloniale*, v.2, n.12, p.3-8, 1901.

DEPARTAMENTO ESTADUAL DO TRABALHO. *A imigração e as condições do trabalho em São Paulo*. São Paulo: Rotschild, 1915.

DE PINEDO, F. *Il mio volo attraverso l'Atlantico e le Americhe*. Milão: Hoepli, 1928.

DE RANCOURT, E. *Fazendas et estancias*: notes de voyage sur le Brésil et la Republique Argentine. Paris: Plon, 1901.

DERENZI, L. S. *Os italianos no estado do Espírito Santo*. Rio de Janeiro: Artenova, 1974.

DE ROSA, L. *Emigranti, capitali e banche (1896-1906)*. Napoli: Ed. del Banco di Napoli, 1980.

DE ROSSI, G. Le condizioni degli italiani nella giurisdizione del R. Consolato in Juiz de Fora (Stato di Minas Geraes – Brasile). *Bollettino dell'Emigrazione*, v.11, p.3-12, 1906.

DERTONIO, H. *O bairro do Bom Retiro*. São Paulo: Secretaria Municipal de Cultura, 1971.

DESTI, R. La "Merica" di Nanetto Pipetta, ovvero l'America come il paese della cuccagna. *Letterature d'America*, v.2, n.9-10, p.5-42, 1981.

DE TOLEDO, L. Imprensa paulista. *Revista do Instituto Histórico e Geográfico de S. Paulo*, v.3, p.303-521, 1898.

DE VELUTIIS, F. Lo stato di Rio Grande del Sud e la crisi economica dell'ultimo quinquennio. In: MAE. *Emigrazione e colonie*: raccolta dei R. R. Agenti Diplomatici e Consolari. Roma: Tip. Manuzio, 1908. p.283-359.

DE ZETTIRY, A. *L'état de Rio de Janeiro (Brésil)*: manuel de l'émigrant. Roma: Unione Cooperativa, 1897.

DE ZETTIRY, A. *Il Brasile e il II Congresso Geografico Italiano*. Roma: Tip. Bertero, 1895.

_____. I coloni italiani nello stato di S. Paolo. *La Rassegna Nazionale*, v.15, p.59-96, 1º mar. 1893.

_____. Immigrazione italiana nello stato di S. Paolo. *Il Brasile*, v.6, n.2, p.151-2, 1892.

DE ZUANI, E. Problemi di vita sudamericana: gli emigranti e i loro figli. *Nuova Antologia*, v.317, n.1581, p.303-8, 1938.

DIAS, A. *Il Brasile attuale*. Nivelle: Lanneau et Despret, 1907.

DIAS, E. *História das lutas sociais no Brasil*. São Paulo: Edaglit, 1962.

DI CAPORIACCO, G. *Storia e statistica dell'emigrazione dal Friuli e dalla Carnia*. v.I: Dall'età Veneta al 1915. Udine: [s.n.], 1969.

DI CASTELNUOVO, G. *Italiani all'estero*: emigrazione e Camere di Commercio Coloniali. Roma: Stab. Tip. Italiano, 1887.

DIEGUES JR., M. *Imigração, urbanização e industrialização*. Rio de Janeiro: Centro Brasileiro de Pesquisas Educacionais, 1964.

DI NATALE, E. *Per l'abolizione della schiavitù in Brasile*. Siracusa: Tip. Norcia, 1889.

DINUCCI, G. Il modello della colonia libera nell'ideologia espansionistica italiana. Dagli anni '80 alla fine del secolo. *Storia Contemporanea*, v.3, p.427-79, 1979.

Dipartimento del lavoro dello stato di São Paulo creato per Decreto n.2071 del 5 luglio 1911. *Italia e Brasile*, v.3, n.6, p.201-16, 1979.

DIRECTORIA GERAL DE ESTATÍSTICA. *Recenseamento do Brazil realizado em 1o de setembro de 1920*. Rio de Janeiro: Typ. da Estatística, 1926.

DORE, G. *La democracia italiana e l'emigrazione in America*. Brescia: Morcelliana, 1964.

_____ (Org.). *Bibliografia per la storia dell'emigrazione italiana in America*. Roma: Tip. del Ministero degli Affari Esteri, 1956.

_____. *I soldati napoletani nella guerra del Brasile contro gli olandesi (1625-1641)*. Napoli: Ricciardi, 1932.

DUCATTI NETTO, A. *A vida nas colônias italianas*. Porto Alegre: EST; Educs, 1979.

DULLES, J. W. Foster. *Anarchists and communists in Brazil, 1900-1935*. Austin: Univ. of Texas Press, 1973. [Ed. bras.: *Anarquistas e comunistas no Brasil*. Rio de Janeiro: Nova Fronteira, 1977.]

DURANTE, F. Gl'italiani nel Sud America. *Rassegna Contemporanea*, v.4, n.1, p.1-12, 1911.

DURHAM, E. Ribeiro. *Assimilação e mobilidade*: a história do imigrante italiano num município paulista. São Paulo: USP, 1966.

_____. A mobilidade do imigrante italiano na zona rural. *Revista do Museu Paulista*, v.14, p.299-310, 1963.

D'URSEL, C. *Il Brasile*. Milano: Sonzogno, 1899.

_____. *Sud-Amérique*. Paris: Plon, 1880.

EBOLI, G. Il Porto di Santos e l'emigrazione italiana. *Bollettino del Ministero degli Affari Esteri*, p.377-83, abr. 1901.

EGAS, E. *Italia e Brasile*: studio critico e di storia. Roma: Tip. Veratti, 1910.

EINAUDI, L. *Un príncipe mercante*: studio sulla espansione coloniale italiana. Turim: Bocca, 1900.

Elenco delle missione scalabriniane nel Brasile. *L'Emigrato Italiano*, v.26, p.96, jul. 1937.

Elenco delle società italiane all'estero. *Bollettino del Ministero degli Affari Esteri*, p.373-534, dez. 1914.

ELLENDER, M. Cavalcanti. *São Paulo-Roma*: impressões de viagem com a linha aérea Transcontinental Italiana L. A. T. I. em primeiro voo regular do Brasil a Roma. São Paulo: Graphica Gordon, 1940.

ELLIS JR., A. *Populações paulistas*. São Paulo: Nacional, 1934.

Emigranti italiani e il Brasile, Gli. *Rivista d'Emigrazione*, v.7, n.1-2, p.57-63, 1914.

Emigrazione agricola al Brasile. Bologna: U. Berti, 1913a.

Emigrazione agricola al Brasile, L'. *Bollettino dell'Emigrazione*, v.10, p.95-13, 1913b.

Emigrazione agricola al Brasile, L'. *Rivista d'Emigrazione*, v.6, n.9-10, p.258-67, 1913c.

Emigrazione al Brasile. *Bollettino della Società pel Patronato degli Emigranti Italiani*, v.1, n.3, p.66-8, 1877.

Emigrazione al Brasile. *Bollettino della Società pel Patronato degli Emigranti Italiani*, v.2, n.11, p.259-63, 1877.

Emigrazione al Parà. *Bollettino del Ministero degli Affari Esteri*, p.265-6, mar. 1901.

Emigrazione al Parà (Brasile). *Bollettino del Ministero degli Affari Esteri*, p.634-5, set. 1900.

Emigrazione e colonizzazione al Brasile. Dum Romae consulitur... *L'Italia all'Estero*, v.2, n.8, p.121-2, 1908.

Emigrazione e l'espansione commerciale italiana con speciale riguardo al Sud-America, L'. *Rivista Coloniale*, v.4, n.7-8, p.632-4, 1909.

Emigrazione e trattati: note al protocollo italo-brasiliano del 12 ottobre scorso. *Bollettino Quindicinale dell'Emigrazione*, v.3, n.24, p.449-51, 1949.

Emigrazione in Brasile, L'. *Bollettino Quindicinale dell'Emigrazione*, v.4, n.22, p.453-8, 1950.

Emigrazione italiana al Brasile alia Camera, L'. *Rivista d'Emigrazione*, v.6, n.5-6, p.163-9, 1913.

Emigrazione italiana nel biennio 1877-1878 secondo la corrispondenza diplomatica e consolare del R. Ministero per gli Affari Esteri, L'. *Bollettino Consolare*, parte 1, v.15, n.1-2, p.3-36, 1879.

Emigrazione italiana nel Brasile e l'opera del Commissariato Generale, L'. *Bollettino dell'Emigrazione*, v.1, p.1-19, 1925.

Emigrazione italiana nel Brasile nei risultati di un'inchiesta della Camera Italiana di Commercio di San Paolo, L'. *Bollettino dell'Emigrazione*, v.3, p.229-58, 1925.

Emigrazione italiana nel Brasile, L'. *Bollettino dell'Emigrazione*, v.11, p.55-73, 1907.

Emigrazione italiana nelle due Americhe, L'. *Marina, commercio e giornale delle colonie*, v.7, 1883.

Emigrazione italiana nello stato del Parà (Brasile) e la colonia Oteiro, L'. *Bollettino della Società Geografica Italiana*, série 4, v.12, p.1253-5, 1906.

Emigrazione italiana nello stato di S. Paulo, L'. *Rivista d'Emigrazione*, v.5, n.3-4, p.108-17, 1912.

Emigrazione italiana per il Brasile (1908-1909), L'. *Bollettino dell'Emigrazione*, v.9, p.75-84, 1909.

Emigrazione italiana per il Brasile nel 1909, L'. *Bollettino dell'Emigrazione*, v.18, p.130-55, 1910.

Emigrazione italiana per S. Paulo, L'. *Rivista Italo-Brasiliana*, v.1, n.10-11, p.104-6, 1897.

Emigrazione nel Brasile, L'. *Bollettino della Società pel Patronato degli Emigranti Italiani*, v.1, n.1, p.11-4, 1876.

Emigrazione nel Brasile, L'. *Bollettino della Società pel Patronato degli Emigranti Italiani*, v.1, n.3, p.66-8, 1876.

Emigrazione nel Brasile. *Bollettino della Società pel Patronato degli Emigranti Italiani*, v.2, n.11, p.259-63, 1877.

ERLER, G. La grande emigrazione italiana in Brasile (1875-1914). In: DE FELICE, R. (Org.). *L'emigrazione italiana in Brasile, 1800-1978*. Turim: Fondazione Agnelli, 1980. p.53-113. (mimeo.)

_____. L'emigrazione italiana nello stato di Rio Grande do Sul (Brasile) tra il 1875 e il 1914. *Affari Sociali Internazionali*, v.6, p.37-74, 1978.

ERMETE. Un rimedio peggiore del male. *L'Esplorazione Commerciale*, v.18, n.5, p.65-9, 1903.

ESPOSIZIONE INTERNAZIONALE DI MILANO. Mostra "Gli Italiani all'Estero". *La Stampa Periodica Italiana all'Estero*. Milão: [s.n.], 1906.

Estatística dos imigrantes entrados no Brasil, por período, de 1820 a 1919. *Boletim do Departamento Estadual do Trabalho*, v.10, n.38-39, p.80-6, 1921.

FABBRICATORE, C. *Il 15 novembre 1889*: la rivoluzione del Brasile. Rio de Janeiro: Imprensa Nacional, 1889.

FABIANO, D. La Lega Italiana per la tutela degli interessi nazionali e le origini dei Fasci italiani all'estero (1920-1923). *Storia Contemporanea*, v.16, n.2, p.203-50, 1985.

_____. I fasci italiani all'estero. In: BEZZA, B. (Org.). *Gli italiani fuori d'Italia*. Milano: Angeli, 1983. p.221-36.

FACCHIN, E. C. *Aldeia colonial*. Porto Alegre: EST; Educs, 1983.

FACONTI, A. *Os italianos no Brasil*: memórias de outros tempos. Santos: Tip. Santos, 1958.

FALCO, E. *Mario Mariani tra letteratura e politica*. Roma: Bonacci, 1980.

FASOLI, V. I mezzi necessari per lo sviluppo dei commerci italo-brasiliani. *Rivista-Bollettino della Camera di Commercio e Industria Italo-Brasiliana*, v.3, n.3, p.6-11, 1919.

FASSINA, J. H. Il colono italiano nel Rio Grande do Sul. *Vie d'Italia e dell'America Latina*, v.4, n.5, p.555-62, 1927.

_____. L'opera dei gesuiti nel Rio Grande do Sul. *Vie d'Italia e dell'America Latina*, v.3, n.6, p.657-66, 1926.

FASSIO BONANNI, A. Considerazioni sulla visita del presidente Kubitschek. *Italiani nel Mondo*, v.13, n.22, p.12-8, 1956.

Fasti dell'emigrazione assistita. *Bollettino Quindicinale dell'Emigrazione*, v.8, n.5, p.65-8, 1954.

FAUSTO, B. *Trabalho urbano e conflito social (1890-1920)*. São Paulo: Difel, 1977a.

_____. Expansão do café e política cafeeira. In: *História geral da civilização brasileira*. t.III: O Brasil Republicano. v.1: Estrutura de poder e economia (1889-1930). São Paulo: Difel, 1977b. p.195-248.

FAVERO, L. Emigrazione italiana in Brasile, 1946-1978. In: DE FELICE, R. (Org.). *L'emigrazione italiana in Brasile, 1800-1978*. Torino: Fondazione Agnelli, 1980. p.271-98. (mimeo.)

FEDELI, U. *Gigi Damiani*: note biografiche. Il suo posto nell'anarchismo. Cesena: Ed. dell'Antistato, 1954.

Federazione delle Società Italiane nello stato di San Paolo. *Italia e Brasile*, v.3, n.4, p.139-42, 1911. (Tb. *Rivista Coloniale*, v.6, n.9-10, p.246-9, 1911.)

FELICI, O. *Il Brasile com'è*. Milano: Ass. Libraria Italiana, 1923.

FELLETTI, L. L'emigrazione agricola in Brasile: le cause e le colpe degli esperimenti negativi. *Italiani nel Mondo*, v.13, n.2, p.5-11, 1957.

_____. L'emigrazione in Brasile nei suoi effetti reali. *Italiani nel Mondo*, v.9, n.3, p.1-6, 1953.

FENAROLI, L. *Viaggio al Parà*. Roma: R. Soc. Geografica Italiana, 1934.

FERNANDES, F. *A integração do negro na sociedade de classes*. São Paulo: Dominus, 1965.

_____. *Folklore e mudança social na cidade de São Paulo*. São Paulo: Anhembi, 1961.

_____. *Mudanças sociais no Brasil*. São Paulo: Difel, 1960.

FERRARI, M. E. *L'Amazzonia*: una rivista per l'emigrazione nel Brasile settentrionale. *Miscellanea di Storia delle Esplorazioni*, v.VIII, p.259-316, 1983.

FERRARINI, S. *Colombo*: centenário da imigração italiana. Curitiba: Lítero-Técnica, 1979.

_____. *A imigração italiana na província do Paraná e o município de Colombo*. Curitiba: Lítero-Técnica, 1973.

FERRAZ, F. L'influenza degli italiani nello sviluppo sociale ed economico del Brasile. *Rivista-Bollettino della Camera di Commercio e Industria Italo-Brasiliana*, v.4, n.8, p.4-6, 1920.

FERRÈ, E. La crisi economica brasiliana. In: EINAUDI, L. *Un principe mercante*: studio sulla espansione coloniale italiana. Torino: Bocca, 1900. p.243-7.

FERREIRA, M. N. *A imprensa operária no Brasil, 1880-1920*. Petrópolis: Vozes, 1978.

FERRERO, G. *Fra i due mondi*. Milano: Treves, 1913.

FERRERO, L. La colonizzazione in Brasile e l'emigrazione italiana. *Italiani nel Mondo*, v.7, n.10, p.2-3, 1951.

FERRI, E. *L'Italia e l'America Meridionale*. Roma: Tip. della Camera dei Deputati, 1909.

FERRI, V. *L'Italia nel Brasile di domani*. Milano: La Stampa Commerciale, 1924.

FILIPPUZZI, A. *Il dibattito sull'emigrazione*: polemiche nazionali e stampa veneta (1861-1914). Firenze: Le Monnier, 1976.

FINARDI, J. E. *Colonização italiana de Ascurra, 1876-1976*. Blumenau: [s.n.], 1976.

FINOCCHI, L. *In memoriam*: Conde Alexandre Siciliano. São Paulo: [s.n.], 1924.

FIORENTINO, A. R. *Emigrazione transoceânica*: storia-statistica-politica-legislazione. Roma: Usila, 1931.

FLORENZANO, G. *Della emigrazione italiana in America comparata alle altre emigrazioni europee*. Napoli: Tip. Giannini, 1874.

FOCHESATTO, I. *Descrição do culto aos mortos entre os descendentes de italianos no Rio Grande do Sul*. Porto Alegre: EST; Educs, 1977.

FOERSTER, R. S. *The Italian Emigration of our Times*. Cambridge: Harvard University Press, 1919.

FONDAZIONE AGNELLI. *Euroamericani*: la popolazione di origine italiana in Brasile. Torino: Fondazione Agnelli, 1987.

FORACCHI, M. M. A valorização do trabalho na ascensão social dos imigrantes. *Revista do Museu Paulista*, v.14, p.311-9, 1963.

FORESTA, A. de. *Attraverso l'Atlantico e in Brasile*. Roma: Sommaruga, 1884.

FORTIN, A. *O 75º aniversário da colonização italiana no Rio Grande do Sul*. Porto Alegre: Movimento, 1975.

FORTUNATI, N. Condizione materiali e morali degli italiani nello stato del Paranà (Stati Uniti del Brasile). *Bollettino dell'Emigrazione*, v.10, p.71-3, 1913.

FORZANO, F. *L'emigrazione italiana allo stato di S. Paulo*. Roma: [s.n.], 1904.

FRANÇA, A. *A marcha do café e as frentes pioneiras*. Rio de Janeiro: Conselho Nacional de Geografia, 1960.

FRANCESCHI, T.; CAMMELLI, A. *Dialetti italiani dell'ottocento nel Brasile d'oggi*. Florença: Cultura, 1977.

FRANCESCHINI, A. Problemi relativi alla colonizzazione agricola italiana specialmente nelle Americhe. In: ISTITUTO COLONIALE ITALIANO. *Atti del II Congresso degli Italiani all'Estero, 11-20 giugno 1911*. Roma: Tip. Ed. Nazionale, 1911.

_____. *L'emigrazione italiana nell'America del Sud*. Roma: Tip. Forzani, 1908.

FRANCESCONI, M. *Storia della congregazione scalabriniana*. v.3: Le prime missioni del Brasile. Roma: CSER, 1978.

_____. Il contributo dei missionari scalabriniani all'assistenza degli emigrati italiani nel Rio Grande do Sul (1896-1918). In: MASSA, G. (Org.). *Contributo alla storia della presenza italiana in Brasile*: in occasione del Primo Centenario dell'Emigrazione Agricola Italiana nel Rio Grande do Sul, 1875-1975. Roma: Istituto Italo-Latino Americano, 1975. p.77-110.

FRANCO, M. S. de Carvalho. *Homens livres na ordem escravocrata*. São Paulo: Ática, 1976.

FRANZINA, E. *Merica! Merica!* Emigrazione e colonizzazione nelle lettere dei contadini veneti in America Latina, 1876-1902. Milão: Feltrinelli, 1979.

_____. *La grande emigrazione*: l'esodo dei rurali dal veneto durante il secolo XIX. Padova: Marsilio, 1976.

FRANZOLA, F. Condizioni intellettuali della colonia italiana nel Sud dello stato di Santa Catharina (Brasile). *Bollettino dell'Emigrazione*, v.13, p.41-7, 1914.

FRANZONI, A. Italia-America: impressioni di un italiano che ritorna in America. *Vie d'Italia e dell'America Latina*, v.1, n.4, p.425-34, 1924.

_____. Organizzazione e funzionamento delle Camere di Commercio Italiane all'estero (America). In: ISTITUTO COLONIALE ITALIANO. *Atti del II Congresso degli Italiani all'Estero, 11-20 giugno 1911*. Roma: Tip. Ed. Nazionale, 1911.

_____. L'Italia e il Brasile. *Rivista d'Italia*, v.11, n.4, p.598-629, 1908. (Tb. Roma: Un. Tip. Cooperativa, 1908.)

_____. Dei mezzi più acconci a modificare il concetto degli stranieri riguardo alla nostra emigrazione e ad ispirare e mantenere in essa dignità e spirito di fierezza nazionale. In: CONGRESSO GEOGRAFICO ITALIANO, 4. *Atti del...* Milano: Tip. Bellini, 1902. p.346-60.

_____. *Pel decoro del nome italiano in America*. Milano: Tip. Bellini, 1901.

FRESCURA, B. Verso gli stati meridionali del Brasile. *Vie d'Italia e dell'America Latina*, v.1, n.6, p.643-8, 1924.

_____. *I Congresso Nazionale Navale*: le collettività italiane all'estero. Roma: Tip. Mundus, 1914.

_____. Sulle condizioni economiche e di colonizzazione di alcune regioni tropicali. *L'Agricoltura Coloniale*, v.1, n.2, p.119-42, 1907.

_____. *Guida allo stato di S. Paolo nel Brasile*. Piacenza: Favari, 1904a.

_____. *Itinerari attraverso lo stato di S. Paolo nel Brasile*. Genova: Tip. Montorfano, 1904b.

_____. Sull'opportunità di giovarsi dell'opera dei missionari italiani per le ricerche scientifiche, le informazioni commerciali e la tutela dei nostri emigranti all'estero. In: CONGRESSO GEOGRAFICO ITALIANO, 4. *Atti del...* Milano: Tip. Bellini, 1902. p.374-90.

FRIGERIO, G. Emigrazione italiana al Brasile. *Rivista Marittima*, v.12, n.2, p.268-73, 1879.

FRISONI, L. Le relazioni commerciali fra Italia e Brasile. *L'Esplorazione Commerciale*, v.17, n.4, p.51-5; v.17, n.5, p.70-5, 1902.

FROLA, F. *Sangue e petróleo*. São Paulo: Martins, 1955.

_____. *Il vecchio scemo e i suoi compari*. Torino: Fiorini, 1947.

_____. *A economia espontânea do povo*: a cooperação livre. Rio de Janeiro: Athena, 1937.

_____. *Da Parigi a San Paolo*: storia documentata d'un fiasco fascista. São Paulo: Libertà, 1927.

_____. *I tre furfanti*. São Paulo: [s.n., s.d.].

FROSI, V. M.; MIORANZA, C. *Dialetos italianos*. Porto Alegre: EST; Educs, 1983.

_____; _____. *Imigração italiana no nordeste do Rio Grande do Sul*: processo de formação e evolução de uma comunidade ítalo-brasileira. Porto Alegre: Movimento, 1975.

FUMAGALLI, G. *La stampa periodica italiana all'estero*. Milano: Bocca, 1909.

FURTADO, G. *A formação econômica do Brasil*. 6.ed. Rio de Janeiro: Fundo de Cultura, 1964.

GABRIELE, M. Su un progetto di spedizione navale italiana contro il Brasile nell'anno 1896. *Storia e Politica*, v.6, p.329-44, 1967.

GAJA, G. *Memorie d'un giornalista errante*. Torino: Bosio & Accame, 1913.

_____. Corriere delle Amazzoni. *L'Italia Coloniale*, v.1, n.5, p.66-9, 1900a.

_____. *Dal Guanabara al Rio Negro*. Genova: Tip. Bacicalupi, 1900b.

_____. Gli italiani nell'Amazzonia. *L'Esplorazione Commerciale*, v.15, n.16, p.249-51, 1900c.

GALATERI. Cenni sul commercio della piazza di Rio de Janeiro durante l'anno 1861. Appendice: condizioni che si fanno ai coloni che immigrano nel Brasile. *Bollettino Consolare*, v.10, p.647-57, 1862.

GALEAZZI, P. V. *Galeazza*: um emigrante italiano conta sua história. 26.ed. Porto Alegre: EST, 1975.

GALLAIS, S. *Le missioni domenicane nel Brasile*: relazione al Padre Maestro Generale dell'Ordine. Milão: Tip. S. Giuseppe, 1893.

GALLI, G. Cenni statistici sull'emigrazione e colonizzazione europea nelle due Americhe. *Bollettino Consolare*, v.4, fasc.3, p.303-54, 1867.

GALLO, A. *Economia contadina e mercato nel processo di industrializzazione della região colonial italiana, Rio Grande do Sul, 1890-1940*. Torino: [s.n.], 1980. (mimeo.)

_____. *Colonizzazione agricola e industrializzazione nel Brasile Meridionale*. Rio Grande do Sul: la Regione di Caxias. Carte Storiche, 1893-1925. Firenze: Cultura, 1976.

GALLO, B. P. Pietro Colbacchini, fondatore di *Nuova Bassano*. *Italiani nel Mondo*, v.7, n.4, p.19-21, 1951.

GALVANI, L. *Brasile moderno*: "Terra Incantata". Milão: Cavallotti, 1948.

GANARINI, A. *Notizie di Brusque e Nova Trento ossia delle Colonie Itajahy e Principe Dom Pedro nella Provincia di S. Cattarina del Brasile*. Trento: [s.n.], 1880.

GARDELIN, M. La stampa nella regione coloniale italiana nel Rio Grande do Sul. In: ZIGLIO, M. (Org.). *Presenza, cultura, lingua e tradizioni dei veneti nel mondo*. v.I: America Latina. Venezia: Regione Veneto, 1987. p.509-17.

GAROSCI, A. *Storia dei Fuorusciti*. Bari: Laterza, 1953.

GASPERIN, A. *Vão simbora*. Porto Alegre: EST; Educs, 1984.

GATTAI, Z. *Anarquistas, graças a Deus*. Rio de Janeiro: Record, 1979.

GENTILE, E. L'emigrazione italiana in Argentina. *Storia Contemporanea*, v.17, n.3, p.355-96, 1986.

_____. Emigración e italianidad en Argentina en los mitos de potencia del nacionalismo y del fascismo (1900-1930). *Estudios Migratorios Latinoamericanos*, v.I, n.2, p.143-80, 1983.

GERTZ, R. *O fascismo no sul do Brasil*: germanismo, fascismo, integralismo. Porto Alegre: Mercado Aberto, 1987.

GERVAIS, A. *La Repubblica degli Stati Uniti dei Brasile*: America Latina, p. descrizione di quelle parti più degne di considerazione, accompagnata da una dissertazione letteraria, scientifica, artistica, marittima, commerciale, ferroviaria, agricola e politica. Milão: P. Carrara, 1908.

GHINASSI, P. Per le nostre colonie: nel Brasile. *L'Italia Coloniale*, v.2, n.2, p.16-55, 1901.

GIACOMEL, F. et al. *Pioneiros às margens do Uruguai*. Porto Alegre: EST; Educs, 1975.

GIBELLI, G. A zonzo per il Brasile. *Il Brasile*, v.5, n.5, p.25-31, 1891a.

_____. Corrispondenza da Pernambuco. *L'Esplorazione Commerciale*, v.6, n.4, p.118-20, 1891b.

GIGLIOLI, E. H. Il Brasile nel 1886. *Nuova Antologia*, v.4. n.2, p.372-89, 1887.

GIGLIOLI, I. Italiani e tedeschi nel Brasile. *L'Agricoltura Coloniale*, v.11, n.5, p.313-40, 1917a.

_____. *Italiani e tedeschi nel Brasile*: i valdesi dell'Uruguay. Economia più che economia. Florença: Ist. Agricolo Coloniale Italiano, 1917b.

GILBERTI, R. Italiani nel Brasile. *Le Vie del Mondo*, v.12, p.1311-32, 1937.

GILBERTI, U. La missione italiana in Brasile. *Patria e Colonie*, v.7, n.9, p.131-4, 1918.

GIOIA, L. I coloni italiani nello stato di S. Paolo (Brasile). *Bollettino del Ministero degli Affari Esteri*, p.85-90, mar. 1899a.

_____. Emigrazione a S. Paolo (Brasile). *Bollettino del Ministero degli Affari Esteri*, p.320-2, ago.-set. 1899b.

_____. Immigrazione nello stato di San Paolo (Brasile) nel 1894. *Bollettino del Ministero degli Affari Esteri*, p.114-5, fev.; p.235-6, mar. 1898a.

_____. I coloni italiani nello stato di San Paolo. *Bollettino del Ministero degli Affari Esteri*, p.501-28, jul. 1898b.

GIOVANNETTI, L. V. La situazione di Pedrinhas nella realtà dei fatti. *Italiani nel Mondo*, v.10, n.14, p.1-7, 1954.

_____. *O rei do café*: Geremia Lunardelli. São Paulo: Revista dos Tribunais, 1951.

GIRON, L. Slomp. O fascismo na região colonial italiana no Rio Grande do Sul. *História, Ensino e Pesquisa*, v.3, p.55-64, 1986.

_____. *Caxias do Sul*: evolução histórica. Porto Alegre: EST; Educs, 1976.

GIUNTA CATTOLICA ITALIANA PER L'EMIGRAZIONE. *Brasile*: note di orientamento. 2.ed. Roma: [s.n.], 1956.

GIURIATI, G. *La crociera Italia nell'America Latina*. Roma: Istituto Coloniale, 1925.

GIUSTI, A. *Poemas de um imigrante italiano*. Porto Alegre: EST; Educs, 1976.

Gli italiani nel Brasile: contributo degli italiani allo sviluppo ed al progresso di questo paese. 3v. São Paulo: Rossetti, 1922-1926.

GNERRE, M. Os italianos do Espírito Santo: de qual Itália emigraram? *Revista de Cultura*, v.1, n.2, p.21-31, 1979.

GODIO, G. L'Italia come fattore etnico ed economico nello sviluppo dell'America Meridionale. In: CONGRESSO GEOGRAFICO ITALIANO, 3. *Atti del...* v.2. Florença: Tip. Ricci, 1899. p.231-8.

GOETA, A. *Libero Badaró*. São Paulo: Cupolo, 1944.

GOFFREDO, M. La partorizia, l'agricoltura e la nostra emigrazione nello stato di Minas Geraes (Stati Uniti del Brasile). *Bollettino dell'Emigrazione*, v.10, p.21-56, 1913.

GOSI, R. *Il socialismo utopistico*: Giovanni Rossi e la colonia anarchica Cecilia. Milano: Troizzi, 1977.

GRAHAM, D. H. Migração estrangeira e a questão da oferta de mão de obra no crescimento econômico brasileiro, 1880-1930. *Estudos Econômicos*, v.3, n.1, p.7-64, 1973.

GRAZZI, E. Emigrazione italiana nel Brasile. *Politica*, v.5, p.286-301, 1923.

GREGORJ, G. *Studio sull'emigrazione dei contadini dal Veneto*. Treviso: Tip. Zoppelli, 1897.

GREPPI, A. Alcune notizie intorno alle colonie italiane Conte d'Eu e Donna Isabella nel Brasile. *Bollettino Consolare*, parte 2, v.20, p.595-612, 1884.

GRIBAUDI, P. *La più grande Italia*. Torino: Lib. Ed. Internazionale, 1913.

GROSSELLI, R. M. *Vincere o morire*: contadini Trentini (Veneti e Lombardi) nelle foreste brasiliane. Parte 1: Santa Catarina, 1875-1900. Trento: Provincia Autonoma di Trento, 1989a.

_____. *Dove cresce l'araucania*: da primiero a novo Tyrol. Trento: Provincia Autonoma di Trento, 1989b.

_____. *Colonie Imperiali nella Terra del Caffè*: contadini Trentini (Veneti e Lombardi) nelle foreste brasiliane. Parte 2: Espírito Santo, 1874-1900. Trento: Provincia Autonoma di Trento, 1987.

GROSSI, F. *Lo stato di Minas Gerais*. [s.L.]: Tip. Nasi, 1911.

GROSSI, V. *Il caffè del Brasile nel commercio internazionale con speciale riguardo agli interessi italiani*. Roma: Tip. Bertero, 1907.

_____. La crisi del caffè e i progetti per la fissazione del cambio al Brasile. *Nuova Antologia*, v.124. n.831, p.484-94, 1906.

_____. *Storia della colonizzazione europea al Brasile e della emigrazione italiana nello stato di S. Paulo*. Roma: Officina Poligrafica Italiana, 1905.

_____. *Tedeschi e italiani nel Brasile Meridionale*. Città di Castello: Tip. Lapi, 1904.

_____. *Politica dell'emigrazione e delle colonie*. Roma: Unione Cooperativa, 1903.

_____. La crisi del caffè e l'emigrazione italiana nello stato di S. Paulo. *Rivista Italo-Americana*, v.1, n.1, 1902a.

_____. Geografia medica e colonie. *Rivista Italo-Americana*, v.1, n.1, p.32-64, 1902b.

_____. La geografia economica del Brasile e il commercio italiano. *Rivista Italo-Americana*, v.1, n.5, p.11-47; v.1, n.6, p.22-47, 1902c.

_____. *Gli italiani in America*. Roma: Tip. Balbi, 1902d.

_____. *Un programma di politica coloniale*: per una più grande Italia. Roma: Tip. Cecchini, 1902e.

_____. *La politica dell'emigrazione in Italia nell'ultimo trentennio, 1868-1898*. Roma: Forzani, 1899a.

_____. *Per la protezione degli emigranti e degli emigrati italiani all'estero*. Roma: Tip. Della Casa, 1899b.

_____. Emigrazione e commercio: un metodo razionale di propaganda dell'Amazzonia in Italia. *L'Amazzonia*, v.1, n.6, p.1-2, 1898.

_____. *Nel paese delle Amazzoni*. Roma: Unione Cooperativa, 1897.

_____. Gl'italiani a São Paulo. *Nuova Antologia*, v.65, n.18, p.231-68, 1896.

_____. L'America del Sud e il commercio italiano. In: CONGRESSO GEOGRAFICO ITALIANO, 2. *Atti del...* Roma: Tip. Civelli, 1895a. p.309-15. (Tb. em *Rivista Marittima*, out.-nov. 1895.)

GROSSI, V. L'emigrazione italiana in America. *Nuova Antologia*, v.55, n.4, p.740-57, 1895b.

_____. *L'emigrazione italiana in America.* Roma: Tip. Forzani, 1895c.

_____. L'emigrazione italiana in America e specialmente al Brasile. In: CONGRESSO GEOGRAFICO ITALIANO, 2. *Atti del...* Roma: Tip. Civelli, 1895d. p.CXXXIII-CLX, CLXXVIII-CLXXXVIII.

_____. *Geografia medica e colonie*: l'America del Sud dal punto di vista dell'emigrazione europea. Roma: Tip. Artero, 1895e.

_____. *Pel riordinamento dei servizi d'emigrazione all'interno e all'estero*: studio di legislazione comparata. Roma: Tip. Tiberina, 1895f.

_____. *Contribuzione allo studio della emigrazione italiana al Brasile.* Turim: Bocca, 1894a.

_____. *Emigrazione e commercio*: lettera aperta a S. E. Regis de Oliveira, Ministro Plenipotenziario del Brasile presso S. M. il Red'Italia. Roma: Tip. Folchetto, 1894b.

_____. *L'emigrazione italiana e il ministero degli affari esteri*: a proposito dell'ultimo Libro Verde. Roma: Tip. Setth, 1894c.

_____. Indagini sulla emigrazione italiana nell'America del Sud. *Marina, Commercio e Giornale delle Colonie*, v.17. n.7, p.74-7; v.17, n,9, p.99-101; v.17, n.11, p.126-8; v.17, n.12, p.135-8, 1894d.

_____. *Per un miglior indirizzo ed una più efficace tutela dell'emigrazione italiana all'estero, specialmente al Brasile.* Riposto: Tip. Denaro, 1894e. (Tb. em *Rivista di Sociologia*, v.8, 1894.)

_____. Gli interessi degli italiani e la rivoluzione nello stato brasiliano di Rio Grande del Sud. *Pensiero Italiano*, v.3, n.34, p.194-210; v.3, n.35, p.351-64, 1893.

_____. Contribuzione allo studio della emigrazione italiana al Brasile. *Cosmos*, v.11, n.10, p.289-315, 1892-1893.

_____. Alla conquista di nuovi sbocchi commerciali. L'Amazzonia e gli interessi italiani nel Nord del Brasile. *Bollettino della Società di Esplorazione Commerciale in Africa*, jun. 1887.

GRÜNSPUN, H. *Anatomia de um bairro*: o Bexiga. São Paulo: Cultura, 1979.

GUADAGNINI, G. Fisiologia delle colonie italiane nel Brasile. *L'Italia nelle Colonie*, v.2, vários números, 1894.

_____. *In America*: Repubblica del Brasile. Da Rio de Janeiro al paese delle Amazzoni. Milão: Dumolard, 1892.

GUARIGLIA, R. *Ricordi, 1922-1946.* Napoli: ESI, 1950.

GUARNIERI, G. G. *L'ultima impresa coloniale di Ferdinando I dei Medici*: la spedizione R. Thorton al Rio Amazonas, all'Orinoco, all'Isola Trinidad. Livorno: [s.n.], 1910.

GUERRA, P. *L'emigrazione italiana e gli Stati Uniti dell'America Latina.* Roma: Carra & C, 1910.

GUIDA, G. *L'italiano nel Brasile*: manuale pratico dell'emigrante e dei comerciante. [s.l.: s.n.], 1910.

GUIDA, U. *L'emigrazione italiana nel Brasile.* [s.l.]: Cartiere Centrali, 1921.

GUIDI, F. R. *Brasile, la nuova terra promessa.* Milano: Sperling Kupfer, 1957.

GUIMARÃES, A. Machado. *Continuem benvindos.* Rio de Janeiro: Galvão, 1962.

HALL, M. M. Italianos em São Paulo. *Anais do Museo Paulista*, v.29, p.201-15, 1979.

_____. Reformadores de classe média no Império brasileiro: a Sociedade Central de Imigração. *Revista de História*, v.105, p.147-71, 1976.

HALL, M. M. Immigration and the Early São Paulo Working Class. *Jahrbuch für Geschichte von Staat, Wirtschaft und Gesellschaft Laterinamerikas*, v.12, p.393-407, 1975.

_____. Approaches to Immigration History. In: GRAHAM, R.; SMITH, P. H. (Orgs.). *New Approaches to Latin American History*. Austin: University of Texas Press, 1974a. p.175-93.

_____. Emigrazione italiana a San Paolo tra 1880 e 1920. *Quaderni Storici*, v.25, p.138-59, 1974b.

_____. *The Origins of Mass Immigration in Brazil, 1871-1914*. Nova York, 1969. Tese (Doutorado) – Columbia University.

_____; MARTINEZ, Alier V. Greves de colonos na Primeira República. In: SEMINÁRIO DE RELAÇÕES DE TRABALHO E MOVIMENTOS SOCIAIS, 2. *Atas do...* São Paulo: Cedec, 1979. (mimeo.)

_____; PINHEIRO, P. S. Immigrazione e movimento operaio in Brasile. In: DEL ROIO, J. L. (Org.). *Lavoratori in Brasile*. Milão: Angeli, 1981. p.35-48.

HALTADONN, G. *Storia dell'Italia e del Brasile*. v.1. Palermo: Tip. Pezzino, 1918.

HARDMAN, F. Foot. *Nem pátria, nem patrão*: vida operária e cultura anarquista no Brasil. São Paulo: Brasiliense, 1983.

_____; LEONARDI, V. *História da indústria e do trabalho no Brasil*. São Paulo: Global, 1982.

HECKER, F. A. de Moraes. O socialista-reformista da "Colônia italiana" de São Paulo. *Novos Cadernos*, Istituto Italiano di Cultura, v.4, n.1, p.143-62, 1987.

História da imigração no Brasil: as famílias. São Paulo: Cultura Brasileira, 1978.

HOLLOWAY, T. H. Italians in São Paulo, Brazil: From Rural Proletariat to Middle Class. In: TROPEA, J. L. et al. (Orgs.). *Support and Struggle*: Italians and Italian Americans. Nova York: Aiha, 1986. p.115-30.

_____. *Imigrantes para o café*. Rio de Janeiro: Paz e Terra, 1984.

_____. Creating the Reserve Army? The Immigration Program of São Paulo, 1886-1915. *International Migration Review*, v.12, n.2, p.187-209, 1978.

_____. Condições do mercado de trabalho e organização do trabalho nas plantações na economia cafeeira de São Paulo, 1885-1915: uma análise preliminar. *Estudos Econômicos*, v.2, n.6, p.145-80, 1972.

HUTTER, L. Maffei. *Imigração italiana em São Paulo de 1902 a 1914*: o processo imigratório. São Paulo: IEB; Cesp, 1986.

_____. *Imigração italiana em São Paulo (1880-1889)*. São Paulo: USP, 1972.

HYGIN-FURCY, C. *L'Émigration ouvrière au Brésil actuel*: guide de l'émigrant. Bruxelles: Rosez, 1888.

IANNI, C. *Homens sem paz*. São Paulo: Difel, 1963.

Icle in Brasile, L'. *Bollettino Quindicinale dell'Emigrazione*, v.6, n.19, p.269-71, 1952.

Immigranti che abbandonarono il Brasile per recarsi all'Argentina. *Il Brasile*, v.1, n.9, p.753-61, 1887.

Immigrazione. *Il Brasile*, v.3, n.4, p.327-44, 1889.

Immigrazione e colonizzazione. *Il Brasile*, v.3, 4, e 5, diferentes números, 1889-1891.

IMPERATORI, U. E. *Italia Madre*: gente nostra per il mondo. Roma: Sapientia, 1929.

_____. *Italia prodiga*: gli italiani all'estero. Milão: Alpes, 1924.

IMPERATORI, U. E. Il Brasile, complemento economico dell'Italia. *Emigrazione e Lavoro*, v.6, n.8, p.1-12, 1922a.

_____. Il trattato di lavoro fra Italia e Brasile. *Emigrazione e Lavoro*, v.6, n.1, p.1-4, 1922b.

_____. L'emigrazione italiana in Brasile. *Nuova Antologia*, v.215, n.1193, p.275-81, 1921.

Infatuazioni emigratorie. *Bollettino Quindicinale dell'Emigrazione*, v.12, n.1, p.7-10, 1958.

INCISA Lud. *Il Brasile*. Torino: ERI, 1969.

INCISA Lui. *Nel paese della fazenda*. Milão: Alpes, 1926.

Iniziative italiane in Brasile: il Banco di Napoli. *Italia e Brasile*, v.3, n.12, p.487-9, 1911.

In memoriam. [s.l.: s.n.], 1924.

In memoriam Conde Francisco Matarazzo. São Paulo: Orlandi, 1937.

In memoriam Martinho Prado Júnior, 1843-1943. São Paulo: Pocai, 1944.

INSPECTORIA GERAL DAS TERRAS E COLONIZAÇÃO. *Relatorio apresentado a S. Ex.a o Sr. Conselheiro Antonio da Silva Prado, Ministro e Secretario de Estado dos Negocios da Agricultura, Commercio e Obras Publicas pelo Tenente-Coronel Francisco de Barros e Accioli de Vasconcellos, Inspector Geral*. São Paulo, 1887.

INSTITUTO BRASILEIRO DE GEOGRAFIA E ESTATÍSTICA (IBGE). *A distribuição territorial dos estrangeiros no Brasil*. Rio de Janeiro: IBGE, 1958.

ISENBURG, T. Hospedaria de imigrantes: una fonte per lo studio delle migrazioni. *Società e Storia*, v.VI, n.22, p.931-41, 1983.

ISTITUTO COLOMBO. *Il Brasile*. Roma: [s.n., s.d.].

Istituto Coloniale di Roma e la sua sezione in San Paolo, L'. Quid Agendum? *Italia e Brasile*, v.2, n.8, p.358-60, 1910.

ISTITUTO COLONIALE ITALIANO. *Atti del II Congresso degli Italiani all'Estero (11-20 Giugno 1911)*. Roma: Tip. Ed. Nazionale, 1911.

_____. *Atti del I Congresso degli Italiani all'Estero (Ottobre 1908)*. Roma: Tip. Manuzio, 1910.

_____; SEZIONE DI S. PAOLO (BRASILE). *Relazioni e notizie per il II Congresso degli Italiani all'Estero*. São Paulo: Tip. Canton, 1911.

ISTITUTO DI CREDITO PER IL LAVORO ALL'ESTERO (Icle). *Emigrazione e colonizzazione agricola in Brasile*: relazione e progetti della missione italiana di assistenza tecnica. 3v. Florença: Vallecchi, 1952-1953.

ISTITUTO INTERNAZIONALE DI AGRICOLTURA. *Lo sviluppo agricolo ed economico dei Brasile*. Roma: Istituto Internazionale di Agricoltura, 1921.

Istituto Medio Italo-Brasiliano di S. Paolo, L'. *Vita Italiana all'Estero*, v.1, n.1, p.73-5, 1913.

ISTITUTO NAZIONALE DI STATISTICA (Istat). *Statistica delle migrazioni da e per l'estero*. 8v. Roma: Istat, 1926-1937.

ISTITUTO NAZIONALE PER L'ESPORTAZIONE. *Il Brasile, sviluppo economico e relazioni commerciali con l'Italia*. Roma: Tip. Castaldi, 1929.

Istituzione di Patronato nell'America Meridionale. I: Stati Uniti del Brasile. *Bollettino dell'Emigrazione*, v.14, p.75-8, 1905.

Itala Gente in Brasile. Milão: Itala Gente, [s.d.].

Italia al Brasile. Emigrazione e colonizzazione nella provincia brasiliana di S. Paolo, L'. *Marina, Commercio e Giornale delle Colonie*, v.8, n.321, p.708-10, 1884.

Italia, Brasile e Argentina. *Italia e Brasile*, v.3, n.7, p.257-64, 1911.

Italia e italiani al Brasile. *Italia e Brasile*, v.2, n.1, p.23-30, 1910.
Italiani all'estero: emigrazione, commerci, missioni, Gli. Torino: Roux Frassati, 1898.
Italiani nel Brasile, Gli. *Marina, Commercio e Giornale delle Colonie*, v.17, n.19, p.221-3, 1895a.
Italiani nel Brasile, Gli. *L'Esplorazione Commerciale*, v.10, n.5, p.139-43, 1895b.
Italiani nel Brasile, Gli. *Marina, Commercio e Giornale delle Colonie*, v.15, n.28, p.433-4, 1892.
Italiani nelle *fazendas*, Gli. *L'Emigrato Italiano in America*, v.17, n.2, p.7-10, 1923.
ITALIANI NEL MONDO. *Guida per chi emigra nel Brasile*. Roma: Italiani nel Mondo, [s.d.].
Italiano benemerito al Brasile: Alessandro Siciliano. La sua opera grandiosa per la valorizzazione del caffè, Un. *Italia e Brasile*, v.4, n.1-3, p.97-9, 1912.
Italica Gens, L'. *Italica Gens*, v.1, n.1, p.3-22, 1910.
Italica Gens nello stato di San Paolo del Brasile, L'. *Italica Gens*, v.5, n.1-2, p.7-12, 1914.
ITALICUS. *Dove vive un milione d'italiani*: lo stato di San Paolo del Brasile. Milão: Treves, 1911. (Tb. em *Illustrazione Italiana*, 20 ago. 1911.)
JAGUARIBE, J. Nogueira. *O Conde de Bagnoli*: os italianos em defesa da integridade do território do Brasil na nossa história durante a guerra contra os holandeses. São Paulo: O Pensamento, 1918.
KAWAI, T. Italianos e sírio-libaneses: uma visão comparativa com os japoneses. In: SAITO, H. *A presença japonesa no Brasil*. São Paulo: Queiroz, 1980. p.153-82.
LACAVA, A. Mario Mariani. In: AA. VV. *Antifascisti romagnoli in esilio*. Florença: La Nuova Italia, 1983.
LA CAVA, G. As origens da emigração italiana para a América Latina após a Segunda Guerra Mundial. *Novos Cadernos*, Istituto Italiano di Cultura, v.2, p.49-77, 1988.
LALLIÈRE, A. *Le Café dans l'état de Saint Paul (Brésil)*. Paris: Challamel, 1909.
LAPA, J. A. do Amaral. *A economia cafeeira*. São Paulo: Brasiliense, 1983.
LATINI, A. *La questione italiana al Brasile*. Rio de Janeiro: [s.n.], 1896.
LAUDISIO, N. *Del Brasile in relazione alla emigrazione europea e particolarmente alla italiana*. Napoli: Stamperia Golia, 1887.
LA VALLE, R. Il problema dell'emigrazione italiana in Brasile. *Nuova Antologia*, v.233, n.1243, p.196-205, 1924.
LAYTANO, D. de. *A presença calabresa*: projeção histórica de Morano Calabro. Porto Alegre: EST, 1988.
LAZZARI, B. M. *Imigração e ideologia*. Porto Alegre: EST; Educs, 1980.
LAZZARINI, A. *Campagne venete ed emigrazione di massa (1866-1900)*. Vicenza: Istituto per le Ricerche di Storia Sociale e Religiosa, 1981.
LAZZAROTTO, V. A. *Pobres construtores de riqueza*. Porto Alegre: EST; Educs, 1981.
LEÃO, A. Carneiro. *São Paulo em 1920*. Rio de Janeiro: Anuário Americano, 1920.
LEFEBVRE, E. *Il caffè*. São Paulo: Typ. Brazil, 1904.
Legge e regolamento sulle terre pubbliche dello stato di Rio Grande del Sud (Brasile). *Bollettino dell'Emigrazione*, v.11, p.13-43, 1906.
Legge n.32, 18/VII/1892, sul servizio di emigrazione in Minas Geraes, Brasile. Gênova: Tip. Pellas, 1895.
Legislazione estera in materia di emigrazione. Le nuove norme per la colonizzazione nel Brasile. *Rivista Coloniale*, v.2, n.1, p.133-50, 1907.

Legislazione sull'emigrazione e sull'immigrazione negli stati Uniti del Brasile. *Bollettino dell'Emigrazione*, v.6, p.62-106, 1908.

LEGRENZI, A. Istituzioni italiane nel Rio Grande do Sul. *Bollettino del Ministero degli Affari Esteri*, jan. 1896.

_____. L'immigrazione nello stato di Rio Grande del Sud (Brasile). *Bollettino del Ministero degli Affari Esteri*, p.84-7, jan. 1895.

LEITE, A. *História da civilização paulista*. São Paulo: Saraiva, 1954a.

_____. Os italianos em São Paulo. *O Estado de S. Paulo*, 20 abr. 1954b.

LEITMAN, S. Revolucionários italianos no império do Brasil. In: PESAVENTO, S. Jatahy (Org.). *A Revolução Farroupilha*: história e interpretação. Porto Alegre: Mercado Aberto, 1985.

LEME, M. Saenz. *A ideologia dos industriais brasileiros (1919-1945)*. Petrópolis: Vozes, 1978.

LEONINI, C. *L'emigrazione italiana nell'America Latina*. Roma: Tip. Selecta, 1926.

LEVI, E. Darrel. *A família Prado*. São Paulo: Cultura 70, 1977.

LIBERALI, R. D. *Togno Brusafrati*. 3.ed. Porto Alegre: EST; Educs, 1909.

Libere colonie italiane nel Brasile, Le. *Italia e Brasile*, v.2, n.12, p.537-48, 1910.

LIBERI, I. L'Italia in America. Notizie per gli emigranti italiani. *L'Emigrante*, v.3, diferentes números, 1883.

Libro d'oro degli italiani all'estero. Roma: [s.n.], 1909.

LIMA, H. Ferreira. *Evolução industrial de São Paulo*. São Paulo: Martins, 1954.

LIMA, J. H. *Café e indústria em Minas Gerais, 1870-1920*. Petrópolis: Vozes, 1981.

LINHARES, H. *Contribuição à história das lutas operárias no Brasil*. 2.ed. São Paulo: Alfa--Ômega, 1977.

_____. As greves operárias no Brasil durante o primeiro quartel do século XX. *Estudos Sociais*, v.2, p.215-28, 1958.

LITTA MODIGLIANI, F. Immigrazione italiana nello stato di Minas Geraes (Brasile). *Bollettino del Ministero degli Affari Esteri*, p.603-7, jul. 1896.

LODOLINI, E. L'esilio in Brasile dei detenuti politici romani (1837). *Rassegna Storica del Risorgimento*, v.2, p.131-71, 1978.

LOMBROSO, G. Ferrero. *Nell'America Meridionale*: Brasile-Uruguay-Argentina. Milão: Treves, 1908a.

_____. Un viaggio in Brasile. *Nuova Antologia*, v.135, n.873, p.88-108, 1908b.

LOMONACO, A. *Al Brasile*. Milão: Vallardi, 1889.

LOMONACO, F. Giugni. *Il Brasile e l'emigrazione italiana*. Nápoles: Tip. Raimondi, 1876.

LOMONACO, M. L'emigrazione dei contadini sardi in Brasile negli anni 1896-1897. *Rivista di Storia dell'Agricoltura*, v.5, n.2, p.186-217, 1965.

LONGHI, O. *Os italianos da Colônia Vila Flores*. Porto Alegre: EST; Educs, 1981.

LONGHITANO, P. *Proposte di tutela del colono italiano al Brasile*. Gênova: Tip. Marsano, 1903.

LORENZATO, A. A. *Família Lorenzato*: 100 anos de história. Porto Alegre: EST, 1983.

LORENZONI, J. *Memórias de um imigrante italiano*. Porto Alegre: Sulina, 1975.

LOWRIE, S. H. *Imigração e crescimento da população do estado de São Paulo*. São Paulo: Escola Livre de Sociologia e Política, 1938.

LUCENA, C. Toledo. *Bairro do Bexiga*. São Paulo: Brasiliense, 1984.

_____. *Bixiga, amore mio*. São Paulo: Museu Memória do Bexiga, 1983.

LUCIANI, V. *La missione italiana al Brasile e all'Uruguay*. Roma: Casa Ed. Italiana, 1920.

LUGATTI, E. *Memoria sulla colonia italiana dello stato di San Paolo*. São Paulo: Tip. Del Frate, 1908.

LUPI, C. "Trenta giorni di macchina a vapore". Appunti sul viaggio degli emigranti transoceanici. *Movimento Operaio e Socialista*, v.VI, n.3, p.467-80, 1983.

LUZ, N. Vilela. *A luta pela industrialização do Brasil (1808-1930)*. 2.ed. São Paulo: Alfa-Ômega, 1975.

LUZZATTI, L. La denunzia del Brasile all'accordo commerciale con l'Italia. *L'Italia Coloniale*, v.3, n.3, p.3-5, 1902a.

_____. Il disaccordo commerciale col Brasile. *L'Italia Coloniale*, v.3, n.4, p.3-8, 1902b.

_____. Gli accordi commerciali dell'Italia con gli stati delle Americhe. *L'Italia Coloniale*, v.1, n.5, p.5-15, 1900.

M. In viaggio con il R. P. visitatore delle nostre missioni nel Brasile. *L'Emigrato Italiano*, v.27, n.3, p.71-4; v.27, n.4, p.104-8, 1938.

_____. Ancora della colonia "Alessandria" nel Brasile. *Bollettino della Società pel Patronato degli Emigranti Italiani*, v.3, n.4, p.75-6, 1878.

M., G. Il Banco Commerciale Italiano di San Paulo (Brasile). *L'Esplorazione Commerciale*, v.20, n.10, p.150-2, 1905.

MACCHIORO, G. Gli stati settentrionali del Brasile e l'emigrazione italiana. *Bollettino del Ministero degli Affari Esteri*, p.491-597, nov. 1907.

MACDONALD, J. S.; MACDONALD, L. D. Chain Migration: Ethnic Neighborhood Formation and Social Networks. *Milbank Memorial Fund Quarterly*, v.42, n.1, p.82-97, 1964.

MACHADO, A. de Alcântara. *Brás, Bexiga e Barra Funda*. 2.ed. São Paulo: Imprensa Oficial do Estado, 1983.

MACOLA, F. *L'Europa alla conquista dell'America Latina*. Venezia: Ongania, 1894.

MAFFEI, E. Gigi Damiani e outros. *Temas de Ciências Humanas*, v.5, p.93-12, 1979.

_____. *A greve*. Rio de Janeiro: Paz e Terra, 1978.

MAGNANI, S. Lang. *O movimento anarquista em São Paulo (1906-1917)*. São Paulo: Brasiliense, 1982.

MAGRI, F. L'emigrazione al Brasile. *L'Italia all'Estero*, v.2, n.19, p.292-6, 1912.

MAGRINI, L. *In Brasile*. Turim: P. Gobetti, 1926.

MAINERI, B. Guerra fra italiani e tedeschi al Brasile. Una città germanica che si italianizza. *Patria e Colonie*, v.5, n.8, p.102-5, 1916.

MALAN, G. P. *Condizioni attuali della repubblica degli Stati Uniti del Brasile*. Torre Pelice: Tip. Alpina, 1899.

_____. *Stati Uniti del Brasile*: notizie sullo stato di Bahia ad uso di chi ha deciso di emigrare. Turim: Tip. Locatelli, 1896.

_____. L'immigrazione nel Brasile. *Il Brasile*, v.6, n.2, p.89-98, 1892.

_____. Banca Popolare Italiana e Cassa di Risparmio in Rio de Janeiro. *Il Brasile*, v.3, n.10, p.818-20, 1889a.

_____. Pro Brasile. *Il Brasile*, v.3, n.8, p.627-50, 1889b.

_____. La Província del Paraná ed i suoi prodotti naturali. *Il Brasile*, v.3, n.5, p.370-84, 1889c.

_____. La stampa e l'emigrazione per il Brasile. *Il Brasile*, v.3, n.2, p.114-21, 1889d.

_____. Camera di Commercio Italiana in Rio de Janeiro. *Il Brasile*, v.2, n.5, p.374-7, 1888a.

MALAN, G. P. Informazioni sull'Impero del Brasile in risposta alla benemerita Società Geografica Italiana, sedente in Roma. *Il Brasile*, v.2, n.10, p.805-17, 1888b.

_____. Come son trattati gli emigranti italiani in Buenos Aires. *Il Brasile*, v.1, n.1, p.71-6, 1887a.

_____. Le colonie italiane al Brasile. Provincia di S. Paolo. *Il Brasile*, v.1, n.2, p.36-47; v.1, n.3, p.201-6, 1887b.

_____. Il Brasile nel 1887. *Il Brasile*, v.1 e 2, diferentes números, 1887-1888.

_____. *Un viaggio al Brasile*. Genova: Tip. Sambolino, 1885.

MALDIFASSI, G. Per la rinnovazione del trattato di commercio fra l'Italia ed il Brasile. *L'Italia Coloniale*, v.3, n.7, p.22-45, 1902. (Tb. Milão: Tip. Bellini, 1902.)

_____. *Per i commerci italiani nel Brasile del Sud*: relazione alla Camera di Commercio di Milano (Marzo 1899). Milão: Tip. Bellini, 1900.

MALDOTTI, P. Gli italiani al Brasile. In: *Gli italiani all'estero*. Torino: Roux Frassati, 1899.

_____. *Relazione sull'operato della missione del Porto di Genova dal 1894 al 1898 e sui due viaggi al Brasile*. Genova: Tip. della Gioventù, 1898.

MALESANI, E. *L'emigrazione italiana nel Brasile Meridionale e i suoi problemi*. Bolonha: Arti Grafiche, 1952.

_____. Il Brasile. In: RICCARDI, R. (Org.). *L'America Meridionale in generale*. Torino: Utet, 1938. p.574-733.

_____. *Brasile*: condizioni naturali ed economiche. Roma: Mantegazza, 1929.

MALNATE, N. *Gli italiani al Brasile*. Firenze: Uff. Rassegna Nazionale, 1913.

_____. Della tutela dell'emigrazione italiana. In: *Gli italiani all'estero*. Turim: Roux Frassati, 1899.

_____. *Gli italiani emigranti all'America Meridionale*. Genova: Tip. Pellas, 1885.

_____. *L'emigrazione all'America Meridionale dal Porto di Genova durante l'anno 1883*. Gênova: Tip. Pellas, 1884.

MALVASI, C. *L'odissea del Piroscafo Remo ovvero il disastroso viaggio di 1.500 emigranti respinti dal Brasile*. Mirandola: Tip. Grilli, 1894.

MANFEROCE, G. B. La colonizzazione italiana in Brasile. *Rivista-Bollettino della Camera di Commercio e Industria Italo-Brasiliana*, v.3, n.11, p.4-9, 1919.

MANFROI, O. *A colonização italiana no Rio Grande do Sul*. Porto Alegre: Instituto Estadual do Livro, 1975.

Manual do emigrante para o Brasil ou Collecção das disposições da legislação brasileira que mais particularmente interessao aos estrangeiros que vem estabelecer sua residencia no Brasil. Rio de Janeiro: Typ. Laemmert, 1865.

MANZI, A. Quello che ho veduto al Parà intorno ai possibili rapporti commerciali italo-paraensi. *L'Esplorazione Commerciale*, v.14, n.5, p.143-53, 1899a.

_____. Quello che ho veduto al Parà. Colonizzazione ed emigrazione. *L'Esplorazione Commerciale*, v.14, n.6, p.170-82; v.14, n.7, p.209-16; v.14, n.8, p.237-50, 1899b. (Tb. Milão: Tip. Bellini, 1899.)

MANZINI, A. Attività italiane a San Paolo. Il fumo e la nuvola (tra le sigaraie italiane al Brasile). *Vie d'Italia e dell'America Latina*, v.9, n.2, p.177-82, 1932.

MANZOTTI, F. *La polemica sull'emigrazione nell'Italia Unita*. 2.ed. Milão: Dante Alighieri, 1969.

MARAM, S. L. *Anarquistas, imigrantes e o Movimento Operário Brasileiro, 1890-1920*. Rio de Janeiro: Paz e Terra, 1979.

MARAZZI, A. *Emigrati: studio e racconto*. 3v. Milão: Dumolard, 1880-1881.

MARCHESI, P. G. I missionari nelle Amazzoni. *Vita Italiana all'Estero*, v.2, n.9, p.1153-62, 1934.

MARCHESINI, G. B. *Il Brasile e le sue colonie agricole*. Roma: Tip. Barbera, 1877.

MARCONDES, J. V. de Freitas. A contribuição italiana ao Brasil em 140 anos. *Problemas Brasileiros*, v.13, n.148, p.2-21, 1975.

_____; PIMENTEL, O. (Orgs.). *São Paulo: espírito, povo, instituições*. São Paulo: Pioneira, 1968.

MARCONE, N. *Gli italiani al Brasile*. Roma: Tip. Romana, 1877.

MARIANI, M. *Vent'anni dopo*. Milão: Sonzogno, 1947.

MARINI, R. La manodopera richiesta in Brasile e in Argentina. *Italiani nel Mondo*, v.12, n.23, p.13-6, 1956.

MARIEL, A. Butler. *Expulsão de estrangeiros*. Rio de Janeiro: Imprensa Nacional, 1953.

MAROCCO, G. *Sull'altra sponda del Plata: gli italiani in Uruguay*. Milano: Angeli, 1986.

MARPICATI, A. Rodolfo Crespi. *Le Vie del Mondo*, v.6, p.613-9, 1939.

MARRO, C. *Manuale pratico dell'emigrante all'Argentina, Uruguay e Brasile*. Gênova: Tip. della Gioventù, 1889.

MARSIGLI, R. Quindici mesi al Brasile. *L'Italia Coloniale*, v.2, n.9, p.19-38, 1901.

MARTINI, G. *Origine e sviluppo della Colonia di Santa Felicidade (Paranà, Brasile)*. São Paulo: Tip. dell'Orfanatrofio Cristoforo Colombo, 1908.

MARTINS, J. de Souza. Empresários e trabalhadores de origem italiana no desenvolvimento industrial brasileiro entre 1880 e 1914: o caso de São Paulo. *Dados*, v.24, n.2, 1981.

_____. *O cativeiro da terra*. São Paulo: Ciências Humanas, 1979.

_____. Mercato del lavoro ed emigrazione italiana in Brasile. In: DE FELICE, R. (Org.). *Cenni storici sulla emigrazione italiana nelle Americhe e in Australia*. Milão: Angeli, 1978. p.165-84. (Tb. em *Affari Sociali Internazionali*, p.165-87, 1978.)

_____. *Conde Matarazzo: o empresário e a empresa*. São Paulo: Hucitec, 1973a.

_____. *A imigração e a crise do Brasil agrário*. São Paulo: Pioneira, 1973b.

MARTINS, L. A formação do empresariado no Brasil. *Revista do Instituto de Ciências Sociais*, v.3, 1966.

MARZANO, L. *Coloni e missionari nelle foreste del Brasile*. Firenze: Barbera, 1904.

MARZOLA, N. *Bela Vista*. São Paulo: Secretaria Municipal de Cultura, 1979.

MASAROLO, P. D. *O bairro de Vila Mariana*. São Paulo: Secretaria Municipal de Cultura, 1971.

MASSA, G. (Org.). *Contributo alla storia della presenza italiana in Brasile*: in occasione del Primo Centenario dell'Emigrazione Agricola Italiana nel Rio Grande do Sul, 1875-1975. Roma: Istituto Italo-Latino Americano, 1975.

MASSA, P. *Missões salesianas no Amazonas*. Rio de Janeiro: Tip. Salesianas, 1926.

MASSEI, G. *La Repubblica Argentina nel Primo Centenario della Sua Indipendenza: il Brasile e l'Uruguay*. Milão: Casa Ed. Internazionale, 1913.

MASTRANGELO, F.; RESTELLI, L. *Brasile di oggi, di ieri, di domani*. Milano: [s.n.], 1946.

MATTOON JR., R. H. Railroads, Coffee and Growth of Big Business in São Paulo, Brazil. *Hispanic American Historical Review*, v.57, n.2, p.273-95, 1977.

MATTOS, O. Nogueira de. *Café e ferrovias*: a evolução ferroviária de São Paulo e o desenvolvimento da cultura cafeeira. São Paulo: Alfa-Ômega, 1974.

MAZZI, R. *Il Brasile, continente dalle infinite possibilità*. Roma: Italiane, 1947.

_____. Il Brasile e la colonizzazione italiana. *Italiani nel Mondo*, v.2, n.1, p.4-5, 1946.

MAZZINI, F. Gli interessi sociali ed economici italiani nel distretto consolare di Rio de Janeiro. *Bollettino dell'Emigrazione*, v.1, n.3, p.3-69, 1905a.

MAZZINI, F. Le condizioni del lavoro in Rio de Janeiro in riguardo alla nostra emigrazione. *Bollettino dell'Emigrazione*, v.1, n.9, p.51-3, 1905b.

MAZZUCCONI, Dr. Le condizioni degli italiani nello stato di S. Paulo (Brasile). *Bollettino dell'Emigrazione*, v.8, p.45-7, 1905.

MAZZOLINI, S. *Parole di fede*. São Paulo: A. Tisi, 1929.

MAZZOTTI, L. *Una grave malattia che colpisce al Brasile gli emigranti italiani lavoranti nella coltivazione del caffè*: anemia da *anchilostamasi*. Bolonha: Tip. Zamorani & Albertazzi, 1902.

MENDES, M. C. Torres. *O bairro do Brás*. São Paulo: Secretaria Municipal de Cultura, 1969.

MENDES, P. Silveira. I servizi amministrativi per l'immigrazione nello stato di S. Paulo (Brasile). *Bollettino Quindicinale dell'Emigrazione*, v.2, n.6, p.103-6, 1948.

MERITANI, G. *Un mese nel Brasile*: note e impressioni di viaggio. Padova: Draghi, 1889.

MERLOTTI, V. B. *O mito do padre entre os descendentes italianos*. 2.ed. Porto Alegre: EST; Educs, 1979.

MICCI, A. *L'emigrazione*: testo destinato ai maestri, agli allievi maestri, ai sacerdoti e a tutti coloro che si occupano dell'istruzione degli emigranti. Roma; Milão: Mondadori, 1925.

MILLIET, S. *Roteiro do café*: análise histórico-demográfica da expansão cafeeira no estado de São Paulo. São Paulo: [s.n.], 1938.

MINISTERO DEGLI AFFARI ESTERI (MAE). *Censimento degli italiani all'estero alla metà dell'anno 1927*. Roma: MAE, 1928.

_____. *Brasile*: legge e regolamento sugli infortuni sul lavoro. Roma: Grafiche Cartiere Centrali, 1919.

_____. *Emigrazione italiana al Brasile*: realtà e prospettive. Roma: MAE, 1911.

_____. *Emigrazione e colonie*: raccolta dei rapporti dei R. R. Agenti Diplomatici e Consolari. Roma: Tip. Manuzio, 1908.

_____. *Emigrazione e colonie*. Roma: Bertero, 1893.

_____. *Atti del Comitato d'Inchiesta Industriale*. Commerci ed Industrie dell'Italia all'Estero. Sommario dei Rapporti dei R. R. Consoli. Roma: Tip. Barbera, 1874.

_____. *Annuario delle scuole italiane all'estero governative e sussidiate*. Roma: Tip. del MAE, [s.d.].

_____; ISTITUTO AGRONOMICO PER L'A. I. *Indagini preliminari sul problema della emigrazione agricola nell'America Latina*. v.I: Brasile. Florença: Vallecchi, 1951.

MINISTERO DELL'AGRICOLTURA, INDUSTRIA E COMMERCIO (Maic). *Censimento degli italiani all'estero (Dic. 1881)*. Roma: Tip. Verdesi, 1884.

_____. *Statistica della emigrazione italiana all'estero*. 28v. Roma: Maic, 1876-1924.

_____. *Censimento degli italiani all'estero (31 dicembre 1871)*. Roma: Stamp. Reale, 1874.

MISEROCCHI, M. *L'America Latina attraverso il mio oblò*. Pistoia: Grazzini, 1925.

MISSORI, M. Le condizioni degli emigranti alla fine del XIX secolo in alcuni documenti delle autorità marittime. *Affari Sociali Internazionali*, v.1, n.3, p.93-134, 1973.

Mobilitazione del lavoro tra l'Argentina e il Brasile, La. *Rivista d'Emigrazione*, v.9, n.7-8, p.117-21, 1916.

MONACHESI, G. *Piccola storia del popolo brasiliano*. Milão: Vallardi, 1913.

MONACO, A. L'immigrazione italiana nello stato di San Paolo del Brasile. *Bollettino dell'Emigrazione*, v.8, p.31-5, 1902.

_____. Emigrazione a Santos (Brasile) nel 1900. *Bollettino del Ministero degli Affari Esteri*, p.274-5, mar. 1901.

MONBEIG, P. *Pionniers et planteurs de São Paulo*. Paris: Colin, 1952.

_____. *Ensaios de Geografia Humana brasileira*. São Paulo: Martins, 1940.

MONDIN, G. Industrie italiane nel Rio Grande do Sul. I fratelli Rubbo. *Vie d'Italia e dell'America Latina*, v.3, n.8, 1926.

MONTANELLI, S. *Le due patrie*. Florença: Bemporad, 1927.

MONTEIRO, T. *Gli Stati Uniti del Brasile*. Milão: Treves, 1908.

MONTET, E. *Brésil et Argentine*: notes et impressions de Voyage. Genève: Eggimann et C., 1896.

MORAES, O. *Da Itália ao Brasil*: história de uma família. Vitória: [s.n.], 1981.

MORICONI, U. A. *Nel paese dei "macacchi"*. Turim: Roux Frassati, 1897.

MORSE, R. M. *Formação histórica de São Paulo*. São Paulo: Difel, 1970.

MORTARA, G. Cento anni di emigrazione italiana in Brasile; note statistiche. *Giornale degli Economisti e Annali di Economia*, v.21, n.9-10, p.573-81, 1962.

_____. Bibliografia sobre a emigração italiana para o Brasil. *Revista Brasileira de Estatística*, v.17, n.68, p.308-23, 1956a.

_____. *Distribuição territorial dos italianos presentes no Brasil em 1950*. Rio de Janeiro: IBGE, 1956b.

_____. A imigração italiana no Brasil e algumas características demográficas do grupo italiano de São Paulo. *Revista Brasileira de Estatística*, v.11, n.42, p.323-36, 1950a.

_____. *Alguns dados sobre a imigração italiana para o Brasil*. Rio de Janeiro: IBGE, 1950b.

_____. Habitantes que falam no lar a língua italiana, no Brasil, e sua distribuição territorial. In: CONSELHO NACIONAL DE ESTATÍSTICA, *Estudo sobre as línguas estrangeiras e aborígines faladas no Brasil*. Rio de Janeiro: IBGE, 1950c. p.47-56.

_____. *Observações complementares acerca da imigração italiana no Brasil*. Rio de Janeiro: IBGE, 1942.

MORTARI, G. *Immigrazione italiana al Brasile*: memoria presentata alla spett. Camera Italiana di Commercio di S. Paolo. São Paulo: Tip. Italiana, 1924.

_____; LOSCHI, G. *Espansione coloniale*. Corr. G. Ramella. Florença: Tip. dei Minor, 1904.

MOSCA, G. *L'America Meridionale e l'avvenire della lingua italiana*. Florença: Tip. Cooperativa, 1899.

MOSCA, O. Di ritorno dal Parà. *L'Amazzonia*, v.2, diferentes números, 1899. (Tb. Gênova: Tip. Campodonico, 1899.)

_____. *L'emigrazione italiana al Brasile, essenzialmente negli stati di San Paolo e Parà*. Torino: Tip. Origli, Festa & C., 1897.

MOSCONI, A. *In Merica*: cenni sull'emigrazione. Vicenza: Tip. Paroni, 1892.

MOSCONI, F. Le classi sociali al Brasile e le loro funzioni. *La Riforma Sociale*, v.4, n.7, p.581-94, 1897a.

_____. *Rivelazioni brasiliane*: note d'un repórter. Milão: Aliprandi, 1897b.

MOTA SOBRINHO, A. *A civilização do café*. São Paulo: Brasiliense, 1987.
MOURA, C. de. *São Paulo de outrora*. São Paulo: Martins, 1943.
MOURA, M. Lacerda de. *De Amundsen a Del Prete*. São Paulo: O Combate, 1928.
MURRI, R. Gl'italiani nell'America Latina. Impressioni di viaggio. *Nuova Antologia*, v.164, n.991, p.435-48, 1913.
MUSEU DE ARTE DE SÃO PAULO; FONDAZIONE AGNELLI. *Itália-Brasil*: relações entre os séculos XVI e XX. São Paulo: Raízes, 1980.
MUSSO, G. Gli italiani nel *sertão* (Brasile – San Paolo). *Bollettino della Società Geografica Italiana*, p.517-31, out.-nov. 1941.

———. *Il mio soggiorno nel sertão*. Gênova: Soc. Ed. Internazionale, 1939.

NAGAR, C. Immigrazione nel Brasile durante l'anno 1895. *Bollettino del Ministero degli Affari Esteri*, p.608-12, jul. 1896.

———. Lo stato di Espirito Santo e l'immigrazione italiana. *Bollettino del Ministero degli Affari Esteri*, p.245-79, abr. 1895.

———. Cenni sull'importanza marittima, commerciale ed agricola di Pernambuco. *Bollettino Consolare*, parte 2, v.23, p.659-703, 1887.

NAPOLI, M.; BELLI, N. *La colonia italiana in Rio de Janeiro con brevi cenni sulla emigrazione italiana al Brasile*. Rio de Janeiro: Frattini e Luglio, 1911.

NATI, M. Breve storia della stampa italiana in Brasile. *Rassegna Storica del Risorgimento*, p.198-215, abr.-jun. 1967.

Naturalizzazione. Protesto dei Governi d'Italia, Portogallo, Spagna, Inghilterra ed Austria-Ungheria contro il Decreto n.58 A in data 15 dicembre 1889 del Governo Provvisorio del Brasile circa la naturalizzazione tacita dei forestieri. *Il Brasile*, v.4, n.8, p.651-62, 1890.

Necessità di una nuova linea di navigazione fra l'Italia ed il Brasile. *Rivista d'Emigrazione*, v.3, n.6, p.59-63, 1910.

NEGRI DI LAMPORO. Lo stato di Goyaz. *Bollettino del Ministero degli Affari Esteri*, p.519-33, ago. 1900a.

———. Emigrazione a Minas Geraes (Brasile). *Bollettino del Ministero degli Affari Esteri*, p.633-4, set. 1900b.

———. Lo stato di Minas Geraes nel Brasile. *Bollettino del Ministero degli Affari Esteri*, p.407-28, dez. 1899.

———. Emigrazione a Minas Geraes (Brasile). *Bollettino del Ministero degli Affari Esteri*, p.714-5, nov. 1898.

NERVIO, E. Breve biografia di Cerchiai. *Quaderni della Libertà*, n.5, 1936.

NÉRY, M. F.-J. de Santa-Anna. L'émigration et l'immigration pendant les dernières années. In: CONGRESSO GEOGRAFICO ITALIANO, 1. *Atti dei...*, v.2, parte 2. Genova: Tip. del R. Istituto Sordo-Muti, 1894, p.161-219.

———. *Guide de l'émigrant au Brésil*. Paris: Delagrave, 1889a.

———. *Le Brésil en 1889*. Paris: Delagrave, 1889b.

———. *Aux États Unis du Brésil*. Paris: Delagrave, [s.d.].

NICCOLI, V. *Agricoltura ed emigrazione italiana nel Brasile del Sud*: memoria letta alla R. Accademia dei Georgofili nell'Adunata del dí 8 Gennaio 1911. Firenze: Tip. Ricci, 1911.

NITTI, F. S. La nuova fase della emigrazione italiana. *La Riforma Sociale*, v.3, n.6, p.745-71, 1896.

NOBRE, J. Freitas. *História da imprensa de São Paulo*. São Paulo: Leia, 1950.
NOGUEIRA, A. Rocha; HUTTER, L. Maffei. *A colonização em São Pedro do Rio Grande do Sul durante o Império (1824-1889)*. Porto Alegre: Instituto Estadual do Livro, 1975.
NOGUEIRA FILHO, P. *Ideais e lutas de um burguês progressista*: a guerra cívica, 1932. Rio de Janeiro: José Olympio, 1967.
NOSARI, A. *Ali e vele sull'Atlantico*. Milão: Ceschina, 1931.
Notizie commerciali, industriali e finanziarie. *Il Brasile*, diferentes números, 1887-1890.
Notizie statistiche sulla immigrazione nel Brasile. *Bollettino dell'Emigrazione*, v.17, p.18-31, 1905.
NOVAES, M. S. de. *Os italianos e seus descendentes no Espírito Santo*. Vitória: [s.n.], 1980.
Numero degli italiani residenti in Brasile. *Bollettino dell'Emigrazione*, v.15, p.70, 1904.
Nuova Camera di Commercio Italiana a San Paolo ed i rapporti italo-brasiliani, La. *L'Esplorazione Commerciale*, v.17, n.12, p.184-6, 1902.
Nuove norme per la colonizzazione nel Brasile. *Rivista Coloniale*, v.2, p.132-50, jul.-ago. 1907.
Ometto, Os. São Paulo: C. H. Knapp, [s.d.].
Opera degli italiani all'estero. Antonio Jannuzzi, l'italiano che ha costruito mezza Rio de Janeiro, L'. *Vie d'Italia e dell'America Latina*, v.5, n.11, p.1257-63, 1928.
ORNELLAS, M. de. *Um bandeirante da Toscana*: Pedro Morganti na lavoura e na indústria açucareira de São Paulo. São Paulo: Edart, 1967.
Orrori delle fazende, Gli. *Bollettino Quindicinale dell'Emigrazione*, v.7, n.6, p.83-6, 1953.
OSTINI, G. *Emigrazione e colonizzazione nel Sud America*. Roma: Tip. Castelli, 1921.
OSTUNI, M. R. Note per la storia dell'emigrazione italiana in Brasile: le fonti archivistiche. In: DEL ROJO, J. L. (Org.). *Lavoratori in Brasile*. Milão: Angeli, 1981. p.61-78.
_____. Emigrati italiani e politica in Brasile (1890-1915). In: DE FELICE, R. (Org.). *L'emigrazione italiana in Brasile, 1800-1978*. Torino: Fondazione Agnelli, 1980. p.119-48. (mimeo.)
PACHECO, F. *Itália-Brasil*. Rio de Janeiro: Typ. do Jornal do Comércio, 1924.
PACI, G. *Sotto la Croce del Sud*: lo stato di S. Paolo (Brasile). São Paulo: A. Tisi, 1929.
PADOVANI, E. Le condizioni igienico-sanitarie dell'emigrazione italiana. I. Il Tracoma. *Rivista d'Emigrazione*, v.2, n.1, p.3-16, 1909.
PAGANO, M. L'Istituto Medio "Dante Alighieri" di S. Paolo. *Rivista d'Italia e d'America*, v.3, n.13-14, p.68-9, 1925.
PALERMO, P. La emigrazione italiana al Brasile e il governo italiano. *L'Illustrazione Coloniale*, v.1, n.3, p.89-92, 1919.
PALMA DI CESNOLA, A. *Viaggio nelle foreste vergini dell'America Meridionale ossia l'emigrazione italiana in quelle contrade*. Torino: Tip. Derossi, 1884.
PALOMBA, G. *L'Italia ed il Brasile*. Cagliari: Tip. Industriale, 1908.
Paraguay e Brasile: le lusinghe della colonizzazione. *Bollettino Quindicinale dell'Emigrazione*, v.3, n.15-16, p.287-90, 1949.
PARANHOS, L. Lo stato di San Paolo. *Rivista Italo-Americana*, v.2, n.16, p.36-40, 1898.
_____. Stato dell'Amazonas. *Rivista Italo-Americana*, v.1, n.5, p.34-5; v.1, n.6, p.43; v.1, n.8, p.61-2, 1897.
PARIS, R. L'Italia fuori d'Italia. In: *Storia d'Italia*. v.4. t.1. Turim: Einaudi, 1975. p.509-818.
PARMA, U. da. Fra le istituzioni di Rio de Janeiro. La Società Italiana di Beneficenza. *Vie d'Italia e dell'America Latina*, v.7, n.10, p.1057-9, 1930.
PARRINO, A. *Gli italiani nel Brasile*. Palermo: Tip. Zappullo, 1929.

PASSERA, G. de. Cittadine paulistane: Olympia. *Vie d'Italia e dell'America Latina*, v.5, n.4, p.371-7, 1928.

_____. Condizioni di vita e di lavoro al Brasile. *Vie d'Italia e dell'America Latina*, v.4, n.7, p.758-62, 1927.

_____. Industrie italiane al Brasile. Il cappellificio Dante Ramenzoni e C. *Vie d'Italia e dell'America Latina*, v.3, n.7, p.774-6, 1926.

PASSERI, G. *Il pane dei carcamano*: italiani senza Italia. Florença: Parenti, 1958.

PAVONI, G. I figli degli emigrati italiani nell'America del Sud. *Vita Italiana all'Estero*, v.2, n.19, p.41-50, 1914a.

_____. I nostri emigrati nell'America del Sud si disperdono. *Vita Italiana all'Estero*, v.3, n.23, p.358-69, 1914b.

_____. Il problema della cittadinanza nei rapporti degli emigrati italiani nell'America del Sud. *Vita Italiana all'Estero*, v.2, n.14, p.116-26, 1914c.

PELINO, M. R. *Un missionario nel Brasile*: racconto storico. Milão: Boniard; Pagliani, 1884.

PELLIZZETTI, B. *Pioneirismo italiano no Brasil Meridional*: estudo de caso. Curitiba: Instituto Histórico, Geográfico e Etnográfico Paranaense, 1981.

PELUSO, C. Colonizzazione e penetrazione italiana al Brasile. *L'Esplorazione Commerciale*, v.25, n.3, p.66-74, 1910.

_____. Il Brasile economico e l'emigrazione italiana. *L'Italia all'Estero*, v.2, n.3, p.34-8, 1908.

PENTEADO, J. *Belenzinho, 1910*: retrato de uma época. São Paulo: Martins, 1962.

PEPE, G. *La scuola italiana in San Paolo del Brasile*. São Paulo: Pocai, 1916.

PERASSI, T. La convenzione di lavoro ed emigrazione fra l'Italia e il Brasile. *Bollettino dell'Emigrazione*, v.10, p.605-17, 1921.

PERCO, D. *Contadini veneti in Brasile (Rio Grande do Sul)*: una ricerca sul patrimonio di tradizione orale. Ravenna: Longo, [s.d.].

PEREIRA, E. Lacava. *O Brasil do imigrante*. Caxias do Sul: Tip. S. Paulo, 1974.

PEREIRA, J. B. Borges. *Italianos no mundo rural paulista*. São Paulo: Pioneira, 1974.

_____. *Aculturação de italianos*. São Paulo: Pioneira, 1973.

PEREIRA, L. C. Bresser. Origens étnicas do empresariado paulista. *Revista de Administração de Empresas*, v.4, p.83-106, 1964.

Per il commercio tra l'Italia e il Brasile. Voti e proposte sul tema della sezione V "Espansione economica" del II Congresso degli Italiani all'Estero. Relazione della Camera Italiana di Commercio ed Arti in S. Paolo (Brasile). *Italia e Brasile*, v.3, n.9-10, p.439-50, 1911.

Per l'accordo commerciale col Brasile. I meriti dell'onorevole Prinetti e le colpe del dott. Magalhães. *Rivista Italo-Americana*, v.1, n.5, p.51-8, 1902.

Per la nostra emigrazione al Brasile. Porflurie d'oro brasiliano. Propaganda bugiarda. Macello pietoso. *L'Italia all'Estero*, v.2, n.6, p.94-5, 1908.

PEROTTI, A. La società italiana di fronte alle prime migrazioni di massa. Il contributo di Mons. Scalabrini e di Mons. Bonomelli alla tutela degli emigranti. *Studi Emigrazione*, v.5, n.11-12, p.1-190, 1968.

PERROD, E. *La Província di San Paolo (Brasile)*. Roma: Tip. MAE, 1888.

_____. Emigrazione e colonizzazione nella provincia brasiliana di San Paolo. *Bollettino Consolare*, parte 2, v.20, p.613-28, 1884.

_____. Le colonie brasiliane "Conte d'Eu" e "Donna Isabella". *Bollettino Consolare*, parte 1, v.19, p.297-320, 1883.

Per una colonia agricola in Brasile. *Rivista d'Emigrazione*, v.6, n.11-12, p.377-8, 1913.

Per una più "grande Italia" nello stato di San Paulo. *Rivista Popolare di Politica, Lettere e Scienze Sociali*, v.10, n.5, p.131-2; v.10, n.19, p.521-3, 1904); v.11, n.18, p.535-6, 1905.

PESAVENTO, S. Jatahy. O imigrante na política riograndense. In: DACANAL, J. H. (Org.). *RS*: imigração e colonização. Porto Alegre: Mercado Aberto, 1980. p.156-94.

PESTANA, N. Rangel. *L'immigrazione ed il Trachoma al Brasile*: missione brasiliana di propaganda e d'espansione econômica. Paris: Tip. Aillaud, [s.d.].

PETRACCONE, P. Sul progetto di colonizzazione italiana nel Goiaz. *Bollettino Quindicinale dell'Emigrazione*, v.3, n.10, p.189-91, 1949.

_____. Porta aperta per tutti in Brasile. *Bollettino Quindicinale dell'Emigrazione*, v.2, n.21, p.429-30, 1948.

_____. L'immigrazione agricola in Brasile. *Bollettino Quindicinale dell'Emigrazione*, v.1, n.4, p.69-70, 1947.

_____. Italia e Brasile: emigrazione, commercio e altre cose. *Italiani nel Mondo*, v.2, n.21, p.3-4, 1946.

PETROCCHI, L. Le colonie italiane nello stato di Espirito Santo (Brasile). *Bollettino dell'Emigrazione*, v.1, p.45-56, 1915.

_____. Le colonie italiane nel nord dello stato di Santa Catharina (Brasile). *Bollettino dell'Emigrazione*, v.6, p.49-55, 1914.

_____. Le colonie italiane nel distretto di Bento Gonçalves. *Bollettino dell'Emigrazione*, v.5, p.11-31, 1906.

_____. Le colonie italiane nel distretto consolare di Bento Gonçalves (Rio Grande del Sud). *Bollettino dell'Emigrazione*, v.8, p.3-15, 1905.

_____. Le colonie italiane nel distretto di Bento Gonçalves (Rio Grande del Sud). *Bollettino dell'Emigrazione*, v.13, p.11-9, 1904a.

_____. Gli italiani nel distretto consolare di Bento Gonçalves (Rio Grande del Sud; Brasile). *Bollettino dell'Emigrazione*, v.18, p.3-13, 1904b.

PETRONE, M. T. Schorer. Política imigratória e interesses econômicos (1824-1930). In: ROSOLI, G. (Org.). *Emigrazioni europee e popolo brasiliano*. Roma: CSER, 1987a. p.257-69.

_____. L'immigrante italiano nella fazenda di caffè di San Paolo. In: FONDAZIONE AGNELLI. *Euroamericani*. v.3: *La popolazione di origine italiana in Brasile*. Turim: Fondazione Agnelli, 1987b. p.333-50.

_____. *O imigrante e a pequena propriedade*. São Paulo: Brasiliense, 1982.

_____. Imigração. In: FAUSTO, B. (Org.). *História geral da civilização brasileira*. t.III: *O Brasil Republicano*, v.2: *Sociedade e instituições (1889-1930)*. São Paulo: Difel, 1978a. p.93-133.

_____. Imigração assalariada. In: BUARQUE DE HOLLANDA, S. (Org.). *História geral da civilização brasileira*. t.II: *O Brasil Monárquico*, v.3: *Reações e transações*. São Paulo: Difel, 1978b. p.274-96.

PETRONE, P. L'influenza dell'immigrazione italiana sulle origini dell'industrializzazione brasiliana. In: FONDAZIONE AGNELLI. *Euroamericani*. v.3: *La popolazione di origine italiana in Brasile*. Turim: Fondazione Agnelli, 1987. p.203-17.

_____. O homem paulista. *Boletim Paulista de Geografia*, v.23, p.39-77, jul. 1956.

PETRONE, P. A evolução urbana de São Paulo: a cidade de São Paulo no século XX. *Revista de História*, v.10, p.127-70, 1955.

PETTINATI, F. *O elemento italiano na formação do Brasil*. São Paulo: Pocai, 1939.

_____. *Stelloni e profili*: "Saudades". São Paulo: A. Tisi, 1929.

PEVIANI, F. *Due milioni di italiani in Brasile*. Roma: Sasi, 1922.

PIAZZA, W. F. *A colonização italiana em Santa Catarina*. Florianópolis: Ed. Governo do Estado, 1976.

PICCAROLO, A. *Um pioneiro das relações ítalo-brasileiras*: B. Belli. São Paulo: Athena, 1946.

_____. *Il fenomeno frola*. São Paulo: [s.n.], 1934.

_____. *Lo stato economico di S. Paolo dopo la valorizzazione del caffè*. Patria e Colonie, v.4, n.8, p.96-100; v.4, n.9, p.195-201, 1915a.

_____. *Per l'Italia e per la tradizione latina*. São Paulo: Magalhães, 1915b.

_____. *La fisiologia d'uno sciopero*: Ribeirão Preto. São Paulo: Ed. La Rivista Coloniale, 1913a.

_____. *Interessi italiani nel Brasile*. São Paulo: Ed. La Rivista Coloniale, 1913b.

_____. *L'emigrazione italiana nello stato di San Paolo*. São Paulo: Magalhães, 1911.

_____. *Una rivoluzione economica*: la proprietà fondiaria degli italiani nello stato di San Paolo. Alessandria: Tip. Cooperativa, 1908.

_____. *Cooperativas e defesa do café*. São Paulo: Magalhães, [s.d.]a.

_____. *História das doutrinas políticas*. São Paulo: Rev. do Arquivo, [s.d.]b.

_____. *O socialismo no Brasil*: esboço de um programa de ação socialista. 3.ed. São Paulo: Piratininga, [s.d.]c. [1932, possivelmente. 1.ed. 1908.]

_____; FINOCCHI, L. *O desenvolvimento industrial de S. Paulo atravez da Primeira Exposição Municipal*. São Paulo: Pocai, 1918.

PICCIONE, E. *Italia e America Latina*. Santiago del Chile: El Pensamiento Latino, [s.d.].

PIGNATARI, H. Werner. *Raízes do Movimento Operário em Osasco*. São Paulo: Cortez, 1981.

PINHEIRO, P. S. O proletariado industrial na Primeira República. In: FAUSTO, B. (Org.). *História geral da civilização brasileira*. t.III: O Brasil Republicano, v.2: Sociedade e instituições (1889-1930). São Paulo: Difel, 1978. p.137-78.

_____; HALL, M. M. *A classe operária no Brasil, 1889-1930*. v.II: Condições de vida e de trabalho, relações com os empresários e o Estado. São Paulo: Brasiliense, 1981.

_____; _____. *A classe operária no Brasil, 1889-1930: documentos*. v.I: O Movimento Operário. São Paulo: Alfa-Ômega, 1979.

PINI, E. Il Banco Commerciale Italiano di San Paulo. *L'Esplorazione Commerciale*, v.16, n.21, p.33, 1901.

_____. La sezione italiana all'estero all'Esposizione Nazionale di Torino. IV: Stati Uniti del Brasile. *L'Esplorazione Commerciale*, v.13, n.10-11, p.329-50, 1898.

PINTO, A. Moreira. *A cidade de São Paulo em 1900*: impressões de viagem. Rio de Janeiro: Imprensa Nacional, 1900.

PIO DI SAVOIA, G. Lo stato di San Paolo (Brasile) e l'emigrazione italiana. *Bollettino dell'Emigrazione*, v.3, p.3-119, 1905.

_____. Lo stato di Santa Caterina (Brasile) e l'emigrazione italiana. *Bollettino dell'Emigrazione*, v.6, p.29-64, 1902.

_____. L'agricoltura, l'industria e il commercio nello stato di Santa Caterina. *Bollettino del Ministero degli Affari Esteri*, p.3-21, jan. 1901a.

PIO DI SAVOIA, G. I commerci italiani nel sud del Brasile. *Bollettino del Ministero degli Affari Esteri*, p.355-73, abr. 1901b.

_____. Gli italiani nel nord dello stato di Santa Caterina. *Bollettino del Ministero degli Affari Esteri*, p.885-918, set. 1901c.

_____. Gli italiani nel sud dello stato di Santa Caterina. *Bollettino del Ministero degli Affari Esteri*, p.291-304, abr. 1900.

_____. Colonizzazione nello stato di Santa Caterina (Brasile). *Bollettino del Ministero degli Affari Esteri*, p.343-7, out. 1899.

_____. Lo stato di Goyaz nel Brasile. *Bollettino del Ministero degli Affari Esteri*, p.87-90, jan. 1895.

Piracicaba: S. Paulo (Brasil). Roma: Tip. Mundus, 1914.

PISANI, S. *Lo stato di San Paolo nel Cinquantenario dell'Immigrazione*. São Paulo: [s.n.], 1937.

POLIDORO, N. *Presenza dell'Italia nell'America Latina*. v.2. Roma: Il Gabbiano, 1971.

Popolazione delle scuole italiane all'estero. *Bollettino del Ministero degli Affari Esteri*, p.936-50, set. 1901.

Popolazione delle scuole italiane all'estero. *Bollettino del Ministero degli Affari Esteri*, p.560-72, ago. 1900.

PORRINI, C. *Masticapolenta*. Porto Alegre: EST; Educs, 1978.

POSENATO, J. *Arquitetura da imigração italiana no Rio Grande do Sul*. Porto Alegre: EST; Educs, 1984.

PRADO, M. E. da Silva. Immigration. In: NÉRY, M. F. J. de Santa-Anna. *Le Brésil en 1889*. Paris: Delagrave, 1889. p.473-507.

PRADO, N. *Antônio Prado no Império e na República*. Rio de Janeiro: Briguiet & Cia., 1929.

PRADO JR., C. *História econômica do Brasil*. 15.ed. São Paulo: Brasiliense, 1972.

PRADO JR., M. Il Brasile e gli italiani. *Il Brasile*, v.1, n.7, p.557-63, 1887.

PRATO, G. La tendenza associativa fra gli italiani all'estero nelle sue fasi più recenti. *La Riforma Sociale*, v.13, n.16, p.723-65, 1906.

_____. Le istituzioni filantropiche italiane all'estero. *La Riforma Sociale*, v.9, n.12, p.630-51, 1902a.

_____. Le Società di Mutuo Soccorso all'estero. *La Riforma Sociale*, v.9, n.12, p.833-62, 1902b.

_____. Per l'emigrazione italiana nell'America Latina. *La Riforma Sociale*, v.7, n.1, p.104-17, 1900.

Preparazione dell'emigrante in Brasile, La. Roma: Tip. Romana, 1924.

Preti torinesi al Brasile, I. *Le Missioni Cattoliche Italiane*, v.4, n.4-6, p.75-7; v.5, n.1-3, p.32-9, 1900-1901.

PREZIOSI, G. Il pericolo del Brasile per la nostra emigrazione. *La Vita Italiana*, v.8, n.87, p.205-13, 1920.

_____. L'atto energico della consulta contro il pericolo del Brasile. *Vita Italiana all'Estero*, v.1, n.1, p.2-9, 1913.

_____. et al. Il pericolo del Brasile. *L'Italia all'Estero*, v.2, n.3, p.30-2; v.2, n.5, p.65-6; v.2, n.7, p.103-4; v.2, n.13, p.195-6; v.2, n.21, p.323, 1912.

I Congresso delle Società Italiane in S. Paolo, Il. *L'Italia Coloniale*, v.5, n.2, p.240-6, 1904.

I Congresso degli Italiani all'Estero, I1. *Rivista Coloniale*, v.3, n.6-7, p.693-760, 1908.

I Congresso delle Società ed Istituti Italiani nel Brasile. *Italia e Brasile*, v.2, n.8, p.372-84, 1910.

I Congresso delle Società ed Istituti Italiani nel Brasile tenutosi a San Paolo dal 12 al 18 maggio 1904, I1. *Italia e Brasile*, v.3, n.3, p.103-9, 1911.

Prosperidade da colônia italiana em São Paulo. *Boletim do Departamento Estadual do Trabalho*, v.6, n.22, p.511-3, 1917.

PROVANA DEL SABBIONE, L. Viaggi di ispezione nel distretto consolare di Belo Horizonte (Brasile). *Bollettino dell'Emigrazione*, n.1, p.21-44, 1915.

PROVÍNCIA DO PARÁ (Ed.). *Dados estatisticos e informações para os immigrantes publicados por ordem do Exm. Sr. Conselheiro Tristão de Alencar Araripo, Presidente da Província*. Belém: Typ. Diário Notícias, 1886.

PUCCINI, M. *Civiltà italiana nel Brasile*. Roma: Dante Alighieri, 1940a.

_____. La cultura italiana in Brasile. *Il Libro Italiano nel Mondo*, n.5, p.30-7, 1940b.

PUPPIN, D. *Do Vêneto para o Brasil*. São Paulo: [s.n.], 1981.

Questione doganale col Brasile, La. *L'Italia Coloniale*, v.1, n.5, p.55-61, 1900.

R., M. Il cappellificio Ramenzoni a S. Paolo del Brasile. *Rivista Italo-Americana*, v.2, n.3-4, p.269-70, 1924.

RABUSKE, A. *Os inícios da colônia italiana no Rio Grande do Sul em escritos de jesuítas alemães*. Porto Alegre: EST; Educs, 1978.

RAFFAELLI, G. Sulla convenzione per l'emigrazione col Brasile. *Emigrazione e Lavoro*, v.6, n.3, p.11-3, 1922.

RAGGI, A. L'emigrazione italiana al Brasile. *Rivista Italo-Brasiliana*, v.1, n.7, p.49-52, 1897.

RAINERI, S. *L'emigrazione al Brasile e la Politica Marinara*. Florença: Uff. Rassegna Nazionale, 1915.

RAMPELLI, U. *Crociera Atlantica Italia-Brasile (1930-1931)*: conseguenze e sviluppi. Modena: Stem Mucchi, 1981.

RANGONI, D. La cooperazione al Brasile e gl'italiani. *Italia e Brasile*, v.4, n.9, p.457-80, 1912.

_____. La crisi del lavoro agricolo. *Italia e Brasile*, v.3, n.2, p.41-8, 1911.

_____. Per un'intesa fra l'Italia e il Brasile. *Italia e Brasile*, v.2, diferentes números, 1910.

_____. *Dopo un viaggio in Italia*: contributo allo studio sulle relazioni tra l'Italia ed il Brasile. São Paulo: Typ. Duprat, 1903.

_____. *Il lavoro collettivo degli italiani al Brasile*. São Paulo: Typ. Duprat, 1902.

RANGONI, F. La campagna contro il Brasile. A proposito della sospensione de la linea diretta e del bilancio dell'emigrazione alla Camera. *Italia e Brasile*, v.5, n.7, p.243-6, 1913.

_____. L'espansione coloniale e commerciale dell'Italia nel Brasile. *Italia e Brasile*, v.4, n.10-11, p.542-6, 1912.

RATTO, M. *Per un trattato d'emigrazione col Brasile*. Roma: Officina Poligrafica, 1908.

RAZZETTI, E. Lo stato di San Paolo e l'emigrazione italiana. *L'Esplorazione Commerciale*, v.33, n.2, p.3-16, 1918.

_____. Le colonie italiane nel Brasile. *L'Esplorazione Commerciale*, v.30, n.3, p.81-96, 1915.

Recenseamento do Brasil realizado em 10 de setembro de 1920. 4v. Rio de Janeiro: [s.n.], 1930.

Recenseamento do Rio de Janeiro (Districto Federal) realizado em 20 de setembro de 1906. Rio de Janeiro: [s.n.], 1907.

Recenseamento geral da Republica dos Estados Unidos do Brasil em 1890. Districto Federal: [s.n.], 1895.

Regolamento della legge sulla responsabilità per gli infortuni sul lavoro approvata con Decreto n.13.498 del 12 marzo 1919. *Bollettino dell'Emigrazione*, n.1-3, p.31-45, 1920.

Relatorio anual apresentado ao cidadão Dr. Presidente do Estado de São Paulo pelo Dr. Jorge Tibiriça, Secretário dos Negócios da Agricultura, Commercio e Obras Publicas, 1893. São Paulo: Tip. De Vanorden, 1894.

Relatorio anual apresentado ao cidadão Dr. Presidente do Estado de São Paulo pelo Dr. Theodoro Dias de Carvalho Junior, 1895. São Paulo: Tip. Espindola, Siqueira & Comp., 1896.

Relatorio apresentado ao Dr. Vice-Presidente do Estado de São Paulo pelo Dr. Alfredo Maia, Secretário de Estado dos Negócios da Agricultura, Commercio e Obras Publicas. São Paulo: Tip. De Vanorden, 1892.

Relatorio apresentado à Camara Municipal de São Paulo pelo Intendente Municipal Cesario Ramalho da Silva. São Paulo: Tip. Espindola, Siqueira & Comp., 1894.

Relatorio apresentado ao cidadão Dr. Cesario Motta Jr., Secretário dos Negocios do Interior do Estado de São Paulo, pelo Diretor de Repartição de Estatística e Arquivo, Dr. Antonio de Toledo Piza em 31 de julho de 1894. São Paulo: [s.n.], 1894.

Relatório da Comissão Executiva para as Comemorações do Centenário da Imigração Italiana. Porto Alegre: Grafosul, 1975.

REPARTIÇÃO DE ESTATÍSTICA E ARCHIVO DO ESTADO DE SÃO PAULO. *Relatorio apresentado ao cidadão Dr. Alfredo Pujol pelo Director da Rep. de Estat. e Arch. Dr. Antonio de Toledo Piza em 30 de setembro de 1895.* São Paulo: Tip. da Companhia de S. Paulo, 1896.

Relazione Bodio sui risultati del censimento degli italiani all'estero, La. *Annali di Statistica*, v.4, p.155-207, 1873.

Relazione della commissione operaria sulle condizioni generali del Brasile, La. *Italia e Brasile*, v.4, n.12, p.677-703, 1912.

Relazione Malvano alla Giunta Centrale di Statistica sull'esecuzione del censimento degli italiani all'estero, La. *Annali di Statistica*, n.4, p.119-53, 1873.

Relazione sui servizi dell'emigrazione per l'anno 1906-1907. *Bollettino dell'Emigrazione* v.2, 1907.

Relazione sui servizi dell'emigrazione per il periodo aprile 1907-aprile 1908. *Bollettino dell'Emigrazione*, v.9, p.77-93, 1908.

Relazione sui servizi dell'emigrazione per il periodo aprile 1908-aprile 1909. *Bollettino dell'Emigrazione*, v.9, p.74-84, 1909.

REMINOLFI, G. L'emigrazione italiana nell'America meridionale. *L'Amazzonia*, v.1 e 2, diferentes números, 1899-1900.

_____. Nel Brasile (nostra corrispondenza dal Piahuy). *L'Esplorazione Commerciale*, v.11, n.6, p.185-6, 1896.

RIBEIRO, L. *Album paulista delle proprietà agricole appartenenti agli italiani nello stato di S. Paolo-Brasile.* Turim: Tip. Denina, 1911.

RIBEIRO, M. A. *Condições de trabalho, na indústria textil paulista (1870-1930).* Campinas: Hucitec; Unicamp, 1988.

Ricchezze naturali del Brasile, Le. Roma: Tip. Voghera, 1910.

Riforma della legge sulle terre. *Il Brasile*, v.1, n.9, p.711-32, 1887.

RIGHEZ, J. C.; GIASSON, J. Z. *Vila Segredo: 50 anos de história.* Porto Alegre: EST; Educs, 1978.

R[INALDI], P. M. Lettera del Padre Superiore di Encantado (Brasile). *L'Emigrato Italiano in America*, v.5, p.102-8, 1907.

RINALDI, P. M. Un nuovo e gravissimo pericolo per i nostri interessi nazionali in Brasile. *L'Emigrato Italiano in America*, v.17, n.3, p.1-6, 1923.

_____. Portata del nuovo trattato italo-brasiliano. *L'Emigrato Italiano in America*, v.15, n.4, p.6-11, 1921.

Riorganizzazione dell'ispettorato generale delle terre e colonizzazione. *Il Brasile*, v.4, n.8, p.617-39, 1890.

RIOS, J. A. Italianos em São Paulo. In: MARCONDES, J. V. Freitas; PIMENTEL, O. (Orgs.). *São Paulo*: espírito, povo, instituições. São Paulo: Pioneira, 1968.

_____. Aspectos políticos da assimilação do italiano no Brasil. *Sociologia*, v.20, p.295-339; v.21, p.501-29, 1958.

RISTORI, O. *Le infamie secolari del cattolicismo*. São Paulo: La Battaglia, 1911.

_____. *Contro l'emigrazione in Brasile*. [s.L.: s.n.], 1906.

_____. *Le corbellerie del collettivismo*. São Paulo: Tip. Germinal, [s.d.].

Ritorni dal Brasile. *Bollettino Quindicinale dell'Emigrazione*, v.7, n.4, p.49-52, 1953.

Rivelazioni sullo stato dei coloni italiani al Brasile. *Bollettino della Società pel Patronato degli Emigranti Italiani*, v.2, n.12, p.276-83, 1877.

RIZZARDO, R. *Coração de peregrino*. Porto Alegre: EST; Educs, 1980.

_____. *A longa viagem*: os carlistas e a imigração italiana no Rio Grande do Sul. Porto Alegre: EST; Educs, 1975.

_____. *João Batista Scalabrini*: profeta da Igreja Peregrina. Petrópolis: Vozes, 1974.

RIZZETTO, R. Colonizzazione italiana nello stato di Espirito Santo (Brasile). *Bollettino dell'Emigrazione*, v.7, p.3-152, 1905.

_____. Lo stato di Espirito Santo. *Bollettino del Ministero degli Affari Esteri*, p.473-571, abr. 1904.

_____. L'immigrazione italiana nello stato di Espirito Santo. *Bollettino dell'Emigrazione*, v.7, p.20-32, 1903.

_____. Lo stato del Parà nel Brasile. *Bollettino del Ministero degli Affari Esteri*, p.85-127, fev. 1900.

_____. Gli stati settentrionali del Brasile e l'emigrazione italiana. *Bollettino del Ministero degli Affari Esteri*, p.989-1023, dez. 1895.

ROBERTO, E. La catechesi del Brasile e le missioni del Mato Grosso. *Colombo*, v.3, n.6, p.574-85, 1928.

ROCCA, E. *Avventura sudamericana*. Milão: Alpes, 1926.

ROCCA, L. S. Gli italiani nello stato di Bahia. In: MAE. *Emigrazione e colonie*: raccolta dei rapporti dei R. R. Agenti Diplomatici e Consolari. Roma: Tip. Manuzio, 1908. p.11-8.

ROCHA, L. Marcondes. *Café e polenta*. São Paulo: Martins, 1964.

ROCHE, J. *La Colonization allemande et le Rio Grande do Sul*. Paris: Institut des Hautes Études de l'Amérique Latine, 1959.

RODRIGUES, E. *Os anarquistas*: trabalhadores italianos no Brasil. São Paulo: Global, 1984.

_____. *Socialismo e sindicalismo no Brasil*. Rio de Janeiro: Laemmert, 1969.

ROMAN, E. N.; ADAMATTI, I.; WEBBER, T. *Canti Taliani*. Porto Alegre: EST; Educs, 1980.

ROSADA, A. Emigranti e socialisti feltrini nel primo decennio del Novecento. *Studi Storici*, v.4, p.691-729, 1964.

ROSMINI, C. Sul controprogetto di legge sulla emigrazione. *Giornale degli Economisti*, v.3, n.6, p.611-50, 1880.

ROSOLI, G. F. Il ruolo della Chiesa tra gli emigranti italiani in Rio Grande do Sul. In: MASSA, G. (Org.). *Contributo alla storia della presenza italiana in Brasile*: in occasione del I Centenario dell'Emigrazione Agricola Italiana nel Rio Grande do Sul, 1875-1975. Roma: Istituto Italo-Latino Americano, 1975. p.55-69.

_____. La colonizzazione italiana delle Americhe tra mito e realtà (1880-1914). *Studi Emigrazione*, (27, p.296-376, 1972.

ROSOLI, G. (Org.). *Emigrazioni europee e popolo brasiliano*. Roma: CSER, 1987a.

_____. Le realazioni tra Italia e Brasile e le questioni dell'emigrazione. In: *Emigrazioni europee e popolo brasiliano*. Roma: CSER, 1987b.

_____. La crise des relations entre l'Italie et le Brésil: la grande naturalization (1889-1896). *Revue Européenne des Migrations Internationales*, v.II, n.2, p.69-88, 1986a.

_____. Santa Sede e propaganda fascista tra i figli degli emigrati. *Storia Contemporanea*, v.17, n.2, p.293-315, 1986b.

_____. Chiesa ed emigrati italiani in Brasile: 1880-1940. *Studi Emigrazione*, v.19, n.66, 1982.

_____. Le organizzazioni cattoliche e gli emigrati italiani in Brasile. In: DE FELICE, R. (Org.). *L'emigrazione italiana in Brasile, 1800-1978*. Torino: Fondazione Agnelli, 1980. p.191-233. (mimeo.)

_____ (Org.). *Un secolo di emigrazione italiana: 1876-1976*. Roma: CSER, 1978.

ROSSI, A. Impressioni italo-americane. *Rivista Coloniale*, v.2, n.3, p.316-36, 1907.

_____. Attraverso le *fazendas* dello stato di San Paolo (Brasile). *Rivista d'Italia*, p.639-50, out. 1902a.

_____. Condizioni dei coloni italiani nello stato di San Paolo (Brasile). *Bollettino dell'Emigrazione*, v.7, p.3-88, 1902b.

ROSSI, E. Del patronato degli emigranti in Italia e all'estero. In: CONGRESSO GEOGRAFICO ITALIANO, 1. *Atti del...* v.2, parte 2. Genova: Tip. del R. Istituto Sordo-Muti, 1894. p.7-109.

ROSSI, G. *Cecilia, comunità anarchica sperimentale*: un episodio d'amore nella colonia "Cecilia". Pisa: Biblioteca Franco Serantini, 1986.

_____. Agricoltura primitiva negli stati meridionali del Brasile. *L'Agricoltura Coloniale*, v.2, n.1, p.50-6, 1908.

_____. Gli italiani nel municipio di Blumenau. In: *Comemoração do 500 aniversário da Fundação de Blumenau; 1850 – 2 de setembro de 1900*. Blumenau: Baumgarten, 1900.

_____. *Cecilia, comunità anarchica sperimentale*. Livorno: Sempre Avanti, 1893.

ROSSI, J. B. Prado. *O "velho Rossi"*: a integração de uma família italiana no Brasil. São Paulo: Comp. Editora Nacional, 1988.

ROSSI, L. Gli italiani nel Brasile e il dovere di una netta e sicura politica di emigrazione. *Vita Italiana all'Estero*, v.1, n.7, p.11-30, 1913a.

_____. Sull'emigrazione italiana nel Brasile. Roma: Tip. Camera dei Deputati, 1913b.

_____. *Relazione sui servizi dell'emigrazione per l'anno 1909-1910*. Roma: Bertero, 1910.

ROTELLINI, V. *Astensione o elettorato?*: un grave problema. São Paulo: Typ. Bühnaelds & C., 1902.

_____. *La legge di immigrazione e colonizzazione per lo stato di San Paolo (Messaggio. Legge. Commenti)*: una lettera al "messaggero" di Roma. São Paulo: Tip. Rosenhaim & Meyer, 1901.

ROTI, A. Lo stato di Santa Caterina nel Brasile. *Bollettino del Ministero degli Affari Esteri*, p.599-622, set. 1898.

_____. Lo stato di Santa Caterina nel Brasile. *Bollettino del Ministero degli Affari Esteri*, p.771-828, out. 1895.

ROZWADOWSKI, A. L. Rapporto. In: MAE. *Emigrazione e colonie*: raccolta dei rapporti dei R. R. Agenti Diplomatici e Consolari. Roma: Tip. Naz. G. Bertero, 1893. p.147-78.

RUBBIANI, F. *Almanacco degli italiani del Brasile pel 1936*. São Paulo: [s.n.], 1936.

_____. *Almanacco degli italiani del Brasile pel 1932*. São Paulo: [s.n.], 1932.

RUOTOLO, F.; BASILE, C. *Il libro d'oro degli italiani nel Brasile*. Rio de Janeiro: [s.n.], 1924.

RUPERT, A. *Clero secular italiano no Rio Grande do Sul (1815-1930)*: padres dos imigrantes. Santa Maria: Pallotti, 1977.

RUSCHI, G. Piccoli centri italiani al Brasile: Santa Thereza. *Vie d'Italia e dell'America Latina*, v.6, n.7, p.727-30, 1929.

SABBATINI, M. (Org.). *La regione di colonizzazione italiana in Rio Grande do Sul*: gli insediamenti nelle aree rural. Firenze: Centro Ricerche per l'America Latina; CNR, 1975.

_____; FRANZINA, E. *I Veneti in Brasile nel Centenario dell'Emigrazione (1876-1976)*. Vicenza: Accademia Olimpica, 1977.

SABETTA, G. La colonizzazione e l'immigrazione italiana nel Paranà. *Bollettino dell'Emigrazione*, n.10, p.3-18, 1903.

SACCHETTI, G. B. L'impegno sociale di Mons. Scalabrini e di Mons. Bonomelli nell'assistenza agli emigranti. *Affari Sociali Internazionali*, n.1-2, p.85-104, 1974.

Saggio di una statistica della popolazione italiana all'estero. *Bollettino dell'Emigrazione*, n.1, p.3-131, 1912.

SAGITTARIUS. Molti ostacoli da superare per l'emigrazione italiana in Brasile. *Italiani nel Mondo*, v.8, n.9, p.14-6, 1952.

SAINT-HILAIRE, A. de. *Voyage à Rio Grande do Sul*. Orléans: Herluison, 1887.

SALA, U. *Emigrazione italiana in Brasile*. Roma: MAE, 1925. (mimeo. para uso interno.)

SALEMI-PACE, B. Le imprese di colonizzazione nel Sud del Brasile e specialmente nello Stato di Paranà. *Bollettino dell'Emigrazione*, n.4, p.3-61, 1905a.

_____. *Un progetto di colonizzazione nello stato di San Paolo*. Roma: Tip. Unione Cooperativa Ed., 1905b.

SALETTI, R. Fra le nostre istituzioni di San Paolo del Brasile. La Camera Italiana di Commercio. *Vie d'Italia e dell'America Latina*, v.7, n.9, p.935-6, 1930.

SALGADO, F. C. Fonseca. *As colônias de Bastos e Pedrinhas*: estudo comparativo de geografia agrária. Presidente Prudente: Faculdade de Filosofia, Ciências e Letras, 1971.

SALGADO, P. *O estrangeiro*. 8.ed. Rio de Janeiro: José Olympio, 1972.

SALLUM JR., B. *Capitalismo e cafeicultura*: Oeste Paulista, 1888-1930. São Paulo: Duas Cidades, 1982.

SALVETTI, P. Il movimento migratorio italiano durante la Prima Guerra Mondiale. *Studi Emigrazione*, v.XXIV, n.27, p.282-94, 1987.

SANMIATELLI, D. Disegni di colonizzamento italiano nell'America Meridionale. *Nuova Antologia*, v.110, n.774, p.278-93, 1904.

_____. *L'America Latina e l'Italia*. Firenze: Tip. Ricci, 1886.

SANTARELLI, E. *Fascismo e neofascismo*. Roma: Riuniti, 1974.

SANTOS, J. V. Tavares dos. *Colonos do vinho*. 2.ed. São Paulo: Hucitec, 1984.

SANTOS, R. Correia dos. *A colonização italiana no Vale do Itajaí-Mirim.* Florianópolis: Lunardelli, 1981.
SARFATTI, M. G. Terra do Brazil. *Nuova Antologia*, v.277, n.1421, p.436-58, 1931.
SCALA, A. *Viaggiando e propagandando*: morale e religione. São Paulo: [s.n.], 1911.
SCALABRINI, A. Delle condizioni attuali della emigrazione nell'America Meridionale ne' suoi rapporti coll'industria. In: CONGRESSO GEOGRAFICO ITALIANO, 2. *Atti del...* Roma: Tip. Civelli, 1895. p.316-43.
_____. Sulla emigrazione e sulla colonizzazione italiana specialmente nell'America del Sud. *Bollettino della Società Geografica Italiana*, n.5, p.453-74, 1890.
_____. Il disegno di legge sull'emigrazione italiana. Lettera di S. E. Rev. Mons. Vescovo di Piacenza all'Onor. Deputado Carcano. *La Rassegna Nazionale*, n.10, p.135-65, 1º nov. 1888.
SCALABRINI, J. B. *A imigração italiana na América.* Porto Alegre: EST; Educs, 1979.
SCALFATI, S. G. Il Trattato di Lavoro e di Emigrazione fra l'Italia e il Brasile. In: *Scritti di Economia e Finanza.* Roma: APE, 1925.
Scandalo del Goiaz, Lo. *Bollettino Quindicinale dell'Emigrazione*, v.5, n.8, p.151-3, 1951.
SCARANO, P. Rapporti politici, economici e sociali tra il Regno delle Due Sicilie ed il Brasile (1815-1860). *Archivio Storico per le Provincie Napoletane*, n.36, p.290-314, 1956; n.37, p.303-30, 1957; n.38, p.231-62, 1958; n.39, p.353-73, 1959. (vários números, 1956-1959.)
SCHMIDT, A. *Colônia Cecília.* 3.ed. São Paulo: Brasiliense, 1980.
_____. *São Paulo dos meus amores.* São Paulo: Brasiliense, [s.d.].
Scuola italiana "Regina Margherita" in San Paolo, La. *Italia e Brasile*, v.2, n.3, p.106-11, 1910.
SECRETARIA DE PLANEJAMENTO DA PRESIDÊNCIA DA REPÚBLICA; IBGE. *Giorgio Mortara*: publicação comemorativa do centenário do nascimento. Rio de Janeiro: IBGE, 1985.
SEITENFUS, R. *O Brasil de Getúlio Vargas e a formação dos blocos, 1930-1942.* São Paulo: Nacional, 1985.
_____. Ideology and Diplomacy: Italian Fascism and Brazil (1935-1938). *Hispanic American Historical Review*, v.64, n.3, p.503-34, 1984.
SERENI, E. *Il capitalismo nelle campagne, 1860-1900.* Torino: Einaudi, 1968.
SERPIERI, U. *Un assertore dell'italianità*: vita italiana a S. Paolo del Brasile. São Paulo: Pocai, 1917.
Sezione di San Paolo dell'Istituto Coloniale Italiano, La. *Italia e Brasile*, v.2, n.4, p.153-6, 1910.
SFERRA, G. *Anarquismo e anarcossindicalismo.* São Paulo: Ática, 1987.
SFORZA, C. *L'Italia dal 1914 al 1944*: quale io la vidi. Roma: Mondadori, 1944.
SICILIANI, V. Gli italiani nel sud dello stato di Minas (Brasile). *Bollettino dell'Emigrazione*, n.19, p.31-43, 1905.
SICULUS. Le nostre colonie: il Brasile. *Rivista Popolare di Politica, Lettere e Scienze Sociali*, v.8, n.11, p.296-9; v.8, n.13, p.353-4, 1902.
SILVA, A. Py da. *A 5a Coluna no Brasil*: a conspiração nazista no Rio Grande do Sul. Porto Alegre: [s.n.], 1942.
SILVA, G. Lo stato del Paranà e l'immigrazione italiana. *Bollettino dell'Emigrazione*, n.7, p.33-41, 1903.
SILVA, S. *Expansão cafeeira e origens da indústria no Brasil.* São Paulo: Alfa-Ômega, 1976.
SILVEIRA, M. *A contribuição italiana ao teatro brasileiro.* São Paulo: Quiron; MEC, 1976.

SIMÃO, A. *Sindicato e estado*: suas relações na formação do proletariado de São Paulo. São Paulo: Dominus, 1966.

SINGER, P. *Desenvolvimento econômico e evolução urbana*. São Paulo: Nacional, 1974.

SOCIEDADE CENTRAL DE IMIGRAÇÃO. *Núcleos de imigração do município de Porto de Cima*. Rio de Janeiro: Imprensa Nacional, 1886.

SOCIEDADE PAULISTA DE AGRICULTURA. *Valorização do café*: bases do contrato entre um sindicato e o governo federal apresentadas à Sociedade Paulista de Agricultura pelo sócio efetivo Alexandre Siciliano. São Paulo: Tip. Duprat, 1903.

SOCIEDADE PROMOTORA DA IMIGRAÇÃO EM SÃO PAULO. *Relatorio ao Vice-Presidente do Estado de São Paulo*. São Paulo: [s.n.], 1892.

SOCIETÀ DI PATRONATO PER GLI EMIGRANTI. *Relazione all'E. del Signor Ministro degli Esteri*. Piacenza: Tip. Marchesotti & Porta, 1896.

SOCIETÀ GEOGRAFICA ITALIANA. *Indagini sulla nostra emigrazione all'estero*. Roma: SGI, 1889.

_____. *Statistica della emigrazione italiana all'estero nel 1881, confrontata con quella degli anni precedenti e coll'emigrazione avvenuta da altri stati*. Roma: SGI, 1882.

Società Italiana di Beneficenza di Rio de Janeiro, La. *Italia e Brasile*, v.2, n.1, p.39, 1910.

SOCIETÀ ITALIANA DI MUTUO SOCCORSO "GALILEO GALILEI" IN SÃO PAULO (BRASILE). *Raccomandazioni e voti al II Congresso degli italiani all'estero sul tema Organizzazione e Rappresentanza delle Libere Colonie*. São Paulo: Tip. Magalhães, 1911. (Tb. em *Italia e Brasile*, v.3, n.3, p.81-102, 1911.)

Società Italiane al Brasile e il Congresso Coloniale di Roma, Le. *Marina e Commercio, Rivista Italo-Brasiliana*, v.2, n.5, 1901.

Società italiane all'estero, Le. *Bollettino dell'Emigrazione*, n.24, p.31-51, 1908.

SOCIETA NAZIONALE DANTE ALIGHIERI. *Italiani in America*. Roma: Europa, 1942.

SODRÉ, N. W. *A história da imprensa no Brasil*. Rio de Janeiro: Civilização Brasileira, 1966.

SOMMA, L. *Emigrazione in America*: i coloni italiani nelle tre grandi repubbliche americane. Roma: [s.n.], 1907.

SORI, E. Il dibattito politico sull'emigrazione italiana dall'Unità alla crisi dello stato liberale. In: BEZZA, B. (Org.). *Gli italiani fuori d'Italia*. Milão: Angeli, 1983. p.19-44.

_____. *L'emigrazione italiana dall'unità alla Seconda Guerra Mondiale*. Bolonha: Il Mulino, 1979.

SOUZA, A. *Estudos demográficos*: a população de S. Paulo no último decênio, 1907-1916. São Paulo: Tip. Piratininga, 1917.

SOUZA, N. Stadler de. *O anarquismo da colônia Cecília*. Rio de Janeiro: Civilização Brasileira, 1970.

SPAGNOLO, E. Un progetto di colonizzazione al Brasile. *L'Italia Coloniale*, v.5, n.1, p.15-31, 1904.

SPECTATOR. La fine di una tradizione. *Italia e Brasile*, v.5, n.1-2, p.6-10; v.5, n.4-5, p.132-6; v.5, n.6, p.204-11, 1913.

_____. Le migrazioni del lavoro italiano nei paesi transoceanici. *Italia e Brasile*, v.4, n.4-5, p.125-33, 1912.

SPIGA, C. Un grande "fazendiere" italiano in Brasile: Geremia Lunardelli, re del caffè. *Vie d'Italia e dell'America Latina*, v.7, n.8, p.823-30, 1930.

Stampa brasiliana e la colonizzazione (1878-1879), La. *Bollettino della Società pel Patronato degli Emigranti Italiani*; v.3, n.11-12, p.215-8, 1878; v.4, n.1-2, p.11-13, 1879.

Stati Uniti del Brasile, Gli. Milano: Treves, 1908.

Stati Uniti del Brasile a volo di uccello, Gli. *Il Brasile*, v.3, n.12, p.978-1001, 1889.

Stato di Espirito Santo e l'immigrazione italiana, Lo. *L'Esplorazione Commerciale*, v.10, n.6, p.179-85, 1895.

STATO DI MINAS-GERAES (BRASILE). *Informazioni agli emigranti, operai e capitalisti*. Gênova: Tip. dei Sordo-Muti, 1896.

Stato di Rio de Janeiro nel Brasile, Lo. Genova: Tip. Pellas, 1898.

Stato di S. Paolo (Brasile) agli Emigranti, Lo. Pubblicazione dei Ministero dell'Agricoltura, Commercio e Lavori Pubblici durante l'Amministrazione del Consigliere Dr. Francisco de Paula Rodrigues Alves. São Paulo: Scuola Tip. Salesiana, 1902.

Stato di San Paolo. Caffè e immigrazione. *Italia e Brasile*, v.2, n.11, p.481-514, 1910.

Stato di S. Paulo e le istituzioni italiane di beneficenza, Lo. *Italia e Brasile*, v.2, n.1, p.33-4, 1910.

Statuto della Società Italiana di Mutuo Soccorso "Leale Oberdan". São Paulo: Typ. Modernissima, 1925.

Statuto della Società Italiana di Mutuo Soccorso "Lega Lombarda". São Paulo: Ideal, 1910.

Statuto e Regolamento della Società Italiana di Mutuo Soccorso "Umberto I". Murungaba: Tip. Campineira, 1922.

STEIN, S. J. *Grandeza e decadência do café no Vale do Paraíba, com referência especial ao município de Vassouras*. São Paulo: Brasiliense, 1961.

STOLCKE, V. *Cafeicultura*: homens, mulheres e capital (1850-1980). São Paulo: Brasiliense, 1986.

Studi colonial. *Italia e Brasile*, v.2, diferentes números, 1910; v.3, n.1, p.16-8, 1911. (diferentes números, 1910-1911.)

Sul Servizio d'Emigrazione in Minas Geraes. Genova: Tip. Pellas, 1895.

TATTARA, V. A. La colonizzazione nel Paranà. *Bollettino dell'Emigrazione*, n.13, p.3-10, 1904.

TAUNAY, A. D'Escragnolle. *Pequena história do café no Brasil*. Rio de Janeiro: Depto. Nacional do Café, 1945.

_____. *História do café no Brasil*. 13v. Rio de Janeiro: Depto. Nacional do Café, 1939-1943.

TEDESCHI, U. Le condizioni sanitarie degli emigranti italiani nello stato di San Paolo (Brasile). *Bollettino dell'Emigrazione*, n.2, p.3-58, 1907.

TEGANI, U. In giro per il Brasile. La *fazenda* italiana di Santa Isabella in Cafélandia. *Vie d'Italia e dell'America Latina*, v.8, n.11, p.1161-7, 1931.

_____. Il gigante italiano dell'industria brasiliana: Matarazzo. *Vie d'Italia e dell'America Latina*, v.7, n.6, p.585-92, 1930.

TELES, A. de Queiroz. Lavoura e imigração. *Revista da Sociedade Rural Brasileira*, n.102, p.331-4, 1928.

Theses sobre colonização do Brasil: projecto de solução às questões sociaes, que se prendem a este difficil problema. Relatorio Apresentado ao Ministerio da Agricultura, Commercio e Obras Publicas em 1873 pelo Conselheiro João Cardoso de Menezes e Souza. Rio de Janeiro: Nacional, 1875.

TOMASELLI, C. De Pinedo nel cielo delle Ametiehe. *Vie d'Italia e dell'America Latina*, v.5, n.3, p.284-94, 1928.

TOMEZZOLI, U. *La inadempienza dell'Icle e un Diniego di Giustizia*. 2v. São Paulo: [s.n.], 1938-1939.

_____. Disoccupazione operaia in San Paolo. *Bollettino dell'Emigrazione*, n.9, p.364-74, 1914.

TONISSI, L. Escursioni nello stato del Paranà (Brasile). *L'Esplorazione Commerciale*, v.15 e 16, diferentes números, 1900-1901.

_____. Progetto per un'impresa di colonizzazione nello stato del Paranà. *L'Esplorazione Commerciale*, v.14, n.2-3, p.33-50; v.14, n.4, p.92-106; v.14, n.5, p.129-42.

_____. Il Brasile economico commerciale (1891-1896) e l'Italia. *L'Esplorazione Commerciale*, v.12, diferentes números, 1897.

_____; BORROMEI, C. Lettere dal Brasile a proposito di colonizzazione libera italiana. *L'Esplorazione Commerciale*, v.16, n.15, p.237-40, 1901.

TORRES, M. C. Teixeira Mendes. *O bairro do Brás*. São Paulo: Secretaria Municipal de Cultura, 1969.

TORTESI, A. *Tutti in America*: la questione sociale risolta con l'emigrazione. Osimo: [s.n.], 1886.

Trabalho e abnegação: uma existência consagrada ao bem. São Paulo: Typ. Napoli, [s.d.].

Tracoma nelle fazendas, I1. *Italia e Brasile*, v.2, n.2, p.69-72, 1910.

Tragedia delle fazende, La. *Bollettino Quindicinale dell'Emigrazione*, v.7, n.5, p.65-8, 1953.

Tragedie delle fazende brasiliane, Le. *Bollettino Quindicinale dell'Emigrazione*, v.11, n.3, p.37-40, 1957.

TRENTO, A. La nascita del *Fanfulla*: un foglio democratico al servizio della giustizia (1893-1895). *Novos Cadernos*, Istituto Italiano di Cultura, n.2, p.7-48, 1988.

_____. Relações entre fascismo e integralismo: o ponto de vista do Ministério dos Negócios Estrangeiros italiano. *Ciência e Cultura*, n.12, p.1601-13, 1982.

_____. Miseria e speranze: l'emigrazione italiana in Brasile: 1887-1902. In: DEL RIO, J. L. (Org.). *Lavoratori in Brasile*. Milano: Angeli, 1981. p.9-33.

_____. Il periodo tra le due guerre. In: DE FELICE, R. (Org.). *L'emigrazione italiana in Brasile 1800-1972*. Torino: Fondazione Agnelli, 1980. (mimeo.)

Trucco svelato (La linea diretta Italia-Brasile), Il. *Vita Italiana all'Estero*, v.1, n.7, p.3-6, 1913.

TUOZZI, A. La tutela giuridica dei colono nello stato di San Paolo (Brasile). *Bollettino dell'Emigrazione*, n.10, p.57-70, 1913.

Tutela dell'emigrazione nell'America Meridionale (1905-1906). *Bollettino dell'Emigrazione*, n.7, p.100-11, 1906.

UBALDI, P. Per un'intesa tra Italia e Brasile riguardo alla cittadinanza dei nostri emigranti. *Italia e Brasile*, v.5, n.4-5, p.137-46; v.5, n.6, p.215-8, 1913. (Tb. Bolonha: Stab. Tip. Emiliano, 1913.)

_____. *L'espansione coloniale e commerciale dell'Italia nel Brasile*. Roma: Loescher, 1911.

UFFICIO DI PATRONATO PER GLI EMIGRANTI DI S. PAOLO (BRASILE). Relazione sui servizi prestati dall'ufficio durante l'anno 1914. *Bollettino dell'Emigrazione*, n.5, p.68-73, 1915.

Ufficio di Patronato per gli emigranti italiani in Rio de Janeiro. *Bollettino dell'Emigrazione*, n.18, p.52-3, 1905.

UGO, I. *Colonia del Salto Grande nella Provincia di S. Paolo (Brasile)*. Rio de Janeiro: [s.n.], 1878[a].

UGO, I. Le colonie italiane nei dintorni di San Paolo (Brasile). *Bollettino della Società pel Patronato degli Emigranti Italiani*, v.3, n.7-8, p.144-51, 1878b.

UGOLOTTI, F. *Italia e italiani in Brasile*. São Paulo: Tip. Riedel & Lemmi, 1897.

UMILTA', C. Il Paranà e l'emigrazione italiana. *Bollettino dell'Emigrazione*, n.14, p.51-7, 1913.

USIGLIO, C. L'emigrazione nel Brasile. *Bollettino dell'Emigrazione*, n.7, p.11-3, 1908.

_____. *Nell'Isola dei Fiori (Asilo per gl'immigrati di Rio de Janeiro)*: impressioni. Rio de Janeiro: Tip. Lombaerts, 1886.

V. F. Istituto Medio Italo Brasiliano "Dante Alighieri" di S. Paolo. *Vie d'Italia e dell'America Latina*, v.4, n.1, p.41-6, 1927.

VACCARI, P. Dei mezzi più adatti per favorire l'espansione economica dell'Italia all'estero e per facilitare le iniziative italiane (America Latina). In: ISTITUTO COLONIALE ITALIANO. *Atti del II Congresso degli Italiani all'Estero (11-20 Giugno 1911)*. Roma: Tip. Ed. Nazionale, 1911.

VALERIO, G. A emigração italiana para o Brasil. *Revista de História*, n.10, p.385-429, 1959.

Valorizzazione del caffè e l'opera del Conte Alessandro Siciliano, La. São Paulo: União, 1922.

VALVERDE, O. La vecchia immigrazione italiana e la sua influenza sull'agricoltura e sull'economia del Brasile. *Rivista di Agricoltura Subtropicale e Tropicale*, v.52, n.10-12, p.532-64, 1958.

VANDALINO. I nostri consoli. *Il Brasile*, v.2, n.4, p.289-94, 1888.

VANGELISTA, C. *Le braccia per la fazenda*. Milão: Angeli, 1982a.

_____. Vita d'emigrante, il colono nella piantagione di caffè paulista secondo l'interpretazione dei viaggiatori italiani. *Miscellanea di Storia delle Esplorazioni*, v.VII, p. 247-310, 1982b.

_____. *Instabilità della manodopera e mercato del lavoro*: il settore urbano come sbocco alternativo della forza lavoro nello stato di San Paolo (1880-1930). Turim: [s.n.], 1980. (mimeo.)

_____. Immigrazione, struttura produttiva e mercato del lavoro in Argentina e in Brasile (1876-1914). *Annali della Fondazione Einaudi*, n.9, p.197-216, 1975.

VANZOLINI, C. *Gli italiani al Brasile e nello stato di S. Paulo*. Pesaro: Tip. Terenzi, 1908.

VARGAS, M. T. (Org.). *Teatro operário na cidade de São Paulo*. São Paulo: Idart, 1980.

Variazioni sul tema della emigrazione a viaggio gratuito per il Brasile. *Rivista Coloniale*, v.8, n.2, p.34-43, 1913.

VASCONCELLOS, F. Accioli de. *Guida dell'emigrante all'impero del Brasile*. Rio de Janeiro: Typ. Nacional, 1884.

VEIGA FILHO, J. P. da. *Estudo economico e financeiro sobre o estado de São Paulo*. São Paulo: Typ. do Diario Official, 1896.

VENEROSI PESCIOLINI, R. I sussidi alle scuole italiane in America. *Italica Gens*, v.5, n.1-2, p.1-6, 1914a.

_____. *Le colonie italiane nel Brasile Meridionale*. Turim: Bocca, 1914b.

_____. Per gli scambi commerciali colle colonie italiane del Brasile Meridionale. *Italica Gens*, v.5, n.3-8, p.65-76, 1914c.

_____. Le colonie italiane negli stati meridionali del Brasile (Rio Grande do Sul-Santa Catharina-Paranà). *Italica Gens*, v.4, n.5-12, p.129-418, 1913.

_____. Lasceremo che la lingua italiana scompaia? *Italica Gens*, v.2, n.3, p.97-111, 1911.

VENEROSI PESCIOLINI, R. La colonia italiana di Urussanga nello stato di Santa Caterina del Brasile. *Italica Gens*, v.1, n.11, p.407-39, 1910a.

_____. La colonizzazione e l'avvenire dell'emigrazione italiana in America. *Italica Gens*, v.1, n.3, p.97-110, 1910b.

VERITAS. Brasile e Argentina. *Il Brasile*, v.4, n.4, p.276-81, 1890.

_____. Retribuzione del lavoro ed emigrazione. *Il Brasile*, v.2, n.2, p.107-12, 1888a.

_____. Della proprietà. *Il Brasile*, v.2, n.12, p.972-81, 1888b.

Viaggio a Rio Grande do Sul, Un. Milão: Palestrini, 1906.

VICARI, J. Bozzetti paulistani. *Vie d'Italia e dell'America Latina*, v.7, n.8, p.835-44, 1930.

VINCENTI, P. *La verità sul Brasile resa in forma popolare ad uso del colono italiano*. Nápoles: Tip. Centrale, 1903.

Villa Santa Teresa. Stato di Espirito Santo (Brasile). *Italica Gens*, v.2, n.11, p.446-50, 1911.

Vita e progresso della Colonia di Montebello nel Rio Grande del Sud (Brasile). *L'Emigrato Italiano in America*, v.15, n.1, p.16-9, 1921.

VIRGILI, F. *Emigrazione agricola al Brasile*. Florença: Tip. Ricci, 1913.

VIRGILI, G. Amadori. *Il problema politico dell'emigrazione italiana e la questione della cittadinanza*. Roma: Tip. Popolo Romano, 1911.

VITALONI, G. Alcuni cenni statistici sulla provincia di San Pedro di Rio Grande do Sul e sulla condizione dei coloni che vi si dirigono ad invito e spese del governo del Brasile. *Bollettino Consolare*, v.13, n.1-2, p.151-71, 1872.

Vittime delle fazende nei rilievi della stampa brasiliana, Le. *Bollettino Quindicinale dell'Emigrazione*, v.7, n.8, p.117-9, 1953.

VOLPE, G. L'Italia fuori d'Italia. In: *Italia moderna*. v.2. Firenze: Sansoni, 1949.

WITTER, J. S. *A revolta dos parceiros*. São Paulo: Brasiliense, 1986.

Y. Il commercio italiano al Brasile. *Il Brasile*, v.1, n.4, p.334-8; v.1, n.7, p.599-601; v.1, n.8, p.667-85, 1887.

ZAGONEL, C. A. *A Igreja e a imigração italiana*. Capuchinhos de Sabóia: um contributo para a igreja no Rio Grande do Sul. Porto Alegre: EST, 1975.

ZANDONARDI, M. *Venda nova*: um capítulo da imigração italiana. São Paulo: [s.n.], 1980.

ZANI, T. *Alto Brasile*: missioni e colonie dei cappuccini Lombardi. Milano: Lanzani, 1911.

_____. *Al Parà, Maranhão e Ceará (Brasile del Nord)*: note di viaggio. Milano: Lanzani, 1903.

ZANLUCA, G. Coloni italiani nella comarca di Blumenau (Stato di Santa Catharina – Brasile). *Italica Gens*, v.3, n.12, p.374-83, 1912.

ZANOTTI, B. M. Il distretto del R. Vice Consolato d'Italia in Ribeirão Preto. *Bollettino del Ministero degli Affari Esteri*, p.147-227, ago. 1915.

ZIGLIO, G. Meo (Org.). *Presenza, cultura, lingua e tradizioni dei Veneti nel Mondo*. v.I: America Latina. Veneza: Regione Veneta, 1987.

ZOLI, C. *Sud America*: note e impressioni di viaggio. Roma: Sindacato Italiano Arti Grafiche, 1927.

ZUCULIN, B. Geremia Lunardelli, re del caffè. *Italiani nel Mondo*, v.11, n.5, p.14-6, 1955.

_____. Giudizi francesi sopra gli italiani nell'America Latina. *Vie d'Italia e dell'America Latina*, v.4, n.1, p.191-2, 1927a.

_____. Sulla possibilità di conoscere il numero degli italiani nell' America Latina. In: CONGRESSO GEOGRAFICO ITALIANO, 10. *Atti del...* v.2. Milão: [s.n.], 1927b. p.551-4.

ZUCULIN, B. Il trionfale volo di De Pinedo nelle acque e le terre dell'America Latina. *Vie d'Italia e dell'America Latina*, v.4, n.5, p.499-514, 1927c.

_____. L'ospedale italiano Umberto I a S. Paulo. *Vie d'Italia e dell'America Latina*, v.3, n.1, p.1-12, 1926a.

_____. Campinas, la principessa dell'Ovest. *Vie d'Italia e dell'America Latina*, v.3, n.12, p.171-8, 1926b.

_____. Nelle *fazendas* paulistane di caffè. *Vie d'Italia e dell'America Latina*, v.3, n.4, p.387-99, 1926c.

_____. La condizione economica degli italiani al Brasile. *Vie d'Italia e dell'America Latina*, v.3, n11, p.1225-30, 1926d.

_____. Quanti sono gli italiani al Brasile? *Vie d'Italia e dell'America Latina*, v.2, n.2, p.10-6, 1925a.

_____. Le grandi industrie italiane al Brasile: la Tecelagem de Seda Italo-Brazileira. *Vie d'Italia e dell'America Latina*, v.2, n.7, p.786-94, 1925b.

_____. L'Italia all'esposizione internazionale di Rio de Janeiro. *Vie d'Italia e dell'America Latina*, v.1, n.12, p.1449-56, 1924.

SOBRE O LIVRO

Formato: 16 x 23 cm
Mancha: 28,8 x 45 paicas
Tipologia: Brioso Pro 12/14
Papel: Off-white 80 g/m² (miolo)
Cartão Supremo 250 g/m² (capa)

1ª *edição Editora Unesp*: 2022

EQUIPE DE REALIZAÇÃO

Edição de texto
Tulio Kawata (Copidesque)
Tomoe Moroizumi (Revisão)

Capa
Marcelo Girard

Imagem de capa
Os emigrantes. Óleo sobre tela. Antonio Rocco, c.1910.

Editoração eletrônica
Sergio Gzeschnik

Assistência editorial
Alberto Bononi
Gabriel Joppert